E. Schramm (Hrsg.)

Interpersonelle Psychotherapie

2. Auflage

W0105458

Interpersonelle Psychotherapie

bei Depressionen
und anderen psychischen
Störungen

Mit dem
Original-Therapiemanual von
Klerman, Weissman,
Rounsaville und Chevron

**2. durchgesehene und
aktualisierte Auflage**

Herausgegeben von
Elisabeth Schramm, Freiburg

unter Mitarbeit von
M. Bohus, D. v. Calker
und S. Hedlund

Geleitwort von
Klaus Grawe, Bern

Vorwort zur 1. Auflage von
Mathias Berger, Freiburg

Mit 8 Abbildungen
und 39 Tabellen

 **Schattauer** Stuttgart
New York

Dipl.-Psych. Dr. phil. Elisabeth Schramm
Dr. med. Martin Bohus
Priv.-Doz. Dr. med. Dietrich v. Calker
Dipl.-Psych. Dr. phil. Susanne Hedlund

Universitätsklinik für Psychiatrie und Psychosomatik
Abteilung für Psychiatrie und Psychotherapie
Hauptstraße 5
79104 Freiburg

Das **Original-Therapiemanual** erscheint als Teil II unter dem Titel *Die Durchführung der Interpersonellen Depressionstherapie*, S. 125–231, und wurde übersetzt von E. Schramm aus:
Klerman, G. L., Weissman, M. M., Rounsaville, B. J., Chevron, E. S.: Interpersonal Psychotherapy of Depression. New York: Basic Books, Inc., Publishers 1984: S. 71–182.
(Copyright © 1984 by Gerald L. Klerman, Myrna M. Weissman, Bruce J. Rounsaville and Eve S. Chevron)
Published by arrangement with Basic Books, a member of the Perseus Books Group, LLC.

Die Deutsche Bibliothek – CIP Einheitsaufnahme

Interpersonelle **Psychotherapie bei Depressionen und anderen psychischen Störungen** : mit 39 Tabellen. Mit dem Original-Therapiemanual / von Klerman ... hrsg. von Elisabeth Schramm. Unter Mitarb. von M. Bohus ... Geleitw. von Klaus Grawe. Vorw. von Mathias Berger. – 2., durchges. und aktualisierte Aufl. – Stuttgart ; New York : Schattauer, 1998
Einheitssacht. des beigef. Werkes: Interpersonal psychotherapie of depression <dt.>
ISBN 3-7945-1845-4

In diesem Buch sind die Stichwörter, die zugleich eingetragene Warenzeichen sind, als solche nicht besonders kenntlich gemacht. Es kann also aus der Bezeichnung der Ware mit dem für diese eingetragenen Warenzeichen nicht geschlossen werden, daß die Bezeichnung ein freier Warenname ist.
Hinsichtlich der in diesem Buch angegebenen Dosierungen von Medikamenten usw. wurde die größtmögliche Sorgfalt beachtet. Gleichwohl werden die Leser aufgefordert, die entsprechenden Prospekte der Hersteller zur Kontrolle heranzuziehen.
Das Werk ist urheberrechtlich geschützt. Alle Rechte, insbesondere das Recht des Nachdrucks, der Wiedergabe in jeder Form und der Übersetzung in andere Sprachen, behalten sich Urheber und Verlag vor.

Kein Teil des Werkes darf in irgendeiner Form ohne schriftliche Genehmigung des Verlages reproduziert werden. Das gilt insbesondere für Vervielfältigungen, Übersetzungen, Mikroverfilmungen und die Einspeicherung, Nutzung und Verwertung in elektronischen Systemen.

© 1996 and 1998 by F.K. Schattauer Verlagsgesellschaft mbH, Lenzhalde 3, 70192 Stuttgart, Germany
Internet: http://www.schattauer.de
Printed in Germany

Umschlaggestaltung: de fries design, Stuttgart

Umschlagabbildung: Edvard Munch, Livet dans (The dance of life), © The Munch Museum/The Munch Ellington Group/VG Bild-Kunst, Bonn 1996

Druck und Einband: Druckhaus »Thomas Müntzer« GmbH, Neustädter Str. 1-4, 99947 Bad Langensalza

Gedruckt auf chlor- und säurefrei gebleichtem Papier.

ISBN 3-7945-1845-4

Geleitwort

Mit dieser ersten deutschsprachigen Einführung in die Interpersonelle Psychotherapie trägt Frau Schramm zu einer Entwicklung der Psychotherapie bei, die ich für sehr wünschenswert halte. Das Buch von Frau Schramm ist geeignet, zu einer Entideologisierung der Psychotherapie beizutragen. Die Interpersonelle Therapie läßt sich keiner der bestehenden Therapieschulen zuordnen, und das ist gut so. Sie hat zwar gewisse psychodynamische Wurzeln, aber das Vorgehen ist in vieler Hinsicht gerade das Gegenteil von dem, was von einer psychodynamischen Therapie üblicherweise erwartet wird. Im tatsächlichen Vorgehen bestehen eher Ähnlichkeiten mit dem problemlösungsbezogenen Vorgehen der Verhaltenstherapie, nicht aber in den inhaltlichen Erklärungsansätzen und Schwerpunktsetzungen. In der Schwerpunktsetzung auf den zwischenmenschlichen Beziehungen läßt sich eine Überschneidung mit systemorientierten Ansätzen erkennen, aber eine Zuordnung zu diesen Ansätzen würde weder der Interpersonellen Therapie noch den systemorientierten Ansätzen gerecht. Die Interpersonelle Therapie entzieht sich somit Versuchen zur Einordnung in eine der Schubladen der bestehenden Therapieformen. Sie will erklärtermaßen auch selbst keine neue Therapieform im Sinne der bestehenden Therapieschulen sein. Der ganze Ansatz ist vom Pragmatismus gekennzeichnet.

Der ausdrückliche Verzicht auf einen ideologischen Überbau könnte für viele Psychotherapeuten den Zugang zur Interpersonellen Therapie erleichtern. Das Vorgehen ist relativ leicht erlernbar. Ein Ma-nual erleichtert die Aneigung des Vorgehens. Man muß sich nicht mit einem bestimmten Überzeugungssystem verheiraten, wenn man die Interpersonelle Therapie erlernen und anwenden will. Dies alles sind in der gegenwärtigen Psychotherapielandschaft große Vorteile. Angesichts dieser Vorzüge darf man der Interpersonellen Therapie auch im deutschen Sprachraum eine zügige Verbreitung wünschen. Dazu wird dieses Buch beitragen. Angesichts dessen, daß die Interpersonelle Psychotherapie international erst an relativ wenigen Zentren systematisch angewendet wird, ist es erstaunlich, wie gut die Wirksamkeit dieses therapeutischen Vorgehens bereits abgesichert ist. Wir wissen zwar noch wenig über die Wirkungsweise dieser Therapieform, aber wir haben Belege dafür, daß ihre Wirkung derjenigen anderer Therapieformen, mit denen sie verglichen wurde, nicht nachsteht. Das kann man wahrlich nicht für jede Therapieform sagen.

Natürlich stellt das Vorliegen eines Behandlungsmanuals in sich noch keinen wissenschaftlichen Güteausweis dar. Die Existenz eines solchen Manuals kann aber Grundlage dafür sein, daß ein gut definiertes Behandlungsvorgehen im Hinblick auf seine tatsächlichen Wirkkomponenten analysiert werden kann. Was für die Interpersonelle Psychotherapie in Zukunft nottut, sind Prozeßanalysen des Therapiegeschehens. Diese setzen aber voraus, daß das Vorgehen zunächst einmal breiter angewendet wird, als es heute geschieht. Erst wenn uns Prozeßanalysen mehr Aufschluß über die wirklich entscheidenden Wirkkomponenten des Vorgehens gegeben haben werden, kann ein nochmals verbessertes Vorgehen entwickelt werden, in dem die tatsächlichen Wirkkomponenten noch stärker betont und Nebensächliches beiseite gelassen wird. Es wird der Interpersonellen Therapie wahrscheinlich leichter als anderen Therapieformen fallen, Konsequenzen aus solchen Forschungsergebnissen zu ziehen, weil die Therapie von Anfang an nicht an einem Überzeugungssystem, sondern an dem pragmatischen Ziel einer möglichst wirksamen und ökonomischen Therapie für bestimmte Patientengruppen orientiert war. Es ist zu hoffen, daß die Vertreter der Interpersonellen Therapie an dieser pragmatischen Ausrichtung auch in Zukunft festhalten und nicht der Gefahr erliegen werden,

das Vorgehen zu katechetisieren. Als unideologische Therapie kann die Interpersonelle Therapie ein Modell für die Weiterentwicklung der Psychotherapie überhaupt sein. Natürlich wird sie nicht für sich alleine stehenbleiben können, sondern sollte in Zukunft eingebettet werden und aufgehen in einem noch breiter angelegten Verständnis der Psychotherapie, das zunehmend auf Wissen statt auf Überzeugungen beruht. In diesem Sinne wünsche ich diesem Buch eine möglichst große Verbreitung. Möge es seinen Beitrag leisten auf dem langen Weg zu einer „Psychotherapie der Vernunft".

Bern, im Mai 1996
Prof. Dr. Klaus Grawe

Vorwort zur 1. Auflage

Die Interpersonelle Psychotherapie wurde vor über 20 Jahren in den Vereinigten Staaten von Myrna Weissman und Gerald Klerman entwickelt. Ziel war ein Psychotherapieverfahren, das sich bezüglich seiner Effizienz wissenschaftlich im Vergleich mit psychopharmakologischen Verfahren testen ließ. Dazu war erforderlich, daß das Verfahren durch die Vorgabe eines Manuals semistrukturiert ist, von erfahrenen Psychotherapeuten rasch erlernt werden kann, auf die Behandlung depressiver Erkrankungen zugeschnitten ist und last but not least seine Anwendungsdauer der einer Antidepressivatherapie entspricht. In den 70er und 80er Jahren legten Weissman und Klerman mehrere Studien vor, die die signifikante Überlegenheit der Interpersonellen Psychotherapie gegenüber einer unspezifischen psychotherapeutischen Betreuung bei ambulant behandelten Depressionen belegte. Die Wirksamkeit der IPT wurde eindrucksvoll von dem Ende der 80er Jahre publizierten "National Institue of Mental Health Treatment of Depression Collaborative Research Programm" bestätigt. Trotz dieser überzeugenden wissenschaftlichen Belege der Effizienz der IPT konnte sie sich jedoch bis vor wenigen Jahren klinisch in den Vereinigten Staaten nicht durchsetzen. Dies dürfte insbesondere durch die Tatsache begründet sein, daß die IPT nicht den beiden psychotherapeutischen Hauptrichtungen, d.h. der psychodynamischen Therapie einerseits und der kognitiv behavioralen Therapie andererseits zuzurechnen ist.

Erst die Publikation von Leitlinien zur Therapie depressiver Erkrankungen durch die Amerikanische Psychiatrische Gesellschaft sowie das "US Department of Health and Human Services" im Jahre 1993 löste ein breites internationales Interesse an der IPT nicht nur im Bereich der Forschung, sondern auch der klinischen Anwendung aus. In beiden Leitlinien wurde der IPT hohe Relevanz für die ambulante Depressionsbehandlung zugeordnet.

Das gegenwärtig große Interesse an dieser Therapieform dürfte jedoch noch einen zweiten Grund haben. In den letzten Jahren wendete sich die Psychotherapieforschung zunehmend von den Psychotherapieschulen den störungsspezifischen Psychotherapieformen zu. Die Skepsis an den sogenannten Lehren der reinen Psychoanalyse oder Verhaltenstherapie verdeutlichte sich in der Tatsache, daß die weitaus größte Zahl der amerikanischen Psychotherapeuten sich inzwischen als Eklektizisten definieren. Darüber hinaus erbrachte die intensive Erforschung der Ätiopathogenese, aber auch der Therapierbarkeit bestimmter psychischer Erkrankungen, wie etwa den Schizophrenien, Eßstörungen, Angsterkrankungen und Depressionen, daß jede dieser Erkrankungen durch spezifische Charakteristika etwa im Hinblick auf innerpsychische oder zwischenmenschliche Probleme besondere Anforderungen an die Therapie und den Therapeuten stellen. Das heißt mit anderen Worten, daß die klinische Entwicklung von schulenspezifischen Therapien hin zu eklektizistischen Verfahren auch in der Forschung dazu führte, daß sich das wissenschaftliche Interesse zunehmend mehr auf die Erarbeitung und Evaluierung von schulenübergreifenden störungsspezifischen Psychotherapieformen konzentrierte.

Aus dieser Sicht kann die IPT mit ihrer nun bereits über 20jährigen Entwicklung und dem bereits erbrachten Nachweis ihrer Effizienz geradezu als paradigmatisch gelten.

Besonders hervorzuheben ist die Tatsache, daß das Rational der IPT, das heißt die Relevanz interpersoneller Probleme für die Entstehung und Aufrechterhaltung depressiver Erkrankungen in entscheidenden Aspekten empirisch belegbar war. Auch dies kann als paradigmatisch für die Entwicklung entsprechender Psychotherapieverfahren bei anderen Störungsbildern gelten. Zu nennen ist hier die Familientherapie schizophrener Psychosen auf dem Boden von empirischen Untersuchungen zum "High Expressed Emotion"-Konzept.

Der für die Zukunft wohl relevanteste Aspekt der IPT ist jedoch in ihrem ganzheitlichen Ansatz zu sehen. Das Verfahren stellt ein überzeugendes Beispiel dar, daß man die Entstehung und Aufrechterhaltung einer psychischen Erkrankung mehrdimensional, das heißt sowohl im Hinblick auf die neurobiologischen, die innerpsychischen als auch die interpersonellen Aspekte verstehen kann und das psychotherapeutische Vorgehen in eine solche gesamtheitliche Sichtweise integrierbar ist. Damit überwindet die IPT ein in der Vergangenheit hochstilisiertes Problem, daß sich der Therapeut zwischen einer psychologischen oder biologischen Sichtweise entscheiden müsse.

In diesem Sinne ist das vorliegende Buch mehr als die Beschreibung eines Psychotherapieverfahrens. Vielmehr legt die Autorin einen "state of the art" der Depressionsforschung im Hinblick auf Epidemiologie, Ätiopathogenese, Verlauf und unterschiedliche Therapiemöglichkeiten dar. Dies ist notwendig, da der IPT-Therapeut breites Wissen über all diese Aspekte depressiver Erkrankungen besitzen muß, um seine Patienten informieren und beraten zu können. Entsprechend dem komplexen Krankheitsmodell, von dem die IPT ausgeht, muß der Therapeut damit auch über die biologischen Aspekte bezüglich Entstehung und Aufrechterhaltung und die somatischen Therapiemöglichkeiten aktuell informiert sein.

Wie attraktiv sich das Konzept einer störungsspezifischen Psychotherapie inzwischen darstellt, erkennt man an den vielfältigen Bemühungen, Modifikationen der IPT auch bei anderen Krankheitsbildern zu entwickeln. Das Buch stellt diese zum Teil noch als vorläufig zu erachtenden Modifikationen der IPT vor, die in der näheren Zukunft noch deutlich an Relevanz gewinnen dürften.

Das Buch endet mit einer breit gefächerten Darstellung von spezifischen Problemen und Fragen der Anwendung der Interpersonellen Psychotherapie. Dabei kann die Autorin auf eine mehrjährige Erfahrung insbesondere im Rahmen eines von der Deutschen Forschungsgemeinschaft finanzierten Aufenthaltes am Western Psychiatric Institute der Universität Pittsburgh zurückgreifen.

Die rasche und breite Resonanz, die die IPT in den deutschsprachigen Ländern erfahren hat, ist beeindruckend. Da ein Psychotherapieverfahren sowohl in der Ausbildung als auch in seiner Anwendung den lokalen sprachlichen, gesellschaftlichen und kulturellen Gegebenheiten Rechnung tragen muß, ist zu begrüßen, daß dieses Buch bis auf die Übersetzung des Therapiemanuals eine eigenständige Monographie darstellt. Für den großen damit verbundenen Arbeitsaufwand und die Bemühungen, die IPT in den deutschsprachigen Ländern zu etablieren, ist der Autorin zu danken.

Freiburg, im Mai 1996
Prof. Dr. Mathias Berger

Vorwort zur 2. Auflage

Nachdem die erste Auflage des vorliegenden Buches erfreulich schnell vergriffen war, wurde mit der zweiten Auflage der Inhalt aktualisiert und insbesondere das Kapitel über die Behandlungsverfahren der Depression auf den neusten Stand gebracht. Zwei Jahre nach der Einführung der Interpersonellen Psychotherapie im deutschsprachigen Raum stößt dieses Verfahren auf ein beständig zunehmendes Interesse. Jährliche Tagungen der Arbeitsgemeinschaft „Interpersonelle Psychotherapie", wissenschaftliche Projekte, Vorträge und Ausbildungsprogramme gehören zu den durchgeführten Initiativen, die auf die weitere Verbreitung der IPT abzielen. Wir freuen uns über den Erfolg und sind für Anregungen dankbar.

Freiburg, im Mai 1998
E. Schramm

Dank

Mein besonderer Dank gilt Herrn Professor Mathias Berger, dessen Idee es war, die Interpersonelle Psychotherapie im deutschsprachigen Raum bekannt zu machen und einzuführen. Dabei hat er mich tatkräftig unterstützt und mir insbesondere den Freiraum gegeben, dieses umfangreiche Vorhaben realisieren zu können.

Bedanken möchte ich mich auch bei Herrn Professor Cleon Cornes und den Professoren Ellen Frank und David Kupfer, von denen ich das meiste über diese Therapieform lernen durfte.

Ganz besonders möchte ich meinem Mann danken für seine konstante Unterstützung und Ermutigung beim Schreiben des vorliegenden Buches.

Freiburg, im Sommer 1996
E. Schramm

Vorbemerkung

Um die Lesbarkeit des vorliegenden Textes zu erleichtern wird im Folgenden das üblicherweise verwendete generische Maskulinum („der Patient", „der Therapeut" etc.) gebraucht, das gleichermaßen männliche und weibliche Personen umfaßt. Die Entscheidung für diese Schreibweise beruht also auf rein praktischen und nicht auf inhaltsbezogenen Erwägungen.

Inhaltlich begründet ist dagegen der Gebrauch der Bezeichung „Patient" anstelle von „Klient". Da es sich bei der Interpersonellen Psychotherapie um eine Behandlungsform für psychisch Kranke handelt, erschien uns die Verwendung des Begriffs „Patient" angebracht.

Die Autorin

Inhalt

Teil I

Einführung in die Interpersonelle Psychotherapie

1 Der interpersonelle Ansatz bei depressiven Störungen

1.1 Sind depressive Störungen Beziehungsstörungen?

One achieves mental health to the extent that one becomes aware of one's interpersonal relations...
Harry Stack Sullivan
Conceptions of Modern Psychiatry

Frau N. liegt schon seit 5 Uhr wach. Sie kann sich nicht überwinden aufzustehen. Sie weiß, daß sie anrufen und sich krankmelden muß, wie letzten Montag. Man wird sich fragen, was mit ihr los ist. Ihr Mann hat das Haus bereits verlassen und die Kinder in die Schule gebracht. Er wird ärgerlich sein, wenn er hört, daß sie schon wieder nicht bei der Arbeit war. Es wird wieder Streit geben. Die Kinder werden um 13 Uhr nach Hause kommen und enttäuscht sein, daß nichts gekocht ist. Frau N. hat keine Energie, um ihre Arbeit und den Haushalt zu bewältigen. Sie fühlt sich unzulänglich und schuldig. Manchmal ist ihr aber auch alles einfach egal, dann fühlt sie gar nichts. Vielleicht sollte sie heute zum Arzt gehen. Sie glaubt kaum, daß irgend jemand sie verstehen kann. Sie versteht sich ja selbst nicht mehr.

Frau N. ist an einer Depression erkrankt. Wie das Beispiel deutlich macht, beeinträchtigt die Depression zwangsläufig die zwischenmenschlichen Beziehungen und sozialen Rollen des Betroffenen. Der Depressive leidet nicht alleine. Umgekehrt haben Beziehungsschwierigkeiten und Probleme, der Rollenerwartung zu entsprechen, einen erheblichen Einfluß auf den psychischen Zustand eines Menschen. So entstehen negative Rückkoppelungen zwischen Depression und sozialen Interaktionen.

Woran erkennt man eine klinische Depression? Welche Menschen sind dafür anfällig? Wie lange dauert eine depressive Episode? Und was kann man dagegen tun? Was genau ist Interpersonelle Psychotherapie, wie wird sie durchgeführt und was ist bei der Anwendung zu beachten? Ist dieses Verfahren wirksamer als andere? Worin bestehen die Unterschiede zu anderen Therapieformen? Diese und ähnliche Fragen sind Themen des vorliegenden Buchs, das in drei Teile gegliedert ist.

Teil 1 gibt eine Einführung in die Interpersonelle Therapie der Depression und liefert gleichzeitig einen theoretischen Rahmen für die Anwendung in der Praxis. In diesem Abschnitt erfährt der Leser wichtiges Hintergrundwissen über depressive Störungen und über mögliche Behandlungsformen. Danach wird der interpersonelle Ansatz bei Depression ausführlich beschrieben und gegen andere psychotherapeutische Verfahren abgegrenzt. Dieses Wissen soll den Therapeuten befähigen, den Patienten im Rahmen der IPT-Behandlung über sein Erkrankungsbild und die zur Verfügung stehenden Behandlungsverfahren, einschließlich der IPT, zu informieren.

Beim **zweiten Teil** handelt es sich um die deutsche Übersetzung eines Abschnitts des Originalmanuals von Klerman, Weissman, Rounsaville und Chevron (1984), in dem die praktische Durchführung der IPT beschrieben wird. Dabei werden die therapeutische Vorgehensweise in allen Phasen der Behandlung umfassend erläutert, spezifische Techniken und Strategien aufgeführt und an einem übergreifenden Fallbeispiel veranschaulicht.

Der **dritte Teil** beschäftigt sich mit den speziellen Fragestellungen die sich in der praktischen Anwendung der IPT ergeben. Mit einem Fallbeispiel wird darauf hingewiesen, wie sich die IPT mit pharmakologischen Maßnahmen kombinieren läßt. Weiterhin wird vorgestellt, was bei der Anwendung der IPT im stationären Rahmen zu beachten ist und wie Angehörige in die Therapie mit einbezogen werden können. Auch die Frage, wie der Therapieerfolg langfristig erhalten werden kann, wird ausführlich erörtert. In diesem Teil werden zudem Hilfestellungen zur Bewältigung schwieriger Therapiesituationen gegeben. Was ist zum Beispiel zu tun, wenn sich der Zustand des Patienten verschlechtert, er suizidal wird, die Therapie vorzeitig abbrechen möchte, komorbide Störungen aufweist oder unkooperativ ist? Wie begegnet man Schwierigkeiten beim Identifizieren des Problembereichs oder bei der Beendi-

gung der Therapie? Ein weiteres Kapitel dieses dritten Teils widmet sich der Rolle der Therapeut-Patienten-Beziehung und der Persönlichkeit des Patienten in der IPT. Zum Abschluß erfolgt eine Beschreibung der Ausbildung und der Aufgaben eines IPT-Therapeuten.

Im Anhang finden sich verschiedene Arbeitsvorlagen sowie Informationen, die für den Patienten und seine Angehörigen gedacht sind, und die bei der praktischen Durchführung der IPT verwendet werden können.

Das vorliegende Buch ist die erste deutschsprachige Ausgabe eines Therapiemanuals zur Interpersonellen Depressionstherapie nach Klerman und Weissman. Das Manual „Interpersonelle Psychotherapie" richtet sich an Psychotherapeuten, die interessiert sind, die IPT zu klinischen und Forschungszwecken praktisch anzuwenden. Der Lektüre dieses Manuals sollte möglichst ein Trainingsprogramm folgen. Außerhalb eines Forschungskontextes können auch lediglich einzelne Prinzipien, Strategien und Techniken der IPT mit Hilfe des Manuals von erfahrenen Klinikern in die alltägliche Praxis der Behandlung depressiver Patienten eingebaut werden.

▌Literatur

Klerman GL, Weissman MM, Rounsaville BJ, Chevron ES. Interpersonal Psychotherapy of Depression. New York: Basic Books 1984.

2 Die Entwicklung der IPT in den USA und im deutschsprachigen Raum

Inhalt

„Welche Psychotherapie ist eigentlich nicht interpersonell?" ist eine Frage, die auf das Besondere der IPT gegenüber anderen Therapieverfahren zielt. Diese Frage ist durchaus berechtigt, denn die Bedeutung der Beziehungsperspektive für die Behandlung psychischer Störungen wurde schon vor langer Zeit erkannt und wird auch bei vielen anderen Therapieverfahren in besonderem Maße berücksichtigt, beispielsweise in der Systemischen Therapie. Die Frage, was an einem psychotherapeutischen Verfahren besonders ist, läßt sich jedoch ebenso im Hinblick auf kognitive oder verhaltensbezogene Ansätze stellen. Welche Psychotherapie geht nicht auch auf die Gedanken oder Verhaltensweisen des Patienten ein? Die IPT legt den Schwerpunkt des Verstehens und Behandels psychischer Erkrankungen jedoch auf die Beziehung und nicht primär auf innerpsychische Emotionen, Gedanken und daraus resultierende Handlungsabläufe .

Die interpersonelle Sichtweise geht auf Harry Stack Sullivan zurück, der sie als neuartige klinische Dimension in die Psychiatrie einbrachte, und führte in den USA in den dreißiger und vierziger Jahren zur Gründung der »Interpersonellen Schule«. Anfänglich beruhte der interpersonelle Ansatz in erster Linie auf den frühen Arbeiten von Sullivan (1953) und hatte einen nachhaltigen Einfluß auf die amerikanische Psychiatrie und Psychotherapie. Die Ursprünge dieser Denkweise sind bei dem Psychiater Adolf Meyer (1957) zu finden, dem es gelang, mit Hilfe seines Konzeptes der Psychobiologie das psychosoziale und interpersonelle Umfeld des Patienten ins Blickfeld psychiatrischen Interesses zu rücken, das bis zu diesem Zeitpunkt entweder von biologischen Gesichtspunkten oder psychoanalytischen Konzeptionen bestimmt war. Der theoretische Hintergrund der Interpersonellen Psychotherapie wird in den Kapiteln 5 und 20 ausführlicher beschrieben.

2.1 Kurze Charakterisierung der IPT

Die Interpersonelle Psychotherapie der Depression (IPT), die vor über 25 Jahren von Klerman und Weissman begründet wurde, beruht zum großen Teil auf den Ideen der Interpersonellen Schule. Dementsprechend steht bei dieser fokussierten Form der Kurztherapie der zwischenmenschliche Kontext, in dem sich die gegenwärtige Krankheitsepisode entwickelt hat und besteht, im Vordergrund. Speziell auf die Behandlung depressiver Störungen zugeschnitten, werden bei der IPT außerdem wesentliche Erkenntnisse der Depressionsforschung, neue Konzepte der Depressionsdiagnostik sowie klinische Erfahrungen bei der Behandlung ambulanter depressiver Patienten berücksichtigt. Dabei wird von einem entscheidenden Zusammenhang zwischen ineffektivem Umgang mit interpersonellen Konflikten, etwa im Rahmen eines Ehekonflikts, und dem Auftreten einer depressiven Episode ausgegangen. Aber auch die Rolle von genetischen, biochemischen, entwicklungsbezogenen oder persönlichkeitsbestimmten Vulnerabilitätsfaktoren oder anderen Auslösern wird anerkannt. „The authors believe that progress will be furthered by a pluralistic, undoctrinaire, and empirical approach that builds upon clinical experience and research evidence." · (Nach Klerman et al., 1984, S. 5.) Somit vertreten die Autoren hinsichtlich der Depressionsverursachung einen multifaktoriellen Standpunkt.

Nicht nur in dieser, sondern auch in vielen anderen Ansichten schienen die Begründer der IPT ihrer Zeit voraus gewesen zu sein. Während Kurztherapien vor 25 Jahren außer bei der Verhaltenstherapie eher selten zur Anwendung kamen – dies gilt insbesondere für die tiefenpsychologisch-therapeutischen Therapieformen – ‚tendiert die Psychotherapieforschung heute zu einer deutlichen Verkürzung der Dauer (unter 25 Sitzungen). Diese Umstellung hat teilweise ökonomische Gründe, entscheidend ist jedoch, daß ein großer Teil der Veränderung in weitaus kürzerer Zeit erreicht werden konnte, als früher angenommen wurde. Die Hälfte aller Patienten, die sich in Psychotherapie begeben, zeigen bereits zum Zeitpunkt der achten Sitzung eine signifikante Verbesserung (Bergin, Garfield, 1994a). In den meisten Fällen werden optimale Ergeb-

nisse innerhalb von 26 Sitzungen oder in sechs Monaten mit wöchentlicher Behandlung erzielt. Und selbst bei schwierigeren Patienten kann innerhalb eines Jahres eine bedeutsame Besserung erzielt werden (Bergin, Garfield, 1994a). Dies bedeutet natürlich nicht, daß alle angestrebten Veränderungen in dieser kurzen Zeitspanne eintreten, sondern daß ein Veränderungsprozeß erfolgreich eingeleitet und vom Patienten alleine oder mit Hilfe gelegentlicher Auffrischungssitzungen beibehalten oder sogar fortgesetzt werden kann. Der langfristige Erfolg der Depressionsbehandlung mit Kurztherapien sollte allerdings nicht überschätzt werden, da der prophylaktische Effekt nach dem Ende der Akutbehandlung aufgrund verschiedener methodischer Probleme der einzelnen Studien umstritten ist (s. Kap. 5).

Auch die Tatsache, daß sich die IPT in ihrer gesamten Konzeption nicht einer der traditionellen Therapieschulen verschrieben hat, sondern sowohl Elemente verschiedener Therapierichtungen als auch selbstentwickelte spezifische Elemente in systematischer Weise aufgenommen hat, wird durch den heutigen Trend bestätigt, sich von rigiden schulorientierten Vorgehensweisen zu lösen. In diesem Zusammenhang wird von Bergin und Garfield (1994a) vom Zeitalter des Eklektizismus und Empirismus gesprochen, wobei das letztgenannte Prinzip bei der Entwicklung der IPT in vollem Ausmaß umgesetzt wurde. Das Verfahren ist in erster Linie pragmatisch an empirischen Studien ausgerichtet, die das Auftreten depressiver Störungen im sozialen Kontext untersuchten und wurde nicht etwa stringent aus einer spezifizierten Ursprungstheorie heraus entwickelt. Die offene Einstellung der IPT-Autoren zeigt sich weiterhin in der flexiblen, halbstrukturierten Form des Verfahrens, die es dem erfahrenen Psychoptherapeuten erlaubt, sich an den individuellen Bedürfnissen des Patienten sowie seiner Bereitschaft zur Verände-

Tabelle 2.1 **Die wichtigsten Merkmale der IPT**

	Kurztherapie
	12 bis 20 wöchentliche Einzelsitzungen
Indikation:	Ambulante Patienten mit unipolarer Major Depression,
	ohne psychotische Symptome
Anwendung:	Allein oder in Kombination mit antidepressiver Medikation
Behandlungsfokus:	Aktuelle zwischenmenschliche Probleme, die mit
	der depressiven Episode im Zusammenhang stehen
Hintergrund:	Hauptsächlich auf empirischen Befunden zur Entstehung und
	Aufrechterhaltung von Depressionen beruhend
Zuordnung:	Keiner bestimmten Therapieschule zugeordnet
Sichtweise der	
Depressionsverursachung:	Multifaktoriell
Therapeutenrolle:	Aktiv, unterstützend, sich auf die Seite des Patienten stellend
	An einem Therapeutenmanual ausgerichtet
	Empirisch als wirksam belegt

rung zu orientieren. Er muß sich nicht mehr an zum Teil dogmatisch vorgeschriebene Richtlinien einer Therapieschule halten. Die IPT ist insgesamt relativ wenig an bestimmten Techniken, sondern vielmehr an spezifischen Interventionsschritten orientiert. Sie beansprucht jedoch nicht den Status einer eigenen, in sich geschlossenen Therapieschule.

Eine Zusammenfassung der wichtigsten Merkmale der IPT findet sich in Tabelle 1.

2.2
Entstehung und Verbreitung der IPT in den USA

Die Entwicklung der IPT begann 1968 im Rahmen einer Multicenterstudie zur Rückfallprophylaxe depressiver Erkrankungen nach erfolgreicher pharmakotherapeutischer Akutbehandlung. Zu dieser Zeit war die Wirksamkeit trizyklischer Antidepressiva zur Behandlung akuter Depressionen bereits unumstritten, jedoch die optimale Dauer medikamentöser Therapie und die Rolle der Psychotherapie bei der prophy-

laktischen Behandlung noch unklar. Die IPT wurde eigens für diese Untersuchung entwickelt. Die Studie blieb für lange Zeit die einzige kontrollierte Untersuchung, die sich mit der prophylaktischen Wirkung von Psychotherapie beschäftigte (Klerman et al., 1974). Abgeleitet aus klinischer Erfahrung und empirischen Beobachtungen ging es den Autoren bei der Entwicklung der IPT nicht darum, eine neuartige oder besonders originelle Psychotherapieform zu entwerfen, sondern vielmehr, ein strukturiertes psychologisches Therapieverfahren zu schaffen, das sich mit der operationalisierten und standardisierten medikamentösen Behandlungsbedingung vergleichen ließ: *„Our intent was not to develop a new psychotherapy but to describe what we believed was reasonable and current practice with depressed patients ..."* (zitiert nach Klerman, Weissman, 1993, S. 4). Mit dem Ziel, das Verfahren zu standardisieren um seine Wirksamkeit zu überprüfen, wurden Konzepte, Strategien und Methoden in einem Manual beschrieben. Die Behandlungsdauer wurde mit einer pharmakologischen Therapie vergleichbar gehalten. Das Behandlungsmanual liefert eine systematische Aufstellung von Vorgehensweisen, die sich zur Behandlung der Depression als effektiv erwiesen hatten und von denen man weiß, daß sie für den Erfolg einer Psychotherapie von Bedeutung sind (beispielsweise die genaue Aufklärung des Patienten über seine Störung). Die pragmatische Auffassung der Begründer der IPT zeigt sich weiterhin in der Orientierung an der atheoretischen diagnostischen bzw. nosologischen Einordnung der Depression nach DSM.

Aus dieser pragmatischen Haltung heraus bemühten sich die Autoren der IPT, das Verfahren von Anfang an in vergleichenden klinischen Untersuchungen auf dessen Wirksamkeit zu überprüfen. Nach dem Nachweis der Effizienz der IPT bei der akuten Depressionsbehandlung wurde der Ansatz von den Autoren selbst sowie von anderen Forschungsgruppen für andere Arten psychischer Störungen modifiziert und untersucht. Auch bezüglich der Anwendung bei verschiedenen Altersgruppen und als Erhaltungstherapie bei affektiven Erkrankungen sind die ersten Ergebnisse ermutigend. Sie bestätigen den Trend, sich von schulorientierten Verfahren zu lösen und sich Therapien zuzuwenden, die auf die spezifischen Merkmale der jeweiligen Störung zugeschnitten sind.

Trotz der überzeugenden Wirkungen hat die IPT in den USA bisher nur zögernd Einzug in Ausbildungsprogramme für Ärzte und Psychologen oder in die klinische Praxis gefunden. Die Anwendung im stationären Rahmen ist aufgrund der durchschnittlich sehr kurzen Aufenthaltsdauer in amerikanischen Kliniken ohnehin kaum zu erwarten. Das Interesse an diesem Ansatz ist in jüngerer Zeit stark gestiegen, und zwar aufgrund der kürzlich erschienenen Publikation der sogenannten „practice guidelines" der American Psychiatric Association (Karasu et al., 1993), die IPT als eine wirksame Form der Depressionsbehandlung empfiehlt. Ebenso hat sie aufgrund neuer Veröffentlichungen von Effektivitätsdaten sowie wegen der geplanten Veränderungen im amerikanischen Gesundheitssystem ein breites Echo gefunden. Die praktische Anwendung scheint derzeit jedoch auf die jeweiligen universitären Forschungszentren (beispielsweise University of Pittsburgh, Columbia University und Cornell University) beschränkt zu sein. Ein Grund dafür sind möglicherweise die mangelnden Ausbildungsangebote. Weder in den USA noch in Deutschland liegt ein einheitliches Curriculum für die Ausbildung in Interpersoneller Psychotherapie vor. Kein Ausbildungsinstitut bietet kontinuierlich Training und Supervision in IPT einschließlich seiner modifizierten Formen an. Trotz des Erfolgs der IPT scheint sich einerseits auf Grund der schulenunabhängigen Konzeption dieses Ansatzes keine der traditionellen Therapieschulen berufen zu fühlen, IPT in ihr Curriculum zu integrieren. Andererseits haben auch die Begründer dieser Methode eine Institutionalisierung des von ihnen entwickelten Verfahrens nicht betrieben. Es liegt allerdings ein umschriebenes IPT-Trainingsprogramm für erfahrene Psychotherapeuten vor, das im Rahmen des National Institute of Mental Health Treatment of Depression Collaborative Research Program (NIMH-TDCRP) entwickelt und getestet wurde. Dieses Trainingsprogramm umfaßte ursprünglich einen etwa 40stündigen didaktischen sowie einen Supervisionsteil (detailliertere Angaben zur Ausbildung s. Kap. 22). Außerhalb des Forschungsbereiches werden didaktische Seminare, Workshops oder Einführungskurse auf Anfrage oder je nach Gelegenheit auf Kongressen durchgeführt.

Ein anderer möglicher Grund für die begrenzte Verbreitung des Verfahrens in den USA könnte darin bestehen, daß die Erstattung von Psychotherapie bisher nicht auf bestimmte Verfahren, wie beispielsweise strukturierte Kurzverfahren oder wissenschaftlich überprüfte Ansätze, beschränkt war. Ob und wie sich dies durch die anstehende Gesundheitsreform in den USA verändern wird, ist noch unklar. Es wird jedoch für die Zukunft davon ausgegangen, daß nachgewiesenermaßen wirksame Kurz-therapien, wie die kognitive Therapie oder IPT, eine bessere Chance auf Kostenerstat-tung haben als die traditionellen psychody-namischen Langzeittherapien (Markowitz, 1995).

2.3
Entstehung und Verbreitung der IPT im deutschsprachigen Raum

Durch die zahlreichen Forschungsarbeiten von Klerman und Weissman und der Pitts-burgher Arbeitsgruppe um Ellen Frank (s. Kap. 5), durch die positive Beurteilung des Wirksamkeitsprofils in der Metaanalyse psychotherapeutischer Verfahren durch Grawe und Mitarbeiter (Grawe, Donati, Ber-nauer, 1994) sowie durch mehrere Über-sichtsartikel in deutschsprachigen Fach-zeitschriften (Schramm u. Berger, 1994; Schramm, 1994; Pfeifer u. Waldner, 1994; Schramm, 1995) hat die IPT im deutsch-sprachigen Raum einen gewissen Bekannt-heitsgrad erreicht, ohne auch hier bereits breit in den klinischen Alltag übernommen worden zu sein. Das Interesse an diesem Therapieansatz scheint allerdings sowohl bei Psychiatern als auch bei ärztlichen und psychologischen Psychotherapeuten zuzu-nehmen.

Die Einführung der IPT in den deutsch-sprachigen Ländern stand ebenfalls im Zusammenhang mit der geplanten Durch-führung eines umfassenden Forschungs-projektes zur Rezidivprophylaxe depres-siver Erkrankungen. Die von der pharmazeutischen Industrie finanzierte Vorbereitung auf diese Studie, die jedoch aus firmeninternen Gründen letztendlich nicht zur Realisierung kam, beinhaltete die Ausbildung von IPT-Therapeuten an 10 Universitätskliniken. Nach eigener Ausbil-dung in den USA wurden im Laufe der letz-ten Jahre von der Autorin über 800 Thera-peuten im Rahmen didaktischer Seminare in die Durchführung Interpersoneller Psy-chotherapie eingeführt. Die große Mehrzahl dieser Psychologen und Ärzte wollten IPT zur Anwendung in ihrer täglichen Praxis erlernen. Mehrere klinische Zentren führen IPT unter Supervision durch, so daß von ei-ner zunehmenden Verbreitung des Verfah-rens im deutschsprachigen Raum auszuge-hen ist. Bereits über 15 Therapeuten sind als IPT-Trainer ausgebildet worden. Einzel-ne Therapievergleichsstudien sind derzeit von verschiedenen Arbeitsgruppen in Pla-nung bzw. bereits in der Durchführung. Gute Erfahrungen liegen mit der Ein-führung der IPT-Ausbildung in das Weiter-bildungsprogramm zum Arzt für Psychiatrie und Psychotherapie an der Universitäts-klinik für Psychiatrie und Psychosomatik in Freiburg vor.

Supervidierte Fälle von Weiterbildungs-assistenten machten deutlich, daß die erfolg-reiche Durchführung von IPT (bei entspre-chendem Training) auch durch weniger erfahrene Therapeuten möglich ist. Dies läßt sich möglicherweise damit erklären, daß die IPT der üblichen Vorgehensweise vieler Kliniker bei der Behandlung depres-siver Patienten nahekommt, beispielsweise bezüglich der Diagnosestellung im Rahmen des medizinischen Krankheitsmodells, in der Form der Informationsvermittlung und dem explorativen Vorgehen. Ähnlich posi-tive Beobachtungen werden von der Pitts-burgher Arbeitsgruppe und von Markowitz (1995) bei der Implementierung des IPT-Trainings in das „residency training pro-gram" beschrieben, welches ungefähr dem Ausbildungsprogramm zum Facharzt für Psychiatrie und Psychotherapie in Deutsch-land entspricht.

Mit dem „Arbeitskreis Interpersoneller Psychotherapeuten" ist die Gründung einer Deutschen Gesellschaft für IPT geplant. In diesem Rahmen sollen jährliche Symposien stattfinden, mit dem Ziel, Erfahrungen auszutauschen sowie Studien zu planen und berufspolitische Perspektiven zu diskutieren.

Unter den Aspekten der Ökonomie, der Zeiteffizienz und der Wirksamkeit ist zu erwarten, daß dieses strukturierte Therapieverfahren eine zunehmende Bedeutung bei der Depressionsbehandlung erlangen wird. Dies gilt vor allem in Hinblick auf die jüngsten gesundheitspolitischen Entwicklungen in Deutschland wie das Gesundheitsstrukturgesetz und die zunehmenden finanziellen Restriktionen im Gesundheitswesen. Von Interesse ist der Trend zu einer Erweiterung des Anwendungsspektrums der IPT. Für die Zukunft könnte dies bedeuten, daß die Interpersonelle Psychotherapie mit ihren Modifikationen als Ausgangspunkt für eine Vielzahl störungsspezifischer Psychotherapieformen jenseits der tradierten Schulrichtungen werden könnte.

Nach diesem kurzen Abriß über die Entstehung und weitere Entwicklung der IPT soll in den folgenden Kapiteln auf die praktische Durchführung des Verfahrens eingegangen werden.

▌ Literatur

Bergin AE, Garfield SL. Overview, trends, and future issues. In: Bergin AE & Garfield SL (eds). Handbook of Psychotherapy and Behavior Change, 4th ed. New York: Wiley & Sons 1994a.

Bergin AE & Garfield SL (eds). Handbook of Psychotherapy and Behavior Change, 4th ed. New York: Wiley & Sons 1994b.

Grawe K, Donati R, Bernauer F. Psychotherapie im Wandel – Von der Konfession zur Profession (3. Aufl). Göttingen: Hogrefe 1994.

Karasu TB, Docherty JP, Gelenberg A, Kupfer DJ, Merriam AE, Shadoan R. Practice guidline for major depressive disorder in adults. Am J Psychiatry 1993; 150 (suppl.): 1-26.

Klerman GL, Di Mascio A, Weissman MM, Prusoff BA, Paykel ES. Treatment of depression by drugs and psychotherapy. Am J Psychiatry 1974; 131:186-91.

Klerman GL, Weissman MM, Rounsaville BJ, Chevron ES. Interpersonal Psychotherapy of Depression. New York: Basic Books 1984.

Klerman GL, Weissman MM (eds). New Applications of Interpersonal Psychotherapy. Washington: American Psychiatric Press 1993; 353- 78.

Meyer A. Psychobiology: A Science of Man. Springfield: Thomas 1957.

Pfeifer S, Waldner P. Interpersonelle Therapie der Depression – ein integrativer Ansatz für die Praxis. Schweiz Rundschau Med (Praxis) 1994; 35:963-8.

Sullivan HS. The Interpersonal Theory of Psychiatry. New York: Norton 1953.

Schramm E, Berger M. Zum gegenwärtigen Stand der Interpersonellen Psychotherapie. Nervenarzt 1994; 65:2-10.

Schramm E, Interpersonelle Psychotherapie. Psychotherapeut 1994; 38:327-35.

Schramm E, Interpersonelle Psychotherapie der Depression. Fundamenta Psychiatrica 1995; 9:144-52.

3 Diagnostische und psychoedukative Phase der IPT – Epidemiologie, Diagnose und Verlauf depressiver Erkrankungen

Inhalt

Zu Beginn der IPT beschäftigt sich der Therapeut eingehend mit der Depression, indem er die Störung diagnostisch abklärt und den Patienten über seine Erkrankung informiert. Daher ist ein umfassendes Wissen des Behandelnden über depressive Erkrankungen von großer Bedeutung. Außerdem ist es wichtig, daß der Therapeut in den anfänglichen Sitzungen als „Depressionsexperte" auftritt und damit dem Patienten das Gefühl vermittelt, sich an die richtige Stelle gewandt zu haben. Später soll der Patient dann selbst mehr und mehr zum Experten für seine Störung werden.

In den nun folgenden Abschnitten werden ausführliche Informationen über Häufigkeit, Risikofaktoren, Klassifikation, Symptomkonstellation, Prognose und Krankheitsverlauf depressiver Störungen gegeben, die der Therapeut als Grundlage für die Psychoedukation verwenden kann. Über die gegenwärtig zur Verfügung stehenden Depressionsbehandlungen wird in Kapitel 3 berichtet. Als Hilfestellung bei der Informationsvermittlung wird im Anhang (S. 307) eine übersichtliche Zusammenstellung der zehn wichtigsten Fakten über Depressionen in Form einer Checkliste sowohl für den Therapeuten als auch für den Patienten zur Verfügung gestellt. Im Anhang ab Seite 311 findet sich außerdem eine Informationsbroschüre zum Thema Depressionen für den Patienten und seine Angehörigen, die zu Beginn der Behandlung ergänzend zur mündlichen Aufklärung ausgehändigt werden kann.

Im folgenden wird in erster Linie auf die Major Depression nach DSM-IV, beziehungsweise depressive Episoden nach ICD-10 Bezug genommen, da die IPT zur Behandlung eben dieser Erkrankung entwickelt wurde. Andere Formen affektiver Störungen, wie beispielsweise die Dysthymie oder die Bipolare Störung, werden aus diesem Grund nur kurz abgehandelt.

3.1 Epidemiologie und Risikofaktoren

Die gegenwärtige Zeit wird häufig als „Epoche der Melancholie" bezeichnet. Während die ersten Jahrzehnte nach dem zweiten Weltkrieg angesichts der atomaren Bedohung übereinstimmend als „Zeitalter

Tabelle 3.1 Prävalenzraten (Prozent): Verschiedene Studien im Vergleich

Major Depression Region/Autoren	N	Sechsmonatsprävalenz	Lebenszeitprävalenz
Vereinigte Staaten			
(Regier et al., 1988; ECA)	18572	2.2#	5.8
(Blazer et al., 1994)	8098	4.9#	17.1
Deutschland			
(Wittchen et al., 1992)	501	3.0	9.0
Puerto Rico			
(Canino et al., 1987)	1551	–	4.6
Kanada			
(Bland et al., 1988)	3258	3.2	8.6
Taiwan			
(Hwu et al., 1989)	11004		
Taipei	5004	0.6*	0.9
Kleinstädte	3004	1.1*	1.7
Ländliche Gebiete	2995	0.8*	1.0
Neuseeland			
(Oakley-Browne et al., 1989)	1498	5.3	12.6
Schweiz			
(Angst u. Wicki, 1991)	591	–	12.3

Einmonatsprävalenz, * Einjahresprävalenz

der Angst bezeichnet" wurden, sprechen jedoch epidemiologische Daten dafür, unser Zeitalter als das der Melancholie zu klassifizieren. Hierzu tragen auch die Erkenntnis der Bedeutung psychosozialer Risikofaktoren bei der Entwicklung depressiver Störungen und Zeitgeistphänomene wie beispielsweise steigender Werteverlust, zunehmende Gewalt, Umweltzerstörung und steigende Scheidungsraten bei. Nach Angaben der Weltgesundheitsorganisation entwickeln jedes Jahr mindestens hundert Millionen Menschen eine behandlungsbedürftige Depression. Trotz der Erkenntnis, daß Depressionen ein bedeutsames Gesundheitsproblem sind, muß man davon ausgehen, daß sie in der Praxis nicht nur unter- und fehldiagnostiziert, sondern auch unter- und fehlbehandelt werden.

Unipolar depressive Erkrankungen sind neben Angststörungen die häufigsten psychiatrischen Diagnosen. Die angegebenen Prävalenzraten unterscheiden sich allerdings von Studie zu Studie, nicht zuletzt aufgrund unterschiedlicher Diagnosekriterien, Erfassungsinstrumente und erfaßter Regionen (s. Tab. 3.1).

Die bekannteste, 1980 bis 1983 an über 18 000 erwachsenen Amerikanern durchgeführte „Epidemiologic Catchment Area" (ECA)-Studie erbrachte für die Major Depression eine Einmonatsprävalenz von 2,2 Prozent und eine Lebenszeitprävalenz von 5,8 Prozent (Regier et al., 1988). In einer neueren Untersuchung in den USA von Blazer und Kollegen (Blazer et al., 1994) an einer nationalen Stichprobe von 8 098 Personen zeigte sich eine weitaus höhere Punktprävalenz von 4,9 Prozent und ein Lebenszeitrisiko von 17,1 Prozent. Auch andere amerikanische Untersuchungen fanden höhere Prävalenzraten bezogen auf die Lebenszeit von bis zu 26 Prozent für Frauen und 12 Prozent für Männer, so daß sich für viele Wissenschaftler die Frage stellte, ob es sich bei den in der ECA-Studie gefundenen Prävalenzen um Unterschätzungen handelt (Joyce, 1994).

Die Häufigkeit des Auftretens der Depression weist außerdem trotz Anwendung derselben diagnostischen Kriterien (DSM-III) und desselben vollstandardisierten Erfassungsinstrumentes (Diagnostic Interview Schedule) wie bei der ECA-Studie Unterschiede in verschiedenen Ländern auf. Neuseeland liegt dabei mit 12,6 Prozent an der Spitze, gefolgt von Kanada mit 8,6 Prozent, während Länder wie Südkorea und Taiwan deutlich niedrigere Prävalenzraten von 3,4 beziehungsweise 0,9 bis 1,7 Prozent zeigten (Klerman u. Weissman, 1993). Die hohe Rate in Neuseeland wurde allerdings nicht gleichermaßen in allen Alters- und Geschlechtsgruppen gefunden, sondern beruht auf höheren Werten in der Gruppe der älteren Frauen und jüngeren Männern (Oakley-Browne et al., 1989). In Deutschland wird die Lebenszeiterkrankungsrate der Major Depression mit 9 Prozent, die Sechsmonatsprävalenz mit 3 Prozent angegeben (Wittchen et al., 1992). Eine vergleichsweise hohe Lebenszeitprävalenz von 12,3 Prozent wurde in der Züricher Kohorten-Studie für die Major Depression unter Anwendung der DSM-III-R Kriterien gefunden (Angst u. Wicki, 1991).

Die genannten Untersuchungen ließen eine Vielzahl von Risikofaktoren und Trends erkennen (s. Tab. 3.2). Dabei zeigte sich in fast allen Studien, unabhängig von zeitlichen und kulturellen Faktoren, das weibliche Geschlecht mit einem zwei- bis dreimal so hohen Erkrankungsrisiko als deutlichster Faktor (Klerman u. Weissman, 1989; Coryell, Endicott, Keller, 1992; Karasu et al., 1993). Es wird jedoch kontrovers diskutiert, ob es sich dabei um einen tatsächlich bestehenden Unterschied handelt. Falls ja, stellt sich die Frage, ob dieser Unterschied auf biologische, wie beispielsweise hormonelle oder soziale Faktoren zurückzuführen ist, oder ob die gefundene Differenz zwischen den Geschlechtern lediglich die unterschiedliche Angabe von Symptomen widerspiegelt (Wilhelm u. Parker, 1989). Auch das behaviorale Modell der erlernten Hilflosigkeit wird in diesem Zusammenhang diskutiert.

Tabelle 3.2 **Risikofaktoren der Depression**

- Weibliches Geschlecht
- Jüngeres Alter
- Genetische Variablen
- Chronische körperliche Erkrankung
- Mißbrauch psychotroper Substanzen
- Belastende Lebensereignisse (insbeondere Verlustereignisse und partnerschaftliche Konflikte)
- Chronische soziale oder interpersonelle Belastung (insbesondere durch Spannungen in der Partnerschaft)
- Mangelnde soziale Unterstützung
- Städtische Umgebung
- Niedriger sozioökonomischer Status

Es gibt vereinzelt Hinweise darauf, daß der ausgeprägte Geschlechtsunterschied hauptsächlich bei weniger schweren Formen und vorwiegend in Bevölkerungsstichproben auftritt (Romanoski et al., 1992; Bebbington, 1994) und sich zum Beispiel nicht bei psychotischen Depressionen beziehungsweise bei Patientenstichproben nachweisen läßt (Fenning, Bromet, Jandorf, 1995; Iacono u. Beiser, 1992). Möglicherweise sind daher eher soziale als biologische Faktoren dafür verantwortlich, daß Depression bei Frauen in der Allgemeinbevölkerung überwiegen, da diese eher Hilfe und Behandlung suchen. Nach Angst und Mitarbeiter (Angst u. Dobler-Mikola, 1984) läßt sich die Diskrepanz mit der inadäquaten Anwendung der gleichen diagnostischen Kriterien für Männer und Frauen und nicht mit real bestehenden Unterschieden begründen, und das Phänomen würde beim Einsatz eines adäquaten Kriteriums, wie beispielsweise das der Leistungsbeeinträchtigung, verschwinden. Diese Hypothese ließ sich jedoch durch neuere Arbeiten nicht unterstützen (Young et al., 1990; Fennig, Schwartz, Bromet, 1994).

Berücksichtigt man neuere Untersuchungen in diesem Bereich, erscheint es am wahrscheinlichsten, daß der Geschlechterunterschied auf eine Kombination biologischer und psychosozialer Faktoren zurückzuführen ist (Pajer, 1995).

Ein weiterer gut belegter Risikofaktor wird in genetischen Variablen gesehen. Die Erkrankung tritt bei Verwandten ersten Grades von depressiven Patienten 1,5 bis 3 mal so häufig auf wie in der Allgemeinbevölkerung. Durch genetisch-epidemiologische Forschung konnte außerdem nachgewiesen werden, daß es sich bei bestimmten Subtypen der Depression um distinkte Störungen mit individuellem Muster familiärer Verteilung handelt. Weiterhin prädisponieren chronische körperliche Erkrankungen und der Mißbrauch psychotroper Substanzen für das Auftreten einer Depression (Karasu et al., 1993).

Die Mehrzahl epidemiologischer Studien befaßte sich jedoch mit psychosozialen Risikofaktoren (s. zus. Kap. 5.1.1; O'Connell u. Mayo, 1988). Dabei konnte die Bedeutung belastender Lebensereignisse, insbesondere der Verlust einer wichtigen Beziehung durch Trennung, Scheidung oder Tod für das Auftreten einer Depression in zahlreichen Untersuchungen nachgewiesen werden (Paykel u. Cooper, 1992). Eine allgemeingültige Erkenntnis aus der Vielzahl der Studien aus dem Bereich der Lifeevent-Forschung ist, daß belastende Ereignisse häufiger der ersten als der darauffolgenden depressiven Episoden vorangehen. Anscheinend spielen psychosoziale Stressoren die größte Rolle beim Beginn der Erkrankung und setzen den Patienten danach möglicherweise durch ausgelöste anhaltende biologische Veränderungen einem erhöhten Risiko für weitere Störungsepisoden aus.

Getrennt lebende, geschiedene oder verwitwete Menschen weisen insgesamt höhere Erkrankungsraten auf als verheiratete und ledige Personen (Smith u. Weissman, 1992; Blazer et al., 1994). Jedoch spielt höchstwahrscheinlich die Qualität, und nicht allein das Fehlen oder Vorhandensein enger Beziehungen die ausschlaggebende Rolle (Hickie, Parker, Wilhelm, Tennant, 1991). In diesem Zusammenhang konnte belegt werden, daß der Einfluß mangelnder sozialer Unterstützung das Depressionsrisiko erhöht. Umgekehrt erwiesen sich vertrauensvolle und tragende Beziehungen als wirksamer Schutzfaktor. Auch das erweiterte soziale Umfeld scheint einen potentiellen Risikofaktor darzustellen. So wurden in städtischen Gebieten höhere Depressionsraten als in ländlichen Regionen gefunden, was sich mit einem weniger tragenden sozialen Netz erklären ließe (Blazer, Cromwell, George, 1986; Regier et al., 1988). In der jüngsten epidemiologischen Umfrage von Blazer und Mitarbeitern (Blazer et al., 1994) ließ sich dieser Befund jedoch nicht replizieren, was die Autoren auf die Unterschiede in der jeweils erfaßten Region zurückführen. Ein niedriger sozioökonomischer Status zeigte in der ECA-Studie per se im Gegensatz zu anderen Untersuchungen keinen negativen Einfluß auf das Erkrankungsrisiko, (Myers et al., 1984, Bruce, Takeuchi, Leaf, 1991).

Eine der interessantesten Beobachtungen bei der Epidemiologie der Depression ist es, daß die Prävalenz der Major Depression über die Zeit hinweg stark zunimmt und sich das Ersterkrankungsalter ins Jugend- und junge Erwachsenenalter vorverlagert. Die Depressionsraten zeigen bei jungen Männern einen steileren Anstieg als bei jungen Frauen und sorgen somit dafür, daß der oben erwähnte Geschlechtsunterschied bei den Prävalenzen abnimmt (Joyce, 1994). Depressive Erkrankungen stellen einen bedeutenden Risikofaktor für Suizid bei jungen Männern dar, so daß bei den Suizidraten in dieser Gruppe ebenfalls ein Anstieg zu beobachten ist. (Asgard, Nordstrom, Raback, 1987; Klerman, 1987; Klerman u. Weissman, 1989; Skegg u. Cox, 1991). Allerdings wurde in dieser Altersgruppe der ebenfalls ansteigende Substanzmißbrauch als wichtiger Suizid- sowie Depressionsrisikofaktor identifiziert (Rich, Young, Fowler, 1986).

Insgesamt ließen sich in neueren Untersuchungen folgende durch zeitliche Faktoren bedingte Veränderungen bei der Depressionsrate feststellen (Klerman u. Weissman, 1989; Lewinsohn et al., 1992; Karno et al., 1987; Lavori et al., 1987; Wickramaratne, Weissman, Leaf, Holford, 1989):

1. Ein deutlicher Anstieg der Depressionsrate bei Kohorten mit Geburtsdaten nach 1935-1945.
2. Eine Zunahme der Ersterkrankungen sowie der Depressionsrate im Jugendbeziehungsweise frühen Erwachsenenalter.
3. Ein Anstieg der Raten für Kohorten mit Geburtsdaten zwischen 1960 und 1975, mit einer Zunahme bei allen Altersgruppen, insbesondere aber bei jüngeren Altersgruppen in diesem Zeitraum.

Personen, die nach 1950 geboren wurden, haben im Vergleich zu ihren Großeltern ein 3- bis 10fach erhöhtes Risiko, an einer Depression zu erkranken. Entgegen früherer Vorstellungen fand man mit zunehmendem Lebensalter kein erhöhtes, sondern ein verringertes Depressionsrisiko. Diese Trends wurden übereinstimmend in den USA, Deutschland, Kanada und Neuseeland gefunden, jedoch nicht im gleichen Ausmaß in Korea oder Puerto Rico.

Womit lassen sich diese Ergebnisse erklären? Ist die Depressionsrate tatsächlich angestiegen? Oder handelt es sich um Artefakte, die durch veränderte diagnostische Kriterien, verbesserte wissenschaftliche Methoden, verstärkte Aufmerksamkeit für das Problem, selektive Mortalität und/oder Institutionalisierung bedingt sind. Solche Artefakte können auch auf Erinnerungsschwierigkeiten bei den älteren Befragten an vergangene Depressionsphasen oder die Interpretation derselben als nicht psychisch beruhen. Andere Erklärungsansätze für die Zunahme der Depressionsrate insgesamt und insbesondere bei jüngeren Menschen beinhalten Veränderungen in der Familienstruktur mit einem Trend zu kleineren und inkohäsiveren Familien, erhöhte geographische Mobilität und die damit verbun-

dene Abnahme dauerhafter sozialer Beziehungen, Veränderungen der Rollenerwartungen bei Frauen, zunehmende Urbanisierung, Steigerung der beruflichen Anforderung sowie zunehmende soziale Orientierungslosigkeit und Werteverlust. Auch biologische und umweltbezogene Ursachen wie zum Beispiel veränderte Ernährung oder gesteigerter Alkohol- und Drogenkonsum werden diskutiert. Studien, die diese Fragen beantworten können, stehen noch aus.

Interessanterweise zeigt eine neuere epidemiologische Untersuchung, die erstmals gezielt Unterschiede im Risikoprofil reiner im Vergleich zu komorbider Major Depression analysierte, daß einige der mit Depression assoziierten Risikofaktoren wie beispielsweise jüngeres Alter, niedriges Einkommen etc., nur bei komorbid Depressiven gefunden wurden, aber nicht bei Personen mit reiner Major Depression (Blazer et al., 1994). Depression ist eine Störung, die mit etwa 50 Prozent eine hohe Komorbiditätsrate aufweist, insbesondere mit Angststörungen, Substanzmißbrauch und Persönlichkeitsstörungen. Die Autoren stellen aufgrund ihrer Ergebnisse die Frage, ob es sich bei der komorbiden Major Depression um eine eher umweltbedingte Störung handeln könnte. Denn äußere Belastungen, die zu depressiven Symptomen führen, lösen ebenso Angstsymptome, Substanz- und Alkoholmißbrauch aus und spielen somit möglicherweise eine ausschlaggebende ätiologische Rolle. Im Gegensatz dazu ist die reine Depression möglicherweise weniger von psychosozialen Faktoren oder von einem ganz bestimmten Profil psychosozialer Korrelate beinflußt. Die höhere Prävalenz bei Frauen und bei ausschließlich im eigenen Haushalt arbeitenden Personen traf sowohl für reine als auch für komorbide Depression zu.

Zusammengefaßt zeigen neuere epidemiologische Daten, daß Depression häufiger und in jüngerem Alter auftritt, und schwerere und anhaltendere Beeinträchtigung verursacht, als man früher annahm. Neben geschlechtsbezogenen und genetischen muß insbesondere psychosozialen Variablen eine erhöhte Bedeutung als Risikofaktoren beigemessen werden.

3.2 Diagnose und Klassifikation

3.2.1 Begriffsklärung

Der Begriff Depression weist ein weites Bedeutungsspektrum auf. Wenn wir von Depression sprechen, müssen wir zwischen normaler affektiver Verstimmung, übersteigerter affektiver Reaktion – beispielsweise im Rahmen einer Persönlichkeitsstörung – und einem klar definierten klinisch depressiven Syndrom unterscheiden. Als Stimmung stellt Depression im Sinne von Traurigkeit oder Trauer eine uns allen bekannte normale menschliche Erfahrung dar. Und nicht nur Menschen, auch Säugetiere sind zu depressivem Erleben in der Lage. Darwin berichtete als erster über depressives Erleben als Reaktion auf biologische Hilflosigkeit beim Säugetierjungen, das abhängig vom Schutz, der Ernährung und Fürsorge der Mutter in das Leben tritt. Die Fähigkeit zum Ausdruck von Gefühlen, so Darwin, sei im Rahmen biologischer Evolution als Beitrag zum Überleben aller Säugetierarten zu sehen. Klerman (1974) und andere Autoren (Bowlby, 1969; Harlow, Harlow, Suomi, 1971) stellten fest, daß die Fähigkeit, depressive Gefühle zu erfahren, wesentlich zur Entwicklung sozialer Bindungen und erlerntem sozialen Verhalten bei Säugetieren, Primaten und insbesondere beim Menschen beigetragen habe und damit beim Überleben und der Weiterentwicklung der menschlichen Spezies eine wichtige Rolle spielte. Seligman (1975) beschrieb Depression im Rahmen der phylogenen Entwicklung als energiesparende Reaktion auf Situationen, in denen sich aktive Copingmechanismen erschöpft hätten.

Ob als Reaktion auf ein belastendes Ereignis oder in Antizipation desselben, ob als Ausdruck allgemeiner Unzufriedenheit oder als biorhythmisch bedingte Stimmungsschwankung im Rahmen mangelnden Schlafs oder der Menstruation, gehört das Gefühl der Niedergeschlagenheit, Verstimmtheit, Traurigkeit und Enttäuschung zu der Bandbreite üblichen menschlichen Erlebens. Das Herabgestimmtsein ist in der Regel vorübergehend und beeinträchtigt die gewohnte Leistungsfähigkeit und das soziale Funktionsniveau nur mäßig. Die Unterscheidung zwischen „normalem" und pathologischem Herabgestimmtsein ist nicht einfach und Gegenstand depressionswissenschaftlicher Kontroversen. Der Unterschied ist selbst vom Betroffenen nicht immer klar erkennbar, denn natürlich befindet sich – wie häufig bei psychiatrischen Störungen – zwischen eindeutig gesund und eindeutig krank eine Grauzone.

Als Symptom äußert sich die Verstimmung als anhaltende, beträchtlich über das Ausmaß normaler Stimmungsschwankungen hinausgehende Veränderung der Grundstimmung und wird häufig im Rahmen einer köperlichen oder anderen psychiatrischen Störung beobachtet. Qualitativ kann sich die depressive Stimmungslage als Symptom vom normalen Traurigsein abheben und beispielsweise eher als innere Leere oder Gefühllosigkeit empfunden werden.

Beim depressiven Syndrom im Sinne einer psychiatrischen Erkrankung handelt es sich um eine spezifische Konstellation verschiedener Symptome, die in regelhafter Weise im gleichen Zeitraum auftreten, für längere Zeit anhalten und als beeinträchtigend empfunden werden. Die Betroffenen leiden typischerweise unter niedergeschlagener, hoffnungsloser, oft auch ängstlicher Stimmung, gestörtem Schlaf, Interessensverlust, Antriebslosigkeit, Konzentrationsstörungen, Appetitlosigkeit, innerer Unruhe, Libidoverlust und Selbstzweifel bis hin zu Selbstmordgedanken. Die Schwierigkeit der Abgrenzung eines depressiven Syndroms von nicht-pathologischer Verstimmung läßt unter anderem erklären, warum sich nur etwa die Hälfte der Betroffenen und viele erst nach wochen- bis monatelangem Abwarten in Behandlung begeben (Monroe, Simons, Thase, 1991; Kaplan, Sadocks, 1994) und damit ihre kurzfristige Prognose erheblich verschlechtern. Bei diesen 50 Prozent wiederum wird die Depression von Ärzten sehr häufig nicht erkannt und selbst wenn, dann meist nicht angemessen behandelt, so daß man allgemein von der Depression als unzureichend diagnostizierte und behandelte Störung spricht.

3.2.2 Entwicklungsgeschichte der Klassifikation depressiver Störungen

Die heutige Konzeptualisierung der Stimmungsstörungen, wie wir sie in der neuesten Version des „Diagnostischen und Statistischen Manuals Psychischer Störungen" (DSM-IV) und vergleichbar in der 10. Revision der „Internationalen Klassifikation der Krankheiten" (ICD-10) finden, blickt auf eine lange Vorgeschichte lebhafter Debatten unter Klinikern und Forschern zurück. Diese wurden seit Beginn dieses Jahrhunderts wesentlich von bedeutenden Vertretern der Psychiatrie, wie zum Beispiel Kahlbaum, Kraepelin, Hoche, Bleuler, Jaspers, Adolf Meyer, Lewis, Gillespie, Leonhard und anderen, aber auch von verschiedenen Schulrichtungen wie beispielsweise der Psychoanalyse, sowie von neurobiologischen Entdeckungen wie zum Beispiel der Wirkweise der Antidepressiva, beeinflußt. Diskutiert wurden dabei unter anderem:
- Kategoriale Unterteilungsprinzipien wie 'neurotisch-psychotisch', 'reaktiv-endogen', 'primär–sekundär', oder 'unipolar–bipolar', die depressive Erkrankungen zwei distinkten nosologischen Einheiten zuzuordnen versuchten.
- Der dimensionale Ansatz, psychotische/endogene Formen und neurotische Formen depressiver Störungen als zwei Pole eines Kontinuums zu definieren.
- Das Konzept, psychische Erkrankungen als Versuch des Individuums zu betrachten, sich an veränderte Umweltbedingungen anzupassen, bei dem biologische Prozcsse keine privilegierte Position innerhalb der determinierenden Faktoren einnehmen.
- Die Anzahl und Arten beziehungsweise Subtypen depressiver Störungen.
- Die Bedeutung genetischer, biochemischer, intrapsychischer, situativer, entwicklungsbedingter und interpersoneller Aspekte bei der Entwicklung der Depression.

Emil Kraepelin (1913) ordnete die Depression der breiten Kategorie des „manisch-depressiven Irreseins" zu, welche die gesamte Bandbreite affektiver Störungen von unipolarer Depression, über Manie bis hin zur depressiven Persönlichkeit umfaßte. Er grenzte sie damit als distinkte Krankheitseinheit von der Demetia praecox (später von Bleuler in „Schizophrenie" umbenannt) ab, die sich seinem Konzept nach bezüglich des Verlaufs, der Ursache und der Prognose unterschied. Beide Erkrankungen wurden von ihm als endogene Psychosen bezeichnet. Kraepelin nahm nämlich an, daß die Ursache für die manisch-depressive Erkrankung auf „dauerhaften inneren Veränderungen" beruhte, „die sehr häufig, möglicherweise immer, angeboren sind", (Kraepelin, 1913). Eine rein körperliche Verursachung ließ sich allerdings bis heute nicht nachweisen. Kraepelin ging weiterhin von einer guten kurzfristigen Prognose mit hoher Wahrscheinlichkeit eines Rezidivs aus und glaubte, daß die manische und depressive Manifestation der Störung zwei entgegengesetzte Pole desselben zugrunde-liegenden Prozesses darstelle.

Alternativ oder ergänzend zu diesem Einheitskonzept, wurde nachfolgend eine Vielzahl von Subtypen depressiver Störungen vorgeschlagen. Diese entstanden größtenteils im Rahmen klinischer Beobachtungen und Erfahrungen und sollten letztendlich dazu dienen, die Ansprechbarkeit auf unterschiedliche Behandlungsformen vorherzusagen, jedoch auch dazu, das breite Spektrum affektiver Erkrankungen für Forschungszwecke in kleinere Einheiten zu unterteilen. Bestimmte Dichotomisierungen fanden aufgrund ihres klinischen Nutzens mehr oder weniger starke Verbreitung, wie zum Beispiel die Unterteilung in neurotisch–psychotisch, reaktiv–endogen, primär–sekundär und unipolar–bipolar. In Tabelle 3.3 sind die bekanntesten Unterteilungsprinzipien und ihre Anwendung in den modernen Klassifikationssystemen ICD-10 und DSM-IV zusammengefaßt.

1. Unterteilung „neurotisch" versus „psychotisch":

Diese Unterteilung gehört zu den am meisten benutzten und aufgrund der Vielfalt von Bedeutungen zu den verwirrendsten Klassifikationen der Depression. So kann der Begriff **psychotische** Depression eine endogene Depression, eine schwere Depression oder eine Depression mit Halluzinationen oder Wahnideen bezeichnen. Insbesondere im deutschen Sprachraum werden die Begriffe Endogenität und Melancholie mit dem Begriff der Psychose häufig synonym verwendet. Im angloamerikanischen Sprachgebrauch spricht man dagegen von einer psychotischen Depression in erster Linie als einem von Halluzinationen oder Wahnideen begleiteten depressiven Zustand.

Die **neurotische Form** wird üblicherweise gleichgesetzt mit reaktiver Depression, chronischer Depression, nicht-endogener Depression, leichter Depression und Depression sekundär zu Persönlichkeitsstörungen. Der Neurosenbegriff, geprägt durch psychoanalytische Konzeptionen, fand in der deutschen Psychiatrie seinerzeit nur bedingt einen Platz. Durch das breite, heterogene Bedeutungsspektrum und die uneinheitliche Benutzung dieses Begriffes in der Psychiatrie wurde diese Kategorisierung schließlich als zu vage und als klinisch wenig brauchbar erachtet und seit Einführung des DSM-III als eigenständige

Tabelle 3.3 Unterteilungsprinzipien und ihre Anwendung in ICD-10 und DSM-IV

Neurotisch	->	Keine Erwähnung des Begriffs in ICD-10 und DSM-IV; als Überbleibsel gilt: Dysthymie
Psychotisch	->	Beibehaltung des Begriffs unter phänomenologischen Gesichtspunkten zur näheren Bestimmung depressiver oder manischer Episoden; psychotische Merkmale bezeichnen das Vorhandensein von Halluzinationen oder Wahnideen
Reaktiv	->	Keine Erwähnung des Begriffs in ICD-10 und DSM-IV; als Überbleibsel gilt: Anpassungsstörung mit depressiver Stimmung oder das Kodieren psychosozialer und äußerer Belastung auf Achse IV des DSM-IV
Endogen	->	Fortbestand des Konzepts als „melancholische Merkmale" (DSM-IV) beziehungsweise „somatische Symptome" (ICD-10) unter phänomenologischen Gesichtspunkten zur näheren Bestimmung depressiver Episoden
Primär	->	Keine Erwähnung des Begriffs in ICD-10 und DSM-IV
Sekundär	->	Keine Erwähnung des Begriffs in ICD-10 und DSM-IV
Unipolar	->	Gültiges Unterteilungsprinzip bei den Stimmungsstörungen in ICD-10 und DSM-IV
Bipolar	->	Gültiges Unterteilungsprinzip bei den Stimmungsstörungen in ICD-10 und DSM-IV

Kategorie gestrichen. Dort wurde der Begriff lediglich im deskriptiven Sinne noch als Synonym für die Dysthymie verwendet, während er in der ICD-9 schließlich bis 1991 beibehalten wurde. In DSM-IV und ICD-10 findet er im Zusammenhang mit depressiven Störungen gar keine Erwähnung mehr. Neuere Studien konnten zeigen, daß an der Dysthymie beziehungsweise der leichteren Form der Depression nicht unbedingt ein neurotischer oder persönlichkeitsbedingter Prozeß beteiligt sein muß und durchaus biologische beziehungsweise biochemische Auffälligkeiten vorhanden sein können. Auch die Vorstellung, daß diese Form unzureichend auf Antidepressiva, aber gut auf Psychotherapie anspreche, ließ sich wissenschaftlich nicht bestätigen.

Der Begriff der psychotischen Depression findet in der ICD-10 und dem DSM-IV Fortbestand in Form der näheren Spezifikationen, die für die genauere Bestimmung der depressiven Episode zur Verfügung stehen. Dabei bezeichnet der Zusatz „schwer, mit psychotischen Merkmalen" das Bestehen von Halluzinationen oder Wahnideen. Diese Spezifizierung erscheint sinnvoll, zumal sie therapeutische (i.S. antipsychotischer Medikation) und prognostische (i.S. einer schlechteren Prognose) Konsequenzen mit sich bringt. Als weniger nützlich dagegen erscheint einigen Autoren die Unterteilung der Halluzinationen und Wahnideen in stimmungskongruent versus stimmungsinkongruent, zumal viele Patienten beide Formen in derselben depressiven Episode erleben, und beide Subtypen gleichermaßen auf medikamentöse Behandlung ansprechen (Anton u. Burch, 1993; Burch, Anton, Carson, 1994). Andere wiederum erachten die Klassifikation der Depression mit stimmungsinkongruenten Wahnideen und Halluzinationen unter der Kategorie der affektiven Störungen (anstelle der psychotischen) im DSM-III-R/DSM-IV als ungerechtfertigt, da dadurch die Heterogenität dieser Kategorie erhöht wird (Sauer, Richter, Schröder, Sass, 1992). Es besteht eine anhaltende Debatte darüber, ob psychotische Merkmale bei einer Depression einen distinkten Subtyp repräsentieren oder lediglich eine schwerere Form der Major Depression (Frances et al., 1981; Frangos et al., 1983).

2. Unterteilung „reaktiv" versus „endogen":

Der am umfassendsten untersuchte Dichotomisierungsversuch stellt die Unterscheidung zwischen reaktiven und endogenen Depressionen dar. Diese beiden Formen wurden hinsichtlich Symptomatologie, Verlauf, Genetik, Ätiologie und Ansprechbarkeit auf Therapie lange Zeit als zwei klar abgrenzbare Krankheitseinheiten betrachtet.

Dabei ist die endogene Gruppe theoretisch charakterisiert durch eine autonome Qualität, unabhängig von äußeren Auslösern wie beispielsweise Lebensereignissen, sowie durch eine biologische Ätiologie. Später wurde der Begriff jedoch in erster Linie für ein spezifisches Symptommuster – vorwiegend geprägt durch physiologische Symptome wie Gewichtsverlust, frühmorgendliches Erwachen, psychomotorische Hemmung und pathologisches Schulderleben – unabhängig von auslösenden Ereignissen verwendet. Für die Validität des Konzeptes der endogenen Depression konnten in früheren Arbeiten einige Nachweise gefunden werden (Mendels u. Cochrane, 1968; Kendell, 1976; Nelson u. Charney, 1981; Andreasen u. Grove, 1982; Davidson, Turnbull, Strickland, Belyea, 1984). Es zeigte sich jedoch in neueren Studien, daß dieser eher als biologisch bedingt angesehene Subtyp keine höhere familiäre Häufung aufwies als die nichtendogenen Subtypen (Andreasen et al., 1986) und eher schlecht auf Elektrokrampftherapie ansprach (Zimmerman, Coryell, Pfohl, 1985). Im DSM-IV wurde diese Form unter rein phänomenologischen Gesichtspunkten unter der Bezeichnung „Major depressive

Episode mit melancholischen Merkmalen", beziehungsweise in der ICD-10 als „Depressive Episode mit somatischen Symptomen" beibehalten. Man geht insgesamt von einer besonders guten Ansprechbarkeit auf Pharmakotherapie aus. Es besteht bisher allerdings kein allgemeiner Konsens über diesen Subtyp, und er sollte in erster Linie zu Forschungszwecken dienen.

Der Begriff der reaktiven Depression wurde hauptsächlich von Gillespie (1929) geprägt und beinhaltet, daß die Depression infolge eines umschreibbaren Lebensereignisses oder Stressfaktors auftritt. Trotz der Augenscheinvalidität dieses Konzeptes spielt der Begriff bei der Klassifikation depressiver Erkrankungen schon seit der Einführung des DSM-III keine entscheidende diagnostische Rolle mehr, abgesehen von der Möglichkeit, bei der Diagnose einer Major Depression psychosoziale und äußere Belastungsfaktoren auf Achse IV zu kodieren. Ansonsten kommt das Konzept der Anpassungsstörung mit depressiver Stimmung, das außerhalb der Stimmungsstörungen aufgeführt wird, dem vorgeschlagenen reaktiven Depressionstypus noch am nächsten.

Untersuchungen der letzten 30 Jahre zur Nützlichkeit der Kategorien endogen – reaktiv erbrachten gemischte Resultate, wobei sich die Validität des Konzeptes der reaktiven Depression als nur schwach, die des endogenen Typus als etwas stärker erwies. Insgesamt ergaben sich jedoch bei beiden Kategorien mehr Gemeinsamkeiten und Überschneidungen als Unterschiede.

3. Unterteilung „primär" versus „sekundär":

Von Robins und Guze wurde 1972 die Unterteilung in primäre und sekundäre Depressionen vorgeschlagen, die auf Munro (1966) zurückgeht. Der Begriff primär bezieht sich auf ein voll ausgeprägtes depressives Syndrom ohne vorbestehende nichtaffektive psychiatrische Störung. Unter sekundären Depressionen versteht man depressive Syndrome infolge nichtaffektiver psychiatrischer Störungen wie beispielsweise Angststörungen, substanzinduzierte Störungen, Schizophrenie oder Persönlichkeitsstörungen. Der Grund für diese Unterteilung bestand in der Annahme, daß sekundäre Depressionen in etwa dem Krankheitsverlauf der zugrundeliegenden Störung folgen (Andreasen, 1982), die Prognose verschlechtern und eine unterschiedliche Behandlungsform erfordern. Die Nützlichkeit dieser Kategorisierung war zunächst eher auf Forschungs- als auf klinische Aspekte bezogen. Bisherige Studien hierzu konnten nicht genügend Nachweise erbringen, um die Unterteilung von Depressionen in primär und sekundär klinisch zu rechtfertigen.

4. Unterteilung „unipolar" versus „bipolar":

Schon 1957 schlug Leonhard die Abgrenzung zweier Typen von depressiven Störungen vor, nämlich Depressionen mit und ohne manische Phasen (Leonhard, 1957). Dieses Konzept wurde in den 60er Jahren von Perris (1966) in den Vereinigten Staaten und von Angst (1966) in der Schweiz weiterentwickelt und durch Familien- und Verlaufsstudien empirisch gestützt. Da die bipolare Störung aufgrund des Auftretens der Manie einfach von den unipolaren zu unterscheiden ist, bestand allgemeine Übereinstimmung darin, daß es sich um zwei abgrenzbare Typen handelt. Die Debatte drehte sich vielmehr darum, ob depressive Episoden im Rahmen einer bipolaren Störung von unipolaren depressiven Episoden zu unterscheiden sind und ob bipolare Störungen weiter unterteilt werden sollten in bipolar-I (mit manischen Episoden) und bipolar-II (mit hypomanischen Episoden). Wissenschaftliche Arbeiten zur Klärung dieser Thematik beschäftigten sich mit der genetischen Vorgeschichte, demographischen Merkmalen, Krankheitsverlauf, biologischen Prozessen, Symptomatik und Ansprechbarkeit auf Behandlung (Winokur et al., 1995). Insgesamt zeigen die

Studien, daß unipolare und bipolare Depression distinkte Unterschiede bezüglich familiärer Muster, natürlichem Krankheitsverlauf und wirksamer Behandlung aufweisen, so daß die Unterteilung in bipolare und unipolare Depression weitgehend akzeptiert ist. Weiterhin fand sich Evidenz für die Abgrenzung von bipolar-I und II Subtypen. Allerdings wurden auch einige Gemeinsamkeiten für beide Typen gefunden.

Zusammenfassend ist festzustellen, daß man noch bis vor kurzem davon ausging, daß die endogenen, psychotischen, autonomen oder melancholischen Depressionsformen eine biologische Grundlage und biologische Marker aufweisen, während die neurotischen, reaktiven oder psychogenen Zustände eher auf äußere Bedingungen zurückzuführen sind und auf einer psychologischen Basis beruhen. Spezifische biologische Auffälligkeiten für den ersteren Typus ließen sich jedoch bisher nicht finden. Auch die Ansprechbarkeit auf Antidepressiva ist für beide Formen zutreffend. Während über die Bedeutung von belastenden Lebensereignissen für das Auslösen oder Aufrechterhalten einer, und ganz besonders der ersten, depressiven Episode weitgehende Übereinstimmung besteht, fanden sich zur oben erwähnten klassischen Unterscheidung zwischen spontan auftretenden „endogenen" und infolge von Belastungen auftretenden „reaktiven" Depressionen widersprüchliche empirische Befunde. Verschiedene neuere Studien konnten zeigen, daß äußere Auslöser in Form von belastenden Ereignissen in keiner klaren Beziehung zum Depressionstypus stehen (s. zus. Katschnig, Pakesch, Egger-Zeidner, 1986; Brown, Harris, Hepworth, 1994; Frank et al., 1994). Insbesondere bei der Erstepisode zeigten auch als „endogen" depressiv diagnostizierte Patienten vermehrt belastende Ereignisse in der jüngeren Vorgeschichte. Im weiteren Verlauf der Erkrankung scheinen die Episoden von durch Lebensereignisse ausgelösten zu spontan auftretenden überzugehen (Post, 1994).

Die Schwierigkeiten, auf der Basis spezifischer Ätiologien, Pathophysiologien, Krankheitsverläufe und Therapierbarkeit klar abgrenzbare nosologische Krankheitseinheiten zu bestimmen, führte zu der in DSM-IV und ICD-10 praktizierten Vorgehensweise, die verschiedenen Störungen lediglich auf Grundlage von Symptomatologie, Schweregrad, Erkrankungsdauer und Prognose zu beschreiben. Dadurch wird eine objektivere Sichtweise sowie die internationale Vergleichbarkeit von Diagnosen gewährleistet.

Nachdem die Unterscheidung zwischen psychotischen und neurotischen Störungen aufgegeben wurde, wurden verschiedene Typen depressiver Zustände zunächst als affektive, seit DSM-III-R als Stimmungsstörungen zusammengefaßt. Dieser Begriff, obwohl sprachlich zutreffender, findet im Deutschen leider nur zögerlich Anwendung. Stattdessen wird weiterhin der Begriff der affektiven Störungen bevorzugt. Basierend auf neueren wissenschaftlichen Untersuchungen setzte sich allgemein das „twin-pillar-model" durch, das die beiden „Säulen" der bipolaren und unipolaren depressiven Störung definiert. Bei den unipolaren depressiven Erkrankungen wurde weiter unterteilt in Kategorien, die sich im weitesten Sinne an die Definition der Konzepte der endogenomorphen Form der Melancholie (beziehungsweise in der ICD-10 des sogenannten somatischen Syndroms) und der chronisch neurotischen Form der Dysthymie anlehnten, jedoch ohne ätiologische oder pathogenetische Implikationen.

Obwohl die Einteilung der Depressionen in bipolare und unipolare depressive Störungen auf Grundlage des unterschiedlichen Verlaufsmusters, wirksamer Behandlung und familiärer Muster weitgehend akzeptiert ist, ist die Klassifikationsdebatte damit noch lange nicht abgeschlossen. Es ist immer noch nicht entschieden, ob es sich bei der kategoriellen Unterscheidung zwischen Zyklothymie und Dysthymie einerseits, und depressiven Persönlichkeitsstörungen andererseits, um ein Artefakt handelt. Weiterhin ist die Diskussion um die Abgrenzung zwischen depressiven Störungen und Angststörungen besonders relevant, da epidemiologische, Familien- und Langzeitstudien übereinstimmend eine hohe Komorbidität der beiden Störungen zeigen konnten (s. zus. Pasnau u. Bystritsky, 1994; Zajecka, Ross, 1995).

3.2.3 DSM-IV und ICD-10

Tabelle 3.4 zeigt eine Gegenüberstellung der Stimmungsstörungen, wie sie in den beiden derzeit gebräuchlichsten Klassifikationssystemen, dem DSM-IV und der ICD-10, eingeteilt sind. Beide Systeme sind sich hinsichtlich der Konzeptualisierung der Stimmungsstörungen sehr ähnlich, unterscheiden sich jedoch manchmal bei den Bezeichnungen. Bei einigen Autoren (Philipp,

Tabelle 3.4 Gegenüberstellung der Klassifikation der Stimmungsstörungen in DSM-IV und ICD-10

DSM-IV	ICD-10
Depressive Störungen Major depressive Störung - Einzelepisode - Rezidivierend	Depressive Episode **Rezidivierende depressive Störung**
Dysthymie - Früher/später Krankheitsbeginn - Mit atypischen Merkmalen	**Anhaltende affektive Störungen** Dysthymie
Bipolare Störungen Bipolar-I-Störung – Hypomanisch – Manisch – Gemischt – Depressiv – Unspezifiziert – Andere - Einzelne manische Episode Bipolar-II-Störung	**Bipolare affektive Störung** – Hypomanische Episode – Manische Episode – Gemischte Episode – Depressive Episode – Nicht näher bezeichnete Episode **Manische Episode** – Hypomanie – Ohne psychotische Symptome – Mit psychotischen Symptomen
Zyklothyme Störung Bipolare Störung, NNB	**Anhaltende affektive Störungen** Zyklothymie
Andere Stimmungsstörungen Stimmungsstörung bei … (Allgemeine körperliche Störung angeben) Substanzinduzierte Stimmungsstörung Stimmungsstörung, NNB	Andere affektive Störungen Nicht näher bezeichnete affektive Störung

NNB = nicht näher bezeichnet

Tabelle 3.5 Nähere Spezifizierungen der Stimmungsstörungsepisoden im DSM-IV

	Schwere/ Psychotisch/ Remission	Chronisch	Mit kata- tonen Merkmalen	Mit melancho- lischen Merkmalen	Mit atyp- ischen Merkmalen	Mit post- partalem Beginn
Major depressive Episode, Einzelepisode	x	x	x	x	x	x
Major depressive Störung, wiederkehrend	x	x	x	x	x	x
Dysthyme Störung					x	
Bipolar-I-Störung, einzelne manische Episode	x	x				x
Bipolar-I-Störung, letzte Episode hypomanisch						
Bipolar-I-Störung, letzte Episode manisch	x	x				x
Bipolar-I-Störung, letzte Episode gemischt	x	x				x
Bipolar-I-Störung, letzte Episode depressiv	x	x	x	x	x	x
Bipolar-I-Störung, letzte Episode unspezifiziert						
Bipolar-II-Störung, hypomanisch						
Bipolar-II-Störung, depressiv	x	x	x	x	x	x
Zyklothyme Störung						

Quelle (vom Verfasser ins Deutsche übersetzt): American Psychiatric Association. Diagnostic and Statistical Manual of Mental Disorders, Fourth Edition. Washington DC: American Psychiatric Association, 1994.

Maier, Delmo, 1991; Mombour et al., 1990) wird kritisiert, daß die Bezeichnung „Major Depression" nicht in die später entwickelte ICD-10 übernommen wurde, obwohl das entsprechende Konzept der „Depressiven Störung" damit nahezu identisch ist. Allerdings ist im DSM-IV die Definition der depressiven Episode weiter gefaßt als in der ICD-10, da nur eines der Kernsymptome im Vergleich zu zweien bei der ICD-10 erfüllt werden muß.

Das Unterteilungsprizip orientiert sich in beiden Systemen an der Polarität der Störung. Die einzelnen Störungstypen können näher spezifiziert werden. Im DSM-IV, beispielsweise geschieht dies mit Hilfe der sogenannten „specifiers", die sich auf folgende Merkmale beziehen: die Schwere, das Bestehen psychotischer Symptome, den Verlauf (voll oder partiell remittiert oder chronisch), auf das Auftreten melancholischer, katatoner oder atypischer Merkmale, das Bestehen einer saisonal abhängigen oder rasch wiederkehrenden, „rapid cycling" genannten, Verlaufsform und auf den postpartalen Beginn (s. Tab. 3.5). Eine Major Depressive Episode kann zum Beispiel folgendermaßen näher bestimmt werden: Major Depressive Störung, Einzelepisode, schwer, mit stimmungskongruenten psychotischen Merkmalen, postpartaler Beginn. Obwohl einige der näheren Bestimmungen Überbleibsel der oben beschriebenen Konzepte sind, wie beispielsweise melancholische beziehungsweise somatische Merkmale als Überbleibsel des endogenen Konzepts, beinhalten sie jedoch keine ätiologischen, genetischen oder therapeutischen Annahmen mehr.

3.2.4 Major Depressive Störung/Depressive Störung

Seit der Veröffentlichung des DSM-III können psychische Störungen mit Hilfe spezifischer diagnostischer Kriterien bestimmt werden, die sich auf Art, Anzahl, Häufigkeit und Dauer der Symptome sowie auf bestimmte Ausschlußfaktoren beziehen.

Wie aus Tabelle 3.6 ersichtlich, besteht das Hauptsymptom einer Major Depressiven Episode entweder in depressiver Verstimmung oder im Verlust von Interesse oder Freude an nahezu allen Tätigkeiten, die dem Betroffenen sonst Spaß gemacht hatten. Hinzu kommt eine Anzahl anderer Krankheitsmerkmale, die alle zur gleichen Zeit und mindestens zwei Wochen lang aufgetreten sein müssen. In der ICD-10 wird verlangt, daß zwei der drei Kernsymptome (depressive Stimmung, Verlust von Interesse und Freude oder erhöhte Ermüdbarkeit) für mindestens zwei Wochen bestehen, um in Kombination mit anderen Begleitsymptomen die Diagnose einer depressiven Störung zu rechtfertigen.

Der depressive Patient kann auf verschiedenen Ebenen unterschiedlich stark beeinträchtigt sein:

1. Affektive Ebene: Das gefühlsmäßige Erleben in der Depression kann von Patient zu Patient unterschiedlich sein. Manche fühlen sich in ihrem Gefühlserleben stark verändert, wie innerlich abgestorben und leer. Auf äußere Reize und Ereignisse wird nur eingeschränkt reagiert, der Betroffene fühlt sich wie versteinert, Freude kann nicht mehr empfunden werden (Anhedonie). Bei anderen äußert sich die Depression eher in anhaltender Niedergeschlagenheit und Hoffnungs- und Hilflosigkeit. Sie können sich nur schwer vorstellen, daß der Zustand jemals vorübergehen wird. Die überwiegende Mehrzahl der Patienten (90 Prozent) gibt außerdem ängstliche Stimmung und Gefühle wie Schuld und Scham an. Schuld wird dabei meist als ein auf die eigene Person gerichtetes Versagensgefühl empfunden, Scham dagegen als interpersonelles Versagen, nicht den sozial, kulturell und interpersonell verlangten Standard zu erfüllen. Scham gilt als ein für lange Zeit vernachlässigtes Gefühl, das jedoch bei depressiven Störungen eine größere Rolle zu spielen scheint als Schuld. Auch Ärger, Reizbarkeit und Feindseligkeit prägen bei vielen Patienten das emotionale Erleben und stehen bei depressiven Zuständen von Kindern und Jugendlichen sogar meist im Vordergrund. Dieses Gefühl wird manchmal auch nur als innerer Druck empfunden. Das Gefühl selbst, und mehr noch das Ausagieren, ist üblicherweise wiederum mit Schuldgefühlen verbunden.

Die beschriebenen Empfindungen sind entweder durchgehend vorhanden oder können durch geringfügige Anlässe hervorgerufen werden. Ein relativ geringer Prozentsatz von Patienten klagt anstelle von affektiven Symptomen in erster Linie über körperliche Beschwerden. Dieses Phänomen kann auch kulturell bedingt sein.

2. Verhaltensebene: Die Aktivität beziehungsweise die Energie ist bei 97 Prozent der Patienten vermindert, der Antrieb gehemmt. In schweren Fällen schafft es der Depressive nicht einmal, morgens aufzustehen und den Tag aktiv zu beginnen. Auch die körperliche Pflege und Kleidung wird manchmal vernachlässigt oder der Betroffene braucht doppelt solange wie sonst, um sich zu pflegen. Jede Routinetätigkeit erfordert große Mühe, herausforderndere Aufgaben werden als unüberwindlicher Berg empfunden. Die berufliche oder häusliche Tätigkeit geht nur schwer von der Hand. Der Betroffene ist dabei so verlangsamt, daß vieles an Arbeit liegen bleibt oder die Arbeit insgesamt gar nicht mehr bewältigt wird. Auch Hobbys oder andere erfreuliche Aktivitäten werden nicht mehr verfolgt, das Interesse daran ist stark vermindert, manchen Patienten ist alles gleichgültig. Von sozialen Kontakten zieht sich der Patient

Tabelle 3.6 **Diagnostische Kriterien für eine Major Depressive Episode im DSM-IV**

A. Fünf oder mehr der folgenden Symptome bestanden während desselben zweiwöchigen Zeitraums und stellen eine Änderung gegenüber der vorher bestehenden Leistungsfähigkeit dar; mindestens eines der Symptome ist entweder (1) depressive Verstimmung oder (2) Verlust an Interesse oder Freude.

1. Depressive Verstimmung die meiste Zeit des Tages, beinahe jeden Tag, entweder vom Betroffenen selbst angegeben (er fühlt sich zum Beispiel traurig oder leer) oder von anderen beobachtet (wirkt zum Beispiel weinerlich). **Beachte:** Bei Kindern oder Adoleszenten kann es sich um reizbare Verstimmung handeln.

2. Deutlich vermindertes Interesse oder Freude an allen oder fast allen Aktivitäten, die meiste Zeit des Tages oder beinahe jeden Tag. Diese Entwicklung wird entweder vom Betroffenen selbst oder von anderen beobachtet.

3. Deutlicher Gewichtsverlust oder Gewichtszunahme ohne Diät von beispielsweise mehr als fünf Prozent des Körpergewichts in einem Monat. Oder verminderter oder gesteigerter Appetit beinahe jeden Tag. **Beachte:** Bei Kindern bleibt die zu erwartende Gewichtszunahme aus.

4. Schlaflosigkeit oder vermehrter Schlaf beinahe jeden Tag.

5. Psychomotorische Unruhe oder Hemmung beinahe jeden Tag, die von anderen beobachtet wird und bei der es sich nicht nur um das subjektive Gefühl der Ruhelosigkeit oder Verlangsamung handelt.

6. Müdigkeit oder Energieverlust beinahe jeden Tag.

7. Das Gefühl der Wertlosigkeit, exzessive oder unangemessene Schuldgefühle bis hin zum Wahnhaften beinahe jeden Tag, die über Selbstanklage oder Schuldgefühle wegen des Krankseins hinausgehen.

8. Verminderte Fähigkeit zu denken oder sich zu konzentrieren, Entscheidungsunfähigkeit beinahe jeden Tag. Die Symptome werden entweder vom Betroffenen selbst angegeben oder von anderen beobachtet.

9. Wiederkehrende Gedanken an den Tod, die über die Angst vor dem Tod hinausgehen. Entweder wiederkehrende Suizidideen ohne einen genauen Plan, ein Suizidversuch, oder ein genauer Plan für einen Suizidversuch.

B. Die Symptome erfüllen nicht die Kriterien einer Gemischten Episode, die an anderer Stelle definiert sind.

C. Die Symptome verursachen entweder klinisch bedeutsames Leiden oder beeinträchtigen die Leistungsfähigkeit im sozialen, beruflichen oder anderen Bereichen.

D. Die Symptome sind nicht Folge direkter physiologischer Substanzwirkung, beispielsweise von Drogen- oder Medikamentenmißbrauch, oder einer allgemeinen körperlichen Störung, zum Beispiel dem Hypothyroidismus.

E. Die Symptome sind nicht im Rahmen einer Trauerreaktion erklärbar. Das heißt, nach dem Tod einer nahestehenden Person bestehen die Symptome länger als zwei Monate oder sind durch beträchtliche Leistungsbeeinträchtigung, krankhafte ständige Beschäftigung mit Wertlosigkeit, Suizidideen, psychotische Symptome oder psychomotorische Hemmung gekennzeichnet.

Quelle (vom Verfasser ins Deutsche übersetzt): American Psychiatric Association. Diagnostic and Statistical Manual of Mental Disorders, Fourth Edition. Washington DC: American Psychiatric Association, 1994.

zurück, da diese ebenfalls als anstrengend und überfordernd erlebt werden. Es können Stunden in absoluter Untätigkeit verbracht werden. Auch die Sprache und Gedanken sind verlangsamt, die Latenzzeit für Antworten auf Fragen ist deutlich verlängert, das Gesagte ist spärlich, manchmal unvollständig und kaum hörbar. Manche Depressive weinen vermehrt, andere können nicht einmal mehr Traurigkeit empfinden und sehen sich auf dem Wege zur Besserung, wenn sie wieder weinen können.

Auch Mimik und Gestik sind depressionstypisch verändert. Die Mundwinkel hängen herab, der Blick ist gesenkt, die Augenbewegungen wirken wie eingefroren. Mimik, Gestik und Körperhaltung wirken starr, eingeschränkt und wenig spontan. Dieses Phänomen wird interessanterweise für alle Kulturen gleichermaßen beschrieben (Eckman, 1973). Im seltenen Extrem ist der Patient völlig erstarrt, bewegungslos und stumm im depressiven Stupor.

Andere Patienten sind dagegen durch starke psychomotorische Unruhe gequält, die sich in ständigem Auf- und Abgehen äußern kann. Unfähig, sich zu entspannen oder stillzusitzen, versucht der Patient, die Spannung durch hin- und herlaufen, Händeringen, Nägelbeißen oder Rauchen zu reduzieren. Bei dieser eher agitierten Patientengruppe ist das Risiko für suizidales Verhalten besonders hoch. Da suizidales Verhalten zu den lebensbedrohlichen Komplikationen bei depressiven Störungen gehört, wird im anwendungsbezogenen Teil dieses Buches noch näher darauf eingegangen (s. Kap. 18).

3. Kognitive Ebene: Als äußerst leistungsbeeinträchtigend werden von den meisten Patienten die im Rahmen der Depression auftretenden Konzentrations- und Gedächtnisschwierigkeiten empfunden. Typischerweise kann kaum eine Buchseite vollständig gelesen werden. Der Betroffene weiß unmittelbar danach oft nicht mehr, was er gerade gelesen hat. Das zielgerichtete Denken erscheint schwerfällig und gehemmt, stattdessen stehen Grübeln, Selbstzweifel, Selbstabwertung, Suizidgedanken, Sorgen über die Zukunft, die Krankheit selbst oder lediglich verlängerte Black-outs im Vordergrund. Viele Patienten trauen sich nichts mehr zu, fühlen sich von allem überfordert und als vollkommene Versager. Dies kann wiederum in direkter Wechselwirkung mit sozialem und emotionalem Rückzugsverhalten und damit verbundenem vermindertem Selbstwertempfinden stehen. Entschlüsse, die in diesem Stadium vor dem Hintergrund eines Überforderungsgefühls überstürzt getroffen werden, wie beispielsweise die Kündigung einer Arbeitsstelle oder Trennungen, sollten von Angehörigen oder Therapeuten möglichst verhindert werden. Solche Handlungen werden vom Betroffenen nach Abklingen der depressiven Phase häufig bereut und als nicht mehr nachvollziehbar empfunden.

Die Gedächtnisschwierigkeiten gehen insbesondere bei älteren depressiven Patienten häufig mit der Befürchtung einher, dement zu werden (depressive Pseudodemenz). Dies steht im Einklang damit, daß nahezu alles, einschließlich der eigenen Person, vom Betroffenen als negativ, „schwarz in schwarz", pessimistisch, hoffnungslos und mit einer Tendenz zur Katastrophe bewertet wird. Bei schweren Depressionen kann dies eine wahnhafte Form

annehmen. Häufige Themen sind dabei die Furcht, zu verarmen, sich versündigt zu haben, vollkommen wertlos und überflüssig oder körperlich dem Tod geweiht zu sein (Verarmungs-, Versündigungs-, nihilistischer und hypochondrischer Wahn). In manchen Fällen kann dies von verdammenden, kritisierenden akustischen Halluzinationen begleitet sein. Diese Phänomene werden als stimmungskongruent bezeichnet, da sie sozusagen zum Inhalt der Depression passen. Zu stimmungsinkongruenten Wahnideen und Halluzinationen im Rahmen einer psychotischen Depression gehören Verfolgungs-, Beziehungs-, Eifersuchts- und Kontrollwahn, Gedankeneingebung sowie paranoide, befehlende oder kommentierende Halluzinationen. Patienten, die psychotische Merkmale aufweisen, sind besonders suizidgefährdet. Auch die depressive Überzeugung, daß die Zukunft lediglich Leiden bereithält, nährt ständige Gedanken an den Tod oder den Wunsch, dem qualvollen Leben zu entfliehen. Insgesamt ist besondere Vorsicht bei Suizidgedanken geboten, die sich ständig aufdrängen können und ein hohes Risiko darstellen.

Darüber hinaus kann der Patient in seiner Entscheidungsfähigkeit erheblich beeinträchtigt sein. Er kann morgens übertrieben lange vor seinem Kleiderschrank stehen, unfähig und wie blockiert, passende Kleidung auszusuchen. In ausgeprägten Fällen ist der Betroffene vollkommen ambivalent, kann so gut wie gar nichts mehr entscheiden und ist damit nahezu handlungsunfähig.

4. Physiologische Ebene: Die typischste physiologische Störung bei 80 bis 90 Prozent der Depressiven ist die Insomnie. Sie äußert sich in Einschlaf- oder Durchschlafschwierigkeiten, unerholsamem Schlaf oder frühmorgendlichem Erwachen. Der mangelnde Schlaf kann natürlich wiederum zu anderen Symptomen wie Konzentrations-

störungen, Energielosigkeit und Verlangsamung beitragen. Bei vielen Patienten ist der gestörte Schlaf das erste auftretende und letzte remittierende Symptom und ist damit als gut zu erkennendes Frühwarnzeichen sehr geeignet. Bei atypischen Depressionen kann der Schlaf auch im Sinne einer Hypersomnie vermehrt sein.

Der Appetit ist bei 70 bis 80 Prozent der depressiven Patienten gestört. Meist handelt es sich um Appetitverlust, der von deutlicher Gewichtsabnahme begleitet ist. Die Patienten müssen sich regelrecht zum Essen zwingen. Weniger häufig kommt es allerdings auch vor, daß der Appetit gesteigert ist bis hin zu gelegentlichen Eßattacken, die mit einer Gewichtszunahme einhergehen.

Das sexuelle Verlangen ist in der Regel vermindert, es kommt zum Libidoverlust. Bei Männern ist dies manchmal mit vorübergehender Impotenz verbunden, bei Frauen mit Anorgasmie. Es ist naheliegend, daß dieses Symptom häufig zu partnerschaflichen Problemen führen und mit weiteren Selbstzweifeln einhergehen kann. Depressive Patienten klagen weiterhin häufig über vielerlei körperliche Beschwerden, sogenannte Vitalstörungen. Typische Beispiele für diese Störungen sind Kopfschmerzen, Verdauungsprobleme, Rücken- oder Muskelschmerzen, ein Kloßgefühl im Hals, Schwindel, Erbrechen, Sodbrennen oder Mundtrockenheit. Die Beschwerden können vom Patienten manchmal nur sehr vage beschrieben werden. Es kann auch vorkommen, daß bestehende leichtere Erkrankungen, wie beispielsweise Lumbalgien, im Rahmen der Depression verstärkt erlebt werden.

Schwäche, Müdigkeit, Erschöpfbarkeit und Energielosigkeit werden ebenfalls als körperlich beeinträchtigend erlebt. Sie sind mit den oben beschriebenen verhaltensbezogenen Störungen verbunden und werden vom Patienten manchmal als Überarbeitung, Nervenzusammenbruch oder als körperliche Erkrankung interpretiert.

5. Interpersonelle Ebene: Das interpersonelle Erleben wird von manchen Depressiven mit dem Bild eines „schwarzen Tunnels" oder „Lochs" beschrieben, in dem der Depressive alleine gefangen scheint, isoliert und unfähig, Schritte zu unternehmen, um herauszukommen. Die kommunikativen Fähigkeiten und sozialen Fertigkeiten sind eingeengt. Es kann schließlich zum vollständigen sozialen Rückzug kommen, da zwischenmenschliche Kontakte mit Angst-, Überforderungs- und Versagensgefühlen oder anderen aversiven Empfindungen verbunden sind. Andererseits kann die erlebte Hilflosigkeit zur erhöhten Abhängigkeit von nahestehenden Personen führen. Häufig fördern diese Personen die Abhängigkeit auch. Ein häufiges Symptom in der Depression ist auch die reizbare Verstimmung, die besonders bei Kindern und Jugendlichen verbreitet ist. Sie ist häufig für vermehrte unkonstruktive Auseinandersetzungen mit anderen Personen verantwortlich, in deren Folge sich wiederum die Stimmung verschlechtert.

Der Zustand kann den Betroffenen in allen Lebensbereichen erheblich beeinträchtigen. Die ausführliche Beschreibung aller möglichen Symptome soll nicht den Eindruck erwecken, daß die Störung nicht auch in leichter Form auftreten kann und dann in der Regel nur einige der oben beschriebenen Merkmale aufweist.

Auch wenn die klare und gut definierte Aufstellung der diagnostischen Kriterien im DSM-IV oder der ICD-10 zu dem Glauben verführen kann, es handle sich bei dieser Diagnose um eine relativ standardisierte und einheitliche Störung, ist jedoch eher das Gegenteil der Fall. Die Konstellation, Anzahl und Ausprägung der verschiedenen Symptome können ebenso wie der Umgang damit von Fall zu Fall stark variieren. Bei älteren Patienten konnte beispielsweise nachgewiesen werden, daß Symptome wie niedriges Selbstwertgefühl, Schuld, Versagensgefühl und Suizidgedanken weitaus weniger auftreten als im jungen oder mittleren Alter (Wallace, Pfohl, 1995).

Über die Klassifikation der Subtypen Melancholie beziehungsweise Somatisches Syndrom besteht bisher keine allgemeine Übereinstimmung. Die DSM-IV Kriterien für die Bestimmung von Melancholiemerkmalen sind in Kapitel 8 aufgeführt.

Es versteht sich von selbst, daß zum diagnostischen Prozeß aller hier erwähnten affektiven Störungen eine ausführliche körperliche und neurologische Untersuchung gehört, um eventuelle organische Ursachen auszuschließen. In diesem Rahmen ist auch eine Medikamenten- und Drogenanamnese zu erheben.

▎ 3.2.5 Dysthymie

Die Dysthymie stellt unter dem Blickwinkel der Klassifikation ein Überbleibsel des früheren Konzeptes der neurotischen Depression dar. Sie ist in der Regel schwieriger zu diagnostizieren als die Major Depression. Die Hauptunterschiede zur Major Depression bestehen laut DSM- oder ICD-Klassifikation in der Chronizität, Schwere und Hartnäckigkeit der Störung (s. Tab. 3.7). Die depressive Verstimmung bei der Dysthymie besteht chronisch, also für einen Zeitraum von mindestens zwei Jahren, die meiste Zeit über. Symptomfreie Zeiträume dauern nicht länger als zwei Monate an. Für die Diagnose werden, außer dem Kernsymptom der anhaltenden depressiven Verstimmung, nur zwei weitere Begleitsymptome verlangt. Dabei kann es sich um Schlaf-, Appetit- oder Konzentrationsstörungen, um niedriges Selbstwertgefühl, Gefühle der Hoffnungslosigkeit, um mangelnde Energie oder Erschöpfung handeln. Die Symptome nd in der Regel weniger stark ausgeprägt als bei einer Major Depressiven Episode.

Die Differentialdiagnose der Dysthymie und Major Depression ist aufgrund der zahlreichen Gemeinsamkeiten häufig schwierig. Bei 10 bis 25 Prozent der Betroffenen kommt es vor, daß sich eine Major Depression auf eine dysthyme Störung aufpropft. In diesem Fall werden beide Diagnosen gestellt. Man spricht dann von einer sogenannten doppelten Depression. Bei diesen Patienten ist es im Vergleich zu Patienten mit einer reinen Major Depression weniger wahrscheinlich, daß sie vollständig genesen. Wenn dagegen der Beginn eines Zustandes, der wie eine Dysthymie erscheint, direkt einer abklingenden Major Depressiven Episode folgt, lautet die korrekte Diagnose: Major Depression in partieller Remission. Ein dysthymer Zustand, der einer Major Depressiven Episode folgt, kann nur dann als Dysthymie diagnostiziert werden, wenn die Major Depression für mindestens zwei Monate vollständig remittiert war oder die Dysthymie bereits vor der ersten Major Depressiven Episode bestand.

Wie oben angesprochen, wird kontrovers diskutiert, ob es sich bei der Dysthymie tatsächlich um eine distinkte Störung oder eher um eine Variante der Major Depression handelt, oder ob sie gar aufgrund des chronischen Verlaufs und dem häufig frühen Erkrankungsalter besser den Persönlichkeitsstörungen zugeordnet werden sollte. Es gibt eine Reihe an Gründen, an der Unabhängigkeit der Dysthymie zu zweifeln. Hierzu gehören Ähnlichkeiten bezüglich der Prävalenzraten (etwa sechs Prozent Lebenszeitprävalenz), Risikofaktoren, biologische Marker oder das Ansprechen auf eine Behandlung mit Antidepressiva und eine hohe Komorbidität von Dysthymie und Major Depression sowie die Ergebnisse einer neueren Familienstudie (Klein et al., 1995). Diese Frage spiegelt noch einmal die langewährende Debatte zwischen Kraepelins dichotomen Ansatz und Adolf Meyers Kontinuumsansatz wider. Sie muß jedoch auf der Grundlage weiterer wissenschaftlicher Untersuchungen geklärt werden.

Tabelle 3.7 **Diagnostische Kriterien für die Dysthyme Störung im DSM-IV**

A.   Depressive Verstimmung, die den größten Teil des Tages über, für mehr als die Hälfte aller Tage, entweder vom Patienten selbst berichtet oder von anderen beobachtet, mindestens zwei Jahre lang andauert. **Beachte:** bei Kindern oder Adoleszenten kann es sich auch um reizbare Verstimmung von mindestens einjähriger Dauer handeln.

B.   Während der depressiven Verstimmung bestehen mindestens zwei der folgenden Symptome:
 – Appetitlosigkeit oder übermäßiges Essen
 – Insomnie oder Hypersomnie
 – Wenig Energie oder Erschöpfung
 – Niedriges Selbstwertgefühl
 – Geringe Konzentrationsfähigkeit oder Entscheidungsschwierigkeiten
 – Gefühl der Hoffnungslosigkeit

C.   Während einer Zweijahresperiode der Störung (ein Jahr bei Kindern und Adoleszenten) gab es keinen Zeitraum von mehr als zwei Monaten ohne Symptome wie in A. und B. beschrieben.

D.   Es bestand keine Major Depressive Episode während der ersten zwei Jahre der Störung (ein Jahr bei Kindern und Adoleszenten): daher ist die Störung nicht als chronische Major Depressive Störung oder Major Depressive Störung in partieller Remission zu sehen.
 Beachte: Vor der Entwicklung der Dysthymen Störung kann eine Episode einer Major Depression aufgetreten sein. Voraussetzung dafür ist eine vollständige Remission, also keine deutlichen Zeichen oder Symptome über einen Zeitraum von zwei Monaten. Weiterhin können nach den ersten zwei Jahren (einem Jahr bei Kindern und Adoleszenten) der Dysthymen Störung Episoden einer Major Depression aufgesetzt sein. In diesem Falle können beide Diagnosen gestellt werden, wenn die Kriterien für eine Major Depressive Episode erfüllt sind.

E.   Es bestand zu keinem Zeitpunkt eine Manische Episode), eine Gemischte Episode oder eine Hypomanische Episode und es wurden nie die Kriterien für eine Zyklothyme Störung erfüllt.

F.   Die Störung tritt nicht ausschließlich im Verlauf einer chronischen Psychotischen Störung, wie Schizophrenie oder Wahnhafte Störung, auf.

G.   Die Symptome sind nicht Folge der direkten physiologischen Wirkung einer Substanz wie beispielsweise einer Droge oder eines Medikamentes oder eines allgemeinen körperlichen Zustands wie beispielsweise Hypothyroidismus.

H.   Die Symptome verursachen erhebliches Leid im klinischen Sinne oder beeinträchtigen soziale, berufliche oder andere wichtige Lebensbereiche.

Bestimme, ob folgendes vorliegt:
Ein früher Beginn: hier beginnt die Störung vor dem 21. Lebensjahr.
Ein später Beginn: hier beginnt die Störung im Alter von 21 Jahren oder später.

Bestimme für die letzten zwei Jahre der Dysthymen Störung, ob sie mit atypischen Merkmalen auftrat.

Quelle (vom Verfasser ins Deutsche übersetzt): American Psychiatric Association. Diagnostic and Statistical Manual of Mental Disorders, Fourth Edition. Washington DC: American Psychiatric Association, 1994.

3.2.6 Bipolare Störung

Hauptmerkmal der Bipolaren Störung ist die Manie. Dabei handelt es sich um eine mindestens einwöchige abgegrenzte Episode gehobener, expansiver oder reizbarer Stimmung, die von einer Anzahl verschiedener Symptome begleitet wird. Dazu gehören gesteigerte Aktivität, vermindertes Schlafbedürfnis, gesteigertes Selbstwertgefühl oder Größenideen, Ideenflucht oder Gedankenjagen, Rededrang und Ablenkbarkeit. Ebenso werden Handlungen durchgeführt, die höchstwahrscheinlich unangenehme Konsequenzen haben, wie beispielsweise unsinnige Investitionen, übertriebene Einkäufe, gesteigerte sexuelle Aktivitäten und anderes mehr. Von vielen Patienten wird der manische Zustand insbesondere zu Beginn als euphorisch, überschäumend, positiv und großartig empfunden. Der Betroffene erlebt sich als besonders kreativ, produktiv und erfolgreich. Die Einsicht in die eigene Krankheit ist im akuten Stadium selten vorhanden. Der in diesen Phasen jedoch häufig angerichtete Schaden im sozialen, beruflichen, finanziellen oder privaten Bereich ist für den Patienten und seine Angehörigen nachfolgend äußerst belastend. Manie kann, wenn auch sehr selten, ohne jegliche Major Depressive Episode auftreten. Zur Diagnose der Bipolaren Störung gehören jedoch beide Formen von Stimmungsstörungen, die depressive und die manische. Neu eingeführt im DSM-IV ist der Begriff der Bipolar-I-versus Bipolar-II- Störung. Im ersten Fall handelt es sich um voll ausgeprägte manische Phasen, bei der Bipolar-II-Störung lediglich um hypomanische Phasen.

Die Prävalenz der Bipolaren Störung liegt bei 0,4 bis 1,6 Prozent (APA, 1994) und ist damit weitaus seltener als die Major Depression. Auch das Geschlechterverhältnis (1:1) und der longitudinale Verlauf sind unterschiedlich zur unipolaren Depression. Die Bipolare Störung weist einen frühen Krankheitsbeginn und häufigere Phasen auf. Die Prognose ist schlechter als bei der unipolaren Depression. Die Komorbiditätsrate, insbesondere mit Substanzabhängigkeit, liegt deutlich höher als bei unipolaren Störungen. Zeitpunkt und Häufigkeit der Phasen sind nicht regelhaft, es können mehrere manische Episoden auftreten und nur eine depressive oder umgekehrt.

Tabelle 3.8 **Diagnostische Kriterien für eine Manische Episode im DSM-IV**

A. Eine abgegrenzte Periode einer abnormen und anhaltend gehobenen, expansiven oder reizbaren Stimmung, die mindestens eine Woche anhält. Ist eine Klinikaufnahme erforderlich, spielt die Dauer keine Rolle.

B. Während des Zeitraums der Stimmungsstörung waren mindestens drei, bei nur reizbarer Stimmung vier der folgenden Symptome dauernd und in ausgeprägtem Maße vorhanden:
- Gesteigertes Selbstwertgefühl oder Größenideen;
- Vermindertes Schlafbedürfnis (der Betroffene fühlt sich beispielsweise nach nur drei Stunden Schlaf ausgeruht);
- Redseliger als gewöhnlich oder Rededrang;
- Ideenflucht oder die subjektive Erfahrung des Gedankenjagens;
- Ablenkbarkeit. (Die Aufmerksamkeit wird zu leicht von unwichtigen oder irrelevanten Reizen angezogen);
- Zunahme zielgerichteter Aktivitäten im sozialen, beruflichen oder sexuellen Bereich oder psychomotorische Unruhe;
- Übertriebene Beschäftigung mit angenehmen Aktivitäten, die mit großer Wahrscheinlichkeit unangenehme Konsequenzen haben wie beispielsweise uneingeschränkter Einkaufsrausch, sexuelle Indiskretion, oder törichte geschäftliche Investitionen.

C. Die Symptome erfüllen nicht die Kriterien für eine Gemischte Episode

D. Die Stimmungsstörung ist genügend schwer ausgeprägt, um die berufliche Leistungsfähigkeit, übliche soziale Aktivitäten oder Beziehungen zu anderen zu beeinträchtigen oder eine Klinikaufnahme zu erfordern. Hierbei soll Selbst- oder Fremdschädigung verhindert werden. Möglicherweise können auch psychotische Merkmale bestehen.

E. Die Symptome sind weder Folge der direkten physiologischen Wirkung einer Substanz beispielsweise einer Droge oder eines Medikamentes noch eines allgemeinen körperlichen Zustands wie beispielsweise Hypothyroidismus.
Beachte: Manieähnliche Episoden, die eindeutig durch somatisch-antidepressive Behandlung (wie beispielsweise Medikation, Elektrokrampftherapie oder Lichttherapie) hervorgerufen sind, sollten nicht im Sinne der Diagnose einer Bipolar-I-Störung gewertet werden.

Quelle (vom Verfasser ins Deutsche übersetzt): American Psychiatric Association. Diagnostic and Statistical Manual of Mental Disorders, Fourth Edition. Washington DC: American Psychiatric Association, 1994.

Etwa 5 bis 15 Prozent der Betroffenen entwickeln ein sogenanntes „rapid cycling", bei dem mindestens 4 Episoden pro Jahr auftreten. Die Prognose ist in diesem Fall besonders ungünstig.

3.2.7 Stimmungsstörung bei Allgemeiner Körperlicher Erkrankung und Substanzinduzierte Stimmungsstörung

Diese beiden im DSM-IV neu eingeführten Kategorien beziehen sich auf Stimmungsstörungen, die als unmittelbare physiologische Folge einer körperlichen Erkrankung beziehungsweise als Folge von Drogenmißbrauch, der Einnahme eines Medikamentes oder einer toxischen Substanz auftreten. Bei einer körperlichen Krankheit wie beispielsweise Krebs, Schlaganfall oder Diabetes kann es schwierig sein, zu identifizieren, ob bestimmte Symptome wie beispielsweise Erschöpfbarkeit oder Gewichtsverlust der körperlichen Krankheit oder der Depression zuzuordnen sind. Leidet der Patient sowohl unter einer körperlichen Krankheit und entweder unabhängig oder als psychologische Folge davon ebenfalls unter einer Major Depressiven Episode, wäre die Diagnose einer Stimmungsstörung bei Allgemeiner Körperlicher Erkrankung nicht angebracht, sondern es müßte eine Doppeldiagnose im Sinne einer Komorbidität gestellt werden. Dasselbe trifft auf die Diagnose der Substanzinduzierten Stimmungsstörung zu. Dahingegen würde eine Depression im Rahmen eines Kokainentzugs als kokaininduzierte Stimmungsstörung mit depressiven Zügen diagnostiziert werden. 20 bis 40 Prozent der Personen mit bestimmten körperlichen Erkrankungen wie beispielsweise Multiple Sklerose, Krebs, Herzinfarkt, Diabetes, Schlaganfall, Alzheimer-, Parkinson-, und Huntington Erkrankung entwickeln im Verlauf der Krankheit eine depressive Episode. Dadurch verschlech-

tern sich in der Regel sowohl die Krankheitsbewältigung als auch die Prognose.

3.2.8 Leichte Formen von Depression

In den vergangenen Jahren ist immer häufiger die Rede von leichten depressiven Störungen, die unterschiedlich als Subklinische Depression, Minor Depression und Rezidivierende Kurze Depression (RKD) bezeichnet werden. Patienten, die darunter leiden, finden sich hauptsächlich in Allgemeinarztpraxen oder sonstigen Primärversorgungseinrichtungen. Ihre Symptome werden häufig als Angstzustände oder psychovegetative Dysfunktionen fehldiagnostiziert. Man geht von einer relativ hohen Prävalenz von etwa 10 Prozent und damit unter ökonomischen Gesichtspunkten von einer nicht zu vernachlässigenden Bedeutung für die Krankenversorgung aus (Horwarth et al., 1992; Johnson, Weissman, Klerman, 1992; Weiller et al., 1994). Die Minor Depression und die RKD sind in der ICD-10 und im DSM-IV unter der Kategorie der „Anderen" beziehungsweise „Nicht Näher Bezeichneten Stimmungsstörungen" beschrieben.

Bei der Minor Depression handelt es sich um eine Ansammlung von depressiven Symptomen, die jedoch nicht die DSM-Kriterien für eine Major Depression oder eine Dysthymie erfüllen und keine manischen Episoden beinhalten. Nur drei bis vier der neun DSM-Kriterien werden für einen Zeitraum von mindestens zwei Wochen für die Diagnose der subklinischen beziehungsweise Minor Depression verlangt.

Von Angst und Mitarbeitern (1990) stammt das Konzept der RKD. Diese Störung ist zum einen gekennzeichnet durch eine kurzandauernde, jedoch voll ausgeprägte depressive Symptomatik über einen Zeitraum von höchstens zwei Wochen. Zum anderen tritt die Störung mindestens monatlich auf, wobei jedoch nur die erste Phase symptomatisch voll ausgeprägt sein muß.

Auch hier stellt sich wieder die Frage, ob es sich bei den leichten Depressionsformen nur um Vorstadien einer Major Depression oder um eigenständige Verlaufsformen handelt. Angst und Kollegen (Angst, Merikangas, Scheidegger, Wicki, 1990) fanden in ihrer Züricher Kohortenstudie Nachweise für die Validität der RKD anhand folgender Variablen: Symptome, soziale Folgen, subjektives Leiden, familiäre Häufung von Depression und Verlaufsuntersuchungen. Außerdem zeigte sich eine hohe Rate von Suizidversuchen in dieser Gruppe. Das Konzept der Minor Depression ist dagegen von geringerer klinischer Bedeutung. Auch die Ergebnisse einer weiteren Untersuchung (Weiller et al., 1994) unterstützen die Hypothese der RKD als eigenständige nosologische Entität. In der neulich veröffentlichten Feldstudie zu den DSM-IV Stimmungsstörungen (Keller et al., 1995) erwies sich hingegen, daß die überwiegende Mehrheit depressiver Personen durch die bestehende Nosologie befriedigend einzuordnen waren, was die Notwendigkeit zusätzlicher Kategorien für leichtere Depressionsformen in Frage stellt.

Die operationale Diagnostik im Bereich der Non-Major-Depressionen befindet sich noch im Entwicklungsstadium. Weitere Forschungen werden zeigen müssen, ob es klinisch nützlich ist, die Krankheitsschwelle bei Depressionen weiterhin definitorisch herabzusenken, oder ob langfristig eher die Gefahr einer „Psychiatrisierung" der Gesellschaft besteht.

3.3 Möglichkeiten der psychometrischen Erfassung von Depression

3.3.1 Strukturierte Interviews

Um im Rahmen der IPT Symptome systematisch zu erheben, wird empfohlen, ein strukturiertes Interview oder spezifische Depressionsskalen einzusetzen. Solch ein strukturiertes oder standardisiertes Interview durchzuführen stellt sicher, daß alle Symptome und komorbid auftretenden Syndrome abgeklärt wurden, um zu einer reliablen Differentialdiagnose zu kommen. Im deutschsprachigen Bereich stehen hierbei unter anderem zur Auswahl:

- Das „Strukturierte Klinische Interview" für DSM-III-R bzw. DSM-IV (SKID).
- Das „Composite International Diagnostic Interview" (CIDI).
- Das „Schedule for Clinical Assessment in Neuropsychiatry" (SCAN).

Das SKID (Wittchen et al., 1990), ein halbstrukturiertes Interview für erfahrene und in der Anwendung des Instruments trainierte Kliniker, gilt als das anwenderfreundlichste Verfahren, da es sich von der Durchführung her an einem klinischen Gespräch orientiert. So beginnt es beispielsweise mit einem lose vorformulierten Einleitungsgespräch, in dem demographische Daten und Informationen über die Vorgeschichte erhoben werden. Außerdem läßt das SKID genügend Freiraum für selbstformulierte Zusatzfragen und stützt sich bei der Kodierung der erfragten Informationen auf den klinischen Gesamteindruck des Interviewers. Das CIDI (Wittchen, Semler, 1991) dagegen stützt sich ausschließlich auf die Aussage des Patienten. Das letztgenannte Verfahren ist vollstandardisiert, auch für Laien anwendbar, und eher als Fallfindungsinstrument beziehungsweise zur Anwendung im Rahmen epidemiologischer Studien gedacht. Unter Anwendung eines Entscheidungsbaumansatzes testet der Kliniker während des Interviews nacheinander eine Reihe diagnostischer Hypothesen. Der Diagnosenbereich des CIDI bezieht sich sowohl auf DSM-III-R als auch auf ICD-10 und es können Diagnosen aus dem letzten Monat, den letzten 6 Monaten, des letzten Jahres und des gesamten Lebensverlaufs des Patienten aufgestellt werden. Das SKID wiederum ermöglicht primär gegenwärtige und frühere Diagnosen nach DSM-III-R auf Achse I (Psychiatrische Zustände) und Achse II (Persönlichkeitsstörungen), und das Kodieren von Informationen auf Achse III (Körperliche Erkrankungen), IV (Psychosoziale Belastungen) und V (Allgemeine Funktionsfähigkeit). Reliabilität und Validität sind durch eine Reihe von Studien belegt (beispielsweise Williams et al., 1992). Die Dauer der Durchführung beträgt etwa 45 bis 90 Minuten. Für eine Anwendung zur Diagnostik nach ICD-10 ist jedoch das SCAN (Wing, 1990) dem SKID vorzuziehen. Beim SCAN handelt es sich um eine Weiterentwicklung des bewährten „Present State Examination" (PSE-9; Wing, 1974), dessen zehnte Fassung das Kernstück des SCAN darstellt. Das Instrument besteht aus einer Standarderhebung (mittels PSE-10), einer optionalen Erhebung mittels verschiedener Skalen und Fragebögen, wie beispielsweise dem Pathologiefragebogen, einer Auswertung mittels CATEGO-V-Computerprogramm und weiteren Zusatzmodulen wie beispiels-

weise dem „Disability Assessment Schedule". Das SCAN enthält somit sowohl strukturierte als auch standardisierte Teile. Die Anwendung durch einen erfahrenen und trainierten Interviewer dauert 60 bis 190 Minuten und kann je nach Patient stark variieren. Eine deutsche Fassung ist in Vorbereitung. Zu den SCAN-Modulen liegen noch keine publizierten Gütekriterien vor.

3.3.2 Ratingskalen

Um die Schwere einer Depression im Querschnitt abzuschätzen gibt es zwei verschiedene Ansätze: klinische Fremdbeurteilungsskalen und Selbstbeurteilungsskalen. Im Bereich der depressiven Störungen gelten die Hamilton Depressionsskala (HAM-D; Hamilton, 1960; Bauman, 1976; CIPS, 1986) und speziell im deutschsprachigen Raum das „Inventar Depressiver Symptome" (IDS; Hautzinger, Bailer, 1994) als die bekanntesten Fremdbeurteilungsverfahren. Die HAM-D ist im Anhang S. 305 zu finden. Als Selbstbeurteilungsmaße stehen das Beck Depressionsinventar (BDI; Beck et al., 1961; deutsche Version: Hautzinger et al, 1993) und besonders im deutschsprachigen Raum die Depressivitäts- und die Paranoid-Depressivitätsskala von v. Zerssen zur Verfügung. Alle Instrumente decken eine Vielzahl von depressiven Symptomen ab und beziehen sich auf den gegenwärtigen oder gerade vergangenen Zustand beispielsweise der letzten Woche. Tabelle 3.9 liefert eine Übersicht möglicher diagnostischer Verfahren zur Erfassung von Symptomen und psychologischen Faktoren bei Depression. Die aufgeführten Instrumente können in der diagnostischen Phase der IPT zum Einsatz kommen.

Die HAM-D liegt in verschiedenen Versionen mit 17 beziehungsweise 21, 23, 24, 25 und 28 Items vor, wobei die letzten vier nicht zum Gesamtscore gerechnet werden. Sie wurde entwickelt, um die Schwere der

Tabelle 3.9 **Methoden zur Erfassung depressiver Symptomatik und psychologischer Faktoren bei Depression** (nach Hautzinger, 1994, S.42)

Allgemeine Verfahren
- Fremdbeurteilung
  - Hamilton Depressionsskala (HAM-D; Hamilton, 1986)
  - Inventar Depressiver Symptome (IDS; Hautzinger, Bailer, 1994)
- Selbstbeurteilung
  - Beck Depressionsinventar (BDI; Beck et al., 1961)
  - Depressivitätsskala (D-S; v. Zerrsen, 1990)
  - Allgemeine Depressionsskala (ADS; Hautzinger, Bailer, 1993)

Spezielle Verfahren
- Kognitive Ebene
  - Skala dysfunktionaler Einstellungen (DAS; Hautzinger et al., 1985)
  - Attributionsstilfragebogen (ASQ; Kammer et al., 1989)
- Motivationale Ebene
  - Hoffnungslosigkeitsskala (HS; Krampen, 1979)
- Emotionale Ebene
  - Befindlichkeitsskala (Bf-S; v. Zerrsen, 1976a)
  - Eigenschaftswörterliste (EWL; Janke, Debus, 1977)
- Motorische Ebene
  - Tages-/Wochenplan, Verhaltensprobe, Schrittzähler, Sprechzeit
  - Unsicherheitsfragebogen (Ullrich, Ullrich, 1977)
- Interaktionsebene
  - Problemliste (PL; Hahlweg et al., 1982)
  - Partnerschaftsfragebogen (PFB; Hahlweg, 1979)
  - Verhaltensbeobachtung
- Somatische Ebene
  - Beschwerdenliste (BL; v. Zerrsen, 1976b)
  - Elektromyogramm (EMG)
  - Elektrokardiogramm (EKG)
  - Elektroenzephalogramm (EEG)

Erkrankung bei Patienten mit bekannter Depression zu erfassen. Dieses Verfahren ist für trainierte und erfahrene Kliniker gedacht, die mit Hilfe einer fünfstufigen Skala und Ankerbeschreibungen die Intensität und Häufigkeit verschiedener Symptome in der letzten Woche einschätzen sollen. Es sind meist somatische Symptome. Jedoch auch Stimmungs- und kognitive Symptome werden abgedeckt. Der erzielte Gesamtscore gilt allgemein als hochreliabel.

Obwohl von Hamilton keine Cut-off-Werte zur Bestimmung des Schweregrades angegeben werden, wird ein Wert von 25 oder mehr auf der 17-Item-Skala als Indikator einer schweren Depression erachtet. Ein Wert von 18 bis 24 spiegelt mittelgradige Schwere wieder während 7 bis 17 Punkte auf eine leichte Depression hinweisen (Rabkin, Klein, 1987). Für die HAM-D liegen bisher fünf unterschiedliche Interviews vor (Stieglitz, Ahrens, 1994), die zum einen die Anwendung für den Kliniker erleichtern, zum anderen die Reliabilität der Durchführung erhöhen.

Orientiert an den Vorgaben des DSM-III-R ermöglicht das IDS dem Kliniker, mittels 28 Items die Bereiche Affekte, Kognitionen, Somatik, Suizidtendenzen, Antrieb und Interessen zu evaluieren. Das IDS hat sich vor allem bei der wiederholten Verwendung über den Behandlungsverlauf als Veränderungsmaß und über den Katamnesezeitraum als Erfolgsmaß bewährt (van Gülick-Bailer, Hautzinger, 1990).

Selbstbeurteilungsverfahren geben dem Patienten die Möglichkeit, seine eigene Einschätzung bezüglich des Ausmaßes der De-

D-S

D _____

Inst_____ Stat_____ Datum_____ Wt_____

I-Nr_____ ICD-Nr _____ Uhrzeit_____/_____ Tz_____

V – IQ_____

Ab hier vom Patienten auszufüllen:

Name _____ Mädchenname _____

Vorname _____ Geburtsdatum _____ Alter _____ Jahre

Beruf _____ Geschlecht m/w

Lesen Sie bitte die folgenden Sätze. Entscheiden Sie bei jeder Feststellung, ob sie für Sie zutrifft oder nicht. Machen Sie ein <u>Kreuz in eine der vier Spalten</u> rechts entsprechend der Stärke Ihrer Zustimmung bzw. Ablehnung. Füllen Sie den Bogen sorgfältig und möglichst schnell <u>selbständig</u> aus. Lassen Sie keinen Satz aus!

	trifft **ausgesprochen** zu	trifft **überwiegend** zu	trifft **etwas** zu	trifft **gar nicht** zu
1. Ich habe Freude an den verschiedensten Spielen und Freizeitbeschäftigungen				
2. Kritik verletzt mich stärker als früher				
3. In letzter Zeit bin ich sehr ängstlich und schreckhaft				
4. Ich weine leicht				
5. Ich habe Angst, den Verstand zu verlieren				
6. Ich fühle mich niedergeschlagen und schwermütig				
7. Ich kann das, was ich lese, nicht mehr so gut verstehen wie früher				
8. Am liebsten würde ich mir das Leben nehmen				
9. Morgens fühle ich mich besonders schlecht				
10. Ich habe zu anderen Menschen keine innere Beziehung mehr				
11. Ich fühle, daß ich nahe daran bin zusammenzubrechen . . .				
12. Ich habe ständig Angst, daß ich etwas Falsches sagen oder tun könnte				
13. Ich bin jetzt viel weniger am Liebesleben interessiert				
14. Oft fühle ich mich einfach miserabel				
15. Ich komme beim besten Willen nicht mit den kleinsten Gedankenschritten voran				
16. Ich habe keine Gefühle mehr				

BELTZ TEST © 1975 Beltz Test Gesellschaft mbH, Weinheim.

94 293

Abbildung 3.1 Depressivitätsskala (D–S) von v. Zerssen

pression anzugeben. Vorteile bestehen in der ökonomischen Anwendung, in der Verwendung als Screening-Verfahren oder Ergänzung zum klinischen Interview. Das BDI enthält 21 Items, die auf einer vierstufigen Skala mit Hilfe von Ankerbeschreibungen eingestuft werden sollen. Zum Beispiel:

0 Ich fühle mich nicht als Versager.
1 Ich habe das Gefühl, öfter versagt zu haben als der Durchschnitt.
2 Wenn ich auf mein Leben zurückblicke, sehe ich bloß eine Menge Fehlschläge.
3 Ich habe das Gefühl, als Mensch ein völliger Versager zu sein.

Im Gegensatz zur HAM-D zielt das BDI vorwiegend auf kognitive Symptome in der vergangenen Woche ab, obgleich somatische und Stimmungssymptome ebenfalls eingeschlossen sind. Es werden keine standardisierten Cut-off-Werte angeboten, da diese von den Patientencharakteristika und dem Zweck der Anwendung der Skala abhängen. Als schwer depressiv diagnostizierte Patienten wiesen BDI-Werte von 30 bis 35 auf (Beck et al., 1975). Allerdings ist zu beachten, daß schwer Depressive aufgrund der Symptomatik beim Ausfüllen des Fragebogens beeinträchtigt sein können. Die Diskriminationsfähigkeit des BDI zwischen schweren und mittelschweren Depressionen wurde schon häufiger kritisiert.

Von v. Zerssen wurde ein Selbstbeurteilungsverfahren entwickelt, das aus zwei Skalen besteht: einer Skala zur Messung ängstlich depressiver Verstimmtheit (Depressivitäts-Skala, D-S; s. Abb. 3.1) und einer anderen zur Beurteilung paranoiddepressiver Verhaltensweisen (Paranoid-Depressivitäts-Skala, PD-S). Neben ihrer klinischen Bewährtheit und Güte besteht einer der Hauptvorteile dieser Skalen in der Kürze der Durchführung, die nur eine bis sieben Minuten in Anspruch nimmt. Daher können diese Instrumente problemlos zu Mehrfachmessungen zur Kontrolle von Therapieverläufen oder im Sinne eines Screenings eingesetzt werden. Die Auswertung und Interpretation ist einfach und besteht in der Berechnung eines Summenwertes, der mit zunehmender Höhe auf zunehmende depressive Beeinträchtigung hinweist.

Die mit Hilfe der beschriebenen Skalen gemessenen Merkmale weisen beträchtliche Überschneidungen mit DSM-III-R beziehungsweise ICD-10 Depressionssymptomen auf. Da diese Instrumente jedoch keinerlei Längsschnittinformationen wie die Dauer oder den Verlauf erfassen, werden selbst sehr hohe Werte auf den Skalen nicht im Sinne einer Diagnose betrachtet.

3.4
Krankheitsverlauf der Depression

Der durchschnittliche Krankheitsbeginn liegt in den späten Zwanzigern, die Störung kann jedoch prinzipiell in jedem Alter auftreten (Karasu et al., 1993). Meistens entwickeln sich die depressiven Symptome über Tage bis Wochen bis zur vollen Ausprägung des Beschwerdebildes. Es kann jedoch auch eine mehrmonatige Prodromalphase vorausgehen, die durch Angst- oder depressive Symptome geprägt ist. Allerdings werden hier die geforderten Kriterien für eine Major Depression noch nicht erfüllt. Seltener und insbesondere bei schwerer psychosozialer Belastung kann die Episode mitunter abrupt auftreten. Der weitere Verlauf ist hinsichtlich der Dauer und Häufigkeit der Episoden sowie des Ausmaßes der Remission zwischen den Episoden individuell unterschiedlich. Verschiedene Verlaufsmuster unipolarer Depressionen sind in Tabelle 3.10 veranschaulicht. Tendentiell haben Stimmungsstörungen einen eher langfristigen Verlauf und sind durch häufige Rezidive gekennzeichnet.

Tabelle 3.10 **Verlaufsmuster unipolarer Depressionen (nach DSM-IV)**

Nähere Bestimmung des Langzeitverlaufs der Major Depressiven Störung:

Bestimme: **Einzelepisode,** bei Vorliegen von nur einer Major Depressiven Episode.
Rezidivierend, bei Vorliegen von zwei oder mehreren Major Depressiven Episoden.

Bestimme: **Mit vollständiger Remission zwischen den Episoden,** bei Fehlen deutlicher Stimmungssymptome zwischen den beiden letzten Major Depressiven Episoden.
Ohne vollständige Remission zwischen den Episoden, bei Bestehen deutlicher Stimmungssymptome zwischen den beiden letzten Major Depressiven Episoden.

Bestimme: **Mit vorangegangener Dysthymie,** bei Bestehen einer mindestens zweijährigen dysthymen Symptomatik vor dem Beginn der ersten Major Depressiven Episode.
Ohne vorangegangene Dysthymie, bei Fehlen einer mindestens zweijährigen dysthymen Symptomatik vor dem Beginn der ersten Major Depressiven Episode.

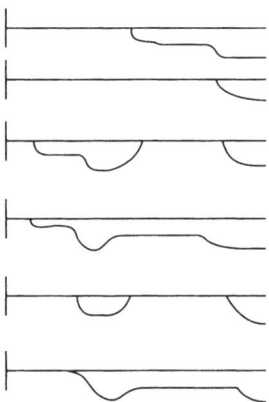

- Einzelepisode, mit vorangegangener Dysthymie

- Einzelepisode, ohne vorangegangene Dysthymie

- Rezidivierend, mit vorangegangener Dysthymie, mit vollständiger Remission zwischen den Episoden

- Rezidivierend, mit vorangegangener Dysthymie, ohne vollständige Remission zwischen den Episoden

- Rezidivierend, ohne vorangegangene Dysthymie, mit vollständiger Remission zwischen den Episoden

- Rezidivierend, ohne vorangegangene Dysthymie, ohne vollständige Remission zwischen den Episoden

Quelle (vom Verfasser ins Deutsche übersetzt): American Psychiatric Association. Diagnostic and Statistical Manual of Mental Disorders, Fourth Edition. Washington DC: American Psychiatric Association, 1994.

Unbehandelt besteht eine Episode in der Regel 6 bis 13 Monate oder länger (Karasu et al., 1993). Die meisten behandelten Episoden dauern etwa drei Monate. Die frühzeitige Behandlung einer akuten Episode im Rahmen einer wiederkehrenden unipolaren Depression kann zu einer beträchtlichen Verkürzung der Episodendauer im Vergleich zu früheren Episoden führen (Kupfer, Frank, Perrel, 1989).

Die depressive Episode verläuft meist unter Schwankungen und klingt auch ebenso ab. Nach einer Besserung kann also kurzfristig wieder eine Verschlechterung eintreten. Bei etwa 35 Prozent der Patienten wird die depressive Phase durch eine hypomanische oder manische Episode begrenzt

und dann als Bipolare Störung diagnostiziert.

Bei ersterkrankten Patienten liegt die Wahrscheinlichkeit für eine weitere Major Depressive Episode bei über 50 Prozent. Mit jeder weiteren Episode steigt die Wahrscheinlichkeit, daß die Störung wieder auftritt. Patienten mit drei Episoden erleiden mit 90prozentiger Wahrscheinlichkeit eine vierte. Ein besonders hohes Risiko für ein Rezidiv haben Personen, bei denen die Major Depression auf eine Dysthymie aufgepropft ist (Karasu et al., 1993) und Personen mit schweren melancholischen Depressionen. Insgesamt sind über 70 Prozent unipolar depressiver Episoden wiederkehrender Natur. Bei einer bipolaren Störung müssen sich nahezu alle Patienten auf einen wiederkehrenden Verlauf einstellen (Post, 1994).

Die Zeit zwischen den Episoden kann ebenfalls unterschiedlich lang sein; manche Patienten haben jahrelange Pausen, in denen sie vollkommen normal leistungsfähig sind. Andere haben phasenweise eine ganze Anzahl von Episoden, die kurz nacheinander auftreten während bei wieder anderen die Abstände im Laufe der Zeit immer kürzer werden. Ohne Phasenprophylaxe scheint die Länge und Häufigkeit der Episoden mit zunehmendem Alter und Dauer der Störung anzusteigen, die Länge der freien Intervalle dagegen abzunehmen.

Wenn der Betroffene von der Episode genesen ist, also länger als 16 Wochen frei von Symptomen ist oder nur minimale Symptome aufweist, ist er in der Regel so leistungsfähig wie gewohnt und im Wesen unverändert. Bis zu einem Drittel der Patienten leidet jedoch infolge des unterschwelligen oder voll ausgeprägten Weiterbestehens der depressiven Symptomatik unter einer dauerhaften Funktionsbeeinträchtigung (Karasu et al., 1993). Eine ungünstige Prognose weisen insbesondere ältere Patienten auf. Aber auch bei Patienten, bei denen Komorbidität mit anderen psychiatrischen Störungen besteht, ist die Prognose ungünstig. Es kommt häufig vor, daß Angst- und Persönlichkeitsstörungen vom Borderline-, histrionischen und vermeidenden Typ oder Substanzmißbrauch gleichzeitig auftreten.

3.5
Implikationen für die Durchführung der IPT

Zusammenfassend sei festgestellt, daß es zur Durchführung der IPT wichtig ist, Depression als psychiatrische Störung aufzufassen und als klinisch auffälliges verhaltensbezogenes oder psychisches Syndrom zu betrachten. Dieses Syndrom geht einher mit Leidensdruck und beeinträchtigt die Leistungsfähigkeit. Es handelt sich also dabei weder um eine vorübergehende depressive Verstimmung, noch um ein Zeichen persönlicher Schwäche oder um einen Zustand, der mit viel Willensstärke beseitigt werden kann. Diese Sichtweise stellt ein bedeutendes Charakteristikum der IPT dar. IPT wurde zur Behandlung der Depression im Sinne eines komplexen depressiven Syndroms – und nicht im Sinne eines Symptoms oder lediglich einer niedergeschlagenen Stimmung – entwickelt. Die Begründer dieses Ansatzes halten es für therapeutisch sinnvoll und entlastend, dem Patienten explizit seine Diagnose als solche mitzuteilen und ihm damit die „Berechtigung zum Kranksein" zu geben. In diesem Sinne ist auch die Anwendung des Krankheitmodells (medical model) bei der IPT zu verstehen, das an späterer Stelle (s. Kap. 8) noch ausführlicher erklärt wird.

Die gezielte Beschäftigung mit der Depression stellt einen wichtigen Teil der Behandlung dar und beinhaltet die Psychoedukation des Patienten über seine Erkrankung. Dadurch kann der Patient erkennen, daß er seine Symptome nur begrenzt kontrollieren kann. Die Störung hat vielmehr in ihrem charakteristischen Verlauf und der Symptomkonstellation eine Eigendynamik. Über die Prognose und die guten Behandlungschancen zu informieren, soll Hoffnung vermitteln. Die sogenannte Krankenrolle soll den Patienten vorübergehend von sozialen und anderen Verpflichtungen entlasten.

Die hier beschriebenen Auffassungen werden nicht von allen Psychotherapeuten geteilt. Manche schenken den depressiven Symptomen als Krankheitszeichen nur wenig Aufmerksamkeit und konzentrieren sich stattdessen ausschließlich auf frühkindliche Erfahrungen, Konflikte oder Persönlichkeitszüge. Vor allem der Krankenrolle stehen viele Therapeuten kritisch gegenüber. Bei einer IPT-Behandlung wird in der Anfangsphase in erster Linie daran gearbeitet, die Sympome zu bewältigen. Hierin spiegelt sich die Auffassung wieder, daß der Patient sich zunächst mit der Erkrankung selbst auseinandersetzen sollte, bevor er in der Lage ist, an tiefergreifenden Themen zu arbeiten. Dieses therapeutische Vorgehen ist im Manualteil (s. Kap. 8) umfassend und konkret beschrieben.

▌ Literatur

American Psychiatric Association. Diagnostic and Statistical Manual of Mental Disorders (3rd Edn., DSM-III). Washington, DC: American Psychiatric Association 1980.

American Psychiatric Association. Diagnostic and Statistical Manual of Mental Disorders (3rd Edn. revised, DSM-III-R). Washington, DC: American Psychiatric Association 1987. Deutsche Ausgabe: Wittchen H-U, Saß H, Zaudig M, Koehler K. Diagnostisches und Statistisches Manual Psychischer Störungen, DSM-III-R, Revision. 2. Aufl. Weinheim: Beltz 1989.

American Psychiatric Association. Diagnostic and Statistical Manual of Mental Disorders, (4th Edn., DSM-IV). Washington, DC: American Psychiatric Association 1994.

American Psychiatric Association. Practice guideline for the treatment of patients with bipolar disorder. Am J Psychiatry 1994; 151(suppl):1-36.

Andreasen NC. Concepts, diagnosis and classification. In: Paykel ES, ed. Handbook of affective disorders. New York: Guilford Press 1982.

Andreasen NC, Grove WM. The classification of depression: traditional versus mathematical approaches. Am J Psychiatry 1982; 139:45-52.

Andreasen NC, Scheftner W, Reich T, Hirschfeld RMA, Endicott J, Keller M. The validation of the concept of endogenous depression: a family study approach. Arch Gen Psychiatry 1986; 43:246-51.

Angst J. Zur Ätiologie und Nosologie endogener depressiver Psychosen. Monographien aus dem Gesamtgebiet der Neurologie und Psychiatrie. Heft 112. Berlin: Springer 1966.

Angst J. Recurrent brief depression: a new concept of depression. Pharmacopsychiatry 1990; 23:63-6.

Angst J. Epidemiologie affektiver Erkrankungen unter Berücksichtigung der leichteren Formen. In: Psychiatrie als empirische Wissenschaft. Berger M, Möller H-J, Wittchen H-U, Hrsg. München: Zuckschwerdt 1993; 51-6.

Angst J, Dobler-Mikola A. Do the diagnostic criteria determine the sex ratio in depression? J Affective Disord 1984; 7:189-98.

Angst J, Merikangas K, Scheidegger P, Wicki W. Recurrent brief depression: a new subtype of affective disorders. J Affective Disord 1990; 19:87-98.

Asgard U, Nordstrom P, Raback G. Birth cohort analysis of changing suicide risk by sex and age in Sweden 1952 to 1981. Acta Psychiatr Scand 1987; 76:456-63.

Anton R, Burch EA, Jr. Response of psychotic depression subtypes to pharmacotherapy. J Affect Disord 1993; 28:125-31.

Bauman U. Methodische Untersuchungen zur Hamilton Depressions-Skala. Archiv für Psychiatrie und Nervenkrankheiten 1976; 222:359-375.

Bebbington P. The epidemiology of depressive illness. In: Montgomery SA, Corn TH, eds. Psychopharmacology of depression. New York: Oxford University Press 1994; 1-18.

Beck AT, Ward CH, Mendelson M, Mock JE, Erbaugh JK. An inventory for measuring depression. Arch Gen Psychiatry 1961; 4:561-7.

Beck AT, Gram LF, Dein E, et al., Quantitative ratings of depressive states. Acta Psychiatr Scand 1975; 51:161-70.

Blazer DG, Cromwell BA, George LK. Urban-rural differences in depressive disorders: does age make a difference? In: Barett J, Rose RM, eds. Mental disorders in the community: progress and challenge. New York: Guilford 1986.

Blazer DG, Kessler RC, McGonagle KA, Swartz MS. The prevalence and distribution of Major Depression in a national community sample: The National Comorbidity Survey. Am J Psychiatry 1994; 151:979-86.

Bowlby J. Attachment. New York: Basic Books 1969.

Brown GW, Harris TO. Social origins of depression: a study of psychiatric disorders in women. London: Tavistock 1978.

Brown GW, Harris TO, Hepworth C. Life events and endogenous depression. Arch Gen Psychiatry 1994; 51:525-34.

Burch EA, Anton RF, Carson WH. Mood concruent and incruent psychotic depressions: Are they the same? J Affect Disord 1994; 31:275-80.

CIPS. Intern. Skalen f. Psychiatrie. Weinheim: Beltz 1986.

Coryell W, Endicott J, Keller M. Major depression in a nonclinical sample: demographic and clinical risk factors. Arch Gen Psychiatry 1992; 49:117-25.

Davidson J, Turnbull C, Strickland R, Belyea M. Comparative diagnostic criteria for melancholia and endogeneous depression. Arch Gen Psychiatry 1984; 4:506-11.

Eckman P. Darwin and facial expressions. New York: Academic Press 1973.

Fennig S, Bromet EJ, Jandorf L. Gender differences in psychotic depression in a first admission sample. Am J Psychiatry, im Druck.

Fennig S, Schwartz JE, Bromet EJ. Are diagnostic criteria, time of episode and occupational impairment important determinants of the female:male ratio for major depression? J Affective Disord 1994; 30:147-54.

Frances A, Brown RE, Kocsis JH. Psychotic depression: a separate entity? Am J Psychiatry 1981; 143:829-933.

Frangos E, Athanassenas G, Tsitourides S, Psilolingos P, Katsanou N. Psychotic depressive disorder: a separate entity? J Affect Disord 1983; 5:259-65.

Frank E, Anderson B, Reynolds III CF, Ritenour A, Kupfer DJ. Life events and the Research Diagnostic Criteria endogenous subtype. Arch Gen Psychiatry 1994; 51:519-24.

Gillespie RD. Clinical differentiation of types of depression. Guy Hospital Reprints 1929; 79:306-44.

Hamilton M. A rating scale for depression. J Neurol Neurosurg Psychiatry 1960; 23: 56-62.

Harlow HF, Harlow MK, Suomi SJ. From thought to therapy: lessons from a primate laboratory. Am Scientist 1971; 59:538-49.

Hautzinger M, Luka U, Trautmann RD. Skala dysfunktionaler Einstellungen. Eine deutsche Version der dysfunctional attitude scale. Diagnostika 1985; 31:312-30.

Hautzinger M, Bailer M. Allgemeine Depressions-Skala. 1993; Weinheim: Beltz Test.

Hautzinger M, Bailer M, Keller F, Worrall H. Das Beck Depressionsinventar. 1993; Bern: Huber.

Hautzinger M. Kognitive Verhaltenstherapie bei Depressionen. In: Hautzinger M (Hg). Kognitive Verhaltenstherapie bei psychischen Erkrankungen. München: Quintessenz 1994.

Hautzinger M, Bailer M. Das Inventar Depressiver Symptome. 1994; Weinheim: Beltz Test.

Hickie I, Parker G, Wilhelm K, Tennant C. Perceived interpersonal risk factors of nonendogenous depression. Psychol Med 1991; 21:399-412.

Horwath E, Johnson J, Klerman GL, et al., Depressive symptoms as relative and attributable risk factors for first onset major depression. Arch Gen Psychiatry 1992; 49:817-23.

Iacono WG, Beiser M. Are males more likely to develop schizophrenia? Am J Psychiatry 1992; 149:1070-4.

Johnson J, Weissman MM, Klerman GL. Service utilization and social morbidity associated with depressive symptoms in the community. JAMA 1992; 267:1478-83.

Joyce PR. The epidemiology of depression and anxiety. In: Den Boer JA, Ad Sitsen JM, eds. Handbook of depression and anxiety: a biological approach. New York: Marcel Dekker 1994; 57-69.

Kammer D, Stiensmeier-Pelster J. Attributionsstil Fragebogen (S. 54-61). In: Krampen G (Hg). Diagnostik von Attributionen und Kontrollüberzeugungen. Göttingen: Hogrefe 1989.

Kaplan HI, Sadock BJ, Grebb JA. Kaplan and Sadock's synopsis of psychiatry: behavioral sciences, clinical psychiatry (7th ed). Baltimore: Williams u. Wilkins 1994;516-572.

Karasu TB, Docherty JP, Gelenberg A, Kupfer DJ, Merriam AE, Shadoan R. Practice guideline for major depressive disorder in adults. Am J Psychiatry 1993; 150(suppl):1-26.

Karno M, Hough RL, Burnam MA, Escobar JI, Timbers DM, Santana F, Boyd JH. Lifetime prevalence of specific psychiatric disorders among Mexican Americans and non-Hispanic whites in Los Angeles. Arch Gen Psychiatry 1987; 44:695-701.

Katschnig H, Pakesch G, Egger-Zeidner E. Life-stress and depressive subtypes: a review of present diagnostic criteria and recent research results. In: Katschnig H, ed. Life events and psychiatric disorders: controversial issues. Cambridge: Cambridge University Press 1986; 201-45.

Keller MB, Klein DN, Hirschfeld RMA, Kocsis JH, McCullough JP, Miller I, First MB, Holzer III CP, Keitner GI, Marin DB, Shea T. Results of the DSM-IV Mood Disorder Field Trial. Am J Psychiatry 1995; 152:843-9.

Kendell RE. The classification of depressions: a review of contemporary confusion. Br J Psychiatry 1976; 129:15-28.

Klein DN, Riso LP, Donaldson SK, Schwartz JE, Anderson RL, Ouimette PC, Lizardi H, Aronson TA. Familiy study of early-onset dysthymia: Mood and personality disorders in relatives of outpatients with dysthymia and episodic major depression and normal controls. Arch Gen Psychiatry 1995; 52:487-96.

Klerman GL. Age of melancholy. Psychology Today 1979; 12:37-42.

Klerman GL. Clinical epidemiology of suicide. J Clin Psychiatry 1987; 48 (suppl 12):33-8

Klerman GL, Weissman MM. Increasing rates of depression. JAMA 1989; 261:2229-35.

Klerman GL, Weissman MM, Rounsaville BJ, Chevron ES. Interpersonal psychotherapy of depression. New York: Basic Books 1984.

Kraepelin E. Das manisch-depressive Irresein. In: Psychiatrie. Ein Lehrbuch für Studierende und Ärzte (8. Aufl., Bd.III/II. Teil). Leipzig: Barth 1913; 1183-395.

Krampen G. Hoffnungslosigkeit bei stationären Patienten – Ihre Messung durch einen Kurzfragebogen. Medizinische Psychologie 1979; 5:39-49.

Kupfer DJ, Frank E, Perrel JM. The advantage of early treatment intervention in recurrent depression. Arch Gen Psychiatry 1989; 46:771-5.

Lavori PW, Klerman GL, Keller MB, Reich T, Rice J, Endicott J. Age-period-cohort analysis of secular trends in onset of major depression: findings in siblings of patients with major affective disorder. J Psychiatr Res 1987; 21:23-36.

Leonhard K. Aufteilung der endogenen Psychosen. Berlin: Akademieverlag 1957.

Lewinsohn PM, Hops H, Roberts RE, Seeley JR, Rohde P, Andrews JA, Hautzinger M. Affektive Störungen bei Jugendlichen: Prävalenz, Komorbidität und psychosoziale Korrelate. Verhaltenstherapie 1992; 2:132-9.

Mendels J, Cochrane C. The nosology of depression: the endogenous-reactive concept. Am J Psychiatry 1968; 124:1-11.

Mombour W, Spitzner S, Reger KH, von Cranach M, Dilling H, Helmchen H. Summary of the qualitative criticisms made during the ICD-10 field trial and remarks on the German translation of ICD-10. Pharmacopsychiatry 1990; 23(suppl IV):197-201.

Monroe SM, Simons AD, Thase ME. Onset of depression and time to treatment entry: roles of life stress. J Consult Clin Psychol 1991; 59:566-73.

Munro A. Some familial and social factors in depressive illness. Br J Psychiatry 1966; 112:429-41.

Nelson JC, Charney DS. The symptoms of major depressive illness. Am J Psychiatry 1981; 138:1-13.

Oakley-Browne MA, Joyce PR, Wells JE, Bushnell JA, Hornblow AR. Christchurch Psychiatric Epidemiology Study, Part II: Six months and other period prevalences for specific psychiatric disorders. Aust N Z J Psychiatry 1989; 23:327-40.

O'Connell RA, Mayo JA. The role of social factors in affective disorders: a review. Hosp Commun Psychiatry 1988; 39:842-51.

Pajer K. New strategies in the treatment of depression in women. J Clin Psychiatry 1995; 56 (suppl 2):30-7.

Pasnau RO, Bystritsky A. On the comorbidity of anxiety and depression. In: Den Boer JA, Ad Sitsen JM, eds. Handbook of depression and anxiety: a biological approach. New York: Marcel Dekker 1994; 45-56.

Paykel ES, Cooper Z. Life events and social stress. In: Paykel ES, ed. Handbook of affective disorders. Edingburgh: Churchill Livingstone 1992.

Perris C. A study of bipolar and unipolar recurrent depressive psychoses. Acta Psychiatr Scand 1966; 42(suppl 194).

Philipp M, Maier W, Delmo CD. The concept of major depression. I. Descriptive comparison of six competing operational definitions including ICD-10 and DSM-III-R. Eur Arch Psychiatry Clin Neurosci 1991; 240:258-65.

Post RM. Mechanisms underlying the evolution of affective disorders: implications for long-term treatment. In: Grunhaus L, Greden JF (eds). Severe depressive disorders. Washington, DC: American Psychiatric Press 1994; 23-65.

Rabkin JG, Klein GF. The clinical measurement of depressive disorders. In: Marsella A, Hirschfeld RMA, Katz MM (eds). Measurement of depression 1987; New York: Guilford.

Regier DA, Boyd JH, Burke JD Jr, Rae DS, Myers JK, Kramer M, Robins LN, George LK, Karno M, Locke BZ. One-month prevalence of mental disorders in the United States: based on five Epidemiologic Catchment Area sites. Arch Gen Psychiatry 1988; 45:977-86.

Rich CL, Young D, Fowler RC. San Diego suicide study: I. Young vs old subjects. Arch Gen Psychiatry 1986; 43:577-82.

Robins E, Guze SB. Classification of affective disorders: the primary-secondary, the endogenous-reactive, and the neurotic- psychotic concept. In: Williams TA, Katz MM, Shield JA, eds. Recent advances in the psychobiology of depressive illnesses. DHEW Publication No. (HSM) 79-9053, US Government Printing Office 1972.

Romanoski AJ, Folstein MF, Nestadt G, Chahal R, Merchant A, Brown CH, Gruenberg EM, McHugh PR. The epidemiology of psychiatrist- ascertained depression and DSM-III depressive disorders: results from the Eastern Baltimore Mental Health Survey clinical reappraisal. Psychol Med 1992; 22:629-55.

Sauer H, Richter P, Schröder J, Saß H. Is the DSM-III-R category of mood disorders too broad? Eur Arch Psychiatry Clin Neurosci 1992; 242:34-8.

Seligman MEP. Depression and learned helplessness. Research in neurosis: Symposium organized by the Interdisciplinary Society of Biological Psychiatry. Bohn: Scheltema u. Holkema, Amsterdam 1975; 72.

Skegg K, Cox B. Suicide in New Zealand 1957-1986: the influence of age, period and birth-cohort. Aust N Z J Psychiatry 1991; 25:181-90.

Smith AL, Weissman MM. Epidemiology. In: Paykel ES, ed. Handbook of affective disorders. Edingburgh: Churchill Livingstone 1992.

Stieglitz RD, Ahrens B. Fremdbeurteilungsverfahren. In: Stieglitz RD, Baumann U. Psychodiagnostik psychischer Störungen. Stuttgart: Ferdinand Enke Verlag 1994.

Ullrich R, Ullrich R. Der Unsicherheitsfragebogen. München: Pfeiffer 1977.

Van Gülick-Bailer M, Hautzinger M. Veränderungsverläufe bei depressiven Patienten unter Antidepressivattherapie und Verhaltenstherapie. In: Baumann U, Fähndrich E, Stieglitz RD, Woggon B (Hg). Veränderungsmessung in Psychiatrie und klinischer Psychologie. 1990; München: Profil. 85-98.

Wallace J, Pfohl B. Age-related differences in the symptomatic expression of major depression. J Nerv Ment Dis 1995; 183:99-102.

Weiller E, Boyer P, Lepine JP, Lecrubier Y. Prevalence of recurrent brief depression in primary care. Eur Arch Psychiatry Clin Neuroscience 1994; 244:174-81.

Wickramaratne PJ, Weissman MM, Leaf PJ, Holford TR. Age, period, and cohort effects on the risk of major depression: results from five United States communities. J Clin Epidemiol 1989; 42:333-43.

Wilheim K, Parker G. Is sex necessarily a risk factor to depression? Psychol Med 1989; 19:401-13.

Williams JBW, Gibbon M, First MB, Spitzer RL, Davies M, Borus J, Howes MJ, Kane J, Harrison GP, Rounsaville B, Wittchen HU. The structured Clinical Interview for DSM-III-R (SCID): II. Multisite test-retest reliability. Arch Gen Psychiatry 1992; 49:630-6.

Wing JK, Cooper JE, Sartorius N. Measurement of psychiatric symptoms. London: University Press 1974.

Wing JK, Babor T, Brugha T, et al., SCAN. Schedules for Clinical Assessment in Neuropsychiatry. Arch Gen Psychiatry 1990; 47:589- 93.

Winokur G, Coryell W, Keller M, Endicott J, Leon A. A family study of manic-depressive (bipolar-I) disease: Is it a distinct illness separable from primary unipolar depression? Arch Gen Psychiatry 1995; 52:367-73.

Wittchen HU, Zaudig M, Schramm E, Spengler P, Mombour W, Klug J, Horn R. Strukturiertes Klinisches Interview für DSM-III-R. 1990; Weinheim: Beltz Test.

Wittchen HU, Semler G. Composite International Diagnostic Interview (CIDI). 1991; Weinheim: Beltz Test.

Wittchen HU, Essau CA, von Zerssen D, Krieg JC, Zaudig M. Lifetime and six-month prevalence of mental disorders in the Munich follow-up study. Eur Arch Psychiatry Clin Neurosci 1992; 241:247-58.

Young MA, Fogg LF, Scheftner WA, Keller MB, Fawcett JA. Sex differences in the lifetime prevalence of depression: does varying the diagnostic criteria reduce the female/male ratio? J Affective Disord 1990; 18:187-95.

World Health Organization, WHO. Internationale Klassifikation psychischer Störungen. ICD-10 Kapitel V(F). Klinisch- diagnostische Leitlinien (Hrsg.) Dilling H, Mombour W, Schmidt MH. Bern: Hans Huber 1991.

Zajecka JM, Ross JS. Management of comorbid anxiety and depression. J Clin Psychiatry 1995; 56 (suppl 2):10-3.

Zerssen Dv. Die Depressionsskala. Weinheim: Beltz Test 1975.

Zerssen Dv. Die Befindlichkeitsskala. Weinheim: Beltz Test 1976a.

Zerssen Dv. Die Beschwerdenliste. Weinheim: Beltz Test 1976b.

Zimmerman M, Coryell W, Pfohl B. The treatment validity of DSM-III melancholic subtyping. Psychiatr Res 1985; 16:37-43.

4 Behandlungsansätze bei Depression

Inhalt

Im Rahmen der Psychoedukation ist es die Aufgabe des Therapeuten, dem Patienten Informationen über die verschiedenen Behandlungsverfahren der Depression zu vermitteln. Depressionen gehören zu den psychiatrischen Störungen mit dem größten Behandlungserfolg. Dies gilt zumindest für die Behandlung der einzelnen Depressionsphasen, weniger allerdings für den Langzeitverlauf, der durch ein hohes Rückfallrisiko geprägt ist und von daher meist prophylaktischer Therapiemaßnahmen bedarf.

Dem Patienten stehen eine Reihe erwiesenermaßen wirksamer pharmakologischer und psychotherapeutischer Behandlungsansätze zur Verfügung, die entsprechend der individuellen Situation des Betroffenen ausgewählt werden sollten. Dabei spielen Schwere, Art und Verlauf der depressiven Störung sowie Komorbidität eine Rolle. Außerdem sind neben störungsspezifischen insbesondere patientenspezifische Variablen zu beachten. Dazu gehören beispielsweise die Persönlichkeit und die Ressourcen des Patienten, frühere Therapieerfahrungen, die Problemkonstellation und welche Behandlungsmethode der Betroffene bevorzugt. Manche Patienten wollen oder können keine Medikamente einnehmen. Bei anderen erfordern psychosoziale Belastungsfaktoren eine psychotherapeutische Vorgehensweise oder die Schwere der Störung eine besonders schnellwirkende und intensive Kombinationsbehandlung. Andere Patienten finden ein psychotherapeutisches Vorgehen bei ihrem Zustand zu belastend und ziehen eine medikamentöse Intervention vor. Medikamente werden jedoch nicht immer vertragen und Nebenwirkungen nicht toleriert. Manche Patienten sprechen auch auf die Medikamente nicht an und es muß nach Alternativen gesucht werden.

Die Vorgehensweise bei der Auswahl eines bestimmten Therapieverfahrens für einen individuellen Patienten erscheint oft unbefriedigend, da viele Therapeuten entweder ihrer eigenen Ideologie, ihrer Präferenz oder Erfahrung mit einer Therapiemethode folgen. Dabei werden oft diagnostische Aspekte ausgeblendet. Oder aber man orientiert sich – ungeachtet *individueller* diagnostischer oder anderer Merkmale des Patienten beziehungsweise des jeweiligen Settings – ausschließlich an der standardisierten Diagnose. Diese Position wird immer häufiger kritisiert, da sich schließlich mehrere Verfahren bei der Depressionsbehandlung als effektiv erwiesen haben.

Deshalb sollte jeder Therapeut über die Vor- und Nachteile beziehungsweise den spezifischen Indikationsbereich der verschiedenen Depressionsbehandlungen umfassend informiert sein. Auf dieser Grundlage kann dann gemeinsam mit dem Patienten entschieden werden, welches Vorgehen den größten Erfolg verspricht.

Während bestimmte Formen affektiver Störungen, wie beispielsweise bipolare Störungen, nachgewiesenermaßen auf medikamentöse Behandlungsverfahren besser ansprechen, können unipolare Depressionen mindestens ebenso effektiv mit spezifischen psychotherapeutischen Verfahren behandelt werden. Dies trifft in erster Linie für leichte bis mittelschwere, und nach neueren Ergebnissen auch vereinzelt für schwere Depressionen zu, sofern diese keine psychotischen oder somatischen Symptome aufweisen. Dieser Aussage liegen zahlreiche Therapievergleichsstudien der letzten 20 Jahren zugrunde. Davor galt die rein pharmakologische Behandlung als Therapie der ersten Wahl. Den neueren psychologischen Verfahren wurde zunächst mit großer Skepsis begegnet, die jedoch durch ausgezeichnete Effektivitätsdaten größtenteils entkräftet werden konnte. Heute spielen Psychotherapien bei der Depressionsbehandlung eine bedeutsame Rolle. Sie sind eine wirksame Alternative oder Adjunkt zu medikamentösen Verfahren. Außerdem werden sie zur gezielten Therapie der psychosozialen Auswirkungen der depressiven Störung eingesetzt, wie beispielsweise ein Arbeitsplatzverlust oder Probleme in der Partnerschaft. In Risikogruppen reduzieren sie die Rezidivgefahr und tragen zur Prävention bei.

Die folgenden Abschnitte geben einen Überblick über die wichtigsten medikamentösen und psychotherapeutischen Verfahren zur Depressionsbehandlung und deren Effektivität. Ein weiteres Unterkapitel widmet sich der ausführlichen Besprechung von Kombinationsbehandlungen. Ein Fallbeispiel für die parallele Therapie mit IPT und einem Antidepressivum findet sich im praxisbezogenen Teil III, Kapitel 16.

Obwohl uns dank intensiver Forschung in den letzten beiden Dekaden viele Informationen zur Verfügung stehen, muß die Beschreibung an dieser Stelle relativ kurz gehalten werden. Aus diesem Grund kann auch nicht näher auf seltener angewandte Behandlungsverfahren wie Lichttherapie, Schlafentzug oder Elektrokrampftherapie eingegangen werden. Für weitere Details sei deswegen auf Paykel et al., (1992), Berger et al., (in Vorb.), Karasu (1990) und Manning u. Frances (1990) verwiesen. Weitergehende Informationen zur pharmakologischen Therapie depressiver Störungen sind in einer Reihe von Übersichtsartikeln und Handbüchern zu finden (beispielsweise Nemeroff 1994; Riederer, Laux, Höldinger, 1993; Potter, Rudorfer, Manji, 1991).

4.1
Pharmakologische Behandlung (D. v. Calker)

4.1.1 Indikationen zur medikamentösen Therapie

Da mit der IPT und anderen Psychotherapieformen effiziente Behandlungsmöglichkeiten zur Verfügung stehen, muß bei der Indikationsstellung zur medikamentösen Therapie das Nutzen/Risiko-Verhältnis sorgfältig abgewogen werden.

Eine beinahe absolute Indikation zur medikamentösen Therapie liegt bei schweren depressiven Störungen mit melancholischer, beziehungsweise somatischer Symptomatik und/oder akuter Suizidalität vor, wenn nicht schwere körperliche Erkrankungen eine Kontraindikation darstellen. Eine entsprechende Behandlung wird in diesen Fällen im allgemeinen unter stationären Bedingungen erfolgen. Auch jede andere nach ICD-10-Kriterien als „schwer" definierte depressive Störung wird im allgemeinen eine medikamentöse Therapie erfordern, falls nicht eine ungewöhnliche Kombination von Kontraindiaktionen gegen alle Klassen von Antidepressiva vorliegt oder der Patient eine solche Therapie ablehnt. In allen übrigen Fällen müssen verschiedene Faktoren gegeneinander abgewogen werden. Für eine medikamentöse Behandlung sprechen:

1. Schwere Symptome (s.o.).
2. Bei früheren Episoden hat der Patient gut auf eine medikamentöse Therapie angesprochen.
3. Es ist der ausdrückliche Wunsch des Patienten.
4. Der Patient ist zu einer Psychotherapie gering motiviert oder nicht fähig.

Das Vorliegen absoluter oder relativer Kontraindikationen gegen Antidepressiva spricht gegen eine medikamentöse Therapie ebenso wie zu erwartende beziehungsweise bekannte erhöhte Anfälligkeit für unerwünschte Nebenwirkungen (s.unten). Aber auch mangelnde Compliance und Ablehnung oder Skepsis des Patienten gegenüber Medikamenten.

4.1.2 Auswahl des Antidepressivums

Zur Akutbehandlung von Depressionen stehen heute vier Klassen von Antidepressiva zur Verfügung (Nemeroff, 1994) (s. Tab. 4.1). Die Tri- und Tetrazyklika (TCA's), die spezifischen Serotonin-Wiederaufnahmehemmer (reuptake inhibitors, SSRI's), die Monoaminooxidase-Inhibitoren (MAOI's) und eine vierte Gruppe von verschiedenen Substanzen unterschiedlicher chemischer Struktur und Wirkung wie beispielsweise Bupropion, Trazodon, Venlafazine, Nefazodone. Es gibt bisher kaum gesicherte Informationen darüber, daß ein bestimmtes Antidepressivum oder eine Klasse von Antidepressiva einer anderen zur Behandlung einer spezifischen Symptomkonstellation

überlegen wäre. So sind entgegen früheren Annahmen TCA's gleichermaßen wirksam bei „endogenen" wie bei „psychogenen" Depressionen (Philipp et al., 1985). Diese Einteilung wurde daher in den neueren Diagnosesystemen verlassen. Nur der Schweregrad der Erkrankung scheint ein wesentlicher Prädiktor für das Ansprechen auf die Therapie zu sein (Paykel et al., 1988). Die auf Kielholz (1965) zurückgehende Einteilung der TCA's in „Desipramin-Typ" (psychomotorisch aktivierend, antriebssteigernd), „Imipramin-Typ" (psychomotorisch neutral oder stabilisierend) und „Amitriptylin-Typ" (sedierend, dämpfend, angstlösend) hat sich in der Praxis als Leitlinie im Umgang mit Patienten unterschiedlicher Symptomenkonstellation bewährt. Allerdings beruht dies weniger auf spezifischen Wirkunterschieden der einzelnen Antidepressiva als vielmehr auf ihrem unterschiedlichen Nebenwirkungsprofil.

Das bestimmte Profil erwünschter und unerwünschter Nebenwirkungen der Antidepressiva sowie seine „Passung" zum individuellen Patienten bestimmt daher wesentlich die Auswahl des Antidepressivums. Obwohl beide Medikamententypen im „outcome" gleich effektiv sind, werden stark agitierte und ängstliche Patienten unter einem primär sedierenden Antidepressivum, wie beispielsweise Doxepin oder Amitriptylin initial leichter zu führen sein als unter einer Behandlung mit einem SSRI. Dessen wesentliche initiale Nebenwirkungen bestehen unter anderem in der Induktion von Angst und innerer Unruhe (Nemeroff, 1994). Dennoch wird man beispielsweise bei einem älteren Patienten mit Prostatahypertrophie oder Zustand nach Herzinfarkt einem SSRI den Vorzug geben, um die bei diesen Patienten potentiell lebensbedrohlichen Nebenwirkungen der TCA's zu vermeiden.

In den folgenden Abschnitten werden die einzelnen Klassen von Antidepressiva nach ihren Wirkungen und Nebenwirkungen diskutiert.

Tabelle 4.1 Auswahl gegenwärtig in Deutschland verfügbarer Antidepressiva

Substanzklassen/Internationaler Freiname	Handelsname (beispielsweise)
Tri-und tetrazyklische Antidepressiva	
Sekundäre Amine	
Desipramine	Pertofran, Petylyl
Maprotiline (tetrazyklisch)	Ludiomil, Aneural u.a.
Nortriptyline	Nortrilen
Tertiäre Amine	
Imipramin	Tofranil u.a.
Amitriptylin	Saroten, Laroxyl u.a.
Dibenzepine	Noveril
Trimipramin[1], Mianserin[2] (tetrazyklisch)	Stangyl, Herponal, Tolvin u.a.
Doxepin	Aponal, Sinquan
Clomipramin	Anafranil, Hydiphen
Serotonin-Wiederaufnahmehemmer	
Fluvoxamin	Fevarin
Fluoxetin	Fluctin
Paroxetin	Seroxat, Tagonis
Sertralin,	Zoloft
Citalopram	Cipramil
MAO-Inhibitoren	Parnate, Jatrosom
Tranylcypromin	Aurorix
Moclobemid	In Deutschland nicht im Handel
(Phenelzine, Isocarboxazid)	
„Atypische" Antidepressiva	
Trazodon	Thombran
Viloxazin	Vivalan
Trimipramin[1]	Stangyl, Herphonal
(Bupropione)	„Wellbutrin" (In Deutschland nicht im Handel)
Mianserin[2]	Tolvin
Mirtazapin	Remergil
Nefazodon	Nefadar
Venlafaxin	Trevilor u.a.

[1] Trimipramin gehört nach seiner chemischen Struktur zu den Trizyklika, aufgrund seines ungewöhnlichen Wirkprofils (keine NA- und 5HT-Wiederaufnahmehemmung, keine REM-Schlafunterdrückung, dopaminantagonistische Eigenschaften) wird es jedoch als „atypisches Antidepressivum" bezeichnet.

[2] Mianserin ist ein Tetrazyklikum ohne die für die tri- und tetrazyklische Antidepressiva sonst typischen anticholinergen Eigenschaften und mit ungewöhnlichem pharmakologischem Profil.

4.1.2.1 Tri- und tetrazyklische Antidepressiva

Tri- und tetrazyklische Antidepressiva sind trotz ihrer erheblichen Nebenwirkungen noch immer die am häufigsten verschriebenen antidepressiven Medikamente, zumal der sedierende Effekt in manchen Fällen willkommen ist. Die Gründe hierfür liegen vermutlich darin, daß die meisten Ärzte mit dieser seit langem eingeführten Substanzklasse vertraut sind. Darüber hinaus sind sie verhältnismäßig preiswert. Wesentliche Nebenwirkungen dieser Substanzen (mit Ausnahme von Mianserin) sind eine starke anticholinerge Wirkung mit daraus resultierender Mundtrockenheit, Verstopfung, Akkomodationsstörungen, Harnverhalt und Glaukomprovokation. Ebenso sind antihistaminerge Wirkungen (H_1-Rezeptorblockade) wie Sedierung, Benommenheit, Gewichtszunahme, Hypotonie und antiadrenerge Wirkungen, wie beispielsweise orthostatische Hypotonie und Reflextachycardie zu beobachten. TCA's sind daher insbesondere bei Reizleitungsstörungen am Herzen wie z. B. nach Myokardinfarkt kontraindiziert, ebenso bei Patienten mit Engwinkelglaukom und bei älteren Männern mit Prostatahypertrophie. Diese Nebenwirkungen sollen bei den sekundären Aminen (Nortriptylin, Desipramin) geringer ausgeprägt sein als bei tertiären Aminen (s. Tab. 4.1). Desipramin hat aber andererseits bei Überdosierung die höchste Toxizität von allen TCA's (s. zus. Nemeroff, 1994).

Dosierung und Plasmaspiegel

TCA's sollten unter sorgfältiger Beachtung eventuell auftretender Nebenwirkungen einschleichend aufdosiert werden. Insgesamt werden TCA's wohl gerade wegen auftretender Nebenwirkungen zu häufig unterdosiert. Bei mangelnder therapeutischer Wirkung sollten nach etwa drei bis vier Wochen unter der empfohlenen Standarddosierung von etwa 100 bis 200 mg/die bei den meisten TCA's ungewöhnlich niedrige Plasmaspiegel als Ursache ausgeschlossen werden. Ursache für solche niedrigen Plasmaspiegel sind beispielsweise unzuverlässige Einnahme oder eine ungewöhnlich hohe Metabolisierungsrate.

Plasmaspiegelbestimmungen sollten auch erfolgen, wenn schon unter mäßiger Dosierung ungewöhnlich intensive Nebenwirkungen auftreten, wie bei „low metabolizern", einem genetisch bedingten Mangel

an einem Cytochrom P 450-Subtyp, der bei etwa sechs Prozent der mitteleuropäischen Bevölkerung vorkommt. Für einige TCA's, insbesondere Nortriptylin, besteht ein „therapeutisches Fenster" (Nortriptylin 50 bis 150 ng/ml), also ein Plasmakonzentrationsbereich, unterhalb und oberhalb dessen die therapeutische Wirkung deutlich nachläßt. Wird das Medikament beispielsweise nach Ende der Erhaltungstherapie abgesetzt, sollte dies ausschleichend in einem Zeitraum von etwa zwei Wochen erfolgen, um „rebound" Phänomene zu vermeiden.

Bei der Dosierung von TCA's sollte, wie bei jedem Medikament, auch auf mögliche Interaktionen mit anderen Medikamenten geachtet werden. Substanzen, die TCA abbauende Enzyme hemmen (beispielsweise SSRI's) erhöhen die Plasmaspiegel möglicherweise bis in toxische Bereiche! Konträr dazu können Enzyminduktoren wie beispielsweise Alkohol, Barbiturate oder Carbamazepin die Plasmaspiegel herabsetzen. TCA's verstärken andererseits die Wirkung von Alkohol und anderen ZNS-aktiven Substanzen. Sie sind bei gleichzeitiger Behandlung mit MAO-Inhibitoren (s.u.) relativ kontraindiziert, weshalb ein mindestens 14tägiges Intervall eingehalten werden sollte. Ebenso sind sie kontraindiziert bei Sympathikomimetika und Klasse 1 Antiarrhythmika.

4.1.2.2 Selektive Serotonin-Wiederaufnahmeinhibitoren

Die SSRI's sind eine neue Klasse von Antidepressiva. Bei gleicher Wirksamkeit wie die TCA's haben sie ein wesentlich ungefährlicheres Nebenwirkungsspektrum und sind bei Überdosis weitaus weniger toxisch. Alle SSRI's hemmen sehr selektiv die Aufnahme von Serotonin in die Synapse. Sie blockieren den entsprechenden Transport und erhöhen damit die Konzentration von Serotonin im synaptischen Spalt. Dies führt zu einer erhöhten Effizienz serotonerger

Neurotransmission. Obwohl die Nebenwirkungen der SSRI's – mit Ausnahme des serotonergen Syndrom bei kontraindizierter Kombination mit MAO-Hemmern – im wesentlichen ungefährlich sind, werden sie doch häufig subjektiv als sehr unangenehm empfunden, so daß sie manchmal sogar zum Abbruch der Therapie zwingen. Häufig sind Schlafstörungen, Nervosität, starke innere Unruhe und diffuse Angstgefühle sowie gastrointestinale Symptome wie Übelkeit, Erbrechen und sexuelle Funktionsstörungen wie Ejakulationsstörungen, Impotenz und Anorgasmie zu beobachten. Schlafstörungen unter SSRI's können gut mit Thombran bei einer Dosierung von 50 bis 100 mg behandelt werden. Da keine kardiotoxischen oder kreislaufdestabilisierenden Effekte auftreten, werden SSRI's aufgrund ihres günstigen Nebenwirkungsprofils besonders zur Behandlung älterer Patienten empfohlen (s. zus. Nemeroff, 1994).

Der Nachteil von Fluoxetin ist insbesondere die sehr lange Halbwertzeit von etwa zwei Wochen, die diese Substanz schlecht steuerbar macht.

4.1.2.3 MAO-Inhibitoren

MAO-Inhibitoren wirken über eine Hemmung des Enzyms Monoaminooxidase (MAO), das die Neurotransmitter Noradrenalin und Serotonin abbaut und damit inaktiviert. Dies soll zu einer verstärkten Neurotransmission über diese Transmitter führen. Die Hemmung der MAO durch die schon länger auf dem Markt befindlichen Substanzen Phenelzine, Isocarboxazid und Tranylcypromin ist irreversibel und unspezifisch bezüglich des MAO-Typus A oder B. Werden diese Substanzen eingenommen, muß eine bestimmte Diät eingehalten werden, bei der tyraminhaltige Nahrungsmittel wie beispielsweise Käse oder Rotwein vermieden werden. Sonst können lebensbedrohliche hypertensive Krisen auftreten.

Die auf diese Weise vom Patienten geforderten Einschränkungen in der Lebensführung führen nicht selten zu einer Ablehnung dieser Therapie oder zu Compliance-Problemen. Der MAO-A-spezifische, reversible Inhibitor Moclobemid erfordert weniger Vorsichtsmaßnahmen, darf aber, wie alle MAO-Inhibitoren, nicht in Kombination oder in unmittelbarer zeitlicher Folge mit SSRI's gegeben werden. Hier gilt ein Mindestabstand von 14 Tagen, bei Fluoxetin sogar von fünf Wochen. MAOI's sind aus den angegebenen Gründen keine Mittel der ersten Wahl um depressive Störungen zu behandeln. Sie werden vor allem bei bislang therapieresistenten Depressionen eingesetzt. Sie sollen aber effektiver sein als TCA's bei Patienten mit sogenannter „atypischer" Depression, bei der vermehrter Appetit und Schlaf, ein Heißhunger auf Kohlenhydrate, bleiernes Schweregefühl und hysteroide dysphorische Verstimmung auftritt.

4.1.2.4 „Atypische" Antidepressiva

Unter dieser Bezeichnung wird eine völlig heterogene Klasse von Antidepressiva zusammengefaßt: entweder gehören sie keiner der vorgenannten Klassen an, haben einen weitgehend unbekannten Wirkungsmechanismus oder unterscheiden sich sonst bemerkenswert von den übrigen Antidepressiva (siehe Tab. 4.1).

Mianserin

Mianserin gehört seiner Struktur nach zu den Tetrazyklika, hat aber im Gegensatz zu den TCA's nahezu keine anticholinerge Nebenwirkungen. Es wird deshalb bevorzugt bei älteren Patienten eingesetzt, bei denen anticholinerge Nebenwirkungen problematisch sein könnten. Aufgrund einiger Fälle von Agranulozytose, die unter Mianserin-Therapie aufgetreten sind, wird zumindest in den ersten Wochen der Therapie eine wöchentliche Kontrolle des Blutbildes angeraten. Ansonsten hat Mianserin ein wesentlich günstigeres Nebenwirkungsprofil als die übrigen TCA's. Hierbei sind außer orthostatischer Dysregulation, vor allem bei initial hoher Dosierung, kaum vegetative oder kardiale Nebenwirkungen zu erwarten. Bezüglich Medikamenteninteraktionen gilt ähnliches zu beachten wie bei den anderen TCA's. Mianserin scheint sich vor allem bei leichten bis mittelschweren Depressionen mit Somatisierungstendenzen (Carman et al., 1991) sowie bei ängstlich-depressiven Mischbildern (Granier et al., 1985) zu bewähren. Sein Wirkmechanismus ist unbekannt, es hat vor allem blockierende Effekte auf adrenerge alpha2- sowie serotonerge $5HT_2$- und $5HT_3$-Rezeptoren (Pinder, 1991).

Trimipramin

Trimipramin gehört seiner Struktur nach zu den TCA's, unterscheidet sich jedoch in seiner Wirkung entscheidend von den übrigen Mitgliedern dieser Klasse (s. zus. Berger u. Gastpar, 1996). Es hat im Gegensatz zu den übrigen TCA's keine REM-Schlaf unterdrückenden Eigenschaften und wirkt stark schlafanstoßend. Haupteinsatzgebiet von Trimipramin sind daher Depressionen mit vorherrschenden Schlafstörungen. Trimipramin wirkt nicht als Serotonin- oder Noradrenalin-Wiederaufnahmehemmer. Es hat zusätzlich zu seinen antidepressiven Eigenschaften offenbar auch neuroleptische Potenz durch Antagonismus an D_2- und D_4-Rezeptoren. Das Nebenwirkungsprofil, insbesondere die kardiale Verträglichkeit von Trimipramin soll den übrigen TCA's deutlich überlegen sein, obwohl es mit die am stärksten anticholinerge Substanz unter den TCA's ist.

Trazodon

Trazodon ist ein sehr stark sedierendes „atypisches" Antidepressivum und hat sich vor allem in der Kombination mit SSRI's

bewährt: Es verhindert in mäßigen Dosen die bei der Behandlung mit SSRI's häufig auftretenden Schlafstörungen. Die wichtigsten unerwünschten Nebenwirkungen können in Form von orthostatischer Hypotonie sowie der Induktion von kardialen Arrhythmien bei vorgeschädigten Herzen auftreten. Selten ist beschrieben worden, daß Priapismus unter Trazodon auftritt. Interaktionen mit anderen Medikamenten sind insbesondere eine verzögerte Digoxin- und Phenytoineliminierung. Auch die antihypertensiven Effekte von Clonidin schwächen sich ab. Ansonsten gelten ähnliche Vorsichtsmaßnahmen wie bei TCA's, was den Konsum von Alkohol und die Kontraindikation bei MAO-Inhibitoren betrifft.

Viloxazin

Trotz durchweg positiver Beurteilung durch niedergelassene Ärzte (Jungkunz, 1983; Haehn, 1985) ist die antidepressive Wirksamkeit von Viloxazin noch nicht gesichert. Kontrollierte Doppelblinduntersuchungen ergaben widersprüchliche Ergebnisse (Thompson u. Isaacs, 1991). Viloxazin hat aufgrund seiner geringeren anticholinergen Wirkung im Vergleich zu TCA's ein günstigeres Nebenwirkungsprofil. Mit den SSRI's liegen aber inzwischen Substanzen mit sehr viel besser gesicherter antidepressiver Wirkung vor, deren Nebenwirkungsprofil ähnlich günstig oder besser ist. Daher dürfte Viloxazin nicht als Mittel der ersten Wahl in Betracht kommen.

Mirtazapin

Mirtazapin hat ein ungewöhnliches pharmakologisches Profil mit einer Kombination aus einer Blockade von Serotonin $5-HT_2$ und $5-HT_3$-, adrenergen α_2- und Histamin H_1-Rezeptoren. Die Hemmung präsynaptischer inhibitorischer α_2-Rezeptoren soll über eine gesteigerte Noradrenalin- und Serotoninfreisetzung den antidepressiven Effekt bewirken, während gleichzeitig serotonerge Nebenwirkungen durch die 5-HT$_2$ und 5-HT$_3$-Blockade geringer ausgeprägt sind als etwa bei den SSRI´s. Die H$_1$-Blokkade bewirkt eine besonders zu Beginn der Therapie ausgeprägte Sedierung. Weitere unerwünschte Wirkungen sind Mundtrockenheit, Appetitvermehrung und Gewichtszunahme.

Nefazodon

Nefazodon ähnelt pharmakologisch seinem Vorgängermolekül Trazodon, hat aber geringere α_1-antagonistische Wirkungen. Es hemmt die Wiederaufnahme von Serotonin (wie die SSRI´s) und blockiert gleichzeitig 5-HT$_2$-Rezeptoren. Die häufigsten Nebenwirkungen sind Übelkeit, Sedierung, Mundtrockenheit und Schwindel.

Venlafaxin

Venlafaxin hemmt wie die TCA´s sowohl die Wiederaufnahme von Noradrenalin als auch von Serotonin, hat aber im Gegensatz zu diesen kaum Affinität zu adrenergen, muscarinischen oder histaminergen Rezeptoren. Die Nebenwirkungen sind denen der SSRI´s vergleichbar, insbesondere Übelkeit kann zu Beginn der Therapie sehr problematisch sein (einschleichende Dosierung, beginnend mit 37.5 mg/die ist zu empfehlen). Ein weiteres Problem insbesondere bei höheren Dosierungen ist ein Blutdruckanstieg.

4.1.3 Therapiedurchführung

Vor Beginn einer medikamentösen Therapie sollte eine sorgfältige fachärztliche Untersuchung ausschließen, daß der Depression behandelbare organische Ursachen zugrundeliegen. Ebenso sollten Kontraindikationen für eine Therapie mit Antidepressiva ausgeschlossen werden. Darüber hinaus ist es unerläßlich, eine ausführliche Drogen und Medikamentenanamnese zu erheben, um pharmakogene Ursachen der Depression auszuschließen. Vor Beginn der Therapie sollte eine ausführliche Aufklärung des Pa-

tienten erfolgen, und er sollte zur Mitarbeit motiviert werden. Insbesondere sollte der Patient darauf hingewiesen werden, daß frühestens nach zweiwöchiger Behandlung mit positiven Wirkungen zu rechnen ist, aber auch eine Latenzzeit von vier Wochen nichts außergewöhnliches ist. Mögliche und zu erwartende Nebenwirkungen sollten besprochen und in ihrer Relevanz für den Patienten eingeschätzt werden. Der Patient sollte insbesondere bei einer Behandlung mit TCA zum einen auf das Risiko der Toxizität bei einer Überdosierung und zum anderen auf mögliche Interaktionen mit anderen Medikamenten hingewiesen werden. Es hat sich im Hinblick auf eine möglicherweise notwendig werdende Medikamentenumstellung bewährt, den Patient rechtzeitig darauf hinzuweisen, daß bei etwa 30 Prozent aller Patienten das erste Antidepressiva nicht wirkt und daher ein weiteres Medikament ausprobiert werden muß.

Während der Therapie ist eine regelmäßige Kontrolle des Blutbildes nötig, die bei manchen Präparaten, wie beispielsweise Mianserin, zu Beginn wöchentlich durchgeführt werden muß. Hierbei werden Leber- und Nierenwerte sowie das EKG und eventuell auch des EEG abgenommen. Dies ist insbesondere bei Verwendung von TCA's eine notwendige Vorsichtsmaßnahme. Die Entscheidung, welches Antidepressivum nach ausführlicher Anamnese verwendet wird, hängt im wesentlichen von drei Faktoren ab:

1. Hat der Patient früher schon gut auf ein bestimmtes Antidepressivum angesprochen?
2. Sind aufgrund von bereits bekannten Untersuchungsergebnissen schwerwiegende Nebenwirkungen bestimmter Präparate zu erwarten und gibt es daher Kontraindikationen?
3. Gibt es spezifische Indikationen beziehungsweise Anforderungen an das Präparat wie beispielsweise MAO-Inhibitoren bei atypischer Depression, SSRI's bei Komorbidität mit Zwangs-

störungen oder Trimipramin bei im Vordergrund stehenden Schlafstörungen?

4.1.4 Therapieresistente Depressionen

Wenn das erste Antidepressivum, trotz ausreichender Dauer der Therapie von mehr als vier bis sechs Wochen keinen Erfolg hatte, und mit einer Plasmaspiegelkontrolle eine ausreichend hohe Dosierung sichergestellt wurde, sollte auf ein anderes Antidepressivum gewechselt werden. Dies sollte am sinnvollsten aus einer anderen Klasse stammen. Weitere, im wesentlichen dem Facharzt vorbehaltene, Möglichkeiten der Behandlung therapieresistenter Depressionen sind unter anderem die Potenzierung des antidepressiven Effektes durch Lithium und/oder Schilddrüsenhormone, die Behandlung mit MAOI's beziehungsweise die sonst eigentlich kontraindizierte Kombination von MAO-Inhibitoren und TCA's, die allerdings nur im stationären Rahmen durchgeführt werden kann.

Etwa 20 bis 30 Prozent der Patienten sprechen auf die Pharmakotherapie nicht an. Das kann eine Reihe an Gründen haben. Entweder wurde eine unzutreffende Diagnose gestellt oder aber es liegen gleichzeitig Sucht- und Angststörungen vor. Ferner können auch psychosoziale Faktoren die Depression weiter aufrechterhalten.

4.1.5 Erhaltungstherapie und Prophylaxe

Innerhalb der ersten vier bis sechs Monate nach Remission ist die Rückfallgefahr bei erfolgreicher medikamentöser Therapie einer Depression besonders hoch. Verschiedene Studien haben jedoch gezeigt, daß die Rückfallgefahr signifikant vermindert werden kann, wenn die antidepressive Medikation über diesen Zeitraum hinweg weitergeführt wird (s. zus. van Calker u. Berger, 1995). Diese „Erhaltungstherapie" sollte mit der vollen Dosis des Antidepressivums durchgeführt werden, denn die Weiterbehandlung mit einer beispielsweise halbierten Dosis führte zumindest in einer Studie, in der allerdings der wesentlich längere Zeitraum der „Rezidivprophylaxe" („maintenance therapy") untersucht wurde, zu einem signifikant geringeren Schutz vor dem erneuten Auftreten einer depressiven Symptomatik (s. zus. van Calker u. Berger, 1995).

Patienten, bei denen ein hohes Risiko besteht, erneut an einer Depression zu erkranken, sollten, eventuell über Jahre hinaus, rezidivprophylaktisch behandelt werden. Wie hoch das Risiko für eine Wiedererkrankung ist, hängt von verschiedenen Faktoren ab (s. Tab. 4.2). Entscheidend für die Indikation einer Rezidivprophylaxe ist nicht nur die Wahrscheinlichkeit einer Wiedererkrankung, sondern auch die zu erwartende Schwere der Symptomatik. Wichtigster Voraussagefaktor für die Schwere weiterer Episoden ist der Schweregrad vergangener Episoden, insbesondere Suizidversuche, psychotische und/oder stuporöse Symptomatik sowie die schwere Beeinträchtigung der Lebensführung. Eine rezidivprophylaktische Behandlung sollte bei Depressionen

---

Tabelle 4.2 **Risikofaktoren für Rückfall und Wiedererkrankung bei affektiven Störungen**

- Bipolarer Verlauf
- Frühes Erkrankungsalter
- Komorbidität mit Angststörungen und Sucht
- Anzahl vergangener Episoden
- Residuale Symptomatik
- Schlechtes Ansprechen auf initiale Therapie
- „Double Depression"[1]

---

[1] Unter „Double Depression" versteht man das Vorliegen einer chronischen depressiven Störung (Dysthymie nach ICD 10), auf die depressiven Phasen aufgelagert sind, die die Kriterien einer Depressiven Episode (nach ICD 10) erfüllen.

von relevantem Schweregrad erwogen werden, wenn innerhalb von fünf Jahren zwei Episoden stattgefunden haben, wobei die aktuelle Episode eingeschlossen ist (s. zus. van Calker u. Berger, 1995). Um unipolare depressive Störungen rezidiv prophylaktisch zu behandeln stehen zwei Methoden zur Verfügung:

1. Die Therapie wird mit dem Antidepressivum weitergeführt, unter dem die Remission eingetreten ist, wobei die volle Dosis wahrscheinlich einer reduzierten Dosis überlegen ist (Frank et al., 1993). Inwieweit es Unterschiede in der prophylaktischen Wirksamkeit zwischen den verschiedenen Antidepressiva gibt, ist noch nicht ausreichend untersucht. Die besten Daten liegen für Imipramin vor. Auch SSRI's sind wohl geeignet, wobei die Untersuchungen sich bisher aber auf einen Zeitraum von einem Jahr beschränkt haben (s. zus. van Calker u Berger, 1995).

2. Die Rezidivprophylaxe durch Lithiumbehandlung, die sich als etwa gleich effektiv wie die Weiterbehandlung mit Antidepressiva erwiesen hat (Souza et al., 1991). Wichtig ist, daß auch bei geplanter Lithiumprophylaxe eine Erhaltungstherapie für vier bis sechs Monate mit dem Antidepressivum erfolgen sollte, eventuell schon in Kombination mit Lithium (s. zus. van Calker u. Berger, 1995). Es gibt keine klaren Kriterien für eine Entscheidung zwischen diesen beiden Möglichkeiten. Leitlinien für eine Entscheidung für Lithium könnten die Unverträglichkeit von Antidepressiva oder Hinweise auf eine mögliche Bipolarität unterhalb der Schwelle der für eine Diagnose notwendigen Kriterien sein. Hierzu würden beispielsweise vermehrte Reizbarkeit und Irritierbarkeit oder hypomanische Stimmungsschwankungen unter der Therapie mit Antidepressiva sowie bipolare Störungen bei Angehörigen ersten Grades gehören. Andererseits sollten Patienten mit einem hohen Risiko für unerwünschte Lithiumwirkungen eher prophylaktisch mit Antidepressiva behandelt werden. Dies gilt

beispielsweise für Patienten mit eingeschränkter Nierenfunktion, Psoriasis sowie bei der Behandlung mit Thiaziddiuretika oder Antirheumatika vom Butazolidintyp. Wesentliche unerwünschte Wirkungen einer Behandlung mit Lithium sind vermehrter Durst infolge vermehrter Harnausscheidung (Lithiuminduzierter Diabetes insipidus), Kropfbildung und eine mögliche Schilddrüsenunterfunktion, Gewichtszunahme, feinschlägiger Tremor, die Verschlimmerung einer Psoriasis oder ihre Auslösung, Durchfälle und selten Klagen über Gedächtnisstörungen.

▌4.1.6 Zusammenfassung und Schlußbemerkungen

Insbesondere bei schweren depressiven Störungen sollte auch bei einer Behandlung mit IPT eine zusätzliche medikamentöse Therapie in Erwägung gezogen werden. Der IPT-Therapeut sollte grundsätzlich über die verschiedenen Möglichkeiten medikamentöser Therapie und die zu erwartenden Nebenwirkungen informiert sein, um in Zusammenarbeit mit dem behandelnden Psychiater Mißverständnisse zu vermeiden und die Mitarbeit des Patienten zu sichern. Vor allem dürften Nebenwirkungen und eventuelle Absetzeffekte von Medikamenten wie beispielsweise die Entzugserscheinungen von Benzodiazepinen nicht mit Symptomen der Depression verwechselt werden (vgl. Kap. 16). Unerwünschte Nebenwirkungen der Behandlung mit TCA umfassen Müdigkeit, Kreislaufregulationsstörungen, Mundtrockenheit, Miktionsstörungen, Akkomodationsstörungen und möglicherweise die Gefahr einer Glaukomverschlimmerung. Unerwünschte Wirkungen mit SSRI's äußern sich beispielsweise in Übelkeit, Schlafstörungen und ängstlicher Getriebenheit. Notwendige Aufklärungsmaßnahmen und Interventionen durch den IPT-Therapeuten während einer zusätzlichen medikamentösen Therapie sind im Fallbeispiel in Kapitel 16 dargestellt.

4.2.
Psychotherapeutische Ansätze (E. Schramm)

Die nachfolgenden Abschnitte über psychotherapeutische Behandlungsansätze bei Depression beschreiben zunächst jeweils den theoretischen Hintergrund der verschiedenen Therapieformen. Danach kommen die praktische Durchführung des Verfahrens, die Indikationsbereiche sowie der empirische Stand zur Sprache. Bei den systematisch untersuchten Therapieansätzen, die speziell für das Störungsbild der Depression entwickelt wurden, handelt es sich um: Verhaltenstherapie (VT), Kognitive Therapie (KT) und Interpersonelle Psychotherapie (IPT). Diese drei relativ neuen Therapieformen haben neben ihrer guten Wirksamkeit eines gemeinsam: Sie sind als Kurztherapien in Manualen spezifiziert und durch ein gezieltes Trainingsprogramm in verhältnismäßig kurzer Zeit erlernbar. Zu den psychodynamischen und psychoanalytischen Therapieverfahren liegen zwar nur begrenzte Wirksamkeitsnachweise vor, jedoch werden sie sehr häufig angewandt. Aus diesem Grund werden sie hier ebenfalls beschrieben. Obwohl auch für die Paartherapie bei depressiven Patienten einige wenige Studien vorliegen (z.B. Friedman, 1975; O´Leary u. Beach, 1990; Beach u. O´Leary, 1992; Jacobson et al., 1991), die insgesamt vielversprechende Befunde aufweisen, wird aus Platzgründen hier auf eine detaillierte Beschreibung dieser Therapieform verzichtet. Zusammenfassende Ausführungen finden sich bei Hahlweg (1996), Prince u. Jacobson (1995) sowie bei Marneros (im Druck).

Die Interpersonelle Psychotherapie wird im nächsten Kapitel ausführlicher dargestellt und daher gesondert abgehandelt. Ein pointierter und zusammenfassender Vergleich der IPT mit den wichtigsten anderen zur Verfügung stehenden Therapiemethoden wird in Kapitel 6 gegeben.

4.2.1 Behaviorale Depressionstherapie nach Lewinsohn

4.2.1.1 Theoretischer Hintergrund

Die Depressionstherapie nach Lewinsohn hat, wie die meisten verhaltenstheoretisch formulierten Ansätze, ihre Wurzeln in den Lerntheorien Skinners und Pavlovs sowie in der sozialen Lerntheorie. Die erste behaviorale Konzeption zur Behandlung der Depression stammt von Ferster (1973), der postulierte, daß Depression infolge des Verlustes von positiver Verstärkung auftritt (Verstärkerverlusttheorie; s. Abb. 4.1).

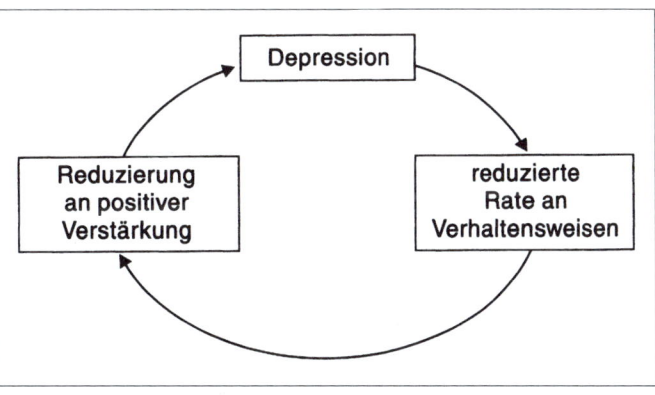

Abbildung 4.1 **Das funktionale Depressionsmodell von Ferster** (nach Wahl, 1994)

Tabelle 4.3 **Behandlungselemente des Gruppenprogramms für Depressive nach Lewinsohn**

1.	Sitzung	->	Vermittlung der sozialen Lerntheorie der Depression
2.	Sitzung	->	Basisfertigkeiten zur Selbsthilfe
3. - 4.	Sitzung	->	Entspannungstraining
5. - 6.	Sitzung	->	Aufbau positiver Aktivitäten
7. - 8.	Sitzung	->	Veränderung kognitiver Aspekte
9. - 10.	Sitzung	->	Verbesserung der Qualität und Quantität sozialer Interaktionen
11. - 12.	Sitzung	->	Beibehaltung des Therapieerfolgs und präventive Maßnahmen

Depression wird demnach als erlerntes Verhalten mit entsprechenden auslösenden und nachfolgenden Bedingungen gesehen. Lewinsohn und Mitarbeiter (1974, 1976) modifizierten und erweiterten diesen Ansatz um die Rolle des sozialen Lernens und die Betonung reaktionskontingenter Verstärkung (Abb. 4.2). Ihr Erklärungsmodell beinhaltet drei Schwerpunkte, die erklären, wie Depressionen entstehen und aufrechterhalten werden:

1. Es besteht ein Mangel an verhaltenskontingenter positiver Verstärkung und das Überwiegen aversiver Erfahrungen.
2. Es besteht ein Mangel an sozialen Fertigkeiten, der dazu führt, daß von der sozialen Umgebung unzureichende positive Verstärkung erzielt wird, oder daß negative Ereignisse nicht adäquat bewältigt werden können.
3. Es bestehen aktuelle Belastungen, die mit einem Rückgang positiver Verstärkung verbunden sind wie beispielsweise die Trennung vom Partner und soziale Ängste, die üblicherweise positive Verstärker abschwächen oder blockieren.

Die Autoren konnten in der Tat nachweisen, daß Depressive mehr negative Ereignisse und weniger positive Verstärkung aufwiesen als Nicht-Depressive. Eine Reihe anderer Studien zeigte, daß Depressive über weniger soziale Fertigkeiten verfügten als Kontrollpersonen (beispielsweise Coyne, 1976; Lewinsohn et al., 1980; Youngren u. Lewinsohn, 1980). Die Autoren nehmen folgende Mechanismen an, die den depres-

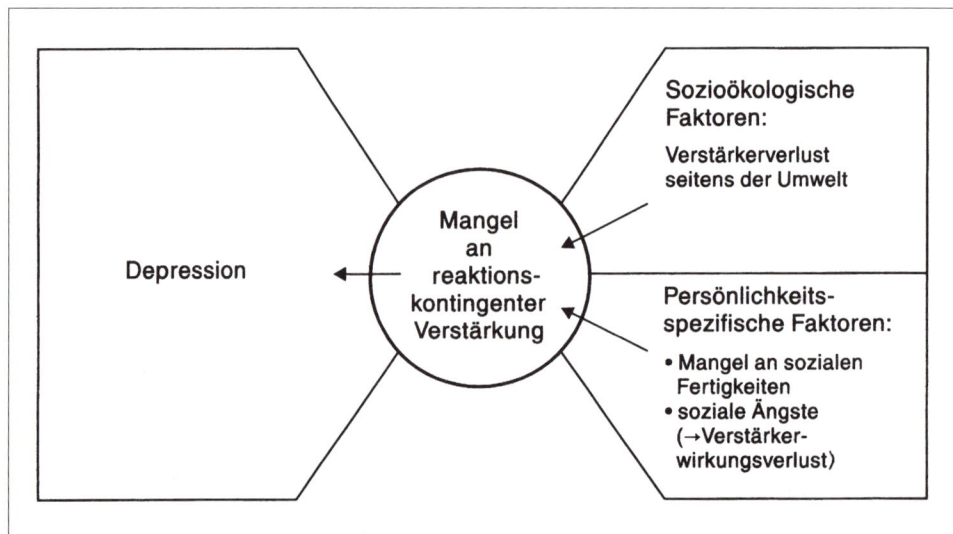

Abbildung 4.2 **Das Kontingenz-Modell der Depression von Lewinsohn** (nach Wahl, 1994)

Tabelle 4.4 **Aktivitäten und Stimmungen im Tagesverlauf, eingetragen in einen Wochenplan**
(nach Hautzinger, 1994)

	Montag	Dienstag	Mittwoch	Donnerstag	Freitag	Samstag	Sonntag
7 – 8	im Bett wach, Radio --	mache Früh- stück f. Fam. --					
8 – 9	Frühstück nach Bad --	Bad Hausarbeit -					
9 – 10	Nachbarin kommt -|+	Lesen -					
10 – 11	Wäsche -	Lesen -|+					
11 – 12	Hausarbeit einkaufen -	Einkaufen Kochen -					
12 – 13	Kochen +|-	Kinder kommen +|-					
13 – 14	Kinder von Schule +|-	Mittagessen Unterhaltung +|-					
14 – 15	Schularbeiten der Kinder -	Schularbeiten der Kinder --					
15 – 16	Besuch von Bekannten +|-	Lesen -					
16 – 17	Spaziergang m. Bekannten +|-	alleine Lesen -					
17 – 18	Hausarbeit Abendbrot -	Hausarbeit -					
18 – 19	Ärger mit Kinder --	Ärger m. Fam. TV, Kinder ins Bett --					
19 – 20	Lesen -	Bett --					
20 – 24	TV -	Lesen -					

folgende Mechanismen an, die den depressiven Zustand aufrechterhalten:

1. Das depressive Verhalten selbst wirkt reduzierend auf die Verhaltensrate.
2. Die verringerte Verhaltensrate zieht wiederum eine Einschränkung der Menge erreichbarer positiver Verstärker nach sich.
3. Das depressive Verhalten wird außerdem von Angehörigen oder anderen Personen positiv verstärkt, indem sie es beispielsweise unterstützen und sich dem Betroffenen vermehrt zuwenden.

Vor dem Hintergrund dieser Annahmen entwickelten Lewinsohn et al. (1984) ein Gruppenprogramm für depressive Patienten, welches auf sozialem Lernen beruht.

Das oben beschriebene Modell Lewinsohns wurde später von Hoberman und Lewinsohn (1985) dem neusten Forschungsstand entsprechend um kognitive Faktoren und das sogenannte Skript-Verhalten, das heißt, lernbedingt automatisierte soziale Verhaltensmuster, erweitert. Wenn negative Ereignisse diese automatisierten, erwarteten Verhaltensmuster unterbrechen, kann dies unmittelbar zu dysphorischer Stimmung führen. Die daraus folgenden Verhaltensveränderungen bewirken wiederum, daß positive Verstärkung abnimmt oder negative Erfahrungen zunehmen. Daraus kann ein weiteres Rückzugsverhalten oder Selbstkritik resultieren, bis schließlich ein Teufelskreis von Selbstbefangenheit und Depression entsteht.

Es ist bisher allerdings nicht geklärt, ob der Verstärkerverlust als kausal, begleitend oder einer Depression nachfolgend anzusehen ist. Obwohl immer wieder eine Korrelation von täglichen Stimmungseinschätzungen und der Rate erfreulicher Aktivitäten gefunden werden konnte, zeigen zwei Studien, daß erfreuliche Aktivitäten zu steigern nicht unbedingt zu Stimmungsverbesserungen führt. Somit werden die Basisannahmen der Lewinsohn-Theorie in Frage

gestellt (Biglan, Craker, 1982; Hoevenaars, van Son, 1990).

4.2.1.2 Durchführung

Das Ziel des Gruppenprogramms nach Lewinsohn liegt, entsprechend der oben dargestellten theoretischen Annahmen darin, die ungünstige Verstärkersituation des Patienten langfristig zu verändern beziehungsweise den depressiven Teufelskreis zu unterbrechen. Die verschiedenen Behandlungselemente des Gruppenprogramms sind in Tab. 4.3 dargestellt.

Der erste Schritt des Programms besteht darin, ein plausibles Störungsmodell und grundlegende Fertigkeiten der Selbstkontrolle zu vermitteln. Danach erlernen die Gruppenmitglieder Entspannungstechniken, um ihr Anspannungsniveau selbst kontrollieren zu können. Dies ist wichtig, da Angstgefühle und Anspannung dazu führen, daß angenehme Aktivitäten nicht genossen werden können und unangenehme Ereignisse noch aversiver erlebt werden. Außerdem kann erhöhte Anspannung verhindern, daß neue Fertigkeiten erlernt werden. Die Sitzungen fünf bis sechs sind dem systematischen Aufbau angenehmer Aktivitäten gewidmet, um die positive Verstärkerrate zu erhöhen. Zu diesem Zweck wird der Patient zunächst instruiert, seine täglichen Aktivitäten sowie seine Stimmung mit Hilfe eines strukturierten Wochenplans zu beobachten und zu protokollieren, um Zusammenhänge zwischen Art und Anzahl der Aktivitäten und der Stimmung zu erkennen. Ein Beispiel für ein solches Protokoll ist in Tab. 4.4 gegeben.

In einem nächsten Schritt wird eine funktionale Verhaltensanalyse erstellt, in der die Beziehung zwischen dem Problemverhalten, vorausgehenden und nachfolgenden Bedingungen aufzeigt, und dem Patienten erklärt wird. Danach wird ein Verstärkerplan erarbeitet. Stimmungsverbessernde Aktivitäten wie beispielsweise ins Kino gehen oder ein Schaumbad nehmen werden identifiziert und mit Hilfe eines Plans konsequent erhöht. Die Aktivitätsplanung soll außerdem beinhalten, daß depressionsfördernde Verhaltensweisen wie beispielsweise im Bett liegen und grübeln reduziert werden.

Durch einen anderen Bestandteil des Programms sollen die sozialen Fertigkeiten verbessert werden. Dies ist wichtig, da soziale und interaktionelle Aktivitäten einen besonders hohen Verstärkerwert besitzen. Mit Hilfe von Rollenspielen werden für den Interaktionspartner potentiell verstärkende Fähigkeiten, günstige Kommunikationsmuster und Interaktionsstile sowie soziales Kontaktverhalten eingeübt. Dazu gehören beispielsweise Gefühle zu äußern, Komplimente und Lob auszudrücken, ein Gespräch zu beginnen, Wünsche zu äußern oder Nein zu sagen. Außerdem sollen soziale Ängste reduziert werden, da sie den Patienten von potentiellen Verstärkerquellen fernhalten. Im weiteren Verlauf des sozialen Kompetenzaufbaus werden die Verhaltensübungen in der Realsituation durchgeführt.

Mit weiteren Techniken wie beispielsweise Gedankenstopp kann die Selbstkontrolle zur Unterbrechung automatisierter negativer Gedankenketten eingeübt und verbessert werden.

Regelmäßige Hausarbeiten zwischen den einzelnen Sitzungen gehören gemäß verhaltenstherapeutischer Prinzipien zur erfolgreichen Durchführung des Programms. Der Therapeut ist bei der im Durchschnitt 12 Sitzungen andauernden Intervention aktiv, anleitend und ermunternd. Obwohl das Programm für ein Gruppensetting entwickelt worden ist, kann es auch einzeln durchgeführt werden. Zur didaktischen Unterstützung stehen ausgearbeitete Arbeitsmaterialien in Form eines Manuals sowohl für den Therapeuten als auch für den Patienten zur Verfügung (Herrle et al., 1996).

4.2.1.3 Indikation

Um wissenschaftlich gesicherte Angaben zum Indikationsbereich zu machen, liegen bisher nicht genügend Daten vor. Die folgenden Aussagen hierzu basieren deswegen vorwiegend auf klinischen Erfahrungswerten.

Das stark strukturierende Verhaltenstherapieprogramm bietet sich insbesondere bei depressiv-gehemmten, passiven Patienten an, die in den Teufelskreis depressiver Untätigkeit und zunehmender Niedergeschlagenheit geraten sind. Die Anforderungen an den einzelnen Patienten müssen dabei unbedingt am individuellen Lei-

Tabelle 4.5 **Wirksamkeit der verhaltenstherapeutischen Depressionstherapie (VT) in der akuten Behandlungsphase im Vergleich**

VT im Vergleich zu:	VT >	Null	Vergleichsbedingung >
Medikamentenplacebo	–[a]	–[a]	–[a]
Warteliste	7	1	0
Unspezifische Therapie	0	2	0
Kognitive Therapie	0	5	1
Interpersonelle Psychotherapie	–	–	–
Psychodynamische Kurztherapie	2	3	0
Pharmakotherapie	0	1	0

[a] keine veröffentlichten Studien

Nach: Jarrett u. Rush, Short-term psychotherapy of depressive disorders: current status and future directions. Psychiatry 1994; 57: 118

stungsniveau ausgerichtet sein, da auch einfach erscheinende Aufgaben wie beispielsweise einkaufen gehen den Betroffenen vollkommen überfordern können. Ein sorgsam ausgewogener Aktivitätsplan kann dagegen Erfolgserlebnisse sowie das Gefühl zunehmender Selbstkontrolle verschaffen.

Gute Erfahrungen mit diesem relativ einfachen und dennoch wirksamen Ansatz bestehen auch bei Patienten, die an einer tiefergehenden Psychotherapie kein Interesse haben. Dies trifft häufiger auf ältere Patienten zu, die eher an einer konkreten und aufgabenorientierten Behandlung interessiert sind als an klärungsorientierten Gesprächen. Menschen in höherem Lebensalter verfolgen in der Regel weniger das Ziel sich beispielsweise im Rahmen einer analytischen Therapie, selbst besser verstehen zu lernen. Das ist eher bei jüngeren Personen der Fall, die noch mehr auf der Suche nach Selbstfindung, Klärung und Sinn sind. Das vorwiegend auf Problembewältigung bezogene Vorgehen bei der VT entspricht eher den Erwartungen der erstgenannten Patientengruppe.

Als Gruppenprogramm ist die Depressionstherapie nach Lewinsohn auch besonders für stationäre Depressive geeignet, denen zunächst aus der akuten Depression herausgeholfen werden soll, indem ihnen eine Struktur angeboten wird. Darüber hinaus empfiehlt sich diese Therapieform parallel zu einer medikamentösen Behandlung bei ausgeprägt symptomatischen Patienten. Bei dieser Patientengruppe wird eine überwiegend gesprächsorientierte Therapie, zumindest für den Anfang, als zu belastend eingeschätzt. Nicht zuletzt scheinen vor allem Patienten von dem Programm zu profitieren, bei denen bereits in der Vorgeschichte soziale Defizite, Unsicherheiten oder Ängste bestanden.

4.2.1.4 Wirksamkeit

Nach Grawe und Kollegen (1994) lagen bis zum Jahre 1983 insgesamt 17 kontrollierte Studien vor, in denen die verhaltenstherapeutische Depressionsbehandlung nach Lewinsohn bei leicht bis mittelschwer Depressiven überprüft wurde. Diese und mehrere nach 1983 durchgeführte Untersuchungen erbrachten eine erstaunlich hohe absolute Wirksamkeit gemessen an der sehr kurzen Dauer, die in diesen Studien meist unter zehn Sitzungen lag. Verglichen mit psychodynamischen Kurztherapien, humanistisch orientierten Therapien, nicht näher spezifizierten Psychotherapien und einem Entspannungsverfahren schnitt die Verhaltenstherapie trendmäßig fast immer besser ab (Grawe, Donati, Bernauer, 1994). Ein Vergleich mit anderen kognitiv-behavioralen Methoden erbrachte bis auf eine Ausnahme keine signifikanten Unterschiede (s. Tab. 4.5). Auch die medikamentöse Behandlung wies eine ebenso hohe Effektivität auf. Die Kombination des Verfahrens mit Psychopharmaka zeigte in einer Studie additive Wirkungen (Wilson, 1982), in anderen Studien gleiche Wirkungen wie beide Bedingungen für sich genommen (Jarrett, Rush, 1994).

Untersuchungen zur prophylaktischen Wirkung der verhaltenstherapeutischen Depressionstherapie als Akutbehandlung erbrachten bisher uneinheitliche Ergebnisse (Karasu et al., 1993). Als langfristige Erhaltungsform wurde diese Intervention bisher noch nicht überprüft.

Lewinsohns Depressionstherapie kann offensichtlich als eine spezifisch auf das depressive Störungsbild zugeschnittene Methode in beachtlich kurzer Zeit zu beträchtlicher Symptomreduzierung führen. Die Gesamteffektivität wird mit 55,3 Prozent (SD=93) angegeben (Frank et al., 1993).

Tabelle 4.6 Beispielprotokoll negativer automatisch ablaufender Gedanken, die auf eine konkrete Situation bezogen sind (nach Hautzinger, 1994)

	Situations-beschreibung	Gefühle (E)	Automatische Gedanken	Rationalere Gedanken	Ergebnis
Datum	Aktuelle Ereignisse, die zu unangenehmen Gefühlen führen	Genau angeben (Angst, Wut usw.)	Die automatischen, negativen Gedanken angeben, die dem Gefühl vorausgiengen	Rationale Reaktion auf automatische Gedanken aufschreiben	Gefühle nach den rationaleren Gedanken angeben und einschätzen
	Gedanken Tagträume usw., die zu unangenehmen Gefühlen führen	Einschätzen von 0 - 100%	Wie gültig sind diese Gedanken? Einschätzen von 0 – 100%	Wie gültig sind diese rationaleren Gedanken? Einschätzen von 0 – 100%	
	Allein im Haus nach Trennung von Frau, liege wach (1 Uhr)	Unruhig, nervös, Herzklopfen,deprimiert (100%), hoffnugslos, schwitzen	Ich habe hier so viel reingesteckt, war alles umsonst. Das wird nie mehr was. Ich bin und bleib verlassen. Das Leben lohnt so nicht. Ohne Partner hat das doch keinen Sinn.		

4.2.2 Kognitive Therapie nach Beck

Obwohl kognitive und verhaltensbezogene Therapiemethoden heutzutage in der Regel kombiniert eingesetzt und auch in der Konzeption miteinander integrierbar sind, werden beide Verfahren der Genauigkeit halber und zur besseren Übersicht hier getrennt beschrieben. Zu den verschiedenen auf kognitionspsychologischen Hypothesen begründeten Ansätzen zählen die von Beck und Mitarbeitern (1967, 1976) entwickelte kognitive Therapie, die Selbstkontrolltheorie nach Rehm (1977) sowie die Theorie der erlernten Hilflosigkeit nach Seligman (1975). Auf die beiden letzteren Ansätze wird an dieser Stelle aus Platzgründen nicht näher eingegangen. Für eine ausführlichere Beschreibung sei beispielsweise auf Wahl (1994) oder Ingram (1988) verwiesen.

Die KT gehört neben der IPT zu den am besten belegten Methoden der Psychotherapie und wurde ebenfalls ursprünglich spezifisch für depressive Störungen entwickelt. Die von Beck und Mitarbeitern (1979) konzepierte Depressionstherapie ist innerhalb der kognitiven Verfahren die bestuntersuchte und am häufigsten angewandte Methode und wird deshalb im folgenden näher beschrieben.

4.2.2.1 Theoretischer Hintergrund

Theoretischer Hintergrund der KT nach Beck bildet die Beobachtung, daß das Denken Depressiver – unabhängig vom diagnostischen Subtyp – durch die sogenannte kognitive Triade geprägt ist. Darunter ist eine negative Sichtweise bezüglich des Selbst, der Umwelt und der Zukunft zu verstehen (Beck, 1967). Diese Sichtweise wird durch automatische und damit sich wiederholende, verfestigte negative Gedanken bestimmt, die im Rahmen der kognitiven

Therapeut: „Sie sagten gerade, daß Sie immer alles falsch machen. Das heißt, Sie haben noch nie etwas richtig gemacht?"

Patient: „Manchmal kommt es mir so vor."

T: „Gibt es gar nichts in Ihrem Leben, worauf Sie stolz sind?"

P: (Pause) „Na ja, vielleicht doch, ich glaube, ich habe eine ganz gute Beziehung zu meiner Frau und meinem Sohn."

T: „Sie meinen, in dieser Beziehung haben Sie vieles richtig gemacht? Was zum Beispiel?"

P: „Hm, na ja, ich habe zum Beispiel immer darauf geachtet, daß ich am Wochenende für die Familie da bin, auch wenn das öfter mal schwierig war, weil ich auch noch Arbeit zu tun hatte."

T: „Fallen Ihnen noch andere Bereiche ein, wo Sie Dinge richtig machen?"

P: „Nun, ich glaube, mein Chef ist einigermaßen zufrieden mit meiner Arbeit. Es könnte zwar besser sein, es könnte aber auch schlechter sein."

T: „Sind sie selbst auch manchmal zufrieden mit Ihrer Arbeitsleistung?"

P: „Ja, manchmal. Wenn es mir gut geht."

T: „Es sieht für mich so aus, als ob es doch einiges gibt, das Sie richtig machen. Wir sollten deshalb Ihren anfänglichen Gedanken: „Ich mache immer alles falsch" relativieren. Manche Dinge gelingen Ihnen vielleicht nicht auf Anhieb, bei anderen Dingen wiederum sind Sie erfolgreich."

P: „Ja, ich glaube, daß entspricht vielleicht mehr den Tatsachen."

Theorie nach Beck „kognitive Verzerrungen" genannt werden. Kognitive Verzerrungen werden durch einseitige, übergeneralisierende, willkürliche, übertriebene, dichotome oder andere in der Logik fehlerhafte Muster der Informationsverarbeitung aufrechterhalten. Ein Beispiel für einen durch willkürliche, übertriebene und übergeneralisierende Muster verzerrten Gedanken ist die Wahrnehmung eines Depressiven: „Alle lehnen mich ab, ich bin einfach nichts wert". Diese Einschätzung kann beispielsweise dadurch aktiviert werden, daß sich im Kino niemand neben ihn setzt.

Diese depressionstypisch verzerrten Kognitionen werden nun zwar als der Depression vorausgehend, jedoch nicht als eigentliche Ursache der Depression angesehen (Beck, 1987). Sie entstehen auf der Grundlage impliziter depressiv-dysfunktionaler Schemata beziehungsweise stabiler irrationaler Grundannahmen, die durch belastende Ereignisse aktiviert werden können. Beispiele für ein solches Schema sind die

Grundannahmen: „Jeder muß mich mögen, sonst bin ich nicht liebenswert" oder „Um Hilfe bitten ist ein Zeichen von Schwäche". Auf dem Hintergrund eines solchen Schemas kann eine bestimmte Information, wie beispielsweise Zurückweisung durch eine begehrte Person, zu negativ-verzerrten automatischen Gedanken wie „Niemand findet mich liebenswert" führen. Dies mündet dann in depressive Stimmung und depressivem Verhalten, das sich beispielsweise in verminderter Energie äußert. Depression wird damit in erster Linie eher als kognitive, denn als Stimmungsstörung betrachtet. Bei der VT spielen Kognitionen zwar auch eine Rolle, werden aber als Folge der Depression betrachtet und nicht, wie bei der KT, als der Depression vorausgehend angesehen.

Auslöser für die kognitiven Störungen können Verlusterlebnisse, traumatisierende Ereignisse, anhaltende Erfahrungen von Kontrollverlust oder andere belastende Erfahrungen im Verlauf der lebensgeschichtlichen Entwicklung eines Patienten sein. Die so verfestigten kognitiven Schemata können beispielsweise durch Streßsituationen aktiviert werden. Bei der kognitiven Theorie handelt es sich also um ein Diathese-Streß-Modell (Riskind u. Rholes, 1984). Das heißt, bei einer Person, die im Rahmen dysfunktionaler Denkschemata für Depressionen vulnerabel ist, kann beispielsweise ein negatives Ereignis automatisch ablaufende negativ-verzerrte Gedanken reaktivieren. Diese führen dann in der Folge zu einer langanhaltenden dysphorischen Herabstimmung und anderen depressiven Symptomen. Dieses kausale Modell ist lediglich auf „nicht-endogene," unipolare Depressionen bezogen (Beck, 1987).

Neuere Weiterentwicklungen der kognitiven Depressionstheorie beziehen sich in erster Linie auf auslösende Belastungssituationen, die vorwiegend interpersoneller Natur sind.

Die kognitive Theorie der Depression wurde vielfach untersucht; der derzeitige empirische Stand ist jedoch als kontrovers zu bezeichnen. Während der deskriptive Anteil im Sinne dysfunktionaler Kognitionen als Symptome durchgehend empirische Unterstützung findet, gibt es für die oben beschriebenen kausalen Aspekte im Sinne dysfunktionaler Kognitionen als Vulnerabilitätsfaktoren bisher keine überzeugenden Nachweise.

4.2.2.2 Durchführung

Bei der kognitiven Depressionstherapie handelt es sich um eine strukturierte, direktive Kurzbehandlung mit durchschnittlich 20 Sitzungen. Sie verfolgt in erster Linie das Ziel, die dysfunktionalen Gedankenprozesse im Rahmen der negativen kognitiven Triade zu korrigieren. Nachdem dem Patienten das Therapierational und der Zusammenhang zwischen Kognitionen, Gefühlen und Verhalten erklärt wurde, erfolgt eine sorgfältige Analyse dysfunktionaler

Kognitionen beziehungsweise depressiv verzerrter Wahrnehmungen und Einstellungen. Dies geschieht, indem spezifische verhaltenstherapeutische Techniken angewendet werden: beispielsweise die Selbstbeobachtung und Protokollierung von automatischen Gedanken, Bewertungen, Wahrnehmung und Gefühlen. Ein Beispiel dafür wird in Tab. 4.6 gegeben.

Die herausgearbeiteten Kognitionen werden zunächst auf logische Fehler wie selektive Abstraktion, dichotomes Denken, Personalisierungen etc. hin untersucht und einer Bewertung der Realität unterzogen. Dies ist von großer Relevanz, da Depressive dazu neigen, ihre Wahrnehmungen als Tatsachen zu bewerten, ohne sie an der Realität zu überprüfen. So fällt beispielsweise ein Patient durch die Führerscheinprüfung und folgert daraus: „Ich mache immer alles falsch." In der Therapie wird nun versucht, im Fall einer solchen dichotomen Wahrnehmung eines Ereignisses zwischen den Extrempolen „immer alles falsch" versus „immer alles richtig" ein Mittelfeld zu identifizieren. Auf diesem Mittelfeld sind im allgemeinen die meisten menschlichen Erfahrungen angesiedelt. Mit Hilfe verschiedener Beispiele aus dem Leben des Patienten, die die Evidenz der absolutistischen Bewertung hinterfragen, soll eine neue Sichtweise ermöglicht werden (s. Beispiel S. 60 oben).

Das Hinterfragen der irrationalen Überzeugung durch den Therapeuten geschieht unter Anwendung des sokratischen Dialogs (s. Beispiel S. 60 oben). Dabei hilft der Therapeut dem Patienten durch gelenktes Fragen, zu neuen, günstigeren Bewertungen und Einstellungen mittels kognitivem Neubenennen und Reattribuierung zu gelangen. Dieses Vorgehen bezieht sich nicht nur auf die automatischen Gedanken, sondern auch auf die dahinterstehenden fehlangepaßten Grundannahmen, die ebenfalls identifiziert und modifiziert werden. In einem weiteren Schritt werden die neuen Bewertungen dann in den relevanten Problembereichen erprobt und eingeübt. Dazu können zunächst Rollenspiel- oder Imaginationstechniken, und schließlich Verhaltensexperimente in Form von Hausaufgaben angewandt werden, die in neuen positiveren Lernerfahrungen resultieren sollen.

Nach dem Ende der Therapie sollte der Patient dazu in der Lage sein, ungünstige Kognitionen zu erkennen, zu überprüfen und zu korrigieren und als Resultat daraus alternative Verhaltensmuster zu zeigen. Er soll außerdem gelernt haben, schrittweise mehr Selbstkontrolle über die eigenen Denkprozesse zu erzielen.

Die therapeutischen Interventionen der KT beziehen sich auf das „Hier und Jetzt". Sie sind in einem Behandlungsmanual und Trainingsprogramm spezifiziert (z.B. in Hautzinger et al., 1992). Besonders wichtig erscheint es, daß der Therapeut die dysfunktionalen Informationsverarbeitungsprozesse in empathischer, partnerschaftlich-kooperativer und konstruktiver Weise hinterfragt und korrigiert und nicht von einem argumentativ überlegenen, rechthaberischen oder gar angreifenden Standpunkt aus handelt.

▎ 4.2.2.3 Indikation

Auch für die kognitive Therapie gilt, daß die differentielle Indikationsstellung verhältnismäßig wenig in den ansonsten hochqualifizierten Studien berücksichtigt wurde. Nur in sechs der 16 Untersuchungen wurde explizit der Zusammenhang zwischen Patientenmerkmalen und Therapieerfolg analysiert (Grawe, Donati, Bernauer, 1994). Sozial aktivere und allgemein zufriedenere Patienten, bei denen die depressive Störung vermutlich als Folge von belastenden Lebensumständen aufgetreten war, zeigten ein günstigeres Behandlungsergebnis als Patienten, die sich eher langfristig einen depressiven Lebensstil angeeignet hatten (McLean, Hakstian, 1979). Bei älteren Patienten erwies sich Endogenität als

Prädiktor für schlechteren Behandlungserfolg. Es stellte sich weiterhin heraus, daß KT bei denjenigen Patienten erfolgreicher ist, bei denen bereits zu Therapiebeginn geringere kognitive Verzerrungen vorliegen (Elkin, 1994). In zwei weiteren Studien gab es Hinweise darauf, daß ein geringer Bildungsgrad, ein niedriger sozialer Status und die Schwere der Depression dazu führen, daß Patienten auf die Therapie schlechter ansprechen oder sie häufiger abbrechen. Dieser Befund könnte damit zusammenhängen, daß die KT im Vergleich zur VT nicht nur problemlösungsorientiert vorgeht, sondern zunächst auf komplexerem Niveau eine Analyse der kognitiven Inhalte und ihrer Bedeutung anstrebt. Patienten mit geringerem Bildungsgrad fühlen sich davon möglicherweise nicht angesprochen oder überfordert. Außerdem setzt die erfolgreiche Durchführung der KT eine relativ gute Konzentrationsfähigkeit voraus, die bei ausgeprägteren Depressionen nicht gegeben ist. Das könnte auch oben genanntes Ergebnis erklären. Die fehlende Indikation der kognitiven Therapie bei schwer gestörten Patienten ist allerdings umstritten (Hautzinger, 1993). Nach Sotsky und Kollegen (1991) profitierten von der KT am ehesten Depressive mit relativ geringen kognitiven Störungen, genetischer Vorbelastung und kürzerer Erkrankungsdauer.

Die kognitive Therapie hat sich bei depressiven Störungen, die hauptsächlich lebensgeschichtlich bedingt oder von reaktiver Natur sind, bewährt. Das gilt auch für die Dysthymie. Für den melancholischen Subtyp beziehungsweise endogene Depressionen liegen bisher mangels entsprechender Studien keine gesicherten Angaben zur Indikation vor. Diese Diagnose stellt zwar keine Kontraindikation zur kognitiven Therapie dar, jedoch sollte sie dann in Kombination mit Medikamenten erfolgen.

Vom klinischen Standpunkt aus eignet sich kognitive Therapie besonders für Patienten, deren Zustand bis zu einem gewissen Grad von negativem Denken und

Tabelle 4.7 **Wirksamkeit der kognitiven Therapie (KT) in der akuten Behandlungsphase im Vergleich**

KT im Vergleich zu:	KT >	Null	Vergleichsbedingung >
Medikamentenplacebo	0	1	0
Warteliste	8	2	0
Unspezifische Therapie	0	2	0
Verhaltenstherapie	1	4	0
Interpersonelle Psychotherapie	0	1	0
Psychodynamische Kurztherapie	2	2	0
Pharmakotherapie	2	5	0
Gestalttherapie	0	1	0
Beratung durch einen Pfarrer	1	1	0

Nach: Jarrett u. Rush, Short-term psychotherapy of depressive disorders: current status and future directions. Psychiatry 1994; 57: S.118

Fehlwahrnehmungen beziehungsweise Fehleinschätzungen geprägt ist, oder die bereits vor dem Auftreten der Depression zu den Negativdenkern gehörten. Sind die kognitiven Verzerrungen jedoch stark ausgeprägt, scheinen die Betroffenen eher von einem anderen Verfahren wie beispielsweise der Interpersonellen Therapie zu profitieren (Elkin, 1994). Die Bereitschaft, dysfunktionale Einstellungen, innere Selbstgespräche und Annahmen kritisch unter die Lupe zu nehmen und mit Hilfe detaillierter Diskussionen mit dem Therapeuten zu verändern, scheint unabdingbar für den Therapieerfolg. Patienten, die dazu neigen, Feinheiten im Denken keine große Bedeutung beizumessen oder sich nur wenig Gedanken um „alles Mögliche" machen wollen, zeigen häufig Widerstände, wenn es darum geht, sich auf ihre eigenen Gedanken und Schlußfolgerungen zu konzentrieren und diese selbstkritisch zu hinterfragen. Ist der Therapeut in der Technik des sokratischen Dialogs nicht extrem bewandert und zusätzlich mit therapeutischem Fingerspitzengefühl ausgestattet, kann es in diesen Situationen schlimmstenfalls zu rechthaberischem Gerangel, Therapieabbrüchen oder zur Verschlechterung des Zustandes kommen. Der Patient sollte im allgemeinen für ein direktives Vorgehen und Führung von seiten des Therapeuten offen sein.

Erfahrungsgemäß ist es für ältere depressive Patienten manchmal ungewohnt, sich mit der gedanklichen Ebene intensiv auseinanderzusetzen. Möglicherweise finden sie es als zu kompliziert. Meist entscheidet sich zu Anfang der Therapie, ob der Patient an dem Ansatz Gefallen findet oder ihn ablehnt. Im letzteren Fall sollte eine andere, vielleicht pragmatischere Therapiemethode, wie beispielsweise der Lewinsohn-Ansatz, vorgeschlagen werden.

▌ 4.2.2.4 Wirksamkeit

Die kognitive Therapie ist von allen psychologischen Depressionstherapien am umfassendsten untersucht. Obwohl sie zwischenzeitlich auch auf die Behandlung anderer Störungen ausgeweitet wurde (Beck, Rush, Shaw, Emery, 1992; Chochran, 1984; Beck, 1990), liegen ausführlichere Effektivitätsüberprüfungen lediglich für den Anwendungsbereich der Depressionsbehandlung vor. Insgesamt zeigte die kognitive Therapie mit einer hohen durchschnittlichen Effektstärke eine ausgezeichnete Wirksamkeit bei der Behandlung leichter bis mittelschwerer Depressionen. Dies gilt auch für die längerfristige Aufrechterhaltung der Therapieeffekte. Als Erhaltungstherapie (maintenance) über einen 2jährigen Zeitraum zeigte sich die KT ebenso wirksam wie eine medikamentöse Erhaltungsbehandlung (Blackburn u. Moore 1997).

Die KT war in einigen Studien, wie in Tabelle 4.7 aufgeführt, den medikamentösen Therapien bei der Reduktion der depressiven Symptomatik und vor allem bei der Erhaltung des Therapieerfolges signifikant überlegen, außerdem ließen sich weniger Nebenwirkungen nachweisen (Dobson 1989; Hollon, Shelton, Loosen, 1991; Conte, Plutchik, Wild, Karasu, 1986; Robinson, Berman, Niemeyer, 1990; Hautzinger, 1993; Hollon, Shelton, Daviset, 1993; s. zus. Grawe, Donati, Bernauer, 1994). Kognitive Therapie ist gegenüber alleiniger medikamentöser Behandlung zu bevorzugen, wenn es darum geht, einen Rückfall zu verhindern. Auch die Drop-out-Rate erwies sich im Vergleich zur pharmakologischen Behandlungsbedingung als deutlich niedriger.

Insgesamt wurden bei leicht bis mittelschwer Depressiven Erfolgsquoten zwischen 63 und 83 Prozent gefunden. Im Vergleich zu psychoanalytischen Kurztherapien und tiefenpsychologisch orientierten Therapien war die KT kurzfristig in einer, längerfristig in zwei von vier Untersuchungen überlegen (s. Tab. 4.7). Verglichen mit anderen verhaltenstherapeutischen und kognitiv-behavioralen Verfahren wie beispielsweise der Depressionstherapie nach Lewinsohn konnten bis auf eine Ausnahme, in der die KT überlegen war, keine signifikanten Unterschiede gefunden werden. Dies spricht angesichts der sehr guten Wirksamkeit dieser älteren Methoden für das beeindruckende Effektivitätsprofil der vergleichsweise jungen KT. Ein Vergleich der KT mit der IPT nach Klerman et al., (1984) brachte ebenfalls keine signifikanten Unterschiede hinsichtlich der Symptomreduktion (Elkin et al., 1989). In der gleichen Untersuchung zeigte sich die KT allerdings auch nicht wirksamer als ein Medikamentenplacebo in Kombination mit psychiatrischen Kurzgesprächen. Letztere Behandlungsbedingung erwies sich in dieser Studie

allerdings insgesamt als auffallend und unerwartet wirksam. Während manche Autoren aus diesen Befunden schlossen, daß die Wirksamkeit der KT bisher überschätzt wurde, sehen andere methodische Gründe für das schwache Abschneiden der KT verantwortlich, nämlich 1) eine mangelnde Supervisionsfrequenz der Therapeuten und 2) auffallend schlechte Behandlungserfolge mit KT in nur einem der beteiligten Zentren. Weitere Ergebnisanalysen sind nötig, um gesicherte Aussagen treffen zu können. Die Ergebnisse dieser Studie werden im Abschnitt über den empirischen Stand der IPT näher ausgeführt (s. Kap. 5).

Es gibt erste Hinweise darauf, daß eine Kombination von Antidepressiva und KT einer alleinigen Pharmakotherapie überlegen ist (Hollon et al., 1993).

Viele Autoren empfehlen bei schweren Depressionen vom melancholischen Typ eine Kombinationsbehandlung mit Medikamenten, obgleich sich die KT in einer neueren Studie (Thase et al., 1991) auch bei schweren, „endogen"-depressiven Patienten mit einer 50prozentigen Erfolgsrate als relativ wirksam erwies. Wurde die KT mit der Depressionstherapie nach Lewinsohn oder mit pharmakologischer Therapie kombiniert, konnte die Effektivität sogar gegenüber den jeweiligen Einzelbedingungen noch gesteigert werden (Grawe, Donati, Bernauer, 1994).

Mit dem Vergleich von Kognitiver Verhaltenstherapie (KVT), Pharmakotherapie sowie einer Kombinationsbehandlung beschäftigen sich zwei aufwendige multizentrische Studien von Hautzinger et al. (1996) und von de Jong-Meyer et al. (1996) vor. In der ersteren zeigte sich, daß durch die 8-wöchige Kombinationsbehandlung mit Amitryptilin und KVT gegenüber den jeweiligen Einzelbedingungen in der Akutbehandlung ambulanter Depressiver keine Vorteile erreicht werden konnten (Hautzinger et al., 1996). In der Katamnese wurde jedoch deutlich, daß nach den pharmakologischen Behandlungen signifikant mehr

Rückfälle und Symptomverschlechterungen eintraten als nach KVT bzw. der Kombinationstherapie. Auch in der Studie von de Jong-Meyer et al. (1996) zeichnete sich bei endogen depressiven, stationären Patienten, die mit Amitriptylin plus KVT behandelt wurden nur ein begrenzter additiver Effekt gegenüber Amitriptylin plus stützenden Gesprächen ab. Längerfristig ergaben sich jedoch Vorteile der Kombinationsbehandlung, was Symptomverschlechterung und Rückfälle anbelangt.

Zur Wirkungsweise der KT liegen weitaus weniger Studien vor. Es deutet sich jedoch an, daß sich die Symptomatik im engen Zusammenhang mit dem kognitiven Bereich verändert. Das negative Denken und die Stimmung verändern sich vor den physiologischen und motivationalen Symptomen.

Die Kognitive Therapie nach Beck erweist sich bei der Behandlung ambulanter depressiver Patienten als sehr effektiv. Damit hat sich die Lage bei der Depressionsbehandlung im Vergleich zum Zeitraum von vor 15 Jahren deutlich verändert. In einer Metaanalyse, die vom „Depression Guideline Panel" im Jahre 1993 durchgeführt wurde, wird die Effektivität der KT alleine mit 46.6 Prozent (SD = 6.9) angegeben (Frank et al., 1993).

4.2.3 Psychodynamische und psychoanalytisch-orientierte Ansätze

Psychoanalytische Konzeptualisierungen beherrschten die wissenschaftlichen und therapeutischen Ansichten über die Depression bis in die 70er Jahre. Psychodynamische oder analytische Verfahren zählen zu den am häufigsten angewandten Psychotherapiemethoden in der Depressionsbehandlung, obgleich sie erst relativ spät in ihrer Entwicklung für diesen Störungsbereich eingesetzt wurden. Der Begriff psychoanalytisch und psychodynamisch wird im folgenden weitgehend austauschbar angewandt oder jeweils näher bestimmt.

4.2.3.1 Theoretischer Hintergrund

Diese Ansätze lassen sich auf Freuds Depressionskonzeption zurückführen, nach der sich die Wurzeln einer depressiven Störung bis in frühen Kindheitserfahrungen zurückverfolgen lassen. Früher Objektverlust oder traumatisierende Enttäuschungserlebnisse und dadurch bedingte narzistisch und abhängig gestörte Persönlichkeitsfunktionen gehen demnach der Entwicklung einer depressiven Phase voraus. Bei dieser Konzeption spielen aus der Verlusterfahrung resultierende unterdrückte und auf das Selbst gerichtete Aggressionen, erhöhte Selbstkritik, übertriebene Schuld sowie Abhängigkeit und Selbstzerstörungsimpulse eine große Rolle. Der nach innen gerichtete Ärger gilt eigentlich dem libidinös besetzten, jedoch enttäuschenden und damit ständig ambivalent erlebten Liebesobjekt, das gezwungenermaßen zum Teil des Selbst gemacht wurde. Die Fähigkeit zu lieben wird somit durch dauerhafte innere Feindseligkeit beeinträchtigt. Freud (1909) postulierte drei Vorbedingungen der Depression: Objektverlust, Ambivalenz und Regression der Libido in das Ich.

Die frühen Formulierungen des psychodynamischen Konzeptes wurden weiterentwickelt und andere ätiologische Faktoren integriert. Dazu gehören beispielsweise: psychische Vulnerabilität, ein früh erfahrener Mangel an Fürsorge, Liebe, Schutz und emotionaler Wärme, Abhängigkeit von externen Quellen zur Aufrechterhaltung des Selbstwertgefühls, ein überhöhtes Ich-Ideal sowie eine depressive Prädisposition, die von Schuld, Verlustangst und Hilflosigkeit geprägt ist. Diese Prozesse sind dem Betroffenen nicht bewußt und können von daher nicht gezielt angegangen werden. Die psychodynamische Theorie geht davon aus, daß die der Depression zugrundeliegenden intrapsychischen Konflikte fortbestehen bis die relevanten unbewußten Kräfte bewußt gemacht und unter die Kontrolle des Ichs gestellt werden. Wenn es mit Hilfe von Einsicht dazu kommt, können Schwierigkeiten antizipiert und bewältigt oder Konflikte neutralisiert werden. Einsicht, Konfliktbewältigung und Veränderungen in der Persönlichkeitsstruktur sind folglich die Hauptziele der psychodynamischen Therapie. Es wird indirekt beziehungsweise in Folge dieser Veränderungen erwartet, daß sich die depressiven Symptome reduzieren und die sozialen Beziehungen verbessern.

4.2.3.2 Psychodynamische Kurztherapien

Der psychoanalytische Ansatz erlebte in dem Jahrhundert seiner Existenz vielfache Anwendungsformen, die von der klassischen Analyse mit offenem Ende bis hin zu den heute eher angewandten zeitlich limitierten Kurzformen reichen. In den psychodynamischen Kurztherapien wurden die Sitzungsfrequenz, der schwerpunktmäßige Bezug auf die Vergangenheit sowie die Therapeutenrolle modifiziert. Das Repertoire klassischer analytischer Techniken wurde um expressive und supportive Strategien erweitert. Die psychodynamischen Kurztherapien sollen hier etwas ausführlicher beschrieben werden, da die Begründer der IPT ihren Ansatz als diesen Therapieformen am ähnlichsten betrachten. Inwieweit diese Sichtweise gerechtfertigt ist, wird im Kapitel 6 ausführlicher diskutiert.

Zu den Hauptzielen der psychodynamischen Kurzverfahren gehört es, die fokalen Konflikte des Patienten zu verstehen. Interpretationen zählen zwar immer noch zu den therapeutischen Haupttechniken, haben aber eher einen integrativen als regressiven Charakter. Sie beziehen sich mehr auf gegenwärtige Probleme, als auf frühe Kindheitserfahrungen. Aufgrund der zeitlichen Beschränkung der Therapie ist es in der Regel nicht erwünscht, daß der Patient eine Übertragungsneurose entwickelt. Um die für eine psychodynamische Kurztherapie geeigneten Patienten auszuwählen, liegen vielfache Ausschlußkriterien vor. Diese sollen im folgenden kurz beschrieben werden.

Die ersten psychodynamischen Kurztherapien stammen aus den späten 30er und 40er Jahren von Ferenczi und von Alexander. Sie teilten dem Psychotherapeuten eine aktivere Rolle zu. Auch eine Gruppe in England, die zunächst von Balint geleitet und später von Malan (1979) weitergeführt wurde, machte durch Innovationen im Bereich dynamischer Kurztherapien von sich reden.

Für Malan steht bei der von ihm entwickelten „Time-limited Psychotherapy" im Vordergrund, den zentralen intrapsychischen Konflikt des Patienten, auch Fokus genannt, innerhalb eines kurzfristigen Zeitrahmens aktiv zu identifizieren und zu bearbeiten. Der Ansatz ist nicht auf eine bestimmte Diagnose zugeschnitten. Ausgenommen von dieser Therapie sind Patienten, denen der rasche Beziehungsaufbau zum Therapeuten ebenso Schwierigkeiten bereitet wie das Beenden der Therapie. Ausgenommen von dieser Therapieform sind ferner Patienten mit komplizierenden Störungsfaktoren wie beispielsweise Suizidversuche, Alkoholismus, Drogenmißbrauch oder destruktivem Verhalten. Wichtiger als die Sitzungsanzahl ist für Malan, die Behandlung explizit zeitlich zu begrenzen. Sie beinhaltet somit die Definition einer Anfangs-, mittleren und Beendigungsphase und zwingt den Therapeuten, einen Kernkonflikt zu fokusieren.

Etwa zur gleichen Zeit beschäftigte sich auch Sifneos (1979) mit Kurztherapien. Obwohl er in vielen Punkten zu den gleichen Schlußfolgerungen wie Malan kam, gab es auch Differenzen. Noch mehr als Malan betont Sifneos die Bedeutung der Patientenselektion aufgrund des angstauslösenden Charakters seiner Therapieform. Er unterscheidet die sogenannten „anxiety-provoking" von den „anxiety-suppressing" oder supportiven Verfahren. Für das erstgenannte Vorgehen müsse der Patient, laut Sifneos, überdurchschnittlich intelligent, flexibel und hochmotiviert für Veränderungen sein und mindestens eine tragende Beziehung in der Vorgeschichte aufweisen. Darüber hinaus sollte er in der Lage sein, die Bearbeitung eines Kernkonflikts zugunsten anderer Probleme in den Vordergrund zu stellen und seine Gefühle zu äußern. Diese Merkmale sind nach Sifneos Voraussetzung um den angstauslösenden Charakter der Therapie zu ertragen und eine reife Beziehung zum Therapeuten aufzubauen. Angstprovozierende Techniken haben zum Ziel, dem Patienten frühzeitig die Übertragung erfahren zu lassen und den Widerstand möglichst schnell zu bearbeiten. Das unterscheidet diesen Ansatz auch von anderen Kurztherapien. Von diesem stark konfrontierenden Vorgehen sollten Patienten mit präödipalen und nichtödipalen Problemen, wie beispielsweise Trauerreaktionen ausgeschlossen werden. Solche Probleme sind nach Sifneos' Erfahrung mit der Regression des Patienten bei der Beendigung der Behandlung verbunden.

James Mann (1973) betont bei seinem nur 12 Sitzungen umfassenden Therapieansatz die zeitliche Begrenzung der Behandlung. Deswegen vereinbart er mit dem Patienten bereits in der ersten Sitzung explizit den Termin des letzten Treffens. Für Mann ist für den Therapieerfolg nicht nur entscheidend, Trennungs- beziehungsweise Beendigungsfragen konfrontativ zu bearbeiten, sondern auch einen zentralen Problembereich zu fokussieren. Im Gegensatz zu Sifneos spielt das intellektuelle oder sonstige Leistungsniveau des Patienten keine Rolle bei der Selektion. Jedoch schließen andere Faktoren wie beispielsweise die Unfähigkeit, einen Fokus zu definieren, Borderline- oder schizoide Persönlichkeit oder Psychosen bestimmte Patienten von dieser Therapieform aus.

Der Hauptunterschied der hier beschriebenen Ansätze zur klassischen Psychoanalyse besteht in erster Linie in der Zeitbegrenzung beziehungsweise dem Kurzzeitcharakter der Behandlung und der damit verbundenen gezielten Bearbeitung eines Fokus. Vom Inhalt, Vorgehen oder von den Techniken her bestehen fließende Übergänge zwischen den einzelnen Formen.

Andere bekannte Vertreter psychodynamisch orientierter Kurztherapien sind Davenloo (1980), Strupp (1982) und Luborsky (1984). Die beiden letztgenannten Autoren legten erstmals ausgearbeitete Manuale für ihre Therapieansätze der „Zeitlich Limitierten Dynamischen Psychotherapie" beziehungsweise der „Dynamisch Supportiv-Expressiven Psychotherapie" vor und schafften damit bessere Voraussetzungen für Vergleichsuntersuchungen.

4.2.3.4 Durchführung

In erster Linie bezieht sich die Beschreibung der Therapiedurchführung in diesem Abschnitt auf die Langzeitform der psychoanalytisch orientierten Psychotherapie. Im Gegensatz zur kognitiven Therapie oder Verhaltenstherapie zielt die analytische Psychotherapie nicht direkt darauf ab, die Symptome möglichst schnell zu reduzieren. Sie setzt vielmehr auf die graduell zunehmende Einsicht des Patienten in seine Konflikte und die mit der Zeit eintretenden Veränderungen problematischer Persönlichkeitszüge. Dies geschieht, indem die Übertragung und der Widerstand des Patienten, die als die tragenden Säulen psychoanalytischer Therapien gelten, analysiert werden. Bei der Übertragung wird davon ausgegangen, daß der Patient in der Vergangenheit erlebte positive und negative Gefühle gegenüber wichtigen Bezugspersonen auf den Therapeuten projiziert. Enttäuschungen, das Ringen um Zuwendung oder ausgeprägtes Selbstschutzverhalten sind Beispiele dafür. Unter Widerstand versteht man den Versuch des Patienten, keine schmerzlichen Erinnerungen oder Einsichten in sein Bewußtsein dringen zu lassen. Zum Beispiel reflektiert der anfängliche Widerstand des Patienten in der Therapie meist eine Abwehr der frühen Verlusterfahrung und kann zur Klärung der unbearbeiteten Ambivalenzen gegenüber den Eltern genutzt werden. Den Widerstand therapeutisch aufzulösen und die Übertragungssituation zu interpretieren kann dem Patienten zu bewußten Einsichten verhelfen. Sie ermöglichen es ihm wiederum, aus der Kindheit stammende, dysfunktionale Bewertungen von sich selbst oder anderen durch reifere Ansichten zu ersetzen.

Im therapeutischen Prozeß soll es deswegen zur Regression des Patienten auf die Ebene der in der frühen Kindheit erlebten Konflikte kommen. Auf genau dieser Ebene sollen die durch die Übertragungssituation reaktivierten Konflikte bewußt gemacht, durchgearbeitet und unter die Kontrolle des Ichs gebracht werden.

Konkret wird in den Therapiesitzungen bewußtes und unbewußtes Materials exploriert, Kindheitserfahrungen rekonstruiert und die therapeutische Übertragungsbeziehung sowie der Widerstand interpretiert und verwendet. Therapeutische Strategien zielen auf Einsicht ab und beinhalten Exploration, Konfrontation, Klärung, Interpretation und das Durcharbeiten von Konflikten. Die Interpretation ist für das Fortschreiten des therapeutischen Prozesses von wesentlicher Bedeutung. Sie bezieht sich auf die zugrundeliegende Bedeutung oder Ursache von Gefühlen oder Verhalten, welches in und außerhalb der Therapie gezeigt wird. Die spezifischen Techniken ermöglichen es, die Übertragung- und Gegenübertragungsbeziehung sowie den Widerstands des Patienten gegenüber der therapeutischen Beziehung zu analysieren. Vorwiegend werden verzerrte Vorstellungen und Erwartungen bezüglich des Ichs durch den Therapeuten exploriert, aber auch Über-Ich-Defekte kommen zur Sprache.

Im psychoanalytischen beziehungsweise psychodynamischen Therapieprozeß soll auch kathartische Entlastung von unterdrückten aggressiven Impulsen ermöglicht werden. Solche Impulse, so die theoretische Vorstellung, liegen der Depression zugrunde. Wird die Behandlung beendet, steht wiederum die Bearbeitung des Widerstandes im Vordergrund, da die bevorstehende Trennung beim Patienten in der Regel frühe irrationale Reaktionen auf Verlust reaktiviert. Sie äußert sich häufig in Form von Ärger und Manipulationsversuchen gegenüber dem Therapeuten. Die Trennung vom Therapeuten angemessen zu betrauern stellt schließlich das gelungene Ende der Behandlung dar.

Die interpretierende und reflektierende Rolle des Therapeuten ist klassischerweise verbal zurückhaltend, neutral und abstinent. Diese Rolle hat sich jedoch in den neueren psychodynamischen Kurztherapien im Sinne einer direktiveren, aktiveren und supportiveren Haltung des Therapeuten geändert.

▌ 4.2.3.5 Indikation

Die folgenden Aussagen zur Indikation sind auf klinischer Grundlage getroffen worden, da bisher keine kontrollierten wissenschaftlichen Untersuchungen zu dieser Fragestellung vorliegen.

Die Ziele klassisch psychoanalytischer Behandlungen sind nur langfristig erreichbar, so daß keine unmittelbare Symptomreduzierung oder Entlastung zu erwarten ist. Daher empfiehlt sich bei schweren depressiven Störungen oder bei Suizidgefahr entweder eine Kombination mit Antidepressiva oder eine alternative Psychotherapiemethode. Allerdings ist eine medikamentöse Parallelbehandlung konzeptuell eigentlich nicht vorgesehen. Auch wenn Hinweise darauf vorliegen, daß der Patient dem arbeitsintensiven, langen und zeitweise möglicherweise als belastend oder bedrohlich erlebten Prozeß nicht gewachsen ist, sollte dieses Verfahrens nicht durchgeführt werden.

Generell sind psychoanalytisch orientierte Therapien ungeeignet für Patienten mit psychotischen oder bipolaren Depressionsformen. Eine weitere Anwendungsbegrenzung besteht bei intellektuell wenig differenzierten und wenig introspektionsfähigen Patienten, die sich durch den Therapieprozeß möglicherweise überfordert fühlen und demzufolge nicht davon profitieren können. Nur geringfügig gestörte Patienten, die im Rahmen nachvollziehbarer äußerer Belastung eine depressive Reaktion entwickeln, sind mit einer kürzeren und akut bewältigungsorientierten Intervention besser beraten. Aufgrund der langen Dauer der Behandlung ist außerdem davor zu warnen, daß der Patient abhängig wird oder der Therapie und dem Therapeuten eine übertriebene Bedeutung zumißt.

Die psychoanalytischen Psychotherapie wird hauptsächlich bei langfristig ablaufenden, chronifizierten Depressionen beziehungsweise Dysthymien angewandt. Diese können, je nach akut auftretenden Belastungen, in der Schwere variieren und durch anhaltende Gefühle der Leere und der Unterschätzung des eigenen Selbstwerts geprägt sein. Die analytische Therapie eignet sich auch für Patienten, die explizit daran interessiert sind, mehr über ihre innere, unbewußte Welt und den Zusammenhang zu Kindheitserfahrungen zu erfahren. Auch bei gleichzeitig bestehenden Persönlichkeitsstörungen, Verlusterlebnissen und anderen traumatischen Ereignissen der Kindheitsgeschichte wie beispielsweise Mißbrauch gilt eine langfristige analytische Therapie als indiziert.

Bei psychodynamischen Kurztherapien, nimmt der Therapeut eine direktivere Rolle ein. Der Patient sollte mit aufkommender Angst infolge der konfrontativen Techniken sowie dem unmittelbaren Fokussieren auf die Übertragung und mit der frühen Bearbeitung seiner Konflikte umgehen können. Bei psychoanalytischen Kurztherapien

erzielten junge, attraktive, verbal intelligente und erfolgreiche Patienten, die sogenannten YAVIS-Patienten, bessere Behandlungsergebnisse (Grawe, Donati, Bernauer, 1994). Diese Aussage bezieht sich jedoch nicht speziell auf die Depressionsbehandlung. Da solche Patienten wahrscheinlich eher an einer Klärung, Selbstfindung und Motivationsanalyse interessiert sind, leuchtet dieses häufiger replizierte Ergebnis ein. In der Regel verfügen erfolgreiche Menschen über ausreichende Problemlösestrategien und wollen ihr Verhalten ergründen und Probleme analysieren.

Es zeigte sich außerdem, daß psychoanalytische Therapie besser bei Patienten wirkt, die schon zu Therapiebeginn eine hohe „psychological mindedness" mitbringen (Horowitz, 1994). Von anderen Autoren werden Patientenvariablen wie Einsichtsfähigkeit, wenig Bedarf nach direktiver Führung, ein stabiles soziales Umfeld, Zugang zu Träumen und Phantasie sowie die Fähigkeit, mit Regression umzugehen, als günstige beziehungsweise notwendige Vorraussetzungen genannt, um analytische Therapien durchzuführen (Karasu, 1990).

4.2.3.6 Wirksamkeit

Obwohl psychoanalytische beziehungsweise psychodynamische Therapien häufig angewendet werden, wurde ihre Wirksamkeit zur Behandlung von Depressionen bisher kaum untersucht. Für psychoanalytische Langzeittherapien fehlt jeglicher Effektivitätsnachweis durch kontrollierte Studien. Dies trifft sowohl auf die akute als auch auf die Erhaltungsphase zu.

Über die Wirksamkeit psychodynamischer Kurztherapien liegen einige wenige Untersuchungen vor. Demnach konnte die alleinige oder kombinierte Anwendung dieser Therapieform zur Behandlung der Major Depression keinen schlüssigen Wirksamkeitsnachweis erbringen (Karasu et al., 1994). VT und KT übertrafen die psychodynamische Kurztherapie hinsichtlich der

Tabelle 4.8 Wirksamkeit der psychodynamischen Kurztherapie (PKT) in der akuten Behandlungsphase im Vergleich

PKT im Vergleich zu:	PKT >	Null	Vergleichsbedingung >
Medikamentenplacebo	_a	_a	_a
Warteliste	1	0	0
Unspezifische Therapie	0	1	0
Verhaltenstherapie	0	3	2
Kognitive Therapie	0	2	2
Interpersonelle Psychotherapie	–	–	–
Pharmakotherapie	0	1	0
Kognitive u. Pharmakotherapie	0	0	1

[a] keine veröffentlichten Studien

Nach: Jarrett u. Rush, Short-term psychotherapy of depressive disorders: current status and future directions. Psychiatry 1994; 57: 118

Symptomreduktion (s. Tab. 4.8) (Jarrett, Rush, 1994). Über die Effektivität in der Erhaltungsphase ist überhaupt nichts bekannt. Nach Frank, Karp und Rush (1993) lag die Wirksamkeit psychodynamischer Kurztherapien im Vergleich zu anderen Psychotherapieformen insgesamt um 7.6 Prozent niedriger und die Gesamteffektivität belief sich auf 34.8 Prozent (SD=17.8). Möglicherweise wird die Wirksamkeit jedoch unterschätzt, zumal bei der Mehrzahl dieser Studien die PKT als Kontrollbedingung diente und die Untersucher sich eventuell eher mit anderen Therapieformen identifizierten.

Womit läßt sich die wissenschaftliche Zurückhaltung bei diesen Therapieformen erklären? Dazu lohnt es sich zwei Seiten zu betrachten: Von psychoanalytischer Seite wird behauptet, die Psychoanalyse eigne sich nicht zu einer breitangelegten Wirksamkeitsüberprüfung. Als Gründe dafür werden die Einzigartigkeit des Patienten und jedes einzelnen Therapieverlaufs angeführt, die Vergleiche unzulässig machen (Bemporad, 1992). Es ist jedoch nicht einzusehen, warum nur bei psychoanalytisch behandelten Patienten die Individualität eine so große Rolle spielen soll, während das nicht auf Patienten zutreffen soll, die mit anderen Therapieformen behandelt werden. Gerade bei der kognitiven Therapie, die als besonders gut überprüft gilt,

kann man davon ausgehen, daß sich die Gedanken jedes einzelnen Patienten und damit auch die therapeutische Arbeit beträchtlich voneinander unterscheiden. Generell ist jeder Mensch in seiner Gedankenwelt andersartig. Als eine weitere Schwierigkeit wird angeführt, daß es keine geeigneten Kriterien gibt, um den Behandlungserfolg zu messen. Aus diesem Grund ließen sich die Ziele der analytischen Psychotherapie – und hier werden beispielsweise größere Selbstzufriedenheit oder die Befreiung von neurotischen Hemmungen genannt – mit objektiven Meßinstrumenten nur schwer erfassen. Dieses Argument kann jedoch nicht aufrechterhalten werden, denn mittlerweile gibt es ein breites Spektrum an psychometrischen Verfahren. Mit ihnen können von der Selbstzufriedenheit über verbesserte Lebensqualität bis hin zu positiven Selbstwahrnehmung alle denkbaren Dimensionen menschlichen Fühlens, Denkens und Verhaltens mehr oder minder prägnant abgebildet werden. Darüber hinaus könnten zumindest indirekte Therapieziele wie beispielsweise die Symptomreduzierung oder die Häufigkeit von Rückfällen reliabel gemessen werden.

Auch das Argument, daß psychoanalytische Therapeuten aufgrund des aufwendigen Verfahrens zu wenige Patienten behandeln können, um geeignete Fallzahlen zu erreichen, ist angesichts immer häufiger praktizierter multizentrischer Studien wenig überzeugend.

Grawe und Kollegen bezeichnen die zuvor angeführten Argumente als unredlich. Ihrer Meinung nach lassen diese Stellungnahmen regelmässig erkennen, daß die sie Äußernden überhaupt keine Vorstellung davon haben, mit welchen Methoden psychotherapeutische Prozesse und ihre Wirkungen heute tatsächlich untersucht werden. „Das Zerrbild einer rein behavioristischen, nur auf Symptomreduktion ausgerichteten Effektmessung dient dazu, die eigene Therapieform vor nur allzu berechtigten Fragen zu schützen... Wenn man die Wirkungen einer Therapie nicht an einer zumindest vom Patienten erfahrbaren Wirklichkeit festmachen kann, wie kann diese Therapie dann gleichzeitig den Anspruch stellen, eben diese erlebte Wirklichkeit eines Patienten so zu verändern, daß er sie tatsächlich als verändert erfährt?" (zitiert nach: Grawe, Donati, Bernauer, 1994, S. 170). Ob Gleichgültigkeit, Angst vor den möglichen Resultaten oder andere Faktoren die Gründe dafür sind, daß sie sich einer Qualitätskontrolle lange Zeit weitgehend entzogen haben, ist nur schwer zu beurteilen. Sicher scheint jedoch zu sein, daß die aktuelle Entwicklung im Gesundheitssystem zunehmend mit der Forderung nach Effektivitätsnachweisen verbunden ist und eine diesbezügliche Abstinenz auf die Dauer nicht toleriert werden wird.

4.3
Kombination psychotherapeutischer und pharmakologischer Behandlung (E. Schramm)

Da das IPT-Manual bei entsprechender Indikation vorschlägt, das Verfahren mit antidepressiven Pharmaka zu kombinieren, ist der vorliegende Abschnitt der allgemeinen Einführung in dieses Thema gewidmet. Spezifischere Fragestellungen bei der Kombinationsbehandlung werden in Kapitel 16 abgehandelt.

Aus Therapiewirksamkeitsstudien ist bekannt, daß mindestens 50 bis 80 Prozent der unipolar depressiven Patienten entweder auf antidepressive Medikation oder Kognitive, Verhaltens- und Interpersonelle Psychotherapie ansprechen. Umgekehrt hieße das jedoch, daß bei bis zu 40 Prozent der Behandelten möglicherweise ein Verfahren alleine nicht ausreicht. Aus diesem Grund erhoffen sich viele Kliniker durch die Kombination von Medikamenten und Psychotherapie eine ergänzende beziehungsweise additive und außerdem eine schneller eintretende und länger anhaltende Wirkung. Dies ist ganz besonders bei schweren oder therapieresistenten Depressionsformen von großer Bedeutung.

Eine integrative Behandlung, bestehend aus pharmako- und psychotherapeutischen Elementen, wurde aufgrund der früher vorherrschenden Körper-Seele-Dichotomie erst in jüngerer Zeit angenommen. In den frühen 60er Jahren wurde das Rational für die Kombination von Medikamenten- und Psychotherapie von einigen Wissenschaftlern und Klinikern vehement in Frage gestellt. In einem neueren Übersichtsartikel von Paykel (1995) werden die von Klerman in den späten 70ern veröffentlichten potentiell negativen und positiven Auswirkungen von Pharmako- auf Psychotherapie sowie umgekehrt von Psycho- auf Pharmakotherapie zusammengefaßt. In diesem Artikel wird diskutiert, daß eine medikamentöse Parallelbehandlung die therapeutische Beziehung und insbesondere die Übertragungsbeziehung beeinträchtigen und aufgrund einer zu schnell erzielten Symptomreduktion sogar zu einem Abbruch der Psychotherapie führen könnte. Ein günstiger Einfluß der medikamentösen Behandlung wird beispielsweise in einem positiven Plazeboeffekt gesehen. Er könnte eine Besserung erwarten lassen und somit die Therapiemotivation des Patienten erhöhen. Außerdem kann eine frühzeitige symptomatische Remission die therapeutische Arbeit des Patienten erleichtern, indem er sich beispielsweise besser auf das Gespräch mit dem Therapeuten konzentrieren kann.

Umgekehrt wurde befürchtet, daß sich die Psychotherapie negativ auf eine medikamentöse Behandlung auswirken könnte, weil sie den Patienten überfordere und somit die Symptomatik verschlechtern könnte. Dagegen vermutete man in einer Erhöhung der Medikamenten-Compliance eine günstige Auswirkung der Psychotherapie auf die Pharmakobehandlung. Die zahlreichen möglichen Auswirkungen einer Kombinationsbehandlung wurden von Klerman (1975) in seinem Artikel aufgeführt. Sie können als interessante Anregung dienen, im Einzelfall über die Wahrscheinlichkeit des Auftretens der verschiedenen Effekte nachzudenken.

Durch das steigende klinische Interesse an diesem Thema wurde der kombinierten Behandlung von Depressionen in den letzten 10 Jahren zunehmende wissenschaftliche Aufmerksamkeit gewidmet. Neuere Übersichtsarbeiten über den diesbezüglichen Forschungsstand stellen fest, daß eine kombinierte Behandlung nicht weniger effektiv ist als die Psychotherapie oder die Pharmakotherapie alleine (Jarrett u. Rush, 1986; Weissman, Jarrett, Rush, 1987; Shea, Elkin, Hirschfeld, 1988; Manning u. Frances, 1990). Das heißt, es wurden keine negativen Interaktionen der beiden Verfahren gefunden. In den meisten Studien war die Kombinationsbehandlung ebenso wirksam wie jede Therapieform für sich genommen. In manchen Studien zeigte sie eine mäßige Überlegenheit gegenüber den jeweiligen Einzelverfahren. Diese äußerte sich im Vergleich zur ausschließlichen psychotherapeutischen Behandlung darin, daß die Symptomreduktion auf der vegetativen Ebene beispielsweise bei Schlafstörungen

schneller einsetzte. Gegenüber der Pharmakotherapie alleine bestand der Vorteil der Kombinationsbehandlung darin, daß die Patienten in interpersoneller und kognitiver Hinsicht besser abschnitten. Dies zeigte sich beispielsweise an ihrem Ausmaß an Hoffnung oder Interesse. Ein weiterer Vorteil der Kombinationsbehandlung lag in der Stabilität der Remission. Außerdem konnte bei den parallel mit Medikamenten und Psychotherapie behandelten Patienten eine geringere Abbrecherquote und erhöhte Akzeptanz der Behandlung gefunden werden (Weissman u. Klerman, 1990).

Für die IPT, bei der im Gegensatz zu anderen Therapieverfahren die Kombination mit Pharmakotherapie ausdrücklich als eine Option vorgeschlagen wird (s. Kap. 6), sind die Ergebnisse inkonsistent. In einer Untersuchung zeigte sich die Kombination der IPT mit Amitriptylin bei „endogener" Depression als wirksamer als die Einzelbedingungen (Klerman et al., 1974). In einer anderen Arbeit (Weissman et al., 1979) zeigte sich die Kombinationsbehandlung lediglich trendmäßig den Einzelbedingungen IPT und Amitriptylin gegenüber überlegen und wies außerdem die niedrigste Abbrecherquote auf. IPT und Amitriptylin hatten differentielle Effekte, wobei die Medikation in erster Linie auf physiologische Depressionssymptome, und IPT vorwiegend auf kognitive und emotionale Symptome einwirkte. Negative Auswirkungen der Parallelbehandlung wurden nicht gefunden. Die Medikation verminderte nicht das Interesse des Patienten an Psychotherapie, und führte nicht zur frühzeitigen Beendigung oder schlechterem Ansprechen auf Psychotherapie. Umgekehrt hatte die Psychotherapie keinen negativen Einfluß auf die pharmakologische Behandlung. Frank und Mitarbeiter fanden in einer Langzeitstudie die Kombination einer hochdosierten Imipraminbehandlung mit monatlicher IPT vorteilhafter als die Ergänzung mit supportiven Arztgesprächen (Frank et al., 1990). Die Unterschiede erreichten jedoch keine stati-

Tabelle 4.9 Entscheidungskriterien für eine Kombinationsbehandlung

Schwere	->	Indikation: Mittelfeld
Chronizität/Verlauf	->	Indiziert bei langfristigem Verlauf
Dringlichkeit	->	Je dringender, desto indizierter
Früheres Ansprechen	->	Indiziert, falls sich ein einziges Verfahren als nicht ausreichend erwiesen hat
Mangelndes Ansprechen auf ein Therapieverfahren alleine	->	Indiziert, falls ein Verfahren nicht ausreichend erscheint
Präferenz des Patienten	->	Indiziert, wenn es dem Wunsch und der Einstellung des Patienten entspricht

stische Signifikanz. Vermutlich ist das Ergebnis auf einen Deckeneffekt zurückzuführen (s. Kap. 5). Außerdem gab es Hinweise darauf, daß die zusätzlich zur medikamentösen Behandlung erfolgte Psychotherapie die soziale Anpassung der Patienten verbesserte (Frank et al., 1992). Wenn man kognitive Verhaltenstherapie mit antidepressiver Medikation verbindet, ist der Effekt – bis auf wenige Ausnahmen, wo sich Vorteile gegenüber der Pharmakotherapie alleine zeigten – den jeweiligen Monotherapien nicht überlegen (Jarrett u. Rush, 1994; Hautzinger et al., 1996; de Jong-Meyer et al., 1996).

Liegt eine unipolare Depression vor, so hat es sich in der Praxis als nützlich erwiesen, die Schwere, die Chronizität beziehungsweise den Verlauf und die Behandlungsdringlichkeit der Störung als Entscheidungskriterien für oder gegen eine Kombinationsbehandlung heranzuziehen. Weitere Aspekte, die bei der Entscheidung helfen können, sind das frühere Ansprechen auf verschiedene Behandlungsmethoden, mangelnder Erfolg eines Therapieverfahrens alleine und natürlich, welche Behandlungsform der Patient bevorzugt. Es liegen allerdings kaum wissenschaftliche Befunde darüber vor, wann Kliniker eine Kombinationsbehandlung einleiten sollten. Es gibt keine gut belegten Prädiktoren dafür, welcher Patient zu welchem Zeitpunkt von einer doppelgleisigen Behandlung profitieren könnte. Eine Zusammenstellung der wichtigsten Entscheidungskriterien findet sich in Tabelle 4.9.

Kein Entscheidungskriterium dagegen sollte die idcologische Verpflichtung des Therapeuten einer Therapieschule gegenüber beziehungsweise die persönliche Einstellung zu pharmakologischen oder psychotherapeutischen Verfahren darstellen. Ebensowenig die Mutmaßung, ob eine Depression „endogen" oder „psychologisch" bedingt ist. Aus Kapitel 3 geht hervor, daß es bisher noch nicht gelungen ist, verschiedene Depressionsformen auf Grundlage der Ätiologie voneinander abzugrenzen. Dennoch wird in der Praxis häufig versucht, zwischen neurobiologisch bedingter und psychologisch bedingter Depression zu unterscheiden und dementsprechend auf medikamentöse beziehungsweise psychotherapeutische Behandlungsstrategien zurückzugreifen. Ob der Patient auf Antidepressiva anspricht, ist jedoch nicht davon abhängig, ob psychosoziale Belastungsfaktoren vorhanden sind oder fehlen. Außerdem können selbst bei erfolgreicher pharmakologischer Behandlung der Symptome belastende psychosoziale Bedingungen fortbestehen und psychotherapeutischer Bearbeitung bedürfen. Ob also ein Patient eher auf Psychotherapie als auf Pharmakotherapie anspricht, kann in der Tat, neben dem früheren Ansprechen auf eine bestimmte Behandlungsstrategie, nur aus wenigen Prädiktoren abgeleitet werden.

Wird die Schwere der Störung als Entscheidungskriterium herangezogen, ist an beiden Enden des Spektrums von einer Kombinationsbehandlung eher abzuraten. Das Mittelfeld dagegen stellt eine Indikation dar. Sehr schwer depressive Patienten werden meist stationär behandelt und sind in diesem Zustand zu Beginn der Behandlung oft nicht in der Lage, über stützende Gespräche hinaus an einer umfassenderen Psychotherapie teilzunehmen. Dies gilt ohne Frage, wenn eine psychotische Depression vorliegt. Aber auch mangelnde Energie und Konzentrationsfähigkeit ermöglichen dem schwer Depressiven manchmal nur zeitlich beschränkte Kontakte mit dem Therapeuten. Versuche, den stark beeinträchtigten Patienten in eine Psychotherapie einzubinden, können zur Überforderung und Zunahme von Schuld-, Scham- und Hoffnungslosigkeitsgefühlen führen. Aus diesem Grund ist eine somatische Behandlung bei diesen Patienten die Therapie der ersten Wahl. Der Patient sollte den Arzt allerdings nicht als omnipotenten „Heiler" ansehen und ihn für die Besserung seines Zustandes verantwortlich machen. Gerade depressive Patienten neigen störungsbedingt zu Passivität und fühlen sich dadurch langfristig noch weiter in ihrem Selbstwert gemindert. Deswegen sollte gegebenenfalls später, wenn die Symptome durch die somatische Behandlung verringert wurden, mit einem zusätzlichen psychotherapeutischen Verfahren begonnen werden. Damit kann dem Patienten schrittweise die Verantwortung und Selbstkontrolle zurückgegeben werden.

Umgekehrt läßt sich bei leichten bis mittelschweren Formen der Depression ein guter Therapieerfolg durch ausschließliche psychotherapeutische Behandlung nachweisen. Der Patient muß hier nicht notwendigerweise die Belastungen und Nachteile einer Kombinationsbehandlung auf sich nehmen, die in Nebenwirkungen, Kosten oder dem Risiko einer fehlerhaften Attribuierung des Therapieerfolgs bestehen können. Ihm sollte versichert werden, daß die Art seiner Störung üblicherweise gut auf Psychotherapie anspricht und der Vorteil einer psychotherapeutischen Monobehandlung auch in einem Gefühl der Selbstkontrolle und eigenständiger Bewältigung der

Depression liegen kann. Sollte der realistisch zu erwartende Behandlungserfolg nach angemessener Zeit nicht eingetreten sein oder sich der Zustand des Patienten sogar verschlechtert haben, kann zusätzlich pharmakologisch behandelt werden. Der Patient sollte diese Intervention allerdings nicht als Versagen der Therapie, des Therapeuten oder gar seiner selbst interpretieren, oder als ein Zeichen von Autonomieverlust betrachten. Deswegen sollte dem Patienten das Rational des Vorgehens ausführlich erklärt werden. Dies gilt übrigens unabhängig davon, ob medikamentös, psychotherapeutisch oder kombiniert behandelt wird. Die begonnene Psychotherapie sollte möglichst weitergeführt werden, da der Patient möglicherweise erst durch die pharmakologische Behandlung von den therapeutischen Gesprächen profitiert. Außerdem kann dadurch das Risiko gesenkt werden, daß der Patient beim Absetzen des Medikaments rückfällig wird. Vielleicht verringern sich später sogar die Chancen, daß eine neue Episode auftritt. Zumindest jedoch kann die Medikamentencompliance erhöht werden (Frank et al., 1993).

Je früher der Patient auf eine bestimmte Behandlungsform anspricht, desto besser ist die Vorhersage für den Behandlungserfolg. Hat sich eine Monotherapie in der Vergangenheit als nicht ausreichend erwiesen, sollte die Behandlung bevorzugt mit beiden Verfahren parallel begonnen werden. Dies empfiehlt sich auch dann, wenn der Betroffene einen langfristigen Störungsverlauf aufweist. Bei dieser Gruppe von Patienten bleiben selbst nach Rückgang der typischen depressiven Symptome häufig dauerhafte Gefühle des Unglücklichseins, der Selbstunzufriedenheit und Nichtzugehörigkeit sowie mangelnde oder unbefriedigende zwischenmenschliche Beziehungen und ein niedriges Selbstwertgefühl bestehen. Diese Beschwerden können nur unzureichend mit pharmakologischen Strategien verbessert werden. Sie erfordern eine tiefergehende psychotherapeutische Beschäftigung mit den jeweiligen Ursachen, Mechanismen oder Verhaltensmustern.

Nicht zuletzt sollte auch der Betroffene selbst wesentlich an der Behandlungsplanung beteiligt sein, nachdem er über die Vor- und Nachteile der verschiedenen Ansätze umfassend informiert wurde. Die Entscheidung wird zum großen Teil davon abhängen, welche Ursachen oder Zusammenhänge der Betroffene selbst hinsichtlich seiner Störung sieht (health belief model). Auch seine Einstellung gegenüber Medikamenten beziehungsweise der Psychotherapie spielt hierbei eine Rolle. Manche Patienten führen ihre Beschwerden auf äußere Ursachen zurück, zum Beispiel auf ein belastendes Ereignis oder auf somatische Faktoren. Da die Auslöser von diesen Patienten als außerhalb ihrer selbst gesehen werden, wird dementsprechend meist eine Behandlungsform bevorzugt, die auch außerhalb ihrer selbst stattfindet. Mit psychotherapeutischer Arbeit kann diese Gruppe nur wenig anfangen, und zeigt sich für ein solches Vorgehen kaum aufgeschlossen. Gespräche bleiben meist auf Symptome und Wirkung oder Nebenwirkungen der Medikamente beschränkt.

Eine andere Patientengruppe zeigt dagegen möglicherweise eine unterschiedliche Einstellung zur depressiven Störung. Selbst wenn sie äußere Auslöser erkennen, werden überhöhte Sensibilität, ein dauerhaftes Unzulänglichkeitsgefühl, innere Konflikte, übertriebene Selbstansprüche, ein „schwaches Nervenkostüm", zwischenmenschliche Defizite und ähnliche Faktoren verantwortlich dafür gemacht, Belastungen und Streßfaktoren nicht bewältigen zu können. Sie stehen einer ausschließlich medikamentösen Intervention deswegen mißtrauisch gegenüber oder lehnen sie ab, weil sie ihrer Meinung nach zu oberflächlich ist und den eigentlichen Problemen nicht gerecht wird. Daher sollte der Therapeut das Störungsmodell des Patienten explorieren und entsprechend in den Behandlungsplan mit einbeziehen.

Der Therapeut sollte darüber hinaus auch erfragen, was es für den einzelnen depressiven Patienten bedeutet, mit Medikamenten oder einer Psychotherapie behandelt zu werden. Aussagen von Patienten hinsichtlich einer medikamentösen Behandlung wie „Ich kann selbst nichts dazu beitragen, meinen Zustand zu verbessern" oder „Ich bin ernsthaft krank" lassen Schlußfolgerungen auf die Konzeption der Behandlung zu. Dies ist besonders wichtig im stationären Setting, da Patienten häufig ihre Diagnosen und Behandlungen untereinander vergleichen. Hinzu kommt, daß in unserer Gesellschaft Medikamente oftmals eine Erkrankung bestätigen und/oder legitimieren. Auf eine psychotherapeutische Behandlung trifft dies jedoch nicht zu. Der medikamentös behandelte Patient hat sozusagen für sich selbst, aber auch insbesondere für sein soziales Bezugssystem wie die Familie oder den Arbeitgeber einen „ärztlichen Beweis", daß er wirklich krank ist und daß er „nichts dafür kann". Auf den psychotherapeutisch behandelten Patienten trifft dies jedoch nicht zu. Unzureichend informierte Patienten können den Vorschlag einer ausschließlichen Gesprächsbehandlung dahingehend mißverstehen, daß ihr Zustand nicht ernstgenommen wird oder ihnen möglicherweise unterstellt wird, es handle sich nur um „Einbildung". Vielleicht aber folgern sie daraus auch, daß sie selbst an der Depression „schuld" sind.

Zum Abschluß dieses Kapitels soll noch einmal betont werden, daß der Patient ebenso wie bei körperlichen Krankheiten auch im Rahmen einer psychischen Störung ein Recht darauf hat, über die verschiedenen Behandlungsmöglichkeiten seiner Erkrankung sowie deren Vor- und Nachteile ausführlich informiert zu werden. Auch Informationen über die Wirksamkeit der Behandlung gehören dazu, bevor mit einer Behandlung mit IPT beziehungsweise einer Kombinationsbehandlung mit IPT und einem Antidepressivum zugestimmt werden kann. Der Therapeut sollte auch über weniger häufig angewandte Behandlungsverfahren, wie Elektrokrampftherapie, Lichttherapie und Schlafentzug Bescheid wissen. Der Patient sollte ein möglichst objektives Bild von den einzelnen Therapiemöglichkeiten erhalten. Deswegen ist abzuraten, die IPT generell als günstigste Alternative anzubieten oder andere Verfahren abzuwerten.

▮ Literatur

Beach SRH, O'Leary KD. Treating depression in the context of marital discord: Outcome and predictors of response for marital therapy versus cognitive therapy. Behavior Therapy 1992; 23: 507-528.

Beck AT. Depression: clinical, experimental and theoretical aspects. New York: Harper u. Row 1967.

Beck AT. The development of depression. A cognitive model. In: Freedman RJ, Katz MM (eds). The Psychology of Depression. New York: Wiley 1974.

Beck AT. Wahrnehmung der Wirklichkeit und Neurose: Kognitive Psychotherapie emotionaler Störungen. (Dt. von B. Stein). München: Pfeiffer 1979.

Beck AT, Brown G, Steer RA, Eidelson IJ Riskind JH. Differentiating depression and anxiety: a test of the cognitive content-specificity hypothesis. J Abn Psychology 1987; 96: 179- 83.

Beck AT. Cognitive therapy of personality disorders. New York: Guilford Press 1990.

Beck AT, Rush AJ, Shaw BF, Emery G. Kognitive Therapie der Depression. 3.Aufl. Weinheim: PVU 1992.

Berger M (Hrsg). Lehrbuch der Psychiatrie und Psychotherapie. Urban und Schwarzenberg, in Vorbereitung.

Berger M, Gastpar M. Trimipramine: a challenge to current concepts on antidepressives. European Archives of Psychiatry and Clinical Neuroscience 1996; 246: 235-9.

Biglan A, Craker D. Effects of pleasant-activities manipulation on depression. J Consult Clin Psychology 1982; 50:436-8.

Blackburn I-M, Moore RG. Controlled acute and follow-up trial of cognitive therapy and pharmacotherapy in out-patients with recurrent depression. Br J Psychiatry 1997; 171:328-334

Calker van D, Berger M. Erhaltungstherapie und Prophylaxe rezidivierender affektiver Erkrankungen. Nervenheilkunde 1995; 14: 108-117.

Carman M, Ahdie H, Wyatt-Knowles E, Warga E, Panagides J. A controlled study of mianserine in moderately to severely depressed outpatients. Psychopharmacology Bull 1991; 27: 135-139.

Cochran SD. Preventing medical noncompliance in the outpatient treatment of bipolar affective disorders. J Consul Clin Psychol 1984; 52:873-8.

Conte HR, Plutchik R, Wild KV, Karasu TB. Combined psychotherapy and pharmacotherapy for depression. A systematic analysis of the evidence. Arch Gen Psychiatry 1986; 43:471-9.

Coyne JC. Depression and the response of others. J Abnorm Psychology 1976; 85:186-93.

Davenloo H. Short-term dynamic psychotherapy. Vol.1. New York: Jason Aronson 1980.

De Jong-Meyer R, Hautzinger M, Rudolf GAE, Strauß W, Frick U. Die Überprüfung der Wirksamkeit einer Kombination von Antidepressiva- und Verhaltenstherapie bei endogenen depressiven Patienten: Varianzanalytische Ergebnisse zu Haupt- und Nebenkriterien des Therapieerfolgs. Zeitschrift für Klinische Psychologie 1996; 25 (2): 93-109.

Dobson KS. A meta-analysis of the efficacy of cognitive therapy for depression. J Consul Clin Psychol 1989; 57:414-9.

Elkin I, Shea T, Watkins JT, Imber SS, Sotsky SM, Collins JF, Glass DR, Pilkonis PA, Leber WR, Docherty JP, Fiester SJ, Parloff MB. National Institute of Mental Health Treatment of Depression Collaborative Research Program: General effectiveness of treatment. Arch Gen Psychiatry 1989; 46:971-82.

Elkin I. The NIMH Treatment of Depression Collaborative Research Program: where we began and where we are. In: Bergin AE, Garfield SL (eds) Handbook of Psychotherapy and Behavior Change, 4th edn. New York: Wiley 1994; 114-39.

Ferster CB. A functional analysis of depression. Am Psychol 1973; 10: 857-70.

Frank E, Johnson S, Kupfer DJ. Psychological treatments in prevention of relapse. In: Montgomery SA, Ruillon F (eds). Longterm Treatment of Depression. New York: Wiley 1992.

Frank E, Kupfer DJ, Perel JM et al., Comparison of full-dose versus half- dose pharmacotherapy in the maintenance treatment of recurrent depression. J Affective Disord 1993; 27: 139-45.

Frank E, Kupfer D, Perel J, Cornes C, Jarret D, Mallinger A, Thase M, McEachran A, Grochocinski V. Threeyear outcomes for maintenance therapies in recurrent depression. Arch Gen Psychiatry 1990; 47:1093-9.

Frank E, Karp, JF, Rush AJ. Efficacy of treatments for Major Depression. Psychopharmacology Bulletin 1993; 29:457-475.

Friedman AS. Interaction of drug therapy with marital therapy in depressive patients. Archives of General Psychiatry 1975; 32: 619-637.

Granier F, Girard M, Schmitt L, Boscredon J, Oules J, Escaude M. Depression and anxiety: mianserine and nomifensine compared in a double-blind multicenter trial. Acta Psychiatr Scand 1985; 72 (Suppl 320): 67-74.

Grawe K, Donati R, Bernauer F. Psychotherapie im Wandel. Von der Konfession zur Profession. 3.Aufl. Göttingen: Hogrefe 1994; 451- 78.

Haehn KD. Behandlung depressiver Zustände mit Viloxazin durch den Hausarzt. Fortschr Med 1985; 103: 408-412.

Hahlweg K. Interaktionelle Aspekte psychischer Störungen. In: A. Ehlers & K. Hahlweg (Hrsg.), Enzyklopädie der Psychologie. Grundlagen der Klinischen Psychologie (Band 1). (S. 585-648). Göttingen: Hogrefe 1996.

Hautzinger M. Kognitive Verhaltenstherapie und Pharmakotherapie bei Depressionen im Vergleich. Verhaltenstherapie 1993; 3:26-34.

Hautzinger M. Kognitive Verhaltenstherapie bei Depressionen. In: Hautzinger M (Hg). Kognitive Verhaltenstherapie bei psychischen Erkrankungen. München: Quintessenz 1994.

Hautzinger M, de Jong-Meyer R, Treiber R, Rudolf GAE, Thien U. Wirksamkeit kognitiver Verhaltenstherapie, Pharmakotherapie und deren Kombination bei nichtendogenen, unipolaren Depressionen. Zeitschrift für Klinische Psychologie 1996; 25 (2):130-45.

Hautzinger M, Stark W, Treiber R. Kognitive Verhaltenstherapie bei Depressionen. Weinheim: PVU 1992.

Hoberman HM, Lewinsohn PM. The behavioral treatment of depression. In: Beckham EE, Leber WR, eds. Handbook of depression: Treatment, assessment, and research. Homewood, IL: Dorsey 1985.

Hoevenaar J, van Son MJM. New chances for Lewinsohn's social reinforcement theory of depression. In: Zapotoczky HG, Wenzel T (eds). The scientific dialogue: from basic research to clinical interventions. Amsterdam: Swets 1990.

Hollon SD, Shelton RC, Loosen PT. Cognitive therapy and pharmacotherapy for depression. J Consul Clin Psychol 1991; 59:88-99.

Hollon SD, Shelton RC, Davis DD. Cognitive therapy for depression: conceptual issues and clinical efficacy. J Consul Clin Psychol 1993; 61:270-5.

Horowitz LM. Pschemas, psychopathology, and psychotherapy research. Psychother Res 1994; 4:1-19.

Ingram RE. Contemporary psychological approaches to depression: Theory, research, and treatment. New York: Plenum 1988.

Jacobson NS, Dobson K, Fruzzetti AE, Schmaling KB u. Salusky S. Marital therapy as a treatment for depression. Journal of Consulting and Clinical Psychology 1991; 59: 547-557.

Jarrett RB, Rush AJ. Psychotherapeutic aproaches for depression. In: Cavener JO, ed. Psychiatry, Vol. 1. New York: Basic Books 1986.

Jarrett RB, Rush AJ. Short-term psychotherapy of depressive disorders: current status and future directions. Psychiatry 1994; 57:115-32.

Jungkunz G. Das Antidepressivum Viloxazin in Klinik und Praxis. In: Pöldinger W (Hrsg). Aktuelle Aspekte der Depressionsbehandlung. Bern: Huber 1983 S. 113-125.

Karasu TB. Psychotherapy for depression. New Jersey: Jason Aronson Inc. 1990.

Karasu TB, Docherty JP, Gelenberg A, Kupfer DJ, Merriam AE, Shadoan R. Practice guideline for Major Depressive disorder in adults. Am J Psychiatry 1993; 150(suppl):1-26.

Kielholz P. Psychiatrische Pharmakotherapie in Klinik und Praxis. Bern: Huber 1965.

Klerman GL, Di Mascio A, Weissman MM, Prusoff BA, Paykel ES. Treatment of depression by drugs and psychotherapy. Am J Psychiatry 1974; 131:186-91.

Klerman GL. Combining drugs and psychotherapy in the treatment of depression. In: Greenblatt M, ed. Drugs in combination with other therapies. New York: Grune u. Stratton 1975:67-81.

Klerman GL, Weissman MM, Rounsaville B, Chevron E. Interpersonal psychotherapy of depression. New York: Basic Books 1984.

Kronmüller KT, Mundt C. Interaktionsmuster bei unipolaren und bipolaren Patienten In: A. Marneros (Hg.) Handbuch der unipolaren und bipolaren Erkrankungen. Stuttgart: Thieme (im Druck).

Lewinsohn PM. A behavioral approach to depression. In: Freedman RJ, Katz MM (eds). The Psychology of Depression. New York: Wiley 1974.

Lewinsohn PM. Clinical and theoretical aspects of depression. In: Calhoun KS, Adams HE, Mitchell KM, eds. Innovative treatment methods in psychopathology. New York: Wiley 1974.

Lewinsohn PM. Activity schedules in the treatment of depression. In: Thoreson CE, Kromholtz ID, eds. Counseling methods. New York: Holt 1976.

Lewinsohn PM, Mischel W, Chapilin W, Barton R. Social competence and depression: the role of illusory self-perception? J Abnorm Psychology 1980; 89:203-12.

Lewinsohn PM, Antonuccio DA, Steinmetz-Breckinridge JL, Teri L. The coping with depression course. Eugene, OR: Castalia Publishing 1984.

Luborsky L. Principles of psychoanalytic psychotherapy: A manual for Supportive-Expressive Treatment. New York: Basic Books 1984.

Malan DH. Individual psychotherapy and the science of psychodynamics. London: Butterworth 1979.

Mann J. Time-limited psychotherapy. Cambridge, Mass.: Harvard University Press 1973.

Manning DW, Frances AJ (eds). Combined pharmacotherapy and psychotherapy for depression. Washington DC: American Psychiatric Press Inc. 1990.

Marneros A. (Hg). Handbuch der unipolaren und bipolaren Erkrankungen. Stuttgart: Thieme (im Druck).

McLean PD, Hakstian AR. Clinical depression: comparative efficacy of outpatient treatments. J Consult Clin Psychology 1979; 17: 818-36.

Nemeroff CB. Evolutionary trends in the pharmacotherapeutic management of depression. J Clin Psychiatry 1994; 55: 12 (suppl) 3-15.

O'Leary KD, Beach SR. Marital therapy: A viable treatment for depression and marital discord. American Journal of Psychiatry 1990b; 147: 183-186.

Paykel ES (Hrsg). Handbook of affective disorders. Edinburgh: Churchill Livingstone 1992.

Paykel ES. Psychotherapy, medication combinations, and compliance. J Clin Psychiatry 1995; 56(suppl 1):24-30.

Paykel ES, Hollyman JA, Freeling P, Sedwick P. Predictors of therapeutic benefit from amitriptylin in mild depression: a general practice placebo-controlled trial. J Affect Disord 1988; 14: 83-95.

Philipp M, Beck V, Glocke M, Metz K, Scherhag R, Schmid R. Vorhers agbarkeit des Therapieansprechens depressiver Patienten auf Doxepin. In: Philipp M (Hrsg). Grundlagen und Erfolgsvorhersagen der ambulanten Therapie mit Antidepressiva. Springer, Berlin, Heidelberg, New York, Tokyo 1985 S. 29-45.

Potter WZ, Rudorfer MV, Manji H. The pharmacologic treatment of de pression. The New England Journal of Medicine 1991; 325: 633-642.

Prince SE, Jacobson NS. Couple and family therapy for depression. In: E.E. Beckham & W.R. Leber (Eds.), Handbook of depression. (pp. 404-424). New Your: Guilford 1995.

Rehm LP. A self-control model of depression. Beh Therapy 1977; 8:787-804.

Riederer P, Laux G, Pöldinger W (Hrsg) Neuropsychopharmaka. Vol 3. Antidepressiva und Phasenprophylaktika. Springer, Wien, New York 1993.

Riskind JH, Rholes WS. Cognitive accessibility and the capacity of cognitions to predict future depression: a theoretical note. Cogn Ther Res 1984; 8:1-12.

Robinson L, Berman JS, Niemeyer RA. Psychotherapy of depression: A comprehensive review of controlled outcome research. Psy Bull 1990; 108:30-49.

Schramm E. Die Rolle der „Interpersonellen Therapie unter Regulierung der sozialen Rhythmik" in der Langzeitprophylaxe bipolarer Störungen. In: B. Müller-Oerlinghausen, W. Greil, A. Berghöfer (Hrsg.). Die Lithiumtherapie (2. Aufl.) Heidelberg: Springer, 1997.

Seligman ME. Helplessness: On depression, development, and death. San Francisco: Freeman 1975.

Shea MT, Elkin I, Hirschfeld RMA. Psychotherapeutic treatment of depression. In: Frances AJ, Hales RE, eds. American Psychiatric Press Review of Psychiatry, Vol. 7. Washington, DC: American Psychiatric Press 1988; 235-55.

Sifneos PE. Short-term dynamic psychotherapy: Evaluation and technique. New York: Plenum 1979.

Sotsky SM, Glass DR, Shea T, Pilkonis PA, Collins JF, Elkin I, Watkins JT, Imber SD, Leber WR, Mayer J, Oliveri ME. Patient predictors of response to psychotherapy and pharmakotherapy: findings in the NIMH Treatment of Depression Collaborative Research Programm, Am J Psychiatry 1991; 148: 997-1008.

Souza FGM, Goodwin GM. Lithium treatment and prophylaxis in unipolar depression. A meta-analysis. Br J Psychiatry 1991; 158: 666-75.

Strupp HH, Binder JL. Psychotherapy in a new key: Time-Limited Dynamic Psychotherapy. New York: Basic Books 1984.

Thase ME, Simons AD, Cahalane J, McGeary J, Harden T. Severity of depression and response to cognitive behavior therapy. Am J Psychiatry 1991; 148:784-9.

Thompson C, Isaacs G. Is viloxazine an antidepressant? A placebo-controlled double-blind study in major depressive disorder. Hum Psychopharmacol 1991; 6: 31-38.

Wahl R. Kurzpsychotherapie bei Depressionen; Interpersonelle Psychotherapie und kognitive Therapie im Vergleich. Opladen: Westdeutscher Verlag 1994.

Weissman MM, Prusoff BA, DiMascio A, Neu C, Gohlaney M, Klerman GL. The efficacy of drugs and psychotherapy in the treatment of acute depressive episodes. Am J Psychiatry 1979; 136:555-8.

Weissman MM, Jarrett RB, Rush AJ. Psychotherapy and its relevance to the pharmacotherapy of major depression: a decade later (1976-1985). In: Meltzer H, Coyle JT, Kopin IJ, eds. Psychopharmacology: The third generation of progress. New York: Raven 1987.

Weissman MM, Klerman GL. Interpersonal Psychotherapy and its derivates in the treatment of depression. In: Manning DW, Frances AJ (eds). Combined pharmacotherapy and psychotherapy for depression. Washington DC: American Psychiatric Press Inc. 1990.

Wilson PH. Combined pharmacological and behavioural treatment of depression. Beh Res Therapy 1982; 20: 173-84.

Youngren MA, Lewinsohn PM. The functional relationship between depression and problematic interpersonal behavior. J Abnorm Psychology 1980; 89:333-41.

5 Die Interpersonelle Psychotherapie im Überblick

Inhalt

Nicht nur bei der IPT, sondern auch bei vielen anderen Therapieansätzen wird der Schwerpunkt auf die Veränderung der zwischenmenschlichen Beziehungen gelegt und manchmal auch direkt durch das therapeutische Setting verwirklicht. Ein Beispiel dafür ist die Paartherapie. Diese wird aber ebenso wie die Familientherapie, das soziale Kompetenztraining sowie Gruppentherapieansätze nicht explizit als interpersonelle Therapie bezeichnet, sondern entsprechend ihrer theoretischen Ausrichtung an behavioralen, kognitiven, humanistischen oder anderen Konzepten eingeordnet. Die von Klerman, Weissman, Rounsaville und Chevron entwickelte Interpersonelle Psychotherapie zur Behandlung der Depression (Klerman et al., 1984) kann nicht eindeutig einer der traditionellen Therapieschulen zugeordnet werden. Sie beinhaltet vielmehr Elemente und Techniken verschiedener Schulrichtungen, ohne sich ideologisch der Theorie einer dieser Schulen zu verschreiben (Grawe et al, 1994).

Bei der IPT handelt es sich um eine relativ neue Therapierichtung, die sich insgesamt am medizinischen Krankheitsmodell orientiert, und dem zwischenmenschlichen Kontext im Rahmen der depressiven Erkrankung die zentrale Rolle einräumt. Dabei ist die Wechselwirkung von depressiven Symptomen und interpersonellen Proble-

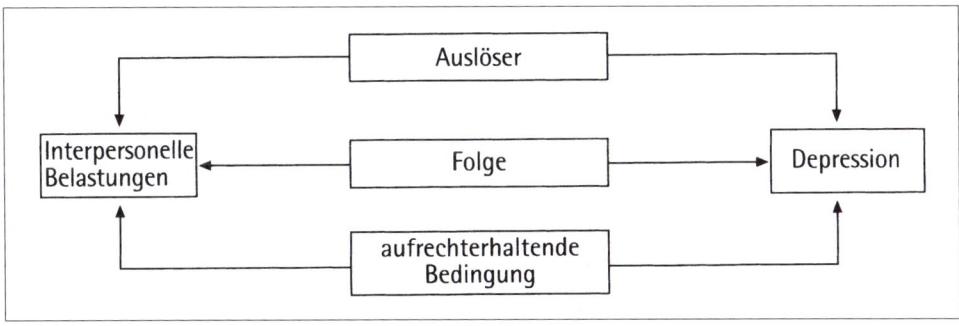

Abbildung 5.1 **Wechselseitige Beziehungen zwischen interpersonellen Belastungen und Depression**

men von besonderer Bedeutung. Belastende Ereignisse im interpersonellen Umfeld haben demnach einen ausgeprägten Einfluß auf das Auftreten depressiver Symptome. Umgekehrt betrifft die Depression nicht nur den Patienten, sondern auch seine Bezugspersonen und kann interpersonelle Probleme auslösen oder verschlimmern. Die wechselseitige Beziehung zwischen interpersonellen Belastungen und Depression ist in Abb. 5.1 graphisch veranschaulicht. So wird der soziale und interpersonelle Bezug bei der IPT als ausschlaggebend angesehen, um eine depressive Episode zu behandeln und ihr vorzubeugen. Und dies, obwohl der Ansatz auf einer pluralistischen Sichtweise beruht, die besagt, daß Depression durch eine Vielzahl unterschiedlicher Faktoren bedingt ist.

Die zeitlich begrenzte IPT wurde zunächst gezielt zu Forschungszwecken entwickelt. Die Strategien und das Vorgehen wurden in einem Manual operationalisiert (zur Entwicklung der IPT s. Kap. 1).

Im vorliegenden Kapitel wird zunächst der theoretische und empirische Hintergrund der IPT vorgestellt und anhand zahlreicher Beispiele veranschaulicht. Danach wird die Durchführung des Verfahrens zusammenfassend beschrieben. Gedanken über mögliche Gründe für die überzeugende Wirksamkeit der IPT bei der Akutbehandlung von Depressionen runden das Kapitel ab. Außerdem werden der ursprüngliche Indikationsbereich sowie erweiterte Anwendungsbereiche ausgeführt und schließlich referiert, wie effektiv die verschiedenen IPT-Varianten sind.

5.1
Theoretischer Hintergrund

Die frühesten theoretischen Bezüge gehen auf Adolf Meyer (1957) zurück, einen Psychiater schweizerischer Abstammung, der mit seinem Konzept der Psychobiologie die amerikanische Psychiatrie wesentlich prägte. Meyer, der in seiner Sichtweise entscheidend von Darwin beeinflußt war, betrachtete psychische Störungen als mißlungenen Versuch des Individuums, sich an veränderte Umweltbedingungen, und dabei insbesondere an psychosoziale Stressoren anzupassen. Damit rückte er das psychosoziale Umfeld ins Blickfeld psychiatrischen Interesses. Das Anpassungsverhalten des Patienten sah er als geprägt von frühen Erfahrungen in der Familie und in anderen sozialen Gruppen. Diese integrative Denkweise mag für uns heute nicht besonders aufsehenerregend klingen, aber zu seiner Zeit stand diese Theorie im Gegensatz zu der weit verbreiteten Kraepelin Lehre der Krankheitsentitäten und dem biomedizinischen Modell. Meyers Ansatz wurde von einem seiner Schüler, Harry Stack Sullivan (1953), erweitert und ergänzt. Sullivan faßte die gesamte Psychiatrie als Wissenschaft interpersoneller Beziehungen auf und rückte sie in die Nähe der Soziologie, Anthropologie und Sozialpsychologie. Sein Standpunkt verhielt sich somit konträr zu Freuds Konzept der sexuellen Triebe und intrapsychischen Konflikte als Grundlage für die Psychopathologie. Mit Sullivans Ansatz wurde die Basis für die heutige biopsychosoziale Sichtweise in der Psychiatrie geschaffen. Wie Meyer formulierte auch Sullivan seine Konzepte auf der Basis beobachtbarer und verifizierbarer Daten und stand damit wiederum in Kontrast zu Freud, der zu dieser Zeit einen gravierenden Einfluß auf die amerikanische Psychiatrie ausübte.

Sullivan gilt als der bekannteste Vertreter der Interpersonellen Schule, die zwischen den 30er und 40er Jahren in Washington gegründet wurde. Er kam, wie andere Begründer und führende Vertreter der Interpersonellen Schule wie beispielsweise Mabel Blake Cohen, Frieda Fromm-Reichmann, Erich Fromm und Karen Horney von der Neopsychoanalyse. Sullivan wies fundamentale analytische Konstrukte wie das Unbewußte oder die Bedeutung früher Kindheitserfahrungen nicht zurück, legte jedoch den Behandlungsschwerpunkt auf zwischenmenschliche, soziale oder familiäre Faktoren. Er vertrat die Meinung, daß Freuds Erkenntnisse nur dann nutzbar gemacht werden könnten, wenn gestörtes menschliches Verhalten aus der Perspektive der zwischenmenschlichen Beziehungen und ihrer pathologischen Muster betrachtet werde. Der Psychiater solle sich deshalb vielmehr mit dem beschäftigen, was zwischen den Menschen vorgeht als mit dem, was in den Menschen geschieht. Dabei spiele das Sicherheitsstreben des Menschen, der Wunsch nach Zuwendung und Anerkennung als Grundbedürfnis zwischenmenschlicher Art eine zentrale Rolle. Wird dieses Grundbedürfnis verwehrt, entsteht Angst. Sullivan wandte den Interpersonellen Ansatz in erster Linie auf die Behandlung schizophrener Störungen an und schenkte den affektiven Störungen dagegen nur wenig Beachtung. Die Beziehung zwischen Therapeut und Patient hat in Sullivans Therapiemodell einen übergeordneten Stellenwert (zur näheren Ausführung des Interpersonellen Ansatzes s. Kap. 20).

Es waren Mabel Blake Cohen und ihre Gruppe an der Washington School of Psychiatry, die zum ersten Mal die interpersonelle Idee auf die Therapie depressiver Störungen bezogen und die Rolle dysfunktionaler zwischenmenschlicher Beziehungen in der Kindheit bipolar depressiver Patienten untersuchten (Cohen et al., 1954). Dabei bestätigte sich, daß frühe interpersonelle Erfahrungen in der Ursprungsfamilie dieser Patienten sich in deren Verhalten und Persönlichkeitstrukturen im Erwachsenenalter manifestieren.

Der Interpersonelle Ansatz (s. zus. Kap. 20) prägte zu seiner Zeit zahlreiche innovative psychotherapeutische Formen, wie beispielsweise die Familientherapie zur Behandlung schizophrener Patienten oder die Paartherapie. Wie später in diesem Kapitel noch ausgeführt wird, ist die Durchführung

der Interpersonellen Therapie nach Klerman und Weissman allerdings recht weit entfernt von Sullivans therapeutischem Vorgehen beziehungsweise der traditionellen, psychodynamisch ausgerichteten Interpersonellen Schule. Eine ausführlichere Beschreibung der Vorläufer, Entwicklung und Konzepte der Interpersonellen Schule findet sich bei Klerman et al. (1984).

5.1.1 Empirische Belege für den sozialen und interpersonellen Kontext der Depression

Die oben beschriebene Sichtweise psychischer Erkrankungen wird insbesondere bei depressiven Störungen durch zahlreiche empirische Untersuchungen bestätigt. An dieser Stelle soll noch einmal betont werden, daß soziale und interpersonelle Prozesse nur einen Bestandteil der depressionsverursachenden Wechselwirkungen zwischen genetischen, biologischen, psychologischen, psychosozialen, umweltbezogenen und anderen Faktoren repräsentieren. Das komplexe Zusammenwirken verschiedener Faktoren wird beispielsweise von Bohus und Berger (1992) in einem Depressionsmodell veranschaulicht (Abb. 5.2).

Die genauen Ursachen und Wirkmechanismen, die für die Entstehung und den Verlauf der Depression verantwortlich sind, sind noch nicht vollständig geklärt. Es ist jedoch evident, daß sich diese Störung nicht mit Hilfe eines unidimensionalen Modells erklären läßt. Anstelle von linearen Erklärungsversuchen muß Depression vielmehr als Produkt der Wechselwirkung zwischen Prädisposition, Risikofaktoren, synergistischen Interaktionen sowie Feedbackmechanismen angesehen werden.

In den letzten Jahrzehnten beschäftigte sich die Depressionsforschung vorwiegend mit biologischen Faktoren sowie der Wirksamkeit von Antidepressiva. Auch wenn diese Komponenten eine zentrale Bedeutung für die Ätiologie depressiver Erkrankungen einnehmen, muß sozialen und in-

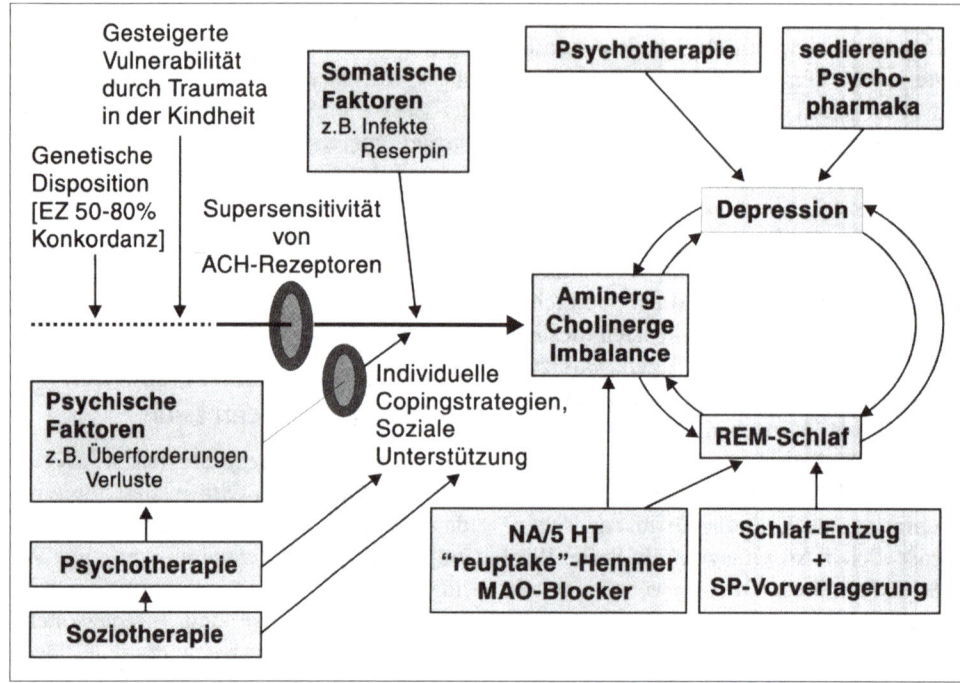

Abbildung 5.2 Depressionsmodell unter Einschluß depressiogener und depressionsprotektiver psychosozialer Faktoren, eines biologischen Vulnerabilitätsfaktors (cholinerge Rezeptorempfindlichkeit), einer depressionsspezifischen Transmitterbalance und ihrer bidirektionalen Zusammenhänge mit depressiver Symptomatik und Schlafstruktur. (Nach Bohus und Berger, 1992)
EZ = eineiige Zwillinge; ACH = Acetylcholin; REM = Rapid Eye Movement; NA/5 HT „reuptake"-Hemmer = noradrenerge Serotonin-Wiederaufnahmehemmer; SP = Schlafphasen.

terpersonellen Prozessen als Risikofaktor und verlaufsbestimmender Variable eine Schlüsselrolle eingeräumt werden. Studien, die die Rolle sozialer und interpersoneller Faktoren als prädisponierend und auslösend für depressive Störungen bestätigen, kommen aus den Bereichen der Lebensereignis- und sozialen Unterstützungs-Forschung, der „Expressed-Emotion"-Forschung, aus epidemiologischen und entwicklungspsychologischen Studien sowie tierexperimentellen Arbeiten. Die Ergebnisse dieser Untersuchungen weisen nachdrücklich auf die herausragende Rolle interpersoneller Faktoren für Ätiologie, Verlauf und Therapie depressiver Störungen hin.

Umgekehrt wurden auch Veränderungen in den Beziehungen und im sozialen Status des Betroffenen als Folge der Depression gefunden. Aufgrund der Komplexität der zu untersuchenden Fragestellungen sind die meisten Studien jedoch mit methodischen Problemen belastet. Die im folgenden dargestellten Befunde sind von daher mit Vorsicht zu interpretieren.

5.1.1.1 Entwicklungspsychologische Arbeiten

Eine der frühesten klinischen Studien im Bereich der Kinderpsychiatrie wurde von Spitz (1946) durchgeführt und beschreibt, wie bei Kleinkindern nach abrupter Trennung von der Mutter depressionsartige Zustände auftreten. Dies wurde von Spitz als anaklitische Depression bezeichnet. Der signifikante Zusammenhang zwischen dem Verlust enger persönlicher Bindungen und dem Auftreten depressiven Verhaltens wurde von Bowlby (1969) mit Hilfe systematischer Beobachtungen von Mutter-Kind-Bindungen bei Menschen- und Primatenkindern weiter untermauert. In seiner „attachment-theory" stellt er unter anderem fest, daß die intensivsten zwischenmenschlichen Emotionen mit dem Knüpfen und Auflösen enger Bindungen einhergehen. Außerdem war er der Ansicht, daß durch gestörtes oder fehlendes Bindungsverhalten zur Mutter in der frühen Kindheit eine Vulnerabilität für problematische zwischenmenschliche Beziehungen oder psychische Störungen geschaffen wird. In der Tat ergaben weitere umfangreiche Forschungen, daß der frühe Verlust oder die Trennung von Mutter oder Vater deutlich risikoerhöhend für das Auftreten einer depressiven Erkrankung sind. In welcher Weise belastende Ereignisse dieser Art depressogene Risikofaktoren darstellen, wird jedoch kontrovers diskutiert (Tennant, 1988). Paykel (1982) faßt in einer Übersichtsarbeit 14 Untersuchungen zusammen, die sich mit dem Zusammenhang zwischen dem Tod eines Elternteils und Depression beschäftigen. Er folgert, daß dieses Ereignis bei Kindern das Auftreten einer Depression begünstigt, jedoch nicht besonders ausgeprägt. Rutter (1985) stellt fest, daß der frühe Verlust der elterlichen Bezugsperson nur dann für Depressionen prädisponierend wirkt, wenn die Kinder nachfolgend unzureichend versorgt werden und es an Stabilität in der Familie mangelt. Dieser Befund wurde ebenfalls von anderen Autoren bestätigt (Brown, Harris, Bifulco, 1986). Auch Kendler und Mitarbeiter (1992) fanden, daß der frühe Tod oder die Trennung von einem Elternteil nicht notwendigerweise mit dem Auftreten einer depressiven Störung im Erwachsenenalter verbunden sein muß. Vielmehr spielte insbesondere die Art des Verlustes, sei es Trennung oder Tod von Vater oder Mutter eine entscheidende Rolle für das Entwickeln einer Angst-, Eß- oder depressiven Störung. Brown und Harris

(1989) konnten nachweisen, daß Erwachsene, die als Kind ein Elternteil verloren hatten, nur dann eine Depression entwickelten, wenn sie als Erwachsene über keine weitere vertrauensvolle Beziehung verfügten und besonders starker Belastung ausgesetzt waren. Die Autoren wiesen darüber hinaus nach, daß der Verlust angemessener Versorgung und Zuwendung nach Tod des Elternteils wichtiger sind als die Tatsache des elterlichen Verlustes an sich. Die meisten Kinder, die den Verlust eines Elternteils erleiden, entwickeln keine affektive Störung als Erwachsene.

Diese Thematik zu erforschen birgt allerdings große Schwierigkeiten, da zwischen dem Verlustereignis und der später auftretenden Psychopathologie zahlreiche Variablen und Interaktionen auftreten, die kaum zu kontrollieren oder quantifizieren sind.

Andere Studien über die Kindheit depressiver Patienten zeigten, daß die frühkindlichen Erfahrungen Depressiver im Vergleich zu Nichtdepressiven mit höherer Wahrscheinlichkeit von elterlicher Zurückweisung, Mißbrauch, Vernachlässigung und familiärer Disharmonie geprägt sind. Umgekehrt tritt bei Eltern depressiver Kinder ein hohes Ausmaß an Devianz, Psychopathologie, Depression und anderen Stimmungsstörungen, Angst, Alkoholismus und ehelichen sowie familiären Schwierigkeiten auf (Weller, 1994; s. zus. Gotlib, 1990).

5.1.1.2
Soziale Unterstützungsforschung

Welche Rolle soziale Unterstützung als potenter Depressionspuffer spielt, wurde intensiv erforscht. Ein Überblick findet sich bei Paykel und Cooper (1992).

Zu den klassischen Untersuchungen in diesem Bereich gehört die bekannte Studie von Brown und Harris an englischen Frauen aus der Arbeiterschicht (1978). Diese Studie konnte zeigen, welche Rolle eine vertrauensvolle Beziehung sowie soziale Unterstützung als wirksame Schutzfaktoren vor Depressionen haben, wenn gleichzeitig belastende Lebenssituationen bestehen. Als Risikofaktoren für das Auftreten einer Depression erwiesen sich: Drei oder mehr kleine Kinder im Haushalt, keine bezahlte Beschäftigung außer Haus, der frühe Verlust der Mutter und das Fehlen einer tragfähigen Partnerbeziehung. Bei Frauen mit einer vertrauensvollen Partnerbeziehung lag die Wahrscheinlichkeit angesichts belastender Ereignisse depressiv zu werden, um zwei Drittel niedriger als bei Frauen ohne eine solche Beziehung. Neuere Forschungsarbeiten konnten nicht alle Befunde von Brown und Mitarbeitern durchgehend replizieren. Das Fehlen einer unterstützenden Beziehung sowie einer Arbeit außerhalb des Hauses als Risikofaktoren konnten jedoch bestätigt werden (Blazer et al., 1994).

Uneinigkeiten bestehen darüber, ob das Fehlen stützender Beziehungen per se als Risikofaktor gelten muß, oder nur dann, wenn zusätzliche Belastungen vorliegen. Während Brown und seine Gruppe postulieren, daß soziale Unterstützung nur bei Bestehen belastender Lebensereignisse eine entscheidende Rolle spielt, argumentiert zum Beispiel Tennant (1985), daß fehlende soziale Hilfe unabhängig von bestehenden Streßereignissen depressionsverursachend sein kann. Insgesamt zeigte sich tatsächlich in verschiedenen Studien, daß depressive Personen über kleinere und weniger supportive soziale Netzwerke verfügen als Nichtdepressive (Brim, Witcoff, Wetzel, 1982; Brugha et al., 1982). Dabei sind verschiedene Aspekte der Unterstützung von Bedeutung, beispielsweise ob es sich um instrumentelle oder emotionale, um tatsächliche oder nur als solche wahrgenommene Unterstützung handelt (Power, Champion, Aris, 1988). Es konnte bisher nicht herausgefunden werden, in welcher Weise eine vertrauensvolle Beziehung das Depressionsrisiko reduziert, aber es handelt sich mit ziemlicher Sicherheit nicht nur um einen einzelnen Mechanismus. Während mangelnde soziale Unterstützung alleine von der Mehrzahl der Wissenschaftler nicht als depressionsverursachend angesehen wird, gilt sie jedoch als vulnerabilitätserhöhend, insbesondere bei gleichzeitig bestehenden Belastungen (Costello, 1982; Monroe et al., 1983; Barnett, Gotlib, 1988; Lin, Dean, Ensel, 1986). Auch Henderson et al. (1978) belegte, daß ein Mangel an sozialen Bindungen einen Risikofaktor für die Entwicklung einer Depression darstellt und umgekehrt befriedigende soziale Beziehungen ein wirksamer Schutz bei belastenden Lebensereignissen sind. Warum Depressive weniger unterstützende Kontakte pflegen, ist noch nicht vollkommen geklärt. Suchen die Betroffenen keine soziale Hilfestellung bei anderen Personen? Sind sie aufgrund bestehender Vulnerabilität nicht in der Lage, ein soziales Netzwerk aufzubauen? Fühlen sich andere Menschen durch aversives zwischenmenschliches Verhalten zurückgewiesen? In diesem Zusammenhang konnte bei depressiven Personen nachgewiesen werden, daß sie über mangelnde soziale Fertigkeiten verfügen und einen ungünstigen Interaktionsstil haben (Biglan et al., 1985; Gotlib, 1982; Jacobson, Anderson, 1982). Unter ungünstigem Interaktionsstil sind beispielsweise ein geringes Einfühlungsvermögen für den Gesprächspartner, überwiegendes Klagen und hilfesuchende Bemerkungen sowie die Unfähigkeit, positive Verstärker wahrzunehmen oder zu verstehen. Es bleibt dennoch offen, ob es sich bei den mangelnden Kontakten um eine Folge oder einen mitverursachenden Faktor der depressiven Erkrankung handelt. Ein exzellenter Überblick zu Interaktionsmuster bei Depressiven findet sich bei Kronmüller und Mundt (im Druck).

▌ 5.1.1.3 Life-event-Forschung

Streß oder belastende Lebensereignisse gelten schon lange Zeit als bedeutsame Faktoren bei der Ätiologie psychiatrischer

Störungen. Frühe wegweisende Studien, die sich mit dem Zusammenhang belastender Lebensereignisse, sozialer Unterstützung und Depression beschäftigten, stammen von Paykel et al., (1969), Brown (1973), Illfeld (1977) und Pearlin u. Lieberman (1979) und belegen übereinstimmend, daß soziale und interpersonelle Belastungen, insbesondere partnerschaftliche Konflikte und Verlustereignisse, Entstehung und Verlauf von Depressionen beeinflußen. Sechs Monate nach Auftreten eines belastenden Ereignisses steigt das Depressionsrisiko etwa um das sechsfache an (Paykel, 1969). In der Arbeit von Paykel und Mitarbeitern (1969) zeigten sich „ständige Streitigkeiten mit dem Partner", „Trennung vom Partner" und die „Aufnahme einer neuen Arbeitstätigkeit" als die drei belastendsten Umstände im Hinblick auf ein erhöhtes Depressionsrisiko. Dabei scheinen die alltäglichen Reibereien zwischen zwei Partnern ein besserer Prädiktor für Depression zu sein als wichtige Lebensereignisse (Kanner, Coyne, Schaefer, 1981).

Belastungen im interpersonellen Bereich scheinen insgesamt den größten Einfluß auf das Auftreten einer Depression zu haben (Pianta, Egeland, 1994). Auch die Ergebnisse der „Expressed-Emotion"-Forschung (Zusammenfassung in Kronmüller u. Mundt, im Druck) weisen nachdrücklich darauf hin, daß der Verlauf von affektiven Störungen in erheblichem Maße von interpersonellen, und insbesondere familiären und partnerschaftlichen Variablen beeinflußt wird (Hahlweg, 1995). Die Qualität der partnerschaftlichen Beziehung hat sich dabei als bedeutsamer Prädiktor für die psychische und physische Befindlichkeit beider Partner und der Kinder erwiesen.

In diesem Zusammenhang erwies sich in anderen Untersuchungen die Kommunikation von Paaren mit einem depressiven Partner als gestört, weniger positiv und durch Feindseligkeit und Spannungen geprägt, wenn sie im Vergleich zu nichtdepressiven Kontrollpaaren gesehen wurden

(Hautzinger, Linden, Hoffmann, 1982; Ruscher, Gotlib, 1988). Außerdem legen die Ergebnisse mehrerer Psychotherapiestudien nahe, daß die Paartherapie sowie die Interpersonelle Therapie nicht nur die Zufriedenheit mit der Beziehung erhöht, sondern auch die depressive Symptomatik verbessert (Jacobson et al., 1993; Beach, O'Leary, 1992).

Auch die Beziehung zu den Kindern war bei Vorliegen depressiver Erkrankungen negativ beeinflußt. Die Kinder depressiver Eltern zeigen daher ein erhöhtes Risiko, psychische oder soziale Probleme zu entwickeln (s. zus. Gotlib, 1990; Hahlweg, 1995).

Depression hat interessanterweise einen größeren Einfluß auf zwischenmenschliche Beziehungen als andere psychische Störungen. So scheinen die Familien depressiver Patienten mehr Schwierigkeiten zu haben als Familien von Patienten mit anderen psychiatrischen Erkrankungen (Keitner, Miller, Ryan, 1994). Neuere Studien, die sich mit der Zufriedenheit in der Ehe, äußeren Belastungsfaktoren und Bewältigungsmustern bei depressiven Patienten beschäftigten, belegen die deutliche negative Auswirkung der Depression auf die eheliche Beziehung (Gotlib, Whiffen, 1989). Andere Studien hinterfragen die Wirkungsrichtung (Fincham et al., 1989; Schmaling, Jacobson, 1990). Wir wissen nicht, ob die unbefriedigenden familiären Beziehungen für depressive Episoden verantwortlich sind oder umgekehrt. Unklar ist darüber hinaus, ob es sich dabei um stabile Muster handelt. Es gibt allerdings zunehmend Hinweise darauf, daß das Zusammenleben mit einer depressiven Person tiefgreifende Auswirkungen auf die unmittelbare soziale Umgebung hat. Die familiären/partnerschaftlichen Beziehungen verbessern sich zwar, wenn die depressive Episode abgeklungen ist, bleiben jedoch im Vergleich zu „gesunden" Familien oder Ehen immer noch verhältnismäßig problembeladen. Es scheint demnach so zu sein, daß es sich bei der familiären Dysfunktion während der akuten Episode nicht nur um eine Reaktion auf die aktuelle Belastung durch die Erkrankung handelt. Residuale familiäre Dysfunktion erwies sich weiterhin nicht nur als Verzögerungsfaktor bei der Remission des Patienten, sondern auch als potentiell rückfallinduzierender Faktor. Sie ist offensichtlich mit einer niedrigeren Genesungsrate verbunden (Keitner, Miller, Ryan, 1994).

Insgesamt scheint ein sich gegenseitig verstärkendes Interaktionsmuster zwischen der Intaktheit der Familie einerseits und der Depression des Patienten andererseits vorzuliegen. Reagiert also eine Familie auf die depressive Störung des Patienten günstig, kann die Episode relativ schneller abklingen und remittiert bleiben. Die Familie kann also schneller wieder intakt sein. Bei ungünstigen Reaktionen der Familie wird die Episode wahrscheinlich länger andauern und weitere Rückfälle oder Wiedererkrankungen nach sich ziehen. Dadurch wird die Bewältigungsfähigkeit der Familie weiterhin beeinträchtigt, so daß sich ein Teufelskreis etabliert.

Nach über 20 Jahren Forschung gilt der Zusammenhang zwischen „life-events", chronischen Schwierigkeiten und Depression als belegt. Diese Art von Ereignissen geht den meisten depressiven Episoden voran oder trägt zu dem Zustand bei. Ebenso wie soziale Unterstützung werden auch belastende Lebensereignisse nicht als monokausale Wirkfaktoren einer depressiven Erkrankung angesehen. Vielmehr spielt dabei eine wichtige Rolle, ob diese Schwierigkeiten aktiv bewältigt oder vermieden werden. Ausschlaggebend ist weiterhin, ob der Betroffene mit Unterstützung rechnen kann, sei sie materieller, emotionaler, familiärer oder instrumenteller Art. Auch bestimmte adaptive Persönlichkeitsmerkmale sind in diesem Zusammenhang zu berücksichtigen (Holahan, Moos, 1991). Weiterhin haben der Zeitpunkt der Belastung, die Vorgeschichte einer depressiven Erkrankung, die Intensität sowie das Ausmaß der Kontrollierbarkeit des Stressors eine große Bedeu-

tung (Pianta, Egeland, 1994). Darüber hinaus konnte in einer neueren Untersuchung gezeigt werden, daß genetische Faktoren das Risiko für das Auftreten einer Major Depression beeinflussen, indem sie die Sensitivität für den depressionsauslösenden Effekt belastender Lebensereignisse verändern (Kendler et al., 1995).

Auch wenn nicht jeder Mensch angesichts belastender Lebensereignisse eine depressive Episode entwickelt, trägt bei über 75 Prozent der Depressiven ein Stressereignis oder eine chronische Belastung zum Auftreten der Störung bei (Brown, Harris, 1986). Post (1992) stellt in einem Überblicksartikel fest, daß life-events insbesondere bei der ersten depressiven Episode eine bedeutsame Rolle spielen. Danach sind belastende Ereignisse anscheinend immer weniger notwendig, um eine weitere Episode auszulösen.

Welche Zusammenhänge genau zwischen Belastungen und Depression bestehen, ist bis jetzt noch nicht vollständig geklärt. Denkbar wäre ein reziproker Zusammenhang, aber auch, daß interpersoneller Streß Depressionen auslöst. Vielleicht gibt es auch einen gemeinsamen zugrundeliegenden Faktor oder die Depression ruft bestimmte Lebensereignisse und interpersonelle Schwierigkeiten erst hervor.

5.1.1.4 Epidemiologische und Longitudinalstudien

Eine ganze Reihe epidemiologischer Befunde weisen auf die ätiologische Bedeutung ehelicher Konflikte für das Auftreten einer Depression hin. Weissman beschreibt für eine repräsentative Stichprobe ein 25fach erhöhtes Risiko für das Auftreten einer depressiven Episode bei Männern und Frauen mit konfliktbeladener Ehe im Vergleich zu Personen mit nichtdiskordanten ehelichen Beziehungen (Weissman, 1987). In einer Longitutinalstudie von Beach, Arias und O' Leary (1988) konnte gezeigt werden, daß bei Frischverheirateten eheliche Spannungen nach sechs Monaten vermehrte depressive Symptome nach 18 Monaten vorhersagten, selbst nachdem bei der Datenanalyse die initiale Syptomatik und zwischenzeitliche anderweitige Belastungen kontrolliert wurden. Die Bedeutung ehelicher Spannungen als auslösender und aufrechterhaltender Faktor bei Depression wird durch eine zunehmende Anzahl von Arbeiten immer evidenter.

5.1.2 Zusammenfassung des empirischen Hintergrundes der IPT

Folgende Befunde untermauern den theoretischen Hintergrund der IPT:

1. Die Bedeutung emotionalen Bindungsverhaltens in der Entwicklung des Individuums.
2. Die Bedeutung einer vertrauensvollen Beziehung als wirksamer Schutz vor Depression.
3. Der Zusammenhang zwischen Streßereignissen und dem Auftreten und Verlauf einer Depression.
4. Der Einfluß chronischer sozialer oder zwischenmenschlicher Belastungen auf das Auftreten einer Depression, insbesondere von Partnerschaftsproblemen.
5. Der Zusammenhang zwischen dem Auftreten einer Depression und der Beeinträchtigung sozialer Leistungsfähigkeit in Form gestörter partnerschaftlicher oder anderer Beziehungen oder dysfunktionalen Kommunikationsverhaltens.

Nicht nur die Quantität, sondern hauptsächlich die Qualität sozialer Beziehungen, die Sullivan als „sicherheitsspendend" bezeichnet hat, scheint eine ausschlaggebende Rolle bei der Entwicklung und Aufrechterhaltung depressiver Störungen zu spielen.

Die Paarbeziehung hat dabei anscheinend einen vorrangigen Stellenwert. Über welchen Mechanismus eine vertrauensvolle Beziehung als Depressionsschutz funktioniert, muß noch erforscht werden.

Basierend auf den beschriebenen theoretischen und empirischen Beobachtungen wird bei der IPT konsequenterweise der Behandlungsschwerpunkt auf die Verbesserung der gegenwärtigen Interaktions- und Kommunikationsmuster des Patienten und seinen Bezugspersonen gelegt. Im folgenden wird erläutert, wie sich die IPT in ihren Strategien und Zielen spezifisch aus den hier geschilderten Befunden ableiten läßt.

5.2 Durchführung

Die IPT wurde ursprünglich als kurzdauerndes, zeitlimitiertes Verfahren zur Behandlung unipolar-depressiver Ambulanzpatienten konzipiert. Die beschränkte Dauer von 12 bis 20 Sitzungen impliziert, daß der Behandlungsschwerpunkt im „Hier und Jetzt", also auf der Bearbeitung gegenwärtiger Probleme, liegt. Auch wenn die Begründer der IPT hinsichtlich der Ursachen für eine Depression einen neutralen, oder besser gesagt, einen multidimensionalen Standpunkt vertreten, gehen sie davon aus, daß Depression stets in einem psychosozialen und interpersonellen Kontext stattfindet. Zwischenmenschliche Beziehungen und Geschehnisse wie beispielsweise ein Ehekonflikt, der Verlust einer nahestehenden Person oder ein Arbeitsplatzwechsel nehmen Einfluß darauf, wie sich eine Depression entwickelt, verläuft und auf eine Behandlung anspricht. Diese Zusammenhänge zu erfassen und zu verändern hat depressionslindernde und möglicherweise prophylaktische Wirkung. Der Begriff „psychosozial" bezieht sich hierbei in erster Linie auf die Rollenerfüllung des Patienten beispielsweise als Mutter, Berufstätiger oder Ehemann. Der Ausdruck „interpersonell" bezieht sich dagegen auf die zwi-

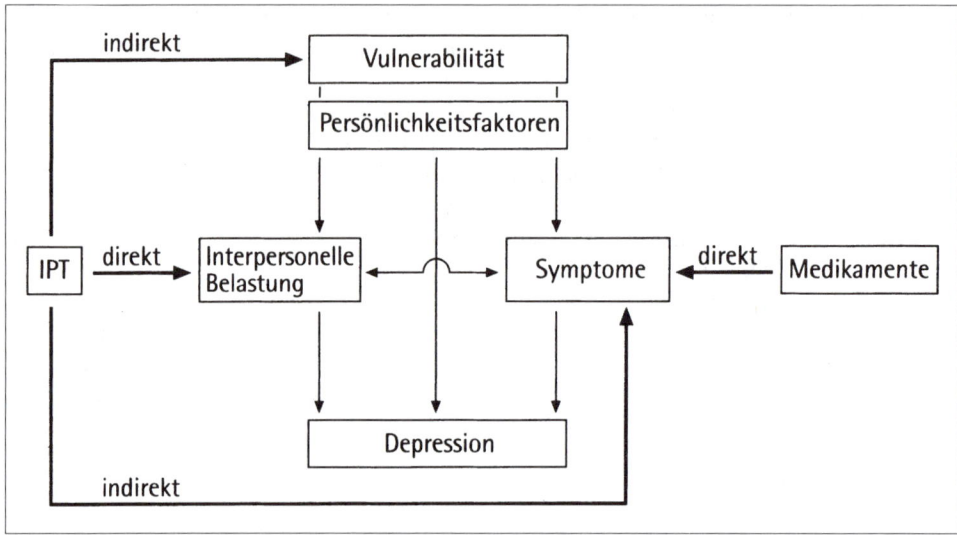

Abbildung 5.3 **Depressionsentstehung und Behandlung im Rahmen des IPT-Konzepts**

schenmenschlichen Interaktionsmuster und das Kommunikationsverhalten, das beispielsweise konfliktscheu, aggressiv oder kontrollierend sein kann. Wichtig in diesem Zusammenhang ist, wie weiter oben erwähnt, die angenommene Wechselwirkung zwischen depressiven Symptomen und interpersonellen Schwierigkeiten, da beide sich gegenseitig bedingen.

Gemäß dem Konzept der IPT sind drei Prozesse an der Depressionsentstehung beteiligt: die Symptombildung, die zwischenmenschliche und soziale Konstellation und die Persönlichkeitsfaktoren (s. Abb. 5.3).

Aufgrund der kurzen Behandlungsdauer und des problemorientierten Vorgehens versucht die IPT, nur auf der Ebene der Symptome und der interpersonellen Dysfunktionen zu intervenieren und nicht auf der Ebene der situationsüberdauernden Persönlichkeitsaspekte. Eine tiefgreifende Veränderung der Persönlichkeit wird im Rahmen der IPT also nicht erwartet. Entgegen dieser realistischerweise eingeschränkten Zielerwartung der IPT-Autoren lassen sich jedoch auch nach nur 16 Sitzungen häufig deutliche Veränderungen in der Per-

sönlichkeitsstruktur des Patienten feststellen. Dies ergibt sich nahezu zwangsläufig, da eine Veränderung des Kommunikationsstils oder zwischenmenschlichen Verhaltens unabdingbar Modifikationen von Persönlichkeitszügen mit sich bringt. Gerade Persönlichkeitsstörungen äußern sich vorwiegend im zwischenmenschlichen Bereich. Lassen sich dort Dinge verändern, zieht dies auch eine Veränderung im Persönlichkeitsbereich nach sich.

Zum Beispiel wird eine Patientin mit ängstlich-vermeidenden Persönlichkeitszügen notwendigerweise einen Wandel ihres ängstlich-vermeidenden Persönlichkeitsstils erfahren, wenn Sie lernt, ihre Gefühle, Erwartungen und Wünsche gegenüber ihrem Ehemann offen zu formulieren und sich als eigene Person abzugrenzen. Dieser Wandel ist nach 16 oder noch weniger Sitzungen wahrscheinlich erst in den Anfängen begriffen, aber er kann für den Patienten und andere deutlich spürbar sein und sich im Laufe der Zeit stabilisieren. Aus neu gelerntem verdecktem und offenem Verhalten werden Verhaltensgewohnheiten und Verhaltensmuster, die schließlich in die Persönlichkeit integriert werden. Diese Persönlichkeitsveränderungen werden vorwiegend indirekt vor sich gehen, während hingegen an der Symptomverbesserung und der Entwicklung von Strategien zur Bewältigung der interpersonellen Schwierigkeiten im Rahmen der IPT direkt und explizit gearbeitet wird.

Der therapeutische Prozeß gliedert sich in drei Abschnitte, die jeweils einen unterschiedlichen Schwerpunkt und für die Behandlung der depressiven Störung eine ganz bestimmte Funktion aufweisen (s. Tab. 5.1).

In der initialen Phase der Therapie, die in der Regel die ersten drei Sitzungen umfaßt, wird versucht, die depressive Symptomatik zu reduzieren. Daher dient diese Phase hauptsächlich der Symptombewältigung sowie der Entlastung des Patienten und der Informationsgewinnung. Letzteres gilt sowohl für den Patienten als auch für den Therapeuten.

Tabelle 5.1 **Ziele, Techniken und Strategien in den drei Phasen der IPT am Beispiel Rollenwechsel**

Initiale Phase

Hauptziele:	– Entlastung des Patienten – Symptombewältigung – Informationsgewinnung
Haupttechniken:	– Exploration – Psychoedukation – Unterstützung – Ermutigung, Vermitteln von Hoffnung – Zuspruch – Behandlungsvertrag
Strategien: (beispielsweise)	– Dem Patienten die Depression als Krankheit erklären – Die Depression in einen interpersonellen Kontext bringen

Mittlere Phase (Beispiel: „Rollenwechsel")

Hauptziele:	– Betrauern und Akzeptieren des Verlustes der alten Rolle – Positivere Sichtweise der neuen Rolle – Wiederherstellen des Selbstwertgefühls
Haupttechniken:	– Ausweitung der relevanten Thematik – Klärung – Ermunterung zum Ausdruck von Gefühlen – Positives Umformulieren problematischer Aspekte – Entscheidungsanalyse
Strategien: (beispielsweise)	– Postive und negative Aspekte alter und neuer Rollen besprechen – Gefühle über den Verlust explorieren – Zum Aufbau eines sozialen Stützsystems und neuer Fertigkeiten, welche die neue Rolle erfordert, ermutigen

Schlußphase

Hauptziele:	– Angemessener Umgang mit dem Abschiedsprozeß – Vorbereitung auf die Zukunft
Haupttechniken:	– Ermunterung zum Ausdruck von Gefühlen – Unterstützung – Ermutigung – Zuspruch – Positive Bestätigung
Strategien: (beispielsweise)	– Abschluß der Therapie ausführlich besprechen – Dem Patienten seine autonomen Kompetenzen bewußt machen – Besprechen von typischen Frühwarnzeichen der Depression

Zunächst wird die depressive Erkrankung gemäß standardisierter Kriterien diagnostiziert, wobei eine strukturierte Erfassung mittels Ratingskalen wie beispielsweise HAM-D (s. Anhang S. 305) oder klinischer Interviews wie beispielsweise dem SKID erfolgen kann. Ist die Diagnose gestellt, wird dem Patienten erklärt, daß es sich bei dieser Symptomkonstellation um eine Erkrankung handelt (medizinisches Krankheitsmodell). Er wird weiterhin darüber informiert, wie verbreitet die Störung ist, wie der klinische Verlauf aussieht und welche Prognose und Behandlungsmöglichkeiten bestehen. Der Betroffene wird von überfordernden sozialen Verpflichtungen entlastet und ihm wird die Krankenrolle zugeschrieben. Depression ist demnach eine psychiatrische Erkrankung und keineswegs – wie häufig von Betroffenen vermutet – ein Ausdruck von Willensschwäche, persönlichem Versagen, Charakterfehlern, Manipulationsversuchen oder einer Strafe Gottes. Konsequenterweise kann die Störung deswegen auch zusätzlich medikamentös behandelt werden (s. Kap. 3). Ob das notwendig ist, sollte vom Therapeuten oder dem Behandlungsteam ebenfalls in der initialen Phase abgeklärt werden. Der Therapeut kann, um sein Vorgehen zu erläutern, gegebenenfalls die Analogie einer körperlichen Erkrankung, beispielsweise einer Magen-Darm-Störung, verwenden, bei der manchmal Diät und andere nicht-medikamentöse Maßnahmen ausreichen, und manchmal Medikamente notwendig sind.

Eine weitere Funktion des psychoedukativen Vorgehens in der Anfangsphase besteht darin, dem Patienten das beruhigende Gefühl zu vermitteln, daß er sich an die richtige Stelle gewandt hat. Denn schließlich ist der Therapeut mit dem Störungsbild und den Behandlungsmöglichkeiten bestens vertraut. Der Betroffene wird als mündiger Patient ernst genommen und braucht sich mit der Depression nicht zu verstecken, da ihn keine „Schuld" trifft. Er soll ein klares Bild von seiner Störung erhalten und wissen, daß es sich in der Regel um einen zeitlich limitierten Zustand handelt, und er voraussichtlich wieder sein übliches Leistungsniveau erreichen wird. Generell sollte die Informationsvermittlung über die Störung an den individuellen Bedürfnissen und Eigenarten des Patienten ausgerichtet sein (s. Anhang Seite 311). Manchmal empfiehlt es sich beispielsweise von einer neurobiologischen anstatt von einer psychiatrischen oder psychischen Erkrankung zu sprechen. Ausgeprägt narzißtische Patienten reagieren häufig enttäuscht oder gar gekränkt, wenn sie hören, daß es sich bei ihrem Leiden um eine „gängige" Störung handelt. Der Therapeut kann auch hier nach angemesseneren Formulierungen suchen. Einem vollkommen hoffnungslosen und pessimistischen Patienten sollte man die Information, daß es sich bei der Depression in der Regel um eine episodisch auftretende Störung handelt, sinnvollerweise erst später zukommen lassen. Ein bereits gut informierter Patient muß möglicherweise weniger umfassend aufgeklärt werden.

Die Prognose soll Hoffnung vermitteln, während die Psychoedukation insgesamt ein Anfang zur Wiederherstellung der eigenen Kompetenz, Selbstwirksamkeit und Selbstkontrolle des Patienten sein soll. Sie soll ihm helfen, seine Störung als psychiatrisch-medizinische Erkrankung zu akzeptieren. Das gesamte Vorgehen soll also unterstreichen, daß die Krankenrolle legitim ist. Die Krankenrolle impliziert allerdings nicht nur die Entlastung von sozialen oder anderen Verpflichtungen. Sie fordert auch eine aktive Mitarbeit des Patienten an der Verbesserung seines Zustandes.

Beim psychoedukativen Teil der Therapie können auch die Angehörigen mitbezogen werden, um deren Verständnis für die depressive Störung und für den Umgang mit dem Patienten zu erhöhen und sie zur Mitarbeit zu bewegen (s. Kap. 19). Die detaillierte, empathische Informationsvermittlung soll es sowohl dem Patienten als auch seiner Familie leichter machen, die Erkrankung zu akzeptieren. Gut informiert können der Patient und seine Angehörigen dann gemeinsam mit dem Therapeuten entscheiden, welche Behandlungsform in frage kommt. Dazu muß der Patient ein objektives Bild über die zur Verfügung stehenden, wirksamen Depressionsbehandlungen erhalten. Auf die IPT wird dabei besonders eingegangen, jedoch ohne das Verfahren übermäßig optimistisch anzupreisen.

Wird die Familie mit in die Behandlung einbezogen, erhöht das meist die Compliance des Patienten. Nicht selten sind es Familienangehörige, die dafür sorgen, daß der Betroffene Kontakt zum Therapeuten sucht, vor allem dann, wenn er sich aus irgendwelchen Gründen von der Psychotherapie, der Medikation oder beidem zurückziehen möchte. Um den in der Sitzung vermittelten Wissensstoff zu unterstützen, sollte am Ende der Stunde schriftliches Material (Schramm, 1993; s. Anhang S. 313) mitgegeben werden.

Um als nächstes die Depression in einen interpersonellen Kontext zu stellen, wird die zwischenmenschliche Beziehungskonstellation des Patienten untersucht. Ziel dabei ist es, die interpersonelle Hauptproblematik zu identifizieren, die im Zusammenhang mit der depressiven Episode steht. Die sogenannte Beziehungsanalyse (interpersonal inventory) erfolgt in Form einer gezielten Exploration der wichtigsten Beziehungen des Patienten. Ebenso werden die Erwartungen und aktuelle Veränderungen innerhalb dieser Beziehungen erfaßt. Dem Patienten sollte in nicht konfrontativer Weise dabei geholfen werden, Zusammenhänge zwischen seinen Beschwerden und interpersonellen Problemen zu erkennen, um ihm schließlich ein plausibles Störungsmodell seiner Erkrankung anzubieten. Daraus wird dann das Therapierational abgeleitet und vermittelt.

Die initiale Phase wird abgeschlossen, indem das Hauptproblemfeld und die Zielsetzung definiert werden. Dem Patienten wird erklärt, was im mittleren Teil der Therapie von ihm erwartet wird und was er zu erwarten hat. Dazu gehört zum Beispiel, daß der Patient die Krankenrolle sukzessive aufgibt und mehr die Hauptverantwortung dafür übernimmt, relevante Themen einzubringen. Therapeut und Patient einigen sich in einem Behandlungsvertrag auf den relevanten, interpersonell definierten Problembereich, an dem in den mittleren Sitzungen fokussiert gearbeitet wird. Die vier Bereiche, die empirisch und durch klinische Beobachtung am häufigsten in Verbindung mit Depression gefunden wurden, sind abnorme Trauer, interpersonelle Auseinandersetzungen, Rollenwechsel und interpersonelle Defizite. Die Problembereiche und das genaue therapeutische Vorgehen in den einzelnen Phasen sind im Manualteil (Teil II) ausführlich beschrieben.

In der mittleren Behandlungsphase zwischen der vierten und 13. Sitzung, die das Kernstück der Therapie darstellt, ist die Symptomatik des Patienten üblicherweise zumindest zum Teil abgeklungen. Nun kann die Krankenrolle nach und nach zurückgenommen werden. Der Patient übernimmt jetzt eine aktivere Rolle im Therapieprozeß und zunehmende Verantwortung für die Auswahl der zu bearbeitenden Themen im Rahmen des gewählten Problembereiches. Grob beschrieben sollen je nach Problemfeld der Verlust einer Bezugsperson angemessen betrauert, Konflikte oder Rollenwechsel erkannt und gelöst, und soziale Defizite bewältigt werden. Es wird unter Anwendung der im Manual beschriebenen Strategien und Zwischenziele daran gearbeitet, angemessene Bewältigungsstrategien zu entwickeln oder alternative Verhaltensmöglichkeiten auszubilden. Das therapeutische Vorgehen ist dabei in erster Linie unterstützend und ermutigend. Außerdem soll in der mittleren Phase weiterhin das Verständnis des Patienten für den Zusammenhang von depressiven Symptomen und Veränderungen innerhalb der Beziehungs- und Rollenkonstellation vertieft werden.

Die Schlußphase umfaßt mehrere Sitzungen (14. bis 16. Sitzung). In ihnen wird der Abschluß der Behandlung explizit als Trauer- und Abschiedsprozeß bearbeitet. Zu diesem Zweck sollen die Gefühle des Patienten über den Abschluß der Behandlung ausreichend thematisiert werden. Solche Gefühle sind üblicherweise durch Ängste, Traurigkeit oder Wut gekennzeichnet. Weiterhin wird resümiert, was erreicht oder gelernt werden konnte, aber auch, was noch aussteht und für die Zukunft zu erwarten ist. Dazu gehört unter anderem, frühe Warnsignale für das Auftreten einer erneuten Depressionsphase mit dem Patienten zu besprechen. Je früher der Patient um Hilfe sucht, desto eher besteht die Chance, die Episode abzufangen oder zumindest die Dauer der Episode zu verkürzen. Auch hier kann der Therapeut wieder eine Analogie verwenden, indem er die Depression mit einem Schiff vergleicht. Solange das Schiff noch nicht in voller Fahrt ist, kann es relativ einfach gesteuert werden. Ist es jedoch erst einmal unterwegs, hat es selbst bei einem Notstop einen immens langen Bremsweg. Der Therapeut sollte deutlich machen, daß er auch nach Abschluß der Therapie prinzipiell für den Patienten erreichbar ist. In der Schlußphase ist der Therapeut ganz besonders bestärkend und ermutigend. Er muß abschließend noch beurteilen, ob der Patient eine unmittelbare Weiterbehandlung benötigt.

Die Techniken der IPT sind größtenteils anderen Therapieformen entlehnt und teilweise modifiziert. Dieses Verfahren ist im Vergleich zu anderen Psychotherapieformen nicht besonders stark technikorientiert. Im ersten Teil werden hauptsächlich explorative, psychoedukative und symptombewältigende Techniken wie beispielsweise Ermutigung, Ratschläge und positive Rückmeldung angewendet. Im mittleren und letzten Abschnitt zielen sie vorwiegend darauf ab, daß der Patient Einsicht in emotionale Zusammenhänge gewinnt und lernt, zwischenmenschliche Probleme zu lösen. Wie im Manualteil (Teil II) noch näher beschrieben wird, ist die IPT nicht durch die Techniken, sondern vielmehr durch die Strategien charakterisiert, die eingesetzt werden, um die Ziele innerhalb des jeweiligen Problembereichs zu erreichen.

Auch die drei definierten Therapiephasen sind für sich genommen nicht unbedingt einzigartig für die IPT. Eine ausführliche Psychoedukation über die psychiatrische Störung in supportiver und entlastender Weise ist auch in der Anfangsphase vieler anderer Therapieprogramme zu finden wie beispielsweise in der Behavioralen Familienbetreuung schizophrener Patienten (Hahlweg, Dürr u. Müller, 1995). Zahlreiche Therapieansätze wie beispielsweise das Training sozialer Fertigkeiten oder die verhaltenstherapeutische Paartherapie fokussieren ebenso auf zwischenmenschliche Interaktionsmuster und Kommunikationsprozesse. Und die Schlußphase entspricht im Grunde genommen dem Abschluß jeder anderen Therapie, insbesondere psychodynamisch orientierter Kurztherapie.

So macht vielmehr die strukturierte, sinnvolle und durchaus spezifische Zusammenstellung der Behandlungselemente und -strategien die Besonderheit und möglicherweise die Wirksamkeit dieser Therapieform aus. Diese Zusammenstellung ist pragmatisch auf den Erkenntnissen der Depressions- und Psychotherapieforschung aufgebaut. Auch die diagnostische Einordnung der Depression als psychiatrische Störung, die multifaktorielle Sichtweise der Depressionsverursachung und die damit verbundene Offenheit für medikamentöse Mitbehandlung sind an neueren wissenschaftlichen Erkenntnissen orientiert. Die IPT zeigt sich von allen Depressionstherapien am flexibelsten, da sie die Schwerpunkte auf ein Vorgehen legt, welches an der Problemlösung orientiert ist, bei dem der Beziehungsaspekt in besonderem Maße berücksichtigt wird (s. Kap. 6).

Somit kann sich dieses Verfahren sehr individuell an den Bedürfnissen, Eigenarten und Notwendigkeiten des Patienten ausrichten und ist nicht dogmatisch einer Therapierichtung verpflichtet. Wie sich die IPT in weiteren Merkmalen von anderen Depressionstherapien abgrenzt, ist in Kapitel 6 zusammengefaßt.

Die IPT bietet eine systematische Aufstellung von Vorgehensweisen, von denen man weiß, daß sie für den Therapieerfolg von Bedeutung sind. Dazu gehört beispielsweise, dem Patienten in der Anfangsphase das Rational ausführlich zu erklären und die Behandlungerwartung abzuklären. Solche Vorgehensweisen werden von kompetenten, erfahrenen Therapeuten meist ohnehin angewandt. Das halbstrukturierte Format erhöht die Wahrscheinlichkeit, daß der Therapeut die wichtigen Schlüsselelemente auch tatsächlich anwendet und nicht von anderen Fragen oder vom Patienten selbst davon abgelenkt wird oder die Anwendung schlicht vergißt. Diese rationale und ideologisch losgelöste Herangehensweise an die spezifisch auf eine Störung zugeschnittene Behandlung ist offensichtlich erfolgreich. Das zumindest belegen die bisherigen Wirksamkeitsüberprüfungen. Es wird sich zeigen, ob sie als Modell zur Entwicklung von Therapien für andere Störungen dienen und die schulorientierte Psychotherapie ablösen kann.

5.3
Indikation und Kontraindikation

IPT ist indiziert bei ambulanten, nicht-psychotischen, unipolar depressiven Patienten. Der Ansatz wurde lediglich in einer einzigen Studie als Gruppenbehandlung an stationären Patienten untersucht und erwies sich als wirksam (Wahl, 1994). Bei der stationären Individualtherapie mit der IPT sollten einige Modifikationen berücksichtigt werden (s. Kap. 17).

Was die Schwere der Störung anbelangt, sollte die alleinige Anwendung der IPT (ohne Medikamente) in erster Linie bei leichten bis mittelschwer depressiv gestörten, nichtmelancholischen Patienten erfolgen. Diese Einschränkung ist zu machen, obwohl überraschenderweise in der NIMH-Treatment of Depression Collaborative Research Program (TDCRP) einer der bedeutsamsten Prädiktoren für das Ansprechen auf IPT war, daß ein endogen depressives Symptombild vorlag (Elkin et al., 1989). In der gleichen Studie zeigte sich die IPT bei der Gruppe der schwerer gestörten Depressiven ohne psychotische Symptome genauso wirksam wie die medikamentöse Behandlung. In anderen Untersuchungen hatte die Kombination mit Antidepressiva bei schwer Depressiven einen besseren Effekt als die Behandlung mit IPT alleine.

Das hier beschriebene Kurztherapieverfahren der IPT war bei der Akutbehandlung der Depression erfolgreich, erwies sich jedoch zur langfristigen Verhinderung erneuter depressiver Episoden als nicht ausreichend. Zur Rezidivprophylaxe liegt eine hinsichtlich der Behandlungsdauer modifizierte Version vor. Auf diese und andere IPT-Modifikationen wird in diesem Kapitel noch näher eingegangen.

Erwartungsgemäß erwies sich die IPT als besonders hilfreich bei Patienten mit psychosozialen Schwierigkeiten, Kommunikationsproblemen sowie Partnerkonflikten. Für den letzteren Fall steht eine paartherapeutische Version der IPT zur Verfügung, die sich ausschließlich mit dem Problembereich der interpersonellen Auseinandersetzungen beschäftigt. Interessanterweise zeigte sich, daß die IPT bei Patienten mit einer besseren sozialen Anpassung sowie guter Fähigkeit zum Aufbau einer therapeutischen Beziehung indiziert ist. Anscheinend ist eine Ressourcenaktivierung vielmehr als ein defizitorientiertes Vorgehen für den Therapieerfolg entscheidend. Weiterhin erweist sich für die IPT ein akuter Krankheitsbeginn als günstig, wobei auch Patienten mit schwerer oder „endogener" Depression gut auf IPT respondieren (Sotsky et al. 1991).

Ältere depressive Patienten scheinen gut auf IPT anzusprechen. Dieser Befund ist verständlich aufgrund altersbedingter Rollenwechsel wie beispielsweise der Berentung, dem Umzug ins Altersheim oder körperlicher Anfälligkeit sowie vermehrter Verluste durch den Tod nahestehender Personen der gleichen Altersgruppe. Entgegen veralteter Mythen, daß ältere Patienten für Psychotherapie nur wenig empfänglich sind, zeigt sich diese Patientengruppe äußerst offen für IPT und arbeitet konsequent und engagiert mit. Für die Behandlung depressiver Alterspatienten mit IPT liegt ebenfalls ein geringfügig modifiziertes Manual vor.

Die IPT ist bei depressiven Patienten, die Persönlichkeitsstörungen aufweisen, nicht kontraindiziert. Sie weist aber in der Regel einen ungünstigeren Outcome auf (Pilkonis, Frank, 1988). In Kapitel 20 wird ausführlich beschrieben, wie die IPT mit Persönlichkeitsauffälligkeiten bei Depressiven umgeht.

Da die IPT in ihrer Vorgehensweise und ihren Techniken im Vergleich zu anderen Depressionstherapien recht flexibel ist, scheint sie sowohl für intellektuelle Patienten, die möglicherweise über ein gutes Repertoire an Problemlösefertigkeiten verfügen und eher an einem vorwiegend klärungs- und beziehungsorientierten Vorgehen interessiert sind, als auch für stärker beeinträchtigte, weniger introspektionsfähige Patienten geeignet. In dieser Hinsicht verfügt die IPT insgesamt über ein breiteres Indikationsspektrum als die Verhaltenstherapie, die kognitive Therapie und die psychoanalytische Therapie.

Kontraindiziert ist die Anwendung der IPT bei akut psychotisch depressiven oder manischen Patienten. Außerdem wird von

der alleinigen Anwendung dieser Therapieform bei schwer melancholisch Depressiven abgeraten. Generell wird vorausgesetzt, daß der Patient ambulant führbar ist. Dazu gehört, daß suizidale Impulse kontrolliert werden können und keine schwere Antriebsminderung vorliegt. Von der Durchführung der IPT ist auch abzusehen, falls es nicht gelingt, einen relevanten interpersonellen Problembereich zur Bearbeitung festzulegen.

5.4
Andere Anwendungsbereiche für IPT

Wie bei anderen effektiven Behandlungsformen wurde auch bei der IPT versucht, sie auf andere Anwendungsbereiche auszudehnen. Für einige dieser Bereiche wurde die hier beschriebene Originalform modifiziert. Die Modifikationen beziehen sich auf die ursprünglich postulierte Zeitdauer, auf die spezifische Störungsform oder auf Charakteristika der Patienten. Sie variieren im Ausmaß und in manchen Fällen wurden die vorgenommenen Veränderungen nicht in Manualform niedergelegt. Es gibt bisher keine verbindlichen Richtlinien, was ein adaptiertes Manual enthalten und ob es beispielsweise Fallgeschichten aufführen sollte. Eine umfassende Beschreibung der meisten Modifikationen findet sich bei Klerman und Weissman (1993). Eine Kurzcharakteristik der adaptierten Formen, für die bereits eine Wirksamkeitsüberprüfung vorliegt oder gerade durchgeführt wird, erfolgt im nächsten Abschnitt.

Außer den Versionen, die gerade überprüft werden, liegen noch zahlreiche andere IPT-Formen im Planungs- bzw. Entwicklungsstadium vor, wie beispielsweise für Panikstörungen, Borderline-Störungen und protrahierte Trauerreaktionen (Weissman, Markowitz, 1994).

5.5 Wirksamkeit der IPT bei verschiedenen Krankheitsbildern

Das ausgezeichnete Wirksamkeitsprofil der IPT wurde in den letzten 20 Jahren durch mehrere gut kontrollierte Studien belegt. Tabelle 5.2 listet die durchgeführten oder sich in Durchführung befindlichen Untersuchungen zur Effektivität der IPT und deren Modifikationen auf. Die Qualität der Arbeiten darf bis auf wenige Ausnahmen als sehr anspruchsvoll bezeichnet werden. Die IPT wurde als Einzelbedingung, im Vergleich zu oder in Kombination mit medikamentöser Therapie anhand großer Stichproben überprüft. Bei fast allen Studien wurden ambulante depressive Patienten untersucht. Die Arbeiten lassen sich in Akutbehandlungen depressiver Patienten, und in sogenannte Erhaltungs- und prophylaktische Behandlungen (continuation oder maintenance) unterteilen. Die beiden letztgenannten Formen zielen nach erfolgreicher Therapie darauf ab, den therapeutischen Effekt zu erhalten, einen Rückfall zu verhindern beziehungsweise das Risiko einer Neuerkrankung zu senken. Ein weiterer Teil der Studien befaßt sich mit Untersuchungen zu den modifizierten Formen.

5.5.1 IPT zur Akutbehandlung der Major Depression

Die erste Effektivitätsüberprüfung der IPT zur akuten Depressionsbehandlung stammt von Weissman und Kollegen (Weissman et al., 1979) aus dem Jahre 1979. Dabei erhielten 81 depressive Patienten über einen Zeitraum von 16 Wochen entweder IPT, Amitriptylin oder eine Kombination beider Verfahren. Verglichen wurde mit einer unspezifischen psychotherapeutischen Behandlung, bei der die Patienten ihren Psy-

chiater bei Bedarf kontaktieren konnte. 85 Prozent der Patienten waren weiblich. Die IPT-Behandlung erfolgte wöchentlich, indem erfahrene und im Verfahren trainierte Psychiater das Manual anwandten. Mit Hilfe der „Research Diagnostic Criteria" konnte neuerdings eine genauere diagnostische Einordnung und eine homogenere Stichprobe von depressiven Patienten erreicht werden. Zur Feststellung von Langzeiteffekten wurden die Patienten unter naturalistischen Bedingungen ein Jahr nach der Behandlung noch einmal untersucht.

Die Studie ergab, daß die drei aktiven Therapien der Kontrollgruppe überlegen waren. Das Hauptkriterium für den Erfolg stellte hierbei die Rückfallrate dar, die mit Hilfe der „Raskin Depression Scale" (Raskin et al., 1969) erfaßt wurde. Zwischen IPT und Amitriptylin zeigte sich nach Abschluß der Behandlung diesbezüglich keine statistische Differenz. Der Effekt zeigte sich allerdings bei der Amitryptilin-Therapie ein bis zwei Wochen früher. Die Kombinationsbehandlung erwies sich insgesamt trendmäßig als wirksamer als IPT oder Amitriptylin alleine und zeigte außerdem die niedrigste Rate von Therapieversagern. Rückfälle oder Therapieversager setzten in der Kombinationsgruppe außerdem später ein als in den anderen Gruppen.

Die Überlegenheit der Kombinationstherapie läßt sich durch das Zusammenwirken der differentiellen Effekte der beiden aktiven Einzelbedingungen erklären. Während die ausschließliche Pharmakotherapie schneller auf vegetative Depressionssymptome, wie beispielsweise Schlafstörungen, einwirkte, äußerte sich die Hauptwirkung der IPT in einer Verbesserung der Symptomatik auf emotionaler und kognitiver Ebene. Depressive Verstimmungen und Suizidgedanken kamen zum Beipiel seltener vor. Die „Endogenität" der Depression im Sinne der Research Diagnostic Criteria stellte sich in dieser Studie als Prädiktor für ein schlechtes Ansprechen auf die IPT heraus. Die soziale Leistungsfähigkeit war bei allen

Tabelle 5.2 Kontrollierte Wirksamkeitsstudien der IPT und IPT-Modifikationen (Tabelle modifiziert und ergänzt nach Weissman und Klerman, 1990, S. 384)

Design	Diagnose (Anzahl der Patienten)	Dauer Wochen/ (Jahre)	Autoren (Publikation)
Akute Behandlungsstudien bei depressiven Störungen			
IPT + Ami/ Ami/IPT/unspezifische psychoth. Behandlung	MDS (N=96)	16	Weissman et al. (1979)
IPT/Nor/Pla	MDS oder Dysthymie; Alter > 60 Jahre (N=30)	6	Sloane et al. (1985)
IPT/KVT/Imi + CM/ Pla + CM	MDS (N=250)	16	Elkin et al. (1989)
Langzeitbehandlungsstudien bei depressiven Störungen			
IPT/IPT + Ami/IPT + Pla/ niedrigfrequenter Kontakt/ niedr.fr. Kont. + Ami/ niedr.fr. Kont. + Pla	Remittierte MDS (N=150)	32	Klerman et al. (1974)
IPT/IPT + Pla/IPT + Imi/MC + Imi/MC + Pla	Remittierte, wiederkehrende MDS (N=128)	(3)	Frank et al. (1990)
IPT + Nor/IPT + Pla/MC + Nor/ MC + Pla	Remittierte wiederkehrende MDS; Alter > 60 Jahre (N=120)	(3)	Reynolds et al. (1992)
IPT-Modifikationen			
IPT bei Opiatabhängigkeit/ niedrig-frequenter Kontakt	Opiatabhängige (N=72)	24	Rounsaville et al. (1983)
IPC bei akuter Belastung übliche Behandlung	Hoher GHO-Wert (N=64)	6	Klerman et al. (1987)
IPC bei stationären Patienten/ übliche Behandlung	Körperliche Erkrankung und depressive Symptome; Alter > 60 Jahre (N=37)	12	Mossey et al. (1992)
IPT-CM/Einzel-IPT bei ehelichen Konflikten	MDS und eheliche Konflikte (N=18)	16	Foley et al. (1990)
IPT bei Bulimia nervosa/ KVT/VT	Bulimia nervosa (N=75)	18	Fairburn et al. (1991)
IPT als Gruppenbehandlung bei Bulimie/KVT/Warteliste	Bulimie ohne Erbrechen (N=56)	16	Wilfley et al. (1993)
IPT als stationäre Gruppenbehandlung/KVT	MDS (N=53)	6	Wahl (1994)
IPT bei depressiven HIV-positiven Patienten	Depressive Störung, HAM > 15 HIV-positiv (N=32)	16	Markowitz et al. (1995)

Ami =Amitriptylin
CM=Clinical Management (ärztliche Gespräche)
GHO=General Health Questionaire
Imi=Imipramin

IPC=Interpersonal Counseling
IPT-CM = Interpersonal-Conjoint Marital
KVT=Kognitive Verhaltenstherapie
MC=Medication Clinic (ärztliche

Gespräche)
MDS = Major Depressive Störung
Nor=Nortriptylin
Pla=Placebo
VT =Verhaltenstherapie

Behandlungsbedingungen nach 16 Wochen unbeeinflußt. Bei Nachuntersuchungen nach einem Jahr war die soziale Anpassung in beiden mit der IPT behandelten Gruppen gegenüber der medikamentösen Behandlungsbedingung sowie der Kontrollgruppe deutlich erhöht. Die meisten Patienten benötigten jedoch zum Zeitpunkt des Follow-ups unabhängig von der Therapiebedingung eine zusätzliche Behandlung.

Die bekannteste Therapievergleichsuntersuchung mit Kurzzeitcharakter wurde von Elkin et al., (1989) im Rahmen des NIMH-TDCRP durchgeführt. 250 depressive Patienten wurden randomisiert einer der vier 16wöchigen Behandlungsbedingungen zugeteilt: „IPT", „Kognitive Verhaltenstherapie (KVT)", „Imipramin + Clinical Management (Imi + CM)" und „Placebo + CM (Pla + CM)". Unter „Clinical Management" sind bis zu dreißig Minuten dauernde, supportive und in erster Linie auf die Medikation und Nebenwirkungen bezogene Gespräche mit einem erfahrenen und umfassend ausgebildeten Psychiater zu verstehen. Die Gespräche erfolgten in der gleichen Frequenz wie die beiden Psychotherapien. Das CM wird von Elkin selbst als „minimale supportive Therapie" bezeichnet (Elkin, 1994) und ist von daher nicht mit einer unbehandelten Gruppe oder Warteliste gleichzusetzen. Bei der Imipramin + CM-Bedingung handelt es sich also gewissermaßen um eine Kombinationsbehandlung. Dieser Umstand ist bei der Interpretation der Ergebnisse unbedingt zu berücksichtigen.

Die Auswahl und das Training der Psychotherapeuten und Psychiater in den drei beteiligten Zentren erfolgte auf äußerst hohem Niveau, die durchschnittliche Dauer

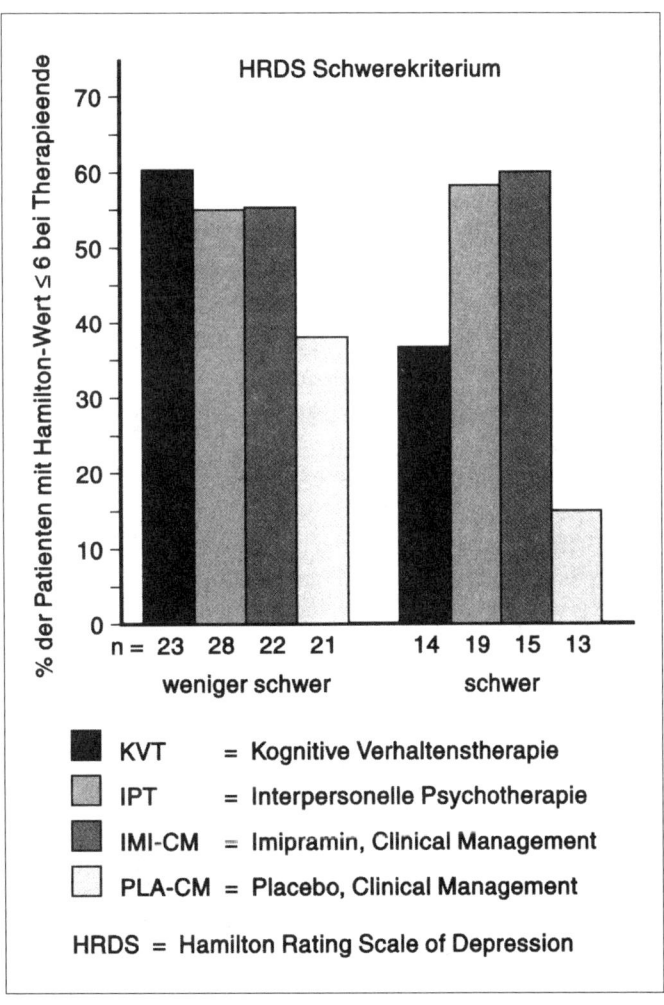

Abbildung 5.4 Prozent der weniger schwer und schwer depressiven Patienten, die bei Therapieende remittiert waren (Nach Elkin et al., 1989, S.977)

klinischer Erfahrung betrug 11,4 Jahre. Die Therapien fanden unter durchgehender Supervision statt. Die Integrität der der jeweiligen Behandlungsbedingung wurde stichprobenmäßig überprüft. Das Therapieergebnis wurde mit einer Batterie von Meßinstrumenten hinsichtlich Symptomatik, psychosozialer Leistungsfähigkeit und Kognitionen erfaßt. Die meisten Patienten absolvierten mindestens 12 Therapiesitzungen oder hatten eine 15wöchige Behandlungsdauer hinter sich.

Die Patienten zeigten unter allen Behandlungsbedingungen, also auch in der sogenannten Placebo-Gruppe, eine signifikante Reduktion der depressiven Symptome sowie eine Verbesserung des psychosozialen Funktionsniveaus. Diese Veränderungen ließen sich während des gesamten Behandlungsverlaufes beobachten. Insgesamt zeigte sich jedoch, daß alle aktiven Behandlungsformen der Placebobedingung bei der Reduktion der depressiven Symptomatik über einen 16wöchigen Zeitraum überlegen waren. Mehr als 66 Prozent der Patienten waren bei Behandlungsende symptomfrei. Nach Abschluß der Therapie zeigte sich folgende Reihenfolge der Wirksamkeit der Behandlungsbedingungen: „Imi + CM" erwies sich als wirksamste, „Pla + CM" als die am wenigsten wirksame, und die beiden Psychotherapiebedingungen lagen in der Mitte, jedoch näher angesiedelt bei der „Imi + CM"-Bedingung. Die Pharmakotherapiebedingung war anfangs am erfolgreichsten, nach 12 Wochen war jedoch die Reduktion der depressiven Symptomatik und die globale Leistungsfähigkeit unter allen drei aktiven Bedingungen gleich.

In der Placebo-Bedingung gab es eine doppelt so große Anzahl an Therapieabbrechern wie in der interpersonellen Psychotherapiebedingung. Diese wiederum wies die niedrigste Drop-out-Rate auf. Therapieabbrecher zeichneten sich in der Regel durch eine stark ausgeprägte Symptomatik aus.

Für die Gruppe der weniger schwer depressiven Patienten bei denen der Hamilton-Wert unter 20 lag, gab es keine signifikanten Wirksamkeitsunterschiede innerhalb aller Behandlungsmodalitäten. Dies galt interessanterweise auch für die „Placebo"-Bedingung. Nur bei der Gruppe der schwer Depressiven mit einem Hamilton-Wert größer/gleich 20 stellten sich signifikante Unterschiede heraus (s. Abb. 5.4). Bei diesen Patienten zeigte sich nur eine Psychotherapiebedingung, nämlich IPT, der Placebobedingung signifikant überlegen. Die Wirksamkeit der IPT war tatsächlich genauso hoch wie die des Imipramins.

Klein und Ross (1993) führten eine Reanalyse der Daten dieser Studie durch, da die Autoren den Eindruck hatten, daß die ursprüngliche Berechnung zu einer tendenziellen Nivellierung der Unterschiede zwischen den Behandlungsbedingungen führte. Wurde die Johnson-Neyman Technik angewandt, war bei schwerer symptomatischen Patienten die Imipraminbedingung den Psychotherapien in ihrer therapeutischen Wirksamkeit überlegen. Unter der gleichen Bedingung zeigten sich die Psychotherapien wiederum der Placebobedingung überlegen. Dabei zeigte sich die KVT der IPT tendenziell unterlegen. Im Prinzip fanden sich ähnliche Ergebnisse wie in der Studie von Elkin et al., (1989), aber die Unterschiede zwischen den einzelnen Bedingungen stellten sich klarer heraus.

Überraschenderweise war ein endogen depressives Symptombild einer der bedeutsamsten Prädiktoren dafür, ob Patienten auf die IPT ansprachen. Dies galt zwar auch für Imipramin, jedoch war dieses Ergebnis erwartungsgemäß. Dieser Befund steht im Widerspruch zu dem der oben erwähnten Studie von Weissman et al., (1979). Auf welche Faktoren solche unterschiedlichen Ergebnisse zurückzuführen sind, darüber kann bislang nur spekuliert werden. Es ist denkbar, daß die streng ausgewählten, sehr erfahrenen und aufwendig trainierten Psychotherapeuten der NIMH-TDCRP-Studie möglicherweise im Umgang mit schwer symptomatischen Patienten kompetenter waren, als die Therapeuten der 1979 durchgeführten Untersuchung von Weissman et al. (1979). Je mehr psychotherapeutische Erfahrung vorlag, desto effektiver war das Vorgehen innerhalb der IPT. Diesen Zusammenhang konnte Chevron (1983) nachweisen.

Interessanterweise gab es für keine der Therapieformen signifikante Nachweise für differentielle Wirksamkeit. Das heißt, die IPT zeigte keine besonderen Effekte auf der Social Adjustment Scale und das gleiche gilt für KVT auf der Dysfunctional Attitude Scale.

Die naturalistisch erhobene, 18monatige Katamnese erbrachte insgesamt enttäuschende Ergebnisse. Innerhalb der vier Behandlungsmodalitäten zeigten sich keine signifikanten Unterschiede hinsichtlich der Rückfallrate (Shea et al., 1992). Für die bei Behandlungsende voll remittierten Patienten betrug die Rückfallrate 36 Prozent in der KVT- Bedingung, 33 Prozent in der IPT-Bedingung, 50 Prozent bei „Imi + CM" und 33 Prozent bei „Pla +CM". Der Hauptbefund dieses Follow-ups war, daß alle untersuchten und über einen Zeitraum von 16 Wochen angewandten Behandlungsformen für die Mehrzahl der Patienten nicht ausreichten, um vollständig zu genesen und anhaltend remittiert zu bleiben. Obwohl sich der Zustand der meisten Patienten mit Hilfe der Akutbehandlung verbesserte, remittierten von denjenigen, die die Therapie durchliefen und die Katamnese abschlossen, nur 39 Prozent vollständig. Lediglich 24 Prozent remittierten vollständig und blieben gesund. Eine Metaanalyse der Studienergebnisse ergab, daß die Wirksamkeit der IPT um 13,2 Prozent (SD = 8,6) höher lag als die der KT. Die Placebo plus CM-Behandlung wurde von der IPT um 22,6 Prozent (SD = 8,4) übertroffen.

Insgesamt kann man sagen, daß die NIMH-TDCRP-Studie der IPT zum Durchbruch verholfen hat, da sie selbst bei schweren Depressionen den beiden bisher wirksamsten Depressionstherapien mindestens ebenbürtig war. Damit zählt sie nachgewiesenermaßen zu den effektivsten Depressionsbehandlungen.

Außer diesen beiden großangelegten und qualitativ sehr guten Studien liegt noch eine kleinere Pilot-Studie zur akuten Depressionsbehandlung älterer Patienten vor, bei der das ursprüngliche Manual unverändert eingesetzt wurde (Sloane, Staples, Schneider, 1985). Im Vergleich von Nortriptylin und IPT bei 30 geriatrischen depressiven Patienten zeigte sich die IPT der Pharmakotherapie teilweise überlegen. Das schlechtere Ergebnis der Pharmakotherapie kann jedoch zum größten Teil auf ungünstige Nebenwirkungen und eine damit verbundene höhere Therapieabbruchrate in der Nortriptylin-Bedingung zurückgeführt werden.

5.5.2 IPT als rezidivprophylaktische Behandlung

Kurz nachdem die Depressionsforscher die hohe Wirksamkeit trizyklischer Antidepressiva entdeckt hatten und hinsichtlich der akuten Depressionsbehandlung äußerst optimistisch gestimmt waren, mußte man zunehmend erkennen, daß es bei über 50 Prozent der Patienten selbst nach erfolgreicher Akuttherapie zu Rückfällen und neuen Episoden kam. Offensichtlich bedurften sie einer längerandauernden Behandlung.

Interessanterweise handelt es sich bei der ersten Untersuchung der Langzeitwirkung von IPT gleichzeitig um die allererste systematische Studie zur Wirksamkeit der IPT überhaupt. Sie stammt von Klerman et al., (1974) und würde aufgrund der achtmonatigen Therapiedauer nach heutigen Maßstäben zu den Erhaltungsbehandlungen (continuation-treatment) gerechnet werden. Zu dieser Zeit lag noch kein standardisiertes Therapiemanual vor. Die Studie wurde 1967 begonnen, zu einer Zeit also, als die Wirksamkeit trizyklischer Antidepressiva bei der Behandlung akuter Depressionen bereits unumstritten war. Umstritten war dagegen die Länge der Behandlung und die Rolle von Psychotherapie bei der Langzeitbehandlung.

Es wurden 150 akut depressive, ambulante Patientinnen untersucht, die bereits auf medikamentöse Therapie mit Amitriptylin angesprochen hatten, und eine mindestens 50prozentige Symptomreduktion aufwiesen. Das relativ anspruchsvolle Untersuchungsdesign beinhaltete insgesamt sechs Zellen. Die Patientinnen wurden zu Beginn der achtmonatigen Behandlung entweder der IPT- oder der Kontrollbedingung zugeteilt. Diese Kontrollbedinung war ein niedrigfrequenter psychotherapeutischer Kontakt. In den ersten zwei Monaten wurden beide Gruppen mit Amitriptylin weiterbehandelt. Danach erfolgte die randomisierte Zuordnung zu der Amitriptylin-, Placebo-oder medikamentenfreien Gruppe. Die Erfassung und Auswertung der Ergebnisse erfolgte ebenfalls auf hohem Niveau. Im Ergebnis verminderte die medikamentöse Behandlung die Rückfallrate, und in der IPT-Behandlung zeigte sich eine Besserung im interpersonellen Bereich und der psychosozialen Anpassung. Dieser Effekt trat jedoch erst nach sechs bis acht Monaten auf (Weissman et al., 1974). Die IPT beeinflußte allerdings nicht die Rückfallrate der depressiven Symptome. Da beide Behandlungsformen anscheinend unterschiedlich wirkten, war eine Kombination beider Therapien am effektivsten. Es wurden keine negativen Interaktionen zwischen Medikamenten und Psychotherapie gefunden.

Wie die Autoren selbst anmerken, weist diese Studie einige methodische Schwächen auf. Zum einen lag zu dieser Zeit für die IPT noch kein standardisiertes Psychotherapiemanual und kein einheitliches Trainingsprogramm vor. Ein weiterer Mangel betrifft die fehlende Operationalisierung der Diagnosen, denn es standen noch keine entsprechenden Klassifikationssysteme mit operationalisierten diagnostischen Kriterien zur Verfügung. Weiterhin ist zu beachten, daß es sich bei dieser Studie um eine ausschließliche Untersuchung von sogenannten „Drug-Respondern" handelt.

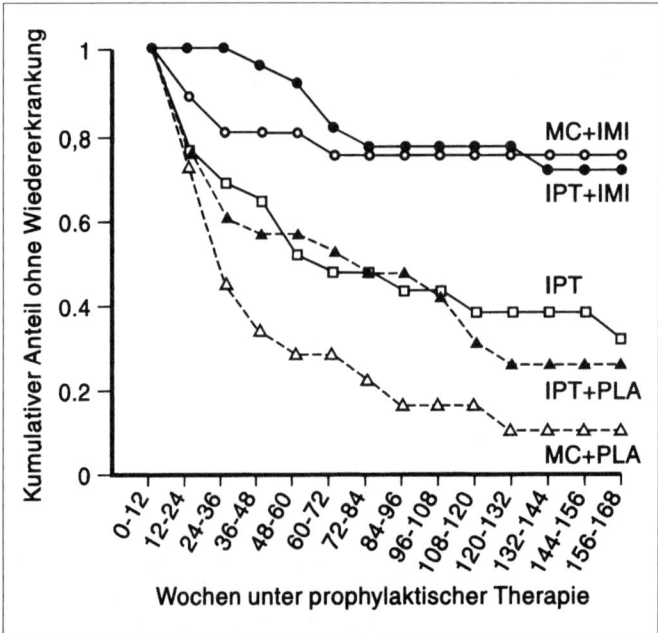

Abbildung 5.5 **Behandlungserfolg der verschiedenen rezidivprophylaktischen Bedingungen in der Studie von Frank et al.,** (1990a). Nach: Frank E, Kupfer D, Perel J, Cornes C, Jarret D, Mallinger A, Thase M, McEachran A, Grochocinski V. Three-year outcomes for maintenance therapies in recurrent depression. Arch Gen Psychiatry 1990a; 47: 1097
IMI = Imipramin;
MC = Medication Clinic (ärztliche Gespräche;
PLA = Placebo;
IPT = Interpersonelle Psychotherapie.

Frank und Mitarbeiter (1990a) überprüften an der Universitätklinik Pittsburgh die Behandlung mit der IPT über den längsten Zeitraum. Die Pittsburgher Arbeitsgruppe ist derzeit am aktivsten in der Erforschung der IPT und ihrer Modifikationen. Die IPT wurde als psychotherapeutische Bedingung für diese Langzeitstudie ausgewählt, da in früheren Studien beobachtet werden konnte, daß depressive Patienten auch nach Abklingen der Episode erhebliche Defizite in der sozialen Anpassung zeigten (Prien et al., 1984).

Die Erhaltungsform der IPT (IPT-M, maintenance) ist in einem Manual festgelegt und wird im folgenden kurz beschrieben, zumal sie eine der bedeutsamsten Modifikationen darstellt. Sie ist für Patienten vorgesehen, die bereits von der depressiven Episode remittiert sind. Die Behandlungslänge ist auf drei Jahre geplant, vorausgesetzt, der Patient erlebt in dieser Zeit keine erneute Depressionsphase. Das Hauptziel der IPT-M besteht darin, den Remissionszustand zu erhalten oder eine erneute depressive Episode zu verhindern. Die vier Problembereiche der IPT-Kurzzeitform sowie die Betonung der Arbeit im „Hier-und-Jetzt" werden prinzipiell beibehalten. Jedoch wird davon ausgegangen, daß die Anzahl der bearbeiteten Problembereiche größer sein kann als bei der Akutbehandlung und auch die Problemfelder häufiger wechseln können. Die Problembereiche reflektieren hauptsächlich entweder die über die akute Phase hinaus fortbestehenden Schwierigkeiten, oder solche Probleme, die sich als Konsequenz der Remission ergeben. Darüber hinaus wird bei der IPT-M die Frequenz der Behandlungssitzungen verändert: in der Regel wird mit 14tägigen Behandlungsabständen begonnen, die bald auf monatliche ausgedehnt werden. Aufgrund der verlängerten Behandlungsdauer ist zu erwarten, daß auch überdauernde interpersonelle Verhaltensmuster, die mit der Persönlichkeitsstruktur des Patienten im Zusammenhang stehen, eine Veränderung

erfahren. Während die IPT-Kurzform auf die Behandlung der akuten Depressionsphase abzielt, versucht die IPT-M vielmehr die Vulnerabilität für zukünftige Episoden zu reduzieren.

In der oben erwähnten großangelegten Untersuchung (Frank et al., 1990a) wurde ein fünfarmiges Design mit den Bedingungen monatliche „IPT-M", „IPT-M + Imi", „IPT-M + Plac", „Imi + Medication Clinic (MC)", und „Plac + MC" untersucht. Die Vorgehensweise bei der „Medication Clinic" entspricht ungefähr der des „Clinical Managements" in der NIMH-Studie von Elkin et al., (1989) und ist wie die IPT in einem Manual spezifiziert. Diese Intervention kann mit einem supportiven und ermutigenden nervenärztlichen Gespräch verglichen werden.

Insgesamt 128 Patienten mit rezidivierender und insgesamt relativ schwerer unipolarer Depression unterzogen sich während der akuten depressiven Episode einer Kombinationsbehandlung mit Imi + IPT-M. Die Psychotherapie wurde über einen Zeitraum von 12 Wochen zunächst wöchentlich, die nächsten acht Wochen 14tägig und schließlich im Rahmen einer Fortsetzungsbehandlung monatlich angeboten. Dies wurde so lange durchgeführt, bis die Symptome der Patienten insgesamt 20 Wochen lang remittierten. Danach wurden sie zufällig auf eine der fünf oben genannten Behandlungsbedingungen verteilt.

Wird nur die Länge der symptomfreien Zeit gewertet, schnitten „Imi + IPT-M" und „Imi + MC" am besten ab. Nur etwa 20 Prozent der Patienten dieser beiden Behandlungsgruppen erlitten in dem dreijährigen Untersuchungszeitraum einen Rückfall (s. Abb. 5.5).

Dies übertraf die Befunde aller früheren Studien zur prophylaktischen Depressionsbehandlung. Nach einem Jahr trat bei 18 Prozent der Patienten, die Imi + MC erhielten, ein Rezidiv auf. Im Vergleich dazu trat bei nur acht Prozent der kombiniert behandelten Patienten ein Rezidiv auf. Obwohl die Kombinationsbehandlung klinisch überlegen war, erreichte der Effekt keine statistische Signifikanz. Bei der Interpretation der Ergebnisse ist außerdem zu berücksichtigen, daß Imipramin mit der höchsten Dosis von 150 bis 300 Milligramm und IPT in der niedrigsten „Dosis" verabreicht wurde, die bisher bei der Langzeittherapie untersucht wurde. Der somit erzeugte Deckeneffekt erklärt möglicherweise, warum keine signifikanten Unterschiede entstanden, wenn Imipramin mit IPT-M versus nur mit Arztgesprächen kombiniert wurde. Diese Vermutung wird dadurch unterstützt, daß „IPT" und „IPT + Pla" signifikant wirksamer waren als „MC + Pla". Letztere Methode stellte sich als die am wenigsten wirksame Maßnahme heraus. Patienten in dieser Gruppe wurden mit 90prozentiger Wahrscheinlichkeit rückfällig, ein Ergebnis das sich nicht von dem zu erwartenden natürlichen Verlauf unterschied. Nach drei Jahren betrug die mittlere phasenfreie Dauer in der Placebogruppe 45 Wochen, in der „IPT-M + Placebogruppe" 74 Wochen, bei den ausschließlich mit IPT-M Behandelten 82 Wochen, bei den mit „Imi + MC" Behandelten 124 Wochen und in der Kombinationsbedingung „Imi + IPT-M" 131 Wochen. Damit war nachgewiesen, wie nützlich eine Langzeitbehandlung für die Prävention von depressiven Rückfällen beziehungsweise neuen Episoden ist.

Die rückfallfreie Zeit korrelierte nach Absetzen der Medikation signifikant und positiv mit der minimalen Fortsetzung der interpersonellen Psychotherapie, und dies ist das wichtigste Ergebnis mit Bezug auf die IPT. Patienten, die IPT-M erhielten, blieben fast doppelt solange ohne erneute Episode wie Patienten, die mit Placebo und ärztlichen Gesprächen behandelt wurden. Dieser Befund ist besonders relevant für diejenigen, die langfristig keine Medikamente nehmen wollen oder können. Dies ist beispielsweise bei einer geplanten Schwangerschaft der Fall. Selbst wenn die IPT-M nur monatlich alleine angewandt wird,

wirkt sie sich günstig auf das Neuerkrankungsrisiko aus. Eine integre spezifische Durchführung der IPT-M ging mit einer deutlichen Verlängerung der phasenfreien Zeit nach Absetzen der Medikation einher (Frank et al., 1991). Dazu muß sich der Therapeut eng an das im Manual beschriebene Vorgehen halten und der Patient und der Therapeut den interpersonellen Fokus über die Behandlungsdauer beibehalten. Derzeit wird in einer weiteren Studie von der Pittsburgher Gruppe untersucht, ob Patientinnen, die von Anfang an nur mit IPT behandelt werden, vor einer erneuten depressive Episode geschützt werden, wenn die Sitzungsfrequenz der IPT-M erhöht wird.

5.5.2.1 Langzeitform für ältere Depressive (IPT-LLM)

Mit einem sehr ähnlichen Design wird derzeit ebenfalls an der Universität Pittsburgh untersucht, wie wirksam die IPT-Erhaltungsform für Alterspatienten ist (Reynolds et al., 1992). Eine psychotherapeutische Maßnahme erscheint für diese Patientengruppe besonders sinnvoll, da ältere Menschen auf Pharmakotherapie häufig mit ungünstigen Nebenwirkungen reagieren. Das geringfügig modifizierte Behandlungsmanual (IPT-LLM, late-life maintenance; Frank et al., 1991) berücksichtigt insbesondere Probleme, die in höherem Alter verstärkt mit dem Auftreten einer Depression in Beziehung stehen. Dazu gehören beispielsweise die soziale Isolierung im Alter, zunehmende körperliche Beschwerden, vermehrte Verluste von Bezugspersonen der gleichen Altersgruppe, der Übergang zum Rentnerdasein und der Umgang mit dem Älterwerden sowie die zunehmende Abhängigkeit von anderen. Bei näherem Hinsehen wird deutlich, daß sich all diese Schwierigkeiten unter den ursprünglichen vier Problembereichen einordnen lassen. Zum Beispiel ist der Umgang mit dem Älterwerden als biologischer Rollenübergang zu verstehen. Der zunehmende Verlust wichtiger Bezugspersonen durch Tod kann im Rahmen der Trauer bearbeitet werden, und die verstärkte Abhängigkeit von anderen kann zu interpersonellen Auseinandersetzungen führen. Daß der ältere Patient sich isoliert fühlt, wird gegebenenfalls im Rahmen des Problembereiches soziale Defizite angesprochen. Vielleicht bestehen ja seit langem Muster zwischenmenschlicher Defizite und Vereinsamung, und die mangelnden Möglichkeiten sowie die verminderte Energie im Alter verstärken dieses Problem. Besteht die soziale Isolierung beispielsweise erst seit der Berentung, wird sie als altersbedingter Rollenwechsel verstanden.

Bei der „IPT-LLM" ist es erlaubt, die Sitzungsdauer flexibel zu gestalten. Gerade depressive Patienten im höheren Lebensalter sind manchmal nicht in der Lage, 50minütige Sitzungen durchzuhalten. Auch bezüglich der Fokusierung auf gegenwärtige Probleme wird den älteren Patienten mehr Freiheit als in der ursprünglichen Form eingeräumt, zumal gerade bei älteren Menschen möglicherweise öfter auf vergangene Beziehungen eingegangen werden muß. Insgesamt erfordert die psychotherapeutische Behandlung älterer Patienten, daß der Therapeut eine aktivere Haltung zeigt und häufiger direkte und praktische Hilfestellung bei der Bewältigung des Alltagslebens anbietet. Bei jüngeren Patienten arbeitet der Therapeut an entscheidenden Veränderungen in Beziehungen oder ermutigt sie unter Umständen sogar zum Beziehungsabbruch. Im Gegensatz dazu kann das angemessenere Ziel bei älteren Patienten darin bestehen, eine suboptimale Beziehung zu tolerieren und eher deren depressogene Auswirkungen auf den Patienten zu verringern. Auch andere Probleme von Menschen im hohen Lebensalter, so beispielsweise der Verlust materieller, physischer oder psychischer Möglichkeiten sowie die existentielle Auseinandersetzung mit dem Alter und dem bevorstehenden Tod,

sind nur sehr eingeschränkt einer Lösung zugänglich.

Es liegt eine vorläufige Zwischenauswertung der sich über drei Jahre erstreckenden Studie von Reynolds vor. Sie umfaßt 72 Alterspatienten mit einer wiederkehrenden Major Depression (Reynolds et al., 1992). In der Akutphase wurden alle Patienten mit einer Kombination von Nortriptylin (Nor) + „IPT-LLM" behandelt. Nach der Remissionsphase wurden die Patienten auf folgende Bedingungen randomisiert: „Nor + MC", „Nor + IPT-LLM", „Pla + IPT-LLM", und „Pla + MC". Die Ergebnisse zeigten, daß 79 Prozent der Patienten, die mit „Nor + IPT-LLM" behandelt wurden, eine volle Remission erreichten. 16 Prozent sprachen nicht auf die Behandlung an. Drei Prozent erzielten eine teilweise Remission. Hinsichtlich der Remissionsrate zeigte sich kein Unterschied zwischen den Gruppen „frühes Alter bei Beginn" versus „spätes Alter bei Beginn". Während der Phase des doppelblinden Absetzens von Nortriptylin bei Randomisierung auf eine der nichtmedikamentösen Bedingungen erlitten 24 Prozent einen Rückfall. Keiner der Patienten, die auf eine der Nortriptylin-Bedingungen randomisiert wurden, erlitt einen Rückfall.

Die Autoren folgern daraus, daß die Kombinationstherapie sowohl in der Akutbehandlung als auch als Erhaltungstherapie mit einem guten Behandlungserfolg und einer relativ geringen Drop-out-Rate verbunden zu sein scheint. Während des doppelblinden Absetztens der Medikation war jedoch mit einer Wahrscheinlichkeit von 25 Prozent ein Rückfall zu beobachten.

5.5.3 Weitere IPT-Modifikationen für depressive Störungen

Die meisten der modifizierten IPT-Formen wurden noch gezielter auf die spezifischen Besonderheiten der jeweiligen Patientengruppe zugeschnitten, um die Behandlung der Depression zu optimieren. Dies trifft beispielsweise für Alterspatienten oder auf Adoleszenten zu. Auch die Konzentration auf bestimmte Probleme wie beispielsweise Ehekonflikte oder HIV-Infektionen oder die Auswahl eines bestimmten Settings wie beispielsweise ein stationärer Rahmen verbessert den Behandlungserfolg.

5.5.3.1 Interpersonelle Psychotherapie für jugendliche Depressive (IPT-A)

Nicht nur für ältere, sondern auch für jugendliche Depressive liegt eine speziell auf die Merkmale dieser Patientengruppe adaptierte Form der IPT vor. Die IPT-A (A für adolescents) stammt von Mufson et al., (1993) und fügt den vier herkömmlichen einen fünften Problembereich an. Es ist die „Familie mit einem alleinerziehenden Elternteil". Die ersten Ergebnisse aus einer offenen Pilotstudie sind insgesamt ermutigend (Mufson et al., 1993, 1994). Eine kontrollierte Untersuchung, in der IPT-A mit einer unspezifischen problemlöseorientierten Behandlung (case management) verglichen wird, wird derzeit durchgeführt.

5.5.3.2 Interpersonelle Psychotherapie als Paartherapie (IPT-CM)

Da eheliche Konflikte für das Auftreten einer depressiven Episode von großer Bedeutung sind, wurde eine paartherapeutische Version der IPT für depressive Patienten mit Eheproblemen konzipiert (Conjoint Marital, IPT-CM). Eine detaillierte Beschreibung dieser Intervention findet sich bei Weissman und Klerman (1993b). Auch an diesem Beispiel läßt sich zeigen, daß sich die Begründer der IPT bei der Optimierung ihres Ansatzes in pragmatischer und nichtkonfessioneller Weise nach empirischen Befunden richten. Sie sind an einer Verbreitung der adaptierten Formen erst interessiert, wenn ihre Wirksamkeit nachgewiesen

ist. Bei der IPT-CM wird mit interpersonellen Auseinandersetzungen in der Ehe oder Partnerschaft explizit nur einer der vier definierten Problembereiche fokussiert. Hierbei soll in erster Linie die dysfunktionale Kommunikation des Paares analysiert und verändert werden. Der Partner nimmt deswegen an allen Sitzungen teil.

Eine Pilotstudie von Foley und Kollegen (1989) an 18 depressiven Patienten mit einer Depression im Rahmen von Eheproblemen, erbrachte im Vergleich zur herkömmlichen IPT eine signifikant ausgeprägtere Verbesserung der ehelichen Beziehung und der affektiven Ausdrucksfähigkeit. Die Symptomreduktion sowie der Grad sozialer Anpassung waren unter beiden Bedinungen gleich.

5.5.3.3 Interpersonelle Psychotherapie für HIV-positive Depressive (IPT-HIV)

Von Markowitz, Klerman und Perry (1992) stammt eine Modifikation für HIV-positive depressive Patienten. Die Modifikationen beziehen sich in erster Linie auf die besonderen Probleme dieser Patientengruppe: Die ständige Konfrontation nicht nur mit dem eigenen, sondern auch dem Tod von Freunden oder anderen Mitgliedern der sozialen Gruppe des Patienten und die zahlreichen Rollenwechsel bedingt durch die Infektion mit dem tödlichen Virus. Der Kurzzeitcharakter der Intervention entspricht ganz speziell den Bedürfnissen dieser Patienten, da dem Faktor Zeit im Leben der Betroffenen eine besondere Bedeutung zukommt.

In einer offenen Pilotstudie sprachen 20 von 23 Patienten nach durchschnittlich 16 Sitzungen mit einer deutlichen Symptomreduktion an. Eine kontrollierte Studie über eine Behandlungsdauer von 16 Wochen von Markowitz und seiner Gruppe, bei der IPT-HIV mit kognitiver Verhaltenstherapie, supportiver Psychotherapie und Imipraminbehandlung einschließlich supportiver

Tabelle 5.3 Struktur und Ablauf der IPT zur stationären Gruppenbehandlung (Nach Wahl 1994, S. 187)

1. Therapieabschnitt:	Erfassung aller depressiven Facetten im Kontext mit momentanen und vergangenen Beziehungskonstellationen, Erarbeitung eines plausiblen interpersonellen Erklärungsmodells der depressiven Erkrankung und Entwicklung einer motivierenden Behandlungsstrategie.
2. Therapieabschnitt:	Die Thematisierung der interpersonellen Problembereiche als auslösende und/oder aufrechterhaltende Bedingungen der depressiven Störung. Bestimmung der depressiogenen Beziehungsaspekte und deren Veränderungsmöglichkeiten.
3. Therapieabschnitt:	Bearbeitung einzelner interpersoneller Problembereiche: – Trauer und Verlust – Interpersonelle Dissonanzen und Konflikte – Entwicklungs- und sozioökologisch bedingter Rollenwechsel – Interpersonelle Defizite
4. Therapieabschnitt:	Explizite Auseinandersetzung mit dem Therapieende. Überprüfung der Therapiefortschritte und der noch zu erledigenden Arbeiten im Sinne des Hinführens des Patienten zur Anerkennung der neugewonnenen Selbstkompetenz und Autonomie.

Psychotherapie verglichen wird, wird gerade durchgeführt. Erste vorläufige Ergebnisse erbrachten, daß die IPT-HIV der supportiven Psychotherapie überlegen war (Markowitz et al., 1995).

5.5.3.4 Interpersonelle Psychotherapie bei Dysthymie (IPT-D)

Bei der Version der IPT für dysthyme Patienten (Mason, Markowitz, Klerman, 1993) sollen die Patienten erkennen, welche der von ihnen als persönlichkeitsbedingt angesehenen Aspekte in Wirklichkeit von der chronisch depressiven Symptomatik bestimmt werden und veränderbar sind. Außerdem wird die langanhaltende depressive Symptomatik als relativ vertraute, wenn auch unfreiwillige „Rolle" per se definiert. Von ihr nimmt der Patient während der Behandlung im Rahmen eines Rollenwechsels Abschied und bereitet sich auf die neue Rolle eines Gesunden vor.

Wider Erwarten konnte in zwei offenen Pilotstudien sogar bei lebenslang chronisch dysthymen Patienten nach 16 Sitzungen eine Verbesserung der Depression festgestellt werden. Von 16 Pilotpatienten remittierten elf, und bei keinem trat eine Verschlechterung ein (Markowitz, 1995; Kocsis et al., 1988). Die IPT erwies sich außerdem als

wirksamer im Vergleich zu einer supportiven Therapie. Aufgrund der vielversprechenden Ergebnisse der Pilotuntersuchungen ist eine Vergleichstudie von IPT-D, Pharmakotherapie und Placebo geplant.

5.5.3.5 Interpersonelle Psychotherapie als Gruppenbehandlung für stationäre Depressive

Die IPT wurde in den USA bisher ausschließlich an ambulanten Patientenstichproben überprüft. Eine Ausnahme war lediglich die Prüfung der IPC für stationäre Patienten mit einer körperlichen Erkrankung. Vielleicht rührt das daher, daß die stationäre Aufenthaltsdauer in amerikanischen Psychiatrien bei depressiven Patienten nur in Ausnahmefällen einen Zeitraum von 14 Tagen übersteigt. Und daher ist es kaum verwunderlich, daß die erste Studie zur Wirksamkeit der IPT, die an stationären Depressiven durchgeführt wurde, aus Deutschland stammt (Wahl, 1994). Gleichzeitig handelt es sich bei dieser Studie um die erste veröffentlichte IPT-Untersuchung aus dem deutschsprachigen Raum überhaupt. Bei der IPT-Behandlung wurden gleich zwei Modifikationen vorgenommen. Eine Modifikation betraf den stationären Rahmen, die andere das Gruppensetting. Zu dieser Zeit lag eine deutschsprachige Version des Manuals von Klerman et al., (1984) noch nicht vor.

Anstelle der herkömmlichen drei Therapieabschnitte ist diese Form in vier Phasen unterteilt (s. Tab. 5.3). Dabei ist die Anfangsphase der ursprünglichen Individualtherapie in zwei Abschnitte gegliedert, wobei der erste Teil vorwiegend didaktischen Charakter hat.

Der zweite Teil ist eher explorierend mit dem Ziel, für jeden einzelnen Patienten eine Problemdefinition zu finden. Im dritten Teil werden zwei der insgesamt vier Problemfelder durchgearbeitet. Anhand welcher Kriterien die Problembereiche für die Therapiegruppe ausgewählt werden und ob ein adaptiertes Manual existiert, bleibt in der Veröffentlichung von Wahl (1994) unklar.

Insgesamt 53 hospitalisierte Patienten mit einer Major Depression wurden den beiden Bedingungen „Kognitive Gruppentherapie" oder „Interpersonelle Gruppentherapie" nach dem Zufallsprinzip zugeteilt. Auf eine Kontrollgruppe wurde aus ethischen Gründen verzichtet. Beide Behandlungsmodalitäten liefen als geschlossene Therapiegruppen über 18 Sitzungen und einen Zeitraum von sechs Wochen mit wöchentlich drei Gruppensitzungen zu je 90 Minuten. Als Ergebnis wird von Wahl (1994, S. 248ff) festgehalten, daß sich sowohl kognitive als auch interpersonelle Gruppentherapie unter stationären Bedingungen als gleichermaßen wirkungsvolle Methoden in symptomvermindernder wie auch in persönlichkeitsbezogener rekompensierender Weise erwiesen. Die Bewertung der Effektivität der IPT wird von Wahl als den Befunden der renommierten Studie von Elkin et al. (1998) ebenbürtig bezeichnet.

5.5.3.6 Interpersonelle Psychotherapie bei postpartum Depression

An der Universität Iowa wurde von Scott und O'Hara (1995) eine abgewandelte Form der IPT zur Behandlung der postpartum Depression entwickelt. Da viele dieser Frauen stillen, stellen Psychopharmaka keine geeignete Behandlungsalternative dar. Der Schwerpunkt dieser IPT-Modifikation liegt darauf, Rollenwechsel und ehelichen Spannungen zu bewältigen, die häufig nach der Geburt eines Kindes oder im Rahmen der Depression auftreten können.

In einer offenen Pilotstudie wurden sechs postpartum Patientinnen mit einer Major Depression 12 Wochen lang mit der IPT behandelt. Alle Patientinnen remittierten im Verlauf der Behandlung. Außerdem verbesserte sich die Anpassung im sozialen und ehelichen Bereich signifikant.

5.5.4 IPT bei anderen Störungsbildern

Die IPT wurde insbesondere für solche Störungsformen adaptiert, bei denen depressive Symptome eine wichtige Rolle spielen. Entsprechende Versionen liegen beispielsweise für Patienten in akuten Belastungssituationen oder für Patienten mit bipolaren oder Eßstörungen vor. Bei der Behandlung dieser Störungen zielt die IPT jedoch nicht ausschließlich auf die depressive Symptomatik ab. Sie beschäftigt sich auch mit dem zugrundeliegenden oder dem im Vordergrund stehenden Störungsbild.

5.5.4.1 Interpersonelle Beratung bei akuter Belastung (IPC)

Die IPT wurde als kurze psychosoziale Intervention adaptiert, die in der Primärversorgung angewandt werden kann. Probleme bei der Lebensbewältigung sowie Symptome von Angst und Depression gehören zu den Hauptgründen, aus denen Primärversorgungseinrichtungen aufgesucht werden (Hoeper et al., 1979). Die IPC (Interpersonal Counseling; Weissman, Klerman, 1993a) umfaßt sechs halbstündige Beratungssitzungen und ist auf Patienten zugeschnitten, die unter den bereits genannten Problemen leiden, jedoch keine spezifische psychiatrische Störung aufweisen. IPC soll nach einem Training von Pflegekräften durchgeführt werden können, wobei hier zu beachten ist, daß sich die Ausbildung der Pflegekräfte in den USA erheblich von der in Deutschland unterscheidet. Der Schwerpunkt der Therapie liegt darauf, die soziale Rollenerfüllung und die berufliche Leistungsfähigkeit des Patienten wieder herzustellen. Typischerweise wurde beides durch aktuelle Lebensveränderungen, beispielsweise im familiären Bereich, beeinträchtigt.

In einer Pilot-Untersuchung von Klerman et al., (1987) erwies sich die IPC als gut durchführbar und wirksam. Im Vergleich zur Kontrollgruppe, die wie üblich behandelt wurde, konnte nach einem Zeitraum von durchschnittlich drei Monaten eine signifikant höhere Symptomreduktion nachgewiesen werden.

IPC führte allerdings zu einer höheren Inanspruchnahme des psychiatrisch-psychologischen Versorgungssystems. Dieser Effekt war eigentlich nicht erwartet worden. Offensichtlich sensibilisierte IPC die Patienten dafür, die psychologische Grundlage ihrer Probleme wahrzunehmen.

5.5.4.2 Interpersonelle Beratung für stationäre Patienten mit einer körperlichen Erkrankung

Mossey, Knott und Katz (1992) wandten den Ansatz der IPC bei stationären Patienten an, die zusammen mit einer körperlichen Erkrankung depressive Symptome aufwiesen. Die Stichprobe bestand aus über 60jährigen Patienten, die wegen einer körperlichen Erkrankung stationär aufgenommen waren und unter depressiven Symptomen, jedoch nicht unter einer Major Depression, litten. Sie wurden entweder der IPC oder einer herkömmlichen Behandlung

zugeteilt und mit einer nicht-depressiven Kontrollgruppe verglichen.

Obwohl die Studie noch nicht abgeschlossen ist, liegen bereits vorläufige Ergebnisse für die ersten 37 Patienten vor. Drei Monate nach der IPC-Behandlung hatten sich bei diesen Patienten die depressiven Symptome reduziert. Dagegen war bei den Kontrollpersonen ein leichter Anstieg der Symptome zu verzeichnen. Die Anzahl stationärer Wiederaufnahmen war bei der IPC-Gruppe und der nicht-depressiven Gruppe ungefähr gleich und war auch deutlich geringer als in der depressiven Kontrollgruppe.

5.5.4.3 Interpersonelle Therapie unter Regulierung der sozialen Rhythmik bei bipolaren Störungen (IP/SRT)

Die Modifikation der IPT für bipolare Störungen berücksichtigt neben der interpersonellen Problematik zusätzlich in besonderem Maße den sozialen Lebensrhythmus des Patienten, der mit Hilfe verhaltenstherapeutischer Techniken reguliert wird (Frank et al., 1990b). Diese Regulation basiert auf der Beobachtung, daß viele bipolare Patienten weniger stimmungslabil sind, wenn ihre täglichen Aktivitäten einem regelmäßigen Ablauf unterliegen. Dies betrifft insbesondere den Schlafrhythmus, aber auch die Essenszeiten, die Arbeitstätigkeit sowie körperliche oder soziale Aktivitäten. Der Patient protokolliert unter fortwährender Selbstbeobachtung seine Aktivitäten und überprüft sie gemeinsam mit dem Therapeuten auf ihre Regelmäßigkeit. Falls erforderlich wird der soziale Rhythmus des Patienten so ausbalanciert, daß eine gewisse Gleichmäßigkeit beibehalten werden kann, die für ihn weder eine Unternoch eine Überforderung darstellt. Dadurch soll das Risiko vermindert werden, daß er erneut eine manische oder auch depressive Phase auftritt. Die IP/SRT ist eine prophylaktische Behandlung, die sich insgesamt in zunächst 14tägigen, dann in den letzten zwei Jahren monatlichen Abständen über einen Zeitraum von drei Jahren erstreckt und stark am präventiven Vorgehen orientiert ist. Die IP/SRT legt einen weiteren Schwerpunkt darauf, die Residualsymptomatik zu bewältigen. Ebenso sollen die psychosozialen Folgen der manischen oder depressiven Episoden bewältigt werden. Hierzu gehört es beispielsweise, sich damit auseinanderzuetzen, daß bestimmte Lebenspläne durch die Krankheit aufgegeben werden mußten. Bei diesem Ansatz werden zum ersten Mal explizit interpersonelle Elemente mit einem verhaltenstherapeutischen Vorgehen kombiniert (Zusammenfassung bei Schramm, 1997).

Derzeit wird die Wirksamkeit der IP/SRT in Kombination mit Pharmakotherapie in einer großangelegten Vergleichsstudie an der Pittsburgher Universitätsklinik von der Arbeitsgruppe um Professor Frank untersucht.

5.5.4.4 Interpersonelle Psychotherapie bei Eßstörungen

Auch bei bulimischen Störungen kann die IPT zum Einsatz kommen. Von Fairburn et al., (1991) wurde im Rahmen einer kontrollierten Therapievergleichsstudie eine für die Bulimie nur geringfügig modifizierte Form der IPT mit KVT und einem vereinfachten Verhaltenstherapieprogramm verglichen. Die Modifikationen bezogen sich hier lediglich auf die Anfangssitzungen. Zum Beispiel wurde zu Beginn der Therapie der interpersonelle Kontext, in dem sich die Eßstörung entwickelt hat, exploriert. In der Originalversion wird ja der interpersonelle Kontext der Depression exploriert. Der psychoedukative Teil, der üblicherweise in die initiale Phase fällt, wurde dabei allerdings nicht beachtet. Die weitere Behandlung folgte weitgehend dem Originalmanual zur Depressionsbehandlung. Auf die Eßproblematik durfte explizit nicht mehr eingegan-

gen werden (Fairburn, 1993), während hingegen die beiden anderen Modalitäten spezifisch auf das Störungsbild der Bulimie zugeschnitten waren. Die beschriebenen Modifikationen der IPT dienten also nicht – wie im Falle der anderen bereits ausgeführten Adaptionen – dazu, den IPT-Ansatz für Bulimiepatienten zu optimieren. Vielmehr sollten sie möglichst scharf die IPT von der KVT und der VT abgrenzen. Die Autoren wollten also hauptsächlich der bereits bewährten kognitiven Therapiebedingung (Fairburn et al., 1986) zwei psychologische Kontrollbedingungen gegenüberstellen.

75 Patienten mit Bulimia Nervosa wurden in jeweils 19 Sitzungen entweder mit KVT, IPT oder einem vereinfachtem Verhaltenstherapieprogramm behandelt. Nach 12 Monaten war eine Katamnese vorgesehen. Die erzielten Ergebnisse konnten demonstrieren, wie wirksam alle drei Behandlungsformen waren. Kriterien für diese Wirksamkeit waren die Psychopathologie, die Häufigkeit des Überessens sowie die Anzahl der Freßattacken. Insgesamt jedoch zeigte sich die KVT gegenüber den anderen beiden Bedingungen überlegen. Dies galt vor allem für die Häufigkeit von selbstinduziertem Erbrechen, die extremen Diätmaßnahmen und die Veränderung von Einstellungen gegenüber Figur und Gewicht. Da die KVT ja gezielt auf diese Probleme eingeht, ist dieser Befund eigentlich kaum überraschend. Bemerkenswert und unerwartet ist die Auswirkung der IPT auf die Eßsymptomatik , da ja das bulimische Verhalten nach den Anfangssitzungen nicht mehr angesprochen wird. Das Follow-up nach einem Jahr erbrachte wieder gleichermaßen substantielle und dauerhafte Behandlungseffekte in der KVT und der IPT-Gruppe, wobei die Veränderungen bei den mit IPT behandelten Patienten insgesamt länger auf sich warten ließen. Die VT war nun deutlich weniger wirksam als die KVT oder die IPT.

Obwohl die Ergebnisse dieser Studie vielversprechend sind, beruhen sie auf einer relativ kleinen Stichprobe. Eine größer angelegte Multizenterstudie in der KVT und IPT bei der Behandlung der Bulimie miteinander verglichen werden, wird gerade durchgeführt.

Wilfley et al., (1993) baute auf dem Konzept und den Erfahrungen Fairburns und seiner Arbeitsgruppe auf und entwickelte eine spezielle Form der IPT als Gruppenbehandlung für Patientinnen, die die DSM-III-R Kriterien für Bulimia Nervosa bis auf das C-Kriterium erfüllten. Um dieses Kriterium zu erfüllen, müssen die Patientinnen mit aktiven Maßnahmen, wie beispielsweise Erbrechen, verhindern, daß sie an Gewicht zunehmen. Die Version wurde an 56 Patientinnen mit Bulimie mit der KVT und einer Warteliste-Bedingung (WL) verglichen. Es wurden insgeamt 16 Sitzungen von 90minütiger Dauer abgehalten, wobei jede Woche eine Sitzung stattfand. Beide aktiven Therapien reduzierten im Gegensatz zur WL die Eßanfälle signifikant. IPT erwies sich dabei der KVT sogar als tendeziell, jedoch statistisch nicht signifikant, überlegen. Nach einem Jahr war die Anzahl der Freßattacken immer noch geringer als vor Beginn der Behandlung.

5.5.4.5 Interpersonelle Psychotherapie bei Drogenmißbrauch

Eine modifizierte Form der IPT wurde an opiat– sowie an kokainabhängigen Patienten untersucht (Rounsaville et al., 1983; Rounsaville, Kleber, 1985). In der an erster Stelle erwähnten Studie nahmen 72 opiatabhängige Patienten teil. Sie erhielten neben der IPT-Behandlung auch eine wöchentlichen Gruppentherapie und konnten ein Methadonprogramm mit täglichen Kontakten nutzen. Die interpersonelle psychotherapeutische Behandlung erbrachte keinen zusätzlichen Vorteil gegenüber der Kontrollbedingung. Letztere beinhaltete außer den oben erwähnten Maßnahmen anstelle der IPT niedrigfrequente therapeu-

tische Kontakte. Der Therapieerfolg wurde in verschiedenen Bereichen erfaßt, wie beispielsweise in der Veränderung der depressiven Symptomatik, der allgemeinen psychiatrischen Symptomatik, der Persönlichkeitsstruktur, der sozialen Leistungsfähigkeit sowie in der Veränderung der vom Patienten ausgewählten Problembereiche. Insgesamt erwiesen sich beide Behandlungsbedingungen als gleichermaßen wirksam. Die Kombination der IPT mit der Standardbehandlung erbrachte also keinen zusätzlichen Gewinn. Die Interpretation der Ergebnisse ist allerdings durch eine hohe Abbrecherquote kompliziert.

Auch in der Behandlung Kokainabhängiger erbrachte die IPT keine überzeugenden positiven Befunde (Rounsaville, Kleber, 1985). Bei dieser abgewandelten Form der IPT sollte nicht die depressiven Symptomatik, sondern der Kokainkonsum reduziert werden. 42 Kokainabhängige wurden für 12 Wochen den zwei Bedingungen „Rückfallprävention" oder „IPT" zugewiesen. Die Rückfallprävention war ein strukturierter verhaltenstherapeutischer Ansatz. Hier wurden keine signifikanten Unterschiede zwischen beiden Bedingungen hinsichtlich der Anzahl von abstinenten Wochen erzielt. Unter der Verhaltenstherapie war es in der Gruppe der schwerer gestörten Patienten wahrscheinlicher, daß sie abstinent blieben.

5.5.4.6 Interpersonelle Psychotherapie bei Insomnie (IPT-I)

Dem komplexen Beschwerdebild der Insomnie wird eine rein symptomspezifisch ausgerichtete Therapie meist nicht gerecht. Die IPT-I (Schramm, 1994) gründet die Kombination psychoedukativer Elemente mit einem interpersonellen Ansatz sowohl auf klinische Erfahrung als auch auf Ergebnissen wissenschaftlicher Untersuchungen. Sie belegen, daß belastende Lebensereignisse, insbesondere interpersoneller Art, sowie Verlustereignisse signifikant mit dem Auftreten von Insomnie verknüpft sind (Kales u. Kales, 1984). Umgekehrt kann die Schlafstörung die Lebensqualität beeinträchtigen und psychosoziale Probleme verursachen.

Der Schwerpunkt der IPT-I liegt auf dem Umgang mit der Insomnie selbst. Darin grenzt sie sich von der ursprünglichen IPT ab. Zu diesem Schwerpunkt, der während der ganzen Therapie hindurch beibehalten wird, gehört unter anderem eine umfassende schlafhygienische Beratung. Auch wird Wissen über wichtige Mechanismen des Schlafes vermittelt. In Anlehnung an das IPT-Manual zur Behandlung bipolarer Störungen (Frank et al., 1990b) spielt außerdem die Regulierung der sozialen Rhythmen, und dabei ganz besonders des Schlaf-Wach-Rhythmus des Patienten eine wichtige Rolle. Schlafgestörte Patienten weisen oftmals einen deutlich unregelmässigen Tages- und auch Nachtablauf auf. Die Instabilität sozialer Rhythmen kann bei vulnerablen Personen zur Instabilität spezifischer biologischer Rhythmen führen. Hiervon ist insbesondere der Schlaf betroffen. Dadurch können wiederum andere Körperfunktionen außer Balance geraten, indem sie durch einen unregelmäßigen Schlafrhythmus zeitlich verschoben werden. Indem die sozialen Rhythmen reguliert werden, können günstige Bedingungen für regelmäßigen guten Schlaf geschaffen werden.

Im mittleren Teil der Behandlung wird vorwiegend an einem der vier interpersonellen Problembereiche gearbeitet. Insomniepatienten fällt es häufig schwer, ihre Störung mit psychisch bedingten Schwierigkeiten in Verbindung zu bringen und sie sind nicht selten ausschließlich auf den gestörten Schlaf fixiert. Deswegen ist es zu Beginn der Therapie wichtig, den Patienten ein plausibles Störungsmodell anzubieten, das die Insomnie mit interpersonellen Problemen verknüpft. Die IPT-I soll den Patienten helfen, ihre Schlafschwierigkeiten auch unter anderen Blickwinkeln sehen zu

können. Dadurch gewinnen sie auch einen Zugang zu anderen Kontrollmöglichkeiten.

Die IPT-I wurde in einer Pilotstudie mit Progressiver Muskelrelaxation nach Jacobson verglichen. Die PR ist ein bewährtes Verfahren zur nichtmedikamentösen Behandlung von Insomnie. Eine erste Auswertung der Ergebnisse erbrachte, daß sich die objektiven Schlafparameter wie Schlafzeit, Schlafeffizienz und nächtliche Wachzeit nur in einer Therapiebedingung, nämlich der IPT-I, verbesserten. Wurde die Schlafqualität und die Tagesbefindlichkeit subjektiv eingeschätzt, zeigte sich in beiden Gruppen eine positive Veränderung. Patienten, die mit IPT-I behandelt wurden, gaben an, insbesondere im zwischenmenschlichen Bereich von der Therapie profitiert zu haben (Schramm, Müller-Popkes, in Vorbereitung).

5.5.5 Zusammenfassung der Forschungsergebnisse

Die IPT ist trotz ihres relativ jungen Alters bereits umfassend untersucht. Mehrere gut kontrollierte Studien der letzten 20 Jahre haben das gute Wirksamkeitsprofil dieses Ansatzes belegt. Die IPT weist insgesamt im Vergleich zu anderen Psychotherapieformen eine überdurchschnittliche Effektstärke auf (Grawe, Donati, Bernauer, 1994). Es muß jedoch an dieser Stelle angemerkt werden, daß sich die berichteten Befunde vorwiegend auf statistische Effekte beziehen. Im klinischen Bereich hat sich die Kurzbehandlung der Depression mit IPT zur akuten Symptomreduktion zwar bewährt, der dadurch erreichte Schutz vor dem Wiederauftreten depressiver Episoden ist jedoch umstritten. Zur rezidivprophylaktischen Behandlung wurde aus diesem Grund eine spezifische Erhaltungsform der IPT entwickelt.

Die Qualität der Forschungsarbeiten kann bis auf wenige Ausnahmen als sehr anspruchsvoll bezeichnet werden. Die IPT wurde als Einzelbedingung, im Vergleich zu oder in Kombination mit medikamentöser Therapie an meist großen Patientenstichproben überprüft. Fast alle Studien wurden an ambulanten depressiven Patienten durchgeführt.

Faßt man die empirischen Befunde zusammen, so darf konstatiert werden, daß IPT bei der Akut-, Erhaltungs- und prophylaktischen Therapie selbst schwerer depressiver Erkrankungen ohne psychotische Symptomatik eine brauchbare Alternative oder auch eine sinnvolle Ergänzung zu pharmakotherapeutischen Maßnahmen darstellt. Dies kann besonders für Patienten nützlich sein, die keine Medikamente nehmen können, wollen oder nicht darauf ansprechen.

Wie bei anderen effektiven Behandlungsformen wurde auch bei der IPT versucht, sie auf neue Anwendungsbereiche auszudehnen. Modifikationen sind an der ursprünglich postulierten Zeitdauer wie beispielsweise der Erhaltungsform und der Kurzberatung vorgenommen worden. Sie beziehen sich auch auf die spezifische Störungsform wie beispielsweise die Eßstörungen, die Dysthymie und die bipolaren Störungen oder auf bestimmte Charakteristika von Patienten wie beispielsweise Jugendliche oder Alterspatienten. Die meisten Modifikationen werden ausführlich bei Klerman und Weissman (1993) beschrieben. Die ersten Ergebnisse zu den modifizierten Formen sind sehr ermutigend. Davon ausgenommen sind lediglich die beiden Studien, in denen sich IPT bei der Behandlung von Opiat- bzw. Kokainabhängigen als nicht besonders erfolgreich erwies.

Grawe, Donati und Bernauer (1994) bezeichnen in ihrer umfassenden Metaanalyse die Wirkungsbilanz der IPT als „außerordentlich positiv". Sie werteten die Ergebnisse der „rigorosen Wirksamkeitsüberprüfung, bei der die IPT mit den bisher besten bekannten Depressionsbehandlungen verglichen wurde (als) glänzenden Erfolgsausweis für die noch junge IPT". Die IPT kann nachgewiesenermaßen zu den ef-

fektivsten Depressionsbehandlungen gerechnet werden und erwies sich bei der Behandlung von schweren Depressionen sogar der kognitiven Therapie als überlegen und der pharmakologischen Therapie als ebenbürtig. Ob sie gegenüber den bewährten Depressionstherapien klinische Vorteile auf anderen Ebenen aufzuweisen hat, wird im folgenden Kapitel besprochen.

▌ Literatur

Barnett PA, Gotlib IH. Psychosocial functioning and depression: Distinguishing among antecedents, concomitants, and consequences. Psychol Bull 1988; 104:97-126.

Beach SRH, Arias I, O'Leary KD. The relationship of marital satisfaction and social support to depressive symptomatology. J Psychopath Behav Assessment 1987; 8:305-16.

Beach SRH, O'Leary KD. Treating depression in the context of marital discord: Outcome and predictors of response of marital therapy versus cognitive therapy. Behav Therapy 1992; 23:507-28.

Biglan A, Hops H, Sherman L, Friedman LS, Arthur J, Osteen V. Problem-solving interactions of depressed women and their husbands. Behav Therapy 1985; 16:431-51.

Blazer DG, Kessler RC, McGonagle KA, Swartz MS. The prevalence and distribution of Major Depression in a national community sample: The National Comorbidity Survey. Am J Psychiatry 1994; 151:979-86.

Bohus M, Berger M. Der Beitrag biologisch-psychiatrischer Befunde zum Verständnis depressiver Erkrankungen. Zeitschrift für Klinische Psychologie 1992; 2:156-71.

Bowlby J. Attachment. New York: Basic Books 1969.

Brim JA, Witcoff C, Wetzel RD. Social network characteristics of hospitalized depressed patients. Psychol Reports 1982; 50:423-33.

Brown GW, Harris TO, Peto J. Life events and psychiatric disorders, II: nature of causal link. Psychol Med 1973; 3:159-76.

Brown GW, Harris TO. Social Origins of Depression: A Study of Psychiatric Disorders in Women. London: Tavistock 1978.

Brown GW, Harris TO. Establishing causal links: The Bedford College studies of depression. In: Katschnig H (ed). Life Events and Psychiatric Disorders: Controversial Issues. Cambridge: Cambridge University Press 1986.

Brown GW, Harris TO, Bifulco A. Long-term effects of early loss of parent. In: Rutter M, Izard CE, Read PB (eds). Depression in Young People: Developmental and Clinical Perspectives. New York: Guilford 1986.

Brugha T, Conroy R, Walsh N, Delaney W, O'Hanlon J, Dondero E, Daly L, Hickey N, Bourke G. Social networks, attachments and support in minor affective disorders: A replication. Br J Psychiatry 1982; 141:249-55.

Chevron ES, Rounsaville BJ, Rothblum ED, Weissman MM. Selecting psychotherapists to participate in psychotherapy outcome studies. J Nerv Ment Dis 1983; 171(6):348-53.

Cohen MB, Baker G, Cohen RA, Fromm-Reichman F, Weigert EA. An intensive study of 12 cases of manic depressive psychoses. Psychiatry 1954; 17:103-37.

Costello CG. Social factors associated with depression: A retrospective community study. Psychol Med 1982; 12:329-39.

Elkin I, Shea T, Watkins JT, Imber SS, Sotsky SM, Collins JF, Glass DR, Pilkonis PA, Leber WR, Docherty JP, Fiester SJ, Parloff MB. National Institute of Mental Health Treatment of Depression Collaborative Research Program: General effectiveness of treatment. Arch Gen Psychiatry 1989; 46:971-82.

Elkin I. The NIMH Treatment of Depression Collaborative Research Program: where we began and where we are. In: Bergin AE u. Garfield SL (eds). Handbook of psychotherapy and behavior change, 4th edn. New York: Wiley u. Sons 1994.

Fairburn CG, Kirk J, O'Connor ME, Cooper PJ. A comparison of two psychological treatments for bulimia nervosa. Behav Res Therapy 1986; 24:629-43.

Fairburn CG, Jones R, Peveler RC, Carr SJ, Solomon RA, O'Connor ME, Burton J, Hope RA. Three psychological treatments for bulimia nervosa. Arch Gen Psychiatry 1991; 48:463-9.

Fairburn CG. Interpersonal psychotherapy for bulimia nervosa. In: Klerman GL, Weissman MM (eds). New Applications of Interpersonal Psychotherapy. Washington: American Psychiatric Press 1993; 353-78.

Fincham FD, Beach SRH, Bradbury TN. Marital stress, depression, and attributions: is the marital distress-attribution association an artifact of depression? J Consult Clin Psychol 1989; 57:768-71.

Foley SH, Rounsaville BJ, Weissman MM, Sholomskas D, Chevron ES. Individual versus conjoint interpersonal psychotherapy for depressed patients with marital disputes. Int J Fam Psychiatry 1989; 10:29-42.

Frank E, Kupfer D, Perel J, Cornes C, Jarret D, Mallinger A, Thase M, McEachran A, Grochocinski V. Three-year outcomes for maintenance therapies in recurrent depression. Arch Gen Psychiatry 1990a; 47:1093-9.

Frank E, Frankel D, Carter S, Cornes C, Kupfer DJ. Manual for the adaptation of interpersonal psychotherapy to the treatment of bipolar disorders. Unpublished manuscript, University of Pittsburgh 1990b.

Frank E, Kupfer DJ, Wagner EF, McEachran AB, Cornes C. Efficacy of interpersonal psychotherapy as a maintenance treatment of recurrent depression: contributing factors. Arch Gen Psychiatry 1991; 48:1053-9.

Frank E, Frank N, Cornes C, Imber S, Morris S, Reynolds CF. Interpersonal psychotherapy in the treatment of late-life depression. Unpublished manuscript, University of Pittsburgh 1991.

Gotlib IH. Self-reinforcement and depression in interpersonal interaction: The role of performance level. J Abnorm Psychology 1982; 91:3-13.

Gotlib IH, Whiffen VE. Stress, coping, and marital satisfaction in couples with a depressed wife. Canadian J Behav Sciences 1989; 21:401-18.

Gotlib IH. An interpersonal systems approach to the conceptualization and treatment of depression. In: Ingram RE (ed) Contemporary Psychological Approaches to Depression. New York: Plenum Press 1990. 137-54.

Grawe K, Donati R, Bernauer F. Psychotherapie im Wandel – Von der Konfession zur Profession (3. Aufl). Göttingen: Hogrefe 1994.

Hahlweg K. Einfluß interpersoneller Faktoren auf Verlauf und Therapie psychischer und somatischer Erkrankungen. Verhaltenstherapie 1995; 5(Suppl):1-8.

Hahlweg K, Dürr H, Müller U. Familienbetreung schizophrener Patienten. Weinheim: Beltz 1995.

Hautzinger M, Linden M, Hoffmann N. Distressed couples with and without a depressed partner: an analysis of their verbal interaction. J Behav Ther Exper Psychiatry 1982; 13:307-14.

Hautzinger M, Stark W, Treiber R. Kognitive Verhaltenstherapie bei Depressionen. Weinheim: Psychologie Verlags Union 1992.

Henderson S, Byrne DG, Duncan-Jones P, Adock S, Scott R, Steele GP. Social bonds in the epidemiology of neurosis. Br J Psychiatry 1978; 132:463-6.

Hoeper EW, Nycz GR, Cleary PH, Regier NA, Goldberg ID. Estimated prevalence of RDC mental disorder in primary medical care. Int J Psychiatry 1979; 132:463-6.

Holahan CJ, Moos RH. Life stressors, personal and social resources, and depression: A 4-year structural model. J Abnorm Psychol 1991; 100:31-8.

Illfeld FW. Current social stressors and symptoms of depression. Am J Psychiatry 1977; 132:463-6.

Jacobson NS, Anderson E. Interpersonal skills deficits and depression in college students: A sequential analysis of the timing of self-disclosures. Behav Therapy 1982; 13:271-82.

Jacobson NS, Fruzetti AE, Dobson K, Whisman M, Hops H. Couple therapy as a treatment for depression: II. The effects of relationship quality and therapy on depressive relapse. J Consult Clin Psychology 1993; 61:516-9.

Kales, A., Kales, J.D. Evaluation and Treatment of Insomnia. New York, Oxford University Press, 1984.

Kanner AD, Coyne JC, Schaefer C. Comparison of two modes of stress measurement: Daily hassles and uplifts versus major life events. J Behav Med 1981; 4:1-39.

Keitner GI, Miller IW, Ryan CE. Family functioning in severe depressive disorders. In: Grunhaus L, Greden JF (eds). Severe Depressive Disorders. Washington: American Psychiatric Press 1994; 89-110.

Kendler KS, Neale MC, Kessler RC, Heath AC, Eaves LJ. Childhood parental loss and adult psychopathology in women: A twin study perspective. Arch Gen Psychiatry 1992; 49:109-16.

Kendler KS, Kessler RC, Walters EE, MacLean C, Neale MC, Heath AC, Eaves LJ. Stressful life events, genetic liability, and onset of an episode of major depression in women. Am J Psychiatry 1995; 152:833-42.

Klein DF, Ross DC. Reanalysis of the National Institute of Mental Health Treatment of Depression Collaborative Research Program general effectiveness report. Neuropsychopharmacology 1993; 8:241-51.

Klerman GL, Di Mascio A, Weissman MM, Prusoff BA, Paykel ES. Treatment of depression by drugs and psychotherapy. Am J Psychiatry 1974; 131:186-91.

Klerman GL, Weissman MM, Rounsaville BJ, Chevron ES. Interpersonal Psychotherapy of Depression. New York: Basic Books 1984.

Klerman GL, Budman S, Berwick D, Weissman MM, Damico-White J, Demby A, Feldstein M. Efficacy of a brief psychosocial intervention for symptoms of stress and distress among patients in primary care. Med Care 1987; 8(2):6-15.

Klerman GL, Weissman MM (eds). New Applications of Interpersonal Psychotherapy. Washington: American Psychiatric Press 1993.

Kocsis JH, Frances AJ, Voss C, Mann JJ, Mason BJ, Sweeney J. Imipramine treatment for chronic depression. Arch Gen Psychiatry 1988; 45:253-7.

Lin N, Dean A, Ensel WM (eds). Social Support, Life Events, and Depression. Orlando: Academic 1986.

Mason BJ, Markowitz JC, Klerman GL. Interpersonal Psychotherapy for Dysthymic Disorders. In: Klerman GL, Weissman MM (eds). New Applications of Interpersonal Psychotherapy. Washington: American Psychiatric Press 1993; 225-64.

Mossey JM, Knott KA, Katz IR. Treatment of subsyndromal depressive symptoms in hospitalized medically ill elderly. Presented at the Annual Scientific Meetings of the Gerontological Society of America; November 1992; Washington, DC.

Markowitz JC, Klerman GL, Perry SW. Interpersonal psychotherapy of depressed HIV-seropositive patients. Hosp Community Psychiatry 1992; 43:885-90.

Markowitz JC. Psychotherapy of Dysthymia. Am J Psychiatry 1994; 151:1114-21.

Markowitz JC, Klerman GL, Clougherty KF, Spielman LA, Jacobsberg LB, Fishman B, Frances AJ, Kocsis JH, Perry III SW. Individual psychotherapies for depressed HIV-positive patients, Am J Psychiatry 1995;152:1504-9.

Meyer A. Psychobiology: A Science of Man. Springfield: Thomas 1957.

Monroe SM, Imhoff DF, Wise BD, Harris JE. Prediction of psychological symptoms under high risk psychosocial circumstances: Life events, social support and symptom specifity. J Abnormal Psychol 1983; 92:338-50.

Mufson L, Moreau D, Weissman MM, Klerman GL (eds). Interpersonal Therapy for Depressed Adolescents. New York: Guilford Press 1993.

Mufson L, Moreau D, Weissman MM, Wickramaratue P, Martin J, Samoilov A. Modification of Interpersonal Psychotherapy with depressed adolescents (IPT-A): Phase I and II studies. J Am Acad Child Adolesc Psychiatry 1994; 33:695-705.

Paykel ES, Myers JK, Dienelt MM, Klerman GL, Lindenthal JJ, Pepper MP. Life events and depression: a controlled study. Arch Gen Psychiatry 1969; 21:753-60.

Paykel ES. Life events and early environment. In: Paykel ES (ed) Handbook of Affective Disorders. New York: Guilford 1982.

Paykel ES, Cooper Z. Life events and social stress. In: Paykel ES (ed) Handbook of Affective Disorders, 2nd ed. New York: Guilford 1992.

Pearlin LI, Lieberman MA. Social sources of emotional distress. In: Simons R (ed). Research in Community and Mental Health, Vol. 1. Greenwich: JAI Publishing 1979; 217-48.

Pianta RC, Egeland B. Relation between depressive symptoms and stressful life-events in a sample of disadvantaged mothers. J Consult Clin Psychology 1994; 62:1229-34.

Pilkonis PA, Frank E. Personality pathology in recurrent depression: Nature, prevalence, and relationship to treatment response. Am J Psychiatry 1988; 145:435-41.

Post RM. Transduction of psychosocial stress into the neurobiology of recurrent affective disorder. Am J Psychiatry 1992; 149:999-1010.

Power M, Champion C, Aris SJ. The development of a measure of social support: The Significant Others Scale. Br J Clin Psychology 1988; 27:349-58.

Prien RF, Kupfer DJ, Mansky PA, Small JG, Tuason VB, Voss CB, Johnson WE. Drug therapy in the prevention of recurrences in unipolar and bipolar affective disorders: A report of the NIMH Collaborative Study Group comparing lithium carbonate, imipramine, and a lithium carbonate-imipramine combination. Arch Gen Psychiatry 1984; 41:1096-104.

Raskin A, Schulterbrandt J, Reatig N, McKeon JJ. Replication of factors of psychopathology in interview, ward behavior and self-report ratings of hospitalized depressives. J Nerv Ment Dis 1969; 148:87-98.

Reynolds CF, Frank E, Perel JM, Imber SD, Cornes C, Morycz RK, Mazumdar S, Miller MD, Pollock BG, Rifai AH, Stack JA, George CJ, Houck PR, Kupfer DJ (1992) Combined pharmacotherapy and psychotherapy in the acute and continuation treatment of elderly patients with recurrent major depression: a preliminary report. Am J Psychiatry 1992; 149:1687-92.

Rounsaville BJ, Glazer W, Wilber CH, Weissman MM, Kleber HD. Short-term interpersonal psychotherapy in methadone-maintained opiate addicts. Arch Gen Psychiatry 1983; 40:629-36.

Rounsaville BJ, Kleber HD. Psychotherapy/counseling for opiate addicts: strategies for use in different treatment settings. Int J Addiction 1985; 20(6 u.7):868-96.

Ruscher SM, Gotlib IH. Marital interaction patterns of couples with and without a depressed partner. Behav Therapy 1988; 19:455-70.

Rutter M. Resilience in the face of adversity: protective factors and resistance to psychiatric disorders. Br J Psychiatry 1985; 147:598-611.

Schmaling K, Jacobson HS. Marital interaction and depression. J Abnorm Psychol 1990; 99:229-36.

Schramm E. Depression – verstehen, bewältigen und vorbeugen – Informationen und Ratschläge für Patienten und Angehörige. Unveröffentlichtes Manuskript: Universität Freiburg 1993.

Schramm E. Intersonelle Psychotherapie zur Behandlung der Insomnie (IPT-I). Unveröffentlichtes Manuskript, 1994.

Schramm E, Müller-Popkes K. Interpersonelle Therapie von Schlafstörungen. In: Riemann D, Backhaus J (Hsg.). Bewältigung von Schlafstörungen – ein Therapiemanual. Weinheim: Psychologie Verlags Union, in Vorbereitung.

Scott S, O'Hara MW. Treatment of postpartum depression with interpersonal psychotherapy. Arch Gen Psychiatry 1995; 52:75-6.

Shea MT, Elkin I, Imber SD, Sotsky SM, Watkins JT, Collins JF, Pilkonis PA, Beckham E, Glass DR, Dolan RT, Parloff MB. Course of depressive symptoms over follow-up: findings from the National Institute of Mental Health Treatment of Depression Collaborative Research Program. Arch Gen Psychiatry 1992; 49:782-7.

Sloane RB, Staples FR, Schneider LS. Interpersonal therapy versus nortryptiline for depression in the elderly. In GD Burrows, TR Norman, L Dennerstein (Eds). Clinical and pharmacological studies in psychiatric disorders. Biographical psychiatry: new prospects. London: John Libbey 1985; 344-6.

Spitz R. Anaclitic depression. Psychoanalytic Study of the Child 1946; 5:113-7.

Sullivan HS. The Interpersonal Theory of Psychiatry. New York: Norton 1953.

Tennant CC. Female vulnerability to depression. Psychol Med 1985; 16:739-44.

Tennant CC. Parental loss in childhood: its effect in adult life. Arch Gen Psychiatry 1988; 45:1045-50.

Wahl R. Kurzpsychotherapie bei Depressionen – Interpersonelle Psychotherapie und Kognitive Therapie im Vergleich. Opladen: Westdeutscher Verlag 1994.

Weissman MM, Klerman GL, Paykel ES, Prusoff BA, Hanson B. Treatment effects on the social adjustment of depressed patients. Arch Gen Psychiatry 1974; 30:771-8.

Weissman MM, Prusoff BA, DiMascio A, Neu C, Gohlaney M, Klerman GL. The efficacy of drugs and psychotherapy in the treatment of acute depressive episodes. Am J Psychiatry 1979; 136:555-8.

Weissman MM, Rounsaville BJ, Chevron ES. Training psychotherapists to participate in psychotherapy outcome studies: identifying and dealing with the research requirements. Am J Psychiatry 1982; 139:1442-6.

Weissman MM. Advances in psychiatric epidemiology: rates and risks for major depression. Am J Public Health 1987; 77:445-51.

Weissman MM, Klerman GL. Interpersonal psychotherapy for depression. In: Wolman BB, Stricker G (eds). Depressive Disorders. Facts, Theories, and Treatment Methods. New York: Wiley 1990.

Weissman MM, Klerman GL. Interpersonal counseling for stress and distress in primary care settings. In: Klerman GL, Weissman MM (eds). New Applications of Interpersonal Psychotherapy. Washington: American Psychiatric Press 1993a; 295-318.

Weissman MM, Klerman GL. Conjoint interpersonal psychotherapy for depressed patients with marital disputes. In: Klerman GL, Weissman MM (eds). New Applications of Interpersonal Psychotherapy. Washington: American Psychiatric Press 1993b; 103-27.

Weissman MM, Markowitz JC. Interpersonal Psychotherapy: current status. Arch Gen Psychiatry 1994; 51:599-606.

Weller RA, Kapadia P, Weller EB, Fristad M, Lazaroff LB, Preskorn SH. Psychopathology in families of children with major depressive disorders. J Affect Disord 1994; 31:247-52.

Wilfley DE, Agras WS, Telch CF, Rossiter E, Schneider J, Cole AC, Sifford L, Raeburn S. Group cognitive-behavioral therapy and group interpersonal psychotherapy for the nonpurging bulimic individual: a controlled comparison. J Consult Clin Psychol 1993; 61:296-305.

6 Wodurch unterscheidet sich IPT von anderen Psychotherapieverfahren?

Inhalt

Im Folgenden werden die wichtigsten Depressionstherapien in ihren Eigenheiten einander gegenübergestellt. Dazu sei angemerkt, daß dieser Vergleich in erster Linie als theoriegeleitet zu verstehen ist. Die strenge Abgrenzung der einzelnen Therapieansätze geschieht hauptsächlich zu Lehr- und Forschungszwecken. In der Praxis besteht die Behandlung eines Patienten dagegen meist aus einer Kombination oder Synthese verschiedener Ansätze und Strategien. Diese richtet sich in der Regel individuell nach soziodemographischen, persönlichkeits- und krankheitsbestimmenden Faktoren, den Möglichkeiten des einzelnen Patienten sowie nach äußeren Umständen.

Außerdem sind den einzelnen Verfahren viele therapeutische Wirkfaktoren gemeinsam. Zu ihnen gehört, daß der Therapeut eine emphatische Beziehung aufbaut und beim Patienten die Hoffnung weckt, daß ihm geholfen werden kann. Die IPT hat zahlreiche Elemente mit anderen Therapieformen gemeinsam und stellt nach Aussage der Autoren in diesem Sinne auch keine neuartige Behandlungsform dar (Klerman et al., 1984). Ihre Begründer selbst stellen sie aufgrund der Ähnlichkeit von Konzepten und Techniken in die Nähe der psychodynamischen Kurztherapien.

Prinzipielle Unterschiede und Gemeinsamkeiten zwischen den einzelnen Ansätzen sollten dem Leser nach Lektüre der beiden Kapitel 4 und 5 deutlich geworden sein, in denen die IPT sowie die Verhaltenstherapie der Depression, die Kognitive Therapie nach Beck und psychodynamische Ansätze ausführlich beschrieben worden sind. Deshalb soll im vorliegenden Kapitel nur noch auf Besonderheiten bei der Unterscheidung hingewiesen und zur Übersicht eine graphische Gegenüberstellung der Haupteigenschaften der einzelnen Ansätze geliefert werden. Zum Verständnis der stichwortartig abgefaßten Tabellen wird auf die Lektüre der Kapitel 4 und 5 verwiesen.

Vergleiche beziehen sich zum einen auf den theoretischen Hintergrund des jeweiligen Verfahrens. Sie gehen weiterhin auf dessen spezifische Merkmale inklusive des Therapiefokus, der Ziele, Strategien und Techniken sowie der Therapeutenrolle und

Tabelle 6.1 Vergleich verschiedener Depressionstherapien

Merkmal	Psychodynamischer Ansatz	Verhaltenstherapeutischer Ansatz
Theoretischer Hintergrund, Entstehungsmodell und Krankheits-konzept	**Regression der Libido in das Ich:** Wurzeln in frühen Kindheitserfahrungen; aufgrund eines Objektverlusts und/oder Enttäuschung besteht ein ungelöster Konflikt, der zu mangelndem Selbstwert, Selbstaggression, übermäßiger Abhängigkeit führt. Depression als ungelöster Konflikt.	**Verstärker-Verlust-Situation:** bedingt durch den Wegfall wichtiger positiver und/oder Überwiegen aversiver Erfahrungen, Mangel an sozialen Fertig-keiten, aktuelle Belastungen und/oder soziale Ängste. Depression als erlerntes Verhalten.
	Kognitiver Ansatz	Interpersoneller Ansatz
	Kognitive Verzerrungen auf der Basis implizier-ter depressiv-dysfunktionaler Schemata: Dys-phorie aufgrund negativer Sichtweise des Selbst, der Umwelt und der Zukunft; aufrechterhalten durch automatisierte negative Gedanken geprägt durch logische Fehler. Depression als kognitive Störung.	**Ineffektive Bewältigung interpersonel-ler Belastung:** Entstehung und Verlauf der Depression wird beeinflußt durch vier Arten interpersoneller Belastung (gestör-te Beziehungen, Verluste, soziale Defizite, beeinträchtigtes Rollenverhalten). Depression als psychiatrische Erkrankung multifaktorieller Ursache, die stets im interpersonellen Kontext auftritt.

der Wirksamkeit ein. Wie sich die einzelnen Therapieformen überlappen und unter-scheiden, und wie sich dies im Einzelfall auswirken kann, wird im Teil II im Rahmen eines integrativen Fallbeispiels dargestellt (s. Kap. 15).

6.1
Theoretischer Hinter-grund, Entstehungsmodell und Krankheitskonzept

In Tabelle 6.1 ist zusammengefaßt, welche unterschiedlichen Modellvorstellungen es für die Entstehung der einzelnen Depressi-onstherapien gibt. Während der psychody-namischen, verhaltenstherapeutischen und kognitiven Therapie jeweils umfassende Ursprungstheorien zugrunde liegen, ist die IPT sowohl empirisch abgeleitet als auch durch eine theoretische Sichtweise begrün-det. Vereinzelt wird die IPT als atheoretisch bezeichnet, obwohl sie über einen fundier-ten theoretischen Hintergrund verfügt. Die theoretischen Wurzeln gehen auf die Be-

gründer und Hauptvertreter der interperso-nellen Theorie, Meyer und Sullivan, zurück. Beide haben zwar auch eigene Therapie-ansätze formuliert, die sich jedoch von der interpersonellen Psychotherapie nach Kler-man et al. (1984) zum Teil erheblich unter-scheiden. Die theoretische Fundierung der IPT ist in Kap. 5 und Kap. 20 ausführlicher beschrieben.

Keine der Erklärungstheorien und keines der Krankheitskonzepte kann das komplexe Bild der Depression vollständig erklären. Die beschriebenen Therapieformen sind in-sofern einseitig, als sie den Schwerpunkt jeweils auf ganz spezifische Aspekte der Depression legen. Andere Bereiche erhalten demzufolge nur sekundäre oder gar keine Bedeutung. Die VT nach Lewinsohn kon-zentriert sich zum Beispiel hauptsächlich auf Verhaltensaspekte im Rahmen der De-pression, während die Klärung und Bear-beitung emotionaler Konflikte keine große Beachtung findet. Die IPT ist möglicherwei-se am offensten gegenüber anderen ätiolo-gischen Faktoren und vertritt explizit einen pluralistischen Standpunkt. Daher ist sie offen gegenüber sowohl klärungs-, als auch verhaltens- und kognitionsbezogenen Techniken.

6.2 Charakteristika der einzelnen Therapieansätze

Aus Tabelle 6.2 geht hervor, daß die IPT, die VT und die KT zahlreiche wichtige Charakteristika gemeinsam haben, während sich der psychodynamische Ansatz erheblich von den anderen drei Verfahren unterscheidet. An dieser Stelle wird primär auf die Langzeitform psychodynamischer Therapien Bezug genommen.

Alle hier aufgeführten Therapieformen sind, mit Ausnahme der psychodynamischen, spezifisch auf das Störungsbild der Depression zugeschnitten. Zwar hat dies offensichtliche Vorteile, kann jedoch im Einzelfall auch die Gefahr einer zu restriktiven Zielsetzung mit sich bringen. Diese Gefahr gilt für die Beschränkung der Therapiedauer auf in der Regel unter 20 wöchentliche Sitzungen und die damit verbundene Fokussierung auf die gegenwärtige Situation des Patienten. Trotzdem scheinen insgesamt die ökonomischen Vorteile zu überwiegen, auch wenn nicht alle Lebensbereiche bzw. Dimensionen der Problematik des Patienten umfassend angesprochen werden können.

Selbst als dreijährige Erhaltungstherapie (Frank et al., 1990) ist die IPT zeitlich begrenzt und überschreitet in der Regel nicht die Anzahl von 40 Sitzungen. Als Gründe für die ausdrückliche zeitliche Limitierung führen die Autoren der IPT an, daß die Wirksamkeit der klassischen Langzeittherapie nicht nachgewiesen ist. Außerdem geben sie zu bedenken, daß die zeitliche Begrenzung nötig ist, damit sich der Patient nicht vom Therapeuten abhängig macht und mögliches Vermeidungsverhalten noch verstärkt.

Ob der Schwerpunkt therapeutischer Arbeit in der frühen Kindheit, der unmittelbaren Vergangenheit oder der Gegenwart liegt, stellt im allgemeinen ein wesentliches Unterscheidungsmerkmal zwischen den Therapieformen dar. Die IPT sowie die VT und KT konzentrieren sich hauptsächlich auf die derzeitige Problematik des Patienten. Vorangegangene depressive Episoden, frühe Kindheitserfahrungen und frühere bedeutsame Beziehungen werden in der IPT beachtet, um die derzeitigen Beziehungsmuster des Patienten zu verstehen. Sie werden jedoch innerhalb der Sitzungen nicht überwiegend fokussiert.

Die Bezeichnung der therapeutischen Vorgehensweise als einsichts-, verhaltens-, kognitions-, oder emotions- und problembezogen (siehe Tab. 6.2) bezieht sich lediglich auf den Schwerpunkt innerhalb der jeweiligen Therapieform. Sie ist, zumindest in der praktischen Anwendung, nicht als ausschließlich zu verstehen. Die IPT beschäftigt sich beispielsweise auch mit Kognitionen, dem Verhaltensaufbau und der Einsicht des Patienten, aber diese Aspekte stellen nicht den therapeutischen Fokus dar.

Der psychodynamische Ansatz operiert als einziger auf der Ebene des Unbewußten. Obwohl auch die IPT die Bedeutung unbewußter Faktoren anerkennt, spielen sie bei der Therapiedurchführung keine Rolle. Hier wird nur auf bewußten und vorbewußten Ebenen gearbeitet.

Zieht man als Bewertungskriterium heran, wie strukturiert eine Therapie ist, läßt sich die IPT zwischen der psychodynamischen und der verhaltenstherapeutischen beziehungsweise kognitiven Therapie ansiedeln. Unter anderem kommt dies in den bevorzugt angewandten Techniken zum Ausdruck. Beispielsweise sind bei der IPT im Gegensatz zur VT und KT zwar keine Hausaufgaben und schriftliche oder andere strukturierte Übungen vorgesehen, aber im Vergleich zum psychodynamischen Ansatz ist das Vorgehen des Therapeuten wesentlich aktiver. Der halbstrukturierten Form der IPT entsprechend hat der Therapeut die Freiheit, je nach Bedarf des Patienten entweder eher klärungs- oder problemlöseorientiert vorzugehen. In beiden Fällen wird auf den zwischenmenschlichen Aspekt bezug genommen.

Die drei Dimensionen Problembewältigung, Klärung und Beziehungsperspektive werden von Grawe und Kollegen (1994) für jeden Therapieprozeß postuliert. Ob sich der Therapeut dieser Dimensionen bewußt ist oder nicht, sie gezielt anstrebt, oder eine der Perspektiven gar nicht beachtet, nimmt er dennoch eine „bestimmte Position auf dieser Dimension ein." Um mit Grawe zu sprechen, kann man in diesem dreidimensionalen Raum nicht nicht eine Position beziehen. (nach Grawe, Donati, Bernauer, 1994, S.784f.). Grawe beschreibt weiterhin, wo einzelne Therapieansätze demnach schwerpunktmäßig einzuordnen sind. Psychoanalytische Ansätze sind vorwiegend klärungsorientiert und schenken der direkten Arbeit an Problemlösungen kaum Beachtung. Die Verhaltenstherapie wiederum versucht, gezielt an der Problembewältigung zu arbeiten. Die kognitiven Therapien scheinen „eine Mittelstellung zwischen einem klärungsorientierten und einem bewältigungsorientierten Vorgehen... einzunehmen und vielleicht ist das eine der Ursachen ihrer guten Wirksamkeit. Bei den kognitiven Therapien wird versucht, die problemrelevanten Kognitionen ganz direkt zu verändern.... Die Herausarbeitung der problematischen Kognitionen kann dabei eher als ein klärungsorientiertes Vorgehen angesehen werden, die Einübung alternativer Kognitionen und ihre Anwendung auf problemrelevante Situationen, in denen der Patient Schwierigkeiten hat, ist aber eindeutig bewältigungsorientiert." (Grawe, Donati, Bernauer, 1994, S.773). Allerdings spielt die Beziehungsperspektive, also die Notwendigkeit, die Probleme des Patienten und das Geschehen in der Therapie auch unter dem Beziehungsaspekt zu betrachten, bei der KT keine ausdrückliche Rolle.

Bei der IPT ist die mittlere Kernphase der Therapie zunächst vorwiegend klärungsorientiert. Die Klärung kann sowohl auf kognitiver als auch auf emotionaler Ebene erfolgen. Es soll mit dem Patienten zum Beispiel geklärt werden, in welchem Zusammenhang die depressiven Symptome zum jeweiligen Problembereich stehen und was er in bezug auf seine Problematik erwartet, wahrnimmt und anstrebt. Danach soll der Patient mit Hilfe des Therapeuten herausfinden, was es ihm beispielsweise bedeutet, eine Person oder eine soziale Rolle verloren zu haben. Der Patient soll herausfinden, in welcher Beziehung er zu bestimmten Bezugspersonen steht und welche Erwartungen er an die Beziehung stellt. Er muß klären, wie er beispielsweise sozial isoliert wurde und in welcher Weise sich dies in der therapeutischen Beziehung spiegelt. Es geht also um die Frage, wie und warum der Patient so empfindet und warum er sich so verhält, wie er es tut. Die in dieser Phase verwendeten Techniken sind in erster Linie explorativ, klärend, themenvertiefend, analysierend oder darauf bezogen, bestimmte Gefühle bewußt zu machen und/oder zu akzeptieren. Warum wurde das Verfahren von Klerman und Weissman in unmittelbare Nähe zu den psychodynamischen Kurztherapien gerückt? Vermutlich ist es dieser klärende Aspekt, der die Begründer dazu veranlaßt hat.

In einem späteren Abschnitt der mittleren Therapiephase unterstützt der Therapeut den Patienten aktiv dabei, neue Verhaltensweisen aufzubauen, um mit den interpersonellen Problemen umgehen zu können. Dabei verwendet er jetzt hauptsächlich problemlöseorientierte Techniken wie die Entscheidungsanalyse und Techniken zur Verhaltensänderung wie beispielsweise Edukation und Rollenspiele. In jeder Phase der Therapie soll der Beziehungsaspekt fokussiert werden. Das heißt, IPT versucht prinzipiell, allen drei Perspektiven explizit Raum zu geben und ist flexibel, den Schwerpunkt je nach Einzelfall mehr oder weniger auf eine der drei Dimensionen zu legen. Prochaska, DiClemente und Norcross (1992) bestätigen mit ihren Forschungsarbeiten, daß diese flexible Vorgehensweise höchst sinnvoll ist. Sie weisen außerdem darauf hin, daß es notwendig ist, zuerst einzuschätzen, welche Bereitschaft der Patient hat, die Dinge zu verändern. Erst dann werden alle weiteren Interventionen dementsprechend darauf zugeschnitten. So hat es beispielsweise wenig Sinn, mit einem Patienten direkt an der Problembewältigung anzusetzen, wenn dieser nicht die notwendigen motivationalen und klärungsbezogenen Voraussetzungen mitbringt. Bei einem therapeutischen Prozeß ist es entscheidend, daß die Interventionen am jeweiligen Veränderungsstadium orientiert sind.

Die Autoren bestimmen fünf Stadien eines Veränderungsprozesses:

1. Die Indifferenz (precontemplation). Das Problem wird noch nicht als solches erkannt und es besteht noch keine Absicht, etwas zu verändern
2. Das Vorhaben (contemplation). Es wird ernsthaft in Erwägung gezogen, etwas zu verändern.
3. Die Vorbereitung (preparation). Sowohl die Absicht als auch erste Handlungsansätze werden gezeigt.
4. Das Handlungsstadium (action). Verhalten, Erfahrungen und äußere Bedingungen werden modifiziert, um das Problem zu bewältigen).
5. Die Stabilisierungsphase (maintenance). Es wird daran gearbeitet, Rückfälle zu verhindern und den erzielten Erfolg zu stabilisieren.

Auch wenn die Zeit, die der Einzelne in den verschiedenen Stadien verbringt, unterschiedlich lang sein kann, müssen prinzipiell alle Stadien durchlaufen werden, um eine langfristige Veränderung zu erreichen.

Essentiell für den Behandlungserfolg ist der Übergang vom Stadium des Vorhabens zum Handlungsstadium. Dies gilt unabhängig davon, ob das Therapieverfahren eher handlungsorientiert oder einsichts,- beziehungsweise klärungsorientiert ist. Der Versuch, Verhaltensweisen allein durch zuneh-

mende Einsicht zu verändern, ist ein häufiger Kritikpunkt an der psychoanalytischen Therapie. Er schlägt dann fehl, wenn der Patient den Übergang vom Vorhaben zur Handlung nicht vollzieht. Einsicht allein führt nicht notwendigerweise zur Verhaltensänderung. Auf Dauer ebenso erfolglos ist der Versuch, Verhaltensweisen zu modifizieren ohne daß der Patient das Stadium des Vorhabens und Vorbereitens bereits durchlaufen hat. Anzeichen für dieses Stadium sind typischerweise gesteigertes Bewußtsein, Selbstexploration der Einstellung sowie Erleben und Ausdrücken von Gefühlen. Dies ist ein häufiger Kritikpunkt an streng behavioralen Methoden. Verändertes Verhalten ohne Einsicht führt wahrscheinlich nur zu einer vorübergehenden Verhaltensänderung (Prochaska, DiClemente, Norcross, 1992). Bei der IPT wird angestrebt, einsichts- und klärungsbezogene Vorgehensweisen mit handlungsorientierten zu verbinden. Es obliegt dem erfahrenen Therapeuten, je nach Veränderungsbereitschaft des Patienten in den einzelnen Stadien zu operieren. Bei manchen Patienten wird man also länger und intensiver in der Klärungsphase bleiben, wie es zum Beispiel bei verleugneter Trauer der Fall ist, bei anderen muß man schwerpunktmäßig Bezug auf die Bewältigung des Problems nehmen. Letzteres wird beispielsweise dann der Fall sein, wenn der Patient soziale Defizite aufweist, die durch den Aufbau von Fertigkeiten verbessert werden müssen. Bei wieder anderen Patienten wird sich der Therapeut hauptsächlich auf die Arbeit an einer gestörten Beziehung konzentrieren. Diese Betrachtungsweise könnte unter anderem die hohe Effektivität der IPT, nicht nur bei der Depressions-, sondern beispielsweise auch bei der Eßstörungsbehandlung erklären.

Ein weiteres Charakteristikum einer Pschotherapieform kann in der Einstellung gegenüber pharmakologischer Begleitbehandlung gesehen werden. Die IPT hat im Gegensatz zu einigen psychodynamischen

Tabelle 6.2 Vergleich verschiedener Depressionstherapien

Merkmal	Psychodynamischer Ansatz	Verhaltenstherapeutischer Ansatz
Charakteristika	nicht depressions-spezifisch; kein Manual/Trainigsprogramm; Langzeit, mehrfach wöchentlich; offenes Ende; Schwerpunkt auf Vergangenheit; Arbeit auf Ebene des Unbewußten; einsichtsbezogen; non-direktiv; Kombination mit Medikamenten nicht vorgesehen. Wirksamkeit kaum untersucht.	depressions-spezifisch; Manual/ Trainingsprogramm Kurzzeit (6-10 Sitzungen) ; i.d.R. wöchentlich; Schwerpunkt auf Gegenwart; direkt verhaltensbezogen; stark strukturiert; ursprünglich konkurrierende Position bzgl. Medikamenten; Wirksamkeit nachgewiesen.
	Kognitiver Ansatz	**Interpersoneller Ansatz**
	depressions-spezifisch; Manual/ Trainingsprogramm; Kurzzeit ca.16 Sitzungen); i.d.R. wöchentlich; Schwerpunkt auf Gegenwart; direkt kognitionsbezogen; strukturiert, direktiv; ursprünglich konkurrierende Position bzgl. Medikamenten Wirksamkeit nachgewiesen.	depressions-spezifisch; Manual/ Trainingsprogramm; Kurzzeit (ca.12-20 Sitzungen); i.d.R. wöchentlich; Schwerpunkt auf Gegenwart; emotions- und problembezogen; semistrukturiert; Kombination mit Medikamenten explizit als Option; Wirksamkeit nachgewiesen.

Therapieformen keinerlei theoretisch begründete Vorbehalte gegenüber gleichzeitiger pharmakologischer Behandlung. Die Autoren betonen dagegen, daß eine zusätzliche Verschreibung von Antidepressiva von der Schwere, Art und Dauer der Depression abhängig gemacht werden sollte. Auch ob der Patient auf frühere Pharmakabehandlungen angesprochen hat, sollte mit ins Kalkül für eine solche Behandlung einfließen. Die optionale Kombination der IPT mit antidepressiven Medikamenten kann logisch aus dem medizinischen Krankheitsmodell abgeleitet werden, auf das sich die IPT bezieht (s. Kap.5). Werden zusätzlich zur IPT Medikamente gegeben, dann werden zu Beginn jeder IPT-Sitzung explizit Symptome sowie Medikamentenfragen wie beispielsweise Nebenwirkungen und Compliance angesprochen. Die Interpersonelle und die pharmakologische Therapie bewirken zu unterschiedlichen Zeitpunkten unterschiedliche Effekte. Der Medikamenteneffekt bezieht sich in erster Linie auf vegetative Symptome und tritt früher ein. Der Psychotherapieeffekt tritt später ein und betrifft hauptsächlich die Suizidgedanken, die Hoffnungs- und Interesselosigkeit sowie die soziale Leistungsfähigkeit (Klerman et al., 1974; Rounsaville, Klerman, Weissman, 1981). Es konnten keine negativen Wechselwirkungen beider Verfahren festgestellt werden. Die Patienten waren durch die Medikamente nicht beeinträchtigt, an der IPT teilzunehmen und davon zu profitieren. Es schien eher so, als ob sie die sozialen und interpersonellen Therapiestrategien besser nutzen konnten, da sie durch die Symptome nicht mehr so belastet waren. Die ablehnende Haltung gegenüber medikamentöser Mitbehandlung im Rahmen der psychoanalytischen Therapie basiert auf einer Prämisse Freuds. Er war der Ansicht, daß die Symptome den Patienten motivierten, Veränderungen vorzunehmen und therapeutische Arbeit zu leisten. Symptomreduktion durch Psychopharmaka könnte diese notwendige Motivationsquelle unwirksam machen. Diese Aussagen waren allerdings eher auf die Behandlung von Ängsten, denn auf Depression bezogen. Dennoch werden antidepressive Medikamente in der Psychoanalyse möglichst vermieden, da sie nicht als einsichtsfördernd imponieren und die therapeutische Übertragung beeinträchtigen könnten. Trotz sukzessiver Modifikationen dieser Einstellung im Laufe der Jahre, gilt bis zum heutigen Tag, daß auf eine begleitende medikamentöse Therapie bis auf wenige Ausnahmen, wie beispielsweise bei akuter Suizidgefahr, verzichtet wird. Ein beträchtliches Risiko bei der Medikamenteneinnahme wird auch darin gesehen, daß der Patient eher auf den pharmakologischen Effekt anstelle der Introspektion vertraut (Karasu, 1990).

Bei Effektivitätsüberprüfungen standen Medikamente sowohl bei der Kognitiven als auch der Verhaltenstherapie zunächst in direkter Konkurrenz. Mittlerweile wird in bestimmten Fälen eine gleichzeitige medikamentöse antidepressive Behandlung empfohlen. Die Kognitive Therapie verfügt mittlerweile sogar über Techniken, die explizit an der Medikamentencompliance des Patienten arbeiten. Dabei werden beispielsweise negative Neben- und Auswirkungen des Antidepressivums protokolliert und ungünstige Gedanken und Einstellungen gegenüber der Medikamenteneinnahme korrigiert. Solche Einstellungen des Patienten können beispielsweise „Psychopharmaka machen abhängig" oder „Medikamente nützen nichts, wenn nicht unmittelbar eine positive Wirkung eintritt" sein.

IPT, KT und VT sind umfassend untersucht und haben sich als wirksam erwiesen. Auch darin grenzen sie sich zur klassischen psychoanalytischen Behandlung ab. Die Wirksamkeit der einzelnen Verfahren wird weiter unten in diesem Kapitel beschrieben.

6.3 Ziele

Auch hinsichtlich der Hauptzielsetzung unterscheidet sich die länger dauernde psychodynamische Therapie entscheidend von den drei übrigen Depressionstherapien. Sie zielt eigentlich nicht direkt auf eine möglichst rasche Symptomreduktion, sondern versucht eher langfristig die Persönlichkeit zu verändern. Bei der VT, KT und IPT liegt jeweils eine doppelte Zielsetzung vor. Diese besteht zum einen darin, möglichst unmittelbar die depressive Symptomatik zu verringern. Andererseits sollen längerfristig entweder die ungünstige Verstärkersituation (VT), die dysfunktionalen Gedankenprozesse (KT) oder die interpersonelle und psychosoziale Belastungssituation (IPT) verbessert werden. Natürlich gibt es darüber hinaus auch allgemeine Behandlungsziele, die den meisten Therapieformen gemein sind, wie beispielsweise die Entwicklung von Bewältigungsstrategien oder die Steigerung des Selbstwertgefühls.

Tabelle 6.3 **Vergleich verschiedener Depressionstherapien**

Merkmal	Psychodynamischer Ansatz	Verhaltenstherapeutischer Ansatz
Ziele	**Veränderung der Persönlichkeitsstruktur** durch Einsicht in vergangene intrapsychische Konflikte und kathartische Entlastung von unterdrückten aggressiven Impulsen.	**Symptomreduktion** durch langfristige Veränderung der ungünstigen Verstärkersituation bzw. Unterbrechung des „depressiven Teufelskreises".
	Kognitiver Ansatz	Interpersoneller Ansatz
	Symptomreduktion durch Korrektur dysfunktionaler Gedankenprozesse (ungünstige Kognitionen erkennen, überprüfen und korrigieren sowie alternative Verhaltensmuster aufbauen).	**Symptomreduktion** durch Bewältigung gegenwärtiger interpersoneller/sozialer Probleme (beispielsweise Verbesserung der Beziehungsfähigkeit und Kommunikation, Verlustbewältigung).

6.4
Primäre Strategien und Techniken

Die IPT hat sowohl mit dem psychodynamischen Ansatz als auch mit der VT und der KT bestimmte Elemente gemeinsam. Von DeRubeis und Mitarbeitern konnte jedoch nachgewiesen werden, daß die IPT und die KVT anhand prozeduraler Unterschiede klar voneinander unterschieden werden können (DeRubeis et al., 1982). Der interpersonelle Ansatz ist halbstrukturiert und gibt bestimmte Strategien vor. Er verzichtet jedoch im Gegensatz zur KT auf ein stark strukturierendes Vorgehen mit Hilfe von ausgearbeiteten Handlungs- und Zielplänen sowie auf stärker direktive Techniken, wie beispielsweise schriftliche strukturierende Übungen, Pläne, Protokollführung oder Hausaufgaben. Bei der IPT werden direktive Techniken wie das Rollenspiel nur bei eindeutiger Notwendigkeit eingesetzt. Insbesondere zu Beginn des mittleren Teils der IPT soll dem Patienten vielmehr durch weniger intervenierende sowie supportive Techniken die Problematik einsichtig gemacht werden. Dieses Vorgehen ist ähnlich wie bei psychodynamischen Therapieformen. Deutungen und Interpretationen sowie die ausführlichere Beschäftigung mit der Kindheit oder der lebensgeschichtlichen Vergangenheit des Patienten sind jedoch bei der IPT explizit fehl am Platz. Intrapsychische Abwehrmechanismen wie beispielsweise Verleugnung oder Projektion werden vom Therapeuten zwar beachtet und gegebenenfalls in die Supervision eingebracht, jedoch ebenso wie die Übertragungsbeziehung innerhalb der Therapiesitzungen üblicherweise nicht thematisiert. Techniken zum Verhaltensaufbau und zur direkten Problemlösung wie man sie aus der VT kennt, kommen durchaus auch zur Anwendung. Sie werden vor allem in späteren Therapieabschnitten oder bei passiveren Patienten eingesetzt.

Insgesamt ist die IPT weniger technikorientiert als andere Psychotherapien. Sie zeichnet sich vielmehr durch ihre Strategien aus. Der Fokus der IPT liegt darauf, beeinträchtigte interpersonelle Beziehungen zu bearbeiten. Intrapsychische Phänomene

Tabelle 6.4 **Vergleich verschiedener Depressionstherapien**

Merkmal	Psychodynamischer Ansatz	Verhaltenstherapeutischer Ansatz
Primäre Strategien und Techniken	Analyse der Übertragung und des Widerstands; Regression in frühe Kindheit. **Techniken**: Exploration, Rekonstruktion von Kindheitserfahrungen, Klärung von Ich und Über-Ich Verzerrungen, Interpretation und Bearbeiten von Konflikten, Konfrontation mit Widerstand. Arbeit auf der Ebene des Unbewußten.	Verhaltensanalyse; Erklärung des Therapierationals; Aufbau angenehmer Aktivitäten, sozialer Fertigkeiten, Selbstkontrolle, Problemlösefertigkeiten und positiver Gedanken. **Techniken**: Selbstbeobachtung, Protokollierung, Graphiken, Aktivitätsplan, Rollenspiel, Entspannungsübungen, Problemlösetraining, Hausarbeiten. Arbeit auf der Ebene des Bewußten.
	Kognitiver Ansatz	**Interpersoneller Ansatz**
	Erklärung des Zusammenhangs zwischen Kognitionen, Gefühlen und Verhalten; Analyse dysfunktionaler Gedanken, Überprüfen auf logische Fehler und Realitätstestung. **Techniken**: Selbstbeobachtung und Protokollierung von Gedanken und Gefühlen, sokratischer Dialog, Reattribuierung, Hausarbeiten, schriftliche Übungen. Arbeit auf der Ebene des Bewußten.	1. Auseinandersetzung mit der Symptombewältigung 2. Problembereichsspezifische Bearbeitung interpersoneller Schwierigkeiten 3. Vorbereitung auf das Behandlungsende. **Techniken**: Edukation (beispielsweise Therapierational), Exploration, Förderung von Emotionen, Kommunikationsanalyse, Klärung. Arbeit auf der Ebene des Bewußten.

Tabelle 6.5 Vergleich verschiedener Depressionstherapien

Merkmal	Psychodynamischer Ansatz	Verhaltenstherapeutischer Ansatz
Therpeutenrolle	Interpretierender u. Reflektierender: rezeptiv schweigend, neutral, akzeptierend, Herstellen von Übertragung u. benigner Abhängigkeit; Modell für altes und neues Objekt.	Lehrer/Coach: aktiv, ermunternd, anleitend.
	Kognitiver Ansatz	Interpersoneller Ansatz
	Coach/Lehrer: direktiv, aktiv, konstruktiv, partnerschaflich kooperativ.	Advokat des Patienten: aktiv, ermutigend, positive Beziehung/Übertragung wird nicht interpretiert.

und Konflikte oder Objektbeziehungen wie bei psychodynamisch oder psychoanalytisch ausgerichteten Therapien stehen bei der IPT nicht im Mittelpunkt des Geschehens. Dieser liegt auch nicht auf depressivverzerrten Denkmustern wie bei der kognitiven Therapie, auch wenn bei der IPT versucht wird, die Wahrnehmungen und Kognitionen des Patienten zu verändern. Dies gilt vor allem für die Kognitionen über seine Beziehungen und sein psychosoziales Umfeld. Jedoch geschieht dies weitaus weniger strukturiert als in der kognitiven Therapie.

6.5 Therapeutenrolle

Nimmt man die therapeutische Grundhaltung als ein Bewertungskriterium, befindet sich die Position des IPT-Therapeuten zwischen der zurückhaltenden, neutralen Rolle des psychodynamischen und der direktiv anleitenden, aktiven Rolle des VT und KT-Therapeuten. Der IPT-Therapeut steht während der ganzen Therapie deutlich auf der Seite des Patienten. Das heißt also, daß er nicht neutral ist. Er ist in seinem Vorgehen unterstützend und aktiv, jedoch nicht hoch-direktiv und nur bis zu einem bestimmten Ausmaß anleitend oder strukturierend. Obgleich die Übertragungsbeziehung berücksichtigt und beispielsweise im

Rahmen einer Fallsupervision angesprochen wird, wird sie jedoch nicht in den therapeutischen Sitzungen dem Patienten gegenüber interpretiert. Dies geschieht nur in Ausnahmefällen, wenn ein Therapieabbruch droht oder der therapeutische Prozess steckenbleibt. Weiterhin kann auf die Therapeut-Patienten-Beziehung fokussiert werden, wenn der Patient über keine anderen wichtigen zwischenmenschlichen Beziehungen verfügt.

6.6 Wirksamkeit bei der Akutbehandlung

Da über die klassische Langzeitpsychoanalyse bisher keinerlei kontrollierte Wirksamkeitsstudien vorliegen, wird in diesem Abschnitt und in Tabelle 6.6 lediglich auf Untersuchungen psychodynamisch orientierter Kurztherapien Bezug genommen.

Häufig wird mit dem Zitat des Dodo-Verdikts aus Alice im Wunderland: „Everyone has won and all must have prices" behauptet (Luborsky, Singer, Luborsky, 1975), daß sich die Depressionstherapien, inklusive der Pharmakotherapie, in ihrer Effektivität nicht signifikant unterscheiden. Bei näherem Hinsehen ist dies jedoch nicht ganz zutreffend. Es wäre bei der derzeitigen Ergebnislage verfrüht, zu folgern, daß sich die hier aufgeführten Therapieformen nicht signifikant voneinander unterscheiden. Zum einen liegen noch nicht genügend direkte Vergleiche zwischen den einzelnen Ansätzen vor. Auch die differentielle Wirksamkeit sowie der Therapieprozeß wurden noch nicht ausreichend untersucht, um gesicherte Aussagen zu treffen. Andererseits wird der Behandlungserfolg in den Metaanalysen ausschließlich an der Symptomreduktion beurteilt. Bei zukünftigen Vergleichen verdienen auch andere wichtige Parameter mehr beachtet zu werden, wenn der Behandlungserfolg gemessen wird. Zu ihnen gehören beispielsweise die allgemeine Leistungsfähigkeit, das soziale Funktionsniveau, die Lebensqualität, das Selbstvertrauen und die Inanspruchnahme des Gesundheitssystems. Auch die Rate der Therapieabbrecher sowie der Nonresponder stellen wichtige Kriterien dar. In beiden Aspekten sind beispielsweise psychologische Depressionstherapien den Pharmakotherapien überlegen.

Zum anderen deuten sich selbst bei der gegenwärtigen Datenlage bereits Wirksamkeitsunterschiede an. Zum Beispiel zeigt die psychodynamische Kurztherapie (PKT) in den entsprechenden Studien geringere Responsraten als in den Untersuchungen zur IPT, VT oder KT zu finden sind. Allerdings wurde die PKT meist als Kontrollbedingung angewendet, und die Untersucher waren höchstwahrscheinlich nicht mit dem Ansatz identifiziert. Robinson, Berman und Neimeyer (1990) konnten zeigen, daß sich signifikante Unterschiede zwischen antidepressiven Behandlungen teilweise auf die theoretische Zugehörigkeit des Untersuchers zurückführen lassen. Es werden also mehr Studien benötigt, die von Vertretern der PKT durchgeführt werden.

Weiterhin zeigt die bisherige Datenlage, daß die psychodynamische Kurztherapie sowohl der kognitiven, als auch der Verhaltenstherapie im direkten Vergleich unterlegen war. Dahingegen schnitten die KT, die VT (bis auf eine Ausnahme im Vergleich mit der KT) und die IPT bisher im direkten Vergleich in keinem Fall schlechter ab als

irgendeine andere Maßnahmen, einschließlich der Pharmakotherapie. Es sei ebenfalls darauf hingewiesen, daß die Anzahl und Qualität der durchgeführten Studien unterschiedlich ist. Die KT ist am besten untersucht, die IPT hat qualitativ hochwertige, dafür aber relativ wenige Studien aufzuweisen, während die PKT bisher nur unzureichend erforscht ist. Gerechterweise muß auch angemerkt werden, daß die VT insgesamt die kürzesten Therapieverläufe untersuchte, die in der Mehrzahl unter 10 Sitzungen lagen.

Auch die langfristige Erhaltung von Therapieeffekten muß noch gründlicher erforscht werden, um gesicherte Aussagen treffen zu können.

Es darf bei der Interpretation der Ergebnisse nicht vergessen werden, daß in den relevanten Therapiestudien fast ausschließlich akut depressive Erwachsene im Alter von 18 bis 65 Jahren unter ambulanten Bedingungen untersucht wurden. Komorbidität wurde bei diesen Stichproben in der Regel ausgeschlossen. Bei den Therapeuten handelte es sich meist um spezialisierte, extrem erfahrene und in der Anwendung des jeweiligen Verfahrens fortlaufend supervidierte Kliniker. Hauptparameter für den Behandlungserfolg war die Symptomreduktion. Unter diesen Gesichtspunkten ist Vorsicht geboten, die Ergebnisse zu interpretieren und sie beispielsweise auf die niedergelassenen Psychotherapeuten oder stationäre Behandlungsbedingungen zu generalisieren.

6.7
Abschließende
Bemerkungen

Die IPT teilt zwar viele Elemente mit anderen Therapieformen, ist aber dennoch nicht eklektisch oder unspezifisch. Um mit Grawes Worten zu sprechen: „Die IPT ist besonders geeignet zu zeigen, daß eine nicht-

Tabelle 6.6 Vergleich verschiedener Depressionstherapien

Merkmal	Psychodynamischer Ansatz	Verhaltenstherapeutischer Ansatz
Wirksamkeit bei der Akutbehandlung	Kaum kontrollierte Untersuchungen; alleinige oder kombinierte Anwendung bei Major Depression > kein schlüssiger Wirksamkeitsnachweis. Vgl. VT, KT, KT+Med: unterlegen. Vgl. unspez. Therapie, Med: gleich wirksam.	Ausgezeichnete Wirksamkeit bei leichten/mittleren Depressionen. Vgl. KT: gleichwirksam (5/<1). Vgl. PKT: überlegen (>2/3). Vgl. Med: gleichwirksam (1). Komb. mit Med: kein Unterschied.
	Kognitiver Ansatz	**Interpersoneller Ansatz**
	Am besten belegt; ca. 40 Studien; ausgezeichnete Wirksamkeit bei leichten/mittleren Depressionen; Vgl. VT, IPT, KT, Plac: gleich wirksam. Vgl. Med: insgesamt überlegen(<2/5). Vgl. PKT: überlegen (<2/2). Komb. mit Med: insgesamt additiv.	Weniger Studien, hochqualitativ; ausgezeichnete Wirksamkeit bei leichten/mittleren/schweren (ohne psychotische Sympt.) Depressionen; Vgl. KT: gleichwirksam (1). Vgl. Med: gleichwirksam (1). Komb. mit Med: insgesamt additiv (3).

Med = Medikamentöse Behandlung; PKT = Psychodynamische Kurztherapie; Plac = Placebo; (<2/3/>1) = in 2 Studien unterlegen, in 3 gleichwirksam, in 1 Studie überlegen
Quelle: Jarrett u. Rush, Short-term psychotherapy of depressive disorders: current status and future directions. Psychiatry 1994; 57

schulorientierte Psychotherapie durchaus nichts Unspezifisches an sich haben muß, sondern daß gerade in ihr sehr spezifische Vorgehensweisen für spezifische Problemstellungen einen wichtigen Platz einnehmen können." (Grawe, Donati, Bernauer, 1994, S.516).

Obwohl die Begründer dieses Verfahrens die IPT in die Nähe psychodynamischer Kurztherapien rücken, konnten im vorliegenden Abschnitt mindestens ebenso viele gemeinsame Prinzipien und Charakteristika mit der Kognitiven Therapie und der Verhaltenstherapie aufgezeigt werden. Darüber hinaus wurde auf verschiedene elementare Unterschiede der IPT zu psychodynamischen Konzeptionen hingewiesen, beispielsweise im Umgang mit der Übertragung. Daß die IPT in die Kategorie psychodynamischer Kurztherapien eingeordnet wird, lehnen deswegen sogar viele Vertreter der psychoanalytischen Therapie ab.

Die IPT ist nicht eindeutig einer der traditionellen Schulen zuzuordnen und strebt aber auch keine eigenständige Schulrich-

tung an. Dies ist ungewöhnlich und wird, wie vieles, das neu und ungewohnt ist, zunächst hinterfragt, nicht akzeptiert oder sogar bekämpft. Es ist nicht ratsam, sich diesen Kämpfen anzuschließen und die IPT in Formen zu pressen, in die sie nicht hineinpaßt. Der Leser soll sich deshalb anhand der deskriptiven Aufstellung der gemeinsamen und unterschiedlichen Merkmale der IPT mit anderen Psychotherapieverfahren sein eigenes Bild über den Standort dieses Verfahrens in der psychotherapeutischen Landschaft machen.

▌ Literatur

DeRubeis RJ, Hollon SD, Evans MD, Bemis KM. Can psychotherapies for depression be discriminated? A systematic investigation of cognitive therapy and interpersonal therapy. J Consult Clin Psychology 1982; 50:744-56.

Frank E, Kupfer D, Perel J, Cornes C, Jarret D, Mallinger A, Thase M, McEachran A, Grochochinski V. Three-year outcomes for maintenance therapies in recurrent depression. Arch Gen Psychiatry, 1990; 47: 1093-9.

Grawe K, Donati R, Bernauer F. Psychotherapie im Wandel – Von der Konfession zur Profession (3. Aufl). Göttingen: Hogrefe 1994.

Jarrett RB, Rush AJ. Psychotherapeutic aproaches for depression. In: Cavener JO, ed. Psychiatry, Vol. 1. New York: Basic Books 1986.

Karasu TB. Psychotherapy for Depression. New Jersey: Jason Aronson Inc. 1990.

Klerman GL, DiMascio A, Weissman MM. Treatment of depression by drugs and psychotherapy. Am J Psychiatry 1974; 131:186-91.

Klerman GL, Weissman MM, Rounsaville BJ, Chevron ES. Interpersonal Psychotherapy of Depression. New York: Basic Books 1984.

Luborsky L, Singer B, Luborsky L. Comparative studies of

psychotherapies: Is it true that „everyone has won and all must have prizes"? Arch Gen Psychiatry 1975; 32:995-1008.

Prochaska JO, DiClemente CC, Norcross JC. In search of how people change: applications to addictive behaviors. American Psychologist 1992; 47:1102-14.

Robinson LA, Berman JS, Neimeyer RA. Psychotherapy for the treatment of depression: a comprehensive review of controlled outcome research. Psychological Bulletin 1990; 108:30- 49.

Rounsaville BJ, Klerman GL, Weissman MM. Do psychotherapy and pharmacotherapy conflict? Arch Gen Psychiatry 1981; 38:24-9.

Teil II

Die Durchführung der Interpersonellen Depressionstherapie

Aus

Klerman GL, Weissman MM, Rounsaville BJ, Chevron ES. Interpersonal Psychotherapy of Depression. New York: Basic Books, Inc., Publishers 1984; 73–182.

Übersetzung des Original-IPT-Manuals duch Elisabeth Schramm unter Mitwirkung von S. Hedlund.

„... die letzten drei Jahre waren für mich wie ein endloser Arbeitstag ohne Pause.
Jetzt ist es vorbei ... Meine arme Mutter braucht mich nicht mehr ...
und die Jungen auch nicht.“
„Wie frei du dich fühlen mußt.“
„Nein ... nur unsagbar leer. Nichts mehr, wofür man lebt ...“

Henrik Ibsen
Das Puppenhaus

7 Ziele und Aufgaben bei der Durchführung der IPT

Ein psychotherapeutisches Verfahren läßt sich auf vielerlei Arten konzeptualisieren, und wir haben das mit der IPT auf drei Ebenen getan. Auf der Ebene der Strategien, die dabei helfen, bestimmte Aufgaben auszuführen, der Ebene der Techniken und der Therapeutenrolle. Auf der Ebene der Techniken und der Therapeutenrolle gleicht IPT vielen anderen Therapieverfahren, der eigentliche Unterschied liegt jedoch auf der Ebene der Strategien.

Die Strategien der IPT kommen in drei Behandlungsphasen zur Anwendung. Während der ersten Phase wird die Depression im Rahmen eines medizinischen Krankheitmodells diagnostiziert und dem Patienten erklärt. Nach Abschluß dieser Phase beginnt der mittlere Abschnitt, in der die relevanten, aktuellen interpersonellen Problembereiche durchgearbeitet werden. In der Phase des Therapieabschlusses wird, wie auch bei anderen Therapieverfahren, über die Gefühle bei der Ablösung gesprochen, die Therapieerfolge zusammengefaßt, und die noch ausstehende Arbeit umrissen. In dieser Phase findet also ebenso wie bei anderen Kurzzeittherapien eine explizite Vorbereitung auf das Therapieende statt.

In der folgenden Aufstellung wird die IPT-Struktur einschließlich der Techniken und der Therapeutenrolle beschrieben. Sie liefert außerdem die Grundlage, auf der das Verfahren und die Fallbeispiele ausführlich vorgestellt werden (s. Kap. 8 bis 15).

I. Anfangssitzungen

A. Auseinandersetzung mit der Depression
1. Die Symptome erheben.
2. Das Syndrom beim Namen nennen.
3. Dem Patienten Depressionen und deren Behandlung erklären.
4. Dem Patienten die „Krankenrolle" zuteilen.
5. Die Notwendigkeit einer medikamentösen Behandlung abklären.

B. Die Depression in einen interpersonellen Kontext bringen
1. Derzeitige und vergangene Beziehungen explorieren, die für die bestehende depressive Symptomatik von Bedeutung sind. Mit dem Patienten abklären:
   a) Die Art der Beziehungen.
   b) Die Erwartungen des Patienten und der Bezugspersonen aneinander und inwieweit diese erfüllt werden.
   c) Befriedigende und unbefriedigende Aspekte der Beziehungen.
   d) Veränderungswünsche des Patienten hinsichtlich der Beziehungen.

C. Problembereiche identifizieren
1. Hauptproblembereich bestimmen, der mit dem Beginn der Depression zusammenhängt, und Behandlungsziele festlegen.
2. Bestimmen, welche Beziehung oder welcher Aspekt der Beziehung im Zusammenhang mit der Depression steht

und welche Veränderungsmöglichkeiten gegeben sind.

D. Das Konzept der IPT erklären und einen Therapie-Vertrag abschließen

1. Dem Patienten das Problemverständnis des Therapeuten erklären.
2. Sich auf den relevanten Problembereich und die Behandlungsziele einigen.
3. Vorgehensweise bei der IPT beschreiben: Schwerpunkt im „Hier und Jetzt"; Einbringen relevanter Themen vonseiten des Patienten; Analyse derzeitiger interpersoneller Beziehungen; Besprechen organisatorischer Aspekte der Behandlung wie beispielweise Behandlungsdauer, Sitzungshäufigkeit, Termine, Gebühren, versäumte Termine.

II. Mittlere Sitzungen – Arbeit an den Problembereichen

A. Trauer

Ziele

1. Den Trauerprozeß fördern.
2. Dem Patienten helfen, Interessen und Beziehungen wieder aufzubauen, um über den Verlust hinwegzukommen.

Strategien

1. Symptome besprechen.
2. Den Beginn der Symptomentwicklung in Bezug zum Tod der Bezugsperson setzen.
3. Die Beziehung des Patienten zu dem Verstorbenen rekonstruieren.
4. Die Abfolge und Reihenfolge der Ereignisse kurz vor, während und nach dem Tod beschreiben lassen.
5. Damit verbundene Gefühle (sowohl positive als auch negative) explorieren.
6. Möglichkeiten finden, auf andere Menschen zuzugehen.

B. Interpersonelle Konflikte und Auseinandersetzungen

Ziele

1. Konflikt identifizieren.
2. Handlungsplan entwickeln.
3. Erwartungen und/oder gestörte Kommunikation verändern, um zu einer befriedigenden Lösung zu gelangen.

Strategien

1. Symptome besprechen.
2. Beginn der Symptomentwicklung in Bezug setzen zu dem offenen oder verdeckten Konflikt, den der Patient mit der jeweiligen Bezugsperson hat.
3. Stadium des Konfliktes bestimmen:
   a) Verhandlungsstadium (die Beteiligten beruhigen, um eine Lösung zu erleichtern);
   b) Sackgasse (Disharmonie erhöhen, um wieder in das Verhandlungsstadium zu gelangen);
   c) Auflösungsstadium (beim Trauerprozeß unterstützen).
4. Verstehen, wie nicht-reziproke Rollenerwartungen zum Konflikt beigetragen haben:
   a) Worum geht es in dem Konflikt?
   b) Wo bestehen Unterschiede in den Erwartungen und Wertvorstellungen?
   c) Welche Veränderungsmöglichkeiten bestehen?
   d) Wie wahrscheinlich ist das Finden von Alternativen?
   e) Welche Möglichkeiten stehen zur Veränderung der Beziehung zur Verfügung?
5. Bestehen Parallelen zu anderen Beziehungen?
   a) Worin besteht der Gewinn des Patienten?
   b) Welche unausgesprochenen Erwartungen stehen hinter dem Verhalten des Patienten?
6. Wie wird der Konflikt aufrechterhalten?

C. Rollenwechsel und -übergänge
Ziele
1. Den Verlust der alten Rolle betrauern und akzeptieren.
2. Dem Patienten helfen, die neue Rolle positiver zu sehen.
3. Selbstwertgefühl wiederherstellen durch das Aufbauen von Zuversicht, den Anforderungen neuer Rollen gerecht werden zu können.

Strategien
1. Symptome besprechen.
2. Die Symptome der Depression in bezug setzen zu den Schwierigkeiten bei der Bewältigung der aktuellen Veränderung im Leben des Patienten.
3. Postive und negative Aspekte alter und neuer Rollen besprechen.
4. Gefühle bezüglich des Verlustes explorieren.
5. Gefühle bezüglich der Veränderung selbst explorieren.
6. Möglichkeiten innerhalb der neuen Rolle abklären.
7. Das Ausmaß des Verlustes realistisch einschätzen.
8. Zur angemessenen Äußerung von Gefühlen ermuntern.
9. Zum Aufbau eines sozialen Stützsystems und neuer Fertigkeiten, welche die jetzige Rolle erfordert, ermutigen.

D. Interpersonelle Defizite
Ziele
1. Die soziale Isolation des Patienten verringern.
2. Das Aufnehmen neuer Beziehungen unterstützen.

Strategien
1. Symptome besprechen.
2. Symptome der Depression in bezug setzen zu der sozialen Isolation oder Unausgefülltheit.

3. Positive und negative Aspekte früherer wichtiger Beziehungen besprechen.
4. Sich wiederholende Beziehungsmuster explorieren.
5. Positive und negative Gefühle des Patienten dem Therapeuten gegenüber besprechen und nach Parallelen in anderen Beziehungen suchen.

▌ III. Sitzungen in der Endphase

1. Das nahende Ende der Therapie ausführlich besprechen.
2. Berücksichtigen, daß die Beendigung eine Zeit des Abschiednehmens und der Trauer darstellt.
3. Bei dem Patienten das Gefühl für Autonomie stärken.

▌ IV. Spezifische Techniken

1. Exploration.
2. Ermutigung zu Gefühlsäußerungen.
3. Klärung.
4. Kommunikationsanalyse.
5. Einsetzen der therapeutischen Beziehung.
6. Techniken zur Verhaltensänderung.
7. Sonstige Techniken.

▌ V. Therapeutenrolle

1. Der Therapeut ist Anwalt des Patienten und keine neutrale Instanz.
2. Der Therapeut ist aktiv, nicht passiv.
3. Die therapeutische Beziehung wird nicht als Übertragungsreaktion interpretiert.
4. Die therapeutische Beziehung ist keine Freundschaft.

8 Die Depression und die interpersonellen Probleme werden diagnostiziert

Inhalt

Die IPT hat zwei Schwerpunkte: zunächst sollen die depressiven Symptome gelindert werden. Mit dem Auftreten der Symptome stehen andererseits aber auch soziale und zwischenmenschliche Probleme im Zusammenhang, und auch mit ihnen beschäftigt sich die IPT. In der Anfangsphase der Therapie wird ein Behandlungsvertrag ausgearbeitet. Außerdem beschäftigt sich der Therapeut zu diesem Zeitpunkt eingehend mit der depressiven Symptomatik und identifiziert die Problembereiche. Während der Anfangsphase werden sowohl die Depression als auch die interpersonellen Probleme diagnostiziert und inhaltlich abgeklärt. In diesen Sitzungen hat der Therapeut sechs Aufgaben.

1. Sich mit der Depression eingehend beschäftigen.
2. Eine Beziehungsanalyse durchführen und den Zusammenhang zwischen der Depression und dem interpersonellen Kontext herstellen.
3. Die Hauptproblembereiche identifizieren.
4. Rational und Ziel der interpersonellen Therapie vermitteln.
5. Einen Behandlungsvertrag mit dem Patienten abschließen.
6. Die Rolle des Patienten in der Therapie erläutern.

8.1 Die Anfangssitzungen: Auseinandersetzung mit der Depression

Zu Beginn der ersten Sitzung schildert der Patient, was ihn dazu veranlaßt hat, die Behandlung aufzusuchen. Außerdem wird die Vorgeschichte der depressiven Verstimmung und der zugehörigen Symptome besprochen und die Notwendigkeit einer medikamentösen Behandlung abgeklärt. Für alle Patienten ist eine körperliche Untersuchung mit einer umfassenden internistischen Abklärung erforderlich, sofern diese nicht in den letzten sechs Monaten stattgefunden hat. Bei Patienten, die über vierzig Jahre alt sind, sollte die körperliche Untersuchung sogar noch weniger lang zurückliegen.

Bei der Anamnese der depressiven Verstimmung werden frühere Episoden und deren jeweilige interpersonelle Auslöser und/oder Folgen erfaßt. Außerdem wird abgeklärt, auf welche Weise diese Episoden abgeklungen sind. Die depressive Symptomatik des Patienten wird hinsichtlich ihrer Schwere und Ausgestaltung erfaßt, um über eine mögliche gleichzeitige Pharmakotherapie zu entscheiden. Ebenso muß Suizidalität sorgfältig abgeklärt werden.

Der Patient sollte in den ersten beiden Sitzungen über seinen depressiven Zustand aufgeklärt werden sowie Unterstützung und Hilfe bei der Symptombewältigung erfahren. Dies ist wichtig, um eine aktive Behandlungsbereitschaft beim Patienten herzustellen und ihm das Gefühl zu vermitteln, daß unmittelbar an den Problemen „gearbeitet" wird.

8.1.1 Erhebung der Symptome

In der ersten Sitzung sollte ausführlich erhoben werden, wie lange der Patient die Symptome schon hat und wie schwer sie sind. Diese Strategie hat eine dreifache Zielsetzung:

1. Sie ermöglicht dem Psychotherapeuten, die Diagnose sicher zu stellen.
2. Dem Patienten wird das Gefühl vermittelt, daß die Probleme in ein Raster passen, das vom Therapeuten antizipiert und als klinisches Syndrom verstanden wird. Auf diese Weise versteht der Patient seine unerklärlichen, als abnormal empfundenen Symptome und Verhaltensweisen als Teil eines Musters, das zeitlich begrenzt und, wenn auch unangenehm, dennoch behandelbar ist.
3. Die Symptome werden in einen bestimmten Zeitrahmen und in den interpersonellen Kontext gesetzt, der später den Schwerpunkt der Psychotherapie darstellen soll.

Zur Symptomerhebung gehört es, gegenwärtige und frühere suizidale Gefühle, Gedanken und Verhaltensweisen detailliert abzuklären. Wie mit Suizidalität umzugehen ist, wird in Kap. 18 beschrieben. Die in Kapitel 3 aufgeführten DSM-IV Kriterien für Depression bieten Richtlinien, anhand derer die Symptome besprochen werden

können. (Anm. d. Verfassers: Die in der Originalfassung des Manuals vorgeschlagenen DSM-III und Research Diagnostic Criteria wurden zwischenzeitlich überarbeitet.) Auch die Hamilton-Depressionsskala, die im Anhang auf den Seiten 303 bis 304 wiedergegeben ist, kann für die systematische Abklärung der Symptome nützlich sein.

8.1.1.1 Depressive Stimmung

Die Stimmung wird mit Hilfe folgender Fragen erfaßt:

„Wie haben Sie sich in der letzten Woche, einschließlich heute, gefühlt? Können Sie Ihre Stimmung beschreiben? Waren Sie traurig, niedergeschlagen, deprimiert? Können Sie dies näher beschreiben? Wie schlimm ist das für Sie gewesen?"

„Mußten Sie weinen? Hilft es Ihnen, zu weinen? Hatten Sie das Gefühl, daß Sie weinen wollten, aber nicht konnten?"

„Haben Sie sich hoffungslos gefühlt, unfähig, zu kontrollieren, was mit Ihnen geschieht, dem Wohlwollen anderer ausgeliefert oder unfähig, irgendetwas für sich selbst zu tun?"

„Wie haben Sie sich gefühlt, was die Zukunft anging? Können Sie sich vorstellen, daß es Ihnen bald wieder besser gehen wird?"

8.1.1.2 Schuldgefühle

„Haben Sie sich für Dinge beschuldigt, die Sie getan haben? Haben Sie sich selbst schlecht gemacht oder herabgesetzt? Denken Sie, daß Sie kein guter Mensch sind?"

„Haben Sie Ihre Freunde und Familie im Stich gelassen? Fühlen Sie sich dafür schuldig?"

„Haben Sie das Gefühl, daß Sie an Ihrem Zustand selbst schuld sind? In welcher Weise? Wie stark ausgeprägt ist dieses Gefühl? Denken Sie, daß Sie sich versündigt haben?"

8.1.1.3 Suizid

„Denken Sie viel über den Tod nach? Hatten Sie jemals das Gefühl, daß das Leben nicht lebenswert ist? Wünschten Sie sich, tot zu sein?"

„Hatten Sie daran gedacht, sich das Leben zu nehmen? Hatten Sie irgendetwas in dieser Richtung geplant? Hatten Sie damit angefangen, diesen Plan auszuarbeiten?"

„Haben Sie tatsächlich einen Selbstmordversuch unternommen?"

8.1.1.4 Insomnie

„Schlafen Sie sofort ein, wenn Sie zu Bett gehen? Nehmen Sie Schlafmittel?"

„Haben Sie jede Nacht Einschlafschwierigkeiten? Wie lange brauchen Sie zum Einschlafen? Was geht Ihnen durch den Kopf, wenn Sie wach liegen?"

„Wenn Sie eingeschlafen sind, schlafen Sie dann gut? Sind Sie unruhig oder werden gelegentlich wach? Stehen Sie dann auf?"

„Wachen Sie frühmorgens auf? Bleiben Sie dann wach oder schlafen Sie noch einmal ein? Wachen Sie früher auf als normalerweise?"

8.1.1.5 Arbeit und Aktivitäten

„Wie lief es bei der Arbeit, Hausarbeit, mit Ihren Hobbys, Interessen und Ihrem Privatleben? War das früher anders?"

8.1.1.6 Psychomotorische Hemmung

Eine psychomotorische Hemmung im Verhalten des Patienten sollte ausschließlich anhand der Beobachtung während des Gesprächs beurteilt werden und nicht anhand von Aussagen zu subjektiven Beschwerden. Es ist darauf zu achten, ob Denken und Sprechen verlangsamt sind, die Konzentrationsfähigkeit und die motorische Aktivität eingeschränkt ist oder Apathie und Stupor zu beobachten sind.

8.1.1.7 Psychomotorische Unruhe

Psychomotorische Unruhe sollte ebenfalls anhand des Verhaltens während des Gesprächs beurteilt werden. Psychomotorische Unruhe ist als Ruhelosigkeit verbunden mit Angst definiert. Sie sollte von primärer Angst unterschieden werden, da sich Unruhe auf ein beobachtbares Phänomen körperlicher Ruhelosigkeit bezieht, die als qualvoll empfunden wird.

8.1.1.8 Psychische Angst

„Haben Sie sich nervös, ängstlich oder schreckhaft gefühlt? Haben Sie sich angespannt gefühlt, oder konnten Sie sich nur schwer entspannen? Haben Sie sich um kleine Dinge Sorgen gemacht?"

„Hatten Sie eine angstvolle Vorahnung, als könne etwas schreckliches geschehen?"

„Haben Sie sich in bestimmten Situationen ängstlich gefühlt? Solche Situationen könnten sein, daß Sie allein zu Hause sind, allein aus dem Haus gehen, sich in Menschenmengen befinden oder reisen? Haben Sie Probleme mit Höhen oder in Fahrstühlen?"

8.1.1.9 Somatische Angst

„Haben Sie unter einem der folgenden Symptome gelitten: Zittern, Beben, übermäßiges Schwitzen, Würge- oder Erstickungsgefühle, Anfälle von Atemnot, Schwindel, Ohnmachtsgefühl, Kopfschmerzen, Schmerzen im Nacken, Kribbeln oder Druck im Magen?"

„Wie häufig kam das vor? Wie schlimm ist es gewesen?"

Die folgende Symptomgruppe umfaßt eine Vielzahl häufiger körperlicher Beschwerden von Angstpatienten, einschließlich gastrointestinaler Probleme wie Flatulenz und Verdauungsprobleme; kardiovaskulärer Störungen wie Palpitationen; Kopfschmerzen; Atembeschwerden und genito-urinäre Symptome.

8.1.1.10 Gastrointestinale Symptome

„Wie war Ihr Appetit? Litten Sie unter Völlegefühl?"

„Wie häufig haben Sie Stuhlgang? Ist das jetzt anders als sonst?"

8.1.1.11 Allgemeine Körperliche Symptome

„Sind Sie leicht erschöpfbar? Fühlen Sie sich ständig müde? Kostet es Sie Anstrengung, irgendetwas zu tun? Verbringen Sie viel Zeit im Bett? Schlafend?"

„Leiden Sie unter Schmerzen? Einem bleiernen Gefühl?"

Diese Gruppe beinhaltet Schweregefühle in den Gliedern, im Rücken oder im Kopf. Außerdem gehören zu ihr subjektive Gefühle wie Energieverlust und Erschöpfbarkeit. Es ist darauf zu achten, ob sich die Symptome in der Intensität und Häufigkeit verändern. Typischerweise sind diese Symptome der Depression vage und unklar definiert, und es ist äußerst schwierig, vom Patienten eine befriedigende Beschreibung zu erhalten.

8.1.1.12 Sexuelle Symptome

„Ich möchte Ihnen jetzt ein paar Fragen zu Ihrem Sexualleben stellen. Haben Sie das Interesse an Ihrem Partner verloren? Haben Sie weniger sexuellen Antrieb als sonst? Oder haben Sie Schwierigkeiten, sexuell erregt zu werden? Sind Sexualkontakte weniger häufig? Haben Sie Schwierigkeiten, eine Erektion oder Orgasmus zu bekommen?"

8.1.1.13 Umgang mit körperlichen Beschwerden

Diese Kategorie bezieht sich auf die Einstellung des Patienten zu körperlichen Beschwerden. Es spielt keine Rolle, ob diese eine realistische Basis haben oder nicht. Der hypochondrische Patient beschäftigt sich mehr mit körperlichen als mit psychischen Symptomen und kommt im Gespräch immer wieder darauf zurück.

8.1.1.14 Gewichtsverlust

„Haben Sie an Gewicht verloren, seit die Schwierigkeiten begannen? Wieviel?"

Hier soll der maximale Gewichtsverlust des Patienten seit Krankheitsbeginn eingeschätzt werden.

8.1.1.15 Krankheitseinsicht

„Welcher Art, würden Sie sagen, sind Ihre Probleme? Betrachten Sie sich selbst als psychisch krank?"

„Was ist die Ursache?"

Einsicht bezieht sich darauf, daß der Patient seine Störung als psychisch bedingt und als depressiv geprägt erkennt. Sowohl der Denkstil als auch das Hintergrundwissen des Patienten bestimmen, wie seine Einsichten über sich selbst sowie sein Verständnis der Psychodynamik und der Ursachen seiner Depression beurteilt werden können. Dabei ist darauf zu achten, zwischen einem Patienten, der die depressive Erkrankung nicht versteht und einem, der nicht zugeben will, „psychische Probleme" zu haben, zu unterscheiden.

Jeder Mensch hat bestimmte Vorstellungen und Ansichten über körperliche oder psychische Krankheiten, und hat daher seine eigenen Klassifikationen und diagnostischen Systeme. Die Einstellungen des Patienten sollten ohne Widerspruch oder Hinterfragen erhoben werden. Manche Patienten betrachten ihre Erfahrung im religiösen Sinn: *„Gott bestraft mich für meine Selbstsüchtigkeit."* Andere beschuldigen beispielsweise ihre Mutter oder einen Ehepartner dafür, nicht „liebevoll genug" oder „gefühlskalt und unsensibel" gewesen zu sein.

▌ 8.1.1.16 Tagesschwankungen

„Zu welcher Tageszeit fühlen Sie sich am besten? Morgens? Nachmittags? Abends? Wann geht es Ihnen am schlechtesten?"

Diese Fragen dienen dazu, wiederkehrende Stimmungsschwankungen und andere Symptome in der ersten und zweiten Tageshälfte zu erkennen. In der Regel fühlt sich der Patient entweder in der einen oder anderen Tageshälfte besser. Gelegentlich geht es dem Patienten nachmittags besser und sowohl morgens als auch abends schlechter.

▌ 8.1.1.17 Depersonalisation

„Hatten Sie einmal das Gefühl, daß alles unwirklich ist, daß Sie unwirklich sind, oder daß die Umwelt entrückt, entfernt, seltsam oder verändert wirkt? Ich meine damit nicht nur das Gefühl, daß Sie sich wirklich nicht vorstellen konnten, daß Sie diese Erkrankung je einmal hätten."

▌ 8.1.1.18 Paranoide Symptome

„Sind Sie anderen gegenüber mißtrauisch? Denken Sie, daß andere hinter Ihrem Rücken über Sie sprechen oder sich über Sie lustig machen?"

Wenn ein Patient mit „Ja" antwortet, soll nach Verfolgungsideen weitergefragt werden, die keine depressiven Züge aufweisen. Das heißt sie haben nichts zu tun mit Schuld oder dem Gefühl, daß die Verfolgung verdient ist. Falls paranoide Ideen de-

pressive Züge aufweisen, kann dies Teil der übertriebenen Schuldgefühle oder anderer depressiver Wahnideen sein.

▌ 8.1.1.19 Zwangsgedanken und ▌ Zwangshandlungen

„Ist Ihnen aufgefallen, daß Sie Dinge, die Sie bereits ausgeführt haben, immer wieder überprüfen oder wiederholen müssen? Müssen Sie Dinge in einer ganz bestimmten Weise, in einer bestimmten Reihenfolge oder mit einer bestimmten Häufigkeit tun?"

„Kamen Ihnen unerfreuliche, erschreckende oder lächerliche Gedanken oder Worte in den Sinn und gingen nicht mehr weg, auch wenn Sie versucht haben, sie loszuwerden?"

„Befürchten Sie, Sie könnten eine schreckliche Tat begehen ohne es zu wollen?"

▌ 8.1.2 Die Symptome benennen

Ergibt sich, nachdem die Symptome abgeklärt sind, daß der Patient tatsächlich eine depressive Erkrankung hat (siehe DSM-IV Kriterien, Kap. 3), dann sollte ihm dies explizit mitgeteilt werden. Ihm wird gesagt, daß seine vielfältigen Symptome einen einzigen klaren Namen haben. Dem Patienten sollte also erklärt werden, daß ein depressives Syndrom diagnostiziert wurde, und daß seine Probleme mit dem Schlaf und dem Appetit, die Kopfschmerzen, die Hoffnungslosigkeit, der Interessensverlust und die Ermüdbarkeit alle Teil einer Depression sind. Wenn die Ergebnisse der körperlichen Untersuchung keine spezifischen somatischen Ursachen für diese Symptome erbringen, kann der Therapeut dem Patienten versichern, daß sie als Teil einer Depression zu sehen sind. Die Patienten müssen wissen, daß sie keine ernsthafte organische Erkrankung haben, daß sie nicht „verrückt" sind oder werden, und daß die Schlafprobleme und Konzentrationsschwierigkeiten nicht auf eine beginnende Demenz zurückzuführen sind.

Die Diagnose sollte dem Patienten etwa folgendermaßen vermittelt werden:

„Ihre Symptome (die an dieser Stelle genau aufgeführt werden, also Kopfschmerzen, Schlafprobleme, Erschöpfung usw.) scheinen keine organische Grundlage zu haben. Das bedeutet nicht, daß die Symptome nicht tatsächlich bestehen und daß es Ihnen nicht schlecht geht. Ihre Kopfschmerzen, Erschöpfung usw. sind wirklich vorhanden. Die Symptome, die Sie beschreiben, sind alle Teil einer Depression. Ihr Appetit und Schlaf sind gestört und Sie haben das Interesse an Ihren üblichen Aktivitäten verloren. Sie reagieren gereizter auf Ihre Kinder und kommen mit Ihrem Ehemann nicht mehr zurecht. Sie können sich nicht vorstellen, die Arbeit zu verrichten, an der Sie vorher Interesse hatten. Sie haben keine Energie, keinen Schwung mehr. Dies alles ist Teil des klinischen Bildes einer Depression. Ihre Gedanken über den Tod, Ihre Müdigkeit und das Gefühl der Sinnlosigkeit, die Frage, wie es mit Ihrem Leben weitergehen kann, Ihr Energieverlust, alles ist Teil der depressiven Symptomatik. Die Symptome, die Sie beschreiben, kommen bei depressiven Menschen häufig vor. Sie befinden sich in den Fängen einer schweren Depression.“

8.1.3 Depressionen und deren Behandlung erklären

Nach der spezifischen Diagnose sollten dem Patienten einige allgemeine Informationen über Depression gegeben und erklärt werden, was zu erwarten ist:

*„Depression ist eine häufige Störung. Über drei bis vier Prozent[1] der erwachsenen Bevölkerung sind davon betroffen. Die Er-*krankung kann sehr beeinträchtigend sein, aber sie spricht gut auf eine Behandlung an. Die Aussicht auf Genesung ist gut. Es stehen eine Vielzahl von Behandlungsmöglichkeiten zur Verfügung, und Sie dürfen die Hoffnung nicht gleich aufgeben, wenn der erste Behandlungsversuch fehlschlägt. Die meisten Menschen mit einer Depression sprechen sofort auf die Therapie an, und die Prognose ist gut. Sie werden sich besser fühlen und wieder zu Ihrem gewohnten Leistungsniveau zurückkehren, sobald die Symptome abklingen.[2]*

Psychotherapie gilt als eine der Standardmaßnahmen bei der Depressionsbehandlung. Ihre Wirksamkeit konnte in einer Vielzahl wissenschaftlicher Untersuchungen nachgewiesen werden. Psychotherapie soll Ihnen helfen, die Probleme zu verstehen, die zur Depression entscheidend beigetragen haben.“

8.1.4 Dem Patienten die „Krankenrolle" zuteilen

Die Erhebung der Symptome, die Diagnose und die Informationen über die Depression und deren Behandlung dienen dazu, dem Patienten das Konzept der „Krankenrolle" nahe zu bringen. Diese Rolle ermöglicht es dem Patienten, kompensatorisch, jedoch zeitlich begrenzt, die Zuwendung von anderen zu erhalten. Eine Zuwendung die ihm – tatsächlich oder nach subjektivem Empfinden – in der Vergangenheit nicht in ausreichendem Maße zuteil wurde.

Die Idee der „Krankenrolle" wurde erstmals von Talcott Parsons (1951) vorgestellt. Parsons, Soziologieprofessor an der Harvard Medical School und einer der Gründer der Medizinischen Soziologie stellte fest,

---

[1] Anm. d. Übers.: Neuere epidemiologische Studien geben insgesamt höhere Lebenszeitprävalenzen an. Für Deutschland beträgt das Erkrankungsrisiko etwa neun Prozent (s. Kap. 3).

[2] Anm. d. Übers.: Dieser optimistische Ausblick ist nach neueren Forschungsergebnissen leider nicht uneingeschränkt gewährleistet. Etwa ein Drittel der Patienten kehrt nicht mehr zum ursprünglichen Leistungsniveau zurück und die Störung hat ein hohes Rezidivrisiko. Die Dauer einer Episode beträgt unter Behandlung in der Regel etwa drei Monate (s. auch Kap.3).

daß es sich bei Krankheit nicht nur um einen „Zustand", sondern auch um eine soziale Rolle handelt. Die wesentlichen Kriterien einer sozialen Rolle betreffen die Einstellung sowohl desjenigen, der die Rolle innehat, als auch der anderen, mit denen er Kontakt hat. Eine Reihe sozialer Normen legen angemessenes Verhalten für Personen in dieser Rolle fest.

Parsons beschrieb vier Funktionen der Krankenrolle:

1. Die kranke Person wird von gewissen üblichen sozialen Verpflichtungen befreit. Diese Freistellung muß sozial definiert und akzeptiert sein.
2. Der Betroffene ist ebenfalls von bestimmten Verantwortlichkeiten freigestellt.
3. Der Betroffene wird als jemand betrachtet, der sich in einem sozial unerwünschten Zustand befindet, der so schnell wie möglich beendet werden sollte.
4. Der Betroffene wird als „hilfsbedürftig" betrachtet. Er übernimmt die Rolle des Patienten, die ihre eigenen Verpflichtungen beinhaltet, insbesondere die Krankheit zu akzeptieren und bei der Genesung mitzuhelfen.

Die Symptome abzuklären hilft dem Psychotherapeuten festzustellen, ob dem Patienten die Krankenrolle entsprechend dem oben beschriebenen Konzept zusteht. Falls ja, wird der Patient, und manchmal auch die Familie, entsprechend informiert. Dieses Vorgehen legitimiert die Krankenrolle und definiert den Patienten als hilfsbedürftig. Außerdem wird der Patient dadurch vorübergehend von bestimmten sozialen Verpflichtungen ebenso entlastet, wie von der Verantwortung für den depressiven Zustand befreit.

Der Genesungsprozeß muß beschrieben werden, da dadurch die Krankenrolle zeitlich eingegrenzt wird. Der Patient muß wissen, daß er zur Mitarbeit am Genesungsprozeß verpflichtet ist und muß daher

informiert werden, daß er seine Krankenrolle möglichst rasch aufzugeben hat. Dem Patienten muß also beim Aufgeben der Krankenrolle und bei der Genesung geholfen werden (Suchman, 1965a; Suchman, 1965b). Die Genesungsphase sollte beginnen, sobald der Patient in den Behandlungsprozeß eingebunden ist.

Der Therapeut könnte dem Patienten die Krankenrolle möglicherweise mit folgenden Worten zuweisen:

„Es ist in Ordnung, wenn Sie sich in den Momenten, in denen es Ihnen so schlecht geht, nicht unterhaltsam und gesellschaftsfähig fühlen. Warum sagen Sie nicht direkt zu Ihrem Ehemann, daß Sie im nächsten Monat, während der aktiven Behandlungsphase Ihrer Depression, lieber keine Gäste einladen möchten und daß Sie sich gerne mit ihm absprechen möchten, bevor er für Sie beide etwas verabredet? Sie werden jetzt aktiv in die Behandlung eingebunden sein, und wir werden im nächsten Monat gezielt an Ihrer Genesung arbeiten. Es ist zu erwarten, daß Sie allmählich wieder in der Lage sein werden, Ihr normales Leben aufzunehmen, und in etwa zwei Monaten sollten Sie wieder ziemlich aktiv sein können. Mit der Zeit werden wir die Probleme, die mit Ihrer Depression zu tun haben, zunehmend besser verstehen und bewältigen, und wir haben allen Grund zu der Hoffnung, daß Sie sich sogar noch besser fühlen werden als früher."

Dem depressiven Patienten sollte als zentrales Konzept erklärt werden, daß Depression eine Erkrankung ist, über die er keine vollständige Kontrolle haben wird, aber von der er mit Hilfe der Behandlung ohne ernsthaften bleibenden Schaden genesen wird. Patienten betrachten ihre Erkrankung oft unter moralischen Gesichtspunkten. So wird Depression als Versagen, als Zeichen von Schwäche, als eine gerechte Strafe für Fehlverhalten in der Vergangenheit oder sogar als absichtlich herbeigeführter Zustand angesehen. Diese negative Sichtweise ist Teil des depressiven Affektes,

Tabelle 8.1 DSM-IV Kriterien für die nähere Bestimmung von Melancholiemerkmalen

Merkmale der Melancholie (kann auf die derzeitige oder letzte Episode im Rahmen einer Major Depressiven Störung bezogen sein, oder auf eine Depressive Episode im Rahmen einer Bipolar-I- oder Bipolar-II-Störung, falls es sich dabei um den aktuellsten Stimmungstyp der Episode handelt)

A. Eines der folgenden Symptome tritt während der am stärksten ausgeprägten Phase der derzeitigen Episode auf:

1. Verlust von Freude an allen oder fast allen Aktivitäten.
2. Mangel an Reagibilität auf üblicherweise angenehme Dinge. Der Betroffene fühlt sich, noch nicht einmal vorübergehend, besser, wenn etwas Erfreuliches geschieht.

B. Drei (oder mehr) der folgenden Symptome:

1. Bestimmte Qualität der depressiven Stimmung. Das heißt, die depressive Stimmung wird deutlich anders empfunden als das Gefühl, das nach dem Tod einer nahestehenden Person erlebt wird.
2. Die Depression ist in der Regel morgens schlimmer.
3. Frühmorgendliches Erwachen (mindestens zwei Stunden vor der üblichen Aufwachzeit).
4. Ausgeprägte psychomotorische Verlangsamung oder Unruhe.
5. Deutliche Appetitlosigkeit oder Gewichtsverlust.
6. Übertriebenes oder unangemessenes Schuldgefühl.

Quelle (vom Verf. ins Deutsche übersetzt): American Psychiatric Association. Diagnostic and Statistical Manual of Mental Disorders, Fourth Edition. Washington DC: American Psychiatric Association, 1994.

und dies sollte dem Patienten auch vermittelt werden.

8.1.5 Ist eine medikamentöse Behandlung notwendig?

Ob eine psychopharmakologische Behandlung typischerweise mit einem trizyklischen Antidepressivum[1] notwendig ist, hängt von der Schwere der Symptome, den Wünschen und früheren Erfahrung des Patienten und nicht zuletzt von eventuellen medizinischen Kontraindikationen ab. Im allgemeinen sind Patienten mit schweren Schlaf- und Appetitstörungen, psychomotorischer Unruhe oder mangelnder Reagibilität geeignete Kandidaten für trizyklische Antidepressiva, die zusätzlich zur Psychotherapie gegeben werden, falls keine medizinischen Kontraindikationen bestehen. Patienten, deren Depression endogene oder melancholische Züge aufweist (siehe Tab.

8.1) sprechen möglicherweise weniger schnell auf Psychotherapie allein an, als auf die Kombination von Psychotherapie und trizyklischen Antidepressiva (Prusoff et al., 1980) (s. Kap.4).

Gehen belastende Lebensumstände zeitlich der Depression voraus, ist der wirksame Einsatz von Medikamenten in Kombination mit Psychotherapie keineswegs ausgeschlossen. Vielmehr gibt die Mehrzahl der Patienten, auch solche mit endogenen oder melancholischen Merkmalen, belastende Ereignisse im Vorfeld einer Depression an. Die Diagnose einer akuten Depression, die auf eine chronische Depression aufgepfropft ist, oder einer depressiven Persönlichkeit, schließt die Anwendung trizyklischer Antidepressiva in Kombination mit Psychotherapie ebenfalls nicht aus (Rounsaville et al., 1981). Um die Notwendigkeit einer medikamentösen Behandlung abzuklären, müssen einige klinische Hauptmerkmale eingeschätzt werden. Dabei handelt es sich um folgende spezifische Symptome, die auch daraufhin bewertet werden, wie schwer sie sind: psychomotorische Unruhe oder Verlangsamung und In-

---

[1]Anm. d. Übers.: Zu der Zeit, als das Manual verfasst wurde, waren Serotonin-Wiederaufnahmehemmer in ihrer Wirkung bei Depression noch nicht untersucht.

teressens- oder Reagibilitätsverlust. Bei den Kriterien, die in Tabelle 8.1 aufgeführt sind, handelt es sich um die Research Diagnostic Criteria (RDC) (Spitzer, 1976) für eine Major Depression vom endogenen Subtyp.[1] Diese Kriterien sind den DSM-III Kriterien für eine Major Depression mit Melancholie ähnlich, jedoch nicht mit ihnen identisch. In der klinischen Praxis bezeichnen die beiden Kriteriensets fast identische Patientengruppen. Sie haben sich zur Stellung der Indikation für Pharmakotherapie als nützlich erwiesen.

8.2
Die Depression in einen interpersonellen Kontext bringen

8.2.1 Die Beziehungsanalyse (Interpersonal Inventory)

Sobald die depressiven Symptome erhoben sind, sollte der Therapeut den Patienten fragen, was sich in seinen sozialen und zwischenmenschlichen Lebensbereichen abgespielt hat, als die Symptome begannen? Die Identifikation von Schlüsselpersonen und Kernpunkten ergibt sich daraus häufig von selbst. Sollte dies nicht der Fall sein, hilft es, die gegenwärtigen und vergangenen Beziehungen zu analysieren, um ein vollständiges Bild von den bedeutsamen derzeitigen sozialen Interaktionen des Patienten zu erhalten.

[1] Anm. d. Übers.: Aus Aktualitätsgründen werden hier anstelle der RDC-Kriterien die DSM-IV Kriterien für eine Major Depression mit melancholischen Merkmalen angegeben. Es ist allerdings umstritten, ob diese Merkmale sinnvolle Kriterien zur Entscheidungsfindung für den Einsatz von Medikamenten darstellen.

Dazu empfiehlt es sich, wichtige Beziehungen des Patienten mit anderen, beginnend in der Gegenwart, sorgfältig zu explorieren. Dies kann entweder innerhalb der Sitzungen erfolgen, oder der Therapeut kann den Patienten bitten, einen Lebenslauf mit Informationen über Beziehungen und bedeutsame zwischenmenschliche Ereignisse zu erstellen.

Im Rahmen der Beziehungsanalyse sollte der Patient folgende Informationen über jede Person geben, die für ihn von Bedeutung ist.

1. In welcher Beziehung steht diese Person zu dem Patienten, wie häufig sind die Kontakte und welche gemeinsamen Aktivitäten gibt es?
2. Welche gegenseitigen Erwartungen bestehen an die Beziehung? Werden diese Erwartungen erfüllt?
3. Welches sind die befriedigenden und unbefriedigenden Aspekte der Beziehung? Kann der Patient dafür detaillierte Beispiele geben?
4. Auf welchen Wegen möchte der Patient die Beziehung verbessern? Indem er sein eigenes Verhalten verändert oder das der anderen Person?

Obwohl sich die Analyse der Beziehungen hauptsächlich auf die ersten beiden Sitzungen konzentriert, kann sie in weniger systematischer Weise während des weiteren Behandlungsprozesses ergänzt werden.

8.2.2 Die Hauptproblembereiche werden identifiziert

Bei der Beziehungsanalyse geht es dem Therapeuten hauptsächlich darum, die zentralen interpersonellen Themen des Patienten zu erkennen. Es sind die Themen, die für die derzeitige depressive Episode bedeutsam sind. Außerdem geht der Therapeut der Frage nach, welche Aspekte dieser Schwierigkeiten zu verändern sind. Der

Therapeut sollte so viele Informationen sammeln, daß er den Hauptproblembereich festlegen kann. Bei der Auseinandersetzung mit der Depression ganz zu Beginn der Behandlung wird ja ohnehin über problematische Bereiche gesprochen. Dies hat außerdem den Nebeneffekt, daß der Patient von der ausschließlichen Beschäftigung mit den akuten bedrängenden und überwältigenden Symptomen abgelenkt wird. Vor allem in der Anfangsphase wird viel über die Depression gesprochen, und dies stellt meist den besten Übergang zu einer Diskussion der zwischenmenschlichen Probleme dar, die mit dem Auftreten der Depression im Zusammenhang stehen.

Mit dem Satz „Lassen Sie uns zusammentragen, was sich in Ihrem Leben abgespielt hat", beginnt der Psychotherapeut, den Patienten nach aktuellen Veränderungen in seinen Lebensumständen, seiner Stimmung und seiner sozialen Funktionsfähigkeit zu fragen:

„Was hat sich sonst noch in Ihrem Leben in der Zeit abgespielt, als es anfing, Ihnen schlecht zu gehen? Bei der Arbeit? Zu Hause? In Ihrer Familie? Mit Ihren Freunden? Gab es irgendwelche Veränderungen? Wie haben Sie sich in letzter Zeit gefühlt? Haben Sie sich viele Sorgen gemacht? Haben Sie in letzter Zeit weniger Kontakt mit anderen gehabt? Macht es Ihnen weniger Freude, Dinge zu tun, die Ihnen sonst Spaß gemacht haben – wie beispielsweise Ihre Arbeit, ihre Freunde, die Familie, Essen, Sex, Hobbys oder Fernsehen?"

Als nächstes soll der Therapeut bestimmen, in welcher Beziehung die Lebensumstände zum ersten Auftreten der Symptome stehen.

„Wann fingen Sie an, sich depressiv zu fühlen? Was ging in Ihrem Leben vor sich? Als Sie von dem Verhältnis Ihres Mannes erfahren haben, war das um die Zeit herum, als Sie anfingen, sich niedergeschlagen zu fühlen?"

Die Problembereiche sollten genau definiert werden, da sie dem Therapeuten dabei

helfen können, gemeinsam mit dem Patienten eine Behandlungsstrategie zu formulieren. Da die IPT zeitlich begrenzt ist, zielt diese Strategie üblicherweise auf ein oder zwei der vier Problembereiche ab, die depressive Patienten häufig erfahren. Diese Bereiche werden in den Kapiteln 9 bis 12 definiert und ausführlich besprochen. Die interpersonellen Probleme werden so in ein System gebracht, das für den Patienten mögliche Veränderungen zuläßt. Diese Aufstellung ist nicht erschöpfend, und sie stellt auch keine tiefgründige Ausführung dar. Es soll auch nicht versucht werden, damit die Dynamik der depressiven Störung zu erklären. Vielmehr hilft dieses Klassifikationssystem dem Therapeuten, realistische Ziele und angemessene Behandlungsstrategien aufzustellen.

Bei den Problembereichen handelt es sich um:

1. Trauer.
2. Auseinandersetzungen mit dem Ehepartner oder Partner, mit den Kindern oder anderen Familienmitgliedern, Freunden oder Mitarbeitern.
3. Rollenwechsel und -übergänge. Hierzu gehören beispielsweise eine neue Arbeitsstelle anzutreten, das Elternhaus zu verlassen, an einem anderen Ort zu studieren oder in ein neues Heim oder eine neue Gegend umzuziehen. Aber auch Scheidung oder ökonomische und andere Veränderungen in der Familie gehören zu diesem Problembereich.
4. Interpersonelle Defizite, die zu Einsamkeit und sozialer Isolation führen.

Diese Themen schließen sich nicht unbedingt gegenseitig aus. Der Patient präsentiert möglicherweise eine Kombination von Problemen in verschiedenen Bereichen, oder es können schlecht umrissene und gewichtige Schwierigkeiten in jedem dieser Problemfelder bestehen. Für jeden Patienten schätzt der Psychotherapeut die individuellen Bedürfnisse ein und welche Faktoren nach Angaben des Patienten zur

Depression beigetragen haben. Zusätzlich erfragt er, welche individuellen Bedürfnisse beim Patienten bestehen. Bei Patienten mit weitreichenden Problemen kann der Therapeut sich in seiner Wahl des Behandlungsfokus von den direkt vorausgegangenen Ereignissen der aktuellen depressiven Episode leiten lassen.

Gelegentlich können sich Patient und Therapeut nicht auf einen Therapiefokus einigen. Patienten wollen oder können manchmal nicht erkennen, in welchem Ausmaß sie unter einem bestimmten Problem leiden. Zwei Beispiele:

1. Manche Patienten mit Ehekonflikten vermeiden es, über ihre Probleme zu sprechen, weil sie Angst haben, dadurch eventuell die eheliche Beziehung zu gefährden.
2. Patienten mit pathologischen Trauerreaktionen nehmen vielleicht die Quelle der jährlichen Depressionsepisoden nicht bewußt zur Kenntnis.

Wenn sich Therapeut und Patient nicht auf den Behandlungsfokus einigen können, hat der Therapeut drei Möglichkeiten:

1. Er kann die Behandlungsziele so lange aufschieben, bis der Patient die Bedeutung des Themas erkennt.
2. Er kann sehr allgemeine Ziele bestimmen, in der Hoffnung, im Laufe der Therapie genauer fokussieren zu können.
3. Er kann die Prioritäten des Patienten akzeptieren. Er hofft dann darauf, daß bei näherer Betrachtung der Fokus auf relevantere Themen gerichtet werden kann.

Den dritten Ansatz beispielsweise konnte ein Therapeut gut bei einer Patientin anwenden, die sich zunächst darüber beschwerte, daß ihre Kinder sie verrückt machen würden. Einige Sitzungen später sprach sie jedoch ihren dringlicheren Kummer über die außereheliche Beziehung ihres Mannes an.

Der jeweilige Problembereich wird üblicherweise bestimmt, indem auf die ein oder zwei offensichtlich belastendsten Bereiche fokussiert wird. Dabei kann es sich beispielsweise um drohenden Arbeitsplatzverlust, Probleme mit den Kindern, eheliche Spannungen oder einen Umzug handeln. Das Ziel hierbei ist, die aktuellsten Streßsituationen klar zu identifizieren, auf welche sich die verbleibenden Sitzungen konzentrieren werden.

Der Patient sollte seine Probleme mit eigenen Worten beschreiben können und dadurch Entlastung finden. Aber es sollte dem Patienten nicht gestattet sein, das Gespräch mit irrelevanten Besorgnissen zu dominieren. Bei der Suche nach dem besten Fokus für eine Kurzbehandlung kann eine systematische Aufstellung aller besonderen lebensgeschichtlichen Vorkommnisse nützlich sein. Diese Vorkommnisse müssen nicht in mechanischer Reihenfolge abgehandelt werden, aber alle Bereiche sollten ausreichend abgedeckt sein. Enthalten sein sollten außerdem die Vorgeschichte der gegenwärtigen Symptome, die Vorgeschichte der derzeitigen Lebensumstände, die Vorgeschichte der derzeitigen engen interpersonellen Beziehungen und die aktuellen Veränderungen in diesen drei Bereichen.

Die Aufgabe der Psychotherapie ist es, dem Patienten dabei zu helfen, jene Schlüsselpersonen zu identifizieren, mit denen er Schwierigkeiten hat. Gemeinsam mit dem Patienten sollte herausgefunden werden, worin diese Schwierigkeiten bestehen und ob es Wege gibt, wie der Patient diese Beziehungen befriedigender gestalten kann. Die Probleme sollten dem Patienten gegenüber mit Formulierungen festgehalten werden, die direkt aus den Beschreibungen des Patienten abgeleitet wurden. Es sollte dabei auch deutlich werden, daß die nächsten Sitzungen zum Ziel haben, dem Patienten bei seinen Problemen zu helfen.

„Nach dem, was Sie gesagt haben, sieht es so aus, als ob Sie (das oder die aktuellen Probleme klar benennen - Schwierigkeiten

in Ihrer Ehe oder Auseinandersetzungen mit Ihrem Partner hätten; Angst hätten, den Arbeitsplatz zu verlieren; sich in Ihrer neuen Wohnung unwohl fühlten; sich einsam fühlten; Ihre alten Freunde vermissten). Diese Probleme können natürlich etwas mit Ihrer Depression zu tun haben. Ich würde mich gerne mit Ihnen in den nächsten Wochen so wie bisher für ungefähr jeweils eine Stunde treffen, um herauszufinden, wie Sie besser mit der Situation umgehen können."

Die Reaktion des Patienten auf diese Art der Exploration der interpersonellen Aspekte der Depression kann einem von mindestens drei Typen entsprechen:

1. Der Patient besteht möglicherweise darauf, eine unentdeckte körperliche Erkrankung zu haben.
2. Er verharrt möglicherweise bei den Symptomen der Depression – den Schlafstörungen, der Müdigkeit – und leugnet jeglichen Zusammenhang zu seinen Lebensbelastungen.
3. Er erkennt in unterschiedlichem Ausmaß an, daß aktuelle Lebensbelastungen bestehen.

Die erste Reaktion kommt selten vor, und ihr ist am schwersten zu begegnen. Mit der dritten Reaktion ist natürlich am einfachsten umzugehen. Auf jeden Fall sollte ein Patient, der auf die erste oder zweite Weise reagiert – das heißt, mit Leugnung – nicht bestraft oder belehrt werden. Wenn seine Einstellung weiterhin bestehen bleibt, kann es notwendig sein, weitere Sitzungen zu verschieben und eine weitere körperliche Untersuchung anzubieten, oder vielleicht eine zweite Meinung von einem anderen Arzt einzuholen. An dieser Stelle sollte der Therapeut behutsam vorgehen – dem Patienten eine beruhigende Rückmeldung geben, sich nicht in eine Auseinandersetzung verwickeln lassen, und nicht versuchen, mit aller Gewalt die Meinung des Patienten zu ändern. Es nützt mehr, der Vorgabe des Patienten zu folgen, und dabei nie die Realität

der Symptome und das reale Leiden, das sie verursachen, zu leugnen. Wenn Patienten weiterhin die derzeitigen Probleme abstreiten, sollte immer die Tür für eine weitere Sitzung offen gelassen werden. Dem Patienten wird dann mitgeteilt, daß man ihn gerne noch einmal fragen würde, was in seinem Leben vorgeht und wie es ihm geht.

„Ich kann verstehen, daß diese (die Symptome des Patienten aufführen – Kopfschmerzen oder Schlafprobleme) unangenehm sind. Ich würde gerne versuchen, in den nächsten Wochen zu verstehen, was die Ursache sein könnte. Lassen Sie uns abwarten, wie Sie sich nächste Woche fühlen."

In manchen Fällen kann es angebracht sein, mit dem Patienten über seine Wahrnehmung zu diskutieren:

„Wir stimmen beide überein, daß sie Probleme haben mit (Symptome aufführen – Schlaf oder Energie), aber wir haben unterschiedliche Vorstellungen davon, was die Ursache sein könnte. Lassen Sie uns gemeinsam sehen, wie es Ihnen weiterhin geht und was wir in den nächsten Wochen herausfinden können."

Wenn Patient und Therapeut nach einigen Wochen immer noch nicht in der Lage sind, sich auf Problembereiche und/oder Behandlungsziele zu einigen, ist die Behandlung mit IPT möglicherweise nicht durchführbar. Wenn man sich nicht auf einen Therapievertrag einigen kann, kann dies beim Patienten dazu führen, seine Unzufriedenheit in Schweigen, versäumten Sitzungen oder in einem Therapieabbruch zum Ausdruck zu bringen. Wie mit solchen besonderen Problemen umgegangen werden kann, wird in Kapitel 20 behandelt.

8.2.3 IPT-Konzepte und Behandlungsvertrag

Der Therapeut kann schon bei der Erhebung der oben beschriebenen Symptomvorgeschichte die Fragen auf eine ganz bestimmte Weise stellen. Und zwar so, daß dem Patienten vermittelt wird, daß Depression nicht eine mysteriöse Erkrankung ist, sondern im Zusammenhang mit zwischenmenschlichem Verhalten steht.

Viele Patienten sind sich bewußt, daß Probleme mit anderen Menschen für ihren Zustand eine wichtige Rolle spielen. Häufig aber können sie die Probleme nur auf sich beziehen, und führen sie auf ihr persönliches Versagen oder ihre eigenen Unzulänglichkeiten zurück. Vielleicht haben solche Patienten nach außen hin unbelastete soziale Beziehungen. Sie können aber auch sozial so isoliert sein, daß sie nicht erkennen können, auf welche Weise zwischenmenschliche Defizite ihre Vulnerabilität für Depression erhöhen. Diese Patienten brauchen vielleicht eine Erklärung wie die folgende:

„Wir leben in einer Welt, in der andere Menschen eine große Rolle spielen, auch wenn wir manchmal denken, wir stehen alleine im Leben. Obwohl die Ursachen der Depression ungeklärt sind, steht ihr Auftreten häufig im Zusammenhang mit Problemen in persönlichen Beziehungen, wie beispielsweise mit dem Ehepartner, den Kindern, der Familie oder Kollegen. Probleme mit anderen oder der Verlust von Bezugspersonen können bei manchen Menschen eine Depression auslösen; andere Menschen wiederum werden durch die depressiven Symptome daran gehindert, mit ihren Mitmenschen so selbstverständlich wie sonst umzugehen. Wir versuchen bei dieser Behandlung herauszufinden, was Sie von anderen wollen und brauchen und wie Sie das erreichen können."

Nach dieser allgemeinen Erklärung sollte für den Patienten zusammengefaßt werden, welche Auffassung der Therapeut über seine derzeitigen Probleme in sozialen Beziehungen hat. Um herauszustellen, wie wichtig zwischenmenschliche Probleme sind, kann der Patient gefragt werden, durch welche Veränderungen er sich besser fühlen würde. Die Antwort beinhaltet in den meisten Fällen verbesserte zwischenmenschliche Beziehungen, auch

wenn dies nicht gleich offensichtlich ist. So kann beispielsweise die Antwort, mehr Geld zu wollen, als Schritt zum Aufbau von befriedigenderen Beziehungen zu anderen gesehen werden: der Patient erwartet, daß ihm Geld größeren Respekt bei anderen verschafft, daß es durch Geld weniger Streit gibt, und so weiter.

Danach sollte der Psychotherapeut dem Patienten das Vorgehen bei der IPT erklären. Besondere Beachtung sollte finden, daß der Schwerpunkt auf dem „Hier und Jetzt" liegt, wenn die interpersonellen Probleme besprochen werden.

„Wir werden über Ihr Leben sprechen, so wie es sich jetzt aktuell gestaltet."

Der Patient sollte wissen, daß die allgemeine Behandlungsstrategie darin beseht, derzeitige sowie wichtige vergangene Beziehungen zu besprechen und zum Ziel hat, die Problembereiche zu klären und auf eine Lösung hinzuarbeiten.

„Wir werden über Ihre Beziehungen zu wichtigen Bezugspersonen sprechen."

Die Aufgabe des Patienten bei diesem Prozeß wird sein, gemeinsam mit dem Therapeuten über den Behandlungsfokus zu entscheiden und neues Material einzubringen, das zur Thematik gehört. Der Patient sollte wissen, daß er größtenteils für die Auswahl von Gesprächsthemen verantwortlich ist. Wenn es jedoch nötig ist, wird der Therapeut das Gespräch auf den vereinbarten Problembereich zurückbringen.

„Ich gehe davon aus, daß Sie über diese Beziehungen und Ihre Gefühle offen mit mir sprechen möchten. Wenn ich das Gefühl habe, daß das Gespräch in eine weniger nützliche Richtung geht, werde ich es Ihnen sagen."

8.2.3.1 Den Behandlungsvertrag aufsetzen

Es werden zwei oder drei Behandlungsziele festgelegt. Obwohl die IPT zum Ziel hat, die zwischenmenschlichen Beziehungen zu verbessern, stellt die Linderung der Symptome wie beispielsweise verbesserter Appetit oder verbesserter Schlaf ebenfalls einen wichtigen Bestandteil der Therapie dar. Wenn die Patienten in der Therapie an ihren Problemen arbeiten, erfahren sie üblicherweise auch eine Entlastung auf Symptomebene. Die angestrebten Ziele sollten im Behandlungsverlauf erreichbar sein: Der Schwerpunkt liegt auf dem Fortschritt bei der Lösung eines konkreten Problems und nicht auf langfristigen Lösungen für den Rest des Lebens. Um die weiteren Behandlungsziele zu klären, kann man den Patienten bitten, die angestrebten Ziele in eine Hierachie zu bringen. Beschrieben ist dieses Vorgehen in der „Goal Attainment Skala" von Kirusek (1976). Der Patient definiert für jeden Problembereich, was der bestmögliche, der am ehesten zu erwartende und der schlechteste Ausgang wäre. Wird dem Patienten zu Beginn der Therapie klar, welche Behandlungsergebnisse er erhofft, kann er während des Therapieverlaufs sogar auch schon kleine Fortschritte leichter erkennen.

Während Therapeut und Patient die Ziele der Behandlung gemeinsam festlegen, kann der Therapeut in diesem Rahmen dem Patienten eine zusammenfassende Rückmeldung geben. Dies kann das allgemeine Verständnis des Therapeuten von dem jeweiligen interpersonellen Problembereich und von dem Ausmaß der Schwierigkeiten des Patienten beinhalten. Patienten, die zum ersten Mal psychiatrische Symptome erleben, schätzen ihre Probleme oftmals unrealistisch ein (siehe Beispiel).

Als nächstes sollten sich Patient und Therapeut über die praktischen Aspekte der Behandlung wie Dauer und Häufigkeit der Sitzungen, Termine, Gebühren und Umgang mit versäumten Sitzungen einigen. Am Ende der ersten Sitzung sollte ein expliziter Behandlungsvertrag aufgestellt worden sein. Der Vertrag sollte folgende Punkte hervorheben:

1. **Den sozialen beziehungsweise interpersonellen Kontext der Intervention.**

Ein 27jähriger Mann hatte in den letzten Jahren zum dritten Mal seinen Arbeitsplatz verloren. Er kam infolge dessen mit einer mittelschweren Depression zur Behandlung. Aufgrund seiner depressiven Symptome befürchtete er, daß es unaufhaltsam „ mit ihm bergab ginge". Im Verlauf des Erstgesprächs wurde deutlich, daß der letzte Arbeitsplatzverlust von dem Patienten teilweise heraufbeschworen wurde. Als er nämlich anfing, sich am Arbeitsplatz zu integrieren, bekam er das Gefühl, daß Mitarbeiter und Vorgesetzte ihn „ausnutzten". Dieses Gefühl hatte ihn auch schon bei seinen beiden anderen Arbeitsplätzen stets beschlichen. Er reagierte darauf, indem er sich zurückzog, langsamer arbeitete und der Arbeit fernblieb. Dieses Verhalten veranlaßte entweder ihn oder seinen Arbeitgeber zu kündigen.

Als der Behandlungsvertrag aufgesetzt wurde, erklärte ihm der Therapeut, daß er unter einer mittelschweren depressiven Störung leide, daß es eine gute Prognose für Besserung gäbe und daß nichts auf eine schwerere Beeinträchtigung hinweise, die eine stationäre Einweisung rechtfertigen würde. Der Therapeut sagte weiterhin, daß es anscheinend bei den Arbeitsproblemen des Patienten ein konstantes Muster gebe, da das Gefühl ausgenutzt zu werden immer wieder in derselben Situation aufkam. Ein Behandlungsziel für den Patienten könne sein, die Ursachen dafür herauszufinden und so in Zukunft befriedigendere Arbeitsbedingungen zu finden.

„Wir werden versuchen zu verstehen, welche aktuellen Belastungen und Beziehungen in ihrem Leben zu der Depression beitragen."

2. **Die kurze Dauer.**

   „Ich würde mich gerne einmal wöchentlich für weitere zwölf bis sechzehn Sitzungen ungefähr eine Stunde lang mit Ihnen treffen, um mit Ihnen zusammen zu verstehen, was Sie in Ihrem Leben

belastet und in welcher Weise dies zu Ihrer Depression beiträgt."

3. Den Problembereich.

„Nach dem, was Sie mir erzählt haben, begann Ihre Depression mit dem nicht lange zurückliegenden Wechsel von der Schule zur Universität. Ich würde gerne mit Ihnen die kritischen Bereiche besprechen, die Sie als offensichtlich mit der Depression verknüpft beschreiben. Einen Bereich stellt der Übergang dar, den Sie vom Schüler zum Studenten vollziehen mußten. Damit verbunden war ja die Frage, ob dies in die Richtung der gewünschten beruflichen Laufbahn führen werde. Im zweiten Bereich geht es darum, wie Sie mit jemandem, egal ob Mann oder Frau, näheren Kontakt herstellen und aufrechterhalten können. Unter näherem Kontakt verstehe ich eine enge und vertrauensvolle Beziehung mit einem Menschen, auf den Sie sich verlassen können und von dem Sie sich verstanden fühlen. Das dritte Problem scheint zu sein, wie Sie in einem umfassenderen sozialen Gefüge einen Platz finden, und wie Sie ein Zugehörigkeitsgefühl entwickeln können anstatt isoliert zu sein. Möchten Sie über diese Themen sprechen?"

8.2.3.2 Die Rolle des Patienten bei der IPT vermitteln

In den ersten Sitzungen wird die Vorgeschichte erhoben und gemeinsam mit dem Patienten werden die Behandlungsziele festgelegt. Dabei ist der Therapeut vergleichsweise direktiver und aktiver als normalerweise in den späteren Sitzungen, obwohl Psychotherapie ein explorativer Prozeß ist, der nicht immer logisch oder glatt abläuft. Der Patient ist für die Auswahl der Themen in den weiteren Sitzungen verantwortlich und muß dies wissen. Der Therapeut wird sich dann weiter

zurückziehen. Um den Patienten vorzubereiten, welche Rolle ihm bei der Therapie zukommt, kann etwa folgendes gesagt werden:

„Da wir jetzt ungefähr wissen, in welche Richtung wir gehen, sollte ich das weitere Vorgehen mit Ihnen abstimmen. Es wird Ihre Aufgabe sein, über die Dinge zu sprechen, die Sie beschäftigen. Dazu gehört insbesondere alles, was Sie emotional betrifft und von emotionaler Bedeutung für Sie ist. Wir haben bereits bestimmte Bereiche festgelegt, in denen es Raum für Veränderungen gibt. Und wir haben uns auf bestimmte Ziele geeinigt. Natürlich werden wir Themen besprechen, die für diese Fragestellungen relevant sind. Es können jedoch auch andere wichtige Fragestellungen auftauchen, wenn wir miteinander arbeiten. Sie sollten sich so frei fühlen, diese dann anzusprechen. Ich bin nicht nur an dem interessiert, was vorgefallen ist, sondern sogar noch stärker an Ihren Gefühlen bezüglich dieser Ereignisse. Es wird Ihre Verantwortung sein, die für Sie wichtigsten Themen auszuwählen. Schließlich wissen Sie selbst am besten, wie Sie fühlen und welche Beziehungen Ihnen Probleme bereiten. Es gibt kein „richtiges" oder „falsches" Gesprächsthema, solange es Sie betrifft. Es sollte Sie nur emotional beschäftigen. Dazu gehören übrigens auch Ihre Gefühle zu unserer therapeutischen Beziehung oder zur Therapie selbst.

Manchmal kommen einem Ideen oder Gefühle in den Sinn, die einem nicht sinnvoll erscheinen oder einem peinlich sind. Diese Ideen und Gefühle einzubringen und zu besprechen, ist ein wichtiger Bestandteil der Therapie. Sprechen Sie über Ihre Gefühle, die Sie während der Sitzung oder beim späteren Nachdenken darüber haben."

Die IPT weist sowohl dem Patienten als auch dem Therapeuten jeweils spezifische Rollen zu. Als Vorbereitung auf die Therapie und als Prototyp für andere Beziehungen sollten die gegenseitigen Rollenerwartungen explizit geklärt werden. Dies ist ein Verhandlungspunkt im Behandlungsvertrag, und die Erfahrung dieser Verhandlung kann für den Patienten ein Beispiel dafür sein, konstruktiv mit zwischenmenschlichen Beziehungen im „Hier und Jetzt" umzugehen.

8.3
Beginn der mittleren Sitzungen

Die mittleren Sitzungen beginnen, nachdem der Behandlungsvertrag abgeschlossen ist und die zu bearbeitenden Problembereiche festgelegt sind. Wie der Therapeut in diesen Sitzungen vorgeht, richtet sich danach, welche Problembereiche bestimmt wurden.

Die mittleren Sitzungen konzentrieren sich darauf, ein oder vielleicht zwei Problemfelder zu bearbeiten. Der Therapeut hat dabei drei zusammenhängende Aufgaben:
1. Dem Patienten dabei zu helfen, zum Problembereich gehörige Themen zu besprechen.
2. Auf den Gefühlszustand des Patienten und auf die therapeutische Beziehung zu achten, um die vertrauensvolle Selbstöffnung des Patienten zu fördern.
3. Den Patienten von einer Sabotage der Behandlung abhalten.

8.3.1 Thematischer Fokus

Der Patient wird ermutigt, die Initiative bei der Auswahl der Gesprächsthemen zu ergreifen. Jede Sitzung beginnt damit, daß der Therapeut entweder darauf wartet, daß der Patient anfängt, oder nur eine allgemeine Frage stellt. Solch eine Frage wäre beispielsweise „Womit sollen wir heute beginnen?". Dieses Vorgehen ist im Sinne des Ziels, neue Inhalte zu explorieren. Es er-

möglicht dem Patienten, auch den Behandlungsschwerpunkt zu ändern, und zuvor unerkannte oder verdrängte Probleme einzubringen.

Bringt der Patient Inhalte ein, die relevant sind, um das Behandlungsziel zu erreichen, braucht der Therapeut die Sitzung nicht sehr zu fokussieren. Wenn ein Patient jedoch anscheinend irrelevante Dinge bespricht oder ein Thema vermeidet, das ihn vermutlich beschäftigt, sollte der Therapeut dem Patienten Zeit lassen. In dieser Zeit sollte festgestellt werden, ob die Thematik wirklich irrelevant ist. Erst danach wird versucht, das Thema auf Dinge zu lenken, die eher mit den Behandlungszielen im Zusammenhang stehen. Die Relevanz muß nicht unbedingt sofort ersichtlich sein. Hierzu ein Beispiel:

> Ein 43jähriger Mann hatte Eheprobleme. Er begann eine seiner Sitzungen damit, ausschmückend seine Abscheu zu schildern, die er gegenüber den Bewohner eines sozial schwächeren Viertels hegte, durch das er auf seinem Weg zur Sitzung fuhr. Sie seien nachlässig und ungezogen. Dies führte jedoch dazu, daß eine ähnliche Abscheu vor der nachlässigen Art seiner Frau und seiner Mutter ausgiebig exploriert werden konnte.

Die anfänglichen Aussagen eines Patienten über die Art seines Problems werden oft im Laufe der Behandlung revidiert. Vielleicht mißtraut er dem Therapeuten noch oder er schätzt das Problem wirklich falsch ein, jedenfalls stellt der Patient vielleicht zunächst relativ unbedeutende Dinge als wichtige Bereiche dar. Dabei spielt er die eigentlichen Hauptbelange herunter. Es kann aber auch vorkommen, daß der Psychotherapeut vermutet, daß ein vom Patienten heruntergespielter Problembereich von größter Bedeutung ist. In diesen Fällen ist es schwierig, nach nur wenigen Sitzungen zu einem Behandlungsvertrag zu kommen.

Möglicherweise ändert sich der Behandlungsfokus in den mittleren Sitzungen, wenn man den Themenkomplex unter einer anderen Perspektive sieht. Im allgemeinen jedoch wird der Inhalt der IPT-Sitzungen direkt aus der Beziehungsanalyse und den Zielen der Anfangssitzungen abgeleitet. Bei jedem Problembereich ist die Abfolge des therapeutischen Vorgehens dieselbe.

1. Zuerst wird der Problembereich allgemein exploriert.
2. Als nächstes wird auf die Erwartungen und Wahrnehmungen des Patienten fokussiert.
3. Danach werden alternative Umgangsweisen mit dem Problembereich identifiziert.
4. Zuletzt werden neue Verhaltensweisen aufgebaut.

In den Explorationsphasen der Behandlung wird der Patient darum gebeten, die Beziehung mit der Person oder den Personen, mit denen es Probleme gab, systematisch durchzusprechen. Der Patient sollte ausführlich über gegenseitige Erwartungen und bedeutsame Interaktionen berichten. Oft werden hier Problemfelder, wie beispielsweise mangelnde Kommunikation oder unrealistische Erwartungen deutlich, auf welche die Aufmerksamkeit gezielt gerichtet werden sollte. Manchmal resultieren zwischenmenschliche Schwierigkeiten nicht aus fehlangepaßtem Verhalten der Beteiligten, sondern einfach aus widersprüchlichen Forderungen oder Erwartungen aneinander. In solchen Fällen sollte diese Situation klargestellt werden.

Der Patient muß häufig nicht nur konflikthafte Erwartungen erkennen. Oft ist er mit der Entscheidung konfrontiert, sich entweder in irgendeiner Weise zu verändern, oder so fortzufahren wie bisher. In letzterem Fall muß er vor allem lernen, gewisse Einschränkungen zu akzeptieren. Die Rolle des Therapeuten besteht nun darin, den Patienten an die verschiedenen Möglichkeiten heranzuführen, nachdem er ihn zuvor ausführlich exploriert hat. Entscheidet sich der Patient dafür, neues Verhalten auszuprobieren, kann der Therapeut mit ihm gemeinsam neue Strategien entwickeln, wie er mit Problemen umgeht und seinen Fortschritt richtig einschätzt.

In den Kapiteln 9 bis 12 wird auf die zweite Hauptaufgabe der IPT eingegangen. Als zweite Aufgabe wird ein soziales oder interpersonelles Problem behandelt, welches mit dem Auftreten der Depression im Zusammenhang steht.

▌Literatur

Kiresuk TJ. Goal attainment scaling of a country mental health service. In: Markson EW, Allen DF (eds). Trends in Mental Health Evaluation. Lexington, Mass: D C Heath 1976.

Parsons T. Illness and the role of the physician: a sociological perspective. Am J Orthopsychiatry 1951; 21:452-460.

Prusoff BA, Weissman MM, Klerman GL, Rousaville BJ. Research diagnostic criteria subtypes of depression as predictors of differential response to psychotherapy and drug treatments. Arch Gen Psychiatry 1980; 37:796-803.

Rounsaville BJ, Klerman GL, Weissman MM. Do psychotherapy and pharmacotherapy conflict? Arch Gen Psychiatry 1981; 38:24-29.

Suchmann EA. Social patterns of illness and care. J Health Behavior 1965a; 6:2-16.

Suchmann EA. Stages of illness and medical care. J Health Behavior 1965b; 6:114-28.

9 Trauer

Inhalt

Die Trauer über den Tod einer geliebten Person kann normal oder abnorm verlaufen. Die IPT befaßt sich mit Depression, die im Zusammenhang mit abnormen Trauerreaktionen auftreten. Solche Reaktionen resultieren aus der Unfähigkeit, die verschiedenen Phasen eines normalen Trauerprozesses zu durchlaufen.

9.1 Normale Trauer

Obwohl normale Trauer um eine geliebte verstorbene Person vieles mit Depression gemeinsam hat, sind beide Zustände dennoch nicht gleichzusetzen. Bei normaler Trauer erlebt der Betroffene zwar auch Traurigkeit, Schlafstörungen sowie Unruhe und ist nur vermindert fähig, Alltagsaufgaben zu bewältigen. Aber diese Merkmale von Trauer verschwinden gewöhnlich von selbst und ohne Behandlung in zwei bis vier Monaten. Voraussetzung ist, daß der Trauernde einen Prozeß durchläuft, in dessen Verlauf er immer weniger von Erinnerungen an die geliebte Person in Beschlag genommen ist (Lindemann, 1944; Siggins, 1966). Menschen, die normale Trauer erleben, suchen im allgemeinen keinen Psychiater auf.

9.2 Abnorme Trauer

Unangemessenes Trauern kann zur Depression führen. Auf dieser Vorstellung beruht die therapeutische Strategie, wie der Patient mit abnormer Trauer umgehen kann. Diese unangemessene Trauer kann entweder unmittelbar nach dem Verlust auftreten oder irgendwann später, wenn der Patient an den Verlust erinnert wird.

Zwei Arten von abnormen Trauerprozessen werden bei depressiven Personen häufig beobachtet: verzögerte Trauer und verzerrte Trauer.

Bei der verzögerten Trauerreaktion wird die Trauer hinausgeschoben und erst lange nach dem Tod des geliebten Menschen durchlebt. Möglicherweise wird die Reaktion dann nicht dem ursprünglichen Verlust zugeordnet, obwohl die Symptome ganz normale Trauersymptome sind. Der verzögerten oder unbearbeiteten Trauerreaktion kann ein kürzlich eingetretener, weniger bedeutsamer Verlust vorausgegangen sein. In anderen Fällen kann die verzögerte Trauer dadurch ausgelöst werden, daß der Patient das Sterbealter des unbetrauerten Toten erreicht. Wenn man die trauernde Person nach früheren Verlusten befragt, wird sich zeigen, daß in Wirklichkeit der frühere Verlust betrauert wird.

Eine verzerrte Trauerreaktion kann entweder unmittelbar nach dem Verlust oder erst Jahre später auftreten. Traurigkeit oder dysphorische Stimmung müssen nicht unbedingt vorhanden sein, aber oft bestehen stattdessen nichtaffektive Symptome. Bei diesen Manifestationen werden häufig verschiedene Fachärzte in Anspruch genommen, bevor ein Psychotherapeut zu Rate gezogen wird, um die wahre Natur solcher Reaktionen zu entschlüsseln.

9.2.1 Diagnose einer abnormen Trauerreaktion

Häufig ist es offensichtlich, daß die Depression des Patienten durch einen bedeutsamen Verlust ausgelöst wurde. In anderen Fällen dagegen besteht vielleicht nur eine indirekte Beziehung zwischen der derzeitigen Depression und dem früheren Verlust. Wenn die zwischenmenschlichen Beziehungen des Patienten abgeklärt werden, ist es von großer Bedeutung, daß der Patient auch Bezugspersonen beschreibt, die jetzt tot oder aus anderen Gründen abwesend sind. Zu dieser Beschreibung gehören die Umstände des Todes und die Verhaltens- und Gefühlsreaktion des Patienten darauf. Hinweise auf einen möglicherweise pathologischen Trauerprozeß finden sich in Tabelle 9.1.

Um abnorme Trauer zu diagnostizieren, kann der Therapeut folgendes fragen:

„Mir fällt auf, daß Sie Ihre Mutter nicht erwähnt haben, als Sie über Ihre Eltern sprachen. Ist irgendjemand, dem Sie nahestanden, in letzter Zeit verstorben? Könnten Sie mir über dessen Tod berichten? Wann, wo, und unter welchen Umständen ist die Person gestorben? Wie haben Sie es aufgenommen, als Sie vom Tod erfuhren? Wie ging es Ihnen in den darauffolgenden Wochen?

Haben Sie weitergelebt wie bisher?"

Tabelle 9.1 **Hinweise auf einen pathologischen Trauerprozeß**

Hinweise	Therapeutenfragen
1. Multiple Verluste	Was hat sich in Ihrem Leben sonst noch um die Zeit des Todes herum ereignet? Ist sonst noch jemand gestorben oder fortgegangen? Was hat Sie seither daran erinnert? Ist irgend jemand auf ähnliche Weise verstorben oder unter ähnlichen Umständen?
2. Unangemessene Trauer in der Trauerzeit	Wie ging es Ihnen in den Monaten nach dem Tod? Litten Sie unter Schlafstörungen? Konnten Sie weiterleben wie bisher? Konnten Sie weinen, oder fehlten Ihnen die Tränen?
3. Vermeidungsverhalten bezüglich des Todes	Haben Sie vermieden, zur Beerdigung zu gehen? Das Grab zu besuchen?
4. Symptome, die um bedeutsame Daten herum auftreten	Wann ist die Person gestorben? An welchem Datum? Begannen Sie ungefähr um die selbe Zeit, Probleme zu haben?
5. Angst vor der Krankheit, die den Tod verursacht hat	An was ist die Person gestorben? Was waren die Symptome? Haben Sie Angst, unter derselben Krankheit zu leiden?
6. Die Umgebung genau so belassen, wie sie war, als die Bezugsperson starb	Was haben Sie mit den persönlichen Gegenständen des Verstorbenen gemacht? Und mit dem Zimmer? Haben Sie alles so belassen, wie es war, als die Person starb?
7. Fehlende Unterstützung von der Familie oder anderen während der Trauerzeit	Auf wen konnten Sie zählen, als die Person starb? Wer half Ihnen? An wen haben Sie sich gewandt? Wem haben Sie sich anvertraut?

9.2.2 Ziele und Strategien der Behandlung

Die zwei Ziele der Depressionsbehandlung im Rahmen einer Trauerreaktion, sind:
1. Den verzögerten Trauerprozeß zu fördern.
2. Dem Patienten dabei zu helfen, Interessen und Beziehungen wieder aufzunehmen, um den Verlust auszugleichen.

Die Hauptaufgaben des Therapeuten bestehen darin, gemeinsam mit dem Patienten die Bedeutung des Verlustes realistisch einzuschätzen. Der Patient soll sich von einer lähmenden Bindung zur toten Person befreien, um dadurch für den Aufbau neuer Interessen und befriedigender neuer Beziehungen wieder Energien zu haben. Um dieses Ziel zu erreichen werden Strategien und Techniken angewandt, die Erinnerungen an die verlorene Person und Gefühle über die Erfahrungen mit dem Toten in den Mittelpunkt rücken.

9.2.2.1 Exploration von Gefühlen

Abnorme Trauerreaktionen gehen oft mit einem fehlenden sozialen Netz zur Unterstützung des Trauernden einher. Dementsprechend besteht die therapeutische Hauptstrategie darin, den Patienten zu ermutigen:
1. Über den Verlust nachzudenken.
2. Ereignisse vor, während und nach dem Tod in ihrer Abfolge und Wirkung zu besprechen.
3. Damit verbundene Gefühle zu äußern.

Auf diese Weise ersetzt der Psychotherapeut das fehlende soziale Netzwerk.

„Erzählen Sie mir bitte über die verstorbene Person. Was war sie für ein Mensch? Was haben Sie zusammen unternommen? Wie starb sie? Wann haben Sie von der Krankheit erfahren? Könnten Sie dies näher beschreiben? Wie ging es Ihnen dabei?"

9.2.2.2 Beruhigendes Rückversichern

Patienten äußern häufig Angst davor, etwas aufzureißen, was „begraben" war. Sie befürchten, „zusammenzubrechen", nicht mit Weinen aufhören zu können oder in anderer Form die Kontrolle zu verlieren. In solchen Fällen kann der Therapeut den Patienten wissen lassen, daß die geäußerten Befürchtungen nicht ungewöhnlich sind, aber daß Trauern innerhalb einer Psychotherapie selten zum Zusammenbruch führt. Andere häufige Themen, die bei Patienten mit Belastungsreaktionen vorkommen, sind durch die Forschungen der letzten Jahre zusammengetragen worden.

Horowitz (1976) hat typische Themen im dysphorischen Denken von Personen identifiziert, die ein belastendes Ereignis, wie beispielsweise einen schmerzlichen Verlust, erlebt haben:
1. Die Angst davor, das Ereignis könnte sich wiederholen. Auch die Angst, dieses könnte nur in Gedanken passieren.
2. Scham über die Hilflosigkeit, das Ereignis nicht verzögert oder verhindert haben zu können.
3. Wut auf die Person, die die Quelle des Ereignisses ist. Im Fall von Tod ist dies die tote Person.
4. Schuld oder Scham über aggressive Impulse oder zerstörerische Phantasien.
5. Schuldgefühle des Überlebenden: die geliebte Person ist gestorben und man selbst nicht. Die Person, die überlebt hat, ist froh, am Leben zu sein und fühlt sich deswegen schuldig.
6. Die Angst vor einer Identifikation oder Verschmelzung mit dem Opfer.
7. Die Traurigkeit über den Verlust.

Der Therapeut sollte diese Themen aufgreifen, wenn sie zur Sprache kommen und dem Patienten dabei helfen, sie anzusprechen. Es ist sogar häufig beruhigend, wenn der Therapeut die Beschwerden des Patienten „voraussagen" kann, indem er Gedanken und Gefühle in diesem Sinne erfragt.

„Es ist ganz normal, daß Sie sich aufgebracht und durcheinander fühlen, wenn Sie über den Verlust sprechen. Sie werden sich bald wieder besser fühlen."

9.2.2.3 Rekonstruktion der Beziehung

Patienten mit abnormen Trauerreaktionen sind häufig auf den Tod selbst fixiert und vermeiden dadurch, sich mit ihrer komplexen Beziehung zu dem Verstorbenen auseinanderzusetzen. Der Therapeut sollte die Beziehung des Patienten zum Toten gründlich sach- und gefühlsbezogen explorieren. Dies gilt sowohl für die Zeit, in der die Person noch lebte, als auch für den gegenwärtigen Kontext der Beziehung. Der Patient möchte möglicherweise gegenüber dem Verstorbenen keinerlei ärgerlichen oder feindseligen Gefühle zulassen. Vielleicht hat er auch das Gefühl, von der geliebten Person verlassen worden zu sein. Wenn der Trauerprozeß durch starke negative Gefühle dem Toten gegenüber blockiert ist, sollte der Therapeut den Patienten ermutigen, diese Gefühle auszudrücken. Aber diese Ermutigung sollte nicht in Form einer Konfrontation erfolgen, denn sonst könnte die Feindseligkeit vom Verstorbenen auf den Therapeuten verlagert werden. Kommen negative Gefühle zu schnell auf, sind sie meist von Schuldgefühlen begleitet. Der Patient könnte dann beschließen, die Therapie abzubrechen. Auf die aufkommenden ambivalenten Gefühle kann der Patient vorbereitet werden. Der Therapeut versichert ihm, daß den negativen Gefühlen positive und trostspendende folgen werden. Auch würde sich seine Einstellung dem Verstorbenen gegenüber verbessern.

„Erzählen Sie mir bitte, wie Ihr Leben mit der verstorbenen Person war? Wie hat sich das verändert seit sie starb? Jede Beziehung hat ihre Höhen und Tiefen – das ist ganz normal. Welche gab es bei Ihnen?"

9.2.2.4 Erkenntnisgewinn

Die oben beschriebenen Schritte werden dem Patienten helfen, sich auf eine neue und gesündere Art an die verstorbene Person zu erinnern. Zum Beispiel sieht ein Patient ein Elternteil dann nicht mehr länger als Bösewicht an, sondern erkennt, daß die Mutter oder der Vater krank war. Er ist deshalb in der Lage, sowohl das Verhalten des Elternteils als auch seine eigene Reaktion darauf zu verstehen. Um zu dieser neuen Auffassung zu gelangen, kann der Therapeut sowohl emotionale als auch sachliche Reaktionen hervorrufen. Der Patient wird dadurch besser verstehen, welche Faktoren zu der problematischen Trauerreaktion entscheidend beigetragen haben. Ein Patient, der eine pathologisch enge Bindung zum Verstorbenen beibehalten möchte, kann folgendes gefragt werden:

„Was haben Sie an der verstorbenen Person gemocht? Welche Dinge haben Sie nicht gemocht?"

9.2.2.5 Verhaltensänderung

Wenn Patienten aufhören, ihre Energie weiterhin in die anhaltende abnorme Trauer zu investieren, werden sie möglicherweise offener für den Aufbau neuer Beziehungen, um die „Lücke" zu füllen, die der Verstorbene hinterlassen hat. An dieser Stelle kann der Therapeut den Patienten aktiv dazu anleiten, verschiedene Möglichkeiten in Betracht zu ziehen, um mit anderen wieder mehr Kontakt aufzunehmen. Hierzu können Verabredungen, Kirchenbesuche, das Engagement in Organisationen oder eine Arbeitstätigkeit gehören.

„Wie gestaltet sich Ihr Leben im Moment? Haben Sie versucht, den Verlust auszugleichen? Wer sind Ihre Freunde? Welche Aktivitäten könnten Ihnen Spaß machen?"

9.3
Abnorme Trauer –
Das Beispiel von Frau T.

Frau T., eine verheiratete Frau in den späten Fünfzigern, wurde in ein örtliches Krankenhaus aufgenommen. Ihr rechtes Bein war von der Hüfte ab gelähmt. Bevor die Symptome zwei Monate zuvor begannen, war diese Frau sehr aktiv in ihrer Gemeinde. Sie widmete sich der Kirche und führte eine glückliche Ehe. Ungefähr ein Jahr vor dem Krankenhausaufenthalt wohnten sie und ihr Ehemann im oberen Stockwerk eines Zweifamilienhauses, und ihre Mutter im ersten Stockwerk.

Frau T. hielt allen Bemühungen von Internisten, Neurologen, Neurochirurgen und Orthopädie-Chirurgen „stand". Hochentwickelte Laborverfahren bestätigten wiederholt, daß sie gesund sei, und eigentlich aufstehen und laufen sollte.

Frau T. litt unter einer klinischen Depression. Sie sprach langsam und gab an, unter Schlafschwierigkeiten und morgendlichem Früherwachen mit Grübeln zu leiden. Sie sah niedergeschlagen aus und hatte in den letzten sechs Wochen ungefähr fünf Kilo abgenommen. Sie hatte keine früheren depressiven Episoden in ihrer Vorgeschichte. Eine ausführliche Anamnese erbrachte, daß ungefähr drei Monate vor der Klinikaufnahme Frau T.'s Hausarzt, der sie seit Kindheit betreute, eines schmerzlichen und qualvollen Todes gestorben war. Sie wußte nicht genau, um welche Krankheit es sich gehandelt hatte, aber sie sagte, sein Tod habe sie sehr betroffen. Sie erwähnte nur flüchtig, daß ihre Mutter ungefähr vor einem Jahr verstorben sei. Sie gab an, daß dieser Todesfall ihr keine großen Probleme bereitet habe.

Die dritte Sitzung erbrachte mehr Informationen über die Mutter. Diese lebte in den letzten Jahren im selben Haus wie die Patientin im unteren Stockwerk. Die Patientin mußte sie pflegen und ging mehrmals täglich hinunter, da das rechte Bein der Mutter gelähmt war und sie sich nicht bewegen konnte. Es muß eine große Erleichterung gewesen sein, als Frau T.'s Mutter starb, und der Tod verursachte nur eine sehr schwache Trauerreaktion. Ungefähr ein Jahr später trat jedoch ein ausgeprägtes Schuldgefühl auf. Die Patientin fing an, den Stock ihrer Mutter zu benutzen und ging immer weniger aus dem Haus. Es sah so aus, als ob die Lähmung für die Patientin eine Möglichkeit war, mit ihrer Schuld – verursacht durch die Gefühle über den Tod ihrer Mutter – fertig zu werden. Die Trauer über den Tod ihres Hausarztes komplizierte das Problem. Die Patientin wurde am ersten Todestag ihrer Mutter stationär aufgenommen.

Das therapeutische Vorgehen mit der Patientin war supportiv und nondirektiv. Die Rekonstruktion der Beziehung der Patientin zu beiden verstorbenen Personen stellte den ersten Behandlungsschritt dar. Sie wurde dazu ermutigt, ausführlich die Umstände des Todes ihrer Mutter zu beschreiben, einschließlich deren körperlicher Verpflegung in den letzten Jahren, ihrer gemeinsamen täglichen Aktivitäten und ihrer Reaktion sowohl während dieser Jahre als auch zur Zeit des Todes. Sie wurde auch gebeten, die Umstände von Krankheit und Tod ihres Hausarztes zu beschreiben. Ebenso sollte sie ihre Reaktion darauf darstellen, da sie insbesondere bei ihm Trost gesucht hatte.

Die mögliche Bedeutung der Lähmung konnte nicht übereinstimmend interpretiert werden. Als der Therapeut in einer Sitzung auf den Zusammenhang zwischen der Lähmung der Mutter und ihrem Benutzen des Stocks der Mutter anspielte, brach die Patientin beinahe die Behandlung ab.

9.3.1 Anfangsphase (Sitzungen 1 bis 3)

In der ersten Sitzung beschrieb die Patientin ihre Schuldgefühle darüber, nicht gut genug für die Pflege der Mutter gesorgt zu haben. Sie hatte das Gefühl, daß ihre Mutter heute noch leben könnte, hätte sie ihr nur das gesunde Bein massiert und dafür gesorgt, daß sie sich an die ihr verschriebene Diät hielt. Sie bedauerte weiterhin ihr mangelndes Mitgefühl für ihren Hausarzt, der selbst krank war, obwohl sie davon nichts wußte, und den sie wiederholt um Hilfe und Rat im Zusammenhang mit ihrer Mutter gebeten hatte.

Bis zur zweiten Sitzung hatte die Patientin allmählich angefangen, am Stock zu gehen, und in der dritten Woche konnte sie sogar ohne gehen. Sie wurde aus dem Krankenhaus entlassen und setzte die wöchentliche Psychotherapie fort. Ihre Schlaf- und Appetitstörungen besserten sich, aber sie blieb weiterhin psychomotorisch verlangsamt.

9.3.2 Mittlere Phase (Sitzungen 4 bis 9)

Während der mittleren Behandlungsphase wurde mehr von Frau T.'s Ärger über ihre Mutter und ihren Arzt deutlich. Die Patientin beschrieb, wie ihre Mutter sie ohne Anlaß anschrie, sofort zu ihr herunterzukommen und sie zu versorgen, so daß die Patientin in den sechs Monaten vor ihrem Tod so gut wie nie die Wohnung der Mutter verließ. Frau T. nahm es übel, daß sie deswegen ihre Enkel nicht mehr besuchen konnte, und kirchliche sowie alle sozialen Aktivitäten mit ihrem Mann aufgeben mußte. Obwohl er sich nie offen darüber beschwert hatte, zog sich ihr Mann mehr und mehr von ihr zurück und war emotional weniger ansprechbar.

Die weitere Besprechung brachte eine seit langem bestehende Bitterkeit zwischen der Patientin und ihrer Mutter zu Tage. Die Mutter hatte sie gezwungen, die Schule zu verlassen und zu arbeiten, da „eine College-Ausbildung für ein Mädchen Verschwendung" sei. Im Gegensatz dazu studierte ihr Bruder Jura. Sie ärgerte sich, daß sie alle familiären Bürden tragen mußte. Ihr Bruder kam einmal pro Woche zu Besuch, brachte Blumen oder Pralinen mit, und wurde als der gute Sohn angesehen. Sie dagegen, die ihre Mutter nahezu voll versorgte, konnte es ihr nie recht machen.

Im Endstadium der Krankheit ihrer Mutter ging Frau T. zu ihrem Arzt, weil sie sich so ausgelaugt und erschöpft fühlte. Es wurde ihr gesagt, er könne keine Patienten sehen, und sie wurde überwiesen. Sie fühlte sich von dem Arzt, der seit Kindheit ihr Vertrauter gewesen war, verlassen und zurückgewiesen.

9.3.3 Schlußphase (Sitzungen 10 bis 12)

Als die Behandlung zu Ende ging, zeigte die Patientin keinerlei Symptome mehr und benutzte den Stock nicht mehr. Sie hatte ihre kirchlichen Aktivitäten wieder aufgenommen und plante, ins untere Stockwerk zu ziehen und die weniger komfortable obere Wohnung zu vermieten. Sie und ihr Bruder hatten ein gutes Gespräch über die Umstände, unter denen sie das College verlassen hatte, und sie war in der Lage, ihm ihre Gefühle darüber mitzuteilen. Sie beschrieb ihre Zufriedenheit mit ihren eigenen Kindern und Enkeln und das erfüllte Leben, das sie und ihr Mann zusammen hatten.

Frau T. wollte die Behandlung nur ungern beenden, aber sie hatte einen neuen Hausarzt gefunden, der voraussichtlich als Ansprechpartner in Belastungszeiten zur

Verfügung stehen würde. Sie ging, ohne jemals über die möglichen psychogenen Ursachen ihrer Lähmung gesprochen zu haben. Sie war aber zum Behandlungsende vollkommen frei von depressiven Symptomen.

In gewisser Hinsicht ist dieser Fall nicht typisch für IPT, da kein expliziter therapeutischer Vertrag existierte. Trotzdem wurde die problematische Trauer aufgelöst, weil erstens die Beziehungen zu den Verstorbenen exploriert wurden. Zweitens erhielt die Patientin die Möglichkeit, berechtigte Gefühle über ihre toten Mutter zu äußern.

Literatur

Horowitz M. Stress Response Syndromes. New York: Jason Aronson 1976.

Lindemann E. Symptomatology and management of acute grief. Am J Psychiatry 1944; 101:141–148.

Siggins LD. Mourning: a critical survey of the literature. Int J Psychoanal 1966; 47:14.

10 Interpersonelle Konflikte und Auseinandersetzungen

Ein interpersoneller Konflikt besteht dann, wenn der Patient und mindestens eine Bezugsperson unterschiedliche Erwartungen an ihre Beziehung haben. Ein Beispiel für solch eine unterschiedliche Rollenerwartung ist eine Frau, die erwartet, daß ihr Mann finanziell für sie sorgt, sie jedoch eine Arbeit annehmen muß, um ihre Rechnungen bezahlen zu können. Der Ehemann dagegen erwartet, daß er und seine Frau die finanzielle Verantwortung teilen. Ein anderes Beispiel dafür ist eine Mutter, die von ihrer halbwüchsigen Tochter erwartet, in alle Details derer Freundschaften eingeweiht zu werden. So hatte es ja schließlich ihre Mutter auch mit ihr einmal gehalten. Die Tochter dagegen findet, daß sie einige Dinge alleine herausfinden muß, um erwachsen zu werden.

Der IPT-Therapeut wählt interpersonelle Konflikte dann als Fokus, wenn sie mit großer Wahrscheinlichkeit die Depression entstehen lassen oder aufrechterhalten. Dies ist meist dann der Fall, wenn die Auseinandersetzungen stagnieren oder sich wiederholen und nur wenig Hoffnung auf Verbesserung besteht. Unter solchen Umständen verlieren depressive Patienten an Selbstwertgefühl, da sie das Gefühl haben, die Konflikte nicht länger unter Kontrolle zu haben. Sie haben den Eindruck, die Beziehung und das, was sie bedeutet, verlieren zu können, oder fühlen sich wegen des Konflikts unfähig, ihr eigenes Leben zu bewältigen. Typische die Depression aufrechterhaltende Faktoren bei Rollenkonflikten sind die entmutigte Einstellung des Patienten, daß sich nichts ändern läßt, ungünstige Kommunikationsgewohnheiten oder tatsächlich nicht zu vereinbarende Unterschiede.

10.1 Diagnose interpersoneller Konflikte

Wenn der Therapeut Rollenkonflikte als Fokus der IPT auswählt, müssen Hinweise auf aktuelle offene oder verdeckte Konflikte mit einer Bezugsperson vorliegen. Solche Konflikte werden üblicherweise im Rahmen der anfänglich geäußerten Beschwerden des Patienten oder bei der Beziehungsanalyse aufgedeckt. Bei einigen wissenschaftlichen Untersuchungen zur IPT haben sich

Rollenkonflikte als der häufigste Problembereich erwiesen. In der Praxis kann es jedoch schwierig sein, bedeutsame interpersonelle Konflikte im Leben des depressiven Patienten zu erkennen (Paykel, 1982).

Meistens sind depressive Patienten voller Hoffnungslosigkeit und suchen die Ursache für ihren Zustand nur bei sich selbst. Wenn es keinen klaren Auslöser für die depressive Episode gibt und wenn der Patient keine Probleme in derzeitigen zwischenmenschlichen Beziehungen erwähnt, sollte der Therapeut während der Beziehungsanalyse (s. Kap. 8) ebenso auf das Ausgelassene achten, wie auf das, was gesagt wird. Unvollständige oder überidealisierte Beschreibungen von derzeitigen oder früheren bedeutsamen Beziehungen, können Hinweise auf Schwierigkeiten geben, die sich der Patient nicht eingestehen oder nicht näher untersuchen möchte. Der Patient sollte behutsam danach gefragt werden, wie sich seine Beziehungen vor oder nach dem Auftreten der depressiven Symptome verändert haben. Zu verstehen, in welcher Weise zwischenmenschliche Probleme der Depression vorausgegangen sind oder in welcher Weise sie die Genesung verhindern, kann bestimmte therapeutische Strategien nahelegen.

10.2
Ziele und Strategien der Behandlung

Um Rollenkonflikte zu behandeln, sollte dem Patienten dabei geholfen werden, zunächst den Konflikt zu identifizieren. Dann wird ein Handlungsplan aufgestellt und schließlich fehlangepaßte Kommunikationsmuster verändert oder Erwartungen neu eingeschätzt. Damit soll der Konflikt zufriedenstellend gelöst werden. Entweder verändern sich die Erwartungen oder Verhaltensweisen des Patienten und/oder der

anderen Person oder er gelangt zu akzeptierenden und verträglicheren Einstellungen. All dies verbessert die Situation des Patienten, ob mit oder ohne den Versuch, Bedürfnisse außerhalb der Beziehung zu befriedigen. Manchmal kann auch eine befriedigende Auflösung der Beziehung eine Lösung darstellen. Der IPT-Therapeut hat keine besondere Verpflichtung, den Patienten dazu zu bringen, seine Schwierigkeiten auf eine bestimmte Art zu lösen. Er unternimmt auch keine Versuche, nicht funktionierende Beziehungen zu retten.

Wird der Behandlungsplan aufgestellt, bestimmt der Therapeut zunächst das Stadium des Konfliktes:

1. Im Verhandlungsstadium sind sich der Patient und die Bezugsperson ihrer Differenzen offen bewußt und versuchen aktiv, Veränderungen herbeizuführen, auch wenn sie dabei erfolglos sind.
2. Im Stadium der Sackgasse wurden die Gespräche zwischen Patient und Bezugsperson eingestellt, und es besteht schwelender Groll, der typisch für „kalte Ehen" ist.
3. Im Auflösungsstadium ist die Beziehung unwiderruflich zerrüttet.

Die Aufgaben und Erwartungen des Therapeuten in diesen drei Stadien sind unterschiedlich. Zum Beispiel kann die Intervention bei einer Sackgassensituation darin bestehen, verstärkte offenkundige Disharmonie hervorzubringen, wenn die Verhandlungen wieder eingeleitet werden. Die Aufgabe beim Therapieren eines Konfliktes in einem unbefriedigenden Verhandlungsstadium dagegen kann sein, die Beteiligten zum Zwecke der leichteren Konfliktlösung zu beruhigen. Das therapeutische Vorgehen bei Konflikten im Auflösungsstadium hat vieles gemeinsam mit der Therapie der Trauer, wie sie in Kapitel 9 beschrieben wurde. Der Therapeut versucht dabei, dem Patienten zu helfen, die Beziehung zu relativieren und frei zu werden, neue Bindungen einzugehen.

Ganz allgemein besteht die Behandlungsstrategie des IPT-Therapeuten bei zwischenmenschlichen Konflikten darin, mit dem Patienten abzuklären, inwieweit unterschiedliche Rollenerwartungen zum Konflikt beitragen. Als nächsten Schritt sollten die Konflikte und Rollenverhandlungen zu einer Lösung gebracht werden. Dieser Schritt von der Exploration zum eigentlichen Handeln kann sich über den gesamten Therapieverlauf erstrecken. Dafür wird in den frühen Sitzungen die Exploration und Kommunikationsanalyse und in den späteren Sitzungen die Entscheidungsanalyse durchgeführt. Sind die Probleme umschrieben, können Exploration und Entscheidungen jedoch auch in einer einzigen Sitzung stattfinden.

Werden Rollenkonflikte exploriert, sammelt der Therapeut Informationen auf verschiedenen Ebenen. Auf der praktischen Ebene sollen folgende Fragen beantwortet werden: Worin liegen bei diesem Konflikt die angeblichen Probleme? Worin unterscheiden sich der Patient und die Bezugsperson in ihren Erwartungen und Wertvorstellungen? Was wünscht sich der Patient von der Beziehung? Über welche Ressourcen verfügt der Patient, um eine Veränderung herbeizuführen?

Um zu verstehen, welche Bedeutung der jeweils bearbeitete Konflikt hat, sucht der Therapeut nach Parallelen in früheren Beziehungen. Die Parallelen können offensichtlich sein – zum Beispiel, wenn eine Patientin wiederholt Beziehungen mit Alkoholikern eingeht. Oft aber sind sie subtiler, zum Beispiel, wenn der Patient andere dahingehend manipuliert, ihn doch zurückzuweisen. Nützliche Fragen hierzu sind:

„Ist Ihnen das früher schon einmal passiert? Haben Sie andere ähnliche Beziehungen? Die Beziehung, die Sie beschrieben haben, hat deutliche Ähnlichkeiten zu der Beziehung mit ...“

Wenn Parallelen entdeckt werden, müssen folgende Schlüsselfragen exploriert werden: Welchen Gewinn zieht der Patient aus seinem Verhalten? Welche zentralen unausgesprochenen Annahmen stehen dahinter? Warum begibt sich der Patient wiederholt in ähnlich unerfreuliche Situationen?

Da den interpersonellen Strategien beider Parteien besondere Aufmerksamkeit zuteil wird, lassen sich häufig auch problematische Kommunikationsmuster aufdecken. Zum Beispiel werden wiederholte, qualvolle Konflikte oftmals aufrechterhalten, wenn die Beteiligten fürchten, negative Gefühle auszudrücken und sich mit ihnen zu konfrontieren. Andererseits können sie auch versuchen, lösbare Probleme zu ignorieren, indem sie einfach darauf warten, daß die Dinge „sich von selbst regeln". Es kann nützlich sein, den Patienten zu fragen:

„Haben Sie ... direkt gesagt, was Sie empfinden? Was glauben Sie, würde passieren, wenn Sie das tun würden? Könnten Sie es versuchen?“

Der Patient sollte sich seine komplexen, gemischten Gefühle von Ärger, Furcht und Traurigkeit eingestehen und Strategien zum Umgang damit entwerfen. Beispiele dafür wären, Situationen zu vermeiden, in denen diese Gefühle entstehen, Wünsche direkt zu äußern oder impulsives Verhalten zu reduzieren, das auf irrationalen Verdächtigungen beruht.

Wenn der Patient die Rollenkonflikte einschließlich seiner eigenen Rolle dabei ausreichend versteht, können Therapeut und Patient die Folgen verschiedener Alternativen sorgfältig abwägen.

Ein Rollenkonflikt kann dann erfolgreich ausdiskutiert werden, wenn der Patient in der Lage ist, seine Bedürfnisse und Wünsche der anderen Person direkt mitzuteilen. Zusammen können sie dann eine Lösung ausarbeiten, in der die Bedürfnisse beider berücksichtigt werden. Die Bedürfnisse des anderen werden besser verstanden werden, und es wird auf beiden Seiten einen Kompromiß geben.

10.3
Ein interpersoneller Rollenkonflikt –
Das Beispiel von Frau E.

Frau E. war 28 Jahre alt und seit zehn Jahren verheiratet, als sie die Behandlung begann. Sie arbeitete gemeinsam mit ihrem Mann in dessen Geschäft. Sie gab an, das Interesse an allem um sie herum verloren zu haben, sich zunehmend reizbar zu fühlen und Eheprobleme zu haben. Zu ihren Symptomen gehörten niedergeschlagene Stimmung, Einschlafschwierigkeiten, Appetit- und Interessenverlust und ein tiefgreifendes Gefühl, als Frau unzulänglich zu sein. Die Beziehung zu ihrem Mann hatte sich in den letzten vier oder fünf Monaten erheblich verschlechtert. Sie glaubte, daß er sie und ihre Zuneigung als selbstverständlich betrachte. Sein Interesse an Ihr ginge nur so weit, als sie seine sexuellen Bedürfnisse befriedigte und als seine Angestellte tätig war. Die Patientin schwankte zwischen Selbstanklage und Hilflosigkeit einerseits und wütenden Vorwürfen an ihren Mann wegen seiner Gleichgültigkeit und seines mangelnden Interesses an ihren Wünschen andererseits. Als sie zuerst über den einen und dann den anderen Bereich sprach, verlor sie bald den roten Faden. Sie sah ihre Depression im Zusammenhang mit dem ausschließlichen Interesse ihres Mannes an seinem Geschäft. Daraus resultierte ihrer Meinung nach eine Veränderung in ihrer Beziehung. Obwohl sie den Beginn ihrer Schwierigkeiten auf vier oder fünf Monate vor Behandlungsbeginn datierte, konnte sie kein auslösendes Ereignis angeben. Statt dessen berichtete sie über ihre wachsende Unzufriedenheit mit dem, was sie als selbstsüchtige und kontrollierende Haltung ihres Mannes und als seine Gleichgültigkeit ihren Gefühlen gegenüber wahrnahm.

Als Frau E. über die Vorgeschichte ihrer Ehe berichtete, äußerte sie nostalgische Gefühle für die „gute alte Zeit", als sie arm, aber glücklich gewesen seien. Sie gab an, sich zunehmend ausgeschlossen zu fühlen, seitdem er vor fünf Jahren das Geschäft gekauft habe. Die Exploration ihrer zwischenmenschlichen Beziehungen ergab ein Gefühl mangelnder sozialer Unterstützung sowie ein dauerhaft bestehendes Gefühl der Einsamkeit. Beides stand im Zusammenhang mit ihrer Unfähigkeit, engere Beziehungen einzugehen oder aufrechtzuerhalten. Sie war eines von neun Kindern einer zersplitterten Familie. Obwohl alle Familienmitglieder in der gleichen Stadt lebten, hatten sie untereinander nur minimalen Kontakt. Die Patientin stand ihrer Mutter ziemlich nahe, aber diese Beziehung war belastet, da die Patientin glaubte, ihre Mutter hätte ihren Ehemann nie gebilligt.

Zunächst wurden Informationen über die gegenwärtige Depression gesammelt. Weiterhin wurde exploriert, welche Ereignisse bei Frau E. in Zusammenhang mit dem Beginn der Depression standen. Auch wurde Frau E.'s Wahrnehmung erkundet, in welcher Weise die Depression sich auf ihre Ehe ausgewirkt habe. Der Therapeut fragte außerdem, was Frau E. sich von der Therapie versprach, was sie erwartete und wie ihr die Therapie helfen könne. Sie gab an, folgendes zu wollen:

1. „Jemanden zum Reden", da sie sich unfähig fühle, diese Dinge mit ihrem Mann zu besprechen.
2. Zu lernen, wie sie sich ihrem Mann gegenüber behaupten könne.
3. Ihren Mann dazu zu bringen, sie zu respektieren, sie als Ehefrau zu behandeln und nicht als verantwortungsloses Kind oder als Angestellte.

Am Ende der ersten Sitzung war sich der Therapeut immer noch unsicher, wie die Aussagen der Patientin hinsichtlich der IPT-Problembereiche in ein Konzept zu bringen waren. Obwohl die soziale Vorgeschichte deutlich auf interpersonelle Defizite der Patientin hinwies, kam sie zur Behandlung mit dem spezifischen Problem eines interpersonellen Rollenkonfliktes. Im weiteren Verlauf der Sitzung wurden daher die stagnierenden Ehekonflikte zum zentralen Fokus.

10.3.1 Anfangsphase (Sitzungen 2 bis 4)

In den frühen Sitzungen konzentrierte sich Frau E. auf ihre ambivalenten Gefühle gegenüber ihrer Ehe sowie auf ihre Abhängigkeit von ihrem Ehemann. Sie drückte weiterhin Enttäuschung darüber aus, was es bedeute, eine „verheiratete Frau" zu sein, und sie beschrieb den allmählichen Prozeß wie sie zunehmend in die Abhängigkeit und unter die Kontrolle ihres Mannes geraten war. Sie verhielt sich ihm gegenüber, als sei er ein überkritischer Vater. Sie hatte Angst, ihn zu verärgern, war aber selbst ärgerlich darüber, daß sie es ihm anscheinend nicht recht machen konnte. Sie hatte eine äußerst eingeschränkte Vorstellung über die ihr zur Verfügung stehenden Veränderungsmöglichkeiten und dachte, sie müsse entweder ihre eigenen Wünsche ihrem Mann zuliebe verleugnen oder die Ehe beenden. Die Beziehungsanalyse ergab ein Muster von Rückzugsverhalten, Verleugnung und/oder indirekter Kommunikation ihrer Wünsche. Sie schien von anderen zu erwarten, daß diese „wissen", was sie braucht und fühlte sich zurückgewiesen, wenn Bedürfnisse ihr nicht von den Augen abgelesen und erfüllt wurden.

In diesen Sitzungen wurde geklärt, was Frau E. von der Ehe erwartete und was sich ihrer Meinung nach ändern müßte, damit es ihr besser ginge. Da sie an der Ehe festhielt, bestanden die Ziele darin, die Kommunikation mit ihrem Ehemann zu verbessern und einige unabhängige Interessen zu entwickeln. Sie sollte so weniger davon abhängig sein, daß ihr Mann all ihre Bedürfnisse erfüllte.

Das Kommunikationsproblem, das die Patientin mit ihrem Ehemann hatte, wurde zuerst besprochen. Sie beschrieb einen Streit, den sie am Abend zuvor gehabt hatten. Sie sah ein, daß ihre übliche Art, die Konfrontation mit den eigentlichen Problemen zu vermeiden, zur zunehmenden Entfremdung der Partner beitrug. Sie sagte, sie könne ihre wirklichen Wünsche nur ausdrücken, wenn sie wütend sei. Das Ausmaß ihrer Wut allerdings erschrecke sie und verursache ihr Schuldgefühle – deshalb würde sie sich schweigend zurückziehen, innerlich aber weiterhin kochen. Während dieser Sitzungen begann sie, wenn auch indirekt, über ihren Verdacht zu sprechen, ihr Mann „habe etwas" mit einer jungen Frau, die bei ihnen im Geschäft arbeitete. Als ob sie ihrer eigenen Beurteilung nicht trauen könne, bemerkte sie, „Jeder sagt es, aber ich kann es einfach nicht so sehen... ich weiß nicht." Später sagte sie, ihr Mann habe die letzten Jahre über eine Reihe von Freundinnen gehabt, aber sie habe das sichere Gefühl, daß er sie nicht verlassen würde. Die vierte Sitzung endete mit der Zusicherung der Patientin, daß sie versuchen würde, mit ihrem Mann über ihre Erwartungen an ihn zu sprechen. Sie wolle nun nicht darauf warten, bis sie explodiere. Typischerweise schwächte sie diese Aussage jedoch ab, indem sie sagte, „Aber Sie werden sehen... es wird nicht funktionieren."

10.3.2 Mittlere Phase (Sitzungen 5 bis 8)

Frau E. brachte zu Beginn der fünften Sitzung einen Brief mit, den ihr Mann ihr am Abend zuvor geschrieben hatte. Viele Menschen verkehren brieflich miteinander. Dahinter steckt die Ansicht, Gespräche über schwierige Themen von Angesicht zu Angesicht würden leichter, wenn man sich zunächst schriftlich verständigt. In dem

Brief sprach er von seiner Liebe zu ihr, seiner Trauer über ihre unglückliche Ehe und seiner Frustration über seine vermeintliche Unfähigkeit, „eine Wende herbeiführen" zu können. Die Patientin äußerte Zweifel über die Ehrlichkeit ihres Ehemannes: *„Ich kann es einfach nicht glauben – es scheint, als wolle er mich nur dorthin bringen, wo er mich haben möchte, und dann fängt alles gerade wieder von vorne an."* Als der Therapeut vorschlug, daß der Ehemann ja für eine Sitzung dazukommen könnte, wurde sie ziemlich unruhig und sagte, *„Ich möchte nicht mehr über ihn sprechen. Ich möchte nur noch über meine Probleme sprechen."* Später willigte sie ein, ihn zu fragen, hatte aber das Gefühl, er werde nicht kommen.

Als Herr und Frau E. zu der gemeinsamen Sitzung kamen, zeigten sich die in den vorherigen Sitzungen besprochenen Kommunikationsprobleme deutlich. Frau E. schwieg den größten Teil der Stunde und ließ hauptsächlich ihren Ehemann das Gespräch bestreiten. Nachdem sie zögernd angefangen hatte, über ihre Beschwerden zu erzählen, konfrontierte sie ihren Mann schließlich mit seiner Affäre, die er prompt leugnete. Erst gegen Ende der Stunde hatten beide begonnen, direkter miteinander zu reden, anstatt ausschließlich über den Therapeuten.

Nach der gemeinsamen Sitzung veränderte sich Frau E.'s äußeres Erscheinungsbild augenscheinlich. Bisher hatte sie eher verhärmt, ärmlich und düster ausgesehen und war üblicherweise schwarz gekleidet. Sie fing an, helle Farben zu tragen, und ihre gesamte Ausstrahlung war von einer aufgeheiterten, zuversichtlichen „Aufwärts"-Qualität. Sie und ihr Mann waren einige Male zum Abendessen ausgegangen und hatten Verwandte besucht, die sie lange Zeit nicht mehr gesehen hatten. Obwohl die Patientin mit dieser Erweiterung ihrer Aktivitäten zufrieden war, hegte sie trotzdem weiterhin Zweifel über die Motive ihres Mannes. Sie beschrieb mehrere Begebenheiten, bei denen sie sich zurückgewiesen fühlte, als sie damit angefangen hatte, ihm

gegenüber ihre Wünsche zu äußern. Am eindrucksvollsten jedoch war ihr Entschluß, *„ihn wissen zu lassen, was in mir vorgeht, ob er es hören möchte oder nicht."* Sie sprach auch über ihre Angst, daß andere Leute, und hier insbesondere ihre Familie, denken könnten, sie glaube, etwas „besseres" zu sein, seit sie und ihr Mann finanziell abgesichert waren. Sie beschrieb ihren bescheidenen finanziellen Hintergrund und ihr eigenes Unbehagen mit seiner „neureichen" Art. Während Herr E. seinen Erfolg und die damit verbundene gesellschaftliche Anerkennung genoß, war dies Frau E. irgendwie peinlich. Dieses Verhalten ihres Mannes schien noch eine weitere trennende Barriere zwischen ihr, ihrer Familie und früheren Freunden darzustellen. Sie war sozusagen von ihren Wurzeln abgeschnitten, fühlte sich aber auch mit ihrem neuen gesellschaftlichen Status unwohl.

In den mittleren Sitzungen wurde lange exploriert, welche Anstrengungen das Paar unternommen hatte, wieder Kontakt miteinander und ihren Familien herzustellen. Gegen Ende der achten Sitzung gab Frau E. zu, Angst vor dem Ende der Therapie zu haben. In der darauf folgenden Woche rief Herr E. an, um den Termin seiner Frau abzusagen, da *„meine Frau krank ist und nicht selbst anrufen wollte."*

10.3.3 Schlußphase (Sitzungen 9 bis 12)

In der achten Sitzung fing Frau E. wieder mit Schwierigkeiten an, die sie mit ihrem Mann wegen seines Geschäftes hatte. Der Inhalt und die Qualität ihrer Aussagen erinnerten aber an die erste Sitzung. Ihre verhältnismäßig introspektive Haltung, die sie in den vorhergehenden Sitzungen gezeigt hatte, schien ganz verschwunden. In der Mitte der Stunde wurde Frau E. jedoch ruhig und irgendwie nachdenklich. Schließlich sagte sie, *„Ich habe Angst, meinem Mann meine Liebe zu zeigen, das ist alles."* Als der Therapeut begann, diese Gefühle anzusprechen, bemerkte sie fast nebenbei, daß ihr Mann von Scheidung gesprochen habe. Obwohl sie darauf bestand, daß sie diese Aussage nicht wirklich ernst nähme, schien sie doch eine verheerende Auswirkung auf ihre Verfassung zu haben. Gegen Ende der Sitzung brachte sie noch einmal das nahende Ende der Therapie zur Sprache, und gab ihren Bedenken Ausdruck, sich noch nicht stark genug zu fühlen, um es alleine zu versuchen.

In den folgenden Sitzungen explorierte der Therapeut weiterhin die Gefühle der Patientin über das bevorstehende Ende der Behandlung. Die Patientin neigte allerdings dazu, das Thema zu vermeiden oder leugnete ihre Gefühle. Das Paar hatte jetzt wieder häufiger Auseinandersetzungen. Ein Teil des Konfliktes kreiste um den Wunsch des Ehemanns nach einem Kind. Sie stand diesem Wunsch sehr ambivalent gegenüber, da sie das Gefühl hatte, dadurch noch mehr gebunden zu sein. Sie hatte auch Angst davor, daß ihr Mann sie verlassen könnte, wenn sie ein Baby hätte. Die Angst war nicht vollkommen irrational, zumal sowohl ihr als auch sein Vater ihre jeweiligen Familien verlassen hatten. Ein anderer Aspekt ihres Widerstandes, schwanger zu werden, bestand in dem Gefühl, daß sie damit nur wieder ihrem Mann „nachgeben" würde. Trotz der vermehrten Auseinandersetzungen zwischen ihnen gab sie an, sich weniger depressiv zu fühlen als in der Woche zuvor. „Die Dinge rauszulassen ist besser, als alles für sich zu behalten", sagte sie. In der letzten Sitzung war Frau E. irgendwie unruhig. Alle Versuche, ihre Gefühle über das Ende der Therapie zu erfragen, stießen auf Ablehnung oder wurden mit kaum verstecktem Ärger erwidert.

Drei Tage nach dieser stürmischen Abschlußsitzung rief Frau E. jedoch an, um sich „zu entschuldigen" und zu sagen, daß sie sich wirklich besser fühle nach alledem. Sie lehnte eine Überweisung zur weiteren Behandlung ab: „Ich glaube, ich möchte es alleine versuchen."

10.4
Ein interpersoneller Rollenkonflikt – Das Beispiel von Herrn D.

Herr D., ein 31jähriger verheirateter Mann, war zum Zeitpunkt des Erstgesprächs arbeitslos. Er fand aber innerhalb einer Woche eine Arbeit als Assistent eines Fernsehmonteurs. Herr D. klagte hauptsächlich darüber, in den letzten Monaten weniger Energie und Motivation gehabt zu haben. Er berichtete von Schwierigkeiten, Arbeiten an seinem Haus zu beenden, da er körperlich schnell erschöpft sei. Er schlief auch weniger und hatte wenig Interesse an Sex. *„Meine Gefühle haben mich verlassen"*, sagte er.

10.4.1 Anfangsphase (Sitzungen 1 bis 4)

Herr D. war der älteste Sohn einer konservativen italienischen Familie. Seine Mutter beschrieb er als gefühlvolle Frau, die die Familie versorgte. Seinen Vater schilderte er als einen strengen, „kalten" Mann, mit dem Herr D. nie zurechtgekommen sei. Der Vater war kritisch, unzugänglich und „einschüchternd". Herr D. beschrieb sich selbst als schlechten Schüler, der kein Interesse an der Schule hatte. Er verließ die Schule in der elften Klasse und ging zur Marine, um der Prophezeiung seines Vaters zu trotzen, daß er das niemals schaffen würde. Nachdem seine Zeit vorbei war, wurde er unter der Leitung seines Vaters Bauarbeiter. Der Vater war zu dieser Zeit Bauleiter. Dieses Arbeitsverhältnis war häufig durch Auseinandersetzungen belastet.

Vor fünf Jahren erlitt Herr D. einen Sturz, bei dem er ein Bein verletzte. Dadurch war es ihm nicht mehr möglich, Bauarbeiten auszuführen. Er hatte diese Arbeit aber als produktiv und lukrativ empfunden.

Er wurde abhängiger von seiner Frau, die wiederum ihre Arbeit aufgegeben hatte, um ihn in der Zeit zu pflegen, in der er im Rollstuhl saß. Herr D. gab an, daß er mittlerweile Bauleiter hätte sein können, wäre ihm nicht der Sturz dazwischen gekommen. Aufgrund seiner körperlichen Behinderung wechselte er die Arbeit und wurde nach einer Umschulung Fernsehreparateur.

Er neigte dazu, die Auswirkung seiner Verletzung auf sein Selbstwertgefühl herunterzuspielen, und sprach hauptsächlich über seine Eheprobleme. Bei seinen Terminen wirkte er oftmals müde und aufgelöst und lieferte von sich aus keine spontanen Informationen. Deswegen blieb der Therapeut aktiv, indem er spezifische Fragen stellte und eine detaillierte Beziehungsanalyse erstellte. Als zentrales Thema kristallisierte sich ein Gefühl der Unzulänglichkeit und Machtlosigkeit heraus. Dieses Gefühl bestand gegenüber seinem Leben im allgemeinen, aber noch mehr gegenüber seinen Beziehungen zu seinem Vater und seiner Frau.

Als die Anfangssitzungen ihrem Ende entgegengingen war deutlich geworden, daß Herrn D.'s depressive Symptomatik mit den Ehekonflikten zusammenhing. Diese bestanden in seiner Schwierigkeit, seine Wünsche gegenüber seiner Frau auszudrücken und in der gegenseitigen Entfremdung. Die Behandlung konzentrierte sich auf seine Einsicht darin, was ihn davon abhielt, mit seiner Frau konstruktiv zu kommunizieren.

gehalten", was in der Beziehung zu seiner Frau zu einem empfindlichen Bruch geführt habe.

In der folgenden Sitzung sprach er wieder über seine Familie und begann zum ersten Mal, einige Ähnlichkeiten zwischen ihm und seinem Vater zu erkennen. Er meinte, daß er seine Frau in vielerlei Hinsicht in derselben distanzierten Weise behandeln würde, wie sein Vater ihn behandelt habe.

Die siebte Sitzung erwies sich als Wendepunkt. Er war offener und beschrieb, daß das Zusammensein mit seiner Frau in der letzten Woche sehr „emotional" und eng gewesen sei. Das Paar hatte offener miteinander gesprochen und konnte schließlich eine gemeinsame Entscheidung treffen. Sie wollten lieber eine größere Summe von der Versicherung für seine Behinderung annehmen, als die Entschädigung in Form von Schwerbehindertenzahlungen zu erhalten. Mit dieser Entscheidung, die das Paar von großen finanziellen Belastungen befreite, hatten sich beide mehr als ein Jahr herumgeschlagen.

In der achten Sitzung gab Herr D. an, sich insgesamt besser zu fühlen. Er stellte fest, daß seine Frau ihm auf halber Strecke entgegenkam, als er versuchte, sich zu ändern. Er hatte seine Gedanken und Gefühle mit ihr besprochen, und ihre Reaktion habe ihn angenehm überrascht. Er besprach mit seinem Therapeuten mögliche Wege, wie er seine Frau weiterhin an seinen Gefühlen teilhaben lassen könne.

10.4.2 Mittlere Sitzungen (Sitzungen 5 bis 8)

Als Herr D. anfing, genauer über die Beziehung zu seiner Frau zu berichten, begann er in der fünften Sitzung zu weinen. Er beschrieb, wie unglücklich er in seiner Ehe sei und welche Schwierigkeiten er habe, Gefühle zu artikulieren, da er sich so „taub" fühle. Er habe viele seiner Gefühle „zurück-

10.4.3 Schlußphase (Sitzungen 9 bis 12)

In dieser Phase der Therapie verlor Herr D. seinen Arbeitsplatz. Er erläuterte die Umstände, die zu seiner Entlassung geführt hatten und seine Gefühle von Verletztheit und Ärger darüber. Daß er sich nicht sofort nach einer neuen Arbeitsstelle umschaute, war ihm selbst ein Rätsel. Er dachte jedoch, daß diese Reaktion zum einen auf die noch ausstehende Versicherungssumme zurückzuführen sei. Zum anderen habe er das Bedürfnis, seine Arbeitssituation erst einmal in Ruhe abzuklären und bedachter zu planen. In dieser Situation holte er die Meinung seiner Frau ein. Früher, so meinte er, habe er in einer solchen Situation Streit mit seiner Frau angefangen und indirekt seine Arbeitssorgen auf sie abgewälzt. Er plante, sich in der folgenden Woche nach einer Arbeit umzuschauen. Erst wolle er jedoch Zeit haben, seine Möglichkeiten zu überdenken.

In der zehnten Sitzung sagte Herr D., daß er sich vor dem Beginn der Behandlung zu sehr von seiner Frau zurückgezogen habe und daß er nun mehr Offenheit ihr gegenüber riskieren werde. Er sei überrascht gewesen, herauszufinden, daß sie nicht negativ oder „barsch" reagiert habe, als er seine Gefühle äußerte. Vielleicht, so meinte er, solle er die Reaktionen seiner Frau nicht weiterhin vorschnell beurteilen, aber er habe immer noch das Gefühl, er könne nicht allzu viele intime Gefühle mit ihr teilen. Seine Angst, sie damit zu verärgern, sei immer noch viel zu groß. Als der Abschluß der Therapie besprochen wurde, gab er zu, daß seine anfängliche Angst davor, sich auf eine Behandlung einzulassen, darin bestanden hätte, Gefühle preiszugeben, die er nicht zeigen wollte. Er hatte Angst, der Therapeut würde „in seinen Kopf schauen" und Gefühle aus ihm herauszwingen. Nun sei er vielmehr angenehm überrascht, Therapie als etwas zu erfahren, das ihn befähige, sich selbst besser kennenzulernen und mehr über sich herauszufinden.

Die 11. Sitzung eröffnete er damit, daß er viel zu sagen hätte. Er denke freudig darüber nach, als Vertragshändler zu arbeiten und damit sein eigener Chef zu sein. Er fühle sich zu Hause zuversichtlicher, weniger antriebsarm und fähig, freiwillig Hausarbeiten durchzuführen. Dadurch würde seine Frau ihn weniger unter Druck setzen. Er habe ihr direkt mitgeteilt, wann er ihr helfen wolle und habe sie nicht ohne Erklärung

zurückgewiesen. Er gab zu, daß die finanziellen Probleme und die erzwungene Untätigkeit nach seinem Unfall äußerst demoralisierend gewesen seien. Zusätzlich habe sein Gefühl, bei seiner Arbeit als Fernsehreparateur zu versagen, auch zu seiner Depression beigetragen. Er habe eben nicht an die Grenzen seiner Möglichkeiten gehen können. Als der Abschluß der Therapie besprochen wurde, sagte Herr D., daß er immer noch verwirrt darüber sei wie wenig er seine Frau an so vielen Dingen teilhaben lassen konnte. Und daß dies aber mit dem Therapeuten anders sei.

In der letzten Sitzung äußerte sich Herr D. positiv der Therapie gegenüber und sagte, er habe ein Gefühl des „Wiedererwachens" in sich verspürt. Er habe sich in der Behandlung entspannt gefühlt und wolle die gleiche Offenheit, die er in der Therapie erlebt habe, seiner Frau gegenüber herstellen.

10.5
Ein interpersoneller Rollenkonflikt – Das Beispiel von Frau M.

Frau M., eine 27jährige verheiratete Frau, kam aufgrund einer Depression in Behandlung. Seit der Geburt ihres zweiten Kindes vor fast drei Jahren litt sie unter depressiven Symptomen. Sie stellte einen Zusammenhang zwischen ihrer Depression und der seit langem währenden Unzufriedenheit mit ihrer Ehe her. Ihre zweite Schwangerschaft sei zum Teil ein Versuch gewesen, an der Ehe festzuhalten. Ihr älteres Kind war zu diesem Zeitpunkt vier Jahre alt und erforderte weniger intensive Betreuung. Aber durch die Geburt des zweiten Kindes habe sie sich nur noch belasteter und noch gefangener in einer unbefriedigenden Ehe gefühlt.

10.5.1 Anfangsphase (Sitzungen 1 bis 4)

Frau M.'s Depression war in den ersten beiden Jahren leicht bis mittelschwer ausgeprägt gewesen. Vor ungefähr einem Jahr, hatte sie sich sehr verzweifelt gefühlt und über Suizid nachgedacht. Sie war jedoch in der Lage, gegen diese Gefühle anzukämpfen und war auch kurz danach eine außereheliche Beziehung mit einem Mann aus der Nachbarschaft eingegangen. Als sich diese Beziehung anbahnte, fühlte sich die Patientin zunächst besser. Dies war jedoch nur von kurzer Dauer, da sie und die Frau ihres Liebhabers bald darauf gute Freundinnen wurden. Ihr Ehemann befreundete sich mit ihrem Liebhaber, und die beiden Paare verbrachten viel Zeit miteinander.

Frau M. war sich sicher, daß weder ihr eigener Mann noch die Ehefrau des Liebhabers von dem Verhältnis wußten, aber ihre Depression verschlechterte sich im Verlauf des Jahres beträchtlich. Eine Vielzahl von Gefühlen überwältigte sie – Schuldgefühle, weil sie ihren Mann und ihre beste Freundin betrog, Eifersucht auf die Beziehung ihres Liebhabers zu seiner Frau, Enttäuschung über ihre eigene Ehe und Enttäuschung über die Beziehung zu ihrem Liebhaber. Zu Beginn der Behandlung fühlte sie sich unfähig, diese Konstellation weiterhin zu ertragen, aber auch unfähig, irgendeine Veränderung herbeizuführen.

Die Symptome von Frau M. äußerten sich in niedergeschlagener Stimmung, Grübeln und Schuldgefühlen, einem schwachen Selbstwertgefühl, Pessimismus sowie Ängste, die zusammen mit Befürchtungen, verlassen zu werden, auftraten. Hinzu kamen Einschlafschwierigkeiten sowie verminderte Energie mit häufigem Tagesschlaf. Ihre Fähigkeit, den Haushalt zu führen, war beeinträchtigt. Sie litt unter Konzentrationsschwierigkeiten, Interessenverlust und Freudlosigkeit an nahezu allen Aktivitäten, verspürte schlechten Appetit und verlor an Gewicht. Sie vernachlässigte

viele ihrer Haushaltspflichten, berichtete aber, daß ihr Mann gewillt gewesen sei, vieles davon zu übernehmen, als ihre Depression in den letzten Monaten für ihn deutlich wurde. Sie hatte vor kurzem eine Halbtagsarbeit als Verkäuferin aufgegeben, da sie sich nicht konzentrieren oder zur Arbeit aufraffen konnte. Zu Beginn der Behandlung hegte sie einfach die Hoffnung, sich besser zu fühlen, um so nicht mehr ihren Mann zu verletzen und wieder ihren Teil zur Ehe beitragen zu können.

Zunächst wurde eine Strategie für die erste Behandlungsphase geplant. Der Therapeut sah sich mit zwei Aufgaben konfrontiert: Erstens der Patientin bei der Bewältigung der derzeitigen Depression zu helfen und zweitens die derzeitige Ehesituation zu klären. Um die Depression in den Griff zu bekommen, plante der Therapeut, gemeinsam mit der Patientin die Einzelheiten ihres Tagesablaufs abzuklären. Ebenso sollten die Umstände entdeckt werden, die im Laufe eines Tages zu Stimmungsveränderungen führten. Dadurch, so hoffte der Therapeut, würden Wege gefunden, um die depressiven Symptome sowie die Leistungsbeeinträchtigung besser in den Griff zu bekommen. Der Ehekonflikt befand sich in einer Sackgasse. Daher brachte der Therapeut den Fall dieser Patientin in ein Konzept, indem er verschiedene Veränderungsmöglichkeiten in Betracht zog. Eine Möglichkeit dieser Konzeption wäre, die Ehe fortzusetzen und zu versuchen, Frau M.'s Unzufriedenheit in der Ehe zu verstehen und zu verändern. Mögliche hilfreiche Veränderungen dazu könnten sein, zu versuchen, die Beziehung zu ihrem Ehemann zu verbessern und/oder ihr zu helfen, andere befriedigende Aktivitäten außerhalb der Ehe zu finden. Solche Aktivitäten müßten allerdings weniger innere Konflikte verursachen, als das außereheliche Verhältnis. Um abzuwägen, ob solche Optionen durchführbar wären, wollte der Therapeut die Vorgeschichte der ehelichen Beziehung detailliert abklären. Außerdem wollte er jene

Verhaltensweisen und Einstellungen beider Partner erheben, die möglicherweise zur Unzufriedenheit beitrugen. Auch müßte geklärt werden, wie wahrscheinlich jeder Partner in der Lage wäre, diese Verhaltensweisen und Einstellungen zu verändern. Um herauszufinden, welche befriedigende Aktivitäten außerhalb der Ehe für Frau M. möglich wären, wollte der Therapeut das soziale Netzwerk der Patientin ergründen und abklären, welche Möglichkeit für eine Veränderung oder Erweiterung bestünde. Bedenkt man, wie konfliktreich für die Patientin die außereheliche Beziehung war, erschien es unwahrscheinlich, daß die Ehe besser werden konnte, solange das Verhältnis weiterbestand.

Eine andere Möglichkeit in diesem Szenario stellte die Trennung oder Scheidung mit oder ohne Fortsetzung des Verhältnisses dar. Die Patientin sollte einschätzen können, was ihr das Verhältnis gab und welche Absichten sie diesbezüglich verfolgte. Sie müßte auch einschätzen können, wie es wohl wäre, ihren Ehemann zu verlassen: Wie die Kinder versorgt wären, wie sich die Beziehungen mit ihrer und der Familie ihres Mannes ändern würden, und so weiter.

Die Patientin hatte unmittelbar nach ihrem Schulabschluß geheiratet und von Anfang an an ihrer Ehe gezweifelt. Sie hatte ihren Mann kennengelernt, unmittelbar nachdem sie von einem stark idealisierten Freund zurückgewiesen worden war. Sie fühlte weniger Leidenschaft für ihren Ehemann, betrachtete ihn aber als sicher und unterstützend. Sie kam jedoch an dem Tag ihrer Hochzeit von den Gedanken an ihren früheren Freund nicht los und hatte eine Vorahnung, daß sie ihren Ehemann niemals wirklich lieben würde. Dies schien zu einer sich selbst erfüllenden Prophezeiung geworden zu sein. Die Patientin schob die meiste Schuld an ihren ehelichen Problemen auf die Unfähigkeit ihres Mannes, seine Liebe für sie offen zu zeigen. Sie erinnerte sich an mehrere Versuche, ihn an

Aufgaben rund ums Haus zu beteiligen. Am Ende mußte sie dann doch alles selbst machen. Er schien mehr an seinen Freunden, als an seiner Familie interessiert zu sein. Ein Jahr nach der Heirat wurde die Patientin schwanger und versuchte von da an, sich mehr den Aufgaben einer Hausfrau und Mutter zu widmen.

Obwohl Frau M. ihren Mann als nicht an ihr interessiert beschrieb, schien er ziemlich besorgt und hilfsbereit gewesen zu sein, als sie depressiver wurde. Er hatte Hausarbeiten übernommen, hatte sich mehr der Kinder angenommen, zeigte anscheinend echtes Mitleid und hatte ihr zugeredet, sich in Behandlung zu begeben. Obwohl sie erkennen konnte, daß dieses Verhalten ein Zeichen für seine Sorge um sie war, konnte sie diese Sichtweise nur schwer akzeptieren, weil dadurch wiederum ihre Schuldgefühle aufgrund ihrer Liebesaffäre verstärkt wurden. Aber die Patientin hatte noch einen anderen Anteil an den Eheproblemen. Es war ihre Art, mit Ärger und Enttäuschung über ihren Mann umzugehen. Sie distanzierte sich emotional und schmollte, ohne ihm jemals wirklich mitzuteilen, worüber sie verärgert war. Sie gab an, daß sie und ihr Mann trotz ihrer Unzufriedenheit mit der Ehe kaum stritten oder laute Auseinandersetzungen hatten. Sie würde in der Regel eben einfach nachgeben.

Als die Kindheit der Patientin näher durchleuchtet wurde, zeigte sich, daß sie in erster Linie geheiratet hatte, um aus dem Elternhaus herauszukommen. Die Patientin war das mittlere von drei Kindern in einem Haushalt, in dem beide Eltern Alkoholiker waren und häufig gewalttätige Auseinandersetzungen hatten.

Im Laufe der nächsten drei Sitzungen wurde klar, daß die Patientin ihren Liebhaber nicht ernstnahm, obwohl sie sich ständig gedanklich mit ihrem Verhältnis beschäftigte. Sie beschrieb ihn als verantwortungslos und in vielerlei Hinsicht weniger attraktiv als ihren Ehemann. Sie sprach aufgeregt über ihre geheimen Treffen, war aber über die Oberflächlichkeit der Beziehung enttäuscht, die aus kurzen Begegnungen sexueller Art bestand, bei denen sie häufig nicht erregt war. Sie wurde von Eifersucht auf die Frau des Liebhabers gequält und vermutete, daß ihre Rolle für ihn darin bestand, ihn abzulenken. Obwohl sie sich intensiv mit dem Verhältnis beschäftigte, sah sie keine Zukunft darin. Selbst wenn sie daran interessiert wäre, ihren Ehemann zu verlassen, sagte sie, würde sie nicht einen Mann wie ihren Liebhaber heiraten wollen. Außerdem sei dieser nicht daran interessiert, seine Frau zu verlassen. Trotzdem fühlte sich die Patientin ebenso unfähig, die Beziehung abzubrechen, wie sie keine Hoffnung mehr auf eine befriedigende Beziehung zu ihrem Ehemann hatte.

In der dritten Sitzung war die Patientin weniger depressiv. Sie besprach die Thematik in einer nichtssagenden, affektlosen Weise, die ganz im Gegensatz zu ihrer eingestandenen Schuld und den angegebenen konfliktgeladenen Gefühlen stand. Die Art und Weise, mit der sie ihr Verhältnis darstellte, war spielerisch und exhibitionistisch. Alle Versuche des Therapeuten, die Patientin mit Fragen beispielsweise über ihre Erwartungen an diese Beziehung zu konfrontieren, wurden ignoriert oder vermieden. Am Ende der ersten Sitzungen versuchte der Therapeut, Behandlungsziele abzustecken. Die Patientin nannte relativ schnell zwei solcher Ziele. Sie wolle sich weniger depressiv fühlen und mehr Liebe für ihren Mann empfinden. Auf die Frage, was sie darunter verstehen würde, ihren Mann zu lieben, drückte sie sich sehr pessimistisch aus. Sie gab aber auch zu, der Ehe bisher keine Chance gegeben zu haben.

Frau M.'s Depression schien mit ihrer Unzufriedenheit in der Ehe zusammenzuhängen. Diese Unzufriedenheit konnten sich jedoch weder sie noch ihr Mann eingestehen. Sie zu bearbeiten war beiden unmöglich. Obwohl sich der Ehemann der Depression der Patientin bewußt war und er die Grenzen in ihrer Beziehung deutlich er-

lebte, hatte die Patientin ihre Unzufriedenheit nie klar zum Ausdruck gebracht. Auch hatte sie nie versucht, etwas an ihm zu ändern, um ihre Beziehung befriedigender zu gestalten. Die Ehe war leblos, ohne offene Konflikte, und sie steckte in einer Sackgasse. Der Therapeut hatte das Ziel, der Patientin über dieses Stadium hinauszuhelfen. Daher konzentrierte er sich hauptsächlich auf die Einstellungen und Verhaltensweisen der Patientin, welche die eheliche Beziehung in der Sackgasse hielten.

Ihr deutlichster Anteil an diesem Ehekonflikt bestand darin, daß sie unfähig war, ihre Wünsche zu definieren und mitzuteilen. Der Kern ihrer Unzufriedenheit war ihr Gefühl, daß ihr Mann kein Interesse und keine Liebe für sie zeigte, daß er sie aus seinem Leben ausschloß und keine gemeinsamen Aktivitäten mit ihr unternehmen wollte. Sie unternahm jedoch kaum etwas, um ihn mehr an ihrem Leben zu beteiligen. Sie war in diesem Punkt der Ansicht, er müsse auch ohne viel Worte wissen, was sie wolle. Die Patientin sollte dazu gebracht werden, ganz genau zu bestimmen, was sie sich von ihrem Mann wünschte und nicht bekam. Dann sollte sie mit Hilfe des Therapeuten direkte und befriedigende Wege finden, ihm diese Dinge mitzuteilen. Bis zu einem gewissen Grad sollte der therapeutische Schwerpunkt auf der Kommunikation psychoedukativen Charakter haben. Der Therapeut wollte sich darauf konzentrieren, welche Gelegenheiten partnerschaftlicher Verständigung die Patientin verpaßte. Außerdem mußte in Erwägung gezogen werden, daß Frau M.'s Kommunikationsprobleme etwas mit der Angst zu tun hatten, gewalttätige Auseinandersetzungen auszulösen, wie sie sie als Kind im Haus ihrer Eltern miterlebt hatte.

Auf einer zweiten Ebene zielte die Therapie darauf ab, der Patientin deutlich zu zeigen, welche Rolle ihr Pessimismus spielte, den sie ja in bezug auf eine glückliche Ehe hegte. Diese fundamentale Unsicherheit in engen Beziehungen zeigte sich einerseits gegenüber dem idealisierten Schulfreund, der sie ja verlassen hatte. Andererseits zeigte sie sich in dem übertriebenen Versuch, sich zu vergewissern, daß sie dem aufregenden neuen Liebhaber wirklich etwas bedeutete. Obwohl sie meinte, ihr Ehemann würde sie nicht genug lieben, konnte sie dies tolerieren. Sie hatte ihn soweit entwertet, daß sie sich nahezu selbst glauben machte, daß er ihr egal sei. Der Therapeut plante, an diesen grundlegenden Ängsten vor Nähe zu arbeiten. Er stellte die ehrliche Betroffenheit und Sorge des Ehemanns den abwertenden Aussagen der Patientin gegenüber. Außerdem konfrontierte er die Patientin damit, daß ihr Ehemann im Gegensatz zu ihren Eltern sehr wohl in der Lage sei, sich um sie zu kümmern.

Durch eine dritte Taktik sollte die Patientin den destruktiven Charakter der außerehelichen Beziehung erkennen. Wie die Patientin bereits zugegeben hatte, war die Beziehung nur wenig befriedigend und hatte keine Zukunft. Sie war genau genommen nur eine energieverzehrende Ablenkung, die sie davon abhielt, sich mehr um ihre Ehe zu kümmern.

Ein vierter Ansatz, die Beziehung zu verbessern, bestand darin, andere und geeignetere Quellen zu finden, wie sie außerhalb der Ehe Zufriedenheit finden konnte. Sie in ein soziales Netzwerk außerhalb ihrer Kernfamilie einzubinden, könnte Frau M. helfen, ihrer Ehe eine neue Perspektive abzugewinnen. Außerdem könnte sie Unabhängigkeit und ein Gefühl der Kompetenz entwickeln, wenn sie außerhalb des Hauses eingebunden wäre. Auf diese Weise könnte sie Persönlichkeitsaspekte zum Ausdruck bringen, die sie in der Ehe bisher nicht ausdrücken konnte.

10.5.2 Mittlere Phase (Sitzungen 5 bis 10)

Während der mittleren Behandlungsphase versuchte der Therapeut, sich die Interaktionen mit dem Ehemann beschreiben zu lassen, um die Kommunikation und Gefühle beider Partner genau zu verstehen.

Der gesamte Therapieprozeß von Frau M. zeichnete sich durch große Variabilität aus, da ihre Stimmung und das Ausmaß ihrer Beteiligung stark schwankten. Obwohl sie sich in allen Sitzungen eher vermeidend und unkonzentriert verhielt, war sie ungefähr in der Hälfte der Stunden fähig, sich auf nützliche Gespräche über ihre Eheprobleme einzulassen. In anderen Stunden wiederum beschwerte sie sich über verschiedene Quellen der Unzufriedenheit, ohne ihren eigenen Anteil an den Problemen zu erkennen. Trotz dieser Schwankungen machte sie in diesem Teil der Behandlung in verschiedenen Bereichen Fortschritte. Erstens berichtete sie von zahlreichen kleinen Begebenheiten, bei denen sie versucht hatte, ihrem Mann direkter mitzuteilen, in welcher Weise sie sich von ihm vernachlässigt fühlte. Sie war über seine positive Reaktion auf ihre Forderungen überrascht und empfand, daß die Beziehung nun besser wurde. Sie begann sich von ihrem Liebhaber zurückzuziehen, sah ihn weitaus weniger häufig und dachte weniger über ihn nach.

Frau M.'s Fortschritt in dieser Behandlungsphase resultierte teilweise aus der Strategie des Therapeuten, auf Themen einzugehen, die Frau M. und ihrem Mann im allgemeinen und ihre Kommunikation im besonderen betrafen. Wenn die Patientin versuchte, auf andere Themen auszuweichen, stellte der Therapeut entweder keine weiteren Fragen dazu oder konfrontierte die Patientin direkt damit, daß sie ihr zentrales Thema verlassen würde. Daß dieser Fokus konsequent beibehalten wurde, verbesserte Frau M.'s partnerschaftliche Kommunikation. Interessanterweise zeigte die Patientin auch Veränderungen in Bereichen, die nicht zum eigentlichen Hauptfokus gehörten. Beispielsweise arbeitete sie wieder und verbrachte weniger Zeit mit ihrem Liebhaber. Sie gab auch an, liebevollere Gefühle ihrem Ehemann gegenüber zu empfinden.

10.5.3 Schlußphase (Sitzungen 11 und 12)

Obwohl das Behandlungsende bereits in mehreren früheren Sitzungen ausdrücklich angesprochen wurde, veränderte sich die Art der Interaktionen während der beiden letzten Sitzungen noch ein wenig. Es ging nun hauptsächlich darum, wie die Patientin von hier aus weitermachen wollte. Sie wiederholte ihr Bedürfnis, selbstsicher und direkt in der Kommunikation mit ihrem Mann zu werden, und sie beendete das außereheliche Verhältnis. Dieser Schritt war allerdings weiterhin mit Angst verbunden. Ihre Depression hatte sich gebessert, und sie hatte nicht das Gefühl, zu diesem Zeitpunkt weitere Behandlung zu benötigen.

Literatur

Paykel E. Life events and early environment. In: Paykel E. (ed.). Handbook of affective disorders. New York: Guilford Press 1982.

11 Rollenwechsel und Rollenübergänge

Inhalt

Eine Depression kann sich entwickeln, wenn eine Person Schwierigkeiten hat, mit Lebensveränderungen fertig zu werden, die einen Wechsel der sozialen Rolle erfordern. Fast jeder Mensch hat mehrere Rollen im sozialen System, und diese Rollen werden unauslöschlich zu einem Teil des Selbst. Die Rollen selbst sowie der damit verbundene Status beeinflussen das soziale Verhalten und die zwischenmenschlichen Beziehungsmuster des einzelnen erheblich. Wenn eine schnelle Anpassung an neue, unvertraute Rollen erwartet wird, kommt es häufig dazu, daß die soziale Leistungsfähigkeit beeinträchtigt wird. Dies ist besonders bei Veränderungen der Fall, die vom Betroffenen als Verlust erlebt werden. Nicht jeder, der einen Rollenwechsel vollzieht, erlebt die Veränderung als Verlust. Rollenveränderungen werden häufig von Personen als Verlust erlebt, die zu Depressionen neigen. Der Verlust kann, wie im Falle einer Scheidung, unmittelbar offensichtlich sein. Er kann aber auch subtiler sein, wie beim Verlust von persönlicher Freiheit infolge der Geburt eines Kindes. Berentung oder irgendein anderer Wechsel der sozialen oder beruflichen Rolle, besonders wenn er vermindertem sozialen Status mit sich bringt, stellt oft eine andere Form von subtilem Verlust dar. Umzug, Arbeitsplatzwechsel, Verlassen des Elternhauses, ökonomische Veränderung und Veränderungen der Rollen innerhalb der Familie infolge von Krankheit, neuen Verantwortungen oder Berentung sind andere Beispiele für Rollenwechsel und -übergänge.

Am häufigsten treten Rollenwechsel auf, wenn der Mensch in einen anderen Lebenszyklus übertritt. Da diese Veränderungen als Teil des zeitlich vorgegebenen Ablaufs von biologischem Wachstum und Entwicklung vorgegeben sind oder im Rahmen sozialer oder kultureller Muster erwartet werden, sind es sogenannte normative Wechsel. Der Übergang von der Kindheit zur Adoleszenz, der Eintritt in das geburtsfähige Alter, das Ende des geburtsfähigen Alters sowie die Abnahme der körperlichen Leistungsfähigkeit im Alter sind alles biologisch normative Prozesse. Zu den sozialen Wechseln, die im wesentlichen durch soziale Klassenzugehörigkeit oder zeitgeschichtlichen Hintergrund bestimmt sind, gehören der Schuleintritt oder das Verlassen des Elternhauses, die Heirat, der berufliche Aufstieg und die Berentung.

Menschen, die das Gefühl haben, in einer neuen Rolle zu versagen, oder die mit der neuen Rolle oder dem Status unzufrieden sind, können depressiv werden. Diese Schwierigkeiten stehen häufig im Zusammenhang mit Annahmen über die neue Rolle. Oft sind sich die Patienten dieser Annahmen nur teilweise bewußt, die durch systematisches Vorgehen in der Therapie aufgedeckt werden sollen. So läßt sich herausfinden, was der Wechsel für die jeweilige Person bedeutet. Menschen, die paradoxerweise nach einer angestrebten Beförderung depressiv werden, stehen häufig im Spannungsfeld von Verantwortung und Unabhängigkeit. Eigentlich würden sie sich in einer untergeordneten Rolle wohler fühlen, in einer weniger anspruchsvollen Position mit mehr Anleitung durch andere.

Eine Depression entsteht häufig, wenn erkannt wird, wie notwendig ein normativer Rollenwechsel ist, gleichzeitig aber Schwierigkeiten bestehen, die erforderlichen Veränderungen auch zu vollziehen. Es gibt auch Situationen, in denen eine Person erkennt, in einer bestimmten Rolle versagt zu haben, aber unfähig ist, das Verhalten oder die Rolle zu ändern. Treten Depressionen im Rahmen von Rollenwechseln und -übergängen auf, fühlt sich der Patient unfähig, mit der veränderten Rolle fertig zu werden. Der Übergang kann entweder als Bedrohung des Selbstwert- und Identitätsgefühls erlebt werden, oder als eine Herausforderung, die man nicht bewältigen kann.

In der Regel treten bei der Bewältigung von Rollenwechseln folgende Schwierigkeiten auf:

1. Die familiären Unterstützungen und Bindungen gehen verloren.
2. Begleitende Emotionen wie Ärger oder Angst müssen bewältigt werden.
3. Neue soziale Fertigkeiten werden plötzlich benötigt.
4. Das Selbstwertgefühl ist herabgesetzt.

Den Entwicklungsstadien des Erwachsenenlebens wurde etwa seit Beginn der 70ger Jahre zunehmende Beachtung geschenkt. Levinson (1978), Lidz (1976), Erikson (1968) und Keniston (1968) haben, neben anderen, untersucht, welche Probleme und Aufgaben Erwachsene im Rahmen von Entwicklungsstadien haben. Eine Depression hat häufig auch Bezüge zu entwicklungsbedingten Rollenübergängen. So beinhaltet beispielsweise eine Depression im späten Adoleszenten- oder frühen Erwachsenenalter typischerweise Schwierigkeiten, ein befriedigendes Rollenidentitätsgefühl zu entwickeln oder enge Beziehungen außerhalb der Familie aufzubauen. Patienten mit diesen Problemen sind oft übermäßig an ihre Primärfamilie gebunden. Zu anderen Rollenübergangsproblemen, die

Tabelle 11.1 **Aufgaben bei Rollenwechseln**

Aufgabe	Therapeutenfragen
1. Die Bewertung der aufgegebenen Rolle erleichtern.	Erzählen Sie mir darüber, was Sie aufgegeben und verloren haben oder was verändert wurde – das alte Haus, der frühere Arbeitsplatz, das Zusammenleben mit den Eltern, der frühere Ehepartner. Was waren die guten Seiten? Was waren die schlechten? Was gefiel Ihnen? Was gefiel Ihnen nicht?
2. Zum Ausdruck von Gefühlen ermuntern.	Was für ein Gefühl war es, ... aufzugeben oder zu verlassen? Erzählen Sie mir über ihren Weggang. Wie haben Sie sich in der neuen Situation gefühlt? Wie ging es Ihnen am Anfang?
3. Soziale Fertigkeiten zur Bewältigung der neuen Rolle entwickeln.	Was wird von Ihnen verlangt? Wie schwer ist das? Wie geht es Ihnen dabei? Was läuft gut? Was läuft schlecht?
4. Neue zwischenmenschliche Beziehungen, Bindungen und soziale Unterstützung aufbauen.	Wen kennen Sie? Wer kann Ihnen helfen? Gibt es Leute, die Sie gerne kennenlernen möchten?

typisch für das frühe Erwachsenenalter sind, gehören die mangelnde Anpassung an die Rollen als Berufstätiger, Ehepartner oder Elternteil.

Im mittleren Erwachsenenalter kann Depression mit einer Reihe von Faktoren zusammenhängen. Hier sind in erster Linie fehlende Befriedigung oder ausbleibender Erfolg bei der gewählten beruflichen Laufbahn, Eheschwierigkeiten oder die allmählichen Reduzierung der elterlichen Rolle zu nennen. Im fortgeschrittenen Alter kann Depression verbunden sein mit dem Verlust der Rolle und des Status als Berufstätiger durch Berentung, mit abnehmender Gesundheit, sowie dem Verlust der sozialen Unterstützung durch Krankheit oder Tod von Verwandten und Freunden.

11.1 Diagnose problematischer Rollenwechsel und -übergänge

Um den Rollenwechsel als Problembereich für IPT zu diagnostizieren, sollten Hinweise vorliegen, daß die Depression des Patienten und die damit verbundenen klinischen Probleme darauf zurückzuführen sind, daß der Patient seine Lebensführung durch einen Rollenwechsel verändert hat. In den meisten Fällen wird dem Patienten und seinen Bezugspersonen dieser Zusammenhang deutlich sein, und der Patient wird den Wechsel ohne weiteres erkennen. Beispiele hierfür sind das Verlassen der Schule, die Suche nach einer ersten Arbeitsstelle, die bevorstehende Heirat, die kurz zurückliegende Scheidung oder die Berentung.

Um Rollenwechsel zu explorieren haben sich folgende Fragen als hilfreich erwiesen:

„Könnten Sie mir etwas über die Veränderung berichten? In welcher Weise hat sich

Ihr Leben verändert? Von welchen wichtigen Bezugspersonen mußten Sie sich trennen? Von welchen Personen wurde deren Platz übernommen? Wie haben Sie sich in der neuen Rolle gefühlt?"

11.2 Behandlungsplanung bei Rollenwechsel und -übergängen

Die Fragestellungen können sich je nach Lebensphase, in der sich der Patient befindet, unterscheiden. Jedoch sind bestimmte Elemente allen Rollenwechseln gemein, und sie können helfen, zu definieren, welche Aufgaben und Ziele die IPT bezüglich dieser Wechsel hat. Die Rollenwechsel zu bewältigen, stellt den Patienten vor vier Aufgaben, mit denen er Probleme bekommen kann:

1. Die bisherige Rolle muß aufgegeben werden.
2. Schuldgefühle, Ärger oder Verluste müssen zum Ausdruck gebracht werden.
3. Neue Fertigkeiten müssen angeeignet werden.
4. Neue Bindungen und ein sozialen Unterstützungssystems muß aufgebaut werden.

Diese Aufgaben sind in Tabelle 11.1 aufgelistet, und es werden Fragen vorgeschlagen, die der Therapeut stellen kann, um einzuschätzen, wo der Patient steht.

11.2.1 Bewertung der alten Rolle

Die erste Aufgabe hat Ähnlichkeit damit, wie der Trauerprozeß gefördert wird (s. Kap. 9. Der Psychotherapeut hilft dem Patienten dabei, die aufgegebene Rolle zu relativieren. Die aufgegebenen Tätigkeiten und Beziehungen werden genauer unter die Lupe genommen. Im allgemeinen neigen Patienten mit Schwierigkeiten bei der Bewältigung von Rollenwechseln dazu, die Vorteile der alten Rolle zu idealisieren, während sie deren negative Aspekte bagatellisieren. Einerseits sollte der Patient die Schwierigkeiten der alten Rolle erkennen, andererseits sollte er aber auch die positiven Aspekte sehen. Zum Beispiel hatte eine Patientin große Schwierigkeiten, die Trennung von ihrem Ehemann zu verkraften. Verheiratet zu sein war ihrer Ansicht nach für eine Frau sozial erwünscht, egal unter welchen Umständen. Sie hatte verdrängt, wie zerrüttet ihre Ehe gewesen war und wie destruktiv sie sich auf ihr Leben auswirkte. Die Rolle einer Geschiedenen war für sie einfach inakzeptabel.

11.2.2 Zum Ausdruck von Gefühlen ermutigen

Selbst wenn eine Veränderung erwünscht und angestrebt ist, kann es als Verlust erlebt werden, die alte Rolle aufzugeben. In der Folge tritt ein Trauerprozeß ein. In einer alten und vertrauten Rolle hat der Patient vielleicht das befriedigende Gefühl erfahren, die erforderlichen sozialen Fertigkeiten beherrscht zu haben, die notwendig waren, um die Rolle auszufüllen. Er hat viel für diese Lebensphase typische Bestätigung daraus gewonnen. Darüber hinaus war die alte Rolle möglicherweise damit verbunden gewesen, daß es ein befriedigendes soziales Unterstützungssystems gegeben hatte. Dies hatte das Selbstwertgefühl in entscheidender Weise aufrecht erhalten.

Um den Übergang zu erleichtern, kann erfragt werden, welche Gefühle zusammen mit dem Wechsel aufgetreten sind, wie beispielsweise Trauer, Schuldgefühle oder Ärger und Enttäuschung. Sie könnten vielleicht dadurch entstanden sein, daß man den eigenen Ansprüchen nicht gerecht geworden ist.

11.2.3 Neue soziale Fertigkeiten aufbauen

Die meisten bedeutsamen Rollenwechsel erfordern, daß die Menschen sich neue Fertigkeiten aneignen. Der IPT-Therapeut ist kein Berufsberater, der bestimmen kann, für welche Berufe sich der Patient eignet. Hingegen hilft er dem Patienten einzuschätzen, was die Rollenerwartungen für ihn bedeuten. Er versucht, die Annahmen und Gefühle zu identifizieren, die den Patienten daran hindern, die Situation besser zu bewältigen. Die neue Rolle erfordert vielleicht Fertigkeiten, die nötig sind, um den neuen Anforderungen zu entsprechen und neue Beziehungen und Bindungen aufzubauen.

Der Therapeut kann dem Patienten helfen, jene Kompetenzen und Fertigkeiten realistisch einzuschätzen, die er bereits hat, um den Wechsel zu bewältigen. Dabei hält der Therapeut aufmerksam nach Bereichen Ausschau, in denen der Patient seine Fähigkeiten über- oder unterschätzt. Zu solchen Fertigkeiten kann beispielsweise gehören, selbst eine neue Wohnung zu finden, in einer neuen Umgebung zurecht zu kommen, eine neue Arbeitsstelle zu finden oder zu lernen, Gesellschaften zu geben. Häufig ist die Bewältigung solcher neuen Anforderungen schwierig und daher mit sozialen Ängsten verbunden. Solche sozialen Ängste lassen sich abbauen, indem gemeinsam mit dem Patienten schwierige Situationen durchgegangen werden. Der Therapeut kann den Patienten bitten sich vorzustellen, was schlimmstenfalls passieren könnte.

Andere Schwierigkeiten stellen inkorrekte oder stereotype Annahmen über die neue Rolle dar. Diese Einstellungen haben sich oftmals herausgebildet, als Schlüsselpersonen in der Vergangenheit beobachtet wurden. Manchmal hat sich der Patient auch mit solchen Schlüsselpersonen identifiziert. Gemeinsam ist ihnen, daß sie keine wünschenswerten Modelle abgegeben haben. Um diesen stereotypen Annahmen entgegenzuwirken, kann der Therapeut dem Patienten Beispiele aufzeigen, die dem Stereotyp widersprechen. Zum Beispiel hatte eine 62jährige Frau große Schwierigkeiten, sich auf eine Seniorengruppe einzulassen, weil es für sie bedeutete, daß sie „alt" war. Sie verstand unter „alt" isoliert zu sein und Aktivitäten und Interessen aufzugeben. Damit beschrieb sie in Wirklichkeit ihre eigene soziale Isolation. Im Gegensatz dazu zeigte ihr sogar der wenige Kontakt, den sie mit der Seniorengruppe hatte, daß diese Menschen weniger „alt" und im Grunde lebhafter und aufgeweckter waren als sie selbst.

11.2.4 Aufbau von sozialer Unterstützung

Eine neue Rolle zu übernehmen bedeutet oftmals, eine neues soziales Unterstützungssystem aufzubauen, und neue Arten von Beziehungen sowie vertraute Arten von Beziehungen mit neuen Personen herzustellen. Die erhaltene Bestätigung im Rahmen der neuen sozialen Rolle kann darüber hinaus fremd und weniger stark erwünscht sein als die im Rahmen der alten Rolle. Solch ein Wechsel kann beispielsweise auftreten, wenn eine Frau wieder in die Arbeit einsteigt, nachdem ihre Kinder keine Vollzeitbetreuung mehr benötigen. Obwohl sie vielleicht bereits Erfahrung mit der Arbeitswelt gesammelt hatte, können sich die Arbeitsanforderungen seit dieser Zeit beträchtlich verändert haben. Vielleicht erscheinen sie auch nach einer mehrjährigen Pause schwieriger zu bewältigen. Es kommt auch oft vor, daß die gewünschte oder mögliche Art der Arbeit heute vollkommen anders ist als früher. Viele Frauen fühlen sich ängstlich, zu betreten, was immer noch oft als „Welt des Mannes" wahrgenommen wird. Obwohl diese Frauen oft weniger Zeit haben, alte Freundschaften zu pflegen, zögern sie möglicherweise, vergleichbare Beziehungen mit Arbeitskolleginnen aufzubauen.

Der Therapeut sollte dem Patienten behilflich sein, die notwendige soziale Unterstützung aufzubauen. Dazu sollte zunächst geklärt werden, welche Kontaktgelegenheiten überhaupt bestehen. Depressive Patienten haben wahrscheinlich übersehen, welche Möglichkeiten bestehen, neue Beziehungen aufzubauen und wurden daher sozial isoliert.

11.3 Rollenwechsel – Das Beispiel von Frau F.

Frau F. ist 27 Jahre alt und Mutter eines sechsjährigen Sohnes. Sie arbeitet halbtags als Verkäuferin. Drei Wochen nach einem Suizidversuch mit verschiedenen freiverkäuflichen Medikamenten kam sie zur Behandlung. Auslöser für diesen Suizidversuch war das Ende einer außerehelichen Beziehung. Sie war seit zehn Jahren mit einem Alkoholiker verheiratet, der ihr zwar finanzielle Sicherheit bot, aber wenig Gefühle zeigte. Mit dieser Ehe war sie chronisch unzufrieden. Außerdem war der Ehemann verbal und manchmal tätlich aggressiv, wenn er trank, was mehrmals pro Woche vorkam. Die außereheliche Beziehung der Patientin „machte mir deutlich, was mir entgangen ist". Das Verhältnis dauerte nur wenige Monate, und der Liebhaber war dann zu einer anderen Frau zurückgekehrt. Unmittelbar nachdem sie davon erfuhr, unternahm Frau F., die sich nun verlassen und hoffnungslos fühlte, einen impulsiven Suizidversuch. Sie wurde als Notfall behandelt und danach nach Hause geschickt, wo sie stark ausgeprägte depressive Symptome entwickelte. Nachdem diese Symptome drei Wochen lang anhielten, suchte sie professionelle Hilfe auf. Dies war ihre erste depressive Episode.

11.3.1 Anfangsphase (Sitzungen 1 bis 3)

Frau F. sah einen klaren Zusammenhang zwischen ihrer Depression und ihrer Schwierigkeit, ihre Ehe zu beenden und die Abhängigkeit aufzugeben. Sie hatte ihren Ehemann einige Jahre zuvor einmal verlassen, aber während dieser Trennung behandelte er sie wieder besser und nach zwei Monaten kehrte sie wieder zu ihm zurück. Es war jedoch schnell wieder alles beim alten, und Frau F. fühlte sich wieder gefangen. Sie erhoffte von der Therapie, daß sie ihr helfen werde, ihren Mann zu verlassen. Sie fand, daß sie eine bessere Behandlung verdiene als die durch ihren Mann, aber sie war sich unsicher, ob sie wirklich den Absprung schaffen könnte. Sie fühlte sich gleichgültig, freudlos und war pessimistisch, daß irgendwelche positiven Veränderungen eintreten könnten.

Frau F. und ihre fünf Jahre jüngere Schwester wuchsen bei einer dominanten, passiv-aggressiven Mutter auf. Ihr Vater hatte die Familie wegen einer anderen Frau verlassen, als die Patientin sechs Jahre alt war. Ihre Mutter ließ sich nicht auf andere Männer ein, und die Patientin erinnerte sich an das Gefühl, daß ihr die Familie wie eine Gruppe unattraktiver, ausgestoßener Frauen vorkam, die es nicht schafften, die Zuwendung eines unterstützenden Mannes zu erhalten. Wie sie sich selbst und ihre Familie einschätzte, stand im Gegensatz zu ihrer persönlichen Attraktivität und ihren sozialen Fähigkeiten. Tatsächlich war sie eine beliebte und auch noch gute Schülerin gewesen. Ihre Mutter hatte eine übermäßig enge und umklammernde Beziehung zu ihr. Ihre Heirat im Alter von 17 Jahren wurde

als Mittel gesehen, die Mutter und ihr Zuhause zu verlassen. Dies hielt die Mutter jedoch nicht vollkommen davon ab, sich in die Angelegenheiten der Tochter zu mischen. Sie hatte immer noch Skrupel, ihrer Mutter zu widersprechen und gab an, auch daran in der Behandlung arbeiten zu wollen.

Zum Zeitpunkt der zweiten Sitzung hatte die Patientin ihren Mann gebeten, das Haus zu verlassen. Er hatte ohne weiteres eingewilligt und dadurch zum Ausdruck gebracht, wie unzufrieden er selbst mit der Ehe war. Die Patientin fühlte sich ermutigt und berichtete, daß sich ihre depressiven Symptome verbessert hätten. Sie beschrieb weiterhin, daß sie die Beziehung mit ihrem Ehemann überraschenderweise ohne inneren Konflikt abgebrochen hatte. Und dies sei geschehen, trotz ihrer jahrelangen Unsicherheit darüber. Sie erzählte auch, daß sie in der Kommunikation mit ihrer Mutter offener und direkter geworden sei, als es beispielsweise um ihren Urlaub ging. Diese zwei Sitzungen beschäftigten sich im großen und ganzen mit der Beziehung zu ihrem Mann und ihrer Mutter. Bei diesem Gespräch wurde deutlich, daß sie vermied, für ihre Entscheidungen Verantwortung zu übernehmen. Sie brachte andere, wie ihre Mutter oder ihren Mann, dazu, Entscheidungen für sie zu treffen. Sie mißtraute ihrem eigenen Urteilsvermögen und zögerte, die Dinge selbst zu durchdenken. Ihr Unbehagen, für sich selbst Verantwortung zu übernehmen, stand in einem engen Zusammenhang mit einer bestimmten Vorstellung. Den Mann zu verlieren, oder ihn zum Fortgehen zu bewegen heißt, unattraktiv, unweiblich und entwertet zu sein. Genau so hatte sie sich selbst und ihre Mutter empfunden, als ihr Vater sie verließ. Ihr Beziehungsmuster zu einem Mann bestand darin, sich voll auf ihn einzulassen und um jeden Preis mit ihm zusammenzubleiben und alle Fehler zu übersehen. Sie hatte auch Angst davor, alleine zu sein, da sie noch nie alleine als Familienoberhaupt gelebt hatte.

Nachdem die ersten drei Sitzungen sehr informativ waren, wurde der Therapiefokus festgelegt. Frau F. sollte darin unterstützt werden, den Rollenwechsel zu bewältigen, den die Trennung von ihrem Mann mit sich bringen würde.

1. Sollte ihr geholfen werden, neue Möglichkeiten für soziale Unterstützung zu finden. Damit sollte die Funktion ihres Mannes und dessen Familie ersetzt werden.
2. Sollte ihr geholfen werden, ihre Ängste vor dem Alleinsein zu erkennen und zu verändern. Ebenso sollte sie ihre Neigung abbauen, ihrem eigenen Urteilsvermögen zu mißtrauen.
3. Sollte ihr geholfen werden, sich ein neues Repertoire an sozialen Fertigkeiten anzueignen. Dazu gehörte beispielsweise die Kindererziehung.
4. Sollte ihr geholfen werden, den Unterschied zu erkennen, was sie selbst wert ist und welchen Wert es hat, irgendeinen Mann zu haben.

Es wurde entschieden, ihren Fall im Rahmen von Rollenwechseln und nicht von Rollenkonflikten zu konzipieren. Grundlage für diese Entscheidung war Frau F.'s Überzeugung, daß die Differenzen zwischen ihr und ihrem Ehemann unüberbrückbar seien, sowie ihrer ausgesprochenen Sicherheit darüber, die Ehe beenden zu wollen.

11.3.2 Mittlere Phase (Sitzungen 4 bis 10)

Trotz der Trennung von ihrem Ehemann fühlte sich die Patientin weiterhin gut. Bei der Suche nach alternativen Unterstützungsmöglichkeiten hatte sie sich zunächst an entferntere Familienmitglieder gewandt, einschließlich ihrer Schwiegereltern und ihrer Mutter. Alle hatten sie dazu gedrängt, sich doch mit ihrem Mann zu versöhnen, indem sie ihn als „bemitleidenswert" dar-

stellten. Sie erkannte, daß die Suche nach Unterstützung bei diesen Personen in der Vergangenheit dazu beigetragen hatte, daß sie jedes Mal zu ihrem Mann zurückgekehrt war. Daher begann sie statt dessen, Beziehungen zu alten Freundinnen wieder aufzunehmen. Noch vor der fünften Sitzung war der Ehemann gekommen und hatte sie darum gebeten, es noch einmal mit ihm zu versuchen, aber sie hatte abgelehnt. Nach diesem Vorfall untersuchte der Psychotherapeut, ob die Möglichkeit einer versöhnlichen Lösung des Konfliktes bestand. Er fragte die Patientin nach den Umständen, unter denen sie sich eine Versöhnung vorstellen könne. Frau F. äußerte, daß sie unter keinen Umständen gewillt wäre, die Ehe wieder aufzunehmen.

Vier Wochen nach der Trennung begann sie, sich mit Männern zu verabreden. Sie empfand dies als positive Erfahrung. Sie kam sich allerdings dabei merkwürdig vor, nach zehn Jahren wieder zu überlegen, was sie von den Männern, mit denen sie ausging, wollte und erwartete. Genau zu dieser Zeit fingen Schwierigkeiten mit ihrem Sohn an. Er fiel in der Schule und zu Hause durch schlechtes Benehmen auf. Sie erkannte, daß sie die Erziehung zum großen Teil ihrem Mann überlassen hatte und daß sie sich unwohl gefühlt hatte, mit dem Kind über die Trennung zu sprechen. Mehrere Sitzungen wurden damit verbracht, ausführlich über ihren Umgang mit ihrem Sohn zu sprechen. Es wurde erwogen, in welcher Weise sie mit ihm über die Trennung sprechen konnte und welche möglichen Ansätze es in der Erziehung gab. Darauf verbesserte sich das Verhalten des Sohnes, und sie fing an, sich ihm wieder nah zu fühlen.

Nach der fünften Sitzung besserten sich die Symptome der Patientin. Sie hatte immer noch gute und schlechte Tage, aber die freudlosen, gleichgültigen, hoffnungslosen Gefühle waren verschwunden.

Die Patientin verabredete sich weiterhin mit Männern und fing an, sich mehr für einen bestimmten Mann zu interessieren. In der Behandlung beschäftigte sie sich mit der Frage, was sie zu Beginn ihrer Ehe an ihrem Mann so attraktiv gefunden hatte. Er war ihr „sicher", weil er von ihr abhängig geworden war und weil er ohne sie so „bemitleidenswert" war. Sie erkannte, daß sie sich zu solchen Männern hingezogen fühlte, die schnell und bedingungslos an ihr interessiert waren, weil sie große Angst davor hatte, von anderen Männern zurückgewiesen zu werden. Infolgedessen war sie bei der Wahl der Männer, mit denen sie sich einließ, nicht besonders kritisch. Daraufhin wurden mit dem Psychotherapeuten frühe Warnzeichen identifiziert, die ihr dabei helfen könnten, ähnliche unproduktive Muster bei ihren zukünftigen Männerbeziehungen zu erkennen.

11.3.3 Schlußphase (Sitzungen 11 bis 13)

Als das Ende der Behandlung näherkam, gab Frau F. Gefühle der Leere und Langeweile an. Auch habe sie das Gefühl, daß ihr Leben zu nichts führe. Sie brachte dies nicht mit dem Ende der Behandlung in Zusammenhang, sondern sprach prinzipiell davon, sich wertlos zu fühlen, wenn sie ohne einen Mann leben würde. Dieses Gefühl trat auf, obwohl sie ihren jetzigen Zustand durchaus nicht als einen dauerhaften ansah. Daraufhin wurde in der Therapie mehr über ihre früheren Gefühle der Selbstverdammung und Wertlosigkeit ohne Vater gesprochen, und die Patientin begann auch darüber zu sprechen, wie schrecklich es wäre, alt und häßlich zu werden. Der Therapeut stellte diese Gefühle in einen Zusammenhang mit dem Ende der Therapie und mit den Ängsten der Patientin, auf sich alleine gestellt zu sein. Er versuchte, ihren Befürchtungen ihre tatsächliche Kompetenz ebenso gegenüberzustellen wie ihre Attraktivität. Zu dieser Zeit unternahm der Ehemann einen weiteren Versuch, die Patientin dazu zu bringen, ihn wieder aufzunehmen. Obwohl sie in Versuchung geriet,

erinnerte sie sich wieder an die alten Verhaltensmuster. Zwar fühlte sie sich im Moment einsam und unglücklich, aber die Ehe wieder aufzunehmen würde sie zu einem noch länger anhaltenden Unglücklichsein verdammen. In der letzten Sitzung faßte sie zusammen, welche Einstellungen und Verhaltensweisen sie in der Behandlung verändert hatte. Sie sah, daß sich die Beziehung zu ihrem Kind verbessert hatte, wie ihr Freundeskreis an Männern und Frauen gewachsen war, sah ihre Verabredungen und ihr verbessertes Unabhängigkeits- und Kompetenzgefühl. Auf dieser Grundlage beschloß sie, nicht wieder ihr altes Leben aufnehmen zu wollen, selbst wenn sie sich mit einem bestimmten Ausmaß an Einsamkeit abfinden mußte.

Die akute depressive Phase der Patientin war durch eine außereheliche Beziehung ausgelöst worden, die deutlich machte, was sie in ihrer Ehe vermißte. Obwohl sie sich schon lange bewußt war, wie unzufrieden sie mit ihrem Mann war, hatte sie das ignoriert. Erst als sie erfahren hatte, wie eine Beziehung sein kann, kam sie zur Behandlung mit dem Wunsch, ihre destruktive Ehe aufzugeben. Zu diesem Zeitpunkt fühlte sie sich aber nicht in der Lage, diese Veränderung alleine durchzuführen. Der Therapeut half der Patientin dabei, die neuen Anforderungen einzuschätzen, die ein Rollenwechsel zu einer unabhängigeren Alleinerziehenden mit sich bringen würde. Die Patientin mußte einige Anforderungen durchstehen, wenn die Trennung von ihrem Mann erfolgreich sein sollte. Hierzu gehörten, Einsamkeit zu ertragen und ihr Selbstwertgefühl beizubehalten, ohne sich mit einem Mann zu identifizieren, mit ihrem Kind umgehen zu können sowie neue Freunde zu gewinnen und sich mit Männern zu verabreden. Bei all diesen Anforderungen half der Therapeut ihr, die damit einhergehenden Ängste zu erkennen und festzustellen, daß sie tatsächlich über genügend Ressourcen verfügte, um ihnen zu entsprechen. Wichtig war auch zu klären, wie Frau F. darüber dachte, eine alleinerziehende Mutter zu sein. Und der Therapeut vermittelte der Patientin darüber hinaus aktiv, in welcher Weise sie über ihren Sohn denken und wie sie mit ihm sprechen könnte. Solche Informationen konnte sie sonst nirgendwo bekommen. Ebenso wichtig war es für die Patientin, durch ihr soziales Umfeld unterstützt zu werden. Hier konnte sie sich durch die Hilfe des Therapeuten neue Möglichkeiten eröffnen, die weniger konfliktbeladen waren als die Beziehungen zu ihrer Mutter und ihren Schwiegereltern. Um die neue Rolle zu übernehmen mußte geklärt werden, welche Gefühle die alte Rolle – als Ehefrau und Tochter – begleiteten. Erst jetzt konnte die Patientin erkennen, daß sie im Verlauf dieser Beziehungen weitaus mehr verloren als gewonnen hatte.

Diese Sichtweise half ihr, den nötigen Kraftaufwand für die gewünschte Veränderung aufzubringen. In ihrer neuen Rolle brauchte sie Bestätigung, die sie erhielt, wenn Sie auf sich selbst vertraute. Sie konnte nun erleichtert und stolz über ihren Rollenwechsel sein.

Literatur

Erikson EH. Identity: Youth and Crisis. New York: W.W.Norton 1969.

Kensiton K. Young Radicals. New York: Harcourt Brace and Co. 1968.

Levinson DJ. The Seasons of a Man`s Life. New York: Alfred A. Knopf 1978.

Lidz T. The Person. New York: Basic Books 1976.

12 Interpersonelle Defizite

Inhalt

Interpersonelle Defizite werden als Behandlungsfokus gewählt, wenn der Patient in seiner Vorgeschichte sozial verarmt war und überwiegend gestörte oder nicht tragende zwischenmenschliche Beziehungen aufweist. Patienten mit solchen Defiziten haben im Erwachsenenalter möglicherweise nie dauerhafte oder enge Beziehungen erlebt. Solche Patienten, die in ihrer Vorgeschichte extrem sozial isoliert waren, sind im allgemeinen schwerer gestört als Patienten mit anderen Problemen.

sind. Die Gruppe sozial isolierter Patienten verfügt möglicherweise über keinerlei Beziehungen zu nahestehenden Personen oder Freunden und über keinerlei Arbeitsrolle. Die Betroffenen können dauerhafte oder vorübergehende Mängel in sozialen Fertigkeiten aufweisen.

12.1
Diagnose interpersoneller Defizite

Menschen brauchen, um sich erfolgreich an die jeweiligen sozialen Umstände anzupassen, enge Bindungen mit Bezugspersonen oder Familienangehörigen. Sie brauchen wenige intensive, aber befriedigende Beziehungen mit Freunden und Bekannten sowie angemessene Herausforderungen und Beziehungen in irgendeiner Form von Arbeitsrolle. Bei Patienten mit interpersonellen Defiziten ist es sinnvoll, sich bei der Auswahl dieses Problembereiches auf diejenigen zu konzentrieren, die sozial isoliert

12.2
Ziele und Strategien der Behandlung

Bei interpersonellen Defiziten besteht das Behandlungsziel darin, die soziale Isolation des Patienten zu vermindern. Da zum Zeitpunkt der Behandlung keine bedeutsamen Beziehungen vorhanden sind, liegt der Behandlungsfokus auf vergangenen Beziehungen, auf der Beziehung zum Therapeuten und auf dem Aufbau neuer Beziehungen.

Beim Umgang mit interpersonellen Defiziten hat der Therapeut drei Aufgaben:

1. Frühere bedeutsame Beziehungen müssen einschließlich negativer und positiver Aspekte abgeklärt werden.
2. Ist darauf zu achten, ob sich in diesen Beziehungen Probleme wiederholen oder sich Parallelen finden lassen.

3. Müssen negative und positive Gefühle des Patienten gegenüber dem Therapeuten sowie Parallelen zu anderen Beziehungen angesprochen werden.

Frühere wichtige Beziehungen haben bei diesen Patienten größte Bedeutung. Hierbei ist insbesondere auf die Beziehungen in der Kindheit zu Familienangehörigen zu achten. In jeder einzelnen Beziehung sollte sowohl der beste als auch der schlechteste Anteil herausgefiltert werden. Werden solche früheren Beziehungen erfolgreich durchgesprochen, können sie dem Patienten optimalerweise als Modell dafür dienen, befriedigende neue Beziehungen aufzubauen. Der Therapeut könnte dazu folgende Fragen stellen:

„Erzählen Sie mir über Ihre derzeitigen Freunde. Ihre engere Familie. Wie oft sehen Sie sie? Was unternehmen Sie gerne gemeinsam? Welche Probleme haben Sie mit ihnen?"

Weiterhin sind die Beziehungen, von den aktuellsten bis zu den frühesten, abzuklären:

„Wie können Sie jetzt Freunde finden? Und wie Beschäftigungen, die Ihnen früher Spaß gemacht haben?"

Herr B. war ein 28jähriger Mann, der sehr zurückgezogen lebte. Eine positive Beziehung in der Vergangenheit wurde dazu benutzt, ihm zu helfen, befriedigendere neue Beziehungen zu finden. Obwohl er den Kontakt zu seinen Eltern in den späten Teenagerjahren abgebrochen hatte, erinnerte sich Herr B. mit Zufriedenheit an die konkret umschriebenen Arbeiten, die er und sein Vater zusammen durchgeführt hatten. Da es ihm unangenehm war, wenn andere Personen in unstrukturierten Situationen anwesend waren, übernahm er eine strukturierte ehrenamtliche Arbeit in einem örtlichen Krankenhaus. So konnte er seine soziale Isolation mindern.

Gescheiterte Beziehungen oder frühere zwischenmenschliche Schwierigkeiten ausführlich abzuklären, kann den Therapeuten auf vorhersehbare Problemfelder in neuen Beziehungen aufmerksam machen. Der Therapeut sollte danach suchen, ob in schwierigen Situationen regelmäßig ablaufende Muster vorkommen. Er sollte dem Patienten helfen, diese Situationen zu erkennen, damit dieser sie zukünftig vermeidet oder daran arbeitet, diese Schwierigkeiten allmählich zu beseitigen.

Eine 30jährige Frau hatte sich von sozialen Kontakten mit anderen zurückgezogen und ihre Arbeit verloren. Sie hatte extreme Angst, mit mehr als zwei oder drei Personen gleichzeitig in Kontakt zu treten. Sie entwickelte psychophysiologische Symptome in Gruppensituationen und zog sich bei vielen Gelegenheiten auf peinliche Weise zurück. Sie fühlte sich ausgeschlossen, unbeliebt und ängstlich, und diese Gefühle hatten etwas mit ihrer früheren Familiensituation zu tun. Als sie in der Lage war, ihr Problem zu erkennen, fand sie eine geeignetere Arbeit in einem kleinen Geschäft, in dem sie häufigen Kontakt mit nur einem Chef hatte. Sie verminderte ihre Isolation auch weiterhin, indem sie jeweils nur eine ihrer Bezugspersonen zu sich nach Hause einlud.

Bei sozial isolierten Patienten muß der Patient-Therapeut-Beziehung weit mehr Beachtung geschenkt werden, als bei anderen Patienten. Diese Beziehung liefert dem Therapeuten die direktesten Angaben über den Beziehungsstil des Patienten. Werden in dieser Beziehung auftauchende Probleme gelöst, kann das dem Patienten ein Modell liefern, das er beim Aufbau anderer Beziehungen anwenden kann. Verzerrte oder unrealistische negative Gefühle gegenüber dem Therapeuten oder der Therapie sollten unbedingt offen ausgesprochen werden. Typischerweise zieht es diese Patienten-

Ein 24jähriger Mann war zu Beginn der siebten Sitzung auffallend still und begann, über Therapieabbruch zu sprechen. Er glaube nicht, daß ihm geholfen werden könne. Als der Therapeut nachfragte, ob er sich über irgend etwas, das der Therapeut getan oder nicht getan hatte, geärgert hatte, erwiderte er, daß der Therapeut ihn, genau wie alle anderen, zurückgewiesen habe. Als er gebeten wurde, zu erklären, was er meine, stellte sich heraus, daß er eine ermutigende Aussage des Therapeuten vollkommen mißverstanden hatte. Der Patient war erleichtert darüber, daß er sein Mißverständnis aufgedeckt hatte und auch, daß er seine Besorgnis geäußert hatte. Dieser Vorfall lieferte die Basis für eine ausführlichere Besprechung der allgemein sehr gehemmten Kommunikation des Patienten mit anderen.

gruppe vor, die Beziehung lieber abzubrechen anstelle die offene Konfrontation mit dem anderen zu suchen und die Beziehungsproblematik zu klären.

Bei Patienten mit zwischenmenschlicher Verarmung dient der Umgang mit negativen Gefühlen dem Therapeuten gegenüber nicht nur als Modell für interpersonelles Lernen, sondern auch als Sicherheitsventil. Es hindert den Patienten daran, wegen irgendeiner vermeintlichen Kleinigkeit die Therapie frühzeitig abzubrechen.

Das in der Therapie Gelernte muß nun vom Patienten auf Alltagssituationen übertragen werden können. Dazu kann der Therapeut ausgiebigen Gebrauch von Kommunikationsanalyse und Rollenspiel machen. Der Patient kann, mit oder ohne Erfolg, versucht haben, seine Kontakte zu anderen zu erhöhen. Diese Versuche näher anzuschauen kann aufzeigen, wo einfach zu korrigierende Defizite im Kommunikationsverhalten des Patienten liegen. Um dem Patienten dabei zu helfen, seine Hemmungen, andere anzusprechen, zu überwinden, kann der

Therapeut anbieten, schwierige Situationen im Rollenspiel durchzugehen:

„Nehmen wir an, Sie betreten bei einer Party einen Raum voller fremder Personen. Was könnten Sie tun, um ein paar Leute kennenzulernen?"

Die Kurzbehandlung interpersoneller Defizite ist besonders schwierig, und die Zielsetzung sollte deshalb auf den „Anfang" der Arbeit an diesen Problemen beschränkt bleiben und nicht unbedingt auf die Lösung derselben abzielen.

12.3
Interpersonelle Defizite – Das Beispiel von Herrn R.

Herr R. war 22 Jahre alt, alleinstehend und arbeitete als Koch, während er gleichzeitig halbtags ein örtliches College besuchte. Er lebte bei seiner Mutter. Herr R. kam auf Anraten seines Arbeitgebers zur Behandlung. Er klagte über depressive Stimmung und Reizbarkeit seit den letzten ein oder zwei Monaten. Zu seinen Symptomen gehörten Appetitlosigkeit mit einem Gewichtsverlust von etwa fünf Kilo im vergangenen Monat, Schlafstörungen, Weinkrämpfe, vermindertes Interesse an seinen sonstigen Aktivitäten, Energieverlust, Freudlosigkeit und Reizbarkeit. Er verneinte, Suizidgedanken zu haben. Zwei Wochen vor der Untersuchung hatte er eine Auseinandersetzung mit seiner Mutter und schlug sie. Er verneinte, sie jemals zuvor geschlagen zu haben. Er hatte sich noch nie zuvor in psychiatrische Behandlung begeben.

Herr R. gab an, die Symptome seien ungefähr einen Monat vor dem Abbruch einer dreijährigen Beziehung zu einer Frau aufgetreten. Er sagte, sie habe damals beschlossen, die Beziehung aufgrund seiner „Launenhaftigkeit" und emotionalen Unzugänglichkeit zu beenden. Er hatte sie seit dem Ende der Beziehung nicht mehr gesehen oder mit ihr gesprochen.

Herr R. kam als unehelicher Sohn einer 19jährigen Frau in einer ländlichen Umgebung zur Welt. Der Vater des Patienten lief während der Schwangerschaft mit einer anderen Frau davon, ließ sich in einer nahegelegenen Stadt nieder und hatte weitere Kinder. Herr R. wurde von seiner Mutter alleine aufgezogen und hatte keinen weiteren Kontakt zu seinem Vater. Als er dreizehn war, zogen er und seine Mutter um. Der Patient erlebte den Umzug als sehr schwierigen Wechsel: er fühlte sich fehl am Platz, schämte sich wegen seines Dialektes und seiner Ungeschicklichkeit beim Sport. Er hatte wenige Freunde und führte ein ziemlich einsames Dasein. In den nächsten Jahren war er schlecht in der Schule und es gab ständigen Streit mit seiner Mutter über sein Benehmen. Bald danach lernte er seine Freundin kennen. Sie war eine erfolgreiche Schülerin und besuchte eine besondere Schule. Auf ihr wurden zuvor schlechte Schüler auf eine akademische Laufbahn vorbereitet. Sie überredete Herrn R., auf diese alternative Schule überzuwechseln, und er zeigte bald viel mehr Interesse für die Schule, entwickelte sich zum Sportler und gab sein selbstzerstörerisches Verhalten auf. Er fing an, sich für eine berufliche Laufbahn als Lehrer zu interessieren, immatrikulierte sich nach Schulabschluß an einer Hochschule und arbeitete halbtags, um seine Ausbildung zu finanzieren.

Zwei Jahre bevor er mit der Behandlung begann, kam die Mutter des Patienten, die bei der Telefonvermittlung arbeitete, wegen Komplikationen im Rahmen eines Diabetes mellitus ins Krankenhaus und wurde daraufhin depressiv. Da sie nicht krankenversichert war, mußten hohe Krankenhausrechnungen bezahlt werden. Kurz vor dem Klinikaufenthalt seiner Mutter plante Herr R., in eine eigene Wohnung zu ziehen. Seine Freundin wollte, daß er seine eigene Wohnung hatte, so daß das Paar für sich alleine sein konnte. Die Sorge um den psychischen Zustand seiner Mutter sowie ihre Schulden veranlaßten ihn zu der Entscheidung, weiterhin bei ihr zu wohnen. Er schränkte sein Studium ein und arbeitete ganztags. Zum Zeitpunkt der Untersuchung hatte die Mutter des Patienten ihre Arbeit immer noch nicht wieder aufgenommen.

12.3.1 Anfangsphase (Sitzungen 1 bis 4)

Beim Erstgespräch trug der Patient zerknitterte, weite Kleidung. Er saß zusammengesunken auf seinem Stuhl und sprach so leise, daß es oft schwierig war, ihn zu verstehen. Er war schwer depressiv. Nach einer umfassenden körperlichen Untersuchung wurden ihm trizyklische Antidepressiva gegeben, anfänglich 100 mg Imipramin, das während der ersten Woche allmählich auf 200 mg zur Nacht erhöht und dann bei dieser Dosis belassen wurde. Zusätzlich wurden mit dem Patienten zwei wöchentliche Sitzungen mit seinem Therapeuten vereinbart. Dies sollte so lange beibehalten werden, bis sich eine deutliche Besserung seiner Symptome zeigte. Von da ab würden die Sitzungen einmal pro Woche stattfinden. In jeder dieser frühen Sitzungen wurde Zeit darauf verwendet, die Symptome des Patienten abzuklären und Fragen zur Medikamenteneinnahme zu besprechen. Mit Beginn der zweiten Sitzung erschien der Patient allmählich weniger depressiv, sprach mehr und begann, sich um sein Äußeres zu kümmern. Der Therapeut unterstützte den Patienten sehr aktiv bei der Bewältigung von Alltagsproblemen bei der Arbeit, die aufgrund seiner schweren Depression aufgetreten waren.

Der Therapeut begann ebenfalls damit, die Beziehung des Patienten zu seiner Freundin, seinen Mangel an sozialen Fertigkeiten und die Ereignisse, die zum Abbruch der Beziehung führten, zu explorieren. Die Beziehung zu seiner Freundin war extrem wichtig für ihn gewesen, da sie ein

Vorbild dafür war, wie er sich an das Leben im Nordosten der USA anpassen konnte. Außerdem leitete sie ihn im Umgang mit anderen an. Die Beziehung gestaltete sich jedoch mehr wie mit einer älteren Schwester. Der Patient hatte Angst vor der Nähe und Bindung, die seine Freundin wollte und neigte zum Rückzug, wenn ihre Forderungen zunahmen. Er konnte die Bindung nicht aufrechterhalten. Er fühlte sich seiner Freundin unterlegen und nicht ihres Interesses wert. Er fühlte sich auch schuldig, da die Beziehung zu seiner Freundin für ihn bedeutete, seiner Mutter gegenüber nicht so loyal zu sein. Tatsächlich bestand der unmittelbare Auslöser für die Trennung darin, daß er sich weigerte, mit seiner Freundin zusammenzuziehen.

Die Beziehung zu seiner Mutter wurde abgeklärt und zeigte, wie er die Erwartungen seiner Mutter wahrnahm. Er war eben der einzige Sohn einer Frau, die weder seinen Vater noch sonst irgend jemand geheiratet hatte. Seine Mutter behandelte ihn als etwas ganz besonderes, allerdings auch als jemand, auf den sie als Ersatz für einen Mann in ihrem Leben zählen konnte. Seine Mutter hatte ihm erzählt, daß sie bei seiner Geburt gedrängt wurde, ihn zur Adoption freizugeben. Sie hatte sich aber dafür entschieden, ihn trotz aller Erniedrigung und Unannehmlichkeiten zu behalten. Einerseits gab die Mutter dem Patienten das Gefühl, er sei für ihr Wohlbefinden entscheidend, weil sie seine Liebe und Zuwendung brauchte. Andererseits gab sie ihm auch das Gefühl, daß er der Nachkomme eines vollkommen verantwortungslosen Vaters war, der sie in der Schwangerschaft verließ. Der schlechte Vater mußte oft als Beispiel dafür herhalten, was aus dem Jungen werden könnte. Deswegen sah Herr R. seinen Wunsch nach Beziehungen mit anderen Frauen und sein Vorhaben, von zu Hause auszuziehen, als Zeichen, daß er, wie sein Vater, ein nichtsnütziger Mann war, der seiner Mutter unrecht tat.

Als die derzeitigen Beziehungen angesprochen wurden, zeigte sich, daß Herr R. zum Zeitpunkt des Behandlungsbeginns außer seiner Mutter niemandem nahestand. Beziehungen zu Männern wurden vermieden, da er sich im Vergleich zu ihnen unbeholfen, verlegen und unzulänglich fühlte. Obwohl er sich unmännlich und mit starken Frauen wie seiner Mutter überidentifiziert fühlte, empfand er außerdem auch Verachtung für viele männliche Freunde, die in seinen Augen mit Drogen und Frauen verantwortungslos umgingen. Seine einzige ernsthaftere Beziehung zu einer Frau war die mit seiner Freundin. Obwohl er sich in der Lage fühlte, Frauen kennenzulernen, verfügte er über keinerlei Fähigkeiten, eine dauerhafte Beziehung aufzubauen. Die zwischenmenschlichen Beziehungen des Patienten in der Schule und am Arbeitsplatz waren relativ oberflächlich. Er gab sich große Mühe, um nicht entweder wegen sehr guter oder sehr schlechter Leistung aufzufallen.

Da es dem Patienten an derzeitigen Beziehungen und an sozialen Fertigkeiten mangelte, wurde der Problembereich als interpersonelles Defizit definiert. Die therapeutische Strategie war folgende:

1. Es sollte auf frühere bedeutsame Beziehungen fokussiert werden. Dann war zu klären, wie er die Erwartungen seiner Mutter wahrnahm. Positive Erfahrungen, die modellhaft für neue Beziehungen stehen könnten, sollten identifiziert werden. Seine Sichtweise von seinem Vater sollte er noch einmal überprüfen, um zu einem realistischeren und ausgewogeneren Bild zu gelangen. Solche Vorbilder wie sein Vater hinderten den Patienten daran, bedeutsame reife Beziehungen aufzunehmen. Der Therapeut hoffte, gemeinsam mit dem Patienten diesen Modellcharakter durchsprechen zu können.

2. Es sollte auf die Patient-Therapeut-Beziehung als direkte Informationsquelle

über Herrn R.'s Beziehungsstil fokussiert werden, um derzeit bestehende zwischenmenschliche Probleme zu verändern.

Der unmittelbare Fokus lag auf der aktuellen Lebenssituation des Patienten und seinen Beziehungen zur Mutter, Freundin und zu Gleichaltrigen.

12.3.2 Mittlere Phase (Sitzungen 5 bis 8)

Unter der Imipramin-Behandlung zeigten sich bei dem Patienten am Ende der fünften Sitzung kaum noch nennenswerte Symptome. Seine Stimmung war aufgehellter, seine äußere Erscheinung hatte sich beträchtlich verändert, da er mehr auf seine Kleidung und Körperpflege achtete und er bekundete ein gesteigertes Interesse an Aktivitäten.

Die fünfte Sitzung fand nach einer einwöchigen Pause statt. Der Therapeut hatte einen Urlaub geplant und dies mit dem Patienten zu Beginn der Behandlung besprochen. Herr R. berichtete, alleine zu einigen Sportveranstaltungen gegangen zu sein und Zeit mit Malen und Schreiben verbracht zu haben. Beides seien Aktivitäten, die er in den letzten paar Monaten vermieden habe. Auf die Frage des Therapeuten, ob er anfangen wolle, sich wieder zu verabreden, antwortete er, daß er Angst habe, mit einer Frau eine Beziehung anzufangen. Er hätte Angst davor, emotional schnell anhänglich und dann, wie er es nannte, „schnell abgehängt" zu werden. Er machte keine direkte Bemerkung darüber, daß der Therapeut in der vergangenen Woche abwesend gewesen sei. Da es ihm gut zu gehen schien, empfahl der Therapeut, sich für die verbleibenden Sitzungen einmal wöchentlich zu treffen, und Herr R. stimmte zu.

Am Tag der sechsten Sitzung rief ein Kollege des Patienten an, um zu sagen, daß

dieser verreist sei und seinen Termin nicht einhalten könne, aber in der nächsten Woche wieder da sei. Der Patient erschien jedoch nicht zu seinem nächsten vereinbarten Termin – und rief auch nicht an, um abzusagen. Als der Therapeut ihn am nächsten Tag bei der Arbeit telefonisch erreichte, sagte Herr R., er habe den Termin vergessen, käme aber zu seinem nächsten Termin in der folgenden Woche zur üblichen Zeit.

Der Therapeut dachte über die beiden nacheinander versäumten Termine und die fünfte Sitzung noch einmal nach und kam zu dem Schluß, daß Herr R. über den Urlaub des Therapeuten wahrscheinlich ziemlich verärgert war. Möglicherweise hatte er sich auch über den Übergang von zwei wöchentlichen Sitzungen zu einer Sitzung geärgert.

Herr R. erschien in der folgenden Woche zur üblichen Zeit. Er erklärte, daß er seine Sitzung vor zwei Wochen deswegen versäumt habe, weil er vereist sei, um seine beiden Halbschwestern, die anderen Kinder seines Vaters, zu besuchen. Er hatte die Schwestern zuvor nicht erwähnt. Jetzt sagte er, daß er mit ihnen über seinen Vater gesprochen habe, und sie bestätigten seine Ansicht, daß der Vater in der Tat ein verantwortungsloser Mann sei. Herr R. sagte weiterhin, daß er die nächste Sitzung deswegen versäumt habe, weil er eine Frau kennengelernt habe, die ihm gefallen habe, und er sei an dem Nachmittag, an dem sein Termin anberaumt war, mit ihr zusammen gewesen. Er habe gewußt, daß er seinen Termin versäume, hielt es aber für wichtiger, bei der Frau zu bleiben.

Der Therapeut merkte an, daß der Patient nie etwas über den Urlaub des Therapeuten gesagt habe. Nachdem der Patient zunächst dabei blieb, nichts dagegen gehabt zu haben, gab er schließlich zu, eigentlich auf den Therapeuten sauer gewesen zu sein. Dieser habe ihn allein gelassen, „gerade als wir angefangen hatten". Er habe sich sogar überlegt, die Behandlung zu diesem Zeitpunkt abzubrechen. Der Therapeut wies darauf hin, daß Herr R., genauso wie der Therapeut, eigentlich Urlaub genommen habe, und der Patient räumte ein, daß zwischen den beiden Ereignissen ein Zusammenhang bestehen könnte. Danach fragte der Therapeut, warum er nicht früher über seine Gefühle gesprochen habe. Dies führte zu einem produktiven Gespräch über Herrn R.'s Schwierigkeit, Ärger auszudrücken. Auch Herrn R.'s Befürchtung, daß die Dinge unvermeidlich außer Kontrolle geraten würden, wenn er seine Gefühle äußere, wurde besprochen. Er war in der Lage zuzugeben, daß die Therapie ihm viel bedeute und er sagte, er sei überrascht und dankbar, daß der Therapeut nicht negativ auf seinen Ärger reagiere. In dieser Sitzung berichtete Herr R. auch von seinen jüngsten Bemühungen, am Arbeitsplatz Freunde zu finden. Er beschrieb sein Unbehagen, einen der Kollegen anzusprechen. Es wurde ein Rollenspiel durchgeführt, in dem der Patient übte, was er sagen könnte.

Schlußphase (Sitzungen 9 bis 11)

In der nächsten Sitzung besprach Herr R. seine Gefühle gegenüber einem Mann, mit dem seine Mutter sich neuerdings verabredete. Er fand den Mann verantwortungslos, so wie seinen Vater, und glaubte, daß seine Mutter durch ihr Zusammensein mit ihm mangelnden Verstand beweise. Der Patient überlegte sich, entweder mit ihr oder mit dem Mann darüber zu sprechen, daß er die Beziehung eigentlich mißbillige. Der Therapeut stellte in Frage, ob es angemessen sei, sich in das Privatleben seiner Mutter einzumischen, aber der Patient versicherte, daß es für ihn passend sei, auf seine Mutter „aufzupassen". Nun wurde sein Gefühl, sich seiner Mutter verpflichtet zu fühlen, ausführlicher besprochen. Diese Verpflichtung meinte er der Mutter gegenüber zu haben, da sie ihn als Kind nicht weggegeben hatte.

Auch seine Befürchtung, daß er, wie sein Vater, eine Neigung zur Verantwortungslosigkeit habe, wurde angesprochen. Er berichtete darüber, wie schwierig es während seiner frühen Kindheit für seine Mutter gewesen sei. Dafür wolle er „sich bei ihr revanchieren". Daraufhin schlug der Therapeut vor, daß die Verabredungen der Mutter ein Zeichen dafür sein könnten, daß auch sie zu einer Ablösung bereit war. Er erklärte weiterhin, daß Herr R. die stützende Beziehung zu seiner Mutter nicht aufzugeben brauche, es für sein Alter jedoch angebracht sei, mehr seinen eigenen Bedürfnissen und Beziehungen nachzugehen. Der Patient wurde darin bestärkt, direkt mit seiner Mutter darüber zu sprechen, ob sie sich eine Ablösung wünschte und erwartete.

In der folgenden Sitzung äußerte er entschiedener als zuvor seinen Wunsch, auf eigenen Beinen zu stehen. Die Tatsache, nicht früher ausgezogen zu sein, habe zur Trennung von seiner Freundin beigetragen. Er sprach über seinen Wunsch, „die Welt zu sehen", solange er noch jung sei. Er sprach auch über seinen Wunsch, mehr über seinen Vater zu erfahren und beschrieb eine ergreifende Szene: mit sechzehn Jahren habe er seine Verwandten im Süden besucht, und eine Tante habe ihm einige Stunden lang von dem früheren Leben seines Vaters erzählt. Obwohl er mit der Mutter über seinen Vater habe sprechen wollen, habe er schon als kleines Kind den Eindruck gehabt, daß dies für sie unangenehm gewesen wäre und habe es deswegen sein lassen. Der Vater sei lediglich im Rahmen spontaner Äußerungen von Ärger erwähnt worden. Jetzt beabsichtige er, mit seiner Mutter über den Vater zu sprechen, aber er sei noch nicht soweit. Der Therapeut übte mit ihm, was er zu seiner Mutter sagen könnte und spekulierte, was er wohl als Antwort erwarten könne. Der Patient sprach darüber, daß selbst das neue Wissen um die negativen Seiten seines Vaters der Leere, die er fühlte, wenn er an ihn dachte, vorzuziehen sei.

Zu Beginn der nächsten Sitzung kündigte der Patient seinen Entschluß an, zum Ende des kommenden Sommers aus der Wohnung seiner Mutter auszuziehen. Die Entscheidung sei nach einer langen Unterhaltung mit seiner Mutter getroffen worden. Zu seiner Überraschung hätte sie zugestimmt, daß er mehr Unabhängigkeit brauche. Er gab zu, daß es ihm gefallen hatte, daß seine Mutter von ihm abhängig gewesen sei. Dies wäre seine Chance gewesen, ihr alles zurückzugeben, was sie für ihn getan habe. Es störte ihn, daß sie das Gespräch über seinen Wunsch, auszuziehen, mit solchem Gleichmut hingenommen habe. Er fragte sich, ob seine Wahrnehmung von ihr als eine zerbrechliche Frau überhaupt zutreffend sei. Obwohl er mit seiner Mutter über den Vater gesprochen habe, sei sie nicht willens oder nicht fähig gewesen, über die gleichen Stereotype, die sie immer benutzt habe, hinauszugehen. Herr R. plante für diesen Sommer eine Reise in den Süden, um seine Verwandten zu besuchen und sie nach seinem Vater zu fragen. Er plante weiterhin gegen Ende des Sommers Urlaub auf den Karibischen Inseln zu machen, was er schon seit langem habe tun wollen. Er und seine Mutter hatten darüber gesprochen, daß sie wieder arbeiten würde, wenn sie sich besser fühle. Er hatte beschlossen, daß er ausziehen und trotzdem seine Mutter weiterhin finanziell unterstützen könne und daß es ihr jetzt gut genug ginge, um wieder zu arbeiten.

Als das Therapieende nahte, berichtete der Patient, bei der Arbeit und in seinen Beziehungen in der Schule selbstsicherer zu werden und mehr Initiative beim Aussuchen von männlichen und weiblichen Freunden zu zeigen. Er war überrascht und erleichtert über die Kooperation seiner Mutter bei seinen Plänen, in eine eigene Wohnung zu ziehen, und fühlte sich bereits unabhängiger. Obwohl er immer noch darüber traurig war, seine Freundin verloren zu haben und den Wunsch äußerte, sie wieder-

derzusehen, hatte er auch das Gefühl, daß er sich gerne auf eine neue Beziehung einlassen würde. Er meinte, einer Frau nun vielleicht mehr geben zu können. Er hatte die Medikation vor mehreren Wochen abgesetzt, ohne daß die Symptome wieder aufgetreten wären. Zum Ende der letzten Sitzung weinte er und dankte dem Therapeuten für seine Hilfe.

Obwohl Herr R. die Behandlung mit einer schweren Depression begann und erhebliche langjährige Probleme mit zwischenmenschlichen Beziehungen aufwies, war er in der Lage, mehrere Aspekte der Kurzbehandlung zu nutzen und wesentlich davon zu profitieren. In den frühen Sitzungen benötigte er Pharmakotherapie und ein aktives, supportives, strukturierendes Vorgehen des Therapeuten, um ihm bei der Alltagsbewältigung zu helfen. Nachdem die Symptome durch diese Strategie zurückgegangen waren, konnte er mehrere bedeutsame Veränderungen vornehmen. Erstens war er bei der Interaktion mit dem Therapeuten im Rahmen dessen Urlaubs und seiner eigenen versäumten Sitzungen fähig, seinen Wunsch zu erkennen, eine Beziehung mit einer unterstützenden Person einzugehen. Noch wichtiger aber war, daß er die Gelegenheit hatte, zu lernen, daß ärgerliche Gefühle in einer Beziehung konstruktiv besprochen werden können und nicht notwendigerweise deren Ende bedeuten. Durch die Möglichkeit, seinen Ärger mit dem Therapeuten besprechen zu können, fühlte er sich bestätigt und angenommen und besser in der Lage, die therapeutische Arbeit fortzusetzen.

Dadurch, daß die gegenwärtige Beziehung des Patienten zu seiner Mutter angesprochen wurde, konnte er seinen angemessenen Wunsch nach Unabhängigkeit ausdrücken. Im Laufe der Sitzungen konnte der Patient erkennen, daß viele seiner Gefühle irrational waren. Es waren jene Gefühle, die ihn an das Zusammenleben mit der Mutter gebunden hielten – übertriebene

Schuldgefühle und die Angst, mit dem Vater identifiziert zu werden. Außerdem war er überrascht, daß seine Mutter seinen Auszug aus der gemeinsamen Wohnung unterstützte, ihr eigenes Leben führte und sich mit einem neuen Mann verabredete.

In seinen ambivalenten Gefühlen gegenüber seinem Vater erkannte er auch, ein Mann sein zu können, ohne die gleiche Art von Mann sein zu müssen wie sein Vater. Er begann, die Mythen über seinen Vater von der Wirklichkeit zu trennen, indem er Verwandte über den Vater befragte. Dies war ein wichtiger Prozeß, da er das Gefühl hatte, nicht wirklich zu wissen, wer er war, ohne zu wissen, wer sein Vater war. Obwohl bei Ende der Therapie noch viel Arbeit ausstand, um ein befriedigendes Leben zu führen, fühlte sich der Patient stärker und optimistischer als je zuvor.

Die Hauptziele der frühen Sitzungen bestanden darin, wichtige Hintergrundinformationen zu erhalten, eine therapeutische Beziehung aufzubauen und dem Patienten zu helfen, seine Symptome zu reduzieren und zu verhindern, daß er sich noch mehr von Gleichaltrigen zurückzog. Der Therapeut behielt eine warme und supportive Haltung bei, blieb aber relativ zurückhaltend. Er hatte das Gefühl, daß Herr R. sich in seinem eigenen Tempo „öffnen" müsse, um sich nicht bedroht zu fühlen. Da es an Beziehungen im Hier-und-Jetzt mangelte, wurden hauptsächlich die Gefühle des Patienten über vergangene Beziehungen erkundet, insbesondere über Beziehungen innerhalb der Familie. Er sollte seine sozialen Kontakte innerhalb der Familie sowie unter Gleichaltrigen erweitern. Spätere Sitzungen beschäftigten sich mit Fragen zum Ende der Therapie und dienten dazu, noch einmal zusammenzufassen, woher ein Teil seiner interpersonellen Schwierigkeiten rührte. Er begann, verschiedene Aktivitäten wieder aufzunehmen und war weniger stark sozial isoliert.

13 Die Behandlung beenden

Bei der IPT handelt es sich ausdrücklich um eine Kurzzeittherapie mit festgesetztem beziehungsweise nicht-offenem Ende. Der anfänglich geschlossene Vertrag ist daher möglichst einzuhalten. Wie bei anderen Kurzzeittherapien auch, sollte in den letzten zwei bis vier Sitzungen ausdrücklich über das Ende der Therapie gesprochen werden.

Bei Behandlungsende ist der Patient mit der Aufgabe konfrontiert, eine Beziehung aufzugeben und gleichzeitig das Selbstvertrauen zu entwickeln, weitere Probleme ohne Hilfe des Therapeuten zu bewältigen. Fühlt sich der Patient von diesen Aufgaben überfordert, können die depressiven Symptome wieder auftreten, wenn das Behandlungsende näherkommt. Auch nach dem Abschluß der Behandlung ist dies möglich. Diese symptomatische Verschlechterung kann wiederum ein erneut auftretendes Gefühl der Hoffnungslosigkeit mit sich bringen.

Daher sollten die letzten drei bis vier Sitzungen folgendes beinhalten:
1. Ausführlich sollte der Abschluß der Behandlung besprochen werden.
2. Das Behandlungsende wird als Zeit der potentiellen Trauer anerkannt.
3. Die autonomen Kompetenzen des Patienten werden ihm bewußt gemacht.

Vermutlich hat der Patient neue Bewältigungsarten ausprobiert, so daß er mittlerweile über ein erneuertes Selbstwertgefühl verfügt. Trotzdem denkt er vielleicht, daß sein Fortschritt vollständig von der Hilfe des Therapeuten abhing und daß ohne ihn ein Rückschlag unvermeidbar ist.

Der Patient sollte wissen, daß das Behandlungsziel darin liegt, ihn bei der erfolgreichen Bewältigung seines Lebens zu unterstützen. Die therapeutische Beziehung soll die Genesung und Kompetenz des Patienten außerhalb der Therapie fördern. Sie ist kein Ersatz für „echte" Beziehungen im Leben.

In mindestens drei oder vier verbleibenden Sitzungen sollte der Therapeut das Thema des Behandlungsabschlußes ansprechen und nach den Reaktionen des Patienten fragen, wenn dieser nicht bereits von sich aus entsprechende Informationen gegeben hat. Viele Patienten sind sich nicht bewußt, daß sie überhaupt Gefühle über das Behandlungsende haben. Andere zögern möglicherweise, sich einzugestehen, wieviel ihnen die Beziehung zum Therapeuten bedeutet. Sie können ihre negativen Gefühle als Rückfall interpretieren, wenn sie sich dabei ertappen, daß sie die Beziehung jetzt schon vermissen. Manche erleben auch ein leichtes Aufflackern von Symptomen, wenn das Ende naht. Damit keine Mißverständnisse aufkommen sollte klargestellt werden, daß es gegen Therapieende vollkommen normal ist, Gefühle wie Besorgnis, Ärger oder Traurigkeit darüber zu verspüren, daß die Behandlung nun bald vorbei ist. Das diese Gefühle auftreten spricht aber nicht für ein Wiederkehren der Depression.

Der Patient sollte seine eigene Kompetenz wahrnehmen, neue Probleme zu bewältigen. Um dies zu fördern, sollte der Therapeut systematisch während der gesamten Behandlung auf die unabhängigen Erfolge des Patienten aufmerksam machen. Er sollte auf Freunde, die Familie, die Kirche oder andere Quellen zugänglicher sozialer Unterstützung verweisen und dem Patienten aufzeigen, auf welche Art und Weise er neuerdings seine Schwierigkeiten bewältigt. In der letzten Sitzung kann der Therapeut das Gefühl des Patienten unterstreichen, daß er zukünftige Probleme in den Griff bekommen kann. Dazu wird besprochen, in welchen Bereichen zukünftige Schwierigkeiten zu erwarten sind. Gemeinsam mit dem Patienten wird beispielsweise anhand von Rollenspielen durchgegangen, wie er mit verschiedenen Ungewißheiten umgehen könnte. Besonders wichtig ist, daß der Patient in Zukunft beurteilen kann, wann er Hilfe benötigt. Frühe Warnzeichen psychischer Belastung sowie Streßsituationen sollten identifiziert und Bewältigungsmöglichkeiten – Familie, Freunde oder andere Ressourcen – besprochen werden.

Die zuvor etablierten Muster bei der therapeutischen Arbeit müssen nicht unterbrochen werden, wenn das Ende der Therapie naht. Manche Patienten bringen sogar am Schluß der Behandlung noch neue Themen ein. Typischerweise werden neue Problembereiche eher weniger eingebracht, wenn die letzte Sitzung näher kommt. Dies bietet die Möglichkeit, den Behandlungsverlauf und die Optionen, die noch offen bleiben, zusammenzufassen. Dem Patienten sollte Gelegenheit gegeben werden, den Behandlungsverlauf zu beurteilen und über Bedürfnisse für die Zukunft nachzudenken.

13.1 Wenn Schwierigkeiten auftreten

Für die meisten Patienten ist das Ende einer Therapie mit leichtem Unbehagen verbunden. Ob die Therapie planmäßig zu beenden ist, sollte allerdings nicht vom Unbehagen des Patienten abhängig gemacht werden. Einem Patienten, der die Therapie nicht abschließen möchte, sollte gesagt werden, daß eine weitere Behandlung prinzipiell möglich ist. Allerdings sollte aber eine Wartezeit von mindestens vier bis acht Wochen dazwischenliegen, um zu sehen, ob eine weitere Behandlung wirklich nötig ist. Ausnahmen davon werden bei Patienten gemacht, die immer noch schwer symptomatisch sind und wenig oder gar keine Verbesserung im Verlauf der Therapie erreicht haben. In solchen Fällen sollten alternative Behandlungsverfahren einschließlich vorher noch nicht ausprobierter Medikamente, eine andere Psychotherapieform oder eine Psychotherapie mit einem anderen Therapeuten in Betracht gezogen und gegebenenfalls sofort eingeleitet werden.

Zu einem Patienten, der zwar frei von ernsthaften Symptomen ist, sich jedoch unwohl oder zögerlich bezüglich der Beendigung fühlt, kann der Therapeut etwa folgendes sagen:

„Viele Patienten empfinden leichtes Unbehagen, mit diesen Sitzungen aufzuhören. Dies trifft natürlich besonders zu, wenn Sie sie als hilfreich empfunden haben. Wir haben die Erfahrung gemacht, daß ein gewisser Zeitraum ohne Behandlung in der Regel sinnvoll ist. Lassen Sie uns abwarten, wie es Ihnen in den nächsten acht Wochen geht, bevor wir über Weiterbehandlung entscheiden. Sie können mich natürlich anrufen, wenn es nötig ist, und wir werden dann die weitere Behandlung arrangieren."

13.2
Indikationen für
eine Langzeitbehandlung

Für bestimmte Patienten ist eine Langzeitbehandlung indiziert. Dazu gehören oftmals Patienten mit dauerhaften Persönlichkeitsproblemen, aber auch solche Patienten, die Beziehungen beginnen, aber nicht aufrechterhalten können. Ebenso sind hier Patienten mit interpersonellen Defiziten zu nennen, die über keinerlei Fähigkeiten verfügen, Beziehungen anzuknüpfen und sich deswegen dauerhaft einsam fühlen. Patienten mit wiederkehrender Depression, die einer prophylaktischen Behandlung bedürfen, gehören ebenso in eine Langzeitbehandlung wie Patienten, die nicht auf die Therapie angesprochen haben und immer noch akut depressiv sind.

Bei einer Kurzbehandlung sollte der ursprünglich vereinbarte Zeitrahmen möglichst eingehalten werden. Patienten, die eine länger dauernde Behandlung brauchen, sollten überwiesen werden oder mit demselben Therapeuten einen anderen Vertrag abschließen, der den Fokus verändert und die Verwendung anderer Techniken zuläßt.

14 Spezifische Techniken

Viele der bei der IPT angewandten Techniken werden häufig bei der dynamischen Psychotherapie verwendet und sind zum Teil von Bibering (1954) und von Menninger und Holzman (1971) beschrieben worden. Jede einzelne Technik wird in einer bestimmten Abfolge und unterschiedlich häufig angewandt, je nach dem, welche Merkmale der Patient aufweist und wie seine jeweilige interpersonelle Problematik gelagert ist. Diese Techniken werden klinisch arbeitenden Psychotherapeuten vertraut sein, die in mehreren Psychotherapieformen erfahren sind. Sie werden hier genau definiert, um näher zu beschreiben, welche Optionen dem IPT-Therapeuten zur Verfügung stehen. Die Techniken stellen jedoch nicht das hauptsächliche Element der IPT dar. Für diese Behandlungsform sind die Strategien charakteristisch. Jeder Patient erfordert eine unterschiedliche Kombination von Techniken. Für jeden Einzelnen werden einige Techniken verstärkt zum Einsatz kommen und andere gar nicht. Die Reihenfolge, in der die Techniken im Folgenden aufgeführt sind, richtet sich danach, wie direktiv der Therapeut vorgehen will. Ein zweites Kriterium ist, mit Ausnahme der „Sonstigen Techniken", wie häufig die einzelnen Techniken im Laufe des therapeutischen Prozesses zur Anwendung kommen.

14.1 Explorative Techniken

Informationen über die Symptome und gegenwärtigen Probleme des Patienten mit Hilfe explorativer Techniken zu sammeln kann entweder direkt oder indirekt erfolgen.

Nondirektive Exploration. Unter nondirektiv werden allgemeine, offene Fragen oder Formulierungen verstanden. Werden Informationen erfragt, ist es am besten, dem Patienten bei seinen Antworten beispielsweise in der Wortwahl oder der Angabe von Details freien Lauf zu lassen. Allgemeine, offene Fragen eignen sich besonders gut dazu, eine relativ ungezwungene Besprechung von Inhalten zu fördern. Dies gilt insbesondere in den ersten Phasen einer Sitzung. Der Therapeut kann die Sitzung schweigend oder mit einer sehr allgemeinen Eröffnungsfrage wie beispielsweise „Womit sollen wir heute beginnen?" beginnen. Wenn Themen in einer relativ produktiven Weise besprochen werden, können nondirektive Techniken eingesetzt werden, um den Patienten zum Weiterreden zu ermuntern. Zu diesen Techniken gehören:

1. Unterstützende Wertschätzung. Dies ist eine metakommunikative nondirektive Technik, wie beispielsweise Nicken, „mmhm," „ich verstehe" oder „fahren Sie bitte fort" zu sagen. Zu ihr gehören auch andere Bemerkungen, die dazu dienen, den Patienten zum Weiterreden zu motivieren.
2. Vertiefung des besprochenen Themas. Dies ist eine der nondirektiven Techniken, bei der der Therapeut den Patienten direkt dazu anhält, mit einem begonnenen Thema fortzufahren, den Patienten bittet, auf eine zuvor besprochene Fragestellung zurückzukommen, oder Schlüsselbegriffe und bedeutungsgeladene Ausdrücke, die der Patient benutzt hat, wiederholt.
3. Rezeptives Schweigen. Dies ist eine nondirektive Technik. Der Therapeut behält dabei eine interessierte und aufmerksame Haltung bei, die den Patienten dazu ermuntert, weiterzusprechen.

Die nondirektive Exploration eignet sich sehr gut dazu, dem Patienten zu ermöglichen, neue Inhalte einzubringen oder Problembereiche zu identifizieren, die nicht in den Anfangssitzungen besprochen wurden. Mit ihr kann man auch eine Zusammenfassung von den Geschehnissen erhalten, die sich seit der letzten Sitzung ereignet haben. Da darauf verzichtet wird, bestimmte Teile einer Sitzung zu strukturieren, fördert der Therapeut das Verantwortungsgefühl des Patienten in der Behandlung. Der Patient

selbst kann ja die Bereiche aussuchen, auf die er sich konzentrieren möchte. Dies fördert das Gefühl, vom Therapeuten verstanden und angenommen zu sein, denn der Therapeut akzeptiert die Themenwahl des Patienten als angemessen.

14.1.1 Leitlinien für das Anwenden nondirektiver Exploration

Der optimale Einsatz nondirektiver Exploration findet bei dem gesprächigen Patienten statt, der ein gutes Gefühl für seine Probleme hat und in nützlicher Weise mit dem Therapeuten kommuniziert. Diese Technik kann sich auch als vorteilhaft erweisen, wenn der Patient Schwierigkeiten hat, etwas zuvor nicht Offenbartes mitzuteilen. Sie läßt sich auch anwenden wenn der Therapeut versucht, den Behandlungsfokus zu verändern. Diese Technik sollte nicht angewendet werden, wenn der Patient nicht gesprächig ist oder stecken bleibt und nach Orientierung sucht, oder wenn aktivere oder spezifischere Techniken wie beispielsweise Entscheidungsanalyse oder Kommunikationsanalyse erforderlich sind.

Direktes Erfragen von Inhalten. Bei dieser Technik werden direkte Fragen eingesetzt oder vom Therapeuten ein neues Thema abgeklärt. Unter diese Kategorie therapeutischer Techniken fallen auch Fragebögen, in denen die depressiven Symptome aufgeführt sind. Offene Fragen sollten detaillierterem Nachfragen vorangehen. So würde beispielsweise bei Fragen über den Ehepartner eines Patienten die erste Frage „Erzählen Sie mir etwas über Ihren Ehemann" lauten und von zunehmend spezifischeren Fragen gefolgt werden. Zu den Techniken des direkten Erfragens gehört die Beziehungsanalyse (interpersonal inventory), bei der es sich um systematische detaillierte Exploration wichtiger Beziehungen des Patienten mit seinen Bezugspersonen handelt. (s. Abschnitt 8.2.1).

14.1.2 Leitlinien für das Anwenden des direkten Erfragens

Direktes Erfragen eignet sich am besten, um einen bestimmten Problembereich sorgfältig abzuklären. Ebenso können mit dieser Technik die interpersonellen Hypothesen des Therapeuten überprüft werden. Spezifische Fragen sollten nur gestellt werden, wenn man damit eine bestimmte Absicht verfolgt, wie beispielsweise, dem Patienten zu helfen, seine Rolle in einer bestimmten Situation zu erkennen, oder eine Informationsgrundlage herzustellen. Die Fragen müssen auch in einem gewissen Zusammenhang zu dem bereits Besprochenen stehen. Zuviel Hin- und Herspringen und spezifische geschlossene Fragen sollten vermieden werden. Spezifische Fragen ohne einen bestimmten Grund zu stellen ist ebenso falsch, wie einen Patienten mit Fragen zu unterbrechen, der gerade dabei ist, ein Thema in produktiver Weise zu besprechen.

14.2 Zum Gefühlsausdruck ermuntern

Es gibt eine Reihe therapeutischer Techniken, die darauf abzielen, dem Patienten dabei zu helfen, seine Gefühle auszudrücken, zu verstehen und damit umzugehen. Das relativ ungezwungene Äußern von Gefühlen unterscheidet Psychotherapie von anderen Beziehungen, in denen affektive Anteile häufig stark eingeschränkt werden. Der Lernprozeß in der Therapie besteht in emotionalem Lernen, und der Umgang mit Gefühlen ist entscheidend, wenn Veränderungen eingeleitet werden sollen. Werden neue interpersonelle Strategien aufgebaut, kann es dem Patienten helfen, Gefühle gegenüber anderen Personen äußern zu kön-

nen. Er kann dann Prioritäten setzen und emotional bedeutungsvolle Ziele anstreben.

Abhängig von der Art des Affekts und dem Patienten kann der IPT-Therapeut drei allgemeine Strategien verfolgen:
1. Er kann dem Patienten helfen, sich schmerzliche Gefühle, die nicht geändert werden können oder sollten, einzugestehen und zu akzeptieren.
2. Er kann dem Patienten helfen, seine affektiven Erfahrungen zu verwenden, um erwünschte interpersonelle Veränderungen zu erreichen.
3. Er kann den Patienten ermutigen, neue und uneingestandene wünschenswerte Affekte zuzulassen, die wiederum den Entwicklungs- und Veränderungsprozeß unterstützen können.

Akzeptanz schmerzlicher Gefühle. Viele Patienten haben übertriebene Schuldgefühle, wenn sie gegenüber anderen Bezugspersonen feindselige oder sexuelle Gefühle verspüren. Sie sind sich solcher Gefühle möglicherweise nur zum Teil bewußt. So besteht ein wichtiger Aspekt bei verzerrten oder verzögerten Trauerreaktionen in unannehmbaren Gefühlen. Wenn der Patient Zeichen von schmerzlichen, uneingestandenen oder unterdrückten Gefühlen dieser Art aufweist, sollte der Therapeut den Patienten dazu ermutigen, den Affekt klar auszudrücken. Eine Möglichkeit dies zu tun, besteht darin, daß der Therapeut sensible Bereiche erfragt. Zum Beispiel fragt er Einzelheiten einer Interaktion des Patienten mit anderen nach oder vertieft Themen, auf die der Patient eine emotionale Reaktion gezeigt hat. Eine zweite Möglichkeit besteht darin, daß er wiederholt nach Gefühlen fragt, die der Patient erlebt, wenn emotional geladene Themen in der Behandlung auftauchen. Wenn Gefühle ausgedrückt werden, ist es wichtig, daß der Therapeut dem Patienten hilft, diese zu akzeptieren. Sich direkt durch Aussagen wie „Die meisten Menschen würden so empfinden" oder „Natürlich sind Sie ärgerlich" rückzuversichern, kann hilfreich sein. Zu anderen Zeitpunkten vermittelt der Therapeut durch einfaches Schweigen seine stillschweigende Akzeptanz der Gefühle des Patienten. Für Patienten, die befürchten, daß sie ihre feindseligen oder sexuellen Gefühle ausagieren, ist es wichtig, den Unterschied zwischen Gefühlen und Handlungen klarzumachen: nicht unbedingt müssen die Handlungen den Gefühlen folgen.

Umgang mit Gefühlen in zwischenmenschlichen Beziehungen. Manche Psychotherapieschulen vertreten die Einstellung, daß die beste Art mit Gefühlen umzugehen darin besteht, diese Gefühle sowohl innerhalb als auch außerhalb der Therapie karthatisch auszudrücken. Bei der IPT werden intensive geäußerte Gefühle in der Therapiesitzung als wichtiger Ausgangspunkt für weitere therapeutische Arbeit betrachtet. Gefühle außerhalb der Sitzung auszudrücken, ist an und für sich kein Therapieziel. Der Patient sollte darin unterstützt werden, effektiver mit zwischenmenschlichen Beziehungen umzugehen. Dies kann je nach Umständen beinhalten, Affekte auszudrücken oder zu unterdrücken. Der IPT-Therapeut kann dem Patienten auf mehrere Arten helfen, seine affektiven Erfahrungen auszudrücken. Erstens können der Patient und die Bezugsperson verhandeln, um Veränderungen einzuleiten, die jene Umstände ausschalten, in denen unangenehme Gefühle auftreten. Zum Beispiel empfindet ein Patient, der wiederholt über das Verhalten seines Ehepartners enttäuscht und verärgert ist, möglicherweise anders, wenn sich das Verhalten des Partners ändert. Zweitens, kann der Patient lernen, unangenehme Situationen zu vermeiden, wenn dies angemessen ist. Eine dritte Art des Umgangs mit Gefühlen besteht darin, das Gefühl hinauszuzögern oder erst dann auszuagieren, wenn man sich beruhigt hat. Dazu könnten Strategien gehören, wie beispielsweise mit dem Ehe-

partner zu planen, eine Auseinandersetzung aufzuschieben, bis beide etwas Abstand von dem zu besprechenden Thema gefunden haben. Eine vierte Art, schmerzliche Gefühle zu verändern, besteht darin, dem Patienten zu helfen, seine Denkweise über ein gefühlsgeladenes Thema zu verändern. Danach wird sich das Gefühl infolge dieser neuen Denkweise ebenfalls verändern. Diese Strategie hat besondere Bedeutung, wenn es darum geht, Angst zu bewältigen. Patienten zeigen häufig ausgeprägte von Angst, wenn irrationale Gedanken und Befürchtungen auftreten. Werden die irrationalen Gedanken aufgedeckt und der Patient darin unterstützt, ein alternatives Verständnis einer Situation zu entwickeln, kann das die Angst reduzieren. Ärger kann sich ebenfalls auflösen, wenn der Patient seine Bewertung der ärgerauslösenden Situation revidiert. Oftmals beinhaltet dieses revidierte Verständnis, daß unveränderbare Umstände in einer reiferen Form akzeptiert werden.

Dem Patienten helfen, unterdrückte Affekte zuzulassen. Manche Patienten sind emotional eingeschränkt oder es mangelt ihnen in bestimmten Situationen daran, sich emotional angepaßt zu verhalten. In solchen Situationen werden normalerweise intensive Gefühle erlebt. Sie können so selbstunsicher sein, daß sie keinen Ärger empfinden, wenn ihre Rechte von anderen verletzt werden. Manche Patienten können Ärger verspüren, haben aber nicht den Mut, ihn selbstsicher zum Ausdruck zu bringen. Andere fühlen sich möglicherweise nicht ärgerlich, weil es ihnen noch nie aufgefallen ist, daß sich Mitmenschen ihnen gegenüber anders verhalten sollten. Bei diesen Patienten kann es günstig sein, darauf hinzuweisen, daß sie schlecht behandelt oder mißbraucht werden. Patienten, die Schwierigkeiten haben, andere Arten von Gefühlen – wie beispielsweise Zuneigung, Dankbarkeit oder Besorgnis – zu erfahren und auszudrücken, kann dabei geholfen werden, irrationale Befürchtungen aufzudecken. Solche Befürchtungen unterdrücken häufig diese Emotionen.

14.2.1 Leitlinien für die Anwendung dieser Technik

Bei emotional extrem eingeschränkten Patienten kann diese Technik nicht genug angewendet werden, besonders, wenn sich der Patient intensiven Gefühlen wie beispielsweise Traurigkeit, Ärger oder Liebe nicht bewußt zu sein scheint. Der Therapeut sollte stets auf emotional wichtige Aussagen aufmerksam sein und ermutigen, diese zu vertiefen.

Für anderen Patienten jedoch kann die Strategie darin bestehen, diese überwältigenden Erlebnisse zu unterdrücken. Diese Patienten sind von intensiven, diffusen und überwältigenden affektiven Erlebnissen geplagt. Darüber hinaus ist es wahrscheinlich kontraproduktiv, ärgerliche, feindselige oder traurige Gefühlsausbrüche zu wiederholen. Es muß dabei der Versuch gemacht werden, diese Gefühle zu verstehen. In solchen Fällen kann der Therapeut den Ausdruck dieser Affekte unterbrechen, indem er beispielsweise den Patienten fragt, welche Gedanken er über diese Gefühle hegt. Alternativ dazu kann der Therapeut mit dem Patienten verschiedene Strategien erarbeiten, um das Ausagieren von impulsiven Gefühlen hinauszuschieben und um so Zeit zu gewinnen, über die Konsequenzen nachzudenken.

Patienten, die zu affektiven Reaktionen motiviert werden sollten, müssen vom Therapeuten von solchen Patienten unterschieden werden, die nicht dazu motiviert werden sollten. Andere Fehler des Therapeuten können sein, Hinweise von Patienten auf emotionale Betroffenheit zu übersehen, die Technik nicht einzusetzen, wenn es nötig ist, und die Gefühle des Patienten verbal oder nonverbal zu mißbilligen.

14.3 Klärung

Der Therapeut verwendet Klärung als Technik, um das, was der Patient äußert, umzustrukturieren und rückzumelden. Die Absicht hinter dieser Technik besteht darin, dem Patienten kurzfristig bewußt zu machen, was tatsächlich kommuniziert wurde. Langfristig gesehen kann dies dem Patienten erleichtern, über zuvor unterdrückte Themen zu sprechen. Spezifische Techniken zur Klärung sind:

1. Den Patienten bitten, zu wiederholen oder umzuformulieren, was gesagt wurde. Dies ist besonders nützlich, wenn der Patient eine fehlerhafte Aussage gemacht hat, etwas in einer überraschenden oder ungewöhlichen Weise gesagt hat oder früheren Aussagen widersprochen hat.
2. Der Therapeut kann umformulieren, was der Patient gesagt hat. Er kann den Patienten fragen, ob er dies damit sagen wollte. Das Umformulieren sollte in einer Form erfolgen, die die Aussage des Patienten in einen interpersonellen Kontext setzt. Zum Beispiel beschrieb ein Patient, daß seine Frau zu spät nach Hause gekommen ist. Er äußerte seine Gefühle durch die Aussage „Da gab es Ärger", woraufhin der Therapeut erwidert, „Sie waren ärgerlich über Ihre Frau?"
3. Der Therapeut kann auf die logische Weiterführung einer Aussage des Patienten aufmerksam machen. Er kann auch auf die impliziten Annahmen in dem Gesagten hindeuten.

Die Aufmerksamkeit des Patienten darauf zu lenken, daß in seinen Aussagen Gegensätze oder Widersprüche enthalten sind, gehört zu den nützlichsten Klärungstechniken. Es können beispielsweise Widersprüche zwischen dem affektiven Ausdruck des Patienten und der verbalen Besprechung eines Themas auffallen. Oder es können im Laufe der Zeit Diskrepanzen zu früheren Darstellungen bemerkt werden, wenn das gleiche Thema noch einmal eingebracht wird. Gegensätze können zwischen einer geäußerten Absicht und offenem Verhalten gesehen werden, ebenso wie zwischen den geäußerten Zielen des Patienten und seinen realistischen Grenzen. Wird der Patienten mit widersprüchlichen Aussagen konfrontiert, sollte dies im Sinne einer Frage und nicht in einer Anklage geschehen. Auf Widersprüche kann beispielsweise hingewiesen werden, indem man fragt: „Ist es nicht interessant, daß Sie sagten ..., während Sie zuvor ... gesagt haben?" oder „Was bedeutet der Widerspruch zwischen ... und ...?"

Aussagen, die eine tiefgreifende und wenig hilfreiche Einstellung beinhalten, können ausdrücklich noch einmal wiederholt werden. Der Patient wird dann gefragt, ob das seiner wirklichen Einstellung entspricht. Manche Menschen haben beispielsweise die Angewohnheit, in Extremen zu denken. Beispielsweise kann der Therapeut bemerken, daß der Patient denkt, er sei entweder ein totaler Erfolgsmensch oder ein vollkommener Versager und zwischen diesen Extremen keine Abstufungen läßt.

14.3.1 Leitlinien für das Anwenden von Klärung

Optimal kann diese Technik eingesetzt werden, wenn der Therapeut bestimmte Hypothesen hat und Klärungstechniken dann anwendet, wenn der Patient über das jeweilige Thema spricht. Oder der Therapeut kommt während der Sitzung noch einmal auf einen bestimmten Punkt zurück, um sicherzugehen, daß der Patient verstanden hat, worum es geht. Die Technik sollte verwendet werden, wenn der Patient dafür offen scheint. Ist er emotional gerade mit einem anderen Thema beschäftigt, ist sie nicht angebracht.

14.4 Kommunikationsanalyse

Die Kommunikationsanalyse wird eingesetzt, um abzuklären, ob Störungen in der Kommunikation vorliegen und sie zu identifizieren. Ziel dabei ist, dem Patienten behilflich zu sein einen effektiveren Kommunikationsstil zu erlernen. Konkret sucht der Therapeut Kommunikationsprobleme aus, indem er den Patienten darum bittet, eine wichtige Konversation oder Auseinandersetzung sehr detailliert zu beschreiben.

Gestörte Kommunikation kann für interpersonelle Konflikte verantwortlich sein, sogar dann, wenn die Beteiligten gegenseitig supportive oder widerspruchsfreie Erwartungen aneinander haben. Wenn es eine realistische Basis für einen Konflikt gibt, kann mangelhafte Kommunikation eine relativ geringfügige Meinungsverschiedenheit unlösbar machen. Kommunikationsfehler können in verschiedenster Art auftreten, wobei die meisten beinhalten, daß einer der Partner unfähig ist, in offener Weise fehlerhafte Annahmen über die Gedanken, Gefühle oder Absichten des anderen zu korrigieren. Zu den häufig auftretenden Kommunikationsschwierigkeiten gehören:
1. Unklare, indirekte nonverbale Kommunikation anstelle offener Konfrontation. Verbale Kommunikation hat gegenüber nonverbaler Kommunikation viele Vorteile, denn sie ist deutlicher und verständlicher. Viele Patienten mißtrauen aber verbaler Kommunikation oder haben Angst, ihre Gefühle oder Gedanken

offen auszudrücken. Sie greifen lieber auf nonverbale Kommunikation oder Handlungen zurück, um sich anderen gegenüber verständlich zu machen. Sie schmollen zum Beispiel, wenn sie ärgerlich sind oder führen suizidale Gesten durch, wenn sie sich einsam oder zurückgesetzt fühlen. Die Person, an die diese Handlungen gerichtet sind, kann dann natürlich gar nicht wissen, worum es geht oder wie sie am besten reagiert.

2. Es wird fälschlicherweise angenommen, daß kommuniziert wurde.
Viele Menschen gehen davon aus, daß andere ihre Bedürfnisse oder Gefühle kennen, ohne daß sie sie klarstellen müßten. Sie erwarten vom anderen, daß er ihre Wünsche antizipiert oder tatsächlich ihre Gedanken lesen kann. Oft führt das zu Ärger und Frustration, die ebenfalls unausgesprochen bleiben. Andere wiederum, die versucht haben sich auszudrücken, vergewissern sich nicht, daß sie gehört oder verstanden wurden.

3. Es wird fälschlicherweise angenommen, daß man verstanden hat.
Viele depressive Patienten befürchten massive Vergeltung oder Kritik von anderen und haben Angst, zu fragen, ob die wahrgenommene Kritik tatsächlich als solche beabsichtigt war.

4. Unnötig indirekte verbale Kommunikation.
Viele depressive Patienten sind äußerst gehemmt, wenn sie eigentlich vernünftige Erwartungen oder Kritik an anderen direkt ausdrücken sollen. Dabei staut sich bei diesen Patienten der Mißmut darüber auf, von jemandem schlecht behandelt worden zu sein, der sich eines Angriffs von seiner Seite aus gar nicht bewußt ist. Anstelle direkter Kommunikation benutzt der Patient Anspielungen oder zweideutige Botschaften.

5. Schweigen – Die Kommunikation wird beendet.
Viele Patienten haben herausgefunden, daß Schweigen eine effektive und provozierende Art ist, mit einer Meinungsverschiedenheit umzugehen. Sie sind sich vielleicht aber auch des destruktiven Potentials einer vorzeitig beendeten Kommunikation nicht bewußt.

14.4.1 Leitlinien für das Anwenden von Kommunikationsanalyse

Kommunikationsanalyse zielt darauf ab, diese und andere Kommunikationsstörungen zu identifizieren und den Patienten anzuleiten, effektivere Kommunikation zu erlernen. Um Kommunikationsfehler zu erkennen, muß der Therapeut auf die Annahmen achten, die der Patient über die Gedanken oder Gefühle anderer hat. Optimal wird diese Technik bei Konflikten angewandt, insbesondere dann, wenn eine kürzliche Auseinandersetzung oder eine erfolglose Kommunikation stattgefunden hat. Die Erinnerung des Patienten sollte so genau wie möglich geschärft werden, auch wenn er Widerstand zeigt oder gelangweilt ist. Dem Patienten sollte gestattet werden, zuerst seine eigenen Schlußfolgerungen zu ziehen, bevor der Therapeut Rückmeldung gibt.

14.5 Einsetzen der therapeutischen Beziehung

Bei dieser Technik werden jene Gefühle des Patienten zum Gesprächsfokus, die er dem Therapeuten und/oder der Therapie gegenüber hegt. Gedanken, Gefühle, Erwartungen und Verhalten im Rahmen der therapeutischen Beziehung werden insofern abgeklärt, als sie ein Modell für die typische Art des Patienten darstellen, in anderen Beziehungen zu denken und/oder sich zu verhalten.

Bei der Einzeltherapie ist die Beziehung zwischen dem Patienten und dem Therapeuten die einzige „live"-Informationsquelle, die dem Therapeuten über den Beziehungsstil des Patienten zur Verfügung steht. Menschen eignen sich eine typische Art an, mit der sie jede zwischenmenschliche Beziehung angehen. Daher kann die Interaktion zwischen dem Therapeuten und dem Patienten dazu verwendet werden, etwas über andere Beziehungen zu erfahren. Bei der IPT stellt die Patient-Therapeut-Beziehung nicht den primären Behandlungsfokus dar, und Versuche, von der therapeutischen Dynamik auf die anderer Beziehungen zu schließen, werden nur selten unternommen. Wenn der Patient jedoch beginnt, über den Therapeuten in einer Weise zu denken oder sich ihm gegenüber zu verhalten, die den Therapiefortschritt behindert, muß auf die therapeutische Beziehung im „Hier und Jetzt" eingegangen werden. Dies zu unterlassen, führt voraussichtlich dazu, daß die Therapie frühzeitig beendet oder unproduktiv wird.

Der Patient kann zu Beginn der Behandlung angewiesen werden, dem Therapeuten gegenüber Beschwerden, Befürchtungen und/oder andere aversive Gefühle zu äußern, die im Behandlungsverlauf über den Therapeuten oder den therapeutischen Prozeß aufkommen. Dies erleichtert dem Therapeuten, die Beziehung zu beobachten. Eher positive Gefühle, wie beispielsweise ein übertriebenes Gefühl, von einen mächtigen Experten Hilfe zu erhalten, müssen nicht so systematisch abgeklärt werden, zumal sie wahrscheinlich dem Behandlungfortschritt eher dienlich als hinderlich sind.

Den Patienten darin zu bestärken, negative Gefühle über den Therapeuten zu äußern, erfüllt viele wichtige Funktionen. Es kann dadurch ein Modell für die Interaktionen des Patienten mit anderen geliefert werden, wenn Patient und Therapeut über die legitimen oder unrealistischen Besorgnisse des Patienten diskutieren. Dem Therapeuten wird weiterhin ermöglicht, Verzerrungen zu korrigieren und echte Schwächen oder Probleme in der Behandlung zu erkennen. Darüber hinaus kann die Analyse unrealistischer negativer Reaktionen auf die Behandlung wertvolle Informationen liefern. Der Patient kann diese Informationen dazu verwenden, seine verzerrte Sichtweise von anderen zu verstehen oder zu korrigieren. Zum Beispiel können übertriebene Befürchtungen, angegriffen, lächerlich gemacht, verlassen oder bestraft zu werden, dann aufgedeckt werden, wenn der Patient beginnt, sensible Bereiche im Gespräch zu vermeiden oder zeitweise in Schweigen versinkt.

14.5.1 Leitlinien für das Einsetzen der therapeutischen Beziehung

Diese Technik wird optimalerweise eingesetzt bei:
1. Interpersonellen Konflikten.
   Es wird Rückmeldung darüber gegeben, wie jemand auf andere wirkt und es wird dem Patienten geholfen, pathologische Interaktionen zu verstehen. Er erlebt diese Interaktionen mit dem Therapeuten noch einmal, geht dabei aber einen Schritt weiter und löst sie auf.
2. Trauer und Verlust.
   Die Reaktionen auf den Therapeuten können darauf hinweisen, auf welche Weise sich der Patient von anderen abgeschottet hat. Er kann auch Beziehungen entwickelt haben, die die Beziehun-

gen mit der verstorbenen Person widerspiegeln.

3. Interpersonellen Defiziten.
   Der Patient hat zum Therapeuten, modellhaft für andere Beziehungen, eine Beziehung entwickelt.

Entscheidend für den Einsatz der Technik ist der günstige Zeitpunkt. Sie ist besonders dann nützlich, wenn Probleme wie beispielsweise zu spät kommen oder schweigen auftreten. Das Problem sollte jedoch nicht angesprochen werden, bevor sich ein therapeutisches Bündnis entwickelt hat. Die realen Grenzen der Beziehung und die realen Merkmale des Patienten und Therapeuten müssen berücksichtigt werden.

Diese Technik zu einen ungünstigen Zeitpunkt einzusetzen ist ebenso ein Fehler, wie die Interaktionen des Patienten mit dem Therapeuten mißzuverstehen oder die korrekte Wahrnehmung des Patienten über den Therapeuten oder die therapeutische Beziehung nicht zu beachten.

14.6 Techniken zur Verhaltensänderung

Ob sich die Depression anhaltend verbessert, ist üblicherweise davon abhängig, ob sich das interpersonelle Verhalten des Patienten außerhalb der Therapie verändert hat. Bei der IPT kann der Therapeut folgendes einsetzen, um Verhaltensänderungen zu begünstigen:

1. Direktive Techniken.
2. Die Entscheidungsanalyse.
3. Das Rollenspiel.

14.6.1 Direktive Techniken

Zu direktiven Techniken gehören beispielsweise Aufklärung, Ratschläge, als Modell zu fungieren oder direkte Hilfe beim Lösen praktischer Probleme. Wird in der Anfangsphase der Behandlung ein positives Arbeitsverhältnis aufgebaut, könnte der Therapeut dem Patienten gegebenenfalls direkt beim Lösen praktischer Probleme helfen. Solche praktischen Probleme können beispielsweise die Suche nach einer Transportmöglichkeit, einer Wohnung oder finanzieller Unterstützung vom Staat sein. Da das Behandlungsziel darin besteht, dem Patienten zum unabhängigen Handeln zu verhelfen, sollte vermieden werden, ihn zu sehr direkt zu unterstützen oder ihm Ratschläge zu erteilen. Er sollte vielmehr angeleitet werden, neue Situationen für sich selbst zu analysieren und eigene Entscheidungen zu treffen. Als allgemeine Strategie sollte der Therapeut im Verlauf der Behandlung von der relativ direkten zur relativ indirekten Hilfestellung gelangen. Wenn direkte Interventionen angebracht erscheinen, können folgende Techniken angewendet werden:

1. Ratschläge und Vorschläge.
   Sie sollten nur dann angeboten werden, wenn der Therapeut glaubt, daß der Patient nicht in der Lage ist, für sich selbst eine einigermaßen günstige Entscheidung zu treffen. Patienten können um Ratschläge bitten, die sie gar nicht benötigen oder Hilfe in einem Bereich einfordern, in dem sich der Therapeut nicht auskennt, um ihn zu testen. In diesen Fällen kann der Therapeut erforschen, welche unrealistischen Erwartungen der Patient an ihn hat. Ein Ratschlag kann zu bestimmten Zeitpunkten entscheidend sein, aber auch der Behandlung schaden, da er dem allgemeinen Prinzip widerspricht, daß der Patient für sich selbst verantwortlich ist. Dies gilt auch, wenn er dem Ratschlag von jemand anderem folgt.

2. Grenzen setzen.
   Grenzen zu setzten kann bei äußerst impulsiven Patienten notwendig sein, deren Verhalten für sie selbst oder für die

Behandlung destruktiv ist. Der Therapeut kann entscheiden, ob er vom Patienten verlangt, ein bestimmtes Verhalten aufzugeben, wenn er bei ihm in Behandlung bleiben möchte.

3. Psychoedukation (Aufklärung).
Sie hat eine entscheidende Funktion in der IPT und zwar im allgemeinen und im spezifischen. Letztendlich zielen alle Interventionen der IPT darauf ab, den Patienten über seine Interaktionen mit anderen aufzuklären. Möglicherweise weiß der Patient gar nicht genau, welches die zentralen Themen in seinem Leben sind. Der Therapeut kann den Patienten informieren, welche Merkmale die depressive Erkrankung aufweist und er kann ihm Möglichkeiten erklären, wie praktische Probleme zu lösen sind. Es ist besser, Informationen zu vermitteln als Ratschläge zu geben. Informationen zielen darauf ab, den Patienten mit Fähigkeiten auszustatten, mit deren Hilfe er seine eigenen Entscheidungen treffen kann.

4. Direkte Hilfe sollte ausschließlich eingesetzt werden, um praktische Probleme zu lösen. Bei zwischenmenschlichen Problemen sollte dem Patienten vermittelt werden, daß sich solche Probleme nur längerfristig lösen lassen und der Patient, mit Hilfe von außen, selbst dafür verantwortlich ist.

5. Als Modell zu dienen hat Ähnlichkeit damit, Ratschläge zu geben. Dazu gehört es, dem Patienten Beispiele zu geben, wie der Therapeut mit ähnlichen Problemen wie die des Patienten umgegangen ist. Die Technik ist günstig, um Patienten zu vermitteln, daß nicht nur sie alleine Schwierigkeiten haben und daß andere auch gelernt haben, ihre Probleme zu lösen.

14.6.1.1 Leitlinien für das Anwenden direktiver Techniken

Direktive Techniken sollten, mit Ausnahme der Psychoedukation, nur wenig zum Einsatz kommen. Am besten werden sie in den frühen Sitzungen angewandt, um eine Atmosphäre zu schaffen, in welcher der Therapeut als eine unterstützende Person wahrgenommen wird. Weiterhin können direkte Anweisungen günstig sein, wenn dem Patienten durch Informationen eindeutig weitergeholfen werden kann, oder wenn der Patient grob fehlinformiert ist. Ratschläge sollten idealerweise in Form von Hilfestellung erfolgen. Hierbei gilt es Möglichkeiten zu berücksichtigen, die zuvor nicht bedacht wurden. Direkte Vorschläge sind zu vermeiden. Der Wortlaut wäre folgendermaßen: „Eine Sache, die Sie bedenken sollten, ist ..."

Diese Technik sollte nicht häufig angewandt werden. Auch Vorschläge, die zu spezifisch oder direkt sind oder die das Autonomiegefühl des Patienten untergraben können, sind zu vermeiden. Vorschläge, die auf Fehlinformationen oder inkorrekten Wahrnehmungen beruhen, sind ebenfalls unangebracht.

14.6.2 Die Entscheidungsanalyse

Dabei handelt es sich um eine Technik, bei der dem Patienten geholfen wird, ein weites Spektrum von Alternativen sowie ihren Folgen zu berücksichtigen. Diese Alternativen können angewendet werden, um ein bestimmtes Problem zu lösen. Dies ist die hauptsächliche handlungsorientierte Technik der IPT und sie sollte dem Patienten ausdrücklich mit dem Ziel vermittelt werden, sie außerhalb der Therapie auch anzuwenden. Viele depressive Patienten weisen eine Vorgeschichte selbstschädigender Entscheidungen auf. Dies rührt daher, daß sie nicht alle Alternativen in Betracht ziehen und die Folgen ihrer Handlungen nicht auswerten. Die Rolle des Therapeuten bei der Entscheidungsanalyse besteht darin, dem Patienten zu helfen, ein erweitertes Spektrum von Optionen zu sehen und darauf zu bestehen, daß nicht gehandelt wird, bevor jede einzelne Option ausreichend untersucht wurde.

Die Technik der Entscheidungsanalyse kann jederzeit angewandt werden, wenn der Patient ein zwischenmenschliches Problem zu lösen hat. Der Therapeut sollte mit einer allgemeinen Frage beginnen: „Welche Alternativen, glauben Sie, stehen Ihnen im Moment zur Verfügung?" oder „Lassen Sie uns versuchen, alle zur Verfügung stehenden Möglichkeiten in Betracht zu ziehen". In der darauf erfolgenden Besprechung sollte der Therapeut darauf achten, auf nützliche Alternativen hinzuweisen, die der Patient nicht bedacht hat und den Patienten anleiten, sich die wahrscheinlichen Folgen jeder dieser Möglichkeiten anzuschauen. In der Entscheidungsanalyse wird häufig deutlich, wie äußerst eingeschränkt der Patient Alternativen sieht oder welch unrealistische Vorstellungen er über die Konsequenzen seiner Handlungen hat. Obwohl der Therapeut bei der Entscheidungsanalyse sehr aktiv ist, liegt die Entscheidung für eine der Alternativen beim Patienten.

14.6.2.1 Leitlinien für das Anwenden der Entscheidungsanalyse

Der optimale Einsatz dieser Technik erfolgt, wenn der Patient das Problem zunächst besprochen und sorgfältig analysiert hat. Dabei vermeidet es der Therapeut, konkret vorzuschlagen, was zu tun ist. Es sollte jederzeit die Möglichkeit bestehen, das Problem weiter zu besprechen und darüber nachzudenken. Die Folgen jeder Handlung sollten gründlich bedacht werden.

Der Patient darf nicht durch zu viel Aktivität oder Druck zu einer Entscheidung gedrängt werden. Auch sollte die Technik nicht vorzeitig eingesetzt werden, bevor alle Informationen vorliegen. Werden die Möglichkeiten in einer bestimmten Situation zu eng gefaßt, werden nicht alle Gelegenheiten berücksichtigt oder die Folgen des Verhaltens werden nicht sorgfältig durchdacht.

14.6.3 Rollenspiel

Der Therapeut übernimmt bei dieser Technik die Rolle einer Person im Leben des Patienten. Rollenspiel kann eingesetzt werden, um zwei wichtige Aufgaben durchzuführen:

1. Die Gefühle und der Kommunikationsstil des Patienten können exploriert werden.
2. Neue Verhaltensweisen, wie der Patient anderen gegenüber auftreten kann, können eingeübt werden.

Im Sinne der ersten Aufgabe kann das Rollenspiel angewandt werden, wenn der Therapeut das Gefühl hat, daß der Patient einen unzureichenden Eindruck von seinen Beziehungen mit anderen vermittelt. Wenn der Therapeut die andere Person spielt, reagiert der Patient möglicherweise in einer unverfälschten und aufschlußreichen Weise.

Im Sinne der zweiten Aufgabe kann das Rollenspiel dazu verwendet werden, dem Patienten beizubringen, mit anderen auf eine neue Weise umzugehen. Ein Beispiel hierfür wäre selbstsicheres Auftreten. Zwischen dem Gedanken daran, sich anders zu verhalten und der tatsächlichen Ausführung liegt ein weiter Weg. Oftmals ist der Patient sich schon seit Jahren bewußt, daß er gerne eine Veränderung herbeiführen würde, war aber nicht in der Lage, diese auch durchzuführen. Das Rollenspiel ermöglicht dem Patienten in einem sicheren Kontext zu üben, und kann so einen fließenden Übergang zwischen Plan und Handlung ermöglichen.

14.6.3.1 Leitlinien für das Anwenden des Rollenspiels

Diese Technik kann behilflich sein, wenn die Gefühle des Patienten über ein Thema herausgearbeitet werden sollen. Das Rollenspiel schafft für den Ausdruck der Gefühle eine Struktur. Die Technik kann auch dazu dienen, dem Patienten zu helfen, Strategien für schwierige Situationen einzuüben. Aber es handelt sich insgesamt um eine Technik, die bei IPT nur wenig eingesetzt wird.

Rollenspiele sollten nicht angewandt werden, wenn es nicht nötig ist. Es ist ein Fehler, das Rollenspiel nicht aufzuarbeiten oder kein Rollenspiel zu versuchen, wenn der Patient nicht ausreichend in die Materie hineinfindet.

14.7 Sonstige Techniken

1. Einen Vertrag schließen. Dies bezieht sich auf eine Reihe halbstrukturierter Aufgaben in der oder den Anfangssitzung(en). Diese Aufgaben zielen darauf ab, Informationen über die IPT zu vermitteln sowie zu erreichen, daß der Patient bei der therapeutischen Arbeit partnerschaftlich kooperiert. Zu den Aufgaben gehören, daß das Rational der IPT und die IPT-Techniken individuell erklärt werden. Zu ihnen gehört auch eine Rückmeldung an den Patienten darüber, was der Therapeut denkt warum der Patient in die Therapie gekommen ist. Auch die praktischen Aspekte der Behandlung wie Länge und Häufigkeit der Sitzungen, Dauer der Therapie, Termine, versäumte Sitzungen, Kosten und so weiter (s. Abschn. 8.2.3) müssen besprochen werden.
2. Administrative Details. Diese Interventionen haben mit der formalen Durchführung oder buchhalterischen Aspekten der Therapie zu tun. So müssen Termine abgesprochen und Urlaubszeiten eingeplant werden.

Literatur

Bibring E. Mechanisms of Depression. In: Greenacre P (ed.).Affective Disorders. New York: International Universities Press 1953.
Menninger KA, Holzman P. Theory of Psychoanalytic Technique. New York: Basic Books 1973.

15 Ein integratives Fallbeispiel

Inhalt

An einem Fall, bei dem die Trauer um den Verlust einer geliebten Person im Vordergrund steht, werden einerseits die Strategien und Techniken der IPT veranschaulicht. Andererseits sollen sie mit denen verglichen werden, die in anderen Psychotherapien verwendet werden. Außerdem wird deutlich, wie die IPT zeitlich abläuft, wie und wann die Problembereiche exploriert werden, welche Techniken wann zum Einsatz kommen und wie sich die Rolle des Therapeuten gestaltet.

15.1 Strategien und Abfolge der Interventionen

15.1.1 Anfangsphase (Sitzungen 1 und 2)

Frau C., eine 62jährige Witwe, kam zur Behandlung einer Depression, die seit einem Jahr bestand. Sie wurde sich erst nach dem Tod ihres Ehemanns dieser Erkrankung „bewußt". Dieser starb an den Folgen eines Diabetes. Die Patientin wies in ihrer Vorgeschichte keine frühere depressive Episode auf. Zu ihren Symptomen gehörte, uner-

schütterlich traurig zu sein und keine Verbesserung ihrer Stimmung zu verspüren, egal was um sie herum geschah. Sie beschäftigte sich übermäßig mit Erinnerungen an den Tod ihres Ehemanns und hatte Schuldgefühle ihm gegenüber. Deutlich waren auch Gefühle der Unzulänglichkeit, da sie sich unfähig fühlte, nach seinem Tod ihre Angelegenheiten zu regeln. Sie schlief viel, zeigte psychomotorische Verlangsamung und hatte ernsthafte Konzentrationsschwierigkeiten. Sie hatte sich sozial soweit zurückgezogen, daß sie ihre sozialen Kontakte auf ihre beiden erwachsenen Kinder eingeschränkt hatte und jetzt meinte, ihnen zur Last zu fallen. Sie meinte, die depressiven Symptome setzten nur ihre Trauerreaktion fort und diese Gefühle seien normal. Später, als die Symptome anhielten, wurde sie zunehmend verzweifelter und hatte keine Hoffnung, daß sie jemals darüber hinwegkommen könne, obwohl sie Suizidgedanken verneinte.

Frau C. begab sich zwei Monate vor dem ersten Termin mit dem Psychotherapeuten in einer anderen Klinik in ambulante Behandlung. Dort wurde sie mit Amitryptilin behandelt. Sie verspürte eine leichte Stimmungsverbesserung. Die Medikation wurde jedoch abgesetzt, als sie stationär aufgenommen wurde, um ihre Psoriasis zu behandeln. Während ihres Krankenhausaufenthalts blieb sie einigermaßen symptomfrei, wurde aber nach ihrer Rückkehr nach Hause so depressiv wie zuvor. Sie erfüllte die DSM-Kriterien für eine Major Depression.

15.1.1.1 Interpersoneller Kontext

Frau C. brachte ihre Depression ganz klar mit der Krankheit und dem Tod ihres Mannes in Verbindung, dessen Zustand sich seit ihrer beider Berentung vor vier Jahren in zunehmendem Maße verschlechtert hatte. Obwohl sie eigentlich geplant hatten, während ihrer Berentung zu reisen und in Erwartung dessen ihren Urlaub aufgeschoben hatten, akzeptierte sie einen eingeschränkten, isolierten Lebensstil, der sich auf die Pflege ihres Mannes konzentrierte. Sie verließ das Haus nur selten ohne ihn und brach den Kontakt mit Freunden und Bekannten ab. Das Schlimmste an der Krankheit ihres Mannes war sein psychischer Verfall. Kurz vor seinem Tod mußte er in ein psychiatrisches Landeskrankenhaus eingewiesen werden. Er entwickelte dort eine schwere vaskuläre Erkrankung, die es notwendig machte, ihn in eine andere Klinik zu verlegen und ein Bein zu amputieren. Von diesem Zeitpunkt an bis zu seinem Tod war ihr Mann psychisch völlig inkohärent.

In einem Gespräch über ihr vergangenes Familienleben versicherte Frau C., daß die eheliche Beziehung vor der Krankheit ihres Mannes gut und vollkommen befriedigend war. Sie waren 35 Jahre lang verheiratet gewesen. Ihr Verhältnis zu den beiden Kindern, einem 31jährigen Sohn und einer 28jährigen Tochter, war belastet durch ihre Schwierigkeit, die Kontrolle über die beiden aufgeben zu können. Der Sohn war Alkoholiker, seit über einem Jahr abstinent und lebte in einem Wohnheim für psychisch Kranke. Wenn er Fortschritte in Richtung Rehabilitation machte dann nur, wenn Frau C. ihm bei diesem Problem nicht zu helfen versuchte. Die Beziehung zur Tochter war

weniger belastet, wahrscheinlich weil die Tochter als eher „selbständig" und von Frau C. unabhängig beschrieben wurde. Es gab in der Vergangenheit etwas Streit darüber, daß Frau C. sich in die Angelegenheiten ihrer Tochter einmischte, aber das Verhältnis hatte sich in den letzten Jahren verbessert.

Obwohl Frau C. erkannte, daß sie neue Aktivitäten und soziale Kontakte entwickeln mußte, war sie pessimistisch darüber, jemals dazu in der Lage zu sein. Sie beschrieb, daß sie diesbezüglich „zwei Persönlichkeiten" aufweise, da es einen beträchtlichen Gegensatz gebe zwischen dem, was sie im Zusammensein mit anderen Menschen erlebe, und ihrer Vorerwartung diesbezüglich. Sie hatte ihre Arbeit als Sekretärin viele Jahre lang gut bewältigt und hatte eine Anzahl von Freundinnen an ihrem Arbeitsplatz. Sie hatte das Gefühl, keine Schwierigkeiten damit zu haben, Freunde zu gewinnen oder sich mit ihnen zu treffen, obwohl sie ihre Aktivitäten größtenteils auf die Familie konzentrierte. Die Krankheit ihres Mannes führte zu einem mehr oder weniger vollständigen Abbruch des Kontakts mit ihren Freunden, insbesondere während seines letzten Lebensjahres. Frau C. hatte das Gefühl, sie sei bei ihren alten Freunden jetzt nicht mehr willkommen, weil diese sich beleidigt fühlen würden, da sie die Beziehung lange Zeit vernachlässigt hätte. Aus diesem Grund erwartete sie zurückgewiesen zu werden, wenn sie jetzt versuchen würde, mit anderen wieder Kontakt aufzunehmen.

Ihre Erwartung, zurückgewiesen zu werden und ihr Gefühl, nicht gerne unter Menschen zu sein, standen in krassem Widerspruch zu dem, was dann tatsächlich ablief, wenn andere sie baten, gemeinsam etwas zu unternehmen. Sie berichtete, daß es ihr bis jetzt immer Spaß gemacht habe und daß andere ihre Gesellschaft schätzten. Zum Beispiel hatten ihr ihre Zimmergenossen im Krankenhaus gesagt, daß sie über ihr Weggehen betrübt waren, weil sie gerne mit ihr zusammen gewesen seien. Sie erkannte, daß sie sich in sozialen Beziehungen wahr scheinlich angemessen verhalten könnte, wenn sie nur ihre negative Erwartungshaltung aufgeben und sich dazu zwingen könnte, mehr Aktivitäten zu planen. Aber sie gab auch tiefgreifende Befürchtungen an, von anderen in Beschlag genommen und ausgenutzt zu werden, wenn sie es zuließ, daß Freundschaften über mehr als nur oberflächliche Kontakte hinausgingen.

▌ 15.1.1.2 Anmerkung zur Strategie

Der Therapeut erhob in den ersten Sitzungen die Informationen mit dem Ziel, zwei Arten von allgemeiner Information zu erhalten:

1. Die Art und die Schwere der Symptome sollten abgeklärt werden.
2. Interpersonelle Aspekte, die im Zusammenhang mit dem Auftreten der derzeitigen depressiven Episode standen, sollten bestimmt werden.

Der erste Teil der Sitzung begann mit ziemlich allgemeinen Fragen wie etwa „Was hat sie hierher geführt?", denen eine relativ systematische Abklärung der Symptome folgte. Danach wurden die gegenwärtigen sozialen Umstände eingeschätzt und der Therapeut verschaffte sich einen Überblick über das soziale Netz und wichtige Aktivitätsbereiche, wie beispielsweise die Arbeit und ihre Freunde. Ebenso wurde erfaßt, welche Ereignisse dem Auftreten der depressiven Symptome vorausgegangen und gefolgt waren.

Anfängliche Symptombewältigung. Nachdem die depressiven Symptome abgeklärt waren, bestimmte der Therapeut ihre Schwere als mittelmäßig, und entschied, daß sie keine Klinikaufnahme erforderlich machten. Außerdem hatten die Symptome in der Vergangenheit in gewissem Maße auf Medikamente angesprochen. Die Depression von Frau C. wurde als eine situative Depression eingeschätzt, und daher wurde entschieden, abzuwarten, ob eine medikamentöse Therapie wirklich notwendig wäre.

Vielleicht würde nach dem Therapiebeginn eine gewisse Remission auftreten. Das Konzept einer situativen Depression ist kontrovers. Trotzdem würden viele klinisch arbeitende Therapeuten die Vorgeschichte von Patienten wie Frau C. so interpretieren, daß die Depression im Zusammenhang mit den sozialen Umständen und Lebensereignissen steht, die zur Zeit des Auftretens der Symptome bestanden (Hirschfeld, 1981). Mit Hilfe von Psychoedukation und beruhigenden Bestärkungen wurde in der ersten Sitzung mit den Symptomen umgegangen.

Therapeut: *„Die unterschiedlichen Symptome, unter denen sie gelitten haben – die Traurigkeit und das Weinen, die Antriebslosigkeit, die Konzentrationsschwierigkeiten, der Wunsch, keinem anderen Menschen zu begegnen – stellen allesamt Teil des Krankheitsbildes einer Depression dar. Unter diesem Krankheitsbild leiden Sie anscheinend infolge vielfacher Verluste in den letzten paar Jahren. Wie Sie vorhin bemerkt haben, ist die Art wie Sie jetzt sind, eindeutig anders als Sie vorher waren. Sie haben Ihren Mann verloren. Sie hatten seine Unterstützung und Gesellschaft schon vor längerer Zeit verloren. Sie haben Ihre Pläne für eine glückliche Berentung aufgeben müssen. Es ist sehr schwer, über diese Verluste hinwegzukommen. Ein Teil von dem, was ich tun werde, besteht darin, Ihnen dabei zu helfen, sich mit den Verlusten auseinanderzusetzen und Sie bei deren Bewältigung zu unterstützen. Wenn wir dies tun, gehe ich davon aus, daß sich Ihre Symptome bessern werden."*

▌ 15.1.1.3 Anfängliche Formulierung der therapeutischen Strategie

Nachdem die Depression in einen Kontext gestellt wurde, versuchte der Therapeut zu verstehen, worum es im Einzelnen ging und wie Veränderungen eingeleitet werden könnten. Ein Teil seines Plans sah vor, ein Arbeitsbündnis mit der Patientin herzustellen. Daher sollte bereits in der ersten Sitzung mit der Arbeit an den Problemen begonnen werden. Außerdem sollte der Patientin Rückmeldung gegeben werden, so daß sie sich verstanden fühlte und der Therapeut wollte sie wissen lassen, was sie von der Psychotherapie erwarten könnte. Die Patientin sah die Depression in klarem Zusammenhang mit dem Tod ihres Mannes, konnte jedoch nicht festmachen, warum sie nicht in der Lage war, darüber hinwegzukommen. Aus der Besprechung der letzten Jahre ihres Mannes wurde deutlich, daß mehrere Aspekte der Todesumstände Frau C. davon abhielten, den Verlust unkompliziert zu betrauern.

Sie hatte auf die lange Krankheit ihres Mannes und seinen allmählichen gesundheitlichen Abbau reagiert, indem sie es leugnete. Daher erwartete sie von ihm, sich verantwortungsvoller zu verhalten, als er dazu in der Lage war. So führten sein psychischer Verfall und seine Hilflosigkeit dazu, daß sie ärgerlich über ihn wurde und sich wahrscheinlich seinen Tod herbeiwünschte. Diese Gefühle sollten dann nach seinem Tod die Quelle schwerer Schuld darstellen. Insbesondere bedauerte sie die Rolle, die sie bei seiner Krankenhausaufnahme gespielt hatte, von der er nicht zurückkehrte. Obwohl die Krankheit außerhalb der Kontrolle ihres Mannes gelegen hatte, war Frau C. ärgerlich darüber, daß sie ihre Pläne für eine glückliche Rentenzeit aufgeben mußte.

Zunächst sollte der Patientin dabei geholfen werden, ihre Schuldgefühle abzubauen, die sie aufgrund ihres Verhaltens bei der Krankheit und dem Tod ihres Mannes hatte. Dazu sollte sie ein realistischeres Bild über die Ereignisse gewinnen. Die allgemeine Strategie bestand darin, die Beziehung zu ihrem Ehemann, die Todesumstände und ihre Gedanken an den Verstorbenen zu besprechen. Während diese Themen besprochen wurden, behielt der Therapeut typische Gefühle pathologischer Trauer im Auge. Zu ihnen gehörten einerseits die Scham darüber, hilflos zu sein und das Ereignis nicht verhindern zu können. Ande-

rerseits auch die Wut über die Person, die Ursache für dieses Ereignis ist sowie die Schuld über aggressive Impulse, wie beispielsweise destruktive Phantasien über die verlorene Person. Es gehören zu diesen Gefühlen aber auch die Schuld des Überlebenden aufgrund des Gefühls der Erleichterung, daß der andere gestorben ist und nicht man selbst, die Traurigkeit über den Verlust sowie die Angst vor Identifikation oder Verschmelzung mit dem Opfer.

Tauchten solche Themen auf, versuchte der Therapeut die Gefühle der Patientin zu klären und auf deren unrealistischen Charakter hinzuweisen. Mit dieser Art von therapeutischer Arbeit wurde in der ersten Sitzung begonnen, noch während die Vorgeschichte erhoben wurde. Die Patientin berichtete beispielsweise, wie schuldig sie sich fühlte, daß ihr Mann während seiner letzten Lebensmonate in ein psychiatrisches Landeskrankenhaus eingeliefert wurde. Sie drückte auch ihre Traurigkeit darüber aus, daß sie nicht mehr mit ihm darüber sprechen konnte. Nun erbat der Therapeut Informationen über den Zustand ihres Mannes. Dabei stellte sich heraus, daß der Mann zuletzt unerträglich geworden war. Er war nachts herumgewandert, war inkohärent, gewalttätig und bedrohlich geworden. Nun wurde klar, daß sie sich schuldig und traurig fühlte, ihn gegen Ende nicht selbst versorgt haben zu können. Andererseits konnte ihr aber auch gezeigt werden, daß sie keine andere Wahl gehabt hatte.

Ein zweites Hauptziel der Behandlung, wurde ebenfalls auf der Grundlage der anfänglichen Informationserhebung festgelegt. Der Patientin sollte bei der Wiederaufnahme sinnvoller Aktivitäten geholfen werden. Zu Beginn der Behandlung war ihre soziale Leistungsfähigkeit darauf beschränkt, Kontakt mit den Kindern zu halten und den Haushalt zu bewältigen. Sie zögerte, alte Freunde aufzusuchen, nicht nur weil sie sich schuldig fühlte, sie vernachlässigt zu haben. Sie befürchtete auch, ihre depressive Stimmung bei ihnen nicht kontrollieren zu können. Sie wußte von einem aktiven Seniorenzentrum in ihrer Umgebung, zögerte aber, alleine hinzugehen. Sie hatte begonnen, einen Kurs an einer örtlichen Volkshochschule zu belegen, überlegte aber, dies wieder aufzugeben. Darüber hinaus opferte sie sich im Umgang mit anderen oft fürsorglich auf, befürchtete aber gleichzeitig, ausgenutzt zu werden. Trotz ihrer gegenwärtigen sozialen Defizite hatte die Patientin relativ aktive Beziehungen mit Freunden gepflegt, bevor sie in Rente ging. Außerdem gestand sie ein, trotz großer vorheriger Angst den Kontakt mit anderen eher doch zu genießen, wenn sie erst einmal mit ihnen zusammen war.

Frau C. sollte geholfen werden, ihre offensichtlichen sozialen Fertigkeiten wieder zu nutzen. Daher besprach der Therapeut mit ihr, welche Möglichkeiten sie hätte, mit anderen in Kontakt zu kommen und ermunterte sie, entsprechend zu handeln. In diesen Gesprächen wurden ihre negativen Erwartungen darüber, was aus den verschiedenen Möglichkeiten werden könnte, herausgearbeitet, und sie wurde mit dem unrealistischen Charakter dieser Erwartungen konfrontiert. Zum Beispiel berichtete die Patientin in der ersten Sitzung, wie ihre Beziehung mit ihrer früheren besten Freundin endete. Sie konnte ihre Freundin nicht besuchen und den Ehemann alleine lassen, und der Zustand ihres Mannes war ihr zu peinlich, um ihre Freundin zu sich einzuladen. Sie glaubte jetzt, daß sie sich nicht dazu überwinden könnte, die Freundin anzurufen, weil diese beleidigt sein würde, vernachlässigt worden zu sein. Der Therapeut fragte, ob die Freundin es verstehen würde, wenn sie es ihr erklären würde, und die Patientin räumte ein, daß sie sich das gut vorstellen könnte.

Nun wurde der Verlust des Ehemannes besprochen und das gegenwärtige soziale Funktionsniveau der Patientin erhoben. Hierzu erforschte der Therapeut nicht nur die Vorgeschichte, sondern half der Patien-

tin auch, verschiedene Situationen zu klären und mit ihr gemeinsam alternative Denkweisen zu entwickeln. Am Ende der ersten Sitzung gab der Therapeut der Patientin eine Einführung in die IPT-Behandlung. Er stellte heraus, daß die Depression scheinbar im Zusammenhang mit dem Verlust ihres Ehemanns steht:

„Einer der Gründe, warum wir Menschen manchmal Schwierigkeiten haben, nach dem Tod einer nahestehenden Person noch einmal neu anzufangen, ist, daß es schwer ist, dem Verlust ins Auge zu schauen, und wirklich darüber nachzudenken, was er bedeutet, und sich selbst zu erlauben, die schmerzlichen Gefühle zuzulassen. Eines der Dinge, die wir in der Therapie versuchen können, ist, genau herauszufinden, was zwischen Ihnen und Ihrem Mann vorgefallen ist, und was ihr Mann Ihnen bedeutet hat. Wir werden in einer Weise vorgehen, die möglicherweise am Anfang schmerzhaft für Sie ist, aber ich glaube, es ist sehr notwendig, dies zu tun, wenn Sie wieder ein aktives Leben führen wollen. Eine andere Art herauszufinden, was der Verlust Ihres Mannes ausgelöst hat, besteht darin, nach Wegen zu suchen, wie Sie ihr Leben wieder genießen können. Und es sieht in der Tat so aus, als ob Sie bereits einen Anfang gemacht hätten, was diesen Aspekt betrifft. Es scheint jedoch auch, daß Sie zahlreiche tief verwurzelte Einstellungen haben, von denen Sie in gewissem Ausmaß erkennen, daß sie nicht realistisch sind, wie beispielsweise der Unterschied zwischen dem tatsächlichen Verlauf der Dinge und Ihren Erwartungen. Sie haben weiterhin viele Ängste, daß andere Sie irgendwie nicht mögen würden, Sie meiden oder vielleicht ausnutzen werden. Wir werden einige Zeit darauf verwenden, zu versuchen herauszufinden, was diese Dinge so übermächtig und zwingend erscheinen läßt. Wir werden auch nach Wegen suchen, wie Sie diese Hemmungen überwinden können. Wir werden uns für zwölf Sitzungen treffen, und ich hätte gerne, daß Sie Themen einbringen,

die Sie beschäftigen, Gedanken oder Gefühle, über die Sie gerne sprechen würden. Ich möchte Sie außerdem darum bitten, daß Sie sich darauf vorbereiten, daß wir über die wichtigen Beziehungen, die Sie gegenwärtig und in der Vergangenheit hatten, sprechen werden.“

In der zweiten Sitzung sprach die Patientin zwei Hauptthemen an, die mit den Zielen der Behandlung zusammenhingen. Dies waren einerseits die Erfahrungen mit dem Zusammenleben und dem Tod ihres Mannes und andererseits ihre Versuche, sich ein eigenes Leben ohne ihn aufzubauen. Die Patientin hatte eine hochgradig desorganisierte und gestörte Kindheit erlebt. Ihre Mutter war gestorben, als sie fünf war, und im Alter von sieben Jahren wurden die Kinder dem trinkenden Vater weggenommen. Bis zu ihrem 18. Lebensjahr lebte sie für relativ kurze Zeiträume bei mehreren Pflegeeltern. Sie beschrieb diese Erfahrung als schmerzhaft und frustrierend, weil die Pflegeeltern Pflegekinder gerne als unbezahlte Haushaltshilfen betrachteten. Mit 18 zog sie mit einer älteren Schwester zusammen. Fünf Jahre später heiratete sie ihren Mann nach einer ausgedehnten Zeit des Freiens. Er war ihr einziger ernsthafter Freier gewesen. Im Verlauf der Sitzung sprach Frau C. immer mehr über beunruhigende Erinnerungen, die sie an die letzten Jahre ihres Mannes hatte. Im Vordergrund dieser Erinnerungen stand insbesondere seine furchtbar mitanzusehende Unfähigkeit, sich selbst zu versorgen. Gegen Ende wurde er psychotisch und war ihr gegenüber verbal aggressiv. Sie beschrieb noch einmal ihre schuldvolle Erleichterung, als er stationär aufgenommen wurde und dann starb. Der Therapeut versuchte, annehmend und einfühlsam zu sein, als er nach Einzelheiten ihrer Erinnerungen an diese Zeit fragte.

Eng mit diesem Thema hing zusammen, neue Aktivitäten aufzunehmen. Die Patientin berichtete über einen Seniorenkreis, über zukünftige Hochschulkurse, ehren-

amtliche Arbeit und Treffen mit Freunden meist im Zusammenhang mit ihren Ängsten vor diesen Aktivitäten. Sie fühlte sich besonders ängstlich, weil sie jetzt alleine war und nicht mehr so wählerisch sein konnte wie damals, als ihr Mann noch am Leben war und sie auf ihn zurückgreifen konnte. Sie hatte auch das Gefühl, daß verheiratete frühere Freunde kein Interesse mehr an ihr haben würden, weil sie nicht mehr in einer Paarbeziehung stand. Außerdem dachte sie, ihre Depression sei so offensichtlich, daß wohl kaum jemand daran Interesse haben könnte, sich mit ihr zu treffen. Der Therapeut konfrontierte sie vorsichtig mit diesen Punkten, brachte sie dazu, Gegenbeispiele zu geben, und wies auf unrealistische Aspekte hin. Gegen Ende dieser Sitzung beschloß der Therapeut, der Patientin ein trizyklisches Antidepressivum zu verordnen. Diese Entscheidung beruhte einerseits darauf, daß die Depression, wie in der Sitzung erkennbar wurde, anhielt und sie andererseits in der Vergangenheit bereits positiv auf Medikamente angesprochen hatte.

15.1.2 Mittlere Phase (Sitzungen 3 bis 8)

In der dritten Sitzung berichtete die Patientin, sich besser zu fühlen, und sie konnte mehrere kleine Erfolge auf dem Weg zu einem aktiveren Leben verbuchen. Sie fuhr zum ersten Mal seit langer Zeit nachts Auto, wobei sie erzählte, ihr Mann hätte ihr Angst vor nächtlichem Autofahren eingeflößt. Sie hatte zum ersten Mal seit dem Tod ihres Mannes Freunde bei sich zum Abendessen, und sie hatte begonnen, häufiger auszugehen und mit einem örtlichen Seniorenzentrum Kontakt aufzunehmen.

Frau C. hatte auch begonnen, darüber nachzudenken, wie sehr sie sich durch die gehemmte Persönlichkeit ihres Mannes über die Jahre hinweg eingeschränkt hatte. Sie erkannte, daß sie sich immer noch so verhielt, als sei ihr Mann noch am Leben. Sie fühlte sich immer noch schuldig, wenn sie Dinge tat, die er nicht gut geheißen hätte. Außerdem fühlte sie sich schuldig, wenn sie Geld ausgab, das sie beide verdient hatten, oder wenn sie Veränderungen im Haus vornahm. In ihrem Alltagsleben, so berichtete sie, hielt sie weiterhin für ihn einen Platz im Haus frei, schlief nur auf ihrer Bettseite und benutzte nur ihre Hälfte des Kleiderschranks. Die Sitzung endete mit einer relativ neuen Erkenntnis. Sie, und nicht er, konnte nun bestimmen, ob sie sich einschränken sollte oder sich erlauben konnte, etwas zu unternehmen. Außerdem erlebte sie durch den Verlust einer geschätzten und geliebten Person ein Ausmaß an Freiheit, wie seit 40 Jahren nicht mehr.

In der vierten Sitzung wurde der Inhalt der vorhergehenden Sitzungen wiederholt und vertieft. Frau C. sprach über ihr aktiveres Sozialleben und ihre Pläne für zukünftige Hochschulkurse und für ehrenamtliche Arbeit. Während sie sprach, fiel ihr auf, daß sie nicht nur dabei war, ihre alte Leistungsfähigkeit wiederzugewinnen, sondern daß sie sich selbst völlig anders wahrnahm und verhielt. Sie sagte, sie habe erkannt, daß sie den größten Teil ihres Lebens in einer sehr kontrollierenden, einschränkenden Atmosphäre verbracht hatte – erst bei Pflegeeltern und dann mit einem vorsichtigen, kontrollierenden Ehemann. Sie hatte diese Einschränkungen und Begrenzungen als selbstverständlich hingenommen und hatte jetzt erst begonnen, herauszufinden, inwieweit sie diese Dinge verändern wollte. Zum Beispiel hatte sie einen Haushaltsplan, bei dem sie jeden Wochentag mit einer bestimmten Aufgabe verbrachte. Montag war Waschtag. Wenn sich an einem Montag eine attraktive Tätigkeit anbot, war sie peinlich berührt davon, welche Schwierigkeiten es ihr machte, den Waschtag zu verlegen. Sie fand jedoch übertrieben, in welchem Ausmaß sie ihr Leben verplante.

In der fünften Sitzung gab es einen Wendepunkt. Zwei Wochen waren seit der letzten Sitzung vergangen. In dieser Sitzung hatte Frau C. das Ergebnis der psychologischen Tests erhalten, die zu Forschungszwecken mit ihr durchgeführt worden waren. Es waren verschiedene Checklisten und Inventare, die den Patienten Rückmeldung darüber geben, wie sie sich verbessert haben. Sie hatte den Eindruck, daß die psychometrischen Verfahren zeigten, daß sich ihr Zustand erheblich gebessert hatte. Nun hätte sie, wie sie meinte, nichts mehr zu sagen und wolle die Zeit des Therapeuten nicht weiter verschwenden. Der Therapeut nahm diese Aussagen wörtlich und fing an darüber zu sprechen, die Therapie nach ein oder zwei weiteren Therapiesitzungen zu beenden. Er ermunterte sie, den Verlauf der Behandlung zusammenzufassen und noch bestehende Probleme anzusprechen. Daraufhin sprach sie über ihre Befürchtungen, daß ihre Gesundheit mit dem Alter schlechter werden würde. Sie war auch besorgt darüber, daß sie sich noch nicht durch den Stapel an Rechnungen gearbeitet hatte, der von der Behandlung ihres Mannes noch auf ihrem Schreibtisch liegen würde. Weiterhin befürchtete sie, daß ihre Besserung ausschließlich auf die Medikation zurückzuführen sei und daß sie beim Absetzen des Medikamentes einen Rückfall erleiden würde. Trotz dieser pessimistischen Themen sprach sie auch darüber, wie sie sich fühlte, als sie nun begonnen hatte nach neuen Regeln leben zu lernen. Der Therapeut schlug vor, daß die Therapie nicht lediglich darin bestehen müsse, Symptome zu besprechen, sondern sich auch auf ihre Erfahrung, anders leben zu lernen, beziehen könne. Erleichtert und dankbar bemerkte sie, schließlich doch in Therapie bleiben zu wollen.

Die sechste Sitzung drehte sich um die Bedeutung eines eigenartigen, anhaltenden „verrückten“ Gefühls, das sie neuerdings hatte. Es war, „als ob ich noch alles zu Ende bringen muß“, bevor etwas Schreckliches passieren würde. Sie hatte sich zunehmend besser gefühlt und nahm immer weitere neue Aktivitäten auf, besonders im Rahmen von Weihnachtsvorbereitungen. Es waren die ersten Weihnachten ohne ihren Mann. In dieser Sitzung sprach sie über verschiedene Aspekte des Todes ihres Mannes und konnte ihr verrücktes Gefühl mit der Angst in Zusammenhang bringen, daß auch sie sterben würde. Sie würde sterben als Strafe, ausgerechnet wenn das Leben wieder vielversprechend erschien. Sie gab auch an, daß ihre beiden Katzen kurz nach dem Tod ihres Mannes verschwunden waren, und dieser Verlust hatte ihre Verzweiflung stark gesteigert. Sie berichtete, noch keinen Grabstein für das Grab ihres Mannes besorgt zu haben, und ihr wurde klar, daß sie sich in gewisser Weise immer noch nicht dazu überwinden konnte, ihren Mann an diesem Ort, dem Grab, zurückzulassen, während sie weiterhin ihr Leben genoß.

Die Patientin begann die siebente Sitzung damit, ihre erzielten Fortschritte zusammenzufassen. Sie sagte, sie fühle sich besser als je zuvor, und würde eine Art Wiedergeburt erleben, indem sie die Zeit nachholte, die sie durch die Depression und die Beschäftigung mit ihrem Ehemann verloren hatte. Sie war sich durch ein Gespräch mit einer anderen verwitweten Frau, die immer noch depressiv war, gerade darüber bewußt geworden, wie depressiv sie selbst gewesen ist. Sie war weiterhin beschämt darüber, wie sie auf andere gewirkt haben mußte, als sie depressiv war. Sie würde ihren Mann, jetzt wo die Feiertage näherkämen, sehr vermissen. Diese Gefühle seien kontrollierbar und sogar auf eine bittersüße Art angenehm. Sie sagte, er sei die einzige Person gewesen, mit dem sie über vieles aus ihrem früheren Leben sprechen konnte, und nur er habe sie wirklich verstanden. Nun fragte sie sich, wie sie weiterhin ohne ihn auskommen würde. Auf die Frage, wie ihr die Teilnahme am Seniorenzentrum gefallen hätte, erwiderte sie, daß sie langsam Spaß daran hätte, zuzugeben, daß sie selbst eine „alte Dame" sei. Sie machte sich etwas Sorgen, nach der Behandlung wieder

depressiv zu werden. Deswegen wurden einerseits verschiedene weitere Behandlungsmöglichkeiten durchgegangen und andererseits die Umstände vorgestellt, unter denen sie wieder depressiv werden könnte. Sie hatte damit begonnen, neue Dinge in ihr Leben zu integrieren, einschließlich neue Lieder anzuhören, Vertrauen ins Autofahren zu entwickeln und sich zwei Katzen als Ersatz für die beiden anzuschaffen, die sie kurz nach dem Tod ihres Mannes verloren hatte.

In der achten Sitzung brachte die Patientin Weihnachtsgebäck mit, das der Therapeut dankend annahm, ohne weiter darauf einzugehen. Am Anfang der Sitzung wurde die Patientin daran erinnert, daß nach dieser Sitzung nur noch vier weitere Termine verblieben. Die Patientin beschrieb ihre befriedigenden Feiertage, einschließlich eines Weihnachtsessens, das sie für ihre Familie zubereitet hatte sowie andere soziale Aktivitäten. Sie versicherte, „glücklich, oder zumindest so glücklich wie für mich möglich" zu sein. Nach kurzem Schweigen sagte sie, daß ein Gedanke sie weiterhin beschäftigte und ihr wiederholt in den Sinn kam. Dabei handelte es sich um die Erinnerung daran, wie sie versucht hatte, ihren Mann zu erwürgen, kurz bevor er in ein Krankenhaus eingeliefert wurde. Der Rest der Sitzung wurde ausführlich darüber gesprochen, wie schlimm das letzte Lebensjahr ihres Mannes gewesen war. Der Vorfall, den sie erinnerte, war passiert, nachdem er sie in agitierter Weise imaginärer Liebhaber beschuldigt hatte. Um diese Zeit herum war er nicht nur pflegebedürftig und inkohärent, sondern auch paranoid geworden. Er schlief zu ungewöhnlichen Zeiten, und man mußte auf ihn aufpassen, so daß er keinen Schaden im Haus anrichtete oder sich selbst bei dem Versuch verletzte, etwas zu reparieren. Was die Situation verschlimmerte, war, daß der Arzt sich weigerte, den psychischen Verfall ihres Mannes zu registrieren. Die Patientin berichtete, damals das Gefühl gehabt zu haben, völlig übertrieben zu haben. Die Szene, an die sie sich erinnerte, war ein entscheidender Wendepunkt für sie, denn ihr Mann wurde kurz danach ins Krankenhaus eingewiesen.

15.1.2.1 Anmerkung zu den therapeutischen Strategien in den mittleren Sitzungen

Zur Rolle des Therapeuten. In den ersten Sitzungen war identifiziert worden, worin die wahrscheinliche Ursache der Depression lag. Ebenso waren die zwei interpersonellen Hauptziele der Behandlung herausgearbeitet worden. Dementsprechend ging der Therapeut jede einzelne Sitzung mit einem allgemeinen Plan an. Er achtete darauf, welche Inhalte im Zusammenhang mit den Behandlungszielen standen und suchte nach Gelegenheiten, allmählichen Fortschritt in Richtung dieser Ziele zu machen. In einer typischen Sitzung wurden die Gesprächsthemen von der Patientin eingebracht, die sehr artikuliert und behandlungsmotiviert war, sobald sich ihre Depression verbessert hatte. Der Therapeut hörte der Patientin aus zwei Gründen genau zu. Erstens um auf Inhalte zu fokussieren, die mit Gedanken und Gefühlen über ihren Ehemann und dessen Tod sowie mit dem Leben ohne ihn zu tun hatten. Insbesondere war der Therapeut sehr aufmerksam, wenn sie darüber sprach, auf welche Weise sie weiterhin ihr Leben einschränkte. Denn diese Einschränkungen beruhten auf Erinnerungen an ihren Mann und ärgerlichen Gefühlen über ihn. Er plante, ihr zu der Erkenntnis zu verhelfen, daß sie ihr eigenes Leben führen und auch die Gefühle des Ärgers akzeptieren konnte. Zweitens hörte der Therapeut genau hin, wenn sie über Pläne für neue oder ausgebaute Aktivitäten sprach. Bei diesen Besprechungen achtete der Therapeut auf Bemerkungen, die darauf hinwiesen, daß sie zögerte oder unrealistische Annahmen machte. Außerdem wurden in den Therapiesitzungen Gelegenheiten wahrgenommen, ihre Wahrnehmung über die ihr zur Verfügung stehenden Möglichkeiten zu erweitern.

Der Therapeut hatte also in jeder Sitzung diese allgemeinen Strategien im Sinn und versuchte, das Gespräch dementsprechend in bestimmte Richtungen zu lenken. Die besprochenen Themen und die Richtung des Gesprächs waren jedoch an den von der Patientin eingebrachten Inhalten ausgerichtet. Nachdem der Patientin gestattet wurde, bei der Auswahl der Themen die Initiative zu ergreifen, machte sie in verschiedener und überraschender Weise deutlich, in welchem Ausmaß sich ihr Leben um die fortgesetzte Trauer um ihren Mann drehte und wie sie sich weigerte, dies aufzugeben und dadurch neue Dinge zuzulassen. In den Therapiesitzungen ging es fast immer um die zwei Hauptthemen der Therapie: Die Trauer um ihren Mann und den Aufbau neuer Aktivitäten. Während diese Themen in jeder Sitzung angesprochen wurden, kamen jedoch auch neue Themen auf, und sie machte zunehmend tiefgreifende Enthüllungen. Diese gipfelten in der Aussage der Patientin, daß sich ein Teil ihrer Schuld um den Versuch drehte, ihren Mann in einem Wutanfall zu erwürgen. Die Patientin war erst dann in der Lage, dieses Geheimnis preiszugeben, nachdem sich eine vertrauensvolle Beziehung zum Therapeuten entwickelt hatte und nachdem sie weniger schwierige Aspekte im Umgang mit dem Tod und der Krankheit ihres Mannes akzeptiert hatte. Typisch für eine erfolgreiche Therapie ist es, daß die ursprüngliche Form des aktuellen Problembildes sich wiederholt, indem bisher zurückgehaltene Informationen zunehmend eröffnet werden. Diese Öffnung wird häufig erst auf einem anscheinend gewundenen Pfad nach einer Reihe von Sitzungen erreicht, in denen der Patient Fortschritte zu machen scheint, nur um dann wieder auf eine Gesprächsebene zurückzufallen, die frühere Sitzungen charakterisiert hatte. Ein Aspekt dieser Wiederholung besteht in der Bedeutung wichtiger Details. In diesem Fall war ein solch wichtiges Detail beispielsweise die in der sechsten Sitzung erwähnten Katzen, die kurz nach dem Tod des Ehemannes verschwunden waren. Erst in der 7. Sitzung wurde auf die symbolische Bedeutung dieses Verlustes zurückgekommen, da sie sich zwei neue Katzen angeschafft hatte.

15.1.3 Schlußphase (Sitzungen 9 bis 12)

In der neunten Sitzung faßte Frau C. noch einmal ihren Fortschritt in der Volkshochschule zusammen. Im ersten Semester ihres Englischkurses hatte sie eine sehr gute Note bekommen. Außerdem schilderte sie ihre Aktivitäten im Seniorenzentrum und mit ihren Freunden. Sie beschrieb, daß sie die Gesellschaft alter Leute jetzt akzeptierte, die sie zunächst nur zögernd aufgesucht hatte. Dies war sicher so, weil es ihr bisher schwer fiel zu akzeptieren, daß sie selbst alt wurde. Sie war angenehm überrascht, daß nach den Feiertagen kein psychischer Einbruch eingetreten war. Sie sprach auch noch über ihre Besorgnis, daß all das Zusammensein mit Freunden ihre Unabhängigkeit behindern würde, die sie ihrem Gefühl nach immer wild verteidigen mußte. Sie erinnerte sich, wie sie als Teenager bei ihren verschiedenen Pflegeeltern sexuelle Angebote von den Männern in den einzelnen Haushalten erhielt. Sie hatte das Gefühl, daß sie seit dieser Zeit anderen nur sehr langsam vertraute. Nun wurde über das nahende Therapieende gesprochen. Sie versicherte, sich für den Therapieabschluß bereit zu fühlen und keinerlei Probleme zu erwarten.

In der zehnten Sitzung ging die Patientin hauptsächlich durch eine Liste von Bereichen, in denen sie Fortschritte erzielt hatte. Sie fühlte sich zuversichtlich, daß ihre verbesserte Stimmung anhalten würde, obwohl sie immer noch besorgt war, daß die Medikamente allein dafür verantwortlich seien. Nach zwanzig bis dreißig Minuten und nach einer langen Schweigepause fragte die Patientin, ob sie die Sitzung vorzeitig beenden könne, und der Therapeut war einverstanden.

In der elften Sitzung wurden der Krankheitsverlauf und die Therapie zusammengefaßt und das Ende der Behandlung besprochen. Die gesundheitliche Verschlechterung ihres Mannes und die Reaktion der Patientin darauf wurden noch einmal kurz angesprochen. Weiterhin wurde zusammengefaßt, welche Fortschritte erzielt wurden. Die Stimmung der Patientin war verbessert, sie fühlte sich wohler und hatte im Alltag mehr Freiheiten. Die Beziehungen zu ihren Kindern waren besser, und sie hatte nun ein breites Spektrum an Aktivitäten und Interessen. Außerdem lernte sie viele neue Freunde kennen. Sie sprach über ihre Reaktionen auf die Therapie. Zunächst sei sie ängstlich gewesen, hätte dann aber eine zunehmend positivere Einstellung bekommen. Sie sagte auch, daß sich ihr Zustand zu schnell gebessert hätte und sie nicht verstehen könnte, wie sich die Dinge so schnell verändern konnten.

Der Therapeut erklärte, daß die Therapie keinen anderen Menschen aus ihr gemacht habe, sondern ihr lediglich ermöglicht habe, Stärken und Ressourcen, über die sie bereits ohnehin verfügte, zu nutzen. Sie wäre größtenteils deswegen depressiv geworden, weil sie während der langen Krankheit ihres Mannes sozial isoliert gewesen sei. Die Therapie habe die nötige Unterstützung geliefert, diesen Verlust und ihre diesbezüglichen Gefühle zu relativieren. Dies sei ausreichend gewesen, ihr zu ermöglichen, ihre eigenen Interessen und Fähigkeiten wieder zu entwickeln.

In der 12. Sitzung wurde kein neues Thema mehr angeschnitten. Frau C.'s Fortschritte wurden noch einmal zusammengefaßt, und es wurde geplant, wie ein niedergelassener Internist ihre medikamentöse Behandlung fortsetzen sollte. Die Patientin drückte ihr Vertrauen in die Zukunft und ihre Dankbarkeit dem Therapeuten gegenüber aus.

15.1.3.1 Anmerkung zu den Schlußsitzungen

In diesem Fall wurde die Intensität der Therapie in den Schlußsitzungen zurückgenommen. Die Patientin hatte eine vollständige symptomatische Remission erfahren und große Fortschritte darin erzielt, ihr aktives Leben wieder aufzunehmen. Darüber hinaus hatte sie in der achten Sitzung ein wichtiges Geheimnis preisgegeben, nämlich wieviel Wut sie tatsächlich auf ihren Mann hatte. Danach gab es keine ausführlichen Gespräche mehr über die letzten Jahre ihres Mannes und seinen Tod, und die Intensität der Sitzungen wurde stark reduziert. Das Ende der Behandlung wurde besprochen und war von da ab Teil jeder Sitzung. Der Therapeut war bemüht, das Datum der letzten Sitzung deutlich zu machen und nach den Reaktionen der Patientin darauf zu fragen. Die Patientin nahm in erster Linie positive Gefühle gegenüber der Therapie und dem Therapeuten wahr. Ihre Fortschritte wurden mehrmals durchgesprochen, und der Therapeut betonte ihr gegenüber, wie viel sie dazu beigetragen hatte, indem sie aktiv an der Therapie teilgenommen hatte und viele Hürden beim Aufbau neuer Aktivitäten überwunden hätte. Außerdem wurden ausführlich Behandlungsmöglichkeiten besprochen, die eingeleitet werden könnten, falls die Depression wiederkehre. Auch Frühsymptome, die auf eine erneute depressive Episode hinweisen könnten, wurden erwähnt.

15.1.4 Zusammenfassung

Frau C. ist ein Beispiel dafür, wie pathologische Trauer behandelt werden kann. Die Patientin war nicht in der Lage gewesen, den Trauerprozeß abzuschließen. Sie litt unter übertriebener Schuld darüber, daß sie sich über ihren Mann vor und nach seinem Tod geärgert hatte. Sie hatte auf seine Krankheit mit Leugnung, aber auch mit verstecktem Ärger reagiert. Als sich sein Zustand zunehmend verschlechterte, war sie auf einmal entsetzt über den Verfall eines Menschen, auf den sie angewiesen gewesen war. Gleichzeitig war sie ärgerlich darüber, daß er ihr so zur Last geworden war.

Daß sie seinen Tod herbeiwünschte, war ihr bewußt und wurde sogar während eines Wutanfalls ausagiert. Darüber hinaus sah sie ihre Entscheidung, ihn in ein Krankenhaus einzuliefern, als Unterzeichnung seines Todesurteils. Nachdem er starb, fühlte sie weiterhin Verärgerung darüber, daß sie seine Anwesenheit und seine Hilfe beim Umgang mit verschiedenen Aufgaben, wie beispielsweise mit seinen Arztrechnungen, entbehren mußte. Bedenkt man ihren Ärger und ihre daraus erwachsende Schuld, konnte die Patientin sich selbst nicht erlauben, ein Leben alleine und mit Freude anzugehen. Obwohl sie über vielseitige persönliche und soziale Ressourcen verfügte, war sie alleine nicht in der Lage, diese zu nutzen.

Der Behandlungsfokus bestand darin, Frau C. bei der Entlastung von der Schuld zu helfen und sie gleichzeitig bei ihren Bemühungen, neue Interessen zu entwickeln, anzuspornen. Um den Trauerprozeß zu vervollständigen, wurde ausführlich über die Beziehung der Patientin zu ihrem Mann sowie über seinen Tod und ihre Reaktionen darauf gesprochen. Dabei wurden ihre schmerzhaften Gefühle, wie beispielsweise Traurigkeit und schuldhafte Angst, für ihren Ärger möglicherweise bestraft zu werden, besonders berücksichtigt. Sie verfügte über gute persönliche Ressourcen, und ihr Zustand verbesserte sich deutlich, nachdem die Trauer aufgelöst wurde.

15.2
Die IPT im Vergleich mit anderen Ansätzen

15.2.1 Überschneidung mit anderen Therapieformen

Einige der Merkmale der IPT im Unterschied zu anderen Kurzpsychotherapien werden deutlich, wenn man sich ansieht, wie der Therapeut bei Frau C. vorgegangen ist.

Die der IPT am nähesten stehenden Psychotherapieformen sind psychoanalytisch orientierte psychodynamische Therapien, wie beispielsweise von Malan (1963), Sifneos (1979) und Davenloo (1982) beschrieben. Bei diesen Therapien werden allerdings Interpretationen als hauptsächlicher kurativer Faktor angesehen. Dazu werden zwischen gegenwärtigen Konflikten, Konflikten in der Kindheit und der Übertragungsbeziehung zum Psychotherapeuten Zusammenhänge hergestellt. Das Problem der Patientin wird in der IPT sehr ähnlich konzeptualisiert wie in den psychodynamischen Therapien. Die Patientin war aufgrund übertriebener Schuldgefühle wegen ihrer Wut über ihren Ehemann vor und nach seinem Tod unfähig, den Trauerprozeß abzuschließen. Viele der Verhaltensweisen von Frau C. können durch diese Schuld erklärt werden. Aus Furcht vor massiver Vergeltung für ihre Wutgedanken mußte sie verleugnen, daß ihr Mann tot war, um nicht realisieren zu müssen, daß sie zu seinem Tod beigetragen hatte. Und sie mußte sich selbst bestrafen, um ihre imaginativen Verstöße gegen ihn zu sühnen. Deshalb beließ sie ihr Haus wie zu seinen Lebzeiten, fühlte sich weiterhin miserabel und versagte sich selbst alle Gelegenheiten, glücklicher zu sein.

In der IPT-Behandlung wurde mit diesem Problem jedoch völlig anders umgegangen als in anderen Psychotherapietypen. Der IPT-Therapeut konzentrierte sich

im Gespräch ausschließlich auf die Erfahrungen, welche die Patientin im Zusammenleben mit ihrem Mann und mit seinem Tod gemacht hatte und versuchte auf diese Weise, die damit verbundenen Gefühle herauszuarbeiten. Es wurde kein Versuch unternommen, ihre Kindheitserfahrungen genauer zu explorieren oder diese in Zusammenhang mit den Reaktionen der Patientin auf die Krankheit und den Tod ihres Ehemannes zu bringen. Weiterhin wurde trotz vieler Gelegenheiten auch nicht versucht, die Beziehung zum Therapeuten zu explorieren. Zum Beispiel äußerte die Patientin in der fünften Sitzung den Wunsch, die Behandlung vorzeitig zu beenden, da sie eine symptomatische Besserung erfahren und das Gefühl hatte, die Zeit des Therapeuten „zu verschwenden". Daraufhin besprach der Therapeut diese Möglichkeit völlig sachlich, indem er darauf fokussierte, was noch vor der Patientin lag, anstelle auf das, was zwischen der Patientin und dem Therapeuten abgelaufen ist. Nachdem die Patientin viele Befürchtungen über das, was als nächstes passieren könnte, äußerte, erkannte sie, daß sie noch nicht soweit war, die Therapie zu beenden. Wenn man als IPT-Therapeut mit einem Patienten konfrontiert ist, der die Therapie vorzeitig beenden möchte, kann man sich auch dafür entscheiden, Aspekte der therapeutischen Beziehung zu besprechen. Übertragungsaspekte zu besprechen sollte allerdings den Fällen vorbehalten bleiben, bei denen Interventionen auf anderen Ebenen nicht angemessen sind oder nicht erfolgreich waren.

In ähnlicher Weise wurde nicht auf die Bedeutung des Weihnachtsgebäcks eingegangen, das die Patientin dem Therapeuten in der 8. Sitzung mitbrachte. Dies schien nicht nötig, da ja die zentralen Themen bisher erfolgreich durchgesprochen werden konnten. Und in den Abschlußsitzungen stellte der Therapeut nicht Frau C.'s Aussagen in Frage, daß sie nur positiv über den Abschluß der Therapie denke und er reagierte auf ihre Befürchtungen bezüglich eines möglichen Rückfalls, indem er realistisch ihre Optionen besprach. Er versuchte nicht über ihre ambivalenten Gefühle zu sprechen, die sie hinsichtlich der Abhängigkeit von anderen hatte.

Ein Hauptunterschied zwischen IPT und anderen Arten psychodynamischer Kurztherapie besteht also in den nicht fokussierten Teilen. In diesem Fall sind es die Übertragung sowie die Vorzeichen der gegenwärtigen Probleme in der Kindheit der Patientin.

Die Art, wie über Frau C.'s depressive Symptome gesprochen wurde, verdeutlicht einen weiteren Unterschied zwischen IPT und anderen psychodynamischen Therapien. Hier wurde die Patientin ausdrücklich über die positive Prognose informiert und eine medikamentöse Behandlung setzte nach der zweiten Sitzung ein, da zu diesem Zeitpunkt deutlich geworden war, daß Rückversicherung alleine nicht zu einer symptomatischen Besserung führte.

Ein dritter Unterschied besteht darin, daß der IPT-Therapeut häufig und wiederholt spezifische Veränderungen besprach. Hier ging es um Veränderungen, die die Patientin machen könnte, um ihr Leben wieder aktiv zu gestalten, indem sie neue und befriedigendere Aufgaben fand. Wenn darüber gesprochen wurde, achtete der Therapeut darauf, nicht irgendeinen bestimmten Handlungsverlauf zu befürworten und damit andere Optionen auszuschließen. Es wurde vielmehr versucht, alle Möglichkeiten dahingehend zu durchleuchten, inwieweit es sinnvoll wäre, sie auszuprobieren.

IPT unterscheidet sich von psychodynamischen Therapien außerdem durch ihren Umgang mit Persönlichkeitsfragen. Ihr ganzes Leben hindurch zeigte Frau C. in ihrem Umgang mit zwischenmenschlichen Beziehungen, daß sie unbearbeitete Abhängigkeitsgefühle hatte. Sie kontrollierte diese Gefühle, indem sie leugnete, daß andere für sie etwas bedeuteten, zu anderen Distanz hielt und sich um andere selbst dann kümmerte, wenn sie sich dadurch übermäßig in deren Leben einmischte. So war es beispielsweise in ihrer Beziehung zu ihrem alkoholabhängigen Sohn. Ihre Überraschung darüber, wie sehr sie der Tod ihres Mannes betraf, ist ein Hinweis auf die contra-dependenten Haltungen, die sie sich angeeignet hatte. Der IPT-Therapeut versuchte, der Patientin zu helfen, solche Behandlungsziele zu formulieren, die mit ihrem Persönlichkeitsstil vereinbar waren. Da sie andere Menschen brauchte, aber Schwierigkeiten hatte, dies zuzugeben, ermunterte sie der Therapeut, über solche Kontaktmöglichkeiten nachzudenken, die gleichzeitig ein Hilfsangebot für andere darstellten. Deswegen beinhalteten viele der Möglichkeiten ehrenamtliche Arbeiten und Freundschaften, in denen sie anderen etwas anbot. Obwohl diese Art von Leistung in der Vergangenheit manchmal zur Verärgerung geführt hatte, „ausgenutzt" zu werden, hatten diese Gefühle üblicherweise nicht zum Abbruch der Beziehung geführt. Das Ziel der IPT bestand also darin, daß die Patientin wieder ihr früheres Leistungsniveau erreichte, das sie als adäquat angesehen hatte, obwohl dies möglicherweise nicht ideal gewesen war. Im Gegensatz dazu besteht das angestrebte Ziel bei anderen psychodynamischen Therapien darin, intrapsychische Kernkonflikte aufzulösen. Die Persönlichkeitsveränderung soll sich als Folge daraus ergeben.

15.2.2 IPT versus Verhaltenstherapien und kognitive Therapien

Daß der IPT-Therapeut den Schwerpunkt der Behandlung auf die unaufgelöste Schuld gelegt hat, unterscheidet diesen Ansatz von einem verhaltenstherapeutischen. Dieser hätte möglicherweise darauf fokussiert, daß die Patientin nicht in der Lage sei, positiv verstärkende Lebenserfahrungen zu erreichen. Der therapeutische Schwerpunkt unterscheidet sich auch von dem eines kognitiven Therapeuten, der auf die dysfunktionalen Einstellungen des Patienten sich selbst und seiner Zukunft gegenüber fokussiert hätte. Die deutlichsten Unterschiede zwischen IPT und verhaltenstherapeutisch ausgerichteten Behandlungen sind im Beispiel von Frau C. jedoch technischer Art. Der IPT-Therapeut war weitaus weniger direktiv als es ein verhaltenstherapeutischer oder kognitiver Therapeut gewesen wäre. Obwohl allgemeine Bereiche definiert wurden, an denen gearbeitet werden sollte, wurden spezifisch angestrebte Ziele nicht explizit besprochen. Die Sitzungen waren grob um die Kernfragen herum strukturiert. Dies steht im Gegensatz zur kognitiven Therapie, bei der ein konkreter Handlungsplan Teil der Therapie ist. Versuche, der Patientin dabei zu helfen, neue Aktivitäten aufzubauen, fanden statt, indem die bestehenden Möglichkeiten besprochen wurden. Der Therapeut ermunterte die Patientin implizit dazu, neue Verhaltensweisen auszuprobieren. Es gab keine Hausaufgaben, Fortschritte wurden auf informelle Weise erfaßt und spezifische Vorschläge wurden nur selten gemacht. Im Gegensatz dazu besprechen verhaltenstherapeutisch und kognitiv orientierte Therapeuten häufig wiederholt und ausdrücklich erzielte Fortschritte, die Hausaufgaben und planen spezifisch Dinge, die der Patient tun könnte.

15.3
Interventionsebenen

Der IPT-Therapeut kann versuchen, Veränderungen mit Hilfe von Interventionen auf vier verschiedenen Ebenen einzuleiten. In diesem Fall wurden drei Veränderungsebenen erfolgreich angestrebt.

1. **Bekämpfung der Hoffnungslosigkeit und die Bewältigung depressiver Symptome.**
   In diesem Fall wurden die depressiven Symptome der Patientin erfragt, für sie zusammengefaßt und als Zeichen für eine depressive Episode gedeutet, in der sich ihre gegenwärtige Leistungsfähigkeit klar von ihrer früheren Leistungsfähigkeit unterschied. Der Therapeut versicherte sie einer guten Prognose. Darüber hinaus wurde sie mit einem trizyklischen Antidepressivum behandelt, da sie bereits früher schon gut auf Medikamente angesprochen hatte.

2. **Erhöhung der Akzeptanz von sich selbst und anderen.**
   Dieses Thema stellte eine Kernfrage in der Therapie dar. Die Patientin hatte bisher weder Gelegenheit gehabt, abzuschätzen, welche Auswirkungen der Tod ihres Mannes gehabt hatte, noch konnte sie eine realistische Perspektive zu ihrem Umgang damit erhalten. Sie hatte übersteigerte Schuldgefühle, weil sie dachte, sie sei extrem aggressiv gewesen und habe ihren Mann nicht adäquat versorgt. Die Therapie half ihr dabei, ihre ärgerlichen Gefühle als ganz natürlich und unter diesen Umständen normal anzuerkennen und zu akzeptieren. Außerdem konnte sie es aufgeben, sich dafür weiterhin selbst zu bestrafen.

3. **Vermittlung interpersoneller Bewältigungsstrategien.**
   Die Patientin verfügte über ein adäquates Repertoire an Strategien, Freunde zu gewinnen, sich an Aktivitäten zu beteiligen und sich mit sinnvollen Dingen zu beschäftigen. Sie hatte jedoch vorübergehend ihre sozialen Kontakte aufgegeben, da sie sich ausschließlich mit ihrem Ehemann beschäftigt hatte. Jetzt war sie durch übertriebene Schuldgefühle daran gehindert, mit anderen in Kontakt zu kommen. Sobald sich ihre Symptome stabilisiert hatten und ihre Schuldge-

fühle vermindert waren, war sie in der Lage, ihre sozialen Fähigkeiten wieder effektiver einzusetzen. Die Interventionen des Therapeuten in diesem Bereich fokussierten darauf, unrealistischen oder übertriebenen Ängsten vor Zurückweisung durch andere entgegenzuwirken, indem ausführlich besprochen wurde, welche neuen Aktivitäten möglich wären.

4. **Umgang mit Psychodynamik.**
Der IPT-Therapeut erkannte, welche Bedeutung die übertriebenen Schuldgefühle hatten. Auf sie wurde in der Behandlung fokussiert. Diese Schuldgefühle wurden aber nicht explizit interpretiert, indem beispielsweise ein Bezug zu vergangenen und gegenwärtigen Beziehungen hergestellt worden wäre.

15.4
Techniken

15.4.1 Explorative Techniken

In diesem Fall wurden bei den meisten therapeutischen Interventionen explorative Techniken eingesetzt. Dahinter stand die Absicht, ein Behandlungsziel zu formulieren, und es damit dem Therapeuten zu erleichtern, die zu vertiefenden Gesprächsbereiche zu bestimmen. So fragte der Therapeut in den mittleren Sitzungen nach, warum es der Patientin widerstrebe, zum Grab ihres Mannes zu gehen. Den Besuch ihres Sohnes hielt er hier nicht für so wichtig. Das allgemeine Ziel nondirektiver Exploration besteht darin, dem Patienten und dem Therapeuten zu helfen, genau festzustellen, was tatsächlich im Leben des Patienten vor sich geht und einzuschätzen, wo Veränderungen vorgenommen werden müssen. Auf diese Weise findet ein Zusammenspiel zwischen Exploration, Klärung und zusammenfassender Rückmeldung an den Patienten in kleinen Schritten statt. Ein Beispiel für dieses Muster trat in der ersten Sitzung auf, als der Therapeut versuchte, zu verstehen, was die Patientin davon abhielt, ihre alten Freunde zu treffen. Bei diesem Gespräch wurde klar, daß es einen Unterschied gab zwischen der Antizipation eines Ereignisses und der tatsächlichen Fähigkeit der Patientin, dieses zu genießen, wenn sie erst einmal mittendrin war.

Patientin: *„Ich glaube, ich habe Angst vor Zurückweisung, so sehr, daß ich überhaupt keine Pläne für irgend etwas mache. Wenn mich jemand anruft und sagt, willst du das-und-das machen, gehe ich gerne, aber ich ergreife nicht die Initiative, irgend etwas zu unternehmen, egal mit wem.“*

Therapeut: *„Was verstehen Sie unter Angst vor Zurückweisung?“*

Patientin: *„Nun, wenn die sagen, ich kann heute nicht, selbst wenn sie mir einen guten Grund dafür nennen, wirft es mich irgendwie, wissen Sie, in ein Loch hinein, es ist fast wie mein Fehler, daß sie nicht können, wissen Sie.“*

Therapeut: *„Mm-hm. Oder das die Ihnen was vormachen?“*

Patientin: *„Ja, genau.“*

Therapeut: *„Ich meine, ist das wirklich etwas, das Ihnen oft passiert ist, daß Leute es irgendwie schwierig finden, mit Ihnen zusammen zu sein?“*

Patientin: *„Ich glaube nicht, ich glaube es nicht. Ich glaube, ich mache mir das in meinem Kopf zurecht.“*

Therapeut: *„Haben Sie das schon länger so erlebt oder erst in letzter Zeit?“*

Patientin: *„Wahrscheinlich erst in letzter Zeit. Davor, ich glaube, ich hatte immer (seufzt) dieses Gefühl, daß, nun, was passierte schon, wenn mich jemand wirklich zurückwies? Was auch immer ich in die Wege leitete, ich konnte immer auf meinen Mann zurückgreifen, wissen Sie, um, nun, so daß...“*

Therapeut: *„Mm-hm.*

Patientin: *„Aber jetzt ist es ein bißchen anders. Du machst gerade irgendwie, du hängst den Telefonhörer auf, und du kannst nicht (unklar) wissen Sie, etwas anderes planen oder sonstwas. Es ist irgendwie – du sagst irgendwie, nun, was mach' ich jetzt bloß?"*

Therapeut: *„Mm-hm. Wenn Sie erst mal Pläne gemacht haben, ist es schwierig zu... Sie planen nicht gerne weit im voraus, oder?"*

Patientin: *„Nein."*

Therapeut: *„Wie kommt das?"*

Patientin: *„Ich weiß nicht."*

Therapeut: *„Es ist also so, daß Sie jemanden anrufen und gleich heute oder morgen gerne etwas machen möchten, so ungefähr?"*

Patientin: *„Nun, etwas bestimmtes zu planen, wissen Sie, fällt mir nicht schwer. Aber wenn dann die Zeit näher rückt, könnte ich mich irgendwie selbst dafür prügeln, daß ich den jeweiligen Plan gemacht habe, weil ich es dann eigentlich gar nicht mehr machen will, wissen Sie, oder ich bilde mir zumindest ein, daß ich es nicht machen will."*

Therapeut: *„Und wenn Sie es dann machen?"*

Patientin: *„Ist es ganz das Gegenteil oder so wenn ich es mache, stelle ich fest, daß es mir gefallen hat."*

Therapeut: *„Mm-hm. Es ist also wirklich ein gravierender Unterschied zwischen der Erwar..."*

Patientin: *„Ich habe da irgendwie in irgendeiner Weise einen Konflikt."*

Therapeut: *„Mm-hm, es ist so, als ob die Erwartung des Ereignisses sich wirklich unterscheidet von dem wie es dann in Wirklichkeit abläuft."*

Patientin: *„Ja, sehr."*

Therapeut: *„So wie ihre Erwartung, daß die Leute Sie nicht mögen oder mögen würden, und wie es dann wirklich ablief, zum Beispiel, als Sie im Krankenhaus waren und die Leute nicht wollten, daß Sie gehen, das ist irgendwie... irgendwie paßt das nicht zusammen."*

Patientin: *„Nun ich habe keine Schwierigkeiten, mit anderen klarzukommen, ich meine, die Leute mögen mich im allgemeinen. Ich bin kein, wissen Sie, ich bin kein anspruchsvoller Mensch, ich bin nicht – ich bin einigermaßen angenehm im Zusammensein mit anderen ich, ähh.. ich bin nur oft innerlich nervös, weil ich das Gefühl habe, daß ich andauernd reden sollte. Und manchmal komme ich von einer Verabredung mit anderen zurück und denke, wissen Sie, warum, warum hab' ich immer das Gefühl, daß ich immer, daß mein Mundwerk ständig gehen muß, und es ist einfach, daß ich Schweigen nicht aushalten kann, es ist..."*

Therapeut: *„Hm"*

Patientin: *„Ich kann auch zu Hause keine Ruhe aushalten, mein Radio läuft die ganze Zeit."*

Therapeut: *„Mm-hm. Haben Ihnen andere schon einmal angedeutet, daß Sie zuviel reden, oder daß Sie..."*

Patientin: *„Nein"*

Therapeut: *„Also noch mal, ich meine, es scheint als ob Sie irgendwie das Gefühl haben..."*

Patientin: *„Als ob ich zwei Persönlichkeiten habe, wissen Sie?"*

Therapeut: *„Wie meinen Sie das, zwei Persönlichkeiten?*

Patientin: *„Als ob ein Teil von mir, Dinge tun kann, die, ähhh, wissen Sie, gut für mich sind, und der andere Teil von mir kämpft einfach dagegen an."*

15.4.2 Umgang mit Gefühlen und Ermuntern zum Affekt

Für Frau C. hatte es in der Therapie eine Schlüsselfunktion, Gefühle zeigen zu können. Als die Beziehung zu ihrem Ehemann besprochen wurde, wurde ihr ausdrücklich geholfen, Traurigkeit über den Verlust zu verspüren. Sie sollte erkennen, daß sie dieses Gefühl ertragen kann. Außerdem wurde ihr geholfen, den Ärger gegenüber ihrem Ehemann zu verspüren. Auch hier sollte sie erkennen, daß es sich dabei um ein akzeptables und ganz normales Gefühl handelt. Weiterhin wurde sie darin unterstützt, liebevolle Gefühle für ihren Mann zu erfahren. Sie sollte dieses Gefühl nicht aufgeben müssen, selbst wenn sie neue Menschen und Erfahrungen in ihrem Leben zulassen würde. Sie zu ermuntern, ihre Gefühle zuzulassen fand auf drei verschiedene Weisen statt:

1. Wurden wichtige Einzelheiten im gegenwärtigen und vergangenen Leben der Patientin besprochen.
2. Wurden ihre Gefühle benannt.
3. Wurde sie dazu motiviert, diese Gefühle als erträglich und verständlich zu akzeptieren.

Bedeutsame Einzelheiten wurden während des gesamten Therapieverlaufs erfragt. Dazu gehörte zum Beispiel, sich damit auseinanderzusetzen, daß die Patientin so tat, als ob ihr Mann immer noch im Haus sei, indem sie nur auf einer Bettseite schlief und eine Hälfte des Kleiderschranks für ihn frei ließ. Bedeutsam war auch herauszufinden, wie es für sie war, als sie versuchte, zum Grab zu gehen. Und bedeutsam waren ihre Reaktionen auf den Verlust ihrer Katzen und noch viele andere Einzelheiten.

Der folgende Ausschnitt aus der vierten Sitzung veranschaulicht, wie bedeutsame Einzelheiten exploriert werden.

Patientin: *„Die Feiertage sind irgendwie eine traurige Zeit für mich, weil (unklar) mich nicht davon abhält von, Sie wissen schon, das Haus ein bißchen zu schmücken. Ich mag Weihnachten. Es macht mir Spaß, das Haus zu schmücken. Deshalb ich – ich werde eben, auch wenn mein Mann nicht da ist, ich werde trotzdem schmücken."*

Therapeut: *„Mm-hm, mm-hm."*

Patientin: *„Weil es mir gefällt, alles in Rot und Grün – das sind schöne Farben."*

Therapeut: *„Mm-hm, mm-hm. Es fällt Ihnen immer noch schwer, daran zu denken, Dinge für Sie selbst zu tun."*

Patientin: *„Nun, ich glaube, das ist genau das, wo die Schuld dazukommt, daß er nicht mehr da ist, wissen Sie. Ich mache nicht soviel für mich selbst. Ich – nun, es wird schon besser, ich mache – schon ein bißchen was für mich – aber erst nach und nach..."*

Therapeut: *„Mm-hm."*

Patientin: *„Ich kriege diese plötzlichen Schuldgefühle, und ich denke, nun, Mensch, du solltest nicht, du solltest nicht so glücklich über bestimmte Dinge sein."*

Therapeut: *„Hm, mm-hm. Weil das heißt, wenn Ihnen etwas Spaß macht, können Sie nicht gleichzeitig an ihn denken?"*

Patientin: *„Ich denke immer weniger an ihn, aber ich mache nicht plötzlich, ganz plötzlich, wenn ich irgend etwas mache, das mir Spaß macht, schießt mir der Gedanke in den Kopf, daß, wissen Sie, du solltest nicht so gut gelaunt sein (kichert)."*

Therapeut: *„Hm, Hm. Ich glaub', ich weiß, was Sie meinen."*

Patientin: *„Ich bin sicher, er würde nicht wollen, daß ich – traurig bin..."*

Therapeut: *„Aber irgendwie, an diesen traurigen Gedanken festzuhalten ist ein bißchen wie an ihm selbst festzuhalten?"*

Patientin: *„Wahrscheinlich. Da war etwas gestern, das ich schon lange machen wollte, aber bis jetzt nicht dazu in der Lage war, ...ich glaube, vielleicht habe ich es mir nicht eingestanden, daß – daß es einfach gemacht werden mußte...ich habe wegen eines Grabsteins angerufen."*

Therapeut: *„Hm."*

Patientin: *„Und werde wahrscheinlich nächste Woche hingehen und ihn abholen. Und vielleicht hilft das die Dinge* zur Ruhe kommen zu lassen. Ich war vorher nicht in der Lage, es zu tun."

Therapeut: „Hm. Was, was passierte denn vorher, wenn Sie versucht haben, es zu tun, oder sich damit zu beschäftigen?"

Patientin: (seufzt) „Ich konnte mich einfach nicht damit auseinandersetzen, ich konnte mit all dem nicht umgehen. Als ich tatsächlich einmal – ich ging einmal zum Friedhof..."

Therapeut: „Hm."

Patientin: „Und ich war entsetzt, weil ich ging hin, und ich konnte sein Grab nicht finden, weil es keine Markierung gibt, oder irgendwas, und ich hatte nicht ... natürlich vorher nicht geschaut, um zu sehen was rechts und links davon war, deshalb war ich ... Da sind vielleicht vier oder fünf Gräber, mit überhaupt nichts drauf. Ich wußte nicht, welches war, war seines, welches unseres war. Und ich war so entsetzt, daß ... ich gehe nicht gern zum Friedhof, und ich gehe nicht jedes Wochenende, ich würde nicht, weil – es gibt, ich – ich, – es bringt mir eben nichts."

Therapeut: „Mm-hm."

Patientin: „Aber manchmal tut es nicht mehr so weh, wissen Sie. Ich war nicht so entsetzt darüber, daß ich ihn nicht finden konnte, wo sie sind, und alles, wo ich den Grabstein herbekomme..."

Therapeut: „Mm-hm."

Patientin: „Deshalb bin ich nie mehr dorthin zurückgegangen, weil eben kein Bedürfnis besteht, hinzugehen. Ich gehöre nun mal nicht zu denen, die dorthin gehen und weinen, und was mich..."

Therapeut: „Mm-hm."

Patientin: „Was mich wahrscheinlich für eine Zeitlang zu traurig machen würde."

Therapeut: „Was heißt zu traurig?"

Patientin: „Das heißt, zu realisieren, daß er da unten ist und ich bin hier oben, glaub' ich" (lacht).

Therapeut: „Was würde passieren, wenn Sie zu traurig sind?"

Patientin: „Ich wäre, ich hätte wahrscheinlich einen Weinkrampf. Wirklich, es würde wahrscheinlich zwei Tage dauern, bis ich darüber hinwegkäme, wissen Sie das ist so – wissen Sie – so ein lähmendes Gefühl, ich mache dann überhaupt nichts mehr. Ich würde nichts tun. Wohingegen ich jetzt wenigstens etwas unternehme."

Therapeut: „Mm-hm."

Patientin: „Es hört sich für jemand anderen vielleicht nicht nach viel an, aber für mich, ist es... Ich bin – ich habe das Gefühl, daß ich irgendwie ein bißchen weitergekommen bin."

Therapeut: „Hm."

Patientin: „Ich habe überhaupt keine Angst mehr, daß ich meinen Verstand verliere, auf jeden Fall nicht im Moment."

Therapeut: „Hm. Mm-hm."

Patientin: „Und ich bin außerdem auch noch nicht so alt."

Therapeut: „Also, wenn Sie einen Grabstein für ihn finden würden, hätte er dann einen Platz?"

Patientin: „Das ist wahrscheinlich genau das Gefühl, das ich habe, ja."

Therapeut: „Und, daß es..."

Patientin: „Und wenn ich dort hingehen würde, wäre ich irgendwie... es wäre irgendwie gut, zu wissen, daß ich, wissen Sie, das Richtige getan habe, wahrscheinlich."

Therapeut: „Mm-hm."

Patientin: „Wenn es überhaupt sowas wie richtig und falsch gibt, wissen Sie."

Therapeut: „Mm-hm."

Patientin: „Ich glaube, das wäre das Richtige."

Therapeut: „Mm-hm. Aber irgendwie, wenn er eigentlich keinen Platz hat, dann?"

Patientin: „Er ist irgendwie einfach noch nicht zur letzten Ruhe gebettet, irgendwie."

Therapeut: „Mm-hm."

Patientin: „Es ist nicht, es ist nicht abgeschlossen, und, ich, ich hätte gerne zu *diesem Zeitpunkt, gerne alles abgeschlossen..."*

Therapeut: *„Mm-hm, so wie mit den Rechnungen auch?"*

Patientin: *„Richtig. Ich habe nur noch ungefähr zwei Dinge zu tun, was die Rechnungen anbelangt."*

Therapeut: *„Mm-hm."*

Patientin: *„Und (seufzt) das wird auch noch erledigt. Und ich glaube das ist, ich – ich meine eben, es wird eine große Erleichterung sein, wenn ich alles einfach beiseite lassen kann, und einfach mit meinem Leben weitermachen kann."*

Therapeut: *„Mm-hm. Aber ich glaube, die Erleichterung hat zwei Seiten. Ich meine, eine ist, daß Sie es wirklich abgeschlossen haben, und er an einem Platz ist, und, wissen Sie, der Platz ist definitiv nicht bei Ihnen, und er ist tot."*

Patientin: *„Ja."*

Therapeut: *„Aber andererseits, glaube ich, dadurch, daß Sie diese Dinge immer noch zu erledigen haben, irgendwie, hält ihn das länger am Leben. Sie müssen ihn nicht aufgeben."*

15.4.3 Klärung

Die Gefühle der Patientin wurden häufig benannt oder geklärt. Als die Patientin beispielsweise zugab, so wütend gewesen zu sein, daß sie versucht hat, ihren Mann zu würgen, bemerkte der Therapeut: *„Er hat Ihnen Dinge angetan, die jeden wütend gemacht hätten. Seine Drohungen, sein Mißtrauen, seine Hilflosigkeit waren zum wütend werden, und Sie wurden so wütend, daß Sie vorübergehend die Kontrolle verloren."*

In Frau C.'s Therapie wurden Klärungen meistens in der Art vorgenommen, daß die verschiedenen besprochenen Gefühle der Patientin miteinander in Zusammenhang gebracht wurden. Ihr sollte gezeigt werden, in welcher Relation diese Gefühle zu den Schuldgedanken und Schuldgefühlen hin-

sichtlich ihres Mannes standen. Dahinter stand die Absicht, ihr zu helfen zu erkennen, daß die Schuldphantasien unrealistisch waren, und ihr dabei zu helfen, einen angemessenen Abstand zu dem Ereignis zu bekommen. Ein Beispiel für diese Art von Klärung kommt aus der vierten Sitzung. Die Patientin hatte über ihre freudige Erwartung von Weihnachten gesprochen sowie über den besorgniserregenden Befund ihres Arztes, der einen Schatten auf ihrer Lunge gefunden hatte. Ihr unmittelbarer Gedanke war, daß sie Krebs habe und bald sterben würde, gerade als sie anfing, das Leben zu genießen.

Therapeut: *„Mm-hm, ich frage mich, ob die einschießenden Schuldgefühle und das Gefühl, daß Sie ernsthaft krank werden und sterben, ob die beiden nicht irgend etwas miteinander zu tun haben, wissen Sie, als ob, fast als ob Sie das Gefühl haben, daß..."*

Patientin: *„Eigentlich ich hätte sterben sollen?"*

Therapeut: *„Ja oder daß, wissen Sie, daß es genau, es gut paßt, daß Sie krank werden, jetzt wo er nicht mehr da ist."*

Patientin: *„Ich hoffe nicht."*

Therapeut: *„Mm-hm. Ich glaube aber, daß dies vielleicht Ihre Gedanken sind, wissen Sie."*

Patientin: *„Ja, ja."*

Therapeut: *„Ich meine, sie sind nicht Wirklichkeit. Aber wissen Sie, ich frage mich..."*

Patientin: *„Ich hatte sie schon vor einiger Zeit, ich, ich hatte diese Art von Befürchtung vor einiger Zeit, aber nicht in den letzten paar Monaten."*

Therapeut: *„Mm-hm. Mm-hm."*

Patientin: *„Ich meine als, nachdem, nachdem er gestorben ist, vielleicht zwei, drei – ein paar Monate danach."*

Therapeut: *„Mm-hm. Mm-hm."*

Patientin: *„Ich hatte auf diese Art gedacht, aber ich denke jetzt nicht mehr so."*

Therapeut: *„Nun, aber, wissen Sie, ich glaube, es ist doch so, daß, wenn Ihnen*

Dinge Spaß machen, wissen Sie, und Sie fühlen..."

Patientin: „Mm-hm."

Therapeut: „Ich glaube, ich glaube nicht, daß diese Gedanken, ich glaube, Sie könnten schließlich auch andere Dinge denken, wissen Sie."

Patientin: „Ja

Therapeut: „Es ist nur, daß es für mich so aussieht, daß, ähh..."

Patientin: „Sie etwas miteinander zu tun haben."

Therapeut: „Ja, daß, wissen Sie, sobald Sie anfangen, Dinge zu genießen und sich deswegen schuldig fühlen, wissen Sie, es sieht irgendwie so aus..."

Patientin: „Das ist wohl mein Schicksal."

Therapeut: „Ja, richtig. Ich meine, daß dies eine Art von Strafe wäre für...."

Patientin: „Ja"

Therapeut: „Dafür, daß Sie anfangen, ihr Leben zu genießen."

Patientin: „Nun, ich glaube, die Psyche macht viele verrückte Sachen, denke ich."

Therapeut: „Hm, mm-hm, mm-hm. Nun, ich denke, es ist schwierig, weil es – wissen Sie, wenn Sie wirklich etwas genießen, dann lassen Sie eigentlich von ihm los."

Patientin: „Ja."

Therapeut: „Wissen Sie, und Sie sind wirklich..."

Patientin: „Vielleicht bin ich einfach noch nicht, noch nicht ganz bereit, loszulassen."

Therapeut: „Ja. Ganz genau das und ich glaube, daß die Tatsache, daß Sie irgendwie von dem Grab fernbleiben, wissen Sie, weil es Sie immer noch erschreckt, wie traurig Sie werden können."

Patientin: „Ja."

Therapeut: „Wissen Sie, ich glaube, daß es wirklich beeindruckend ist, daß Sie die Fortschritte machen, die Sie machen, aber andererseits denke ich, ist es so daß, wissen Sie, ich glaube Sie müssen

ihn nicht vergessen. Sie müssen nicht vollkommen ohne die Erinnerungen an ihn sein."

Patientin: „Ja nun, abgesehen von dem zeitweise einschießenden Schuldgefühl, tut das Denken an ihn nicht mehr so weh, wie es mal getan hat, aber..."

Therapeut: „Hm, mm-hm."

Patientin: „Die schmerzhaften Gefühle und die Schuld – sind, ich weiß nicht, hängen die irgendwie zusammen? Ich finde, daß ich überhaupt nicht mehr so einsam in dem Haus bin. Genau gesagt, ich genieße es sogar, jetzt alleine zu sein."

Therapeut: „Hm."

Patientin: „Und, wenn ich, wenn mich meine Tochter bittet, zu ihr zu kommen, nur um mich zu ihr setzen, wissen Sie, ich meine nicht babyzusitten, sondern einfach nur so 'rüber zu kommen, verspüre ich nicht das Bedürfnis sofort 'rüberrennen zu müssen. Wenn ich müde bin, sage ich, ich glaube nicht, daß ich heute abend komme, wissen Sie."

Therapeut: „Mm-hm."

Patientin: „Also (seufzt) es gab Zeiten, da konnte ich es überhaupt nicht abwarten, aus diesem Haus 'rauszukommen, aber jetzt fängt es an, besser zu werden. Die Dinge fangen an sich positiv zu entwickeln. Und, wissen Sie, nach und nach verschwinden auch seine Sachen."

Therapeut: „Mm-hm."

Patientin: „Abgesehen von ein oder zwei Bildern, wissen Sie."

Therapeut: „Mm-hm."

Patientin: „Aber ich war nicht in der Lage, mich von allen seinen Kleidern zu trennen, zum Beispiel. Ich weiß nicht warum ich damit warte, ich habe zwei Bademäntel, die da hängen, und ich dachte, warum habe ich die da gelassen? Ich weiß nicht, warum ich sie da gelassen habe."

Therapeut: „Mm-hm."

Patientin: „Aber ich weiß, daß ich mich von ihnen trennen werde, wissen Sie, sobald ich anfange..."

Therapeut: „Mm-hm. Sie werden sich von ihnen trennen, wenn Sie..."

Patientin: „Wenn es an der Zeit ist, genau."

Therapeut: „Wenn es an der Zeit ist. Mm-hm, mm-hm. Und es ist ein ganz allmählicher Prozeß."

Patientin: „Ja, ja. Manchmal, wenn ich darüber nachgedacht habe, über so was wie das, fühle ich mich wirklich gut dabei, ich fühle mich überhaupt nicht traurig."

Therapeut: „Mm-hm."

Patientin: „Genau gesagt, die meisten dieser Dinge habe ich an einen Laden weggegeben, wo sie, wissen Sie, verkauft werden an arme Menschen. Mein Sohn wollte nichts, deshalb habe ich eben gedacht, nun, ich würde – lieber als sie an die Heilsarmee zu verschleudern, es gibt einen Laden, wo nette... wissen Sie, die Kirche macht das..."

Therapeut: „Hm."

Patientin: „Und ich finde, daß, wenn ich in den Keller gehe, es mir nicht mehr so viel ausmacht wie vorher. Und der Keller ist auch noch was, was ich ausräumen muß, aber das mach' ich nach den Feiertagen..."

Therapeut: „Mm-hm. Sie können also manche Dinge aufschieben."

Patientin: „Ich kann?"

Therapeut: „Sie können."

Patientin: „Ja."

Therapeut: „Mm-hm."

Patientin: „Mein Kopf wird, mein Verstand gerät sehr (kichert) durcheinander, wenn ich ans Abtreten denke. Wenn mir irgendwas passiert, denke ich, oh, was für eine Arbeit das für jemanden sein wird."

5.4.3.1 Eine andere Klärung aus der fünften Sitzung

Patientin: „Es steht mir zu, im Bett liegen zu bleiben."

Therapeut: „Mm-hm. Sie haben zuvor erwähnt, daß Sie sich schuldig fühlen, wenn Sie ausgehen, und daß Sie jetzt ausgehen können ohne Schuldgefühle..."

Patientin: „Nun, es ist eben, ich weiß nicht, was es ist, das Gefühl, daß – ich mich nicht amüsieren sollte. Ich weiß nicht, warum."

Therapeut: „Hm."

Patientin: „Aber es ist - ich bin irgendwie darüber weg, glaube ich, oder diese letzte Woche habe ich es mir nicht erlaubt, daran zu denken. Ich habe eben das Gefühl, daß das alles (seufzt) nicht mir passiert, daß mein Haus nicht mir gehört, daß ich, wissen Sie... Es ist wirklich, ich habe immer das Gefühl gehabt, daß, wissen Sie, daß das Geld für dieses Haus sowieso immer nur ihm gehört hat, und daß er das nie gezeigt hat oder so. Es war, es lag an mir selbst, daß ich, wissen Sie, daß ich nie freizügig Geld ausgegeben habe, es sei denn, es war mein eigenes Geld."

Therapeut: „Mm-hm."

Patientin: „Ähhh weil wissen Sie, wir haben immer darüber gesprochen, bevor wir etwas gekauft haben, es war also eine Ange- eine alte, alte Angewohnheit, deshalb ist es immer noch irgendwie in mir drin, daß ich dies oder jenes nicht tun sollte, ohne herauszufinden (kichert), ob ich es machen kann oder nicht."

Therapeut: „Hm. Mm-hm. Das Gefühl, sie müssen es mit ihm besprechen?"

Patientin: „Ja, richtig."

Therapeut: „Mm-hm, mm-hm."

Patientin: „Aber so allmählich kommt es mir, daß ich mein eigener Herr bin, und daß ich nur, wissen Sie, auf meinen eigenen zwei Füßen stehen muß und tun und lassen kann, was ich will."

Therapeut: „Mm-hm. Also, mit anderen Worten, wenn Sie zum Mittagessen ausgehen möchten oder..."

Patientin: „Genau was ich die letzte Woche gemacht habe, richtig."

Therapeut: „Wenn Sie ins Kino gehen möchten..."

Patientin: „Oder wenn ich im Bett liegen bleiben möchte, sehen Sie..."

Therapeut: „Mm-hm, mm-hm. Aber es ist, als ob Sie irgendwie erwarten, daß irgendwas Schlimmes passiert, wenn Sie..."

Patientin: „Nicht unbedingt. Ich glaube nicht, daß ich so weit gegangen bin. Es war nur etwas, das übrig geblieben ist von der Zeit, wenn, wenn man so lange mit einer anderen Person zusammenlebt, und immer denken, bevor ich irgendwelche Pläne gemacht habe, ob, wissen Sie, er gerne mitgehen würde oder ob es ihm lieber wäre, wenn ich nicht gehen würde. Ich, ich war wirklich nicht so frei, als wir verheiratet waren, wie ich es jetzt bin. Ich habe jetzt wirklich viel Freiheit, aber – ich habe es mir auch selbst so eingerichtet. Ich glaube, daß..."

Therapeut: „Hm. Er hätte wahrscheinlich gedacht, daß es in Ordnung wäre, wenn Sie unabhängiger gewesen wären?"

Patientin: „Ja. Richtig. Ja, ich bin sicher, er hätte. Ich glaube, viele meiner Probleme habe ich in meinem Kopf entstehen lassen."

15.4.4 Techniken zur Verhaltensänderung

Wenn der Therapeut Gespräche darüber initiiert hat, welche verschiedenen Möglichkeiten es gibt, ein aktiveres Leben aufzubauen, hat er alle realistischen Möglichkeiten erwogen. Erschwinglichkeit und Transportmöglichkeiten wurden ebenso besprochen wie die Bedürfnisse, die Frau C. mit Aktivitäten unterschiedlicher Art befriedigen könnte. Techniken, wie beispielsweise direkte Ratschläge und Rollenspiel waren nicht notwendig, zumal die Patientin selbst zum großen Teil die Initiative ergriff. Wie die Möglichkeiten besprochen wurden soll hier an einem Beispiel aus der dritten Sitzung vorgestellt werden.

Therapeut: „Letzte Woche hatten wir besprochen, wir hatten über die Tatsache gesprochen, daß es so aussieht als ob... um damit auf das zurückzukommen, worüber wir ein wenig vorher gesprochen haben... daß eigentlich, dies eines der ersten Male in ihrem Leben ist, daß Sie wirklich vollkommen frei sind, so wie Ihre Situation jetzt ist."

Patientin: „Ja, in meinem ganzen Leben, ich glaube, es ist mein..."

Therapeut: „Mm-hm."

Patientin: „So frei bin ich noch nie gewesen. Und ich ärgere mich manchmal selbst über mich, daß ich meine Zeit nicht besser nutze."

Therapeut: „Wie zum Beispiel?"

Patientin: „Nun, wie zum Beispiel etwas für andere tun, wissen Sie, ich hab' immer noch... vielleicht irgendeine, irgendeine ehrenamtliche Arbeit irgendwo..."

Therapeut: „Hm."

Patient: „Ich habe mit einigen Leuten, von denen ich weiß, daß sie so was machen, eine der Frauen arbeitet im Behindertenheim... geht ein paar Mal die Woche hin und findet es toll."

Therapeut: „Hm."

Patientin: „Und es gibt ihr das Gefühl, wissen Sie, nützlich zu sein."

Therapeut: „Mm-hm. Das scheint ein großer Schritt für Sie zu sein?"

Patientin: „Ja es ist ein großer Schritt für mich anzurufen. Ich bin kein Freund von Telefonieren. Ich hasse Telefone, es muß wirklich schon etwas passieren, damit ich den Telefonhörer abnehme und jemanden anrufe oder so."

Therapeut: „Mm-hm. Wie wäre es, wenn Sie dort vorbeigehen würden?"

Patientin: „Daran habe ich noch nie gedacht (kichert). Das wäre für mich einfacher als zu telefonieren."

Therapeut: „Mm-hm, mm-hm. Nun, ich meine, ich gehe davon aus, daß an den meisten Stellen, wo Sie ehrenamtliche Arbeit leisten können, dort muß jemand anwesend sein, Sie könnten einfach vorbeigehen und schauen. Oder vielleicht könnten Sie mit einer Freundin hingehen, oder so ähnlich."

Patientin: „Ja -mm-hm. Nun, ich-ich-ich bin immer noch dabei, mich selbst auf die Reihe zu kriegen, das, ich werde damit noch ein wenig abwarten."

Therapeut: „Mm-hm. Nun, ich glaube, die Sache mit dem viel Freiheit haben, ist, daß es wirklich, immer Fragen aufwirft wie - wissen Sie, was sind die Dinge, die für Sie befriedigend sind? Wissen Sie, was es ist, das Sie vom Leben wollen?

Patientin: „Nun, sehen Sie, ich wollte immer, ich wäre immer gerne... ich bin mit dem Gedanken aufgewachsen, daß es mir nie möglich war, zu studieren..."

Therapeut: „Hm."

Patientin: „Also jetzt habe ich endlich die Freiheit und mein Sohn sagte, „Warum machst du nicht einen Kurs? Das wird dich beschäftigen und interessieren."

Therapeut: „Mm-hm."

Patientin: „Also (seufzt) sagte er, „Warum gehst du nicht zu..." wissen Sie das eine in... Egal, ich habe das „South Central College" gewählt, weil ich dachte, es ist leichter für mich dorthin zu gehen als zum „Southern College."

Therapeut: „Mm-hm, mm-hm. Ich glaube, das „South Central College" hat auch im allgemeinen mehr Leute aus der Gemeinde."

Patientin: „Ja"

Therapeut: „Anstelle von, wissen Sie, das „Southern College" nimmt mehr 18jährige."

Patientin: „Ja"

Therapeut: „So ungefähr. Mm-hm."

Patientin: „Natürlich stehen den Senioren viele Begünstigungen zur Verfügung, wie beispielsweise daß ich nicht für die Kurse bezahlen muß, die ich belege."

Therapeut: „Hm."

Patientin: „Ich bezahle für meine Bücher, aber ich muß nichts bezahlen für..."

Therapeut: „Mm-hm, mm-hm. Nun, haben Sie daran gedacht, mehr als einen Kurs zu belegen? Oder streben Sie vielleicht einen akademischen Abschluß an?"

Patientin: „Nun, ich habe, ich habe gedacht, ich würde schon gerne einen akademischen Abschluß erreichen. Ich weiß nicht in was, aber ich möchte es gerne. Ich muß also mit jemandem in dem College sprechen, ich muß dort hinfahren, um dort mit einem Berater zu sprechen, schauen, was mir offen steht."

Therapeut: „Mm-hm, mm-hm."

Patientin: „Nun, dieser Kurs, den ich jetzt belege, ein Englischkurs, ist viel Schreibarbeit, ich denke, meine Güte, wenn ich zwei Kurse belegt hätte, würde ich verrückt werden."

Therapeut: „Mm-hm. Nun. Ich glaube, das ist die Sache mit der Freiheit, daß Sie - entscheiden müssen, was Sie..."

Patientin: „Ja."

Therapeut: „Was wollen Sie wirklich am meisten?"

Patientin: „Weil ich immer noch etwas Freiheit haben möchte. Für mich selbst."

Therapeut: „Mm-hm."

Patientin: „Um andere Dinge zu tun, die ich gerne machen möchte."

Therapeut: „Nun, also eines der Dinge, die Sie in Ihrem Leben - als einen Teil Ihres Lebens - stellen Sie sich vor - die Art, wie Sie Ihr Leben organisieren würden - wäre dann zumindest ein Minimum an Zeit zu Hause zu verbringen oder sich um das Haus zu kümmern und in dem Haus zu sein, das Sie mögen."

Patientin: „Ja."

Therapeut: „Und wissen Sie, einfach das Gefühl haben, daß es Ihres ist, und sich zu entspannen, oder so ungefähr. Und ein anderer Aspekt davon, glaube ich, wäre, daß Sie auch wirklich noch genug Zeit haben zu, Sie wissen schon, sich unters Volk zu mischen."

Patientin: „Mm-hm."

Therapeut: „Um, vielleicht... schließlich ist einer der Vorteile der Berentung, daß Sie Zeit haben, sich zu erholen."

Patientin: „Das ist richtig."

Therapeut: „All die Sachen ungefähr."

Patientin: „So lange man dazu gesund genug ist."

Therapeut: „Mm-hm. Aber andererseits, es sieht so aus, als ob es andere Dinge gibt, von denen Sie gerne das Gefühl hätten, daß Sie sie aufbauen oder erreichen können."

Patientin: „Ja, ich muß, ich muß wirklich irgendwie entscheiden, was ich machen möchte, weil sich mir sonst der Kopf dreht... das machen, und das, das, das und uh..."

Therapeut: „Nun, was?"

Patientin: „Und ich glaube nicht, daß man in der Lage ist."

Therapeut: „Mm-hm."

Patientin: „In allem gut zu sein (seufzt), was man machen möchte, wissen Sie."

Therapeut: „Mm-hm, mm-hm. Nun, was sind denn die Dinge, die Sie in Betracht ziehen?"

Patientin: „Nichts Bestimmtes, es ist einfach so, daß sich mir einfach der Kopf dreht..."

Therapeut: „Nun, was geht Ihnen denn dabei durch den Kopf?"

Patientin: „Nun, erstmal das ehrenamtliche Zeug, der, der Teil..."

Therapeut: „Mm-hm. Irgendeine bestimmte Art ehrenamtlicher Arbeit?"

Patientin: „Nein, ich hatte wirklich nicht über eine bestimmte Art ehrenamtlicher Tätigkeit nachgedacht, und ich war irgendwie, ich weiß nicht, ich weiß nicht, ob ich mit Älteren oder Kindern arbeiten möchte.."

Therapeut: „Mm-hm."

Patientin: „Manchmal denke ich, ich würde gerne mit alten Menschen arbeiten, und, wissen Sie, dann denke ich, viel-leicht sollte ich lieber mit Kindern arbeiten, ich muß mich also selbst entscheiden."

Therapeut: „Mm-hm."

Patientin: „Und ich glaube, daß... ich hab' mich nicht wirklich damit beschäftigt, ich glaube, die Senioren haben auch ein Programm für ehrenamtliche Arbeit, so daß..."

Therapeut: „Hm."

Patientin: „Ich könnte dort irgend etwas anfangen."

Therapeut: „Mm-hm."

Patientin: „Sobald ich dort mehr vertraut bin."

Therapeut: „Mm-hm. Also, eine Möglichkeit wäre, irgendeine ehrenamtliche Arbeit zu machen, was, glaube ich, befriedigend wäre in dem Sinne, daß..."

Patientin: „Ja, wenn es nur einen Tag in der Woche ist, ich glaube, das würde mich irgendwie befriedigen."

Therapeut: „Mm-hm, mm-hm."

Patientin: „Ich glaube, diese Frau, über die ich gesprochen habe, ich glaube, die hat mit einem Tag angefangen und sich dann entschieden, zwei Tage zu gehen, weil es ihr Spaß gemacht hat, und die haben sich wirklich auf ihr Kommen gefreut."

Therapeut: „Mm-hm."

Patientin: „Es gibt ihr also irgendwie das Gefühl, gebraucht zu werden, und auch noch was zustande zu kriegen."

Therapeut: „Mm-hm. Dann, ein ganz anderer Bereich, so, ist die Idee – ich glaube, mehr zu lernen."

Patientin: „Ja"

Therapeut: „Und Sie wollen..."

Patientin: „Ja, ich will ganz bestimmt nicht im Sessel sitzen und Fernseh-schauen. Ich schaue sowieso nicht viel fern. Es gibt sowieso nichts besonderes im Fernsehen, wissen Sie?"

15.4.5 Kommunikationsanalyse

In diesem Fall wurde überhaupt keine Kommunikationsanalyse vorgenommen. Falls die Patientin jedoch zum Beispiel Schwierigkeiten gehabt hätte, mit anderen ins Gespräch zu kommen, hätte man eine Kommunikationsanalyse anwenden können.

15.4.6 Einsetzen der therapeutischen Beziehung

Wenn die Patientin mehr Widerstand gegenüber der psychotherapeutischen Arbeit gezeigt hätte, hätte der Therapeut durchaus versuchen können, Parallelen zwischen den zwischenmenschlichen Problemen der Patientin außerhalb der Therapie und ihrem Verhalten in den Therapiesitzungen zu ziehen. Wie sich herausstellte, war dies nicht notwendig.

Literatur

Davenloo H. Short-Term Dynamic Psychotherapy. New York: Jason Aronson 1982.

Hirschfield RMA. Situational depression: validity of the concept. Brit J Psychiatry 1981; 139: 297-305.

Malan DH. A Study of Brief Psychotherapy. London: Tavistock Publications 1963.

Sifneos PE. Short-Term Dynamic Psychotherapy: Evaluation and Technique. New York: Plenum Press 1979.

Teil III

Fragen zur Anwendung der Interpersonellen Psychotherapie

16 Kombinierte Behandlung von IPT und Psychopharmaka am Fallbeispiel

E. Schramm, D. v. Calker

Die interpersonelle Therapie hat sich in der Behandlung akuter depressiver Störungen als wirksam erwiesen. Sie ist auch in einer entsprechenden Modifikation (IPT-M; s. Kap. 5 und 21) nachweisbar effizient, indem sie das Neuauftreten von Erkrankungsphasen verhindert. Dennoch kann in vielen Fällen eine zusätzliche oder vorerst alleinige medikamentöse Therapie notwendig sein. Entscheidungskriterien für eine kombinierte psycho- und pharmakotherapeutische Behandlung sind in Kapitel 4 ausführlich besprochen.

Bei der IPT ist es, im Gegensatz zu vielen anderen Psychotherapieverfahren notwendig, eine medikamentöse Zusatzbehandlung abzuklären, da dies integraler Bestandteil der einleitenden Sitzungen ist und die Kombination mit einem antidepressiven Medikament ausdrücklich als Option vorgeschlagen wird. Ist eine Parallelbehandlung angebracht, ist es Aufgabe des Therapeuten oder des Therapeutenteams, den Patienten über die Durchführung, Wirkung und möglichen Nebenwirkungen einer pharmakologischen Therapie zu informieren. Der erste Teil jeder einzelnen IPT-Sitzung dient dazu, die noch bestehenden depressiven Symptome und medikamentöse Fragestellungen, wie beispielsweise den Umgang mit subjektiv erlebten Nebenwirkungen zu besprechen.

Das folgende Fallbeispiel soll eine gleichzeitige Behandlung mit IPT und einem trizyklischen Antidepressivum veranschaulichen. Die Therapie erfolgte gemeinsam mit einem Psychiater und einer Psychologin.

Herr E., ein 47jähriger geschiedener Geschäftsführer, begab sich in ambulante psychiatrische Behandlung, nachdem sich sein depressiver Zustand unter einer zehnwöchigen Benzodiazepintherapie durch seinen Hausarzt zunehmend verschlechterte. Die depressiven Symptome des Patienten bestanden hauptsächlich in Antriebslosigkeit, Interessenverlust, Denk- und Konzentrationsschwierigkeiten, Gewichtsabnahme und Schlafstörungen mit frühmorgendlichem Erwachen. Die Beschwerden traten zum ersten Mal vor sechs Monaten auf, als Herr E. infolge einer Hüftoperation für längere Zeit bettlägerig war und erfuhr, daß eine Gehbehinderung bestehen bleiben würde und er viele seiner zahlreichen Aktivitäten werde einschränken- noder sogar aufgeben müssen. Die behandelnden Klinikärzte sahen die Symptomatik im Rahmen postoperativer Nachwirkungen und gingen davon aus, daß sie nach kurzer Zeit von selbst wieder zurücktreten würde. Eine Depression wurde nicht diagnostiziert. Der Patient selbst führte seinen Zustand auf einen „Fehler bei der Narkose" zurück. Als er nach fast drei Monaten die orthopädische Klinik verließ, fühlte er sich zwar psychisch immer noch nicht in Ordnung, bestand allerdings darauf, sofort nach der Klinikentlassung seine Arbeit aufzunehmen. Nach drei Tagen jedoch stellte er die Arbeit aufgrund schwerer Denk- und Konzentrationsstörungen ein und begab sich ratlos zu seinem Hausarzt. Dieser verschrieb ihm sechs Milligramm Bromazepam pro Tag. Der Patient verspürte unter dieser Medikation zwar eine angstlösende Wirkung, die depressive Symptomatik verbesserte sich dadurch jedoch kaum.

Nach der Überweisung des Patienten in fachärztliche Behandlung wurde das Bromazepam zunächst schrittweise reduziert. Entzugserscheinungen zeigten sich in Form von Nervosität, Gereiztheit, Tremor, quälender innerer Unruhe und Ängstlichkeit. Da der Patient subjektiv stark unter diesen Beschwerden litt, wurden ihm für einen Zeitraum von sechs Wochen 600 Milligramm Carbamazepin pro Tag gegeben.

Da die berufliche Position von Herrn E. durch seine lange gesundheitlich bedingte Abwesenheit bedroht war, und er selbst darauf drängte, wieder zur Arbeit zu gehen, wurde ihm eine pharmakologische Behandlung mit einem trizyklischen Antidepressivum nahegelegt. Auch die ausgeprägte Symptomatik mit somatischem Syndrom gemäß ICD-10, das sich in Interessenverlust, Gewichtsabnahme, Schlafstörungen mit frühmorgendlichem Erwachen, Morgentief sowie psychomotorischen Hemmung äußert, sprachen für eine solche Therapie. Der Patient stand aufgrund seiner Erfahrung mit der Benzodiazepinmedikation einer pharmakologischen Therapie ambivalent gegenüber, stimmte aber zu, nachdem er über die Unterschiede zwischen Benzodiazepinen und trizyklischen Antidepressiva (siehe weiter unten) aufgeklärt wurde. Der Patient wurde auf Imipramin (aufsteigend dosiert bis 200mg pro Tag) eingestellt.

Offensichtlich bestand ein klarer Zusammenhang zwischen der Gehbehinderung – die den zuvor äußerst aktiven Patienten zu einer erheblichen Einschränkung seines Aktionsspektrums zwangen – und dem Auftreten der depressiven Symptome, so daß ihm von dem Psychiater eine Behandlung mit IPT vorgeschlagen wurde. Möglicherweise konnte durch eine günstigere Auseinandersetzung mit dem Rollenwechsel der depressive Zustand von Herrn E. günstig beeinflußt werden. Herr E. nahm die Möglichkeit therapeutischer Gespräche

dankbar an, da er „sich selbst nicht mehr verstand" und „mal mit jemandem reden müsse, nachdem all die Medikamente nichts geholfen haben". Er war von Ärzten im allgemeinen enttäuscht, da sie „erst bei der Narkose gepfuscht" hätten und er „jetzt auch noch wegen denen einen Entzug durchmachen" müsse. Es handelte sich um die erste depressive Episode, die als mittelschwer bis schwer eingeschätzt wurde. Eine stationäre Aufnahme war vom Patienten nicht erwünscht und schien vermeidbar.

Herr E. wurde über seine Diagnose und den Sinn beziehungsweise die Wirkmechanismen der Kombinationsbehandlung informiert. Dabei war es nötig, im besonderen Maße darauf einzugehen, welche falschen Konzepte er über Psychopharmaka hatte.

„Ich kann verstehen, daß Sie nach Ihrer negativen Erfahrung mit dem Bromazepam einer medikamentösen Behandlung Ihrer Depression skeptisch gegenüber stehen. Aber das Präparat, das ich Ihnen verschreibe, stammt aus einer ganz anderen Medikamentenklasse. Es macht nicht abhängig und sie werden auch keine Entzugserscheinungen bekommen, wenn Sie es absetzen. Es ist ganz wichtig, daß Sie genau über die Wirkung und Nebenwirkungen dieses Medikaments Bescheid wissen, denn nur dann können Sie entscheiden, ob Sie es wirklich für einige Zeit regelmäßig einnehmen möchten. Mit „einige Zeit" meine ich mindestens noch vier weitere Monate nach der Genesung, denn es schützt Sie gegen einen Rückfall. Imipramin ist speziell zur Behandlung depressiver Störungen entwickelt worden und Sie haben ungefähr eine 70prozentige Chance, darauf anzusprechen. Es kann allerdings bis zu vier Wochen dauern, bis sich die volle Wirkung entfaltet. Es sprechen nicht alle Patienten gleichermaßen gut und schnell darauf an, da jeder Mensch eben verschieden ist. Falls wir tatsächlich mit der Wirkung nicht zufrieden sein sollten, können wir ein anderes Präparat ausprobieren, auf das Sie besser reagieren. Lassen Sie sich also auf keinen Fall entmutigen,

wenn die erwartete Wirkung nicht gleich eintritt!"

„Auch die Nebenwirkungen sind in der Regel bei jedem etwas unterschiedlich. Es ist wahrscheinlich, daß Sie zu Beginn der Behandlung damit rechnen müssen, daß ihr Mund austrocknet, Sie Verstopfung bekommen oder sich müde fühlen. Diese Beschwerden werden aber normalerweise im weiteren Verlauf der Therapie geringer. Wir werden in jeder Sitzung über die von Ihnen erlebten Wirkungen und Nebenwirkungen sprechen und entscheiden, wie damit umzugehen ist. Setzen Sie auf keinen Fall das Medikament eigenmächtig ab oder reduzieren beziehungsweise erhöhen die Dosis ohne Rücksprache mit mir. Und achten Sie bitte auf regelmäßige Einnahme."

„Sie können mich jederzeit anrufen, wenn Sie Fragen haben. Zum Beispiel, wenn Sie im Rahmen einer Grippeerkrankung kurzfristig andere Medikamente einnehmen müssen, sollten Sie mir dies auch sofort mitteilen, denn zwischen verschiedenen Medikamenten können Wechselwirkungen auftreten, die wir berücksichtigen müssen.

Haben Sie im Moment noch Fragen zu der medikamentösen Therapie? Falls nicht, fassen Sie doch bitte noch einmal zusammen, was Sie verstanden haben."

Der Psychiater vereinbarte mit dem Patienten eine bis zwei wöchentliche Sitzungen und beschränkte seine Gespräche nach Rücksprache mit dem Psychotherapeuten ausschließlich auf Aspekte der pharmakologischen Intervention. Es wurde außerdem vereinbart, daß zwischen den beiden Therapeuten ein regelmäßiger Austausch stattfinden sollte.

Die Psychotherapeutin war zunächst damit konfrontiert, daß der Patient die Entzugserscheinungen wie beispielsweise seine Nervosität, die quälende innere Unruhe und die Ängstlichkeit dahingehend interpretierte, daß sich seine Depression weiter verschlechtert hätte. Es mußte ihm deshalb immer wieder versichert werden, daß diese Art

von Symptomen darauf zurückzuführen sei, daß er das Bromazepam abgesetzt hätte, und sie keine weitere Verschlimmerung der depressiven Symptomatik darstellten. Außerdem stand Herr E. der medikamentösen Behandlung immer noch skeptisch gegenüber. Ebenso wenig konnte er sich vorstellen, in welcher Weise ihm therapeutische Gespräche helfen sollten. Denn er ging immer noch davon aus, daß seine Depression durch einen Fehler bei der Narkotisierung verursacht worden war. Um einer mangelhaften Compliance vorzubeugen, erklärte die Psychotherapeutin dem Patienten, welche Absicht dahinter stehen würde, Psychotherapie und Pharmakotherapie zu kombinieren.

„Zur Behandlung einer Depression stehen verschiedene erwiesenermaßen wirksame Behandlungen zur Verfügung. Dazu gehören antidepressive Medikamente und verschiedene Psychotherapieformen, wie beispielsweise die Interpersonelle Therapie. Die Medikamente wirken in der Regel schneller als die Psychotherapie. Da Sie möglichst bald wieder arbeiten möchten und das Gefühl haben, daß Sie das „zu-Hause-herumsitzen" nur noch depressiver macht, wollen wir versuchen, durch die Kombinationsbehandlung eine möglichst rasche Verbesserung Ihrer Symptome zu erreichen. Durch das Medikament sollen bestimmte Stoffe, die in Ihrem Körper aus der Balance geraten sind, wieder ins Gleichgewicht gebracht werden.

Ich habe außerdem den Eindruck, daß die plötzlichen Veränderungen in Ihrem Leben durch die Operation und die Gehbehinderung erheblich zu Ihrem depressiven Zustand beigetragen haben. Sie sind ein sehr aktiver Mensch und Ihre zahlreichen sportlichen und Vereinstätigkeiten und die damit verbundenen sozialen Kontakte, haben Ihnen viel dabei geholfen, Ihre kürzliche Scheidung zu verkraften. Nun fühlen Sie sich, wie Sie selbst sagen, auf einmal alt, hilflos und unattraktiv. Sie befürchten, wegen Ihrer Behinderung keine Frau mehr fin-

den zu können und sehen Ihre Zukunft ziemlich düster."

„Die therapeutischen Gespräche sollen Ihnen dabei helfen, sowohl Ihre Depressionen als auch den plötzlichen Wechsel in Ihrem Leben besser zu bewältigen. Wir werden uns damit beschäftigen, was Sie real verloren haben und wie Sie das Beste aus Ihrer neuen Rolle machen können."

Im weiteren Verlauf der Therapie wurde am Problembereich Rollenwechsel gearbeitet und der Patient erkannte zunehmend den Zusammenhang zwischen seinen depressiven Symptomen und dem, was in seinem Leben an Veränderungen vor sich ging. Vor allem ging es auch darum, wie er diese Veränderungen bewertete. Nachdem die Symptomatik nach wenigen Wochen weitgehend zurückgetreten war, wollte der Patient die Medikamente absetzen. Er besprach diese Absicht in einer der Sitzungen mit der Psychotherapeutin, die ihm noch einmal erklärte, daß eine weitere Einnahme der Medikamente zu diesem Zeitpunkt aufgrund hoher Rückfallgefahr besonders wichtig sei. Sie fragte weiterhin gezielt, ob der Patient in der letzten Woche regelmäßig die volle Dosis eingenommen habe. Da dies

nicht der Fall war, wurde Herr E. ausführlich darüber informiert, daß die Wirksamkeit der Medikamente nur bei einem bestimmten Spiegel gewährleistet sei. Die Psychotherapeutin schlug außerdem einen zusätzlichen Termin bei dem ärztlichen Kollegen vor, da der nächste erst in sieben Tagen anberaumt war. Sie bat den Patienten, die Frage der Medikamenteneinnahme noch einmal mit dem Psychiater zu besprechen und um Zustimmung, mit dem Kollegen darüber Rücksprache zu nehmen. Der Patient ließ sich davon überzeugen, daß eine weitere regelmäßige Einnahme des Imipramins notwendig war, um das Risiko zu umgehen, daß er rückfällig werden würde. Während die IPT-Behandlung nach 16 Sitzungen erfolgreich abgeschlossen war, wurden die psychiatrischen Termine für weitere sechs Monate in zwei bis dreiwöchentlichen Abständen weitergeführt.

An diesem Fall wurde vorgestellt, wie Psychiater und Psychotherapeut zusammenarbeiten können, wie der Patient über die medikamentösen und psychotherapeutischen Behandlungsmaßnahmen aufgeklärt wird und wie mit Complianceproblemen umgegangen werden kann.

17 Anwendung der IPT im stationären Bereich

Die IPT wurde ursprünglich entwickelt, um nicht-psychotische, unipolare Depressionen ambulant behandeln zu können. Infolgedessen wurde der Ansatz bisher fast ausschließlich an ambulanten Patienten überprüft. Das Verfahren ist unter stationären Bedingungen kaum untersucht. Dies ist unter anderem darauf zurückzuführen, daß die durchschnittliche stationäre Aufenthaltsdauer bei depressiven Erkrankungen in den USA zu kurz ist, um die IPT dort im stationären Setting in ihrer Originalform durchzuführen. Lediglich in einer deutschen Studie wurde die Wirksamkeit der IPT im Gruppenformat an stationären Patienten untersucht (Wahl, 1994). In dieser Untersuchung erwies sich die interpersonelle Gruppentherapie als gleichwirksam wie kognitive Gruppenbehandlung. Das interpersonelle gruppentherapeutische Vorgehen wird von Wahl als effektiv bezeichnet. Er stellt es als ebenbürtig neben die weithin akzeptierten Befunde der renommierten Studie von Elkin und Kollegen (1989). Eigene klinische Erfahrungswerte mit zahlreichen stationären Depressiven bestätigen die positiven Resultate für diese Patientengruppe. Wird die IPT im stationären Rahmen durchgeführt, sind jedoch einige Modifikationen notwendig.

1. Mit der psychotherapeutischen Behandlung sollte erst begonnen werden, wenn der Patient sich an das stationäre Setting adaptiert hat. Die Schwere der Symptomatik sollte soweit reduziert sein, daß der Betroffene zu einem Gespräch in der Lage ist, ohne davon überfordert zu sein. Ist die Symptomatik sehr stark ausgeprägt, verfügt der Patient möglicherweise nicht über die für eine Psychotherapie erforderliche psychische oder physische Energie.

2. Der Suizidalität muß besondere Aufmerksamkeit gewidmet werden, ggf. im Rahmen einer ausführlichen Analyse gegenwärtiger Suizidalität sowie früherer Suizidversuche (vgl. Linehan 1993). Bei akuter Suizidalität kann kurzfristig eine Verlegung auf eine geschlossene Station erfolgen.

3. Bei manchen stationären Patienten muß aufgrund ausgeprägter Konzentrationsschwierigkeiten oder anderer Symptome mit einer lediglich 20 bis 30minütigen Sitzungsdauer begonnen werden.

4. Eine psychotische oder bipolare Symptomatik stellt nach wie vor ein Ausschlußkriterium für die Durchführung der IPT dar.

5. Die Sitzungsfrequenz sollte zwei bis dreimal wöchentlich betragen.

6. Das Behandlungsteam, also Pflegekräfte, Ärzte und Ergotherapeuten sollte vom IPT-Konzept unterrichtet sein und andere therapeutische Maßnahmen, auch im weiteren Sinne, sollten darauf abgestimmt werden. Bei zusätzlich ablaufenden psychotherapeutischen Aktivitäten wie beispielsweise einem Entspannungstraining oder Problemlösegruppen muß darauf geachtet werden, daß sie mit dem IPT-Konzept vereinbar sind. Zum Beispiel könnte es den Prinzipien anderer Verfahren scheinbar oder tatsächlich widersprechen, wenn dem Patienten die Krankenrolle zugeteilt wird. In solchen Fällen sind innerhalb des Behandlungsteams diese Fragen zu

klären, um den Patienten nicht zu verwirren oder in Entscheidungskonflikte zu bringen.

7. Es kann vorkommen, daß die Krankheitsanamnese und Diagnose bereits von dem Kliniker erstellt wurde, der den Patienten stationär aufgenommen hat. Der IPT-Therapeut sollte sich mit dem Aufnahmebericht und anderen relevanten Unterlagen vertraut machen. Außerdem sollte er berücksichtigen, daß der Patient mögliche Vorkenntnisse hat, wenn ihm die Diagnose oder andere Informationen vermittelt werden.

8. Ein Gespräch mit den Angehörigen des Patienten sollte zu Beginn der Behandlung erfolgen, allerdings sollte der Patient diesem Gespräch zustimmen. Bei diesem Treffen werden in erster Linie die Diagnose des Patienten, wichtige Fakten über Depression, das Behandlungskonzept und generelle Ziele vermittelt. Fragen der Angehörigen werden beantwortet und schriftliches Informationsmaterial zur depressiven Störung wird zum Nachlesen zur Verfügung gestellt.

9. Verhält sich der Therapeut zu Beginn der Behandlung aktiv und konzentriert sich auf die Lösung von Problemen, kann das den Bedürfnissen des stationären Patienten entgegenkommen. Die Situation des Patienten, unter der er in die Klinik aufgenommen wurde, erfordert manchmal, daß direkt geholfen wird und daß kurzfristige Ziele festgelegt werden.

10. Es empfiehlt sich, bei stationär aufgenommenen Patienten in der Anfangsphase für einen längeren Zeitraum von etwa fünf bis acht Sitzungen an der Symptombewältigung zu arbeiten. Gerade bei stationären Patienten ist die Symptomatik in der Regel stärker ausgeprägt. In dieser Phase haben die Patienten häufig körperliche Beschwerden und Ängste oder Entscheidungsprobleme, die ihre Gedanken und Gespräche

dominieren. Diese können dem Beginn des mittleren Therapieabschnitts für eine geraume Zeit entgegenstehen.

11. Rückmeldung von Dritten darüber, wie der Patient mit Personen des Behandlungsteams oder Mitpatienten interagiert, können dem Therapeuten wichtige Informationen über den interpersonellen Stil des Patienten liefern. Das stationäre Setting kann außerdem gezielt als Übungsfeld benutzt werden. Beispiele hierfür sind interpersonelle Defizite oder Auseinandersetzungen.

12. Akute Besorgnisse des Patienten können möglicherweise die Bearbeitung des ausgewählten Problembereiches unterbrechen. Dazu gehören zum Beispiel Befunde körperlicher Untersuchungen, Anrufe des Arbeitgebers, Auseinandersetzungen mit Mitpatienten oder Schwierigkeiten mit der Krankenkasse. Auf diese Punkte sollte kurzfristig eingegangen werden, ohne jedoch aus dem Auge zu verlieren, welches Problemfeld bearbeitet werden soll.

13. Der Patient sollte im Verlauf der Therapie über die Möglichkeit verfügen, am Wochenende nach Hause gehen zu können oder zumindest häufige Kontakte mit seinen Bezugspersonen haben, damit das, was in der Therapie erarbeitet wurde auf die gewohnte häusliche, familiäre und private Situation übertragen werden kann. Ebenfalls sinnvoll sind Arbeitsversuche oder andere Formen von Belastungserprobungen (z. B. Tagesurlaub).

14. Ein Therapeutenwechsel ist in der stationären Routine (Urlaubszeiten, Krankheitszeiten, Wechsel der Stationsbesetzung, etc.) oftmals nicht zu verhindern. Der Patient muß rechtzeitig davon informiert werden. Zwischen den Therapeuten und ggf. unter Hinzuziehen des Patienten sollte eine Übergabe stattfinden, bei der beispielsweise besprochen wird, an welchem Problembereich und mit welchen Strategien der Patient der-

zeit arbeitet. Dadurch soll ein möglichst nahtloser Übergang ermöglicht werden.

15. Wird die Therapie beendet, ist zu berücksichtigen, daß der stationäre Patient sich nicht nur von der Therapie und dem Therapeuten trennt, sondern auch von Mitpatienten, einem Behandlungsteam und dem schützenden stationären Rahmen. Abschiedsschmerz und Ängste können daher stärker ausgeprägt sein als bei ambulant behandelten Patienten.

16. Die IPT sollte nach der Entlassung des Patienten in Form einer Erhaltungstherapie möglichst ambulant fortgesetzt werden, um sicherzustellen, daß der Therapieerfolg erhalten bleibt. Allerdings sollte selbst dann, wenn die IPT durch den selben Therapeuten weitergeführt wird, besprochen werden, welche Gefühle über das Ende der stationären Therapie vorherrschen. Ebenso sollte der Behandlungserfolg zusammengefaßt und der Patient auf die Entlassung vorbereitet werden.

Insgesamt erfordert es erhöhte Flexibilität beim therapeutischen Vorgehen, stationäre Patienten mit IPT zu behandeln. Flexibler müssen beispielsweise die Dauer der Therapiesitzungen, die Länge der Anfangsphase sowie die häufigeren Kontakte mit Angehörigen gestaltet werden. Bei den psychotherapeutischen Interventionen muß das stationäre Setting immer mitberücksichtigt werden. Dazu gehört beispielsweise die Tatsache, daß der Patient von einem Behandlungsteam betreut wird und nicht nur vom Therapeuten alleine. Das halbstrukturierte Format der IPT läßt im allgemeinen genügend Freiraum, die einzelnen Interventionen an die stationären Rahmenbedingungen anzupassen.

▌ Literatur

Elkin I, Shea T, Watkins JT, Imber SS, Sotsky SM, Collins JF, Glass DR, Pilkonis PA, Leber WR, Docherty JP, Fiester SJ, Parloff MB. National Institute of Mental Health Treatment of Depression Collaborative Research Program: General effectiveness of treatment. Arch Gen Psych-iatry 1989; 46:971-82.

Linehan M. Cognitive-behavioral treatment oft borderline personality disorder. New York: Guilford Press 1993.

Wahl R. Kurzpsychotherapie bei Depressionen – Interpersonelle Psychotherapie und Kognitive Therapie im Vergleich. Opladen: Westdeutscher Verlag 1994.

18 Bewältigung schwieriger Therapiesituationen

Inhalt

Die folgenden Empfehlungen und Ratschläge sollten vor ihrer Anwendung sorgfältig auf den Einzelfall hin überprüft werden. Jeder Patient, jede therapeutische Beziehung und jede Therapie gestaltet sich individuell unterschiedlich. Aus diesem Grund wird auf Flußdiagramme oder Entscheidungsbäume verzichtet. Aus dem gleichen Grund sind die Vorschläge in diesem Abschnitt lediglich als hilfreiche Anregungen zu verstehen und nicht etwa im Sinne eines Kochrezeptes einzusetzen.

Problematische Therapiesituationen, mögliche Gründe für solche Situationen sowie Bewältigungsvorschläge sind zur besseren Übersicht in Tab. 18.3 in Kurzform zusammengefaßt. Die Tabelle steht am Ende des Kapitels.

18.1 Der Zustand des Patienten stagniert oder verschlechtert sich

Es kommt häufig vor, daß depressive Patienten ihren Zustand negativer einschätzen als ihre Familienangehörigen oder Therapeuten. Sie bemerken außerdem oft als letzte, wenn sich ihre Störung verbessert hat. Eine hoffnungslose, pessimistische Perspektive stellt schließlich meist einen Teil der Symptomatik dar und bezieht sich in der Regel auch auf die Wahrnehmung der eigenen Verfassung. Der Therapeut klärt den Patienten in diesem Fall darüber auf, daß dessen Sichtweise durch die depressive Symptomatik selbst möglicherweise verzerrt ist und versucht ihn durch positive Rückmeldung zu ermutigen.

Der Zustand eines Patienten kann sich allerdings nach mehreren Sitzungen auch objektiv nicht verbessert oder sogar verschlechtert haben. Er kann sich auch nach anfänglichen Fortschritten wieder zunehmend verschlechtern. Dies kann mit verschiedenen im Folgenden beschriebenen Faktoren zusammenhängen, die vom Therapeuten sorgfältig überprüft werden sollten. Nur so kann er sinnvoll über das weitere Prozedere entscheiden. Es ist ein Fehler, einen Patienten ohne zusätzliche Maßnahmen weiter zu behandeln, dessen Zustand sich in der Therapie nach geraumer Zeit nicht gebessert hat. Hier sollte entweder das Verfahren oder der Therapeut gewechselt werden. Oder um mit Jacobsons sarkastischen Worten zu sprechen: „When therapy isn't working, the therapist has an ethical obligation to try something else – another form of therapy, a referral to another therapist, a psychotropic drug, a self-help book, meditation, yoga or gardening." (Jacobson, 1995, S. 47). Folgende mögliche Ursachen sollten vom Therapeuten beachtet werden, wenn der Zustand des Patienten stagniert oder sich sogar verschlechtert:

1. Der Zustand des Patienten verbessert sich von Anfang an nur zögernd oder gar nicht.

Immer wenn Schwierigkeiten bei der IPT auftreten, und insbesondere wenn der Patient auf die Therapie nicht anzusprechen scheint, sollte insgesamt hypothesengeleitet vorgegangen werden. Gibt es beispielsweise Hinweise darauf, daß der Patient für die interpersonelle Psychotherapie oder für Psychotherapie im allgemeinen nicht offen ist, empfiehlt es sich zu klären, ob diese Einstellung auf falschen Konzepten oder früheren negativen Erfahrungen beruht und möglicherweise durch psychoedukative Maßnahmen verändert werden kann. Dasselbe gilt, wenn die therapeutische Beziehung – durch welche Faktoren auch immer – gestört ist. Zeigt sich trotz dieser Intervention auch nach mehreren Sitzungen keine positive Veränderung, kann überlegt werden, ob es angebracht ist, das Behandlungsverfahren oder den Therapeuten zu wechseln. Dabei sollte die Haltung des Therapeuten unbedingt offen, optimistisch und ermutigend sein. Spielen die oben genannten Faktoren keine Rolle, besteht die Möglichkeit, die Frequenz der Therapiesitzungen zu erhöhen und/oder, falls noch nicht erfolgt, eine Kombinationsbehandlung mit einem antidepressiven Medikament zu erwägen. Wird bereits mit einem Medikament behandelt, kann die Dosis erhöht, das Medikament umgestellt oder die übliche Dauer der Medikation verlängert werden (s. Kap. 4.3). Es ist bekannt, daß manche Patienten nur langsam auf antidepressive Pharmaka ansprechen und dies ein Grund für Behandlungsresistenz darstellen kann (Nierenberg, 1992). Auch die Medikamentencompliance des Patienten sollte abgeklärt werden.

Führen diese Maßnahmen nicht zum erwünschten Erfolg, sollte die Differentialdiagnose noch einmal gründlich überprüft werden. Bei etwa 10 bis 25 Prozent der Patienten kommt es vor, daß sich eine Major Depression auf eine Dysthymie aufpfropft (double depression). In der akuten Phase ist es manchmal schwierig, den chronischen Verlauf der depressiven Störung eindeutig einzuschätzen. Selbst wenn sich bei diesen Patienten die Hauptsymptomatik verbessert, erscheinen sie immer noch relativ depressiv und beeinträchtigt. Sollte dieses der Fall sein, ist die vorliegende Originalversion der IPT nicht die geeignetste Behandlungsform. Die sich derzeit in Überprüfung befindliche entsprechende Modifikation der IPT für dysthyme Störungen (Mason, Markowitz, Klerman, 1993) oder ein anderes angemesseneres Verfahren können eventuell hilfreicher sein (s. zus. Markowitz, 1994).

In etwa 35 Prozent aller depressiven Fälle entwickelt sich das Bild einer bipolaren Störung, die ebenfalls andere medikamentöse und psychotherapeutische Behandlungsstrategien erfordert (s. zus. Solomon et al., 1995). So würde beispielsweise die Wissensvermittlung bei einer bipolaren Störung völlig anders verlaufen als bei einer unipolar depressiven Episode. Ein anderer Behandlungsplan ist auch nötig, wenn sich herausstellt, daß eine andere psychische oder körperliche Störung wie beispielsweise eine Persönlichkeitsstörung, ein Substanzmißbrauch oder ein hirnorganisches Syndrom im Vordergrund steht und nur zeitweise durch die Depression überdeckt war. Das Problem der Komorbidität wird gesondert weiter unten in diesem Kapitel besprochen. Falls sich die ursprünglich gestellte Diagnose einer Major Depression allerdings noch einmal bestätigt, besteht die Möglichkeit, daß der Patient nicht auf IPT, jedoch vielleicht auf ein anderes psychologisches oder pharmakologisches Verfahren anspricht.

Natürlich müssen vom Therapeuten auch andere Faktoren berücksichtigt werden, die verhindern könnten, daß der Patient eine symptomatische Remission zeigt.

> Ein Patient kann befürchten, vom Partner verlassen zu werden, sobald es ihm besser geht.
>
> Beim geringsten Anzeichen, daß es ihm besser geht, wird der Patient von der Familie so belastet, daß er aus dem Teufelskreis von Verbesserung, Belastung und Rückfällen nicht herauskommt.
>
> Der Patient ist mit einer nicht enden wollenden Serie von belastenden Lebensereignissen oder Streßfaktoren konfrontiert, die jeden Therapieerfolg bereits in den Anfängen zunichte machen.

In manchen Fällen können eine Klinikaufnahme und/oder angemessene Problemlösestrategien eine gewisse Abhilfe schaffen, in anderen Fällen wiederum sind die Umstände nicht durch psychotherapeutische Maßnahmen zu beeinflussen.

Der Patient kann aber auch unangemessene Erwartungen an die Psychotherapie haben, wie beispielsweise nichts aktiv zum Behandlungsprozeß beitragen zu müssen, oder es mangelt ihm an der Motivation zur Therapie. All dies können Gründe für den unzureichenden Genesungsprozeß darstellen. Solche Gründe sind dann mit dem Patienten zu klären.

Wenn sich die Symptomatik des Patienten nur zögernd verbessert, kann der Therapeut entscheiden, die initiale Phase der Therapie zu verlängern und mehr Zeit auf die Symptombewältigung zu verwenden. Er kann aber auch mit der mittleren Phase beginnen und hoffen, daß der Patient bald auf diesen Teil der Therapie anspricht.

Wie bereits erwähnt, nehmen depressive Patienten objektiv beginnende Verbesserungen häufig nicht wahr, oder können sie subjektiv nicht erleben. So kann beispielsweise plötzliches Weinen vom Patienten als Zeichen gewertet werden, daß sich sein Zustand verschlechtert. Objektiv weist es durch das Abklingen der Gefühllosigkeit oder inneren Versteinerung darauf hin, daß sich der Zustand des Patienten verbessert. Der Patient sollte deswegen immer wieder darauf hingewiesen werden, was sich objektiv verbessert hat. Es kann ihm auch geschildert werden, daß es häufig vorkommt, daß Patienten selbst erst später bemerken, daß sich ihr Zustand bessert.

Es sei noch darauf hingewiesen, daß bei immerhin bis zu einem Drittel der depressiven Patienten zu erwarten ist, daß die depressive Symptomatik nur teilweise remittiert oder sogar chronisch weiterbesteht (Karasu et al., 1993).

2. Der Zustand des Patienten verschlechtert sich zu Beginn der Behandlung weiter.
Sollte dieses der Fall sein, muß kontinuierlich und noch ausgeprägter als sonst das Suizidrisiko des Patienten überwacht werden. Tägliche Telefonanrufe, häufige Termine, Miteinbeziehung der Familienan-

gehörigen und durchgehend für den Patienten erreichbar zu sein können, helfen, das Risiko zu vermindern. Weitere spezifische Vorschläge, wie mit Suizidalität umgegangen werden kann, finden sich weiter unten in diesem Kapitel. Oftmals empfiehlt es sich, den Patienten stationär aufzunehmen oder andere Maßnahmen zu seiner akuten Entlastung und zu seinem Schutz einzuleiten. Darüber sollte mit dem Patienten und seiner Familie entschieden werden. Es gibt allerdings depressive Zustände, bei denen es erforderlich sein kann, den Patienten wegen Suizidalität und eventuell mangelnder Krankheitseinsicht auch gegen seinen Willen einzuweisen.

Ebenso sollten Schuldgefühle angesprochen werden, die durch die Depression bedingt sind und den Zustand des Patienten verschlechtern. Falls noch nicht geschehen, sollte rasch eine medikamentöse Zusatzbehandlung eingeleitet werden. Wird bereits medikamentös behandelt, sollte die Dosis erhöht werden oder der Patient ganz auf ein anderes Pharmakon umgestellt werden. Dies gilt ganz besonders dann, wenn sich Hinweise auf erste Anzeichen einer psychotischen oder bipolaren Depression ergeben (s. Kap. 4.3). Im letzteren Fall muß die gesamte Behandlungsstrategie verändert werden, denn IPT ist nicht auf psychotische oder bipolare Störungen zugeschnitten. Ansonsten sollten die unter Punkt 1) aufgeführten Strategien berücksichtigt werden.

3. Der Zustand des Patienten verschlechtert sich wieder, nachdem er sich in der Anfangsphase verbessert hatte.
Tritt eine signifikante Verschlechterung ein, nachdem bereits eine Remission zu verzeichnen war, sollte zunächst nach akuten auslösenden Stressoren Ausschau gehalten werden. Im Sinne einer Krisenintervention sind Sofortmaßnahmen zur Bewältigung zu erarbeiten, um den Patienten unmittelbar zu entlasten. Dazu kann es nötig sein, zusätzliche Termine zu vereinbaren.

Sind keine aktuellen oder neuen Belastungsfaktoren zu identifizieren, könnte der gewählte Problembereich nicht der zutreffende sein. Der Therapeut sollte noch einmal sorgfältig überprüfen, ob der Problembereich in relevantem Zusammenhang mit der depressiven Episode des Patienten steht.

Eine Patientin mußte in eine ihr unvertraute Gegend umziehen, da ihr Ehemann versetzt worden war. Sie wurde nach einigen Wochen depressiv. Bei ihr bot sich als naheliegender Problembereich ein Rollenwechsel an. Das eigentlich relevantere Problem bestand jedoch in ehelichen Konflikten, die sich um Kontrolle und Unabhängigkeit drehten. Die Patientin hatte dem Therapeuten ihre Wut auf ihren Ehemann zunächst nicht preisgegeben und versucht, eine Auseinandersetzung mit der Thematik zu vermeiden. Dies hatte allerdings zur Folge, daß sich die Beziehung mit ihrem Mann weiterhin verschlechterte, und nach einer anfänglichen Entlastung durch die Therapie die depressive Symptomatik wieder verstärkt auftrat.

Der Therapeut sollte dem Patienten mitteilen, warum sich vermutlich keine weitere Verbesserung einstellt und möglichst den Problembereich wechseln.

Häufig kann es auch vorkommen, daß der Patient durch die anfängliche Arbeit am Problembereich zunächst belastet oder überfordert ist. Vielleicht ist es, wie beispielsweise bei der Trauerarbeit, schmerzhaft, sich mit den Problemen auseinanderzusetzen. Hierbei sind zwei Aspekte zu beachten:
a. Das „Timing" sollte stimmen und der Patient sollte nicht zu früh mit hoch-affektiv besetzten Themen konfrontiert werden, gegen die er sich sinnvollerweise zu schützen versucht. Zuerst muß eine vertrauensvolle, tragfähige Beziehung aufgebaut sein, damit der Patient

sich sicher genug fühlt, sensible Bereiche dem Therapeuten gegenüber preiszugeben. Das akzeptierende, empathische Verhalten des Psychotherapeuten ermutigt den Patienten in der Regel, über intensive, konfliktgeladene oder vermiedene Gefühle zu sprechen.

b. Dem Patienten sollte versichert werden, daß es durchaus normal ist, wenn sich sein Zustand vorübergehend verschlechtert. Das kommt häufig vor, wenn an Problemen gearbeitet wird. Nach einer „Durststrecke" jedoch ist eine anhaltendere Verbesserung zu erwarten. Schwankungen oder vorübergehende Verschlechterungen gehören unabhängig von IPT auch zum spontanen Verlauf einer Depression. Dem Patienten sollte vermittelt werden, daß dies üblich ist und daß Schwankungen in der Regel mit zunehmender Besserung schwächer werden. Patienten erwarten oft, daß die Therapie durchweg „gut tut" und rechnen nicht damit, daß unangenehme oder schmerzvolle Gefühle oder zeitweiliges allgemeines Unbehagen aufkommen kann. In einem Übersichtsartikel zu negativen Behandlungsergebnissen bei Psychotherapie (Mohr, 1995) wird beschrieben, daß diejenigen Patienten, die Psychotherapie als schmerzlosen Prozeß antizipieren, ein erhöhtes Risiko für einen schwachen Behandlungserfolg haben.

Wie die Begründer der IPT an mehreren Stellen des Manuals beschrieben haben, kann sich der Zustand des Patienten auch im Rahmen negativer Übertragungs- oder Gegenübertragungsreaktionen verschlechtern. Dies kommt am häufigsten beim Problembereich soziale Defizite vor. Patienten mit dieser Art von Problemen sind oftmals sehr empfindlich, reagieren leicht gekränkt, und interpretieren allgemein Dinge als gegen ihre Person gerichtet. So empfinden sie es bereits als Kränkung oder Angriff, wenn sich der Therapeut verspätet oder wenn er

verreist. In diesem Fall empfehlen die Autoren der IPT, mit dem Patienten ein klärendes Gespräch zu führen und gegebenenfalls die Übertragung zu interpretieren.

Oftmals kommt es gegen Ende der Therapie dazu, daß einzelne Symptome auftreten oder sich kurzfristig verschlechtern. Dabei handelt es sich meistens um eine vorübergehende Reaktion auf die negativen Gefühle, die mit dem Ende der Therapie und dem anstehenden Verlust einer unterstützenden und hilfreichen Beziehung verbunden sind. Wie mit solchen und anderen Schwierigkeiten im Rahmen des Therapieabschlußes umgegangen werden kann, wird weiter unten in diesem Kapitel detaillierter besprochen.

Bei einem voll ausgeprägten Rückfall sollten die oben unter 1. und 2. beschriebenen entlastenden Strategien berücksichtigt werden. Sie ermöglichen dem Therapeuten in der Anfangsphase erneut zu operieren, zusätzlich Medikamente zu geben oder die Dosis zu erhöhen, die Sitzungsfrequenz zu erhöhen, Familienangehörige erneut miteinzubeziehen oder den Patienten in die Klinik einzuweisen. Insgesamt muß bei Komplikationen dieser Art immer damit gerechnet werden, daß sich die ursprünglich geplante Behandlungsdauer verlängert. Der Therapeut soll den Patienten ermutigen oder gegebenenfalls beruhigen, ihn entlasten und aktiv mit ihm gemeinsam das jeweilige Problem angehen. Schuldgefühle des Patienten für sein vermeintliches „Versagen" sollten antizipiert und bearbeitet werden. Beispielsweise kann ein Rückfall positiv umgedeutet werden. Er wird als Chance angesehen, wirksame Strategien zu entwickeln, um zukünftige Krisen besser bewältigen zu können. Das Vorgehen sollte dabei insgesamt modellhaft für die Bewältigung eventueller Rückfälle oder Krisen in der Zukunft stehen. Sind die Krisen überwunden, sollte es noch einmal mit dem Patienten rückblickend durchgesprochen werden.

18.2
Suizidalität

Suizidalität stellt die gefährlichste Komplikation der depressiven Störung dar. Die Suizidrate bei Depressiven wird auf 15 Prozent geschätzt (APA, 1994). Das Suizidrisiko bei depressiven Patienten aller Altersgruppen ist 30mal höher als in der Allgemeinbevölkerung (Mrazek, Haggerty, 1994). Nach Todeswünschen, Suizidideen oder suizidalem Verhalten muß bereits im Rahmen der anfänglich Symptomerhebung gefragt werden, und alle Äußerungen in dieser Richtung sind unbedingt ernst zu nehmen. Es ist wichtig, die Bandbreite und Tiefe suizidaler Gedanken und Verhaltensweisen umfassend und mit Hilfe direkter Fragen zu explorieren ohne den Patienten zu entmutigen, belehren oder in seinen Antworten zu unterbrechen. Angehörige oder andere Vertrauenspersonen sollten ebenfalls befragt werden, vor allem wenn vermutet wird, daß der Betroffene bestehende suizidale Ideen leugnet. Wenn suizidale Gedanken angegeben werden, muß man herausfinden, ob diese aktiver oder passiver Natur sind. Weiterhin, ob spezifische Methoden geplant sind und wie häufig sich der Patient damit beschäftigt. Sind die Pläne bereits in einzelnen Verhaltensweisen umgesetzt worden, besteht höchstes Risiko.

Wie kann man darüberhinaus eine akute Suizidgefährdung erkennen? Obwohl durch die Suizidforschung zahlreiche Risikofaktoren bekannt sind, ist es für den Therapeuten äußerst schwierig einzuschätzen, in welchem Maße der Patient suizidal gefährdet ist. Von den in Tabelle 18.1 aufgeführten Faktoren ist bekannt, daß sie das Suizidrisiko erhöhen, obwohl einige davon auch umstritten sind. Wenn verschiedene Faktoren gemeinsam vorkommen, ist besondere Aufmerksamkeit angeraten. Außerdem sollte die Suizidgefährdung des Patienten im Verlauf der Therapie immer wieder überprüft werden.

Tabelle 18.1 **Faktoren, die bei der Abklärung des Suizidrisikos zu berücksichtigen sind**

Hinweise auf Suizidalität im Verhalten des Patienten:	– Direkte oder indirekte Suizidankündigungen, wie beispielsweise Äußerungen, keine Freude mehr am Leben zu haben oder anderen nur noch zur Last zu fallen. – Starke Beschäftigung mit Gedanken an Suizid. – Nachdenken über einen Plan. – Jemanden kennen oder sich mit jemanden identifizieren, der Suizid begangen hat.
Hinweise auf Suizidalität in der Anamnese:	– Suizidale Krisen oder frühere Suizidversuche in der Vorgeschichte des Patienten oder in der Familienanamnese. – Zerrüttetes Elternhaus vor dem 15. Lebensjahr. – Häufige Krankheitsphasen bei frühem Beginn
Klinische Hinweise auf Suizidalität:	– Chronische körperliche Krankheit. – Persönlichkeitsstörung. – Medikamenten-, Drogen- oder Alkoholmißbrauch. – Psychotische Symptome. – Aggressives Verhalten und mangelnde Impulskontrolle. – Stark ausgeprägte Hoffnungslosigkeit, Schuldgefühle oder Pessimismus. – Schwaches Selbstwertgefühl. – Panikattacken oder ausgeprägte Angst.
Interpersonelle, äußere und soziodemographische Hinweise auf Suizidalität:	– Einsamkeit oder mangelnde soziale Unterstützung, keine Kinder unter 18 Jahren. – Kürzlich erlebter Verlust oder Partnerschaftskonflikt. – Zugang zu einer tödlichen Waffe. – Arbeitslosigkeit oder finanzielle Probleme. – Hohes Alter.

Häufig wird Suizid durch interpersonelle Schwierigkeiten ausgelöst, insbesondere durch Partnerschaftskonflikte oder Trennung vom Partner. Besondere Vorsicht ist geboten, wenn der Patient plötzlich eine trügerische Ruhe zeigt. Ein solches Verhalten könnte möglicherweise darauf hinweisen, daß er sich das Leben nehmen wird. Auch wenn Patienten mühevoll eine Reihe von Schwierigkeiten auf ihrem Weg zur Genesung überwunden haben und dann plötzlich mit einer neuen Belastung konfrontiert sind, sind sie einem erhöhten Suizidrisiko ausgesetzt.

> Eine Patientin hat die Scheidung von ihrem Ehemann und den Wohnort- und Arbeitsplatzwechsel erfolgreich bewältigt. Plötzlich klagt ihr geschiedener Mann überraschend das Sorgerecht für ihren Sohn ein.

Manche Kliniker haben Hemmungen, direkt nach Suizidgedanken zu fragen. Sie haben Angst, damit vielleicht „schlafende Hunde zu wecken". Diese Angst ist unbegründet. Direktes und offenes Nachfragen sind bei jedem depressiven Patienten erforderlich und zwar nicht nur im Rahmen der anfänglichen Symptomerhebung, sondern auch, wenn sich im Verlauf der Therapie Hinweise auf eine Suizidgefährdung ergeben oder wenn der Patient zu Beginn der Therapie suizidale Gedanken angegeben hat.

Zu diesem Zweck können auch speziell entwickelte Fragebögen und strukturierte Interviews verwendet werden. Der Therapeut sollte dem Patienten erklären, daß Suizidgedanken als ein Symptom der depressiven Störung aufzufassen sind und vom Betroffenen häufig gar nicht mehr nachvollzogen werden können, wenn die depressive Episode abgeklungen ist. Diese Information soll dem Patienten in seiner Hoffnungslosigkeit zu einer hilfreichen Distanz verhelfen. Außerdem sollte der Therapeut danach fragen, welche Bedeutung ein geplanter Suizid hat: Ist es ein Wunsch

> Ein Patient, der in der mittleren Therapiephase eheliche Konflikte mit seiner Frau bearbeitet, wird vor der 12. Sitzung unerwartet von ihr verlassen. Der Patient zeigt äußerlich keine starke Reaktion auf das Ereignis. Als der Therapeut den Patienten nach seinen Zukunftsperspektiven fragt, wird deutlich, daß er aufgrund seiner Hoffnungslosigkeit keine Perspektiven mehr sieht. Darauf befaßt sich der Therapeut intensiver mit den Suizidgedanken seines Patienten.

nach Ruhe oder nach Vereinigung mit einer verstorbenen Person, ist es ein Versuch, das Leiden zu beenden oder Rache zu nehmen oder steht eine konkrete Suizidabsicht dahinter? Wie sehr ist der Patient damit beschäftigt, über Selbstmord nachzudenken, sind die Suizidgedanken einschießend, kontrollierbar, imperativ? Wurde bereits ein Plan erstellt? Wenn der Patient schon einmal eine suizidale Krise erlebt hat, sollte danach gefragt werden, was die damaligen Umstände waren und wie damit umgegangen wurde. Es ist außerdem wichtig, nach möglichen protektiven Faktoren zu fragen: Hat der Patient ein gutes soziales System, das ihn stützt, das heißt, gibt es eine Familie, Freunde oder professionelle Helfer? Gibt es externe Gründe, wie beispielsweise Kinder, die berufliche Situation oder die Angst vor einer negativer Beurteilung, die den Patienten von einer Ausführung des Plans abhalten? Gibt es interne Strategien, wie beispielsweise die Gewißheit, daß die Krise vorbeigeht?

Besteht eine akute Suizidgefahr, müssen sofort alle Optionen mit dem Patienten durchgegangen und Maßnahmen ergriffen werden. Die planmäßige Behandlung mit der IPT ist in diesem Fall natürlich bis auf weiteres unterbrochen. Besondere Gefahr besteht vor allem an Wochenenden, Feiertagen oder nach Feierabend. Dies gilt sowohl für ambulante als auch für stationäre Patienten. Falls im Team behandelt wird,

sollte das Vorgehen mit den anderen Team-
mitgliedern abgesprochen werden. Dabei
können, je nach Ausmaß der Suizidalität,
folgende Strategien angewendet werden:

1. Zusätzliche therapeutische Maßnahmen
   wie beispielsweise Medikamente (insbesondere auch angstlösende) oder Gruppentherapie können zum Einsatz kommen.
2. Medikamente werden nur in kleinen
   Mengen zur Verfügung gestellt.
3. Es können zusätzliche therapeutische
   Termine vereinbart werden.
4. Die Kriseninterventionstechniken werden angewandt, und Ausmaß sowie
   Lösbarkeit der Probleme bzw. Lösungs-
   möglichkeiten besprochen. Die Suizidgedanken werden als real anerkannt
   und der Patient wird ermutigt, unterstützt und von möglicher Schuld entlastet. Gemeinsam mit ihm setzt sich der
   Therapeut mit der suizidalen Thematik
   auseinander. Der Patient wird ermutigt,
   Eigenverantwortung für das Geschehen
   zu übernehmen.
5. Es werden tägliche Telefonanrufe
   durchgeführt.
6. Der Therapeut ist durchgehend erreichbar.
7. Gemeinsam werden „Notfallkarten" erstellt, auf denen steht, was der Patient
   tun kann, wenn er sich suizidal fühlt.
   Beispiele für solche Notfallkarten wären: Mutter anrufen, Tagebucheinträge
   aus besseren Zeiten lesen, Therapeuten
   kontaktieren, sich ablenken, usw.
8. Positive Bezugspersonen werden mit
   einbezogen. Es wird gemeinsam mit der
   Familie ein Plan aufgestellt, der beispielsweise eine ständige Beobachtung
   des Patienten gewährleistet; Wochenende und Freizeit wird geplant. Mögliche
   Selbstmordwaffen werden beseitigt. Die
   Medikamenteneinnahme wird sichergestellt und auf Frühwarnzeichen wie beispielsweise der plötzlichen Ruhe bei einem sonst agitierten Patienten geachtet.
9. Der Patient kann in die Klinik aufgenommen werden, gegebenenfalls auf ei-

ner geschlossenen Station. Auch an eine
Zwangseinweisung ist dabei zu denken.

Die Gefahr eines Suizids ist jedoch selbst
bei Ergreifung aller möglichen Maßnahmen
und höchster therapeutischer Kompetenz
nicht in allen Fällen auszuschließen.

Der Therapeut sollte sich mit seinen eigenen ausgeprägten Reaktionen auf suizidale Patienten im Rahmen von Selbsterfah-
rung und Supervision auseinandersetzen.
Dazu gehören aggressive Gefühle, Ret-
tungsphantasien, Gefühle der Omnipotenz,
starke Hilflosigkeit oder Angst. Zeitweise
muß man auch die Wut oder Enttäuschung
des Patienten, beispielsweise über seine
Einweisung in stationäre Behandlung, aushalten. Diese Gefühle bauen sich beim Patienten meist jedoch rasch wieder ab, sobald
es ihm besser geht.

18.3
Komorbidität

Depression weist mit über 50 Prozent eine
hohe Komorbiditätsrate auf (Blazer et al.,
1994). Am häufigsten treten depressive
Episoden zusammen mit Angsterkrankungen (33 bis 85 Prozent), Persönlichkeitsstörungen (23 bis 87 Prozent) oder mit Substanzmißbrauch auf. Bei den komorbid
auftretenden Persönlichkeitstörungen handelt es sich bei stationären Patienten meist
um Auffälligkeiten vom Borderline und histrionischen Typ, bei ambulanten Patienten
sieht man dagegen zwanghafte, unsicher-
vermeidende und abhängige Züge am häufigsten (Shea, Widiger, Klein, 1992). Auch
körperliche Erkrankungen, wie beispielsweise rheumatische Störungen, Schilddrü-
senerkrankungen oder Migräne, stehen
manchmal mit depressiven Störungen in
Zusammenhang. Die Behandlung der Depression kann unter Umständen durch die
körperliche Begleiterkrankung erschwert
werden. Depression kann außerdem als Fol-

ge von Eßstörungen, posttraumatischen Belastungsreaktionen und Zwangstörungen vorkommen. So leiden 85 Prozent der Zwangskranken unter einer sekundären Depression, während bei nur 15 Prozent eine primäre Depression diagnostiziert wurde (Zajecka, Ross, 1995).

Komorbid existierende Störungen früh genug zu erkennen, ist für die weitere Behandlung ausschlaggebend. Strukturierte diagnostische Interviews, wie beispielsweise das SKID, ein anwenderfreundliches Verfahren, können die Gefahr deutlich reduzieren, daß parallel vorliegende Erkrankungen übersehen werden (s. Kap. 3.3).

Zur Behandlung einer durch komorbide Störungen komplizierten Depression liegen nicht viele empirische Befunde vor, da komorbide Bedingungen in Effektivitätsstudien meist ausgeschlossen werden. Von daher existiert für diesen Fall nur die Richtlinie, daß die komorbide Störung zusätzlich zur Depression behandelt werden sollte. Eine medikamentöse Behandlung kann zusätzlich zur Psychotherapie in Betracht gezogen werden. Bei der adjunktiven pharmakologischen Behandlung kann es sich um eine Monotherapie mit einer antidepressiven Substanz oder gegebenenfalls um eine Polypharmakotherapie handeln. Auch erprobte psychotherapeutische Zusatzmaßnahmen für die jeweilige Störung sollten berücksichtigt werden.

Die Depression tritt zusammen mit einer Angststörung auf und wird auf der pharmakologischen Achse mit einem Antidepressivum und zusätzlich mit einem Anxiolytikum behandelt. Zusätzlich zur IPT können aber auch Konfrontationsübungen geplant werden, die sich an den allgemeinen Behandlungsprinzipien für Angststörungen (Margraf, Schneider, 1990) orientieren.

Komorbide Störungen lassen sich in der Regel schlechter behandeln als die einzelnen Störungen alleine, und manche Patienten remittieren nicht vollständig. Dies liegt unter anderem an der geringeren Compliance sowie an einem schwächeren therapeutischen Bündnis, das vor allem bei Persönlichkeitstörungen und Substanzmißbrauch gestört sein kann. Auch kann die Komorbidität die Fähigkeit des Therapeuten negativ beeinflußen, eine hochqualitative Behandlung durchzuführen.

Welche der Erkrankungen im Vordergrund steht, sollte herausgefunden werden, damit die zeitliche Abfolge der Bedingungen zu interpretieren ist. Die im Vordergrund stehende Störung wird zuerst angegangen. Vor allem bei stationären Patienten ist dies meist die Bedingung, die zur Klinikaufnahme geführt hat.

Die Depression tritt eindeutig als Folge einer Eßstörung auf und ist nur relativ leicht ausgeprägt. Der Patient steht einer medikamentösen Behandlung jedoch ablehnend gegenüber. In diesem Fall sollte die psychotherapeutische Behandlung der Eßstörung zunächst im Vordergrund stehen, da die Depression erwartungsgemäß von selbst abklingt, sobald sich die Eßproblematik verbessert. Stimmt der Patient einer pharmakologischen Behandlung zu, können beide Störungen beispielsweise mit einem Antidepressivum und Interpersoneller Therapie bei Eßstörungen parallel behandelt werden (s. Kap. 4). Die Behandlung kann auch mit verhaltenstherapeutischen Maßnahmen durchgeführt werden, die speziell für Eßstörungen entwicklt wurden.

Bei Substanzmißbrauch und Depression muß das Abhängigkeitsproblem direkt angegangen werden, da die alleinige antidepressive Behandlung durch Medikamente und/oder Psychotherapie erfahrungsgemäß nicht ausreicht.

Liegt eine komorbide Erkrankung vor, muß die Behandlungsdauer meistens erheblich verlängert werden, um den parallel existierenden Störungsbedingungen gerecht zu werden.

Bei koexistierenden Persönlichkeitsstörungen sollte zunächst die im Vordergrund stehende Depression behandelt werden. Danach können die überdauernden dysfunktionalen und kognitiven Muster sowie die Verhaltensmuster angegangen werden.

> Bei einer Patientin hängt die Depression mit ausgeprägter Selbstunsicherheit zusammen. Nach der symptomatischen Remission wird mit Hilfe von Techniken aus dem Selbstsicherheitstraining an dem seit ihrer Kindheit bestehenden vermeidenden Verhalten gearbeitet.

Persönlichkeitsauffälligkeiten, aber auch andere komorbide Störungen des Patienten können zu Beginn der Therapie durch die depressive Symptomatik überdeckt sein und erst nach einer symptomatischen Remission „zum Vorschein" kommen. Oder es bestehen umgekehrt auffällige Persönlichkeitszüge während der depressiven Episode, die in den Hintergrund treten, wenn die Depression abklingt. Borderline, antisoziale oder ausgeprägt zwanghafte Patienten haben bei der IPT insgesamt eine schlechtere Prognose und sind deshalb möglicherweise mit einem anderen auf die jeweilige Persönlichkeitsproblematik zugeschnittenen Behandlungsansatz besser bedient.

18.4 Schwierigkeiten beim Identifizieren des Problembereichs

18.4.1 Es kann kein relevanter interpersoneller Problembereich gefunden werden

Bei vielen depressiven Patienten zeichnet sich der angemessene Problembereich schon in der ersten Sitzung mehr oder weniger deutlich ab. Bei anderen wiederum scheint die Depression aus „heiterem Himmel" beziehungsweise ohne jegliche Vorzeichen „von einem Tag auf den anderen" gekommen zu sein. Der Patient gibt bei der Frage nach auslösenden Bedingungen an, daß eigentlich vor der Depression alles in Ordnung war, und auch der Therapeut kann auf den ersten Blick keinerlei Zusammenhänge mit interpersonellen Schwierigkeiten erkennen. Bei der IPT geht es nicht darum, den Grund oder die Ursache für die Depression herauszufinden. Wahrscheinlich handelt es sich um ein komplexes Zusammenspiel mehrerer Faktoren. Es geht lediglich darum, welche interpersonellen Belastungen zu der derzeitigen Episode beigetragen haben, beziehungsweise, welche sozialen oder zwischenmenschlichen Konsequenzen die jetzige Depressionsphase für den Betroffenen hat. Dazu ist eine gezielte Exploration nötig. Patienten, die unter einer ausgeprägten depressiven Symptomatik leiden, sind jedoch möglicherweise von einer detaillierten Exploration überfordert und brauchen erst einmal Zeit, um sich zu stabilisieren. Ist der Patient fähig und bereit, umfassend befragt zu werden, kann der Therapeut versuchen, erst die weniger wahrscheinlichen Problembereiche wie Trauer und soziale Defizite mit Hilfe gezielter Fragen auszuschließen:

„Ist in den letzten Jahren irgend jemand in Ihrem Familien- oder Bekanntenkreis gestorben? In welcher Beziehung stand diese Person zu Ihnen? Welche Erfahrung haben Sie mit Tod und Trauer?"

Den Problembereich Trauer zu identifizieren, kann manchmal schwierig sein.

1. Der Tod kann im Falle einer verzögerten Trauerreaktion schon längere Zeit zurückliegen.
2. Der aktuelle Todesfall kann eine Person betreffen, die dem Patienten nicht besonders nahestand wie beispielsweise ein Nachbar oder entfernter Verwandter. Es kann sich sogar um ein Haustier handeln, das beim Patienten die unbe-

wältigte Trauer um eine wichtige Person aktualisiert, die eventuell schon vor mehreren Jahren verstarb. Deswegen liegen die Zusammenhänge möglicherweise nicht unbedingt auf der Hand, können aber durch sorgfältiges Explorieren hergestellt werden.

Soziale Defizite sind im Rahmen der Beziehungsanalyse (interpersonal inventory) des Patienten relativ einfach abzuklären. Dabei wird der Patient nach gegenwärtigen Beziehungen und der Qualität dieser Beziehungen gefragt. Bei den Fragen sollte ins Detail gegangen werden, da der Patient zunächst vielleicht die vage Antwort gibt, „einige" Kontakte zu haben, bei denen es sich allerdings lediglich um den Hausarzt, den Nachbarn und den Lebensmittelhändler handelt. Vielleicht schämt sich der Patient dafür, keine Freunde oder Bezugspersonen zu haben. Das heißt, es wird um konkrete Beispiele gebeten, in denen die genaue Anzahl der Personen ebenso angegeben wird, wie die gemeinsamen Unternehmungen, wie häufig diese sind und was miteinander gesprochen wird. Ergeben sich keinerlei Hinweise auf eine soziale Isolation und erscheint der Patient im sozialen Kontakt zu anderen und zum Therapeuten zugänglich und relativ unauffällig, kann dieser Problembereich mit einiger Wahrscheinlichkeit ausgeschlossen werden.

Der Problembereich interpersonelle Auseinandersetzungen ist unter Umständen nicht so einfach zu bestimmen. Häufig leugnen die Patienten zu Beginn der Therapie beispielsweise Ehe- oder familiäre Konflikte. Oft versuchen sie, die eheliche, aber auch die Beziehung zu Kindern vor fremden Personen zu schützen. Der Therapeut gehört, zumindest zu Beginn der Therapie, zu diesem fremden Personenkreis. Oder der Patient schämt sich beispielsweise für die gescheiterte Ehe oder das antisoziale Verhalten des Sohnes und fühlt sich dafür verantwortlich. Bei sexuellem Mißbrauch der Tochter durch den Ehemann oder bei Dro-

genmißbrauch eines Familienmitglieds kann ein solches Verschweigen von Schwierigkeiten auch legale Gründe haben. Manchmal leugnet der Patient sich selbst gegenüber familiäre Konflikte, da er sonst gezwungen wäre, schmerzliche oder bedrohliche Konsequenzen daraus zu ziehen, indem er den Sohn vor die Tür setzt oder die Scheidung einreicht. Oftmals hilft es, dem Patienten mehr Zeit zu lassen, bis er eine Vertrauensbeziehung zum Therapeuten herstellen kann. Darüber hinaus sollte der Therapeut den Patienten über die therapeutische Schweigepflicht aufklären.

Auch Rollenwechsel sind manchmal schwierig zu identifizieren. Sie können beispielsweise sehr subtil sein: Entweder werden Sie vom Patienten nicht bewußt erkannt oder sie liegen nicht unbedingt nahe, wie beispielsweise das Älterwerden.

Wenn Unsicherheit darüber besteht, ob eines der vier von Klerman und Kollegen vorgeschlagenen Problemfelder das relevante ist, können folgende Vorgehensweisen hilfreich sein:

1. Im „Detektivstil" hypothesengeleitet und sehr detailliert explorieren. Wehrt der Patient die Exploration ab, sollte jedoch nicht konfrontativ vorgegangen werden.
2. Familienangehörige können entweder mit Zustimmung des Patienten alleine oder in Anwesenheit des Betroffenen befragt werden.
3. Der Patient und eventuell die Bezugspersonen können nach früheren Depressionsepisoden und deren Auslöser gefragt werden, da sich die zur Depression beitragenden Faktoren häufig wiederholen. So kann die Depression beispielsweise jedesmal in Überforderungssituationen im Rahmen von Rollenwechseln auftreten.
4. Es wird eine sogenannte life-chart oder Zeitachse erstellt, bei der Lebensereignisse, Behandlungsversuche und andere wichtig erscheinende Informationen, den depressiven Phasen, Verstimmungen

Tabelle 18.2 Beispiel 1 für das Erstellen einer Zeitachse

Datum	Ereignis	Zustand Beschwerden Symptome	Behandlungsversuche
15. Juli – 5. August 94	Urlaub	gute Stimmung, keine Anzeichen für Depression	keine
September 94	Operation	ängstlich gestimmt, aber nicht depressiv	keine
Oktober 94	krank geschrieben, Aufgabe vieler Aktivitäten	depressiv, Gefühle der Unzulänglichkeit, „sich alt fühlen"	Gespräch mit dem Hausarzt
Dezember 94	Rückkkehr an den Arbeitsplatz	Versagensängste, Erschöpfungs- gefühl, depressiv gestimmt	Einnahme von Benzodiazepinen, gelegentlicher Alkoholkonsum
Februar/ März 95	Probleme am Arbeitsplatz und zu Hause	zunehmende Hoffnungslosigkeit, depressiv, verzweifelt, Schlaf- störungen	Aufsuchen eines Psychiaters
April 95	Krankschreibung	weitere Verschlechterung, Suizidgedanken	Klinikeinweisung, Beginn der IPT + Antidepressivum

Tabelle 18.2 Beispiel 2 für das Erstellen einer Zeitachse

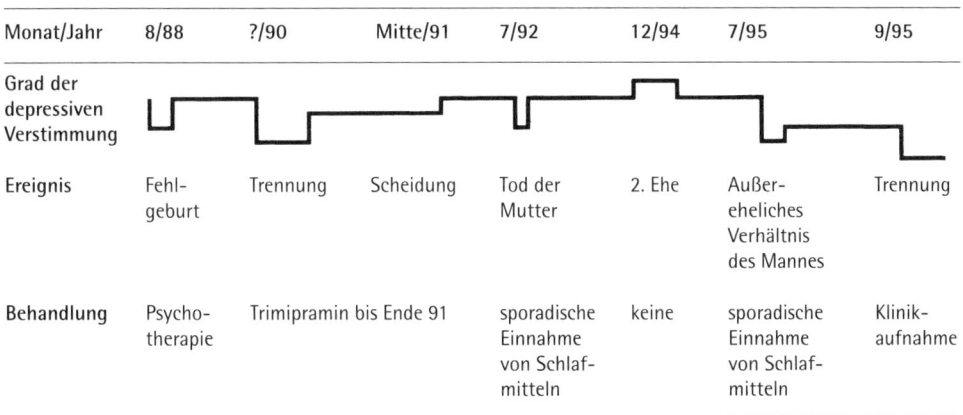

Monat/Jahr	8/88	?/90	Mitte/91	7/92	12/94	7/95	9/95
Grad der depressiven Verstimmung							
Ereignis	Fehl- geburt	Trennung	Scheidung	Tod der Mutter	2. Ehe	Außer- eheliches Verhältnis des Mannes	Trennung
Behandlung	Psycho- therapie	Trimipramin bis Ende 91		sporadische Einnahme von Schlaf- mitteln	keine	sporadische Einnahme von Schlaf- mitteln	Klinik- aufnahme

oder Anzeichen zeitlich zugeordnet wer-den. In Tabelle 18.2 werden zwei ver-schiedene Formate angegeben, wie eine solche Zeitachse erstellt werden kann. Auf diese Weise können sich der Patient oder seiner Familie leichter an Einzel-heiten erinnern. Außerdem ergibt sich dadurch oftmals ein klareres und voll-ständigeres Bild von der Entwicklungs-geschichte der Depression.

Letztendlich besteht auch die Möglich-keit, einen anderen Problembereich als die vier oben genannten auszuwählen. Die Au-toren der IPT weisen ausdrücklich darauf hin, daß es sich bei den vier von ihnen vor-geschlagenen Problemfeldern nicht um ei-ne ausschließliche Aufstellung handelt. Der Problembereich sollte jedoch in relevantem Zusammenhang zur gegenwärtigen depres-siven Episode stehen.

Ein Patient berichtet über einen Todesfall in seiner unmittelbaren Vorgeschichte, der ihn belastet. Die Trauerreaktion scheint bei näherer Abklärung unkompliziert zu verlaufen. Beim gleichen Patienten liegen aber auch Hinweise darauf vor, daß er sozial isoliert ist. Offensichtlich ist die soziale Isolation eingetreten, als der Patient in Rente ging und so seine Rolle wechselte. Die weitere Exploration ergibt, daß der Patient auch mit anderen Veränderungen im Rahmen seiner frühzeitigen Berentung zu kämpfen hat. In diesem Fall ist daher auf den Problembereich Rollenwechsel zu fokussieren und nicht auf soziale Defizite oder Trauer. Das heißt, daß auch die soziale Isolation im Zusammenhang mit dem Rollenwechsel betrachtet und bearbeitet wird.

Ein Patient klagt über häufige Auseinandersetzungen mit der Ehefrau, die jedoch als Folge seiner kürzlichen Arbeitslosigkeit zu interpretieren sind und keine lange Vorgeschichte haben. Auch hier sollte der Schwerpunkt darauf liegen, den Rollenwechsel zu bearbeiten.

Ein Patient erfährt durch eine Trennung von seiner Frau einen Rollenwechsel. Beide Partner versuchten mit der Trennung, ihre Konflikte in der Paarbeziehung zu lösen. Beide sind jedoch an einer befriedigenden Lösung des Konflikts interessiert und wollen ihre Beziehung gerne fortsetzen. Deswegen sollte zunächst vorwiegend im Bereich interpersoneller Auseinandersetzungen gearbeitet werden, da der Rollenwechsel, also die Trennung möglicherweise nur vorübergehend ist. Das Ziel wäre dabei, zu einer befriedigenden Lösung des Partnerschaftkonflikts zu gelangen. Sollte dieses Vorhaben jedoch scheitern und es zu einer endgültigen Trennung kommen, kann der therapeutische Fokus darauf verlagert werden, den Rollenwechsel zu bewältigen.

18.4.2 Es existieren mehrere Problembereiche

Manchmal kann es vorkommen, daß ein Patient in mehr als einem Bereich erhebliche Schwierigkeiten hat, so daß es problematisch erscheint, einen Schwerpunkt festzulegen. Der Therapeut hat die Möglichkeit, auf zwei Problemfelder zu fokussieren. Er sollte im Verlauf der Zeit herausfinden, welche der Schwierigkeiten am unmittelbarsten mit der derzeitigen depressiven Episode im Zusammenhang stehen oder für den Patienten die größte Belastung darstellen. Die Beispiele verdeutlichen, wie der Therapeut vorgehen kann, wenn bei einem Patienten mehrere Problembereiche vorliegen.

Wenn es schwierig ist, das relevante Problemfeld festzulegen, kann sich das Abschließen des Behandlungsvertrags verzögern. In solchen Fällen ist es meist nötig, die verschiedenen Hypothesen anhand einer ausführlichen Exploration zu überprüfen.

18.4.3 Therapeut und Patient können sich nicht auf einen Problembereich einigen

Wenn Patient und Therapeut unterschiedliche Meinungen über den relevanten Problembereich haben, sollte der Therapeut zunächst versuchen, die Ursachen dafür herauszufinden. Versucht der Patient bewußt oder unbewußt durch seine Auswahl einen anderen Bereich zu vermeiden, oder bestehen einfach unterschiedliche Auffassungen über die Prioritäten? Prinzipiell sollte der Therapeut es vermeiden, die therapeutische Arbeit auf einen Bereich festzulegen, dem der Patient nicht zustimmt. Vielmehr sollte er dem Vorschlag des Patienten folgen in der Hoffnung, daß dieser die Bedeutung des zentralen Problembereichs im Verlauf des therapeutischen Prozesses erkennt. Dieses Vorgehen wir im Beispiel auf Seite 251 beschrieben.

Ein Patient sah keinen Zusammenhang zwischen dem Tod seiner Frau vor zwei Jahren und seiner gegenwärtigen depressiven Episode. Er sei nach dem Begräbnis sofort zu seiner Arbeit zurückgekehrt und habe kaum getrauert. Im Gegenteil, er habe seine beruflichen und privaten Aktivitäten in dieser Zeit steigern können. Er glaube, daß die Depression im Zusammenhang mit einer längerwährenden Erkrankung stehe, die ihn vorübergehend zu einem veränderten Lebensstil gezwungen habe. Es stellte sich heraus, daß er bettlägrig und inaktiv war und deshalb verstärkt mit dem Tod seiner Ehefrau konfrontiert war. Er konnte dem Thema nun kaum mehr ausweichen und wurde depressiv. Dennoch hielt der Patient das Thema Trauer für abgeschlossen und bevorzugte es, sich mit den „aktuellen" Veränderungen in seinem Leben zu beschäftigen. Der Therapeut erläuterte dem Patienten, worin er das wichtigste Problem des Patienten sah, folgte jedoch dem Wunsch des Patienten, auf einen Rollenwechsel zu fokussieren. Im weiteren Therapieverlauf kam der Patient jedoch selbst immer wieder auf seine Frau, ihren Tod, sowie die Zeit davor und danach zurück. Schließlich erkannte er, daß er die Trauer um sie unterdrückt hatte. Er war von da an zunehmend in der Lage, mit dem Therapeuten am Bereich verzögerter Trauer zu arbeiten.

Eine weitere Option besteht darin, einen zu bearbeitenden Bereich aufzuschieben und mit der Exploration fortzufahren, bis der Patient besser erkennt, was die Problematik für ihn bedeutet. Oder der Therapeut versucht, den „kleinsten gemeinsamen Nenner" zu finden, indem er einen oder zwei relativ allgemeine Problembereiche formuliert, um im Verlauf der Therapie die Behandlungsziele spezifischer festzulegen und den Bereich klarer zu umschreiben.

Seltener kommt es vor, daß der Patient überhaupt keinen Zusammenhang zwischen seiner depressiven Episode und der interpersonellen Belastung sieht. Er ist vielmehr auf die Symptome selbst fixiert und erwartet, daß diese ohne sein Zutun genauso „plötzlich" verschwinden, wie sie aufgetreten sind. Auch in diesem Fall ist eine Konfrontation zu vermeiden, indem man den Patienten belehrt, sich mit ihm auseinandersetzt oder bestraft. Andererseits sollte der Therapeut offen schildern, worin er Zusammenhänge sieht und was er demzufolge als Problembereich oder als mögliches Behandlungsziel ansieht. Unter Umständen hilft es, dem Patienten mehr Zeit zu geben und ihm die vom Therapeuten erkannten Zusammenhänge ausführlicher zu erklären. Eine weitere Möglichkeit besteht darin, so lange im Rahmen der Anfangsphase an der Symptombewältigung zu arbeiten, bis die Symptome mehr in den Hintergrund getreten sind. Haben sich Patient und Therapeut allerdings auch nach geraumer Zeit immer noch nicht geeinigt, ist es offensichtlich nicht möglich, die IPT durchzuführen. Der Therapeut sollte dem Patienten andere Behandlungsmöglichkeiten vorschlagen und das Angebot machen, wieder zurück kommen zu können, wenn es bessere Bedingungen für eine Zusammenarbeit gibt.

18.5
Vermeidungsverhalten des Patienten

Patienten zeigen im Rahmen der Therapie häufig subtiles oder weniger subtiles Vermeidungsverhalten, vor allem wenn ihre Erwartung über die vermutete Omnipotenz des Therapeuten enttäuscht wird. Wenn es im Rahmen der Therapie zu offenem oder verdecktem, verbalem oder nonverbalem Widerstand von seiten des Patienten gegenüber der Therapie oder dem Therapeuten kommt, hat der Therapeut grundsätzlich drei Ziele:

1. Den Patienten in konstruktiver Weise davon abzuhalten, die Therapie zu blockieren.
2. Das Verhalten des Patienten in Beziehung zu seinen Problemen außerhalb der Therapie zu setzen.
3. Die Probleme in der therapeutischen Beziehung modellhaft für den Umgang mit Schwierigkeiten in anderen zwischenmenschlichen Beziehungen zu bearbeiten.

Dabei sollte der Therapeut im allgemeinen sachbezogenen vorgehen und aufklären, welche Bedeutung oder interpersonelle Funktion das Verhalten hat. Insgesamt ist das störende Verhalten des Patienten als indirekte, ineffiziente und ungünstige Kommunikation von negativen Gefühlen aufzufassen, und deshalb sollte ihm dabei geholfen werden, seine Gefühle direkter und besser auszudrücken. Es darf nicht vergessen werden, daß Patienten meistens gute Gründe haben, sich gegen die Auseinandersetzung mit bestimmten Themen oder gegen eine Veränderung zu schützen. Folgende Formen des Widerstandes können innerhalb der Therapie auftreten:

1. Häufiges Zuspätkommen oder Versäumen von Terminen

Kommt es öfter vor, daß ein Patient zu spät oder gar nicht zu seinen Sitzungen erscheint, sollte das Problem zunächst ganz sachlich angegangen werden, indem der Patient auf sein Verhalten aufmerksam gemacht und um eine Erklärung gebeten wird. Mißverständnisse oder falsche Vorstellungen sollen dabei ausgeschlossen werden.

In anderen Fällen kann die flexible Handhabung von Terminen kulturell bedingt sein, wie beispielsweise in einigen südlichen Ländern. In diesen Fällen sollte dem Patienten erklärt werden, daß ein pünktliches Erscheinen erwartet wird und für die befriedigende Durchführung der Therapie wichtig ist, da die zur Verfügung stehenden 50 Minuten benötigt werden, um ein Thema nicht nur zu beginnen, sondern therapeutisch durchzuarbeiten.

Sollten praktische Probleme für das Verhalten des Patienten verantwortlich sein, wie beispielsweise mangelhafte Beförderungsmöglichkeiten, die kurzfristigen Absagen des Babysitters, oder das Vergessen oder Verwechseln von Terminen, kann gemeinsam nach Lösungen gesucht werden. So ist es beispielsweise hilfreich, mit dem Patienten eine günstigere Zeit zu vereinbaren. Tritt durch diese Maßnahmen keine Veränderung ein oder stellt sich heraus, daß die Gründe für das Verspäten oder nicht Erscheinen des Patienten eine tieferliegende

Der Patient versucht, die schmerzhafte Auseinandersetzung mit dem Verlust einer geliebten Person zu vermeiden.

Der Problembereich, in dem gearbeitet wird, ist nicht relevant und bringt dem Patienten von daher nicht viel.

Der Patient ist symptomatisch remittiert und hat den Eindruck, eigentlich keine weitere Behandlung zu benötigen, erlebt jedoch diesbezüglich gemischte Gefühle.

Ein Patient glaubt, daß Termine beim Psychotherapeuten ähnlich wie bei seinem Hausarzt ohnehin lange Wartezeiten beinhalten, und es von daher nicht wichtig ist, pünktlich zu sein.

Ein Patient folgert aus einer einmaligen Verspätung des Therapeuten zu Beginn der Behandlung, daß es sich bei den vereinbarten Zeiten um „akademische" Zeiten handelt, und Raum für eine bis zu 15minütige Verzögerung offen bleibt.

Die Arbeit am Ehekonflikt des Patienten ist mit unangenehmen Gefühlen verbunden, die dieser zu umgehen versucht.

Bedeutung haben, sollte dies explizit thematisiert werden. Dabei spielt es keine Rolle, ob sich der Patient dessen bewußt ist oder nicht. Er wird zunächst gefragt, wie er selbst seine häufigen Verspätungen interpretiert. Nötigenfalls kann der Therapeut naheliegende Erklärungen anbieten und die meist bestehende Ambivalenz des Patienten besprechen (siehe Beispiel S. 250).

Die Motive und die Bedeutung des potentiell destruktiven Verhaltens sollten geklärt und angemessenere Lösungen gefunden werden. Der Patient sollte außerdem begreifen, welche Konsequenzen sein Verhalten im Zusammenhang mit der Therapie hat. Möglicherweise frustriert er den Therapeuten oder gefährdet den therapeutischen Fortschritt. Außerdem könnte es sich dabei möglicherweise um ein Muster handeln, das ihn in der Beziehung zu anderen ebenfalls in Schwierigkeiten bringt, beispielsweise wenn er auf diese Weise seine Unzufriedenheit zum Ausdruck bringt. In letzterem Fall kann das Verhaltensmuster in Beziehung zu dem bearbeiteten Problembereich gesetzt und ausführlicher bearbeitet werden.

Ein äußerst mißtrauischer Patient mit sozialen Defiziten versuchte den Therapeuten durch sein provozierendes Verhalten auf die Probe zu stellen, indem er ständig zu spät zu seinen Sitzungen erschien. Er wollte auf diese Weise herauszufinden, ob er ihm wirklich etwas bedeutete oder ob dieser ihn zurückwies. Dabei stellte sich heraus, daß er ähnliche Verhaltensweisen auch bei anderen, ihm wichtigen Personen zeigte und dadurch fast ausschließlich nur kurzfristige Beziehungen pflegte, da sich die anderen meist verärgert von ihm zurückzogen. Mit dem Patienten wurde an direkteren und effektiveren Methoden gearbeitet, um seine Angst zu bewältigen, von anderen verlassen oder ausgenutzt zu werden.

---

2. Vorzeitiger Abbruch der Behandlung.
Ein vorzeitiger Therapieabbruch kann mehrere Bedeutungen haben und in verschiedener Weise vom Patienten vollzogen werden. Am wenigsten befriedigend ist es, wenn sich die Therapie und/oder die therapeutische Beziehung schwierig gestaltet, der Patient keinen wirklich befriedigenden Fortschritt macht und plötzlich ohne Vorankündigung von der Therapie fernbleibt. In diesem Fall sollte der Therapeut versuchen, den Patienten telefonisch, schriftlich oder gegebenenfalls über Familienangehörige zu erreichen und ihn um eine Besprechung seiner Entscheidung zu bitten. Selbst wenn die Behandlung verfrüht abgebrochen wird, sollte prinzipiell versucht werden, die im Abschnitt über Therapiebeendigung angegebenen Aufgaben auszuführen (s. Kap. 13). Dabei kann es nötig sein, in nur einer Sitzung den therapeutischen Fortschritt zusammenzufassen und die Gefühle des Patienten über das Ende der Therapie sowie seine Zukunftsperspektiven abzuhandeln, falls der Patient zu weiteren Terminen nicht bereit ist. Am wichtigsten ist es, herauszufinden, welche Gefühle den Patienten dazu veranlassen, daß er der therapeutischen Arbeit keine weitere Chance mehr gibt. Johnson und Miller (1994) erwähnen, daß einer der wichtigsten Gründe für frühzeitigen Therapieabbruch darin besteht, daß Therapeut und Patient unterschiedliche Erwartungen an die Behandlung haben. Es erscheint von daher sinnvoll, sich noch einmal über die Erwartungen an die Therapie auszutauschen. Vielleicht stellt sich heraus, daß der Patient über den Therapeuten oder seinen eigenen bisherigen therapeutischen Fortschritt enttäuscht ist. In diesem Fall sollte der Therapeut vorschlagen, diese Punkte zu klären und versuchen, entsprechende Strategien anzuwenden, um gemeinsam eine Verbesserung zu erreichen. Unzufriedenheiten des Patienten können auf Mißverständnissen beruhen, beispielsweise wenn er erwartet, daß der Therapeut ein omnipotenter Helfer

ist. Sie können auch im Rahmen der Depression als Ausdruck der Hoffnungslosigkeit verstanden werden, die dazu führt, frühzeitig aufzugeben. Die Einschätzungen des Patienten können jedoch durchaus zutreffend sein, und falls nötig, sollte ihm bei der Überweisung zu einem anderen Therapeuten geholfen werden.

> Ein Patient ist enttäuscht darüber, daß sich seine Ehe durch die Psychotherapie nicht verbessert, sondern eher verschlechtert hat. Er hat den Eindruck, eine Paartherapie würde ihm mehr helfen. Der Therapeut stimmt zu, da die Kommunikationsprobleme zwischen den Partnern zu ausgeprägt sind, um sie in einer Einzeltherapie erfolgreich angehen zu können. Der Therapeut ist dem Patienten bei der Suche nach einem Paartherapeuten behilflich.

> Eine Patientin fühlt sich unwohl und befangen in der Gegenwart ihres männlichen Therapeuten, da sie mit Männern bisher nur negative Erfahrungen gesammelt hat. Unberechtigte Befürchtungen und Vorbehalte gegenüber dem Therapeuten werden geklärt. Außerdem wird das Mißverständnis aufgelöst, daß Vorschläge des Therapeuten als Anweisungen oder Befehle zu verstehen sind. Sie einigen sich darauf, negative Gefühle gegenüber dem Therapeuten in Zukunft unmittelbar und direkt zu äußern. Die Patientin entschließt sich, der Therapie eine weitere Chance zu geben.

Manchmal kommt es vor, daß der Patient sich von der gegenwärtig bearbeiteten Thematik zu bedroht fühlt. Dies ist beispielsweise dann der Fall wenn es im Zusammenhang mit einer Eheproblematik ansteht, über Trennung nachzudenken. Allerdings kann der Patient seine Befürchtungen und Gefühle entweder nicht identifizieren oder dem Therapeuten gegenüber nicht offen ausdrücken. Dann ist der Wunsch nach Beendigung der Therapie im Sinne einer Notbremsung zu verstehen. Über diese

Gefühle sollte gesprochen werden, und möglicherweise muß das Tempo der therapeutischen Arbeit reduziert und dem Patienten mehr Unterstützung angeboten werden. Ansonsten sollte an dem Wunsch, die Therapie vorzeitig zu beenden ebenso gearbeitet werden wie an anderen interpersonellen Problemen auch. Das heißt, der Patient soll im Verlauf dieser Arbeit lernen, seine Befürchtungen zu reflektieren, darüber zu sprechen und sich über die Konsequenzen Gedanken zu machen, anstatt sie spontan auszuagieren und Beziehungen überstürzt abzubrechen.

Manche Patienten haben auch das Gefühl, daß es ihnen bereits wesentlich besser geht und haben an einer weiteren Fortsetzung der Behandlung kein Interesse. Sich mit ihren Problemen auseinanderzusetzen, erscheint ihnen eher unangenehm, lästig oder unnötig. Beurteilt der Therapeut diese Einschätzung des Patienten als angemessen, sollte das Ende der Therapie vorbereitet werden. Dies könnte beispielsweise dann der Fall sein, wenn der Problembereich nach 10 Sitzungen bereits ausreichend bearbeitet ist und der Patient genügend gelernt hat. Empfindet der Therapeut eine frühzeitige Beendigung dagegen als unangemessen, sollte der Patient, falls notwendig, erneut darüber aufgeklärt werden, daß seine Erkrankung eine hohe Rückfallwahrscheinlichkeit hat. Es sollte ihm klargemacht werden, daß er sich besser schützen kann, wenn er in der Lage ist, interpersonelle und andere Belastungen zu bewältigen. Auch wenn er möglicherweise aktuell nicht direkt mit einem Problem konfrontiert ist, sollte er Strategien erlernen, um für zukünftige potentielle Schwierigkeiten gerüstet zu sein.

Der Therapeut kann offen seine Bedenken und Gefühle wie beispielsweise seine Enttäuschung äußern, ohne jedoch den Patienten unter Druck zu setzen oder schulmeisterlich zu belehren. Manchmal ist eine frühzeitige Beendigung der Therapie nicht zu vermeiden und aus Sicht des Patienten sogar nachvollziehbar. Dem Patienten sollte in diesem Fall angeboten werden, sich wieder zu melden, falls er seine Meinung ändert oder er nicht zurecht kommt. Der Therapeut weist den Patienten darauf hin, daß er seine Entscheidung respektiert und sie nicht als persönlich gegen sich gerichtet versteht. Der Patient sollte eine möglicherweise ungünstige Entscheidung nicht als Zeichen von Schwäche interpretieren, und er sollte es auf keinen Fall als Demütigung verstehen, die Therapie wieder aufzunehmen.

3. Schweigen oder anderes Vermeidungsverhalten

Schweigepausen können in jeder Therapie auftreten und therapeutisch sinnvoll sein. Im Rahmen der Trauerarbeit kommen beispielsweise lange Schweigeperioden häufiger vor, und sie sollten möglichst nicht unterbrochen werden. In diesen Gesprächspausen kann innerlich verarbeitet werden, was besprochen wurde. Möglicherweise braucht der Patient etwas länger, um über Erinnerungen sprechen zu können, die er lange Zeit unterdrückt oder verleugnet hatte. Insbesondere bei gefühlsgeladenen Themen sollte das Tempo insgesamt reduziert werden. Bemerkt der Therapeut, daß es dem Patienten schwer fällt, das Schweigen auszuhalten, sollte dies direkt angesprochen werden. Dem Patienten sollte der Sinn von länger anhaltenden Gesprächsunterbrechungen im Zusammenhang mit dem gerade bearbeiteten Inhalten erklärt werden.

Tritt das Schweigen jedoch sehr häufig auf und ist therapeutisch nicht erwünscht und erfolgen die Antworten nur zäh und einsilbig, sollte versucht werden, die Gründe dieses Verhaltens sowie seine Bedeutung herauszufinden. Tritt das Schweigen oder ein anderes Vermeidungsverhalten häufiger auf, ist generell immer abzuklären, ob es Teil der vielleicht noch bestehenden depressiven Symptomatik ist. Möglicherweise ist es ja gar nicht als Widerstand oder geringe Compliance zu interpretieren. Sollte dies

nicht zutreffen, kann der Patient danach gefragt werden, wie er sein Verhalten erklärt. Vielleicht hat er im wahrsten Sinne des Wortes nichts mehr zu sagen, da er seine Probleme als gelöst empfindet und glaubt, durch die Therapie genügend gelernt zu haben. Ist dieser Eindruck berechtigt, kann daüber nachgedacht werden, die Behandlung frühzeitig zu beenden.

Wenn der Patient nicht glaubt, daß seine Schwierigkeiten bewältigt sind, sollte gemeinsam herausgefunden werden, was denn freies, produktives Sprechen über die gegenwärtig zu bearbeitenden Probleme so schwierig macht. Oftmals werden konflikt- oder gefühlsgeladene Themen vermieden, weil der Patient noch im Stadium der Verleugnung ist, ungern die Thematik bespricht oder eine negative Reaktion des Therapeuten befürchtet.

> Schuldbesetzte Erinnerungen daran, wie der Patient mit einer verstorbenen Person umgegangen war, wurden im Rahmen der Trauerarbeit von einem Patienten zurückgehalten. Der Patient hatte Angst davor, durch den Therapeuten negativ bewertet zu werden.

In einem solchen Fall kann der Therapeut den schweigenden Patienten fragen, was gerade in seinem Kopf vorgeht und ihm gegebenenfalls Hypothesen anbieten. Solche Hypothesen wären beispielsweise, daß der Patient immer dann auffallend schweigsam wird, sobald das Thema auf seine Frau kommt. Irrationale Annahmen oder Befürchtungen können auf diese Art korrigiert und in positiver Weise auf ähnliche interpersonelle Situationen außerhalb der Therapie übertragen werden. Solche irrationalen Annahmen sind beispielsweise, die Ehe gegenüber einer außenstehenden Person – dem Therapeuten – schlecht zu machen und deswegen nicht loyal zu sein. Gemeinsam soll herausgefunden werden, ob Schweigen oder Rückzug eine typische Reaktion des Patienten bei interpersonellen

Schwierigkeiten ist. Der Therapeut weist ebenso wie im Falle des Zuspätkommens oder Fernbleibens darauf hin, welche negativen Auswirkung das Verhalten des Patienten im zwischenmenschlichen Kontext haben kann. So kann sich beispielsweise der Gesprächspartner durch das Verhalten abgelehnt oder gar verärgert fühlen.

Anstelle von Schweigen gibt es noch andere verbale oder nonverbale Arten, die Therapie zu vermeiden sowie seine mangelnde Mitarbeit oder Widerstand auszudrücken.

> Ein Patient beantwortete die Fragen des Therapeuten grundsätzlich in einer extrem ausschweifenden Weise. Auf diese Weise gelang es innerhalb einer Sitzung kaum, an die wesentlichen Punkte heranzukommen. Darauf aufmerksam gemacht, gab der Patient an, zu befürchten, daß der Therapeut ihn möglicherweise nicht verstehen, mißverstehen oder fehlbeurteilen könnte, wenn er nicht ausführlichst antworte. Nachdem der Therapeut dem Patienten versicherte, ihn durchaus gut zu verstehen und ihm versprach, bei Unklarheiten nachzufragen und wichtige Gesprächsabschnitte für ihn zusammenzufassen, änderte sich das Verhalten des Patienten jedoch nur geringfügig. Es stellte sich schließlich heraus, daß er unbewußt versuchte, sich und den Therapeuten von seinen wirklich relevanten, jedoch sehr schmerzvollen Gefühlen im Rahmen eines Verlusterlebnisses abzulenken. Nachdem dem Patienten klar wurde, daß diese Vorgehensweise einer Bewältigung seiner Probleme entgegen stand, wurden Strategien vereinbart, wie der Therapeut dem Patienten Zeichen geben konnte, wenn er während der Therapie wieder in alte Verhaltensmuster zurückfallen würde.

In ähnlicher Weise kann der Patient versuchen, das Thema zu wechseln oder ganz offen Widerstand ausdrücken, um bestimmte Themen zu vermeiden. Dabei sollte berücksichtigt werden, daß es letztendlich die Entscheidung des Patienten ist, über was er sprechen möchte. Es kann aber auch auf den anfänglich geschlossenen Behandlungsvertrag hingewiesen werden, bei dem sich Therapeut und Patient darauf geeinigt haben, bestimmte Themen zu bearbeiten. Außerdem sollte dem Patienten klar gemacht werden, welche Folgen es für seine Beziehungen hat, wenn er kontinuierlich relevante zwischenmenschliche Probleme vermeidet.

Widerstand kann sich auch darin äußern, daß der Patient auf depressive, häufig körperliche Symptome fixiert ist und in den Therapiesitzungen ständig klagt. Diese Verhalten kann soweit gehen, daß der Patient sich völlig unkooperativ zeigt. Der Therapeut sollte zunächst sicherstellen, daß das Verhalten nicht ausschließlich im Rahmen akuter depressiver Symptomatik zu sehen ist. Trifft dies zu, benötigt der Patient möglicherweise mehr Zeit, bevor er sich auf die therapeutische Arbeit am Problembereich konzentrieren kann. Ansonsten sollte ihm Mut gemacht werden, und es können durchaus auch noch einmal positive Informationen über die Depression vermittelt werden. Hierzu gehören ja beispielsweise, wie gut die Prognose ist und wie gut die Störung sich behandeln läßt. Manchmal hilft es, den Patienten darauf aufmerksam zu machen, welche Fortschrit-

> Das Verhalten wird als Strategie eingesetzt, um zentrale Themen zu vermeiden.

> Das Verhalten ist Ausdruck der Weigerung, für sich selbst Verantwortung zu übernehmen.

> Das Verhalten ist Ausdruck der Befürchtung, das Leiden könne von anderen nicht verstanden oder respektiert werden.

> Das Verhalten dient als Schutzmechanismus vor Belastungen in Form von Verpflichtungen.

te er bisher gemacht hat und seine persönlichen Stärken, Fähigkeiten und Kompetenzen herauszustellen.

Ausführlich sollte darüber gesprochen werden, welche Bedeutung das Verhalten im zwischenmenschlichen Kontext hat.

> Das Verhalten ist Ausdruck der überhöhten Erwartung, von einem omnipotenten Therapeuten ohne eigenes Zutun geheilt zu werden.

Es sollte gemeinsam mit dem Patienten herausgearbeitet werden, welche Konsequenz das Verhalten hat und wie mit dem dahinterstehenden Problem auf geeignetere Weise umgegangen werden kann.

Selbstverständlich kann der Patient im Rahmen einer negativen Übertragungsreaktion Widerstand in jeglicher Form zeigen. Blockiert dies die Therapie, kann der Therapeut den Patienten behutsam damit konfrontieren und gegebenenfalls die Übertragung interpretieren. Üblicherweise wird bei der IPT von einer Interpretation der Übertragungsbeziehung abgesehen, sofern sie nicht mit dem therapeutischen Fortschritt interferiert.

Der Therapeut erfährt oftmals Entlastung, wenn er Schwierigkeiten dieser Art mit einem Supervisor oder Kollegen bespricht, da das Verhalten des Patienten mitunter sehr provokativ wirken kann. Der Therapeut sollte mit Widerstand, geringer Therapiemotivation oder mangelnder Compliance konstruktiv umgehen wissen. Er sollte die eigenen Emotionen unter Kontrolle haben und weder stark konfrontativ, gereizt, gekränkt oder gar strafend reagieren. Er sollte sich seines eigenen Interaktionsstils in diesen Situationen bewußt sein, also beispielsweise seiner Tendenz zur Ungeduld, zu übertriebenem Ärger, zu Rückzug oder Frustration. Die gefühlsmäßigen Reaktionen des Therapeuten können dem Patienten durchaus auf eine therapeutisch günstige Weise mitgeteilt werden. Dies gibt dem Patienten eine Rückmeldung darüber,

welche Konsequenzen sein Verhalten hervorgerufen hat. Solche Rückmeldungen zu unterlassen und sich stattdessen frustriert von der Therapie zurückzuziehen oder autoritäre Maßnahmen zu ergreifen, stellt therapeutisches Fehlverhalten dar. Negative Reaktionen an den Patienten zurückzumelden, ist bei der IPT allerdings eine nur selten verwendete Technik. Sie sollte klar auf das Verhalten des Patienten bezogen sein und nicht auf seine Persönlichkeit. Probleme zwischen Therapeut und Patient zu klären, kann für den Patienten ein äußerst wirkungsvoller Lernprozeß sein, wie er mit interpersonellen Konflikten umgehen kann.

Wenn alle Versuche fehlschlagen, mit dem Widerstand eines Patienten konstruktiv umzugehen, ist es möglich, daß der Patient nicht oder noch nicht bereit ist, eine Psychotherapie durchzuführen. Vielleicht spricht der Patient dann auf ein ausschließlich medikamentöses Behandlungsverfahren besser an. Vielleicht stellt auch das „Gespann" Therapeut-Patient eine ungünstige Kombination dar, und der Patient würde von einem anderen Therapeuten mehr profitieren.

18.6 Schwierigkeiten, die mit der Beendigung der Therapie zusammenhängen

Schon zu Beginn der Behandlung wird dem Patienten erklärt, daß es sich bei der IPT um eine zeitlich limitierte Behandlungsform handelt. Spätestens in der zweiten Therapiehälfte sollte wiederholt ausdrücklich darauf hingewiesen werden, wieviele Sitzungen noch verbleiben. Denn die Beendigung der Therapie ist in der Regel sowohl für den Patienten als auch für den Therapeuten mit Unbehagen und gemischten

Gefühlen verbunden. Wie weiter vorne beschrieben (s. Kap. 5), sollten beide Beteiligten antizipieren und anerkennen, daß die Beendigung eine Zeit des Abschiednehmens darstellt, und daß traurige, angstvolle oder ärgerliche Gefühle, insbesondere von seiten des Patienten, ein normaler Bestandteil dieses Prozesses sind. In einigen Fällen treten im Rahmen des Behandlungsabschlusses jedoch gravierendere Schwierigkeiten auf, die den tatsächlichen Abschluß der Therapie in Frage stellen können.

18.6.1 Der Patient wird wieder symptomatisch

Es ist eher die Regel als die Ausnahme, daß im Rahmen des Endes einer Behandlung einzelne Symptome wieder aufflammen. Insbesondere Schlafstörungen, Niedergeschlagenheit und Energielosigkeit können vorübergehend auftreten und den Patienten in Besorgnis darüber bringen, ob es sich dabei um Vorläufer einer neuen Episode handelt. Zunächst kann der Patient beruhigt werden, denn gegen Ende der Therapie ist es durchaus üblich, das Symptome kurzfristig auftauchen. Sie bedeuten in der Regel keinen Rückfall, sondern stellen eine normale Reaktion auf die bevorstehende Trennung von der Therapie und dem Therapeuten dar. Damit ist ein Übergang gelungen, um die Gefühlssituation des Patienten zu besprechen. Er gibt ja eine vertraute und hilfreiche Beziehung auf. Es ist angebracht, das Ende der Therapie umfassend mit dem Patienten zu bearbeiten. Der Therapeut sollte betonen, welche Fortschritte der Patient gemacht und welche Kompetenzen er sich erworben hat. Gemischte Gefühle sollten durchgearbeitet werden und der Patient auf die Zeit nach der Therapie sorgfältig vorbereitet sein.

Vereinzelt kann es vorkommen, daß der Patient durch das nahende Therapieende so besorgt ist, daß er in der Tat droht, in eine erneute depressive Episode abzurutschen. In diesem Fall kann darüber nachgedacht werden, die Behandlung zu verlängern. Dazwischen sollte, falls dies möglich ist, jedoch eine Therapiepause von einigen Wochen eingelegt werden. In dieser Zeit kann der Patient abschätzen, wie er ohne Therapie auskommt. Manchmal reicht dem Patienten die Gewißheit, jederzeit wiederkommen zu können, wenn er möchte.

18.6.2 Der Patient spricht erst jetzt über sein „eigentliches Problem"

Dieses Phänomen wird im englischsprachigen Raum sehr anschaulich mit „dropping a bomb" bezeichnet. Für dieses Verhalten gibt es hauptsächlich dreierlei Gründe:
1. Der Patient ist erst jetzt in der Lage, über intime, möglicherweise lange unausgesprochene Probleme wie beispielsweise Mißbrauch zu sprechen, da er überdurchschnittlich lange Zeit benötigt hat, eine vertrauensvolle Beziehung zum Therapeuten aufzubauen.
2. Der Patient ist im therapeutischen Prozeß an einer Stelle angelangt, an der ihm jetzt erst voll bewußt ist, was sein eigentliches Problem ist.
3. Der Patient versucht durch sein bewußtes oder unbewußtes Verhalten den Abschluß der Behandlung hinauszuzögern. Er macht es dem Therapeuten schwer oder gar unmöglich, die Therapie zu beenden. Solche Patienten zeigen ähnliche Verhaltensmuster, wenn die einzelnen Therapiesitzungen beendet werden, und der Therapeut ertappt sich häufiger dabei, daß er Sitzungen ungeplant und ungewollt überzieht.

Im ersten und zweiten Fall ist es unter Umständen angebracht, die Therapie zu verlängern oder den Patienten zu einem spezialisierten Therapeuten zu überweisen. Dieser kann dann beispielsweise bei Vergewaltigung oder anderen Traumata auf den Patient eingehen. Bei Patienten der letztgenannten Kategorie empfiehlt es sich, darüber zu sprechen, welche Vermutung der Therapeut hat. Dem Patienten wird mitgeteilt, daß er anscheinend erhebliche Schwierigkeiten damit habe, die Therapie zu beenden, daß dies verständlich und üblich sei, und daß das gezeigte Verhalten im Prinzip die sinnvolle Funktion hat, die Beendigung zu umgehen. Es ist therapeutisch sinnvoller, sich mit der Problematik des Verlustes der Therapie oder des Therapeuten zu beschäftigen, anstatt mit den spontan vom Patienten eingeworfenen neuen Problemen. Dem Patienten wird erklärt, daß er wesentlich mehr davon profitiere, wenn er die Trennung erfolgreich bewältigen würde und nicht das von ihm vorgeschobene Problem bearbeitet werden würde. Der Abschluß der Therapie kann notfalls um wenige Sitzungen verlängert werden.

18.6.3 Der Patient möchte nicht über das Therapieende sprechen

Manche Patienten weichen jedesmal aus, wechseln das Thema oder leugnen, daß das Behandlungsende für sie mit irgendwelchen Gefühlen verbunden ist. Solche Patienten werden auf diese Beobachtung hingewiesen und nach einer Erklärung gefragt. Der Therapeut sollte immer wieder versuchen, auf das Thema der Trennung zu fokussieren und klar machen, warum dies zwar unangenehm oder schmerzhaft, jedoch auch wichtig ist. Der Patient kann danach gefragt werden, welche Erfahrungen er mit Abschiednehmen oder Trennungen hat. Außerdem kann der Therapeut modellhaft darüber berichten, welche Gefühle er angesichts des Therapieendes hat. Er kann auch die Schwierigkeiten anderer Patienten als Modell heranziehen. Auch Geschichten oder Märchen, die vom Sinn und Schmerz

des Abschiednehmens handeln, können erzählt werden. Insgesamt brauchen diese Patienten mehr Unterstützung als andere, um ihre Gefühle bezüglich des Endes der Behandlung zu identifizieren.

18.6.4 Der Patient bleibt der letzten Sitzung fern

Entschuldigt oder unentschuldigt der letzten Sitzung fernzubleiben, drückt ziemlich drastisch den Unwillen des Patienten aus, über das Ende der Therapie zu sprechen. Auch hier sollte auf das Verhalten zunächst aufmerksam gemacht und gefragt werden, ob der Patient einen Zusammenhang zwischen seinem Verhalten und dem Abschluß der Behandlung sieht. Der Patient wird nachdrücklich darum gebeten, zu seinen letzten Sitzungen zu erscheinen, da diese einen besonders wichtigen Teil der Therapie darstellen. Bleibt der Patient dem letzten Teil der Therapie fern, sollte er unbedingt telefonisch oder schriftlich kontaktiert werden. Dies darf nicht in anklagender oder vorwurfsvoller Weise geschehen, sondern der Therapeut sollte Verständis darüber ausdrücken, wie sich der Patient verhält und ihn darauf hinweisen, wie notwendig es ist, sich mit dem Abschiedsprozeß auseinanderzusetzen. Den Patienten ermutigen und ihm Hilfe anzubieten ist in diesem Fall wesentlich nützlicher als autoritäre oder fordernde Maßnahmen.

18.6.5 Der Patient ist stark verägert

Es ist ein eher seltenes Problem, daß der Patient über das Ende der Behandlung verägert ist. Gründe für diesen Ärger können sein, daß er entweder über das Therapieergebnis enttäuscht ist und/oder darüber verärgert ist, daß ihn der Therapeut „verläßt". Die Reaktion kann unter Umständen durchaus berechtigt sein. Möglicherweise ist der

Behandlungserfolg nur mäßig oder geringer als erwartet, und der Therapeut ist in der Tat erleichtert, die Therapie abzuschließen. Woher diese Gefühle des Patienten kommen, sollte unbedingt besprochen werden. Ebenso, ob er solche Erfahrungen aus ähnlichen Situationen kennt und was die Gründe dafür sein könnten. Solche Ärgergefühle werden zugelassen, und es werden konstruktive Vorschläge gemacht, wie sie zu bewältigen sind. So kann beispielsweise eine alternative Behandlungsmaßnahme gefunden oder ein aus der Sicht des Patienten geeigneterer Therapeut gesucht werden. Sinnvoll ist es auch, den Patienten zu fragen, ob er neben dem Ärger auch andere „weichere" Gefühle erfährt, wie beispielsweise Traurigkeit oder Enttäuschung. Solche Gefühlsanteile zu beschreiben führt in der Regel dazu, daß die Reaktion sowohl vom Therapeuten als auch vom Patienten selbst besser verstanden wird. Auch in diesem Fall kann die Therapie verlängert werden, wenn es nötig und angebracht erscheint.

18.6.6 Der Patient zeigt sich abhängig

Bei manchen Patienten wird im Laufe der Therapie deutlich, daß sie ausgeprägte abhängige Persönlichkeitszüge aufweisen. Daher muß damit gerechnet werden, daß Schierigkeiten auftreten, die Therapie zu beenden. Diese Patienten reagieren überängstlich, panisch und meist mit einer erheblichen Zustandsverschlechterung auf das Ende der Behandlung. Sie zeigen deutlich, sich nicht in der Lage zu fühlen, die Therapie aufzugeben. An der Abhängigkeitsproblematik sollte nicht erst in den letzten Sitzungen gearbeitet werden, sondern sobald sie erkannt wird. Das Problem läßt sich am Ende der Therapie entschärfen, wenn die Behandlungsabstände frühzeitig ausgedehnt werden. Während der Therapie sollte ein unterstützendes soziales Netz auf-

gebaut werden, auf das der Patient gegebenenfalls nach Therapieabschluß zurückgreifen kann. Auch hier ist es hilfreich, über frühere Erfahrungen mit Trennungen zu sprechen und nötigenfalls unrealistische Befürchtungen, nicht alleine überleben zu können zu korrigieren, indem auf die autonomen Kompetenzen und den Lernerfolg detailliert und mit Beispielen hingewiesen wird. Diese Patienten müssen ganz besonders ermutigt und darin bestärkt werden, daß sie wahrscheinlich wesentlich mehr können, als sie sich zutrauen. Eine optimistische und geduldige Haltung des Therapeuten ist angebracht. In der Regel ist es nötig, die Therapiedauer auszudehnen. Es können immer längere Therapiepausen eingeführt werden, in denen der Patient ausprobieren kann, wie er alleine zurechtkommt. Nötigenfalls können auch zwischenzeitliche telefonische Kontakte angeboten werden. Es sollte jedoch weiterhin an einem festgelegten Beendigungsdatum gearbeitet werden.

18.6.7 Frühere traumatische Trennungserfahrung

Sowohl während der Therapie als auch bei ihrem Abschluß kann sich herausstellen, daß der Patient eine frühe traumatische Trennungserfahrung durchgemacht hat. Der drohende Verlust des Therapeuten beziehungsweise der Therapie aktualisiert diese traumatische Erfahrung. An diesem Konflikt kann entweder in einer verlängerten Beendigungsphase gearbeitet werden oder dem Patienten wird vorgeschlagen, sich damit im Rahmen eines gesonderten therapeutischen Prozesses mit einem auf Traumata spezialisierten Therapeuten auseinanderzusetzen. Der Patient sollte diesen Vorschlag nicht als ein Abschieben empfinden. In jedem Fall geht der Therapeut behutsam und unterstützend vor. Auf Suizid- und Rückfallgefahr wird besonderes Augenmerk gelegt, und das Ende der Therpie wird nicht erzwungen.

Tabelle 18.3 **Zusammenfassung schwieriger Therapiesituationen, Prüffragen und Vorschläge zur Bewältigung**

Therapiesituation	Prüffragen nach möglichen Ursachen	Bewältigungsvorschläge
1. Die depressive Symptomatik verbessert sich von Anfang an gar nicht oder nur zögernd	Schätzt der Patient seinen Zustand im Rahmen der depressiven Symptomatik übertrieben negativ ein?	Negative Einschätzung als Teil der Symptomatik erklären, positive Rückmeldung und gegebenenfalls konkrete Beispiele für beobachtete Verbesserung des Zustands geben, ermutigen.
	Hat der Patient einer Psychotherapie oder der IPT gegenüber Vorbehalte?	Klären der Vorbehalte, Korrigieren von Mißkonzeptionen, Wissensvermittlung über Psychotherapie, gegebenenfalls Wechsel des Behandlungsverfahrens.
	Ist die therapeutische Beziehung belastet?	Über die Beziehung sprechen, Korrigieren von möglichen Mißverständnissen, Problemlösen, gegebenenfalls Wechsel des Therapeuten.
	Würde der Patient von einer Intensivierung der Therapie profitieren?	Sitzungsfrequenz erhöhen.
	Würde der Patient von einer zusätzlichen Pharmakotherapie profitieren?	Adjunktive pharmakologische Behandlung.
	Scheint der Patient nicht auf die pharmakologische Zusatzbehandlung anzusprechen?	Medikamentencompliance überprüfen, gegebenenfalls Dosis erhöhen, Behandlungsdauer verlängern oder auf andere Substanz umstellen.
	Ist die Diagnose einer Major Depression (unipolar, nicht-psychotisch) unzutreffend?	Andere Behandlungsform.
	Bestehen komorbide Störungen?	Zusätzliche Behandlung der komorbiden Störung, gegebenenfalls Wechsel des Therapieverfahrens (siehe auch Punkt 5).
	Bestehen andere Faktoren, die eine Remission verhindern (beispielsweise Angst, vom Partner verlassen zu werden)?	Klären, Problemlösetechniken anwenden, gegebenenfalls zusätzliche therapeutische Maßnahmen (beispielsweise stationäre Aufnahme zur Entlastung).
	Bestehen unangemessene Erwartungen an den Therapeuten oder die Therapie oder mangelnde Therapiemotivation?	Klären und gegebenenfalls die Erwartungen richtigstellen, was Therapie leisten kann und was nicht. Dem Patienten seine Rolle im Therapieprozeß erklären.
	Verbessert sich die Symptomatik des Patienten nur langsam?	Entweder Phase der Symptombewältigung verlängern oder mit Arbeit in mittlerer Phase beginnen.
	Nimmt der Patient objektive Verbesserungen nicht wahr?	Auf objektive Besserungen hinweisen und erklären, daß Betroffene Verbesserungen oft erst später bemerken.
	Spricht der Patient trotz richtiger Diagnose und verschiedener zusätzlicher Maßnahmen nicht auf IPT an?	Andere Behandlungsform.

Tabelle 18.3 Fortsetzung

Therapiesituation	Prüffragen nach möglichen Ursachen	Bewältigungsvorschläge
2. Die depressive Symptomatik verschlechtert sich zu Beginn der Behandlung weiter	Besteht Suizidgefahr im Rahmen der Verschlechterung?	Siehe Punkt 4.
	Hat der Patient Schuldgefühle aufgrund der Verschlechterung?	Klären und korrigieren. Beachte außerdem alle unter Punkt 1 aufgeführten Prüffragen.
3. Der Zustand des Patienten verschlechtert sich wieder, nachdem er sich verbessert hatte	Sind aktuelle Stressoren für die Verschlechterung verantwortlich?	Krisenintervention, Bewältigungsmaßnahmen, unterstützen, ermutigen, gegebenenfalls zusätzliche Termine vereinbaren, nach Krise das Vorgehen modellhaft durchsprechen.
	Ist der bearbeitete Problembereich möglicherweise nicht der relevante?	Sorgfältig überprüfen, ob ein anderer Bereich relevanter ist.
	Ist der Patient durch die anfängliche Arbeit am Problembereich überfordert?	Timing überprüfen, gegebenenfalls Tempo der therapeutischen Arbeit reduzieren, normalisieren und ermutigen, gegebenenfalls Therapiedauer verlängern.
	Bestehen negative Übertragungs- oder Gegenübertragungsreaktionen?	Klärendes Gespräch, gegebenenfalls Übertragung interpretieren, unterstützen, ermutigen.
	Tritt die Verschlechterung im Rahmen der Therapiebeendigung auf?	Siehe Punkte 12–17. Beachte außerdem alle unter Punkt 1 und 2 aufgeführten Prüffragen.
4. Der Patient wird suizidal	Bestehen Hinweise auf akute Suizidgefahr?	– Zusätzliche therapeutische Maßnahmen (beispielsweise Medikamente, Gruppentherapie, etc.) – Medikamente nur in kleinen Mengen zur Verfügung stellen – Zusätzliche therapeutische Termine – Krisenintervention: Besprechen des Ausmaßes und der Lösbarkeit der Probleme, Anerkennen der Realität der Suizidgedanken, Ermutigung, Unterstützung, Entlastung von potentieller Schuld für Zustandsverschlechterung, Auseinandersetzung mit suizidaler Thematik, Übernahme von Eigenverantwortung, etc. – Tägliche Telefonanrufe – Durchgehende Erreichbarkeit des/der Therapeuten – Gemeinsames Erstellen von „Notfallkarten", auf denen steht, was der Patient tun kann, wenn er sich suizidal fühlt (beispielsweise Mutter anrufen, Tagebucheinträge aus besseren Zeiten lesen, Therapeuten kontaktieren etc.) – Miteinbeziehung positiver Bezugspersonen (Aufstellen eines Plans mit der Familie, der beispielsweise ständige

Tabelle 18.3 **Fortsetzung**

Therapiesituation	Prüffragen nach möglichen Ursachen	Bewältigungsvorschläge
4. Der Patient wird suizidal	Bestehen Hinweise auf akute Suizidgefahr?	Beobachtung des Patienten gewährleistet; Wochenend- und Freizeitplanung; Beseitigung potentieller Selbstmordwaffen; Sicherstellen der Medikamenteneinnahme; Achten auf Frühwarnzeichen, wie beispielsweise plötzliche Ruhe bei einem sonst agitierten Patienten; etc.) – Klinikaufnahme, gegebenenfalls auf einer geschlossenen Station, gegebenenfalls Zwangseinweisung
5. Der Patient weist komorbide Störungen auf	Besteht eine komorbide Störung?	Entscheiden, welche Störung im Vordergrund steht und welche Auswirkungen sie auf das gesamte Krankheitsbild hat, in Abhängigkeit davon zusätzliche medikamentöse und/oder psychotherapeutische Maßnahmen, Verlängerung der Therapiedauer, gegebenenfalls Wechsel des Behandlungsverfahrens.
	Werden nach der symptomatischen Remission Persönlichkeitszüge vom Borderline, antisozialen oder zwanghaften Typ deutlich?	Gegebenenfalls zusätzliche therapeutische Maßnahmen und Verlängerung der Therapiedauer, oder Wechsel des Behandlungsverfahrens.
6. Es kann kein relevanter interpersoneller Problembereich gefunden werden	Können die möglichen Bereiche noch gezielter exploriert werden?	Hypothesengeleitet und detailliert explorieren, weniger wahrscheinliche Problembereiche zuerst ausschließen, gegebenenfalls Abschließen des Behandlungsvertrags hinausschieben.
	Können ergänzende Angaben von Bezugspersonen weiterhelfen?	Bezugsperson(en) alleine oder in Anwesenheit des Patienten befragen.
	Gibt es depressive Episoden in der Vorgeschichte?	Herausfinden, welche Auslöser in der Vergangenheit eine Rolle spielten und in Bezug zur jetzigen Episode setzen.
	Hat der Patient Schwierigkeiten, sich an Ereignisse oder deren Abfolge zu erinnern?	„Life-chart" beziehungsweise Zeitachse erstellen, gegebenenfalls mit Hilfe von Bezugspersonen.
	Scheint keiner der vier vorgeschlagenen Problembereiche zutreffend zu sein?	Anderen Problembereich auswählen, gegebenenfalls Abschließen des Behandlungsvertrags hinausschieben.
	Kann trotz der o.g. Maßnahmen kein eindeutig relevanter Problembereich festgelegt werden?	Festlegen des Problembereichs aufschieben, oder zunächst auf allgemein formulierten Problembereich fokussieren.

Tabelle 18.3 **Fortsetzung**

Therapiesituation	Prüffragen nach möglichen Ursachen	Bewältigungsvorschläge
7. Es existieren mehrere Problembereiche	Hat der Patient in mehr als zwei Problembereichen erhebliche Schwierigkeiten?	Herausfinden, welche Probleme am unmittelbarsten mit der derzeitigen depressiven Episode im Zusammenhang stehen oder am belastendsten sind, gegebenenfalls Abschließen des Behandlungsvertrags hinausschieben.
8. Therapeut und Patient können sich nicht auf einen Problembereich einigen	Stimmt der Patient der Sichtweise des Therapeuten über den relevanten Problembereich nicht zu?	Entweder dem Vorschlag des Patienten folgen, Festlegen des Problembereichs aufschieben oder zunächst auf allgemein formulierten Problembereich fokussieren; dem Patienten mehr Zeit geben, Zusammenhänge ausführlicher erklären.
	Zeigen die vorgeschlagenen Maßnahmen keinen Erfolg?	Supervisor kontaktieren, gegebenenfalls andere Behandlungsform oder Therapeuten vorschlagen.
9. Häufiges Zuspätkommen oder Versäumen von Terminen	Bestehen Mißverständnisse oder Mißkonzeptionen über den zeitlichen Rahmen der IPT?	Klären, richtigstellen.
	Bestehen praktische Gründe?	Problemlösetechniken anwenden, günstigere Zeit festlegen.
	Hat das Verhalten eine tieferliegende Bedeutung?	Thematisieren, nach Interpretation des Patienten fragen, Motive und Bedeutung herausfinden, Erklärungen anbieten, gegebenenfalls Ambivalenz des Patienten besprechen, Konsequenzen des Verhaltens deutlich machen, in Bezug zu dem interpersonellem Problembereich setzen.
	Zeigen die vorgeschlagenen Maßnahmen keinen Erfolg?	Supervisor kontaktieren, gegebenenfalls andere Behandlungsform oder Therapeuten vorschlagen.
10. Vorzeitiger Abbruch der Behandlung	Bleibt der Patient unentschuldigt fern?	Versuchen, den Patienten zu erreichen und neuen Termin vereinbaren, gegebenenfalls telefonisch Gründe für Fernbleiben klären, Gefühle und Erwartungen des Patienten klären, problemlösen, gegebenenfalls Therapie telefonisch beenden.
	Ist der vorzeitige Abbruch im Rahmen der depressiven Symptomatik zu sehen?	Darüber aufklären, ermutigen, unterstützen, Symptombewältigung.
	Fühlt sich der Patient von der gerade bearbeiteten Thematik bedroht?	Ermutigen, aufklären, unterstützen, gegebenenfalls Tempo der therapeutischen Arbeit reduzieren.
	Repräsentiert der vorzeitige Abbruch das typische Verhalten des Patienten in ähnlichen zwischenmenschlichen Situationen?	Darauf hinweisen, Patienten ermutigen, offen darüber zu sprechen und Konsequenzen des Verhaltens zu reflektieren.

Tabelle 18.3 **Fortsetzung**

Therapiesituation	Prüffragen nach möglichen Ursachen	Bewältigungsvorschläge
10. Vorzeitiger Abbruch der Behandlung	Hat der Patient das Gefühl, ausreichend genesen zu sein?	Gegebenenfalls aufklären und Bedenken offen äußern, Entscheidung des Patienten respektieren, gegebenenfalls Beendigung vorbereiten, Möglichkeit für Rückkehr offen lassen.
11. Schweigen oder anderes Vermeidungsverhalten	Sind das Schweigen oder andere unerwünschte Verhaltensweisen des Patienten auf die depressive Symptomatik zurückzuführen?	Darüber aufklären, ermutigen, unterstützen, Symptombewältigung.
	Ist das Schweigen häufig und therapeutisch unerwünscht?	Gründe und Bedeutung explorieren, Patienten um Erklärung bitten, irrationale Annahmen und Mißkonzeptionen korrigieren, Problemlösetechniken anwenden.
	Ist Schweigen oder Rückzug eine typische Reaktion des Patienten bei interpersonellen Schwierigkeiten?	Auf negative Auswirkung des Verhaltens im zwischenmenschlichen Kontext hinweisen, irrationale Annahmen oder Befürchtungen korrigieren und auf ähnliche interpersonelle Situationen übertragen.
	Hat der Patient nichts mehr zu sagen, weil seine Probleme gelöst sind?	Gegebenenfalls Beendigung vorbereiten.
	Versucht der Patient belastende Themen zu vermeiden?	Klären, irrationale Annahmen korrigieren, Konsequenzen des Verhaltens deutlich machen.
	Wechselt der Patient das Thema, um eine bestimmte Thematik zu vermeiden?	Auf Verhalten hinweisen, um Erklärung bitten, Gründe und Bedeutung herausfinden, auf Behandlungsvertrag hinweisen, auf Folgen des Vermeiden hinweisen.
	Ist der Patient auf die Symptome fixiert?	Sicherstellen, daß das Verhalten nicht selbst ein depressives Symptom darstellt, ermutigen, gegebenenfalls erneut aufklären, auf Fortschritte und persönliche Stärken hinweisen, gegebenenfalls erneute körperliche Abklärung anbieten, irrationale Annahmen korrigieren, Bedeutung des Verhaltens im zwischenmenschlichen Kontext besprechen, Konsequenzen des Verhaltens deutlich machen.
	Zeigen die vorgeschlagenen Maßnahmen keinen Erfolg?	Supervisor kontaktieren, gegebenenfalls andere Behandlungsform oder Therapeuten vorschlagen.
12. Der Patient wird bei der Beendigung wieder symptomatisch	Steht das Auftreten vereinzelter Symptome mit der Beendigung im Zusammenhang?	Beruhigen, normalisieren, Gefühle des Patienten besprechen, ermutigen, mit Beendigung auseinandersetzen, gegebenenfalls Therapiedauer verlängern, gegebenenfalls zunächst Therapiepause einlegen.

Tabelle 18.3 Fortsetzung

Therapiesituation	Prüffragen nach möglichen Ursachen	Bewältigungsvorschläge
12. Der Patient wird bei der Beendigung wieder symptomatisch	Handelt es sich um einen Rückfall?	Symptombewältigung, gegebenenfalls zusätzliche therapeutische Maßnahmen (beispielsweise Medikamente), Gründe für Rückfall eruieren, gegebenenfalls behutsamer und intensiver mit Beendigung auseinandersetzen, Therapiedauer verlängern.
13. Der Patient spricht erst jetzt über sein „eigentliches Problem"	Ist der Patient erst jetzt in der Lage über seine Probleme offen zu sprechen?	Gegebenenfalls Therapiedauer verlängern, gegebenenfalls zu spezialisiertem Therapeuten überweisen.
	Ist dem Patienten erst jetzt bewußt, was sein eigentliches Problem ist?	Gegebenenfalls Therapiedauer verlängern, gegebenenfalls zu spezialisiertem Therapeuten überweisen.
	Versucht der Patient das Behandlungsende hinauszuzögern?	Über Vermutung des Therapeuten sprechen, aufklären, weiterhin mit Beendigung auseinandersetzen, gegebenenfalls Therapiedauer um einige Sitzungen verlängern, Beendigungstermin festlegen.
14. Der Patient möchte nicht über das Therapieende sprchen	Versucht der Patient dadurch unangenehmen Gefühlen aus dem Weg zu gehen?	Darauf hinweisen, um Erklärung bitten, auf Trennung fokussieren, Modelle benutzen.
15. Der Patient bleibt der letzten Sitzung fern	Steht das Fernbleiben mit dem Therapieende im Zusammenhang?	Kontaktieren, auf Verhalten aufmerksam machen, um Erklärung bitten, aufklären, ermutigen, neuen Termin vereinbaren.
16. Der Patient ist stark verägert	Ist die Reaktion berechtigt?	Ärgergefühle zulassen, nach anderen Gefühlen fragen, Problemlösetechniken anwenden, gegebenenfalls alternative Behandlungsmaßnahme oder Therapeuten vorschlagen.
	Ist die Reaktion nicht berechtigt?	Gefühle klären, verzerrte Wahrnehmungen korrigieren, Problem lösen, gegebenenfalls alternative Behandlungsmaßnahme oder Therapeuten vorschlagen.
17. Der Patient zeigt sich abhängig		Abhängigkeitsproblematik so früh wie möglich bearbeiten, frühzeitig Behandlungsabstände ausdehnen, frühzeitig soziales Unterstützungssystem aufbauen, unrealistische Annahmen korrigieren, auf autonome Konsequenzen hinweisen, ermutigen, gegebenenfalls Therapiedauer verlängern, gegebenenfalls zuerst Therapiepause einlegen, gegebenenfalls zwischenzeitliche telefonische Kontakte anbieten, neues Beendigungsdatum festlegen, Beendigung nicht erzwingen.
18. Frühere traumatische Trennungserfahrung		Unterstützen, Trauma bearbeiten, Therapiedauer verlängern, gegebenenfalls zu spezialisierten Therapeuten überweisen, Beendigung nicht erzwingen.

▌ Literatur

American Psychiatric Association. Diagnostic and Statistical Manual of Mental Disorders, (4th Edn., DSM-IV). Washington, DC: American Psychiatric Association 1994.

Blazer DG, Kessler RC, McGonagle KA, Swartz MS. The prevalence and distribution of major depression in a national community sample: the national comorbidity survey. Am J Psychiatry 1994; 151:979-86.

Jacobson N. The overselling of therapy. Networker 1995. March/April: 41-7.

Johnson LD, Miller SD. Modification of depression risk factors: a solution-focused approach. Psychotherapy 1994; 31:244-52.

Margraf J, Schneider S. Panik: Angstanfälle und ihre Behandlung (2. Aufl.). Berlin: Springer 1990.

Markowitz JC. Psychotherapy of dysthymia. Am J Psychiatry 1994; 151:1114-2.

Mason BJ, Markowitz JC, Klerman GL. Interpersonal Psychotherapy for Dysthymic Disorders. In: Klerman GL, Weissman MM (eds). New Applications of Interpersonal Psychotherapy. Washington: American Psychiatric Press 1993; 225-64.

Mohr DC. Negative outcome in psychotherapy: a critical review. Clinical Psychology: Science and Practice 1995; V2 N1:1-24.

Mrazek PJ, Haggerty J. (eds). Reducing risks for mental disorders: frontiers for preventive intervention research/Committee on Prevention of Mental Disorders, Division of Biobehavioral Sciences and Mental Disorders, Institute of Medicine. Washington DC: National Academy Press 1994. S 91.

Nierenberg AA. A systematic approach to treatment-resistant depression. J Clin Psychiatry Monograph 1992; 10:5-10.

Shea MT, Widiger TA, Klein MH. Comorbidity od personality disorders and depression: implications for treatment. J Consult Clin Psychology 1992; 60:857-68.

Solomon DA, Keitner GI, Miller IW, Shea MT, Keller MB. Course of illness and maintenance treatments for patients with bipolar disorder. J Clin Psychiatry 1995; 56:5-13.

Zajecka JM, Ross JS. Management of comorbid anxiety and depression. J Clin Psychiatry 1995; 56(suppl 2):10-3.

19 Miteinbeziehen von Bezugspersonen

Inhalt

Obwohl eigentlich als Individualtherapie konzipiert, erlaubt die IPT es, daß Partner, Familienangehörige oder andere wichtige Bezugspersonen in bestimmte Abschnitte der Therapie mit einbezogen werden. Bei interpersonellen Auseinandersetzungen wird dies sogar empfohlen. Damit wird in der Regel eine dreifache Zielsetzung verfolgt. Der Therapeut erhält zusätzliche Informationen, gewinnt die Mitarbeit des Partners oder der Familie, und zwischenmenschliche Konflikte oder Kommunikationsstörungen sind leichter zu lösen. Dem Patienten sollte versichert werden, daß sich die therapeutische Schweigepflicht auch auf alle Familienmitglieder bezieht und keine Informationen über den Inhalt der Sitzungen ohne Zustimmung des Patienten an andere weitergegeben werden.

19.1 Miteinbeziehen von Bezugspersonen in der Anfangsphase

Wird die Vorgeschichte des Patienten erhoben, kann es für den Therapeuten hilfreich sein, Informationen und Beurteilungen von Bezugspersonen des Patienten zu erhalten.

Eine stark symptomatisch beeinträchtigte Patientin zeigt, als ihre Vorgeschichte zu der Krankheit erhoben wird, Schwierigkeiten, als sie sich an Einzelheiten erinnern soll. Außerdem sind ihre Angaben von negativ verzerrten Denkweisen und Selbstvorwürfen geprägt. Um ein vollständigeres und realistischeres Bild zu erhalten, lädt der Therapeut mit Zustimmung der Patientin den Ehemann zum Gespräch ein. Die ergänzenden Informationen des Ehemanns erleichtern es dem Therapeuten, den interpersonellen Problembereich zu bestimmen.

Besonders in der Phase der Informationsvermittlung kann der Patient von der Teilnahme seiner Familienangehörigen profitieren, und dem Therapeuten wird die Möglichkeit gegeben, die Unterstützung und Mitarbeit der Familie zu gewinnen.

Eine Patientin leidet unter ihrer ersten depressiven Episode. Sie ist durch die Symptomatik in ihrer Rolle als Ehefrau, Hausfrau und Mutter stark beeinträchtigt. Sie schämt sich vor allem vor den Kindern, ihren Verpflichtungen nicht nachkommen zu können. Sie und ihr Mann scheuen sich jedoch, ihren 11jährigen Zwillingen zu erklären, was mit der Mutter los ist. Sie fürchten sich davor, die Kinder dadurch zu belasten. Im weiteren Gespräch wird deutlich, daß die Söhne offensichtlich bereits ihre eigenen Erklärungen für den Zustand der Mutter haben und deren Verstimmung und Rückzug beispielsweise mit ihren schlechten Zeugnissen in Zusammenhang bringen. Mit dem Ehepaar wird besprochen, wie die Kinder in einer altersgerechten Weise informiert werden können, um die Depression ihrer Mutter als Erkrankung zu verstehen. Darüber hinaus wird geklärt, wie der gesunde Ehemann Verständnis für seine kranke Frau werben und vorübergehend als Bindeglied zwischen den Kindern und der Patientin fungieren kann.

Ein Patient, erlebt durch den Verlust des Arbeitsplatzes eine depressive Episode. Er hat Mühe, seine Beschwerden als Erkrankung zu akzeptieren. Auch innerhalb der Familie werden die Hauptsymptome des Patienten, Energie- und Intereselosigkeit sowie Erschöpfbarkeit, als Passivität und „sich-hängen-lassen" interpretiert. Dies führt zu vermehrten Schuldgefühlen beim Patienten und zu familiären Spannungen. Der Patient ist nicht in der Lage, seiner Familie die Depression zu erklären und den Sinn seiner Krankenrolle ausreichend deutlich zu machen. In einem gemeinsamen Gespräch werden alle Familienmitglieder ausführlich über das Krankheitsbild und die Behandlung aufgeklärt. Es werden Absprachen getroffen, von welchen Verpflichtungen der Patient freigestellt werden kann und auf welche Weise die Familie dem Kranken helfen kann, die Depression zu bewältigen.

Eine vor kurzer Zeit durchgeführte Umfrage erbrachte, daß 43 Prozent der Allgemeinbevölkerung Depression immer noch als persönliches Versagen und nicht als medizinische Erkrankung ansehen. Mißkonzeptionen wie diese können in einem Familiengespräch richtig gestellt werden. Mitglieder der engeren Familie fühlen sich häufig hilflos und sowohl durch den Zustand des Betroffenen als auch durch ihre eigenen emotionalen Reaktionen darauf überfordert. Durch eine gezielte umfassende Aufklärung können neben Ärgergefühlen auch Schuldgefühle, übertriebene Befürchtungen, Überfürsorglichkeit und Gefühle der Hilflosigkeit bei der Familie reduziert werden. Den Angehörigen werden die als aversiv erlebten Verhaltensweisen des Patienten, wie beispielsweise emotionaler Rückzug, als Symptome erklärt. Vorschläge des Therapeuten, wie dem Patienten geholfen werden kann, werden meist dankbar aufgegriffen. Die Angehörigen haben oft den Eindruck, daß alles, was sie versuchen, um die Situation zu verbessern, keine Wirkung zeigt. In diesem Rahmen sollte auch besprochen werden, was den Zustand des Kranken verschlechtern kann (s. Tab. 19.1). Dazu gehört beispielsweise das wenig zuträgliche Muster, dem Patienten zu Beginn der Erkrankung vermehrt Zuwendung und Mitleid zukommen zu lassen. Nach einiger Zeit schlägt dies meist in Frustration und Mißstimmung um, da der Kranke scheinbar nicht auf die verstärkte Fürsorge reagiert. Der Patient spürt die negative Reaktion seiner Familie, fühlt sich zurückgewiesen und wird noch depressiver. Dies wiederum kann bei den Angehörigen Versagens- und Schuldgefühle auslösen. Überfürsorglichkeit kann außerdem dazu führen, daß sich der Patient noch nutzloser und abhängiger fühlt und die Depression dadurch verstärkt wird. Teufelskreise wie diese müssen durchbrochen werden.

Je mehr der Patient und seine Angehörigen über Depression wissen, desto einfacher ist es für alle Beteiligten, darüber zu sprechen und Erleichterung zu finden.

Tabelle 19.1 **Was Angehörige und Freunde tun sollten und was nicht**

Was tun?	– Versuchen Sie, soviel wie möglich über Depression zu lernen. Je besser Sie wissen, was Sie erwarten und wie Sie damit umgehen können, desto weniger bedrohlich wird die Krankheit erscheinen.
	– Akzeptieren Sie die Tatsache, daß Ihr Angehöriger unter einer depressiven Erkrankung leidet, und deswegen bestimmte Verpflichtungen und Rollen wie beispielsweise die der Hausfrau vorübergehend nicht erfüllen kann. Treffen Sie gemeinsam Entscheidungen, wie am besten damit umzugehen ist. So kann zum Beispiel eine zusätzliche Hilfe im Haushalt eingestellt werden.
	– Versuchen Sie, die Beziehung so normal wie möglich aufrecht zu erhalten, und sprechen Sie offen miteinander.
	– Geben Sie dem Betroffenen zu verstehen, daß Sie wissen, wie sehr er leidet.
	– Drücken Sie Ihr Verständnis, aber auch Ihre Gefühle und Ihre Sorge aus.
	– Versuchen Sie, Mut und Hoffnung zu geben. Bleiben Sie dabei echt und seien sie nicht zu optimistisch.
	– Fordern Sie zu gemeinsamer Aktivität auf, ohne dabei zu über- oder unterfordern.
	– Helfen Sie, den Tagesablauf zu strukturieren und zu gestalten.
	– Machen Sie den Betroffenen auf verzerrtes, negatives Denken aufmerksam, ohne dabei kritisch oder mißbilligend zu sein.
	– Ermutigen Sie Ihren Angehörigen, sich in Behandlung zu begeben. Sie selbst können nicht die Rolle eines Arztes oder Therapeuten übernehmen. Depression ist behandelbar!
	– Bewahren Sie Geduld! Oft müssen erhebliche Opfer gebracht werden. Suchen Sie gegebenenfalls selbst Hilfe auf.
Was nicht tun?	– Ziehen Sie sich nicht zurück! Sprechen Sie mit Vertrauenspersonen oder einem Arzt oder Therapeuten über Ihre Sorgen und Frustrationen im Zusammenhang mit der Erkrankung Ihres Angehörigen.
	– Machen Sie dem Betroffenen keine Vorwürfe und beschuldigen Sie ihn nicht für seinen Zustand. Der Zustand hat nichts mit Faulheit, Versagen, Schwäche oder mangelndem Willen zu tun.
	– Verzichten Sie auf Äußerungen wie: „Reiß dich zusammen, ist doch halb so schlimm", „man muß nur richtig wollen", „dir geht es doch gut", oder „es gibt noch Schlimmeres".
	– Sagen oder tun Sie nichts, was das negative Selbstbild des Betroffenen noch verschlimmern könnte.
	– Übertriebene Versuche, den Depressiven aufzuheitern oder abzulenken, sind fehl am Platz. Auch eine Urlaubsreise oder eine Veränderung der gewohnten Umgebung sind eher schädlich.
	– Lassen Sie sich nicht von depressiven Denkweisen und Stimmungen Ihres Angehörigen anstecken oder herunterziehen. Nehmen Sie sich Zeit, um erfreuliche Dinge für sich selbst zu tun.
	– Werden Sie nicht zum Therapeuten. Werden sie nicht überfürsorglich und überfordern Sie sich nicht.

Zum Abschluß der Sitzung wird schriftliches Material zum Nachlesen und gemeinsamen Besprechen mitgegeben (s. Anhang S. 307 bzw. 311). Manchmal ist es nötig, der Bezugsperson weitergehende Hilfe in Form einer eigenen Therapie oder einer Angehörigengruppe zu empfehlen.

Ein weiterer Vorteil, Angehörige in den therapeutischen Prozeß zu integrieren, besteht erfahrungsgemäß darin, daß sich die langfristige Compliance des Patienten erhöht. Dies trifft sowohl auf die psychotherapeutische als auch auf die pharmakologische Behandlung zu. Es sind nicht selten die Familienmitglieder, die den Patienten motivieren, die Sitzungen einzuhalten und die Medikamente auch weiterhin einzunehmen, wenn sich der Patient besser fühlt und den Eindruck hat, keine Unterstützungsmaßnahmen mehr zu benötigen. Auch wenn ein Rückfall auftritt, ist es häufig eine enge Bezugsperson, die den Therapeuten zuerst kontaktiert und um Rat fragt.

Angehörige oder andere Bezugspersonen können auch hinzugezogen werden, wenn der Therapeut bei der Beziehungsanalyse (interpersonal inventory) keine ausreichenden oder befriedigenden Informationen vom Patienten erhält.

Eine Patientin macht einen mißtrauischen und schüchternen Eindruck. Sie gibt nur äußerst vage Angaben über ihren Ehemann und ihren ältesten Sohn, der ein Jahr zuvor eines Drogentodes starb. Es ist jedoch aus der Krankenakte bekannt, daß erhebliche familiäre Probleme bestehen und der verstorbene Sohn nicht nur drogenabhängig, sondern auch gewalttätig war. Der Therapeut nimmt an, daß die Patientin versucht, familiäre Probleme zu verdecken. Sie versucht den toten Sohn, wie auch schon zu Lebzeiten, zu schützen. Mit Zustimmung der Patientin nimmt der Ehemann an einer Sitzung teil und berichtet darüber, wie sich ihre Ehe seit Beginn der Drogenprobleme ihres Sohnes zunehmend verschlechtert hat. Er berichtet außerdem darüber, daß sich seine Frau geweigert hat, dessen Tod als Realität anzuerkennen.

19.2 Miteinbeziehen von Bezugspersonen bei interpersonellen Auseinandersetzungen

Als therapeutischer Fokus können, wie bereits beschrieben, auch zwischenmenschliche Konflikte gewählt werden. Es ist in solchen Fällen eine explizite Option, die Person oder die Personen, mit welcher oder welchen der Patient Probleme hat, mit in die Behandlung einzubeziehen. Im vorliegenden Abschnitt ist in erster Linie von Paarbeziehungen die Rede. Es kann sich jedoch durchaus auch um eine andere Bezugsperson handeln.

In der Regel sind bis zu etwa vier gemeinsamen Sitzungen vorgesehen. Der Partner sollte zur Bearbeitung von Partnerschaftskonflikten erst hinzugezogen werden, wenn der Patient nicht mehr schwer depressiv ist oder unter ausgeprägten Symptomen leidet. Wenn der Partner oder die Bezugsperson nach Aussage des Patienten nicht zu einem gemeinsamen Gespräch bereit ist, sollte der Therapeut um Erlaubnis bitten, die betreffende Person selbst kontaktieren zu dürfen. Häufig erwartet der Partner, für die Erkrankung des Patienten verantwortlich gemacht und direkt oder indirekt beschuldigt zu werden. Manchmal ist der Patient auch nur unzureichend in der Lage, dem Partner zu erklären, worin der Sinn einer gemeinsamen Sitzung liegt. Aus diesem Grund ist es günstig, eventuelle Mißkonzeptionen telefonisch zu klären und zu betonen, wie wichtig die Angaben des Partners oder der Bezugsperson für den weiteren Therapiefortschritt sind.

Wenn der Partner dann zum Gespräch erscheint, empfiehlt es sich, zu Beginn der Sitzung zu fragen, mit welchen Erwartungen oder Zielen er herkommt. Unrealistische Befürchtungen und Erwartungen können auf diese Weise gleich zu Beginn korrigiert werden. Oftmals fühlt sich der Partner zu den Paargesprächen regelrecht gezwungen und sieht sich aus dem Bündnis des Patienten mit dem Therapeuten ausgeschlossen. Der Therapeut macht deswegen anfänglich klar, worin der Zweck der gemeinsamen Gespräche besteht und daß es nicht darum geht, jemandem den „schwarzen Peter" zuzuschieben. In dysfunktionalen Paarbeziehungen ist einer der Partner häufig in unausgesprochener Übereinkunft als das „schwarze Schaf" oder „Bösewicht" deklariert. Häufig wird auch indirekt versucht, den Therapeuten von dieser Rollenverteilung zu überzeugen. Diese Etikettierung kann nur hinderlich sein, wenn die Konflikte geklärt und gelöst werden. Dem Paar wird daher nahegelegt, daß beide jeweils etwa zur Hälfte an ihren Beziehungsproblemen beteiligt sind. Aus diesem Grund sollte der Therapeut sich auch nicht langfristig auf die Seite eines Partners schlagen. Meist besteht die Tendenz, sich mit dem Depressiven zu verbünden. Es geht jedoch

Tabelle 19.2 **Typische Kommunikationsfehler**

Beim Sprecher:	– Gefühle, Wünsche oder Bedürfnisse werden nicht direkt, konkret und angemessen mitgeteilt.
	– Statt dessen werden Forderungen gestellt.
	– Es wird sich schweigend zurückgezogen.
	– Oder es wird angegriffen und kritisiert.
Beim beteiligten Zuhörer:	– Es wird nicht zugehört, was der andere sagt.
	– Es wird kein Interesse gezeigt an dem, was der andere sagt.
	– Es wird sich verteidigt statt zu verstehen, was der andere empfindet.
	– Es werden keine Fragen an den anderen gestellt, sondern angenommen, daß man weiß, was der andere denkt.
	– Fragen, die gestellt werden, sind indirekte Aussagen oder Kritik am anderen wie „Warum muß immer alles so gemacht werden, wie du es willst?".
	– Es wird nicht akzeptiert, was der andere sagt. Beispielsweise „Du solltest nicht ärgerlich sein".
	– Es wird zuviel Verantwortung für die Gefühle des anderen übernommen. Deswegen werden diese Gefühle auch abgewehrt.
	– Es wird sich unterworfen, und später wird der andere indirekt dafür bestraft.
	– Es wird unterbrochen.
	– Gefühlsäußerungen, andere Selbstoffenbarungen oder sensible Informationen, die mitgeteilt wurden, werden später im Streit gegen den anderen verwendet. Beispiel:. „Kein Wunder, daß dein Vater dich als nichtsnutzig bezeichnet hat".
	– Es besteht keine Übereinstimmung über die „Realität" oder ein Problem. Beispiel: Er behauptet, nicht zu spät heimgekommen zu sein, sie dagegen sagt, er sei über eine Stunde zu spät gewesen).

darum, dem Paar zu helfen, einander zu verstehen und miteinander klar zu kommen, und nicht darum, als Schiedsrichter zu fungieren oder herauszufinden, wer „Recht" hat.

Das erste Paargespräch dient zunächst der Informationsgewinnung. Liegen unterschiedliche Erwartungen an die Beziehung vor? Worin besteht der Konflikt des Paares? Bei dieser Frage sollte der Therapeut auf Konflikte achten, die hinter den üblicherweise angegeben Problembereichen, wie finanzielle Schwierigkeiten, sexuelle Probleme, unterschiedliche Vorstellungen in der Kindererziehung oder Ärger mit der Schwiegermutter stehen. Bei solchen Kernkonflikten handelt es sich beispielsweise darum, um Macht und Kontrolle zu kämpfen, mehr Autonomie zu erlangen, Verantwortung übernehmen zu müssen oder um die Angst, verlassen zu werden.

Als nächstes sollte bestimmt werden, in welchem Stadium sich der Konflikt befindet? Dazu ist es manchmal hilfreich, beide Partner zu fragen, wieviel Prozent ihrer Zeit sie konfliktfrei oder im Konflikt verbringen.

Auf diese Weise erhält der Therapeut einen Anhaltspunkt, wie schwerwiegend die Störungen in der Beziehung sind und ob das Paar eher streitet oder Auseinandersetzungen vermeidet.

Welche Kommunikationsmuster bestehen? Welche Kommunikationsfehler lassen sich identifizieren? Typische Kommunikationsfehler in gestörten Paarbeziehungen sind in Tab. 19.2 aufgeführt.

Sind die relevantesten Kommunikationsmuster identifiziert und dem Paar bewußt gemacht, wird versucht, alternative beziehungsfördernde Kommunikationsgewohnheiten zu entwickeln. Dabei stehen dem Therapeuten mehrere Möglichkeiten zur Verfügung:

1. Er kann günstige Kommunikation im Rollenspiel üben. Beispiel: ein Partner beschreibt eventuell mit Hilfe des Therapeuten seine Befürchtung, ohne zu fordern, den anderen anzugreifen oder zu kritisieren. Der andere hört, ebenfalls eventuell mit Hilfe des Therapeuten, zu, stellt Fragen ohne zu unterbrechen, sich

zu verteidigen, anzugreifen oder sich zu unterwerfen.

2. Er kann „übersetzen", was gesagt wurde. Beispiel: Patientin: *„Du bist nie zu Hause."* Therapeut zum Ehemann: *„Ihre Frau fühlt sich häufig einsam".*

3. Er kann als Modell fungieren. Beispiel: Patient: *„Ich komme heim und es erwartet mich ein einziges Durcheinander."* Therapeut: *„Was empfinden Sie, wenn Sie heimkommen und alles ist durcheinander?"* Patient: *„Ich fühle mich überfordert, meine Frau interessiert sich nicht für mich".* Therapeut: *„Was heißt das für Sie, wenn sich ihre Frau nicht für Sie interessiert?"* Patient: *„Ich bin nicht wichtig, für niemanden".* Therapeut: *„Ich verstehe. Ist das ein Gefühl, das Ihnen bekannt vorkommt?"*

4. Er kann alte Muster unterbrechen und Alternativen anbieten. Beispiel: Patient: *„Wenn sie sich nicht ändert, ziehe ich einfach aus."* Therapeut: *„Das hört sich an wie eine Drohung. Könnten Sie statt dessen versuchen auszudrücken, was sie sich für die Zukunft wünschen würden und wie Sie empfinden würden, wenn sich etwas ändert?"*

5. Er kann auch intervenieren, wenn Gefühle inadäquat ausgedrückt werden. Beispiel: Patient: (schreit) *„Ich habe die Schnauze gestrichen voll von deinen Vorwürfen! Du bist doch ewig..."* Therapeut: (unterbricht) *„Ich möchte Sie hier unterbrechen. Ich kann Ihren Ärger zwar verstehen, aber zu den Regeln für gesunde Kommunikation gehört, daß Sie Ihren Affekt versuchen unter Kontrolle zu behalten. Vielleicht sagen Sie zuerst einmal mir, was sie so frustriert."*

6. Auch andere ungünstige Kommunikationsgewohnheiten sollten vom Therapeuten unterbunden werden. Beispiel: Therapeut: *„Lassen Sie Ihren Mann bitte ausreden. Sie können gleich dazu Stellung nehmen."* oder *„Ich kann Sie nicht hören, und Sie können einander nicht verstehen, wenn Sie beide zur gleichen Zeit reden."*

7. Er kann über Konsequenzen ungünstiger Kommunikation aufklären. Beispiel: Partnerin: *„Was heißt hier, es ist nie aufgeräumt zu Hause? Wie sieht es denn in deinem Büro aus? Das ist doch das totale Chaos!"* Therapeut: *„Mit einem Gegenangriff auf die Aussage Ihres Mannes zu reagieren ist zwar naheliegend und verständlich, aber es wird sehr wahrscheinlich dazu führen, daß Ihr Mann versuchen wird, sich zu verteidigen oder Sie wiederum anzugreifen. Das wird Sie beide noch weiter voneinander entfernen. Es führt nicht dazu, daß sie einander besser verstehen oder sich auf eine Lösung einigen können."*

Der Therapeut sollte Bemerkungen, konfrontierende Aussagen oder klärende Fragen an das Paar stets positiv oder konstruktiv formulieren, um die weitere Mitarbeit beider Parteien nicht zu gefährden und um außerdem als Rollenmodell zu dienen. Unerwünschte Verhaltensweisen der Partner, wie beispielsweise aggressive Handlungen, egoistisches Verhalten oder ein Seitensprung, sollten verstanden werden als einen Mangel an geeigneten Wegen, mit Unzufriedenheit in der Beziehung umzugehen. Der Therapeut ist insgesamt unterstützend und optimistisch.

Wenn wichtige Gefühle, Wünsche oder Bedürfnisse mit Hilfe des Therapeuten in angemessener Weise mitgeteilt werden, soll herausgefunden werden, welche Bedeutung sie für den Betroffenen in Hinblick auf den Partner haben.

Wie kann an dieser Stelle in der Therapie weitergegangen werden? Zunächst sollte ermittelt werden, welche Bedeutung das Gefühl für den Betroffenen hat. Diese Bedeutung sollte unabhängig vom Partner bestehen.

Durch dieses therapeutische Vorgehen können beide Partner lernen, die wunden Stellen des anderen kennenzulernen, zu

> Eine Patientin fühlt sich von ihrem Mann ständig belehrt oder kritisiert und hat den Eindruck, ihm nichts recht machen zu können. Sie hat das Gefühl, nicht gut genug zu sein, keinen Freiraum zu haben und daran zu ersticken. Auf die Frage, warum sie sich nicht mehr zur Wehr setzt und ihrem Mann ruhig mitteilt, daß sein Rat wahrscheinlich gut gemeint ist, sie es aber dennoch auf ihre Weise probieren möchte, stellt sich heraus, daß sie unter tiefgreifenden Ängsten leidet, von ihm verlassen zu werden.

beziehungsweise der Entscheidungsanalyse verwendet werden. Welche Möglichkeiten stehen zur Lösung des Problems zur Verfügung, welches sind die Vor- und Nachteile dieser Möglichkeiten, was sind die zu erwartenden Folgen? Die Technik der Entscheidungsanalyse ist im Teil II beschrieben. Mit dem Lösen der Probleme sollte nicht zu früh begonnen werden, also beispielsweise noch nicht, bevor der Konflikt für alle Beteiligten klar ist.

berücksichtigen und sensibler miteinander umzugehen. Für die eigenen inneren Konflikte soll die Verantwortung übernommen werden. Es sollten keine Versuche gemacht werden, den anderen zu ändern. Darüber hinaus kann das Paar verstehen, welche Motive und Gründe der andere hat, um diese Position im Konflikt einzunehmen.

> Das Gefühl, verlassen oder ausgeschlossen zu werden, ist der Patientin seit früher Kindheit vertraut. Sie wuchs in einem gutbürgerlichen Stadtteil auf, ihre Familie hatte jedoch nicht den entsprechenden Status. Die Patientin trug häufig abgelegte Kleidung und konnte an Klassenfahrten nicht teilnehmen, weil kein Geld dafür da war. Sie fühlte sich isoliert und ausgeschlossen von ihrer Umgebung und ihren Mitschülern, die fast alle der oberen sozialen Schicht angehörten. Hatte sie erst einmal mit jemandem Freundschaft geschlossen, klammerte sie sich so sehr an die Beziehung, daß der andere sich bald daraus befreite. Verlassen zu werden, wenn sie versuchte, sie selbst zu sein, wurde somit zu einem vertrauten Gefühl.

Ist die Kommunikation zwischen den Partnern verbessert und verstehen sich die Partner besser, kann ein Handlungsplan erstellt werden, um die Probleme zu lösen. Dabei können Techniken des Problemlösens

19. 3 Miteinbeziehen von Bezugspersonen in Krisensituationen

Wenn beim Patienten entweder zu Beginn oder im Verlauf der Behandlung der Verdacht besteht, daß er suizidal sein könnte, ist es ratsam, die Angehörigen einzuschalten. Das gleiche gilt unter Umständen, wenn ein depressiver Rückfall auftritt oder andere Krisensituationen auftreten.

Im Sinne einer Krisenintervention werden mit dem Patienten und seiner Familie Sofortmaßnahmen besprochen, wie die Situation zu bewältigen ist. Besteht die Gefahr, daß der Patient suizidal wird, gehört zu den möglichen Sofortmaßnahmen bei-

> Eine Patientin mit interpersonellen Defiziten erzielte nach 10 Sitzungen erste Erfolge. Sie nahm den Kontakt zu einer Mitschülerin auf. Im Verlauf der nächsten Wochen entwickelt sich daraus eine unterstützende Beziehung, die der Patientin das Gefühl von Vertrauen, Zugehörigkeit und Ausgelassenheit vermittelte. Die Freundin muß jedoch aus familiären Gründen unvorhergesehen in ihre Heimat im Ausland zurückkehren. Der Verlust dieser bedeutenden Beziehung verursacht bei der Pati-

entin einen Rückfall in die Depression. Mit der Patientin und ihrer Mutter wird besprochen, durch welche Maßnahmen ein depressiver Rückzug der Patientin zu verhindern ist. Die Mutter, die ganztags und an Wochenenden in der eigenen Gaststätte tätig ist, erklärt sich bereit, für die Wochenenden vorübergehend eine Vertretung zu finden. Durch das Gespräch wird der Mutter außerdem klar, welche Bedeutung die Freundin für ihre Tochter hat. Daraufhin werden Pläne gemacht, wie die Patientin ihre Freundin in den Sommerferien besuchen kann, und es werden weitere Möglichkeiten diskutiert, den Kontakt aufrechtzuerhalten.

spielsweise die stationäre Aufnahme des Patienten. Ferner kann er durchgehend von den Familienmitgliedern beobachtet werden. Ist die Gefahr nicht so groß, kann der Patient an Wochenenden, Feiertagen und nach Arbeitsschluß mit den Familienangehörigen zusammensein. Weitere entlastende Strategien bei Selbstmordgefahr sind im Kapitel 18 beschrieben. Der Patient sollte prinzipiell an den Krisensitzungen teilnehmen.

Tritt ein erneuter Rückfall auf, sollten zunächst jene akuten Stressoren beseitigt werden, die zum Rückfall beigetragen haben. Daneben kommen alle Grundsätze der Anfangsphase der IPT erneut zur Anwendung. Die Symptome werden also erneut erhoben, die Krankenrolle erneut besprochen und entlastende und unterstützende Strategien erneut angeboten.

In den meisten Fällen erleichtert es die Behandlung, wenn Partner oder Angehörige am Therapieprozeß beteiligt werden. Es erleichtert sowohl den Therapeuten und ist auch für die Genesung des Patienten von Vorteil.

20 Persönlichkeit und Übertragung im therapeutischen Prozeß

M. Bohus

Inhalt

Die IPT als Fokaltherapie der depressiven Störung erhebt dezidiert keinen Anspruch darauf, Persönlichkeitsstukturen des Patienten zu verändern. Allerdings beeinflussen Persönlichkeitsmerkmale den therapeutischen Prozeß, und das Wissen darum ist nicht nur wertvoll, sondern unumgänglicher Bestandteil der Therapie. Dies gilt sowohl für Charaktereigenschaften des Patienten, als auch für die des Therapeuten. Sind die Persönlichkeitsstrukturen rigide oder nehmen sie gar das Ausmaß einer Persönlichkeitsstörung an, gilt dies besonders. Grundsätzlich stellt die Diagnose einer komorbiden Persönlichkeitsstörung keine Kontraindikation für die Durchführung der IPT dar. Die Behandlung der Depression im Rahmen von Borderline- oder antisozialen Störungen dürfte dabei allerdings eher eine Ausnahme darstellen. Es sei jedoch dringend darauf hingewiesen, daß die Diagnose „Persönlichkeitsstörung" während einer depressiven Episode nicht gestellt werden sollte, ohne die prämorbide Symptomatik zu berücksichtigen. Die klinische Erfahrung lehrt, daß während depressiver Phasen sich die Persönlichkeitszüge der Patienten bisweilen verstärken und das Ausmaß schwerwiegender Persönlichkeitsstörungen annehmen. Klingt die affektive Symptomatik ab, reduziert sich dieses Phänomen jedoch auf ein sozial gut integrierbares Maß. Umgekehrt können auffällige Persönlichkeitszüge durch die depressive Erkrankung überdeckt werden und erst bei beginnender Remission in den Vordergrund treten.

Die interpersonelle Theorie H.S. Sullivans, auf die sich die IPT als metapsychologisches Theorem stützt, sieht ihren Schwerpunkt darin, zwischenmenschliche Interaktionsprozesse auch und vor allem im therapeutischen Prozeß zu untersuchen. Daher kann auf die theoretischen Grundsätze der interpersonellen Theorie zurückgegriffen werden, wenn man sich überlegt, wie sich die Persönlichkeit und die Übertragungsprozesse in der IPT auswirken können.

Im Folgenden soll nun zunächst ein Abriß der interpersonellen Theorie gegeben werden. Anschließend wird herausgearbeitet, welche Besonderheiten die Durchführung der Fokaltherapie erfordert. Ein Fallbeispiel soll die theoretischen Ausführungen verdeutlichen.

Trotz umfangreicher, zum Teil sehr ausgeklügelter Forschungsarbeit ist bislang nur unzulänglich geklärt, wie sich die prämorbide Persönlichkeit auf die affektive Erkrankung auswirkt, wie sie deren Verlauf und vor allem den therapeutischen Prozeß beeinflußt.

Goodwin und Jamison (1990) formulieren in einer umfassenden Arbeit vier zentrale Hypothesen darüber, welche komplexen Interaktionsmöglichkeiten zwischen Persönlichkeit und affektiven Erkrankungen bestehen.

1. Es gibt Persönlichkeitsstrukturen, die zur Entwicklung einer affektiven Erkrankung prädisponieren.

Diese Meinung, die vor allem von psychoanalytischen Schulen, aber auch von kognitiven und behavioralen Theoretikern vertreten wird, postuliert entwicklungsgeschichtlich bedingte Konflikte, kognitive Schemata oder Verhaltensmodalitäten, die ein Individuum sensibilisieren, unter bestimmten belastenden Umgebungsbedingungen eine Depression zu entwickeln. So zeichnet sich zum Beispiel der von Telenbach beschriebene „typus melancholikus" durch soziale Überangepaßtheit, Meidung von Rollenwechseln und relativ rigide kognitive Schemata aus.

2. Die Persönlichkeit wird als Ausdruck einer zugrundeliegenden affektiven Erkrankung gesehen.

Genetisch bedingte neurobiologische Faktoren steuern dieser Hypothese zufolge nicht nur manifeste depressive oder manische Erkrankungen. Sie wirken sich auch auf leichte, zum Teil kryptische Verläufe aus, auf die das Individuum in der Entwicklung seines Persönlichkeitsstiles reagiert. So könnte beispielsweise die subjektive, nicht bewußte Wahrnehmung einer hohen Vulnerabilität für Streßfaktoren dazu führen, daß neue und unbekannte Situationen gemieden werden. Dies wiederum schränkt die soziale Kompetenz erheblich ein. Diese Ansicht basiert auf den Arbeiten Kraepelins und Kretschmers und wird zumindest teilweise von Vertretern der modernen biologischen Psychiatrie geteilt.

3. Die Persönlichkeit des Patienten wird vor allem durch die Erfahrung affektiver Erkrankungen geprägt.

Diese Sichtweise postuliert, daß die Erkrankung tiefgreifende Auswirkungen auf das Selbstwertgefühl, die sozialen Interaktionsmuster, die Stimmungsschwankungen, die Energieschwankungen und die Wahrnehmungsmuster hat. Die Erfahrung einer manischen Episode beispielsweise ruft in der Regel nach deren Abklingen erhebliche Selbstzweifel hervor, wie verläßlich die eigene Wahrnehmung oder die Wert- und Moralvorstellung ist. Gerade bei adoleszenten Patienten und/oder deren Partnern kann dies tiefgreifende Verunsicherungen hervorrufen.

Die postulierten Veränderungen können kurzfristig oder langfristig auftreten, reversibel oder irreversibel sein.

4. Die Persönlichkeit eines Patienten modifiziert die affektive Erkrankung.

Wie sehr die Erkrankung klinisch ausgeprägt ist, wie sehr sie sich manifestiert, wie und ob der Patient auf Psychotherapie und Medikation anspricht und ob er kooperationsbereit ist, hängt dieser Hypothese zufolge von der zugrundeliegenden Struktur der Primärpersönlichkeit ab. So neigt beispielsweise eine Patientin mit dependenter Struktur dazu, während der depressiven Episode ein pastöses, jammerndes und anklammerndes Verhalten zu entwickeln. Dieses ruft nicht selten beim Gegenüber heftige Aggressionen hervor und verstärkt dadurch das Verhalten der Patientin. Narzißtisch akzentuierte Patienten neigen während depressiver Episoden eher zu ausgeprägten negativen Größenphantasien, meiden Kontakte und malen sich öffentlichkeitswirksame Suizidversuche aus. Je ausgeprägter und pathologischer die prämorbiden Persönlichkeitsstrukturen sind, desto schwieriger wird es für den Patienten sein, die enorme, durch die Depression bedingte Belastung zu bewältigen. Nicht nur der therapeutische Prozeß, auch die Rückfallwahrscheinlichkeit und das Ausmaß der sozialen Unterstützung während der Erkrankung werden dadurch beeinflußt.

Zusätzlich zu den konzeptuellen Problemen, die sich aus der Erforschung von Zusammenhängen zwischen affektiven Erkrankungen und Persönlichkeit ergeben, erwachsen aus der Forschung eine Vielzahl methodischer Probleme. Da sind zum einen Unterschiede zwischen stait- und trait-Charakteristika zu nennen. Dies sind einerseits solche Persönlichkeitsmerkmale, die während der akuten Phase auftreten und andererseits solche, die auch nach Abklingen der Phase persistieren, also schon vor Beginn der Erkrankung vorhanden waren. Auch die Frage, welche Auswirkungen Medikamente oder die Erfahrung schwerer affektiver Erkrankungen auf Persönlichkeitsmerkmale haben, ist derzeit auf der Grundlage von Forschungsergebnissen kaum allgemein zu beantworten.

Die IPT beruht auf den interpersonellen Theorien H.S. Sullivans. Die oben vorgestellten möglichen Konzeptionen Sullivans und Klermans et al. divergieren zwar erheblich, erfüllen aber alle sicherlich zumindest den Anspruch auf Hypothesenbildung. Trotzdem soll in diesem Kapitel vor allem die Sichtweise der Interpersonellen Schule dargestellt werden. Zunächst wird kurz das interpersonelle Modell zur Entwicklung von Persönlichkeit vorgestellt. Es wird auch erläutert, wie die Persönlichkeit die zwischenmenschlichen Beziehungen beeinflußt. Danach sollen Auswirkungen auf den therapeutischen Prozeß beleuchtet werden.

Als H. S. Sullivan Mitte der 50er Jahre erstmals eine Systematik der interpersonellen Theorie formulierte, entwickelte er damit nicht nur eine Alternative zur psychoanalytischen Theorie, die ihre Aufmerksamkeit traditionsgemäß auf die intrapsychischen und intraindividuellen Prozesse richtete. Er legte damit auch den Grundstein für eine außergewöhnliche Entwicklung, die vor allem die US-amerikanische

Sichtweise psychischer Störungen entscheiden prägen sollte.

Kiesler (1982) formulierte die wichtigsten Theoreme Sullivans.

1. Die Persönlichkeit ist bestimmt durch ein relativ stabiles Muster von sich wiederholenden zwischenmenschlichen Situationen, die das menschliche Leben charakterisieren.
2. Das „Selbst" eines Menschen ist vor allem ein zwischenmenschliches. Dies betrifft sowohl die Entwicklung als auch die Gegenwart und Zukunft.
3. Abweichendes menschliches Verhalten ist das Ergebnis gestörter zwischenmenschlicher Beziehungen und manifestiert sich in gestörter zwischenmenschlicher Kommunikation.
4. Gestörte Kommunikation betrifft sowohl das verbale als auch das nonverbale Verhalten.
5. Gestörte Kommunikation spiegelt die „parataktischen Störungen" einer Person wieder. Dies bedeutet, daß auf gegenwärtige Interaktionspartner entwicklungsgeschichtlich ältere Erfahrungen und Erwartungen übertragen werden. Dies spiegelt sich auch und vor allem im therapeutischen Prozeß wieder.
6. Zwischenmenschliche Störungen sind charakterisiert durch kontinuierliche Verleugnung komplementärer Bedürfnisbefriedigung.

Das komplexe, zum Teil sehr heterogene Feld interpersoneller Theoriebildung und deren Auswirkung auf die Entwicklung der Psychotherapie, die sich mittel- oder unmittelbar auf Sullivan beziehen, ist kaum zu überschauen. An dieser Stelle seien nur Namen wie Bateson, Watzlawick, Laing, Leary, Ekman, Rapoport, Kiesling und in jüngster Zeit Benjamin genannt. Auch wenn sich dessen die meisten Therapeuten in der Praxis nicht bewußt sind, so dürfte ein Großteil ihrer häufig kryptischen theoretischen Konzepte und manifesten Behandlungsstrategien auf einen mittlerweile allgemein akzeptierten Erfahrungsschatz basieren, der seine Wurzeln in den interpersonellen Theorien Sullivans hat. In seiner bemerkenswerten Übersichtsarbeit extrahiert Kiesler (1982) die zentralen, konsensbildenden Hypothesen der Interpersonellen Schule:

1. Die interpersonelle Theorie fokussiert grundsätzlich zwischenmenschliche Beziehungen und nicht individuelles Verhalten.

Jedwedes menschliche Verhalten wird also grundsätzlich im interpersonellen Kontext gesehen, deren kleinste Einheit die dyadische Beziehung darstellt. Damit stellt sich die interpersonelle Theorie explizit gegen psychoanalytische Ansätze, die Verhalten primär durch intrapsychische Prozesse gesteuert sehen. „Selbst wenn wir physisch alleine sind, tragen wir andere Personen in uns und beziehen uns symbolisch auf sie. ...die reine physische Abwesenheit von anderen sagt nicht darüber aus, daß sie nicht unser Verhalten steuern" (Carson, 1969). Die Untersuchung von Persönlichkeit oder Persönlichkeitsstörungen ist also darauf angewiesen, interaktionelle Prozesse, zumindest auf dem Niveau der Dyade, zu beobachten. Wobei diese Dyade als System zu untersuchen ist, und nicht das Individuum, das zu gegebener Zeit mit einem anderen Individuum interagiert. Carson (1969) bringt die Sichtweise Sullivans auf den Punkt: „Persönlichkeit ist nichts mehr (oder weniger), als die beobachtbaren wiederkehrenden Muster, mit denen ein Individuum seine Beziehungen zu wichtigen Anderen regelt. Diese Anderen können real vorhanden sein, im Sinne physischer Existenz, oder real existent abwesend sein, oder auch nur imaginär existieren."

2. Im Rahmen der interpersonellen Theorie nimmt das Konstrukt des „Selbst" eine zentrale Position ein. Dieses „Selbst" ist während seines gesamten Entwick-

lungsprozesses und im weiteren Verlauf des Lebens von seinem Wesen her „sozial", „interpersonell" und „durch Beziehungen definiert."

Die Entwicklung dieses „Selbst-Systems" vollzieht sich demgemäß in permanentem Dialog mit wichtigen Bezugspersonen. Die Erfahrungen dieses Dialoges werden als Selbstschemata internalisiert. Diese Selbstschemata, einmal installiert, steuern zum einen die Wahrnehmung und Interpretation von neuen interpersonellen Beziehungen, zum anderen die Kommunikations- und Handlungsebene des Individuums. Die Interaktion ist also bidirektional. Grundsätzlich besteht dabei die Tendenz, schemakonform wahrzunehmen oder zu kommunizieren. Nicht Schema konforme Wahrnehmungen induzieren in der Regel negative Emotionen. Eine der wichtigsten Funktionen dieses „Selbstsystems" ist es, die Selbstdarstellung gegenüber anderen Personen zu steuern. Mittels einer Vielzahl meist nonverbaler Kommunikationsmuster versucht das Individuum sich selbst in dem Licht zu präsentieren, in dem es seiner Erfahrung gemäß vom Gegenüber gesehen werden möchte. Diese Interaktionsmuster sollen den Anderen in eine Position bringen, die gemäß der Selbstschemata des Individuums am wenigsten bedrohlich oder am angenehmsten ist. Leary (1957) beschrieb als erster Mikroprozesse der Reaktionsinduktion durch Selbstrepräsentation. Er prägte den Begriff des „komplementären Verhaltens" am Beispiel submissiven, devoten Verhaltens, welches beim Gegenüber Dominanz hervorruft und umgekehrt. Diese Verhaltensmuster können bewußt oder unbewußt eingesetzt werden. Man kann jedoch davon ausgehen, daß nur ein Bruchteil dieser Selbstschemata oder der dadurch gesteuerten Interaktionsmuster dem jeweiligen Individuum bewußt ist. Auch der jeweilige Interaktionspartner nimmt in der Regel nicht bewußt wahr, wie seine Einstellung oder sein Verhalten vom Gegenüber gesteuert wird. Beier (1966) beschreibt diesen Prozeß: „Das Ziel ist die Etablierung von Bedingungen, die das Gegenüber dazu bringen, sich den Vorstellungen des Akteurs gemäß zu verhalten, ohne sich darüber gewahr zu werden, daß es manipuliert wurde. Der Akteur verstärkt dieses wunschgemäße Verhalten des Gegenüber, so daß sich nach und nach dessen ursprünglich breites Verhaltensrepertoire einengt. Hierdurch schafft sich der Akteur ein schemakonformes Umfeld, das seine Sicht von sich selbst und der Welt bestätigt."

Die eingesetzten Signale sind als äußerst starke Kräfte einzuschätzen. Selbst die gutwilligste Person wird nicht umhinkommen, einen scheuen, selbstunsicheren und verschlossen sich darstellenden Menschen nach einiger Zeit als langweilig, uninteressant oder eigenbrötlerisch einzuschätzen, sich von diesem abzuwenden, und damit dessen Selbstschema zu bestätigen.

3. Eine weiterer Schritt in der Entwicklung der interpersonellen Theorie war die zunächst grobe Gliederung reziproker Interaktionsmuster in die zwei Dimensionen Kontrolle und Zuneigung.

Leary (1957) entwickelte seinen „Interpersonellen Zirkel" um diese beiden Achsen „Dominanz-Submission" und „Liebe-Haß" indem er sechzehn Cluster interpersoneller Verhaltensmuster definierte. Dieser erste Versuch, zwischenmenschliche Interaktionsmuster empirisch zu erfassen, gilt mittlerweile als Meilenstein, der die Psychotherapieforschung bis heute maßgeblich beeinflußt hat. Neben Kiesler und Lorr sind vor allem Forscher wie M. Horowitz und L. Benjamin zu nennen. Letztere entwickelte mit der „Structural Analysis of Social Behavior (SASB)" (Benjamin, 1993) eine semiquantitative Methodik um zwischenmenschliches Verhaltens einzuschätzen. Neben den beiden Achsen „Zuneigung und Interdependenz" berücksichtigt dieses Inventar verschiedene Foci wie „Inneres Selbst" oder „Gegenüber" oder „Imaginierte Objekte". Damit eröffnet sich die Möglichkeit, auch intrapsychische Prozesse, soweit sie sich sprachlich abbilden lassen, während psychotherapeutischer Behandlungen zu erfassen.

4. Zwischenmenschliches Verhalten ist stets determiniert von mindestens zwei Komponenten: Zum einen durch die Vorannahmen und Interpretationsmöglichkeiten, die ein Individuum mitbringt, zum anderen durch die realen Gegebenheiten.

Das heißt, daß verhaltensbedingte Umweltfaktoren ihre Wirkung immer durch die je eigene, spezifische Wahrnehmung des Individuums entfalten. In der Regel stimmen die subjektive Wahrnehmung von Ereignissen und die „objektive" Bewertung durch Dritte bis zu einem gewissen Grad überein. Wie ausgeprägt eine Persönlichkeitsstörung ist, läßt sich am Ausmaß von selektiver Aufmerksamkeit und Wahrnehmungsverzerrung ermessen, die eingesetzt werden, um Umweltereignisse schemakonform, das heißt der eigenen Erfahrung entsprechend zu interpretieren. Im Extremfall finden sich kaum mehr Übereinstimmungen zwischen „subjektiver" und „objektiver" Wahrnehmung. Die Handlungsweisen einer Person erscheinen für die Umwelt gänzlich unverständlich und rufen häufig aversive Reaktionen hervor.

5. In ihrem Bemühen, zwischenmenschliche Verhaltensmuster zu verstehen, betonen die Theoretiker der interpersonellen Schule, wie wichtig „zirkuläre Kausalität" an Stelle traditioneller „linearer Kausalität" ist.

Statt menschliches Verhalten als die direkte Konsequenz situativer Ereignisse zu interpretieren, wird Verhalten als Folge bidirektionaler Beeinflussung zwischen mindestens zwei Personen oder psychischen Repräsentationen gesehen. Soziales Verhalten ist also eingebettet in ein Netzwerk von „feed-forward"-Schleifen, wobei der „Effekt" jeweils die „Ursache" beeinflußt und verändert. Abhängige und unabhängige Variablen sind demnach zufällig und austauschbar. Ereignisse, die uns beeinflussen sind also Großteils von uns selbst induziert und können als Konsequenzen unserer Wahrnehmung und Motivation bewertet werden. Die einfache Beobachtung zum Beispiel, daß eine Person B auf eine kritische Bemerkung der Person A ärgerlich reagiert ist ein verkürzter, scheinbar kausal-logischer Aspekt. Die zirkuläre Sichtweise würde bemerken, daß B's provokatives nonverbales Verhalten die kritische Bemerkung von A induziert hat und B darauf reagiert. Zwei Individuen, die aufeinander reagieren, können also stets als Verursacher des Verhaltens des jeweils anderen gesehen werden. Die wissenschaftliche Auswertung von interaktiven Mikroprozessen konnte zeigen, daß die Verhaltensmuster von zwei Personen ein hohes Maß an Redundanz aufweisen. Bestimmte reziproke Reaktionsmuster wiederholen sich dabei überzufällig häufig. Dies eröffnet die Möglichkeit, bestimmte Reaktionsmuster zu Clustern zusammenzufassen und Persönlichkeitstypologien zuzuordnen. Je geringer der Freiheitsgrad der induzierten Reaktionsmuster ist, je rigider und starrer also die Verhaltensmöglichkeiten und die Reaktionen sind, die einer Person beim Gegenüber induziert, desto größer ist das Ausmaß seiner Persönlichkeitsstörung. Diese Erkenntnis schlägt sich nieder in der Definition der ICD-10: „Persönlichkeitsstörungen umfassen tief verwurzelte, anhaltende Verhaltensmuster, die sich in starren Reaktionen auf unterschiedliche persönliche und soziale Lebenslagen zeigen."

Probleme der Lebensbewältigung eröffnen sich also durch wiederkehrende gestörte, inadäquate oder ineffektive Kommunikation mit relevanten Mitmenschen. Dabei ist der Betroffene nicht, oder nur kaum in der Lage, sein Verhalten zu korrigieren. Vielmehr tendiert er dazu vor allem unter Stress oder in Krisensituationen seine rigi-

den Wahrnehmungen und Verhaltensmuster zu verstärken und das Gegenüber zu ebensolchen Reaktionen zu zwingen. Dabei leidet die betroffene Person oft erheblich unter den Konsequenzen dieser pathologischen zwischenmenschlichen Beziehungen ohne sich jedoch seines Anteils an diesem Prozeß bewußt zu sein. Es erscheint wichtig, sich dies genau vor Augen zu führen, da ein zentraler Aspekt des therapeutischen Prozesses gerade darin besteht, dem Patienten solche wahrnehmungs- und handlungssteuernden Schemata bewußtzumachen.

Schemata haben die Tendenz, sich zu replizieren. Das heißt, Wahrnehmungen, die erheblich von den verinnerlichten „Selbst"-Schemata einer Person abweichen, lösen heftige negative Emotionen aus. Dies Emotionen induzieren eine Handlung und führen zu einer Korrektur dieser Wahrnehmung führen. Das Abnehmen negativer Emotionen wird als angenehm empfunden, verstärkt also die pathologischen Handlungsmuster und führt erst sekundär zu einer Verschlechterung der sozialen Situation. Logischerweise wird eine betroffene Person diese Verschlechterung nicht auf sein, als subjektiv stimmig und angenehm empfundenes Handeln zurückführen, sondern die Umwelt für erlittenes Unbill verantwortlich machen. Leiden und Klagen, das den Patienten zur Therapie führt, werden sich also zunächst nicht auf das eigene Wahrnehmen oder Handeln beziehen, sondern auf Probleme, die durch die Reaktion der Umwelt entstehen.

20.1
Auswirkungen auf den therapeutischen Prozeß

Die Grundannahme der interpersonellen Psychotherapie ist, daß die Beziehung zwischen Therapeut und Patient trotz ihrer

Besonderheiten sich in ihren wichtigsten Mustern nicht von einer normalen zwischenmenschlichen Beziehung unterscheidet. Der Therapeut fungiert daher in einer Doppelrolle als Teilnehmer und Beobachter. Umso mehr die Therapie fortschreitet, umso mehr wird der Therapeut für den Patienten zu einer wichtigen Bezugsperson. Daher ist davon auszugehen, daß sich die relevanten Interaktionsmuster wiederholen. Im Zusammenwirken zwischen Patient und Therapeut installieren sich zunächst unbewußt Rollenzuweisungen und damit nonverbale und verbale Muster, die denen ähneln, welche der Patient im alltäglichen Umgang mit wichtigen Bezugspersonen kennt. Dabei sind die sogenannten Therapeutenvariablen wie Charakter oder Geschlecht und Alter des Therapeuten mit einzubeziehen.

Diese durch die interpersonellen Theoretiker formulierten Prozesse decken sich weitgehend mit den Phänomenen, die in psychoanalytischen Termini als „Übertragung" und „Gegenübertragung" bezeichnet werden. Der Versuch einer Abgrenzung der beiden Schulen in dieser Hinsicht erscheint etwas gewollt. Längst hat die moderne Psychoanalyse eine Revision der ursprünglichen Annahme Freuds vorgenommen, daß Übertragungen „... Neuauflagen, Nachbildungen und Phantasien sind, die während des Vordringens der Analyse erweckt und bewußt gemacht werden sollen, mit einer für die Gattung charakteristischen Ersetzung einer früheren Person durch die Person des Arztes" (Freud, 1905). Freud selbst hatte dieses Phänomen, welches er zunächst als Besonderheit der analytischen Beziehung definierte, verallgemeinert: „Die Übertragung stellt sich in allen menschlichen Beziehungen ebenso wie im Verhältnis des Kranken zum Arzt spontan her, sie ist überall der eigentliche Träger der therapeutischen Beeinflussung, und sie wirkt um so stärker, je weniger man ihr Vorhandensein ahnt" (Freud, 1910).

Eine sehr gute Zusammenfassung wie sich der Übertragungsbegriff entwickelt hat

und welchen Bedeutungswandel er für die analytische Behandlung erfahren hat, findet sich bei Thomä und Kächele (1992). Die Autoren beschreiben das anfängliche Bemühen der Analytiker Übertragungsprozesse in ihrer Reinform zu generieren. Dazu sollte dieser Prozesses durch so wenig wie möglich beeinflußt werden. Übertragungen seinen, so die linear-kausal logische Annahme, schlicht die Folge lebensgeschichtlich früherer Erfahrungen, die sich dem Gegenüber quasi „aufpfropfen". Aus dieser Annahme entwickelte sich das Ideal eines völlig abstinenten Analytikers, der möglichst keine eigenen Anteile einbringt und dadurch zum „Spiegel" für den Übertragungsprozeß fungiert. „Der Arzt soll undurchsichtig für den Analysierten sein und wie eine Spiegelplatte nichts anderes zeigen, als was ihm gezeigt wird..." (Freud, 1912).

Man ist sich mittlerweile weitgehend einig, daß derartige „settings" in hohem Maße artifiziell sind und als Prototyp einer gestörten zwischenmenschlichen Beziehung angesehen werden können.

Nur vor dem Hintergrund der komplexen Geschichte der psychoanalytischen Bewegung, ihres Bemühens um „Wissenschaftlichkeit" vor dem Hintergrund massiver gesellschaftlicher Bedrohung ist zu verstehen, wie sehr sich Freuds Spielregeln ritualisierten und sich gegen Veränderungen abschotteten. So dauerte es immerhin fast 50 Jahre, bis unter dem Begriff der „Gegenübertragung" die Emotionen des Analytikers überhaupt in den Fokus der Wahrnehmung gerieten. Die Gefühle des Analytikers im therapeutischen Prozeß wurden zunächst als „Schöpfung des Patienten" aufgefaßt. Sie entstünden im Analytiker als Folge projektiver Prozesse des Klienten. Die eigene Wahrnehmung gegenüber diesen Emotionen zu öffnen sollte dem Analytiker ermöglichen, externalisierte, abgespaltene oder projizierte Objekte beziehungsweise Teilobjekte zu orten, und diese in den therapeutischen Prozeß zu integrieren. Ein häufig beschriebenes Phänomen der Identifizierung des Analytikers mit Übertragungsobjekten des Patienten ist das Phänomen, daß „...sich Therapeuten fühlen wie die Mutter oder der Vater des Patienten, während der Patient Gefühle wiedererlebt, wie er sie früher in der Beziehung zur jeweiligen Elternimago empfunden hat" (Thomä, Kächele, 1992).

Dieses Phänomen der Gegenübertragung wurde nun zunehmend untersucht. Dabei geriet die Gegenübertragung zu einem hochdifferenzierten System von Teilprozessen wie beispielsweise konkordanten oder komplementären Gegenübertragungen. Hinzu kam aber auch die Einsicht, daß die jeweiligen persönlichen Eigenschaften des Therapeuten doch in erheblichem Maße daran teilhaben, wie Übertragung und Gegenübertragung entstehen. Damit nähert sich der moderne psychoanalytische Diskurs weitgehend den Ansichten der interpersonellen Theoretikern an: Die Wahrnehmungen und Kommunikationsmuster von zwei interagierenden Individuen verursachen die Reaktionen des jeweil anderen, sie sind aber gleichzeitig auch ihre Konsequenz.

20.2
Welche Bedeutung haben die beschriebenen Prozesse für die IPT?

In ihrer 1993 erschienen Monographie „Interpersonal Diagnosis and Treatment of Personality Disorder" skizziert Benjamin die fünf zentralen Schritte in der Planung einer Therapie für Patienten mit Persönlichkeitsstörungen.

1. Aufbau einer tragfähigen Beziehung.
2. Erkennen von maladaptiven Verhaltensmustern.
3. Blockierung von maladaptiven Verhaltensmustern.
4. Identifizierung zugrundeliegender Ängste und Befürchtungen.
5. Entwicklung von alternativen Verhaltensmustern.

Ziel und Inhalt der IPT ist es primär, depressive Episoden zu behandeln und nicht, die Persönlichkeitsstruktur zu verändern. Dies ist angesichts der kurzen Dauer der Therapie sowie der depressiven Symptomatik, die im Vordergrund steht, auch kein definiertes Therapieziel. Dennoch spielen die von L. Benjamin beschriebenen veränderungsrelevanten Strategien auch für die Bearbeitung der IPT-Foci eine Rolle. Verkürzt könnte man es so ausdrücken: Die IPT arbeitet nicht direkt daran, Persönlichkeitsstrukturen des Patienten zu verändern, sondern hilft dem Patienten, depressionsrelevante Verhaltens- und Wahrnehmungsmuster zu erkennen und Alternativen zu entwickeln.

Im Unterschied zu den klassischen interpersonellen Psychotherapien betont die IPT nach Klerman und Weissman, daß Phänomene der Übertragung wahrgenommen werden sollen. Sie werden aber in der Regel nicht zum Thema des therapeutischen Prozesses erhoben werden. Dies bedeutet, daß der Fokus der therapeutischen Arbeit auf Konflikten oder Prozessen außerhalb der therapeutischen Beziehung liegt. Wie oben ausgeführt, ist es dennoch notwendig, die Persönlichkeit, beziehungsweise die Persönlichkeitsstörung eines depressiven Patienten auch und gerade im Rahmen der IPT zu berücksichtigen.

Zum einen spielen die individuellen Wahrnehmungs- und Handlungsmuster eines Patienten eine entscheidende Rolle. Dies gilt insbesondere, wenn die Foci „Interpersonelle Konflikte und Auseinandersetzungen", „Rollenwechsel" und „Interpersonelle Defizite" bearbeitet werden. Nur wenn es gelingt, maladaptive Muster zu verstehen und zu verändern, kann von einer längerfristigen Wirksamkeit der Therapie ausgegangen werden. Zum anderen bestimmen die jeweiligen Verhaltensmuster des Patienten wie sich die therapeutische Beziehung entwickelt. Anders ausgedrückt bestimmen diese Verhaltensmuster die Rolle, die der Patient dem Therapeuten zuweist. Dem Therapeuten in seiner Funktion als „teilnehmender Beobachter" sollte es gelingen, auf die jeweiligen spezifischen „Beziehungsangebote" des Patienten einzugehen, dabei jedoch auf seine eigenen Emotionen und Kognitionen zu achten, diese zu reflektieren und nicht sofort in entsprechende Kommunikation umzusetzen. Dies ermöglicht zum einen den Aufbau einer tragfähigen therapeutischen Beziehung, zum anderen liefert diese Wahrnehmung wichtige Informationen über das Beziehungsverhalten des Patienten außerhalb des therapeutischen Bereichs. Dies ist bei der Bearbeitung der interpersonellen Problembereiche von erheblichem Wert.

Etwas verkürzt dargestellt läßt sich die Bedeutung von Übertragungs- und Gegenübertragungsprozessen für die IPT also in drei Bereiche gliedern:
1. Die Entwicklung der therapeutischen Beziehung.
2. Die Auflösung von negativen Gegenübertragungen.
3. Die Transformation von intratherapeutischer Erfahrung auf die „realen" Lebensumstände des Patienten.

Patienten mit sehr ausgeprägten Persönlichkeitszügen oder Persönlichkeitsstörungen stellen oft erhebliche Anforderungen an das „Fingerspitzengefühl" des Therapeuten. Diese Anforderungen gehen über die Behandlung der häufig uniformen depressiven Symptomatik weit hinaus. Die Erwartungen einer Patientin mit histrionischer Störung werden sich zum Beispiel von den Erwartungen eines zwanghaften Patienten deutlich unterscheiden. Es erscheint nützlich, die grundlegenden strukturellen Beziehungsmuster- und Probleme der wich-

tigsten Persönlichkeitsstörungen zu kennen. Zum einen erleichtert dies die Aufnahme der therapeutischen Beziehung, da sich die Übertragungsmuster häufig bereits zu Beginn der Therapie entfalten. Zum anderen können typische negative Übertragungsmuster dadurch rascher erkannt und korrigiert werden.

An einem Fallbeispiel soll die Behandlung eines depressiven Patienten mit narzißtischer Persönlichkeitsstörung skizziert werden.

20.3
Fallbeispiel

Es handelt sich um einen 61jährigen geschiedenen Mann, der nach einem schweren Suizidversuch von der medizinischen Intensivstation auf die geschlossene Station einer Psychiatrischen Klinik verlegt werden mußte. Er hatte sich zunächst die Haare geschoren, die Pulsadern an beiden Händen geöffnet und schließlich versucht, sich auf einer bevölkerten Aussichtsplattform mit Benzin zu übergießen. Noch während der Behandlung auf der Intensivstation zeigte er sich zutiefst niedergeschlagen und bestürzt ob der Tatsache, daß er am Leben geblieben sei und ließ keine Gelegenheit aus, zu beteuern, daß er die nächste sich bietende Möglichkeit nutzen würde, seinem Leben endgültig ein Ende zu setzen. Psychopathologisch bot er das Vollbild einer depressiven Episode mit einem tiefgreifenden anhaltenden Gefühl der Wertlosigkeit, und Verlust von nahezu allem Interesse an den Aktivitäten des täglichen Lebens. Er berichtete über Konzentrationsstörungen und Einschränkung der Merkfähigkeit sowie ausgeprägte Grübelzwänge, wobei vor allem Selbstvorwürfe und -beschimpfungen im Vordergrund standen. Er hatte deutlich an Gewicht abgenommen und keinerlei Interesse mehr an seinem sonst sehr ausgeprägten Sexualleben gezeigt. Im Kontakt mit dem Pflegepersonal wirkte er düster und bedrohlich, dabei schwankend zwischen theatralisch zur Schau gestellter Hilflosigkeit und „wagnerianischer Einsamkeit". Im Zentrum seiner Kognitionen stand eine fortwährende Beschäftigung mit Suizidmöglichkeiten, wobei vor allem die Art und Weise des Suizids, insbesondere die Expressivität im Vordergrund stand.

Anamnestisch schilderte er zunächst einen sehr bewegten Lebenslauf. Der Vater war als hochrangiger Wehrmachtsoffizier selten zu Hause, die Mutter hatte er als kalt, unnahbar und viel mit Repräsentation beschäftigt beschrieben. Er wächst als Einzelkind auf. Die primären Bezugspersonen stellten Hausangestellte dar, die jedoch häufig wechselten. Der Junge galt als hochbegabt, wurde früh in ein Eliteinternat geschickt. Dort, gibt er an, habe er rasch eine gewisse Führungspersönlichkeit entwickelt, die sein weiteres Leben bestimmte. Nach Abitur und Studium der Betriebswirtschaft arbeitete er zunächst für verschiedene Unternehmen im Ausland, schließlich als Prokurist in einem Außenhandelsunternehmen. Im Zuge der wirtschaftlichen Rezession sei es in jüngster Zeit zu großen innerbetrieblichen Umstrukturierungen gekommen, die er nicht habe verantworten können. Darauf hin habe er gekündigt. Seit nun einem halben Jahr sei er „Privatier". Ausführlich berichtet er über einen weitgestreuten Bekanntenkreis, zu dem namhafte, ja bedeutende Persönlichkeiten des öffentlichen Lebens zählen würden. Im privaten Bereich dominieren häufig wechselnde Partnerschaften. Die erste Frau hatte sich auf Grund häufiger Seitensprünge des Ehemannes scheiden lassen, zum ersten Sohn aus dieser Ehe habe er keinen Kontakt mehr, obgleich er ihn „abgöttisch" geliebt habe. Im weiteren Verlauf hätten sich die Partnerschaften nur jeweils wenige Jahre als tragfähig erwiesen.

Die jüngste Beziehung sei gerade beendet. Obgleich er sich zunächst über nähere Umstände der Trennung beharrlich ausschweigt, stellt sich heraus, daß er große Teile seines Vermögens aus „steuerlichen Gründen" einer Frau überschrieben hatte, bevor diese ihn verlassen habe. Dadurch hätte er einen beträchtlichen Anteil seines Vermögens verloren und stände jetzt sozusagen vor dem Ruin.

Bei der psychiatrischen Anamnese gibt er an, bereits mehrmals depressive Phasen entwickelt zu haben. Diese seien jeweils nach Ereignissen aufgetreten, die er als kränkend empfunden habe, und die ihm „die gesamte Schlechtigkeit der Welt" vor Augen geführt hätten. Von einem Sprung aus dem Fenster in suizidaler Absicht, war ihm eine Peroneusparese verblieben, die ihn schwer behindere. In jüngster Zeit habe er, wie häufig in Krisensituationen, begonnen, große Mengen Alkohol, vor allem Kognak, zu konsumieren. Die psychiatrische Behandlung gestaltete sich zunächst als schwierig. Das expressive, düstere und verzweifelte Verhalten des Patienten, sowie seine Nervenverletzungen im Handgelenkbereich induzierte zunächst ein hohes Maß an helfender Zuwendung seitens Pflegepersonal, des Therapeuten und der Krankengymnastin. Sehr bald stellte sich jedoch ein erhebliches Maß an Frustration und Unmut ein, da es „niemand recht machen konnte". Bereits kleinste Fehler des therapeutischen Personals oder organisatorische Unzulänglichkeiten führten zu ausgeprägten Krisen, Beziehungsabbrüchen und starker Verachtung seitens des Patienten. Im Kreise der Mitpatienten war er rasch isoliert und fand lediglich durch den Heroismus seines Leidens Anerkennung. Antidepressive Medikation verweigerte er vollständig, da „dies bei ihm ohnehin nicht anschlüge, sein Leiden sei grundsätzlicher Art, er sei an der Welt verzweifelt."

Das therapeutische Team einigte sich auf die Diagnose: Depressive Episode bei Verdacht auf narzißtische Persönlichkeitsstörung. Dafür sprachen die Eigenwahrnehmung des Patienten als bedeutsame und großartige Persönlichkeit, die selbstverständlich Anspruch auf besondere Behandlung habe. Die „Allerweltsdiagnose" Depression empfand er als zu banal, er war sich sicher, an „tiefgreifenderen, existentielleren Problemen" zu kranken. Er erforderte beständig die Aufmerksamkeit des Teams und wirkte auf Mitpatienten arrogant, gefühlskalt und uneinfühlsam, war dabei aber in hohem Maße manipulativ. Auf kleinste Zurückweisungen reagierte er gekränkt, dabei höchst ärgerlich, bisweilen aggressiv oder autoaggressiv. So führte ein Organisationsfehler der Krankengymnastik, in Folge dessen er eine halbe Stunde zu warten hatte, zu einem erneuten Suizidversuch. Später gab er an, sich gefühlt zu haben „Wie das letzte Stück Scheiße, so abhängig und hilflos", so daß er beschlossen habe, „die Sache selbst in die Hand zu nehmen".

Angesichts der prekären Situation beschloß das Team die grundlegenden Regeln des psychotherapeutischen Beziehungsaufbaus anzuwenden. Damit wurden zunächst die spezifischen Bedürfnisse des Patienten anerkannt: Seine Selbstwahrnehmung als großartig, besonders und einzigartig, auch in der depressiven Ausprägung, ließ aus seiner Sicht nur eine Behandlung durch einen „Therapeuten in hervorgehobener Position", in diesem Falle durch den Oberarzt, zu. Diese Maßnahme wurde im Team ausführlich diskutiert und stieß zum Teil auf die Kritik, daß dadurch die pathologische Selbstwahrnehmung bestätigt würde. Dem stand entgegen, daß schwere, lebensbedrohliche depressive Episoden grundsätzlich Krisensituationen darstellen, in denen immer auf die spezifischen Ressourcen des Patienten zurückgegriffen werden muß. Nur so ist ein therapeutischer Beziehungsaufbau gegeben, der allein es ermöglicht, die problematischen Wahrnehmungs- und Verhaltensmuster schrittweise zu bearbeiten.

Als der Patient auf diese Weise in seiner Stellung besonders hervorgehoben wurde, gelang es relativ rasch, ihn zur Kooperationsbereitschaft zu bewegen. Es fiel dem Therapeuten nicht schwer, die ihm zugedachte Rolle des sorgenden und gleichzeitig bewundernden Gegenüber einzunehmen, da der Patient sich große Mühe gab, ein „wirklich guter Patient" zu werden. Sehr früh wurden mit Hilfe des Therapeuten bereits kleine Kränkungen verbalisiert. So lösten anfangs bereits kleinere Verspätungen des Therapeuten erhebliche Selbstzweifel aus, die schließlich als Kränkungen wahrgenommen werden konnten. Bereits zu Beginn der Therapie wurden damit potentielle schwerere Kränkungen und drohende Beziehungsabbrüche im weiteren therapeutischen Verlauf vorweggenommen. Hatte er zu Beginn der Therapie noch große Schwierigkeiten, sich mit der Krankenrolle zu identifizieren, so erarbeitete sich der Patient schließlich selbst ein relativ komplexes pathogenetisches Depressionsmodell. In diesem verband er neurobiologische und psychosoziale Stressoren und konnte schließlich eigenständig, mit fachärztlicher Unterstützung, eine antidepressive Medikation beginnen.

Als Fokus der IPT wurde Rollenwechsel vorgeschlagen. Dies lag nahe, da die eigenständige Kündigung und damit Arbeitslosigkeit der depressiven Entwicklung unmittelbar voraus ging. Zudem bot der Patient diesen Fokus selbst an. Möglicherweise ging ihm die Trennung von seiner Partnerin so nahe, daß er eine Bearbeitung dieses Problems zu diesem Zeitpunkt schlicht ablehnte. Eine detailliertere Anamnese ergab, daß es bereits seit geraumer Zeit erhebliche Schwierigkeiten am Arbeitsplatz gegeben hatte. Umstrukturierungsmaßnahmen hätten von ihm erfordert, sich rasch in neue Datenverarbeitungssysteme einzuarbeiten. Dies hätte die Kompetenz des Patienten überschritten. Unfähig, sich dies zuzugestehen hatte er lange Nächte an den Rechnern verbracht und sich dabei zunehmend in

schwerwiegende Fehler verwickelt. Er erhöhte seinen Alkoholkonsum und nahm
Amphetaminpräparate ein. Die Bedürfnisse
seiner Partnerin nahm er so gut wie nicht
mehr wahr, suchte jedoch vermehrt Kontakt
mit Prostituierten. Seine schlechte Laune,
Gereiztheit, ja offene Aggression gegenüber
Mitarbeitern wurde im Betrieb problemati-
siert. Als ihm schließlich ein kompetenter
jüngerer Mitarbeiter zur Seite gestellt wurde, kam es zum offenen Eklat. Nach einer
filmreifen Szene verkündete er den stau-
nenden Kollegen lauthals seine Kündigung
und verließ seinen Arbeitsplatz, ohne jemals wieder Kontakt aufzunehmen.

Auf Nachfrage gab er an, daß er insge-
heim damit gerechnet habe, daß „der Laden
ohne ihn zusammenbreche", um so ent-
täuschter, ja wütender wurde er, als sich
von Seiten der Firmenleitung keine Repara-
tionsversuche einstellten. Hatte er doch
viele Jahre weit über das „normale Maß"
hinaus gearbeitet und sich „aufgeopfert".
Die Wahrnehmung des eigenen Selbst als
etwas Bedeutsames und Unentbehrliches
kehrte sich ins Gegenteil: Er fühlte sich ver-
raten und verkauft, ausgebeutet und aus-
gehöhlt. Zerfließend vor Selbstmitleid fühlte er sich wie der letzte Dreck. Seine
Partnerin, in der Bemutterung dieses negativen Größenselbst nicht geübt und entsetzt
von der Großartigkeit und Wucht seiner aggressiven Anteile zog es vor, für einige Zeit
die gemeinsame Wohnung zu verlassen.
Daraufhin kündigte er die Beziehung auf,
nicht ohne sie zu beschämen indem er ihr
einen großen Teil seines Vermögens über-
schrieb, bevor er den lange gehegten Suizid
in die Tat umzusetzen beschloß.

Der Schwerpunkt der therapeutischen
Arbeit bestand zunächst darin, den Patienten überhaupt dazu zu bewegen, sich
nocheinmal sowohl mit seiner alten Rolle
als Prokurist als auch mit der Verlustsitua-
tion auseinanderzusetzen. Zu sehr hatte die
Kränkung seines Scheiterns diese Rolle
„vergiftet". Daß er selbst erheblich zur Kri-
sensituation beigetragen hatte, blieb ihm

wahrzunehmen zunächst verwehrt. Erst als
er sich über einige Stunden hinweg des kri-
tiklosen Wohlwollens und der Unterstützung durch den Therapeuten versichert
hatte, indem er immer und immer wieder
seine Eigenwahrnehmung als Opfer bestätigt wissen wollte, konnte er damit beginnen, seine reale Überforderung zu thematisieren. Endlich konnte er dann auch
seiner Enttäuschung darüber, wie sehr seine Leistungsfähigkeit abgenommen hatte,
Raum geben. In seinem Selbstkonzept und
Lebensplan, so konnte er schließlich her-
ausarbeiten, waren Phänomene wie Altern
und ein damit verbundener Leistungsabbau
nicht vorgesehen. Dies betraf nicht nur den
kognitiven Bereich sondern auch körperliche Fitneß, sexuelle Attraktivität und Potenz. Letztere hatte vor allem unter dem Alkoholmißbrauch erheblich gelitten. Er
selbst hatte seine Erektionsschwäche auf
die mangelhafte sexuelle Attraktivität seiner Partnerin geschoben und sich Abhilfe
bei Prostituierten erhofft.

Dadurch daß der Patient sich zunehmend öffnete, konnten mehrere Problembereiche erschlossen werden, die sich für eine
therapeutische Bearbeitung anzubieten
schienen. Trotzdem entschlossen wir uns
im Bereich „Rollenwechsel" weiterzuarbei-
ten und nun den Rollenwechsel „Altern" ins
Zentrum der IPT zu stellen. Dies wurde mit
dem Patienten abgestimmt und erschien
ihm einsichtig.

Überraschend war der Patient nun fähig,
Einsichten zu zeigen, die, gepaart und unterstützt von einem Schuß Selbstironie,
halfen, die Bearbeitung voranzutreiben.
Zunächst stand im Blickpunkt, wie er die
alte Rolle idealisiert hatte und wie er seine
Leistungsfähigkeit ebenso überschätzt hatte wie seine als schier unerschöpflich emp-
fundene Energie und Potenz. Der Therapeut
nutzte die idealisierte Übertragung unausgesprochen und nahm die ihm zugedachte
Rolle des Bewunderers an. Kleine Fragen
oder Bemerkungen, „wie anstrengend" dies
doch gewesen sein muß, reichten meistens

aus, um, gehalten durch den Therapeuten, eigenständig zu beginnen, die alte Selbstwahrnehmung zu relativieren. Jetzt konnte man deutlich spüren, welche Entbehrungen er hatte hinnehmen müssen und welche Sehnsucht nach Ruhe und Geborgenheit und bedingungsloser Anerkennung von ihm ausging. Er begann auch zu thematisieren, welch überzogene Erwartungen er gegenüber sich selbst und anderen habe. Ebenso seine Härte gerade im Umgang mit anderen wurde ein Thema.

Der neue Lebensabschnitt erschien ihm zunächst wie die Materialiserung des Defizits. Grau, aussichtslos, banal, lediglich aufhellbar durch die Inszenierung eines großartigen Suizids. In der Therapie wurden seine narzißtischen Ressourcen genutzt, um seinen neuen Lebensabschnitt als „Herausforderung" zu thematisieren, der nur wenige gewachsen waren. Der Therapeut konnte nun die Rolle eines skeptischen, zur Vorsicht mahnenden Beobachters einnehmen, dem der Patient „zeigen konnte", daß er diese ihm gestellte Aufgabe bewältigen konnte.

Auch an dieser Stelle wurde also eine Behandlungsstrategie gewählt, die nicht dazu geeignet ist, die Persönlichkeitsstruktur des Patienten zu verändern, sondern die lediglich auf vorhandene Interaktionsmuster zurückgreift, sich ihrer sozusagen „bedient", um im Rahmen der Depressionsbehandlung wieder die basalen, überlebenssichernden Faktoren zu installieren.

Gegen Ende der Behandlung, nach etwa 15 Sitzungen, hatte sich die Stimmung weitgehend aufgehellt und als stabil erwiesen. Auch die anderen depressiven Symptome waren deutlich zurückgegangen. Im letzten, eher verhaltensaufbauenden Abschnitt der stationären Therapie übernahm der Patient zunehmend die Eigeninitiative. Es kam zur Aussprache mit der ehemaligen Partnerin, und die beiden einigten sich auf eine etwas distanziertere Beziehung. Beruflich übernahm er ehrenamtliche Tätigkeiten und begann, sich im sozialen Bereich zu engagieren. Die therapeutischen Sitzungen wurden im Sinne einer „maintainance"-Therapie nach der Entlassung zunächst in monatlichen, später in halbjährlichen Abständen fortgesetzt. Es zeigte sich, daß der Therapeut als feste idealisierte Instanz internalisiert blieb, und vor allem in kränkenden Situationen als „kognitiver innerer Dialogpartner" häufig zu Rate gezogen wurde, und dadurch erheblich zur Stabilisierung des labilen Selbstwertgefühles beitrug.

An diesem Fallbeispiel sollte exemplarisch das Spannungsverhältnis verdeutlicht werden, das erwächst, wenn einerseits persönlichkeitstypische Besonderheiten berücksichtigt und akzeptiert werden und andererseits die depressionsfördernden Anteile daran verändert werden müssen.

Die Balance zwischen den Foki Veränderung und Aktzeptanz ist grundsätzlich integraler Bestandteil therapeutischer Arbeit. Die Gewichtungen sind in Abhängigkeit von den Bewältigungsressourcen des Patienten und dem zeitlichen Verlauf der Therapie flexibel zu wählen. Vielleicht spiegelt sich gerade in der Komplexizität dieser Zusammenhänge auch die therapeutische Kunst.

▌ Literatur

Beier EG. The Silent Language of Psychotherapy: social reinforcement of unconscious processes. Chicago: Aldine 1966; 11.

Benjamin L. Interpersonal Diagnosis and Treatment of Personality Disorder. New York: Guilford Press 1993.

Carson RC. Interaction Cocepts of Personality. Chicago: Aldine 1969.

Freud S. Bruchstücke einer Hysterieanalyse. 1905 GW Bd 5; 161-286.

Freud S. Über Psychoanalyse. 1910 GW Bd 8; 1-60.

Freud S. Ratschläge für den Arzt bei der psychoanalytischen Behandlung. 1912 GW Bd 8; 375-87.

Goodwin FK, Jamison KR. Personality and Interpersonal Behavior. In: Goodwin FK, Jamison KR. (eds). Manic Depressive Illness. New York, Oxford: Oxford University Press 1990; 281- 317.

Kiesler DJ. Interpersonal Theory for Personality and Psychotherapy. In: Anchim JC, Kiesler DJ (eds). Handbook of Interpersonal Therapy. New York: Pergamon 1982; 3-24.

Leary T: Interpersonal Diagnosis of Personality. New York: Ronald 1957.

Thomä H, Kächele H. Lehrbuch der psychoanalytischen Therapie. Berlin: Springer 1989.

21 Den Therapieerfolg beibehalten

Inhalt

Etwa seit Mitte der 60ger Jahre ist bekannt, daß akute depressive Störungen relativ gut auf Behandlung ansprechen. Zu den nachgewiesenermaßen wirksamen Verfahren gehören neben antidepressiven Medikamenten die interpersonelle Psychotherapie, die kognitive Therapie nach Beck und die Verhaltenstherapie nach Lewinsohn. Es wird jedoch häufig vergessen, daß diese Aussage in erster Linie auf die Akutbehandlung zutrifft. Bei 50 bis 85 Prozent der Patienten kommt es selbst nach erfolgreicher Akuttherapie zu Rückfällen und neuen Episoden. Die vielzitierte NIMH-TDCRP-Studie machte deutlich, daß eine 16wöchige Depressionstherapie für die Mehrzahl der Patienten nicht ausreicht, um anhaltend remittiert zu bleiben (Shea et al., 1992). Obwohl sich die meisten Patienten mit Hilfe der Akutbehandlung verbesserten, remittierten von denjenigen, die die Therapie durchliefen und die Katamnese abschlossen nur 39 Prozent vollständig, und lediglich 24 Prozent remittierten vollständig und blieben 18 Monate lang gesund. Insgesamt ist der prophylaktische Effekt von Kurztherapien nach dem Abschluß der Akutbehandlung aufgrund verschiedener methodischer Probleme der einzelnen Studien umstritten.

Patienten, die bereits eine oder mehrere depressive Episoden hinter sich haben, sind einem höheren Rückfallrisiko ausgesetzt als Ersterkrankte. Aber selbst bei Ersterkrankten kann nach der Genesung die IPT und/oder die medikamentöse Therapie unter Umständen für mindestens 16 bis 20 weitere Wochen fortgesetzt werden. Insbesondere die ersten 8 Wochen nach der symptomatischen Remission sind mit einem hohen Rückfallrisiko behaftet. Patienten, die unter rezidivierender Depression leiden, sollten möglichst prophylaktisch behandelt werden. Je häufiger die Episoden und je kürzer die Abstände zwischen den Episoden sind, desto notwendiger ist eine Phasenprophylaxe. Entscheidungskriterien sind, wie häufig eine vergangene Episode war, welcher Art sie und wie schwer sie war. Darüber hinaus werden Wirkung und Nebenwirkungen fortgesetzter Behandlung beispielsweise bei gleichzeitig bestehenden körperlichen Erkrankungen ebenso abgewogen wie die voraussichtliche Auswirkung einer erneuten Episode auf die Lebensführung des Patienten. Darüber hinaus spielt natürlich die Behandlungspräferenz des Patienten und seine zu erwartende Compliance eine entscheidenede Rolle.

Zu den Faktoren, die das Risiko für eine erneute Episode erhöhen, gehören anhaltende dysthyme Symptome, eine komorbide nichtaffektive Störung oder eine chronische körperliche Erkrankung sowie mehrere depressive Episoden in der Vorgeschichte (s. Kap. 4.). Komorbide Alkohol- oder Substanzabhängigkeit sollten angemessen weiterbehandelt werden, auch wenn die Depression abgeklungen ist.

Wenn ein Patient kombiniert mit IPT und einem Medikament behandelt wurde, können entweder beide Behandlungen oder lediglich eine von beiden fortgesetzt werden. Es gibt aus der Forschung nur beschränkt Hinweise darauf, daß sich beide Maßnahmen in ihren Effekten addieren. Die Entscheidung, die Psychotherapie oder die medikamentöse Behandlung fortzusetzten, kann von verschiedenen Faktoren abhängen. Zu ihnen gehören beispielsweise die Wirkung und die Nebenwirkung des Medikaments, die Frage, ob weiterhin eine psychosoziale Belastung besteht, die Schwere der letzten Episode sowie die Präferenz des Patienten. Viele Patienten stehen einer medikamentösen Dauerbehandlung ablehnend gegenüber. Bei diesen Patienten ist mit einer instabilen Compliance zu rechnen, falls sie letzendlich doch einer langfristigen Pharmakotherapie zustimmen.

In diesem Kapitel steht die psychotherapeutische Behandlung im Vordergrund, die notwendig ist, um den Therapieerfolg beizubehalten. Die pharmakologische Langzeittherapie ist in Kapitel 4 beschrieben. Bei der psychotherapeutischen Weiterbehandlung mit IPT werden in der Regel die Abstände zwischen den Sitzungen erweitert. Im nächsten Abschnitt ist eine speziell für die Langzeitbehandlung entwickelte, niederfrequente Form der IPT ausgeführt.

21.1
IPT als rezidiv-prophylaktische Behandlung

Die Erhaltungsform der IPT (IPT-M, maintenance) wurde von der Arbeitsgruppe um Professor Frank entwickelt und im Rahmen einer dreijährigen Langzeitstudie untersucht. Die Autoren entschieden sich für die IPT als psychotherapeutische Prophylaxe, da sie die Beobachtung machten, daß ein großer Teil der Patienten selbst im vollständig remittierten Zustand weiterhin erheblich darunter litt, daß ihre sozialen Anpassung beeinträchtigt war.

Die IPT-M schließt sich unmittelbar an die Akutbehandlung mit IPT an. Der Patient sollte zu diesem Zeitpunkt symptomfrei sein. Welche Unterschiede es zur Kurzform der IPT gibt, aus der die IPT-M abgeleitet wurde, ist in Tabelle 21.1 dargestellt. Diese Unterschiede beziehen sich in erster Linie auf die Zielsetzung, die Anzahl der Problembereiche und auf den zeitlichen Rahmen. Darüber hinaus ist es aufgrund der Therapiedauer nun möglich, eine Persönlichkeitsveränderung zu erreichen, da auf überdauernde zwischenmenschliche Verhaltensmuster fokussiert wird. Die therapeutischen Strategien und Techniken werden dagegen unverändert beibehalten.

IPT-M wurde über einen Behandlungszeitraum von drei Jahren mit monatlicher Sitzungsfrequenz untersucht. Manche Patienten benötigen allerdings vielleicht sogar über einen noch längeren Zeitraum hinweg therapeutische Unterstützung. Es besteht vom klinischen Standpunkt aus kein Hinderungsgrund, IPT-M über den Zeitraum von drei Jahren hinaus weiterzuführen, vorausgesetzt, der Patient erlebt in dieser Zeit keine erneute Depressionsphase. Beim Übergang von 14tägigen zu monatlichen Sitzungen zeigen einige Patienten ängstliche, enttäuschte oder gar ärgerliche Reaktionen darüber, daß die Sitzungsfrequenz reduziert wurde. Die meisten sind jedoch mit dem monatlichen Arrangement zufrieden, da diese Frequenz für sie einerseits genügend Sicherheit bietet und andererseits nicht so häufig ist, als daß sie sich wieder als krank betrachten. Es ist darauf zu achten, daß die monatlichen Sitzungen nicht ausschließlich dazu verwendet werden, daß über die Ereignisse seit dem letzten Treffen Bericht erstattet wird. Vielmehr

Tabelle 21.1 Hauptunterschiede zwischen IPT und IPT-M

	IPT	IPT-M
Zeitlicher Rahmen	Wöchentliche Sitzungen.	Vier 14tägige, danach monatliche Sitzungen
	Etwa 3- bis 5monatige Dauer.	Ca. 3jährige Dauer.
Ziele	1) Symptombewältigung.	1) Erhalt des Remissionszustandes oder Verhinderung eines Rezidivs.
	2) Bewältigung interpersoneller Probleme, die mit dem Auftreten der gegenwärtigen depressiven Episode in Zusammenhang stehen.	2) Bewältigung interpersoneller Probleme, die die über die akute Phase hinaus fortbestehen oder sich als Folge der Remission ergeben.
Schwerpunkt des therapeutischen Vorgehens	Bearbeitung von 1 bis 2 Problembereichen, die mit dem Auftreten der gegenwärtigen depressiven Episode in Zusammenhang stehen.	1) Bearbeitung von 1 bis 4 oder mehr Problembereichen, die im Zusammenhang mit der Remission stehen oder im Verlauf der Therapie auftreten.
		2) Achten auf Frühwarnzeichen.
		3) Fokussierung überdauernder zwischenmenschlicher Verhaltensmuster.

sollte weiterhin an Problemen gearbeitet werden.

Das Hauptziel der IPT-M besteht darin, den Remissionszustand zu erhalten oder es zu verhindern, daß ein Rezidiv auftritt. Deswegen achtet der Therapeut stets auf frühe Anzeichen von interpersonellen Problemen, die denen gleichen, die bei der letzten depressiven Episode des Patienten eine Rolle spielten. Das gleiche gilt für typische depressive Frühsymptome des Patienten. Es werden die gleichen Strategien wie bei der Akutbehandlung angewendet und mit ihnen soll weiterhin an den vier Problembereiche im „Hier und Jetzt" gearbeitet werden. Hierbei wird sich der Therapeut zunehmend auf die Stärken des Patienten konzentrieren, die nach der Remission deutlicher wurden. Die Anzahl der bearbeiteten Problembereiche darf aufgrund der zur Verfügung stehenden längeren Zeit größer sein als bei der Kurzform und die Problemfelder können häufiger wechseln. In der Mehrzahl der Fälle liegt der therapeutische Schwerpunkt auf einer Kombination von Rollenwechseln, Auseinandersetzungen und interpersonellen Defiziten. Trauer stellt nur selten den Fokus bei der IPT-M dar.

Bei einem Patienten wurde als ursprünglicher Problembereich soziale Defizite gewählt und bearbeitet. Nach acht Monaten war es aufgrund aktueller Veränderungen im Leben des Patienten nötig, auf Rollenwechsel und damit verbundene Konflikte mit Mitmenschen zu fokussieren.

Die Problembereiche reflektieren hauptsächlich die Schwierigkeiten, die über die akute Phase hinaus fortbestehen oder sich als Folge der Remission ergeben. Belastungen, die im Zusammenhang mit der Remission stehen, sollen reduziert und damit das Risiko für ein Rezidiv vermindert werden. Für Patienten, die längere Zeit depressiv waren, stellt der Übergang von der depressiven Erkrankung zum Gesundsein und die damit verbundenen Konsequenzen einen Rollenwechsel in sich selbst dar.

Eine Patientin entschloß sich ungefähr ein Jahr nach Behandlungsbeginn, ihre frühere Berufstätigkeit wieder aufzunehmen, nachdem sie sich über einen längeren Zeitraum hinweg psychisch stabil fühlte. Ihr Ehemann war über diese Veränderung wenig begeistert und das Paar geriet darüber in zunehmende Auseinandersetzungen. Solange die Patientin depressiv gewesen war, hatte sie in solchen Situationen meist nachgegeben, da sie nicht genügend Energie hatte, um sich mit ihrem Mann auseinanderzusetzen. Mit dem Ziel einer besseren Kommunikation zwischen beiden Partnern wurde im Problembereich interpersonelle Auseinandersetzungen gearbeitet. Außerdem wurde der Rollenwechsel im Rahmen der neu aufgenommenen Arbeitstätigkeit fokussiert.

Wie bereits erwähnt, wird bei der IPT-M die Frequenz der Behandlungssitzungen verändert. In der Regel wird mit 14tägigen Sitzungsabständen begonnen, wenn die Akutbehandlung abgeschlossen ist. Nach etwa acht Wochen können die Abstände zwischen den Sitzungen auf monatliche Termine ausgedehnt werden. Da die Behandlungsdauer verlängert ist, wird erwartet, daß auch festgefahrene interpersonelle Verhaltensmuster, die mit der Persönlichkeitsstruktur des Patienten im Zusammenhang stehen, eine Veränderung erfahren. Der Hauptunterschied zur IPT-Kurzform besteht jedoch darin, daß bei der IPT-M versucht wird, die Vulnerabilität für zukünftige Episoden zu reduzieren.

Als der Ansatz überprüft wurde stellte sich heraus, daß selbst bei lediglich monatlicher Sitzungsfrequenz IPT-M einen günstigen Effekt auf das Neuerkrankungsrisiko von Patienten mit wiederkehrender Depression hatte. Patienten, die IPT-M erhielten, blieben fast doppelt solange ohne erneute Episode wie Patienten in der Kontrollbedingung mit einer Placebobehandlung und ärztlichen Gesprächen. Die Kombination der IPT-M mit Medikamenten zeigte im Vergleich zur medikamentösen Behandlung plus ärztlichen Gesprächen einen allerdings nichtsignifikanten Trend, klinisch überlegen zu sein. Die Autoren führen diesen Befund auf einen Deckeneffekt zurück, der durch die ungewöhnlich hohe Erhaltungsdosis des Imipramin, die bei 150 bis 300 Milligramm lag, erzeugt wurde.

In einer anderen Arbeit von Weissman et al., (1974) führte eine achtmonatige Behandlung mit IPT zu verbesserter sozialer Leistungsfähigkeit. Die Studien von Frank und Kollegen (1990) und Weissman et al., (1974) belegen insgesamt, welchen Nutzen es hat, die IPT langfristig weiterzuführen (s. Kap. 5).

Literatur

Frank E, Kupfer D, Perel J, Cornes C, Jarret D, Mallinger A, Thase M, McEachran A, Grochocinski V. Three-year outcomes for maintenance therapies in recurrent depression. Arch Gen Psychiatry 1990a; 47:1093-9.

Shea MT, Elkin I, Imber SD, Sotsky SM, Watkins JT, Collins JF, Pilkonis PA, Beckham E, Glass DR, Dolan RT, Parloff MB. Course of depressive symptoms over follow-up: findings from the National Institute of Mental Health Treatment of De-pression Collaborative Research Program. Arch Gen Psychiatry 1992; 49:782-7.

Weissman MM, Klermann GL, Paykel ES, Prusoff BA, Hanson B. Treatment effects on the social adjustment of depressed patients. Arch Gen Psychiatry 1974; 30; 771-8

22 Voraussetzungen, Aufgaben und Ausbildung des IPT-Therapeuten

Inhalt

22.1 Anforderungen an den Psychotherapeuten

In den letzten Jahren wandte sich die Psychotherapieforschung verstärkt der Frage zu, was im therapeutischen Prozeß geschieht und welche Verhaltensweisen des Therapeuten dazu führten, daß die erwünschten Veränderung beim Patienten eintreten. Dabei zeigten sich – unabhängig vom jeweiligen Therapieverfahren – aus der Sichtweise des Patienten zwei Faktoren als entscheidend. Einerseits war dies eine positive, therapeutische Beziehung, geprägt durch eine unterstützende, empathische und wohlwollende Einstellung des Therapeuten, seine aktiv engagierte Teilnahme am Behandlungsprozeß sowie sein transparentes Verhalten. Zum anderen handelte es sich um ein kompetentes, glaubwürdiges und vertrauenserweckendes Auftreten des Therapeuten. Es konnte durch eine Vielzahl von Studien gezeigt werden, wie wichtig der Anteil des Therapeuten an der Beziehungsgestaltung für den Behandlungserfolg ist. Von Schindler (1991) wird eine Ansammlung therapeutischer Verhaltensweisen beschrieben, die er als „Unterstüt-

zung" bezeichnet und die für den Behandlungserfolg eine bedeutsame Rolle spielen. Dazu gehört, daß der Therapeut eine ermunternde, anerkennende und aufbauende Haltung zeigt, dem Patienten zuspricht und problematische Aspekte positiv umdeutet sowie den Patienten positiv bestätigt. Für das Therapieergebnis ist das Beziehungsverhalten des Patienten noch essentieller als das des Therapeuten (Grawe, 1995). Dies beinhaltet zum Beispiel, wie weit sich der Patient auf den Behandlungsprozeß einläßt und aktiv daran teilnimmt und wie der Patient den Therapeut und sein Verhalten wahrnimmt. Der Therapeut sollte also über Fähigkeiten verfügen, mit denen er das Beziehungsverhalten des Patienten in der Weise fördert, daß dieser sich als fähig zu einer positiven Beziehung erleben kann (s. Grawe, 1995).

Für die IPT konnte folgender Zusammenhang gezeigt werden: Es gibt einen signifikantem Zusammenhang zwischen der symptomatischen Verbesserung des Patienten und der therapeutischen Kompetenz des Behandlers. Zur therapeutischen Kompetenz gehörte beispielsweise den relevanten interpersonellen Fokus zu finden, den Patienten zur Selbstöffnung zu motivieren, ein gutes Gespür für den Einsatz allgemeiner

Strategien zu haben sowie der zeitlich günstige Einsatz von Interventionen (O'Malley et al., 1988). Eine andere Untersuchung von Chevron und Kollegen (Chevron et al., 1983) erbrachte eine signifikante positive Beziehung zwischen der Gesamteinschätzung der therapeutischen Kompetenz und dem Alter sowie dem Ausmaß an Erfahrung des Therapeuten. Es wurde geschätzt, daß ältere und erfahrene Therapeuten über ein höheres Potential verfügten, die interpersonelle Therapie effektiv durchzuführen. Im Gegensatz dazu spielten das Geschlecht und der akademische Grad des Behandlers keine entscheidende Rolle.

Die Fähigkeiten und Leistungen des Therapeuten widerum sind in der Regel entscheidend davon beeinflußt, wie „schwierig" der Patient ist. Daher wird in neueren Studien vermehrt die Patient-Therapeut-Dyade beziehungsweise das therapeutische Bündnis (therapeutic alliance) untersucht, anstelle des Verhaltens des Therapeuten oder des Patienten alleine. Darunter, wie „schwierig" ein Patient ist, wird in der Regel verstanden, ob er die Therapie nur mangelhaft aufnimmt. Diesen Mangel bringt der Patient in der Regel durch eine defensive, feindselige Haltung zum Ausdruck, oder er weist Hilfsangebote zurück. Ob es dem Therapeuten möglich war, die IPT kompetent durchzuführen, hing damit zusammen, ob der Patient bereit oder in der Lage war, sich auf eine produktive therapeutische Beziehung einzulassen. Die „Schwere" der Störung spielte dabei nur eine sekundäre Rolle (Foley et al., 1987). Frank und Mitarbeiter fanden, daß die phasenfreie Zeit bei wiederkehrender Depression nach Absetzen der Medikation beträchtlich verlängert werden konnte, je spezifischer die Erhaltungsform der IPT durchgeführt wurde. Dabei stellte sich heraus, daß dies nicht vom Therapeuten alleine abhängig war, sondern vom Patient-Therapeut-Gespann. Bei einem bestimmten Patienten war der Therapeut also in der Lage, den interpersonellen Fokus sehr spezifisch beizubehalten und die

entsprechenden IPT-Strategien anzuwenden, während ihm dies bei einem anderen Patienten nicht gelang (Frank et al., 1991). Interessanterweise scheint das therapeutische Bündnis ganz speziell bei der IPT eine entscheidende Rolle zu spielen. In einem Vergleich, bei den vier verschiedenen Therapieformen über ihre Auswirkung des therapeutischen Bündnisses auf den Behandlungserfolg getestet wurden, ergab sich lediglich für die IPT eine signifikante Beziehung zwischen dem Bündnis und dem Behandlungserfolg. Dieser Faktor schien bei kognitiver Therapie, und bei Imipramin beziehungsweise Placebo in Kombination mit etwa 30minütigen supportiven Arztgesprächen keinen Einfluß auf das Behandlungergebnis zu haben (Krupnick et al., 1994). Die Autoren vermuten, daß insbesondere bei der IPT das therapeutische Bündnis wichtig ist. Die IPT zielt ja besonders auf zwischenmenschliche Beziehungen sowie auf die Selbstöffnung des Patienten ab, während bei der KVT und bei den pharmakologischen Therapien eher handlungsorientiert vorgegangen wird. Es handelt sich allerdings um eine Pilotstudie, bei der zunächst nur die sieben jeweils am wenigsten, und am meisten verbesserten Patienten untersucht wurden.

22.2
Die Rolle des
IPT-Therapeuten

In Übereinstimmung mit den oben aufgeführten positiven Therapeutenvariablen wird die Rolle des IPT-Therapeuten im Manual folgendermaßen charakterisiert:
1. Der Therapeut ist Advokat des Patienten und nicht neutral. Die entscheidende Rolle des Therapeuten besteht darin, ein wohlwollender, optimistischer und hilfreicher Verbündeter zu sein, der nicht nur generell unterstützend ist, sondern

auch ganz gezielte direkte Hilfe und Rückversicherung anbietet. Es handelt sich allerdings nicht um eine Freundschaft im herkömmlichen Sinn.

Dadurch, daß bewußt eine nicht-neutrale, nicht-zurückhaltende Position eingenommen wird, soll verhindert werden, daß der Patient in der therapeutischen Beziehung regrediert.

2. Der Therapeut nimmt eine aktive Grundhaltung ein, die in der Praxis zwischen einem direktiven und einem reaktiven Vorgehen liegt und je nach therapeutischer Phase variieren kann. Zu Beginn und am Ende der Therapie ist der Behandler in der Regel aktiver, während in der mittleren Kernphase die Hauptaktivität vom Patienten ausgehen sollte. Lange Schweigepausen und freies Assoziieren sollte im allgemeinen vermieden werden. Die Rolle des Therapeuten ist sowohl explorativ als auch direkt intervenierend.

3. Die therapeutische Beziehung wird nicht als Übertragung interpretiert. Sie ist überwiegend realistisch und daran orientiert, Probleme zu bewältigen, um den Patienten nicht zu abhängig werden oder regredieren zu lassen. Dieses Vorgehen ist sinnvoll, da die Behandlungsdauer nur so kurz ist. Eine Ausnahme wird dann gemacht, wenn die Reaktion des Patienten auf den Therapeuten mit dem Fortschreiten des Behandlungsprozeßes interferiert. Dann wendet sich der Therapeut ausdrücklich und ggf. interpretativ der Therapeut-Patient-Beziehung zu.

Interessanterweise weisen empirische Untersuchungen zur Rolle von Übertragungsinterpretationen im therapeutischen Prozeß insgesamt auf mehr schädliche Auswirkungen und Vorsichtsgebote, als auf Vorteile hin (s. zus. Henry et al., 1994). Zum Beispiel führt eine hohe Frequenz von Übertragungsinterpretationen nicht zu einem besseren Behandlungserfolg, sondern

kann sogar schädigend sein. Übertragungsinterpretationen reparieren nicht notwendigerweise schwache therapeutische Bündnisse und können sogar die bestehende Beziehung schädigen. Werden die Übertragungen interpretiert, führt dies nicht unbedingt zu einer intensiveren affektiven Reaktion oder erhöhten die Erfahrungstiefe. Außerdem rufen Interpretationen mit höherer Wahrscheinlichkeit defensive Reaktionen hervor als andere Interventionsarten (Henry et al., 1994).

Neben diesen drei allgemeinen Axiomen kann die therapeutische Beziehung je nach Problembereich dem Therapeut auch als direkte Informationsquelle dienen. Bei interpersonellen Auseinandersetzungen kann beispielsweise das Beziehungsverhalten des Patienten gegenüber dem Therapeuten wichtige Rückmeldung darüber geben, wie der Patient von anderen wahrgenommen wird. Insgesamt steht die therapeutische Beziehung als Modell für andere zwischenmenschliche Beziehungen.

Wie weiter unten noch ausführlicher beschrieben wird, handelt es sich beim IPT-Therapeuten um einen in der Behandlung psychischer Störungen erfahrenen Kliniker. Dieser hält sich einerseits an das im Manual beschriebene Vorgehen, vernachlässigt es zum anderen aber dabei nicht, eine tragfähige therapeutische Beziehung zum Patienten aufzubauen. Der Therapeut orientiert sich hinsichtlich des zeitlichen Einsatzes der Strategien an den jeweiligen Bedingungen des Patienten. Obwohl der strukturierte Aufbau des Manuals zu dem Glauben verführt, das beschriebene Vorgehen alleine werde schon eine erfolgreiche Therapie ausmachen, wird von den Begründern der IPT davor gewarnt, daß Manual wie ein Kochbuch zu benutzen. Der Therapeut muß beispielsweise im Einzelfall mit Hilfe seiner Kompetenz entscheiden, wie lange er mit dem jeweiligen Patienten in der Klärungsphase verweilen sollte. Dies wird bei sehr ambivalenten Patienten längere Zeit brauchen. Der Therapeut muß entscheiden,

Tabelle 22.1 **Anforderungen**
an den IPT-Therapeuten und dessen Rolle

- Erfahrener Psychotherapeut.
- Zur flexiblen Anwendung des Behandlungsmanuals in der Lage.
- Advokat des Patienten, unterstützend, ermutigend, optimistisch, nicht neutral.
- Aktiv, engagiert, explorierend und intervenierend.
- Therapeutische Beziehung wird nicht als Übertragung interpretiert.
- Therapeutische Beziehung als Modell für andere zwischenmenschliche Beziehungen.

wann der Patient zur Handlung bereit ist und wieviel Hilfe er dabei benötigt. Vielleicht braucht ein sonst im Leben erfolgreicher Patient möglicherweise weniger Hilfe bei der Problemlösung. Er muß entscheiden, ob die einzelnen Therapiephasen eventuell verlängert oder verkürzt werden sollten, wie beispielsweise eine längere Anfangsphase bei schwer depressiven Patienten. Er muß entscheiden, ob bestimmte Strategien für einen Patienten unpassend oder überflüssig sind, ob also bei einem bereits umfassend informierten Patienten eine ausführliche Aufklärung notwendig ist. Der Therapeut muß also in der Lage sein, das Manual flexibel und sinnvoll zu handhaben, und die im Manual weniger strukturierten Abschnitte der Therapie auf dem Hintergrund seiner psychotherapeutischen Erfahrung effektiv zu gestalten. Die Rolle des IPT-Therapeuten und die Anforderungen sind in Tabelle 22.1 zusammengefasst.

22.3
Training in
interpersoneller Therapie

Die oben genannten therapeutischen Fähigkeiten, Eigenschaften und Einstellungen sollen bei der IPT-Weiterbildung und Supervision von Therapeuten gezielt geför-

dert werden, um zu gewährleisten, daß die IPT auf qualitativ hohem Niveau durchgeführt werden kann. Von Klerman und Weissman wurde im Rahmen ihrer Forschungsarbeiten ein Trainingsprogramm für erfahrene Psychotherapeuten verschiedener Therapierichtungen entwickelt, die über ausreichende Kenntnisse in der Behandlung depressiver Patienten verfügen. Dabei handelte es sich um Psychologen, Psychiater, psychiatrische Sozialarbeiter oder spezialisierte Pflegekräfte, die einen Doktorgrad oder einen ähnlichen akademischen Grad erreicht hatten. Aufgrund des unterschiedlichen Ausbildungssystems in den USA ist diese Einschränkung für deutschsprachige Länder nicht sinnvoll. Bei uns kommen für eine Ausbildung in IPT Diplom-Psychologen und Ärzte in Frage, die in der Behandlung der Depression und anderer psychischer Störungen ausreichende Erfahrung und eine psychotherapeutische Grundausbildung durchlaufen haben. Allerdings sollten sich die Auszubildenden mit dem interpersonellen Ansatz, dem medizinischen Krankheitsmodell und der Idee einer zeitlich begrenzten Behandlung identifizieren können und nicht rigide auf eine bestimmte Therapierichtung fixiert sein. Der Therapeut sollte außerdem gut mit depressiven Patienten zurechtkommen und ihnen gegenüber Geduld sowie eine optimistische, aufgeschlossene Haltung zeigen können.

Das Training in interpersoneller Therapie bezieht sich im wesentlichen darauf, die im Manual beschriebenen Strategien zu vermitteln. Dieses Training hat nicht zum Ziel, unerfahrene Kliniker zu Psychotherapeuten auszubilden oder therapeutische Grundkenntisse zu lehren. Es wird vorausgesetzt, daß der Therapeut bereits weiß, wann Interventionen zeitlich angemessen eingesetzt werden, wie mit Widerstand oder Übertragungsphänomenen umzugehen ist und wie sich eine explorative Gesprächsführung gestaltet. Ein Training in IPT stellt keine eigenständige Therapieausbildung dar, sondern es ist lediglich eine Art spezieller psychotherapeutischer Weiterbildung. Ziele der Ausbildung beinhalten:

1. Daß die ITP verstanden und sachgemäß angewendet wird.
2. Daß nicht spezifische IPT-Techniken vermieden werden.
3. Daß die IPT durch Therapeuten verschiedener Berufsgruppen und Therapieschulen einheitlich angewendet wird.

Das Trainingsprogramm beinhaltet die Lektüre des Manuals (Klerman et al., 1984), ein ursprünglich etwa 40stündiges didaktisches Seminar sowie die intensive Supervision von Fällen. Im Rahmen einer Langzeitstudie konnte gezeigt werden, daß dieses Vorgehen erfahrene Therapeuten befähigt, IPT auf hohem Niveau auszuführen (Rounsaville, Chevron, Weissman, 1984).

22.3.1 Didaktisches Seminar

In dem üblicherweise zwei bis fünftägigen didaktischen Seminar werden die theoretischen Grundlagen vermittelt, die IPT durch Videoaufnahmen von Behandlungsfällen anschaulich dargestellt sowie die IPT-spezifischen Techniken gemeinsam diskutiert. Die Teilnehmer sollen verstanden haben, welche ihrer üblicherweise angewandten Techniken und therapeutischen Vorgehensweisen sie beibehalten können und welche nicht zur IPT gehören und modifiziert oder neu dazugelernt werden müssen.

Kognitive Verhaltenstherapeuten werden in der Regel ihre Aktivität und Direktivität etwas einschränken, auf Hausaufgaben und andere strukturierte Übungen verzichten und den Schwerpunkt eher auf interpersonelle, denn kognitive Prozesse legen müssen. Vorwiegend psychoanalytisch arbeitende Therapeuten dagegen werden in der Regel aufgrund der kurzen Therapie-

dauer aktiver, strukturierter und supportiver vorgehen, von Interpretationen der Übertragung und anderen Deutungen größtenteils absehen und den Schwerpunkt auf gegenwärtige statt auf vergangene Beziehungen verlagern müssen. Frühkindliche Erfahrungen ausgedehnt zu besprechen ist ebenfalls aufgrund der zeitlichen Beschränkung bei der IPT fehl am Platz. Manche psychoanalytisch ausgerichtete Therapeuten tun sich schwer damit, sich ausführlich mit den depressiven Symptomen zu beschäftigen und die Patienten über die Erkrankung aufzuklären. Sie konzentrieren sich stattdessen ziemlich unmittelbar auf Beziehungsaspekte, und dies ist im Rahmen der IPT unangebracht. Ein anderer Fehler, der bevorzugt von hochstrukturiert arbeitenden Verhaltenstherapeuten begangen wird, besteht in der bereits angesprochenen Anwendung des Manuals in einer rigiden Kochbuch-Manier. So werden beispielsweise die im Manual vorgeschlagenen Strategien durchgeführt, ohne daß eine tragfähige Beziehung zum Patienten aufgebaut worden wäre. Oder es wird mit den Aufgaben der mittleren Therapiephase in der 4. Sitzung mit einem Patienten begonnen, der noch ausgeprägt symptomatisch ist.

Obwohl der IPT-Ansatz von den Begründern den psychodynamisch ausgerichteten Therapien nahegestellt wird, sind analytische arbeitende Therapeuten interessanterweise häufig kritischer, haben mehr Vorbehalte und zeigen mehr Schwierigkeiten, die IPT zu erlernen und anzuwenden als kognitive Verhaltenstherapeuten oder Anhänger anderer Therapierichtungen.

Wichtige Lernziele im didaktischen Teil sind:

1. Die Depression wird als psychiatrische Erkrankung anerkannt. Daraus ergibt sich ein dementsprechender bewältigungsorientierter Umgang mit depressiven Symptomen.
2. Der Fokus liegt auf der Bewältigung gegenwärtiger interpersoneller Probleme,

die mit der depressiven Episode im Zusammenhang stehen.

3. Der explorative Aspekt des Behandlungsprozesses wird berücksichtigt, mit Hilfe dessen der Patient lernen soll, seine eigenen Wünsche und Bedürfnisse zu identifizieren und auf neue, konstruktive Arten zu erfüllen.

4. Die Therapie soll in zeitlich limitierter Weise durchgeführt werden.

Dem didaktischen Ausbildungsteil schließt sich die Behandlung zweier Pilotfälle an, die video- oder audiogestützt supervidiert werden.

Gute Erfahrungen hat die Pittsburgher Arbeitsgruppe damit, die 40 Trainingsstunden über einen 20wöchigen Zeitraum zu verteilen. Dadurch überlappt sich der didaktische Teil und die Behandlung von Pilotfällen. Der zeitliche Umfang des Einführungsteils sollte sich nach dem Ausbildungsstand und der Kompetenz der jeweiligen Ausbildungskandidaten richten. Mittlererweile umfaßt die Mehrzahl der didaktischen Seminare, die in den USA oder in Deutschland angeboten werden, nur noch etwa 20 Stunden, die in der Regel ausreichend erscheinen, das Verfahren ausführlich vorzustellen.

22.3.2 Supervision

Der Schwerpunkt der Ausbildung liegt auf der Supervision, die audio- oder videogestützt, einzeln oder in der Gruppe und optimalerweise wöchentlich oder später nach jeder vierten Behandlungssitzung erfolgen sollte. Die drei anfänglichen Sitzungen sollten beim ersten Trainingsfall allesamt sukzessive supervidiert werden. Der Supervisor sollte sich beim ersten Fall die gesamte Sitzung anschauen und nicht nur einzelne Ausschnitte, um jeweils den Gesamtkontext beurteilen zu können, in dem bestimmte Interventionen stattfanden oder auch nicht stattfanden. Später ist es ausreichend, wenn der Supervisand Abschnitte vorbereitet, bei denen er mit der Durchführung der IPT Schwierigkeiten hatte.

Sehr kompetente Therapeuten mit durchschnittlich 14 Jahren Erfahrung zeigen in der Regel schon beim ersten Fall ausgezeichnete Qualität und steigern sich aufgrund eines Deckeneffekts nicht weiter, und verschlechtern sich auch nicht bei der Durchführung weiterer Fälle (Chevron et al., 1983). Weniger erfahrene Kliniker mit durchschnittlich sieben Jahren Erfahrung brauchen dagegen mindestens zwei Trainingsfälle, um mehr als nur ausreichende Leistung zu erbringen, wobei die größten Schwierigkeiten beim eher unstrukturierten mittleren Therapieteil auftreten, der im Manual weniger klar definiert ist.

Die psychotherapeutischen Fertigkeiten wurden in einer Untersuchung durch einen Supervisor anhand verschiedener Methoden wie beispielsweise einer Fallbesprechung basierend auf dem Bericht des Therapeuten oder basierend auf Videoaufnahmen eingeschätzt. Dabei zeigte sich nur eine Methode, nämlich Audio- oder Videoaufnahmen der Therapiesitzung, als angemessen, um valide und reliable Beurteilungen der therapeutischen Kompetenz oder der in der Sitzung angewandten Techniken und Strategien vorzunehmen (Chevron, Rounsaville, 1983). Interessanterweise bestand kein Zusammenhang zwischen den Beurteilungen anhand von Videoaufnahmen und den Beurteilungen, die anhand von retrospektiven Berichten des Therapeuten über die jeweilige Sitzung vorgenommen wurden. Dabei stellte sich durch die Videoaufnahmen heraus, daß einige Therapeuten ihre Leistung unterschätzt hatten, während andere widerum eindrucksvoll über die Therapie und die eingesetzten Techniken und Strategien berichten konnten, aber in der aufgenommenen Therapiesitzung vom Supervisor wesentlich schwächer beurteilt wurden.

Da eine integre und spezifische Durchführung der IPT wichtig für ein positives

Behandlungsresultat sind, wurde von der Autorin des vorliegenden Buchs ein Supervisionsbogen (s. Anhang S. 322) entwickelt. Integer und spezifisch bedeuten, daß sich der Therapeut an das im Manual beschriebene Vorgehen hält, und daß Patient und Therapeut den interpersonellen Fokus über die Behandlungsdauer beibehalten können. Durch dieses Therapiemanual soll vom Beginn der Behandlung an eine möglichst hohe Spezifizität sowie günstiges Therapeutenverhalten gewährleistet werden. Der Supervisionsbogen hilft dem Supervisor in systematischer Weise zu überprüfen, ob wichtige Aspekte bei der Durchführung der IPT in der Anfangs-, Mittel,- und Beendigungsphase beachtet wurden. Es hilft ihm weiterhin zu überprüfen, welche Strategien und Techniken eingesetzt wurden. Hierzu gehört beispielsweise die Frage, welcher IPT-spezifische Problembereich in der Sitzung fokussiert wurde? Wurden die im Manual vorgeschlagenen Strategien angewandt? Welche typischen Techniken kamen zum Einsatz? War die therapeutische Haltung unterstützend, aktiv, für die Selbstöffnung des Patienten förderlich? Auf diese Weise wird dem Supervisor eine gezielte Rückmeldung erleichtert. Dem Supervisanden selbst kann der Bogen behilflich sein die einzelnen Sitzungen zu reflektieren. Damit kann er es unterstützen, daß eine hohe Behandlungsqualität beibehalten wird. Der Fragebogen soll über den klinischen Zweck hinaus auch im Forschungskontext helfen, die einzelnen IPT-Sitzungen spezifischer zu gestalten und die Integrität der Therapiedurchführung sicher zu stellen.

22.4 Derzeitiger Stand des Ausbildungssystems

Auch in Deutschland wird, wie in den Vereinigten Staaten, bisher kein kontinuierliches Ausbildungsprogramm angeboten (s. Kap. 2). Eine mögliche Erklärung dafür wäre, daß trotz des Erfolgs der IPT keine der traditionellen Therapieschulen sich berufen fühlt, die schulenunabhängie IPT in ihr Ausbildungsprogramm zu integrieren. Auf der anderen Seite haben die Begründer der IPT scheinbar kein Interesse an einer Institutionalisierung. Dies führte in den letzten Jahren dazu, daß die Nachfrage das Angebot an Trainingsmöglichkeiten überstieg. Offensichtlich scheint sich diese Situation zu ändern. Workshops und Trainings wurden bisher auf Anfrage in einzelnen Kliniken oder je nach Gelegenheit auf Kongressen durchgeführt.

In Deutschland sind bereits über 15 IPT-Therapeuten als Trainer ausgebildet worden. Ein IPT-Trainer sollte selbst ein Trainingsprogramm in interpersoneller Therapie durchlaufen, supervidierte Fälle nachweisen sowie umfassende Erfahrung damit haben, das Verfahren anzuwenden. Er sollte über eine abgeschlossene Therapieausbildung verfügen, und in der Supervision von Kollegen erfahren sein beziehungsweise optimalerweise den Supervisorenstatus besitzen. Solche Multiplikatorentrainings und IPT-Einführungskurse sowie die Supervision von IPT-Fällen werden mindestens einmal jährlich und auf Anfrage an der Universitätsklinik Freiburg, Abteilung für Psychiatrie und Psychotherapie, angeboten.

Mit dem vorliegenden Buch und Behandlungsmanual wurde das Anliegen verfolgt, Psychotherapeuten in die Anwendung der IPT einzuführen und auf den praktischen Trainingsteil in diesem Verfahren vorzubreiten. Außerhalb eines Forschungskontextes können die hier beschriebenen Prinzipien, Strategien und Techniken der IPT dem Therapeuten behilflich sein, depressive Patienten im klinischen Alltag zu behandeln.

▌Literatur

Chevron ES, Rounsaville BJ. Evaluating the clinical skills of psychotherapists: a comparison of techniques. Arch Gen Psychiatry 1983; 40:1129-32.

Chevron ES, Rounsaville BJ, Rothblum ED, Weissman MM. Selecting psychotherapists to participate in psychotherapy outcome studies: relationship between psychotherapist characteristics and assessment of clinical skills. J Nerv Ment Disease 1983; 171:348- 53.

Foley SH, O'Malley S, Rounsaville B, Prusoff BA, Weissman MM. The relationship of patient difficulty to therapist performance in interpersonal psychotherapy of depression. J Aff Disord 1987; 12:207-17.

Frank E, Kupfer DJ, Wagner EF, McEachran AB, Cornes C. Efficacy of interpersonal psychotherapy as a maintenance treatment of recurrent depression: contributing factors. Arch Gen Psychiatry 1991; 48:1053-9.

Grawe K. Grundriß einer Allgemeinen Psychotherapie. Psychotherapeut 1995; 40:130-45.

Henry WP. Strupp HH, Schacht TE, Gaston L. Psychodynamic approaches. In: Bergin AE u. Garfield SL (eds). Handbook of psychotherapy and behavior change, 4th ed. New York: Wiley u. Sons 1994.

Klerman GL, Weissman MM, Rounsaville BJ, Chevron ES. Interpersonal Psychotherapy of Depression. New York: Basic Books 1984.

Krupnick JL, Elkin I, Collins J, Simmens S, Sotsky SM, Pilkonis PA, Watkins JT. Therapeutic alliance and clinical outcome in the NIMH Treatment of Depression Collaborative Research Program: preliminary findings. Psychotherapy 1994; 31:28-35.

O'Malley SS, Foley SH, Rounsaville BJ, Watkins JT, Sotsky SM, Imber SD, Elkin I. Therapist competece and patient outcome in interpersonal psychotherapy of depression. J Consult Clin Psychology 1988; 56:496-501.

Rounsaville BJ, Chevron ES, Weissman MM. Specification of techniques in interpersonal psychotherapy. In: Williams JB, Spitzer RL (eds) Psychotherapy research. New York: Guilford 1984.

Schindler L. Die empirische Analyse der therapeutischen Beziehung. Beiträge zur Prozeßforschung in der Verhaltenstherapie. Berlin: Springer 1991.

Teil IV
Anhang

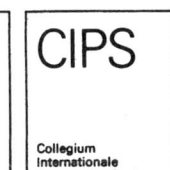

| Prüfungsnummer | Testcode | Patient/Proband laufende Nr. | Prüftag Nr. | Nr. der Messung | Prüf-stelle | Prüfer-Nr. |

CIPS

Collegium
Internationale
Psychiatriae Scalarum

Code des Patienten/Probanden | Datum Tag | Monat | Jahr | Tageszeit Stunde | Medikation

Initialen des Probanden (Patienten)

Unterschrift des Untersuchers

HAMD

Hamilton Depression Scale

Anleitung
Bitte jeweils nur die zutreffende Ziffer ankreuzen! Bitte alle Feststellungen beantworten!

1. Depressive Stimmung (Gefühl der Traurigkeit, Hoffnungslosigkeit, Hilflosigkeit, Wertlosigkeit)

Keine	0
Nur auf Befragen geäußert	1
Vom Patienten spontan geäußert	2
Aus dem Verhalten zu erkennen (z. B. Gesichtsausdruck, Körperhaltung, Stimme, Neigung zum Weinen)	3
Patient drückt FAST AUSSCHLIESSLICH diese Gefühlszustände in seiner verbalen und nicht verbalen Kommunikation aus	4

2. Schuldgefühle

Keine	0
Selbstvorwürfe, glaubt Mitmenschen enttäuscht zu haben	1
Schuldgefühle oder Grübeln über frühere Fehler und „Sünden"	2
Jetzige Krankheit wird als Strafe gewertet, Versündigungswahn	3
Anklagende oder bedrohende akustische oder optische Halluzinationen	4

3. Suizid

Keiner	0
Lebensüberdruß	1
Todeswunsch, denkt an den eigenen Tod	2
Suizidgedanken oder entsprechendes Verhalten	3
Suizidversuche (jeder ernste Versuch ≙ 4)	4

4. Einschlafstörung

Keine	0
Gelegentliche Einschlafstörung (mehr als 1/2 Stunde)	1
Regelmäßige Einschlafstörung	2

5. Durchschlafstörung

Keine	0
Patient klagt über unruhigen oder gestörten Schlaf	1
Nächtliches Aufwachen bzw. Aufstehen (falls nicht nur zur Harn- oder Stuhlentleerung)	2

6. Schlafstörungen am Morgen

Keine	0
Vorzeitiges Erwachen, aber nochmaliges Einschlafen	1
Vorzeitiges Erwachen ohne nochmaliges Einschlafen	2

7. Arbeit und sonstige Tätigkeiten

Keine Beeinträchtigung	0
Hält sich für leistungsunfähig, erschöpft oder schlapp bei seinen Tätigkeiten (Arbeit oder Hobbies) oder fühlt sich entsprechend.	1
Verlust des Interesses an seinen Tätigkeiten (Arbeit oder Hobbies), muß sich dazu zwingen, sagt das selbst oder läßt es durch Lustlosigkeit, Entscheidungslosigkeit und sprunghafte Entschlußänderungen erkennen.	2
Wendet weniger Zeit für seine Tätigkeiten auf oder leistet weniger. Bei stationärer Behandlung Ziffer 3 ankreuzen, wenn der Patient weniger als 3 Stunden an Tätigkeiten teilnimmt. Ausgenommen Hausarbeiten auf der Station.	3
Hat wegen der jetzigen Krankheit mit der Arbeit aufgehört. Bei stationärer Behandlung ist Ziffer 4 anzukreuzen, falls der Patient an seinen Tätigkeiten, mit Ausnahme der Hausarbeit auf der Station, oder wenn der Patient die Hausarbeit nur unter Mithilfe leisten kann.	4

8. Depressive Hemmung (Verlangsamung von Denken und Sprache; Konzentrationsschwäche, reduzierte Motorik)

Sprache und Denken normal	0
Geringe Verlangsamung bei der Exploration	1
Deutliche Verlangsamung bei der Exploration	2
Exploration schwierig	3
Ausgeprägter Stupor	4

9. Erregung

Keine	0
Zappeligkeit	1
Spielen mit den Fingern, Haaren usw.	2
Hin- und herlaufen, nicht still sitzen können	3
Händeringen, Nägelbeißen, Haareraufen, Lippenbeißen usw.	4

10. Angst — psychisch

Keine Schwierigkeit	0
Subjektive Spannung und Reizbarkeit	1
Sorgt sich um Nichtigkeiten	2
Besorgte Grundhaltung, die sich im Gesichtsausdruck und in der Sprechweise äußert	3
Ängste werden spontan vorgebracht	4

11. Angst — somatisch
Körperliche Begleiterscheinungen der Angst wie:
Gastrointestinale (Mundtrockenheit, Winde, Verdauungsstörungen, Durchfall, Krämpfe, Aufstoßen) — Kardiovasculäre (Herzklopfen, Kopfschmerzen) — Respiratorische (Hypervenitilation, Seufzen) — Pollakisurie — Schwitzen

Keine	0
Geringe	1
Mäßige	2
Starke	3
Extreme (Patient ist handlungsunfähig)	4

© BELTZ TEST GESELLSCHAFT mbH, 1978

HAMD
Hamilton Depression
Scale
Seite 2

12. Körperliche Symptome — gastrointestinale

keine	0
Appetitmangel, ißt aber ohne Zuspruch. Schweregefühle im Abdomen	1
Muß zum Essen angehalten werden. Verlangt oder benötigt Abführmittel oder andere Magen-Darmpräparate	2

13. Körperliche Symptome — allgemeine

Keine	0
Schweregefühl in Gliedern, Rücken oder Kopf. Rücken-, Kopf- oder Muskelschmerzen. Verlust der Tatkraft, Erschöpfbarkeit	1
Bei jeder deutlichen Ausprägung eines Symptoms 2 ankreuzen	2

14. Genitalsymptome wie etwa: Libidoverlust, Menstruations-störungen etc.

Keine	0
Geringe	1
Starke	2

15. Hypochondrie

Keine	0
Verstärkte Selbstbeobachtung (auf den Körper bezogen)	1
Ganz in Anspruch genommen durch Sorgen um die eigene Gesundheit	2
Zahlreiche Klagen, verlangt Hilfe etc.	3
Hypochondrische Wahnvorstellungen	4

16. Gewichtsverlust (entweder a oder b ankreuzen)
a. Aus Anamnese

Kein Gewichtsverlust	0
Gewichtsverlust wahrscheinlich in Zusammenhang mit jetziger Krankheit	1
Sicherer Gewichtsverlust laut Patient	2

b. Nach wöchentlichem Wiegen in der Klinik, wenn Gewichtsverlust

weniger als 0,5 kg/Woche	0
mehr als 0,5 kg/Woche	1
mehr als 1 kg/Woche	2

17. Krankheitseinsicht

Patient erkennt, daß er depressiv und krank ist	0
Räumt Krankheit ein, führt sie aber auf schlechte Ernährung, Klima, Überarbeitung, Virus, Ruhebedürfnis etc. zurück	1
Leugnet Krankheit ab	2

18. Tagesschwankungen
a. Geben Sie an, ob die Symptome schlimmer am Morgen oder am Abend sind. Sofern KEINE Tagesschwankungen auftreten, ist 0 (≙ keine Tagesschwankungen) anzukreuzen.

Keine Tagesschwankungen	0
Symptome schlimmer am Morgen	1
Symptome schlimmer am Abend	2

b. Wenn es Schwankungen gibt, geben Sie die Stärke der SCHWANKUNGEN an. Falls es KEINE gibt, kreuzen Sie 0 (≙ keine) an.

Keine	0
Gering	1
Stark	2

19. Depersonalisation, Derealisation wie etwa: Unwirklichkeitsgefühle, nihilistische Ideen

Keine	0
Gering	1
Mäßig	2
Stark	3
Extrem (Patient ist handlungsunfähig)	4

20. Paranoide Symptome

Keine	0
Mißtrauisch	1
Beziehungsideen	2
Beziehungs- und Verfolgungswahn	3

21. Zwangssymptome

Keine	0
Gering	1
Stark	2

Bitte prüfen Sie, ob Sie alle Feststellungen zutreffend beantwortet haben!

Score 1

© BELTZ TEST GESELLSCHAFT mbH, 1978

Zehn wichtige Tatsachen über Depression

▌Depression...

1. ... ist eine Erkrankung. Bestimmte Krankheitszeichen wie beispielsweise Niedergeschlagenheit, Interessenverlust, Schlafstörungen und Energielosigkeit treten dabei zusammen für einen längeren Zeitraum auf. Weder ob die Krankheit auftritt, noch wie sie verläuft unterstehen der willentlichen Kontrolle des Betroffenen!

2. ... beeinträchtigt die Leistungs- und Beziehungsfähigkeit, das emotionale Erleben und das körperliche Befinden erheblich.

3. ... tritt häufig auf. Etwa neun von hundert Menschen sind im Laufe des Lebens davon betroffen.

4. ... weist zahlreiche Risikofaktoren auf, die der Störung vorausgehen können. Solche Faktoren können beispielsweise belastende Ereignisse oder eine mangelnde soziale Unterstützung sein. Allerdings gehört dazu auch, daß Frauen häufiger von Depressionen betroffen sind als Männer, daß Depression in bestimmten Familien gehäuft auftritt und daß ein Mißbrauch von Drogen, Medikamenten oder Alkohol die Anfälligkeit für die Störung erhöhen.

5. ... ist höchstwahrscheinlich durch ein komplexes Zusammenspiel verschiedener Faktoren verursacht. Zu diesen Faktoren gehören beispielsweise genetische, biochemische, interpersonelle, entwicklungs- und persönlichkeitsbedingte und kognitive Faktoren.

6. ... tritt in etwa der Hälfte aller Fälle mehrmals im Laufe des Lebens auf.

7. ... kann mit verschiedenen Therapieformen erfolgreich behandelt werden. Solche Therapien sind beispielsweise antidepressiv wirkende Medikamente, Psychotherapie wie die interpersonelle oder die kognitive Psychotherapie und die Kombination aus medikamentöser Therapie und Psychotherapie.

8. ... hält als Episode bei angemessener Behandlung meistens zwischen zwei und vier Monaten an. Unbehandelt dauern die Episoden meistens sechs Monate und länger.

9. ... klingt als Episode in der Regel unter Auftreten von Schwankungen ab.

10. ... läßt die meisten Betroffenen nach Abklingen der Episode zu ihrer normalen Verfassung und Leistungsfähigkeit zurückkehren.

...und was bei deren Vermittlung zu beachten ist!

Wie die Informationen über die Depression vermittelt werden, soll an den individuellen Bedürfnissen, Möglichkeiten und Eigenarten des Patienten ausgerichtet sein. Dabei sind neben dem Krankheitsverlauf vor allem die spezifischen Symptome des Patienten zu berücksichtigen. Es sollte aber auch berücksichtigt werden, wie intellektuell differenziert der Patient ist und über welche Vorkenntnisse er verfügt. Bei manchen Patienten ist es nötig, verschiedene Informationen über Depression erst später in der Behandlung zu vermitteln, ganz auszulassen, positiv umzuformulieren, zu vereinfachen oder ausführlicher zu erklären. Es müssen nicht jedem Patienten alle Informationen zu Beginn der Therapie mitgeteilt werden, sondern nur solche, die für den Betreffenden hilfreich erscheinen oder von diesem aktiv erfragt werden. Manche Informationen werden auch besser erst in späteren Therapieabschnitten angeboten, wie beispielsweise das Rezidivrisiko.

Die Informationen sollten in möglichst einfacher, verständlicher Weise vermittelt werden. Schriftliches Material sollte nicht ohne ausführliche mündliche Erklärung des Inhalts an den Patienten weitergegeben werden.

Ausschlaggebend ist, daß der Betroffene weiß, daß es sich bei der Depression um eine Erkrankung handelt, über die er keine vollständige Kontrolle hat. Weiterhin sollte er wissen, daß viele Menschen darunter leiden und man sich mit der Erkrankung nicht verstecken muß. Ihm wird vermittelt, daß Depression mit verschiedenen Methoden erfolgreich zu behandeln ist und er erwarten kann, zum üblichen Leistungsniveau zurückzukehren. Dies allerdings wird voraussichtlich erst nach einiger Zeit und un-

ter Auftreten von Schwankungen der Fall sein. Außerdem sollte der Patient wissen, daß eine relativ hohe Wahrscheinlichkeit für erneute Episoden in der Zukunft besteht.

Es empfiehlt sich, dem Patienten und seiner Familie nach der Sitzung schriftliches Material zur Verfügung zu stellen, damit sie die Möglichkeit haben, zu Hause noch einmal alles nachzulesen (s. Anhang S. 311). Bei der Vermittlung der oben aufgeführten Tatsachen über Depression ist folgendes zu beachten:

Zu 1.: Es darf nicht übersehen werden, daß sich die Symptommuster vieler Patienten zwar gleichen, jedoch von jedem Einzelnen unterschiedlich erlebt werden. Die für den Patienten charakteristischen Symptome sollen ausführlicher besprochen werden.

Zu 2.: Der Patient kann durch die Depression individuell sehr unterschiedlich beeinträchtigt sein.

Zu 3.: Bei der Vermittlung dieser Information ist bei manchen Patienten Vorsicht geboten.

> Ein narzistisch gestörter Patient kann sich durch die Information, daß Depression eine „gängige" Störung ist, gekränkt fühlen.
>
> Ein empfindlicher, unsicherer Patient kann diese Information in der Weise fehldeuten, daß es nichts besonderes ist unter einer Depression zu leiden und er sich von daher nicht „so anstellen" sollte.

Zu 4.: Der Therapeut achtet darauf, daß der Patient Risikofaktoren nicht mit Gründen, Ursachen oder Auslösern gleichsetzt. Diese Information ist nicht unbedingt für jeden Patienten hilfreich.

Zu 5.: Diese Information muß ungenau bleiben, da bisher noch keine gesicherten Erkenntnisse darüber vorliegen, wie die Depression verursacht wird. Der Zweck dieser

Information besteht darin, verzerrte Ursachenattributionen des Patienten zu korrigieren. Solche verzerrten Attributionen können beispielsweise sein, daß er annimmt, seine Depression selbst „verschuldet" zu haben, sie den Ausdruck eines schwachen Charakters darstellen würde oder eine Strafe Gottes sei.

Ein Patient, der beispielsweise Biochemie oder Medizin studiert hat, interessiert sich möglicherweise näher dafür, was die Forschung heute über die Ursachen der Erkrankung weiß. Er kann ausführlicher informiert oder auf geeignete Literatur verwiesen werden.

Zu 6.: Diese Information ist an die jeweilige Krankheitsgeschichte des Patienten anzupassen. Bei der ersten Episode soll optimistisch davon gesprochen werden, daß die Erkrankung einen günstigen Verlauf nehmen kann. Das Risiko, daß die Krankheit wieder auftritt, sollte jedoch nicht ignoriert werden. Da diese Aussage nicht unbedingt ermutigend ist, muß sie mit sehr viel Fingerspitzengefühl vermittelt werden. Dabei müssen nicht unbedingt Zahlen genannt werden, sondern es geht eher darum, dem Patienten mitzuteilen, daß eine gewisse Rückfallgefahr besteht und wie damit am besten umzugehen ist. Die Information

Einem Patienten, der unter starker Hoffnungslosigkeit leidet, sollte diese Information erst mitgeteilt werden, wenn sich sein Zustand gebessert hat.

Ein Patient hat bereits mehr als drei depressive Episoden erlitten. Er hat ein noch höheres Risiko für ein Rezidiv. Dieses Risiko liegt bei etwa 90 Prozent. Die Zahl muß nicht ausdrücklich mitgeteilt werden und eine pessimistische Haltung ist zu vermeiden.

kann beispielsweise positiv umformuliert werden: „Es besteht die Möglichkeit, daß Sie keine weiteren Episoden mehr erleiden werden. Sie können das Risiko verringern, indem Sie Streß und Belastungen reduzieren, und genau über die für Sie typischen Frühwarnzeichen Bescheid wissen."

Zu 7.: Der Inhalt dieser Information ist ebenfalls individuell auf die Bedürfnisse und Eigenarten des Patienten zuzuschneiden. Im allgemeinen soll dem Patienten erklärt werden, daß mehrere effektive Verfahren zur Depressionsbehandlung zur Verfügung stehen. Es wird vermittelt, um welche es sich dabei handelt und worin deren Vor- und Nachteile bestehen. Bei angemessener Behandlung sind bis zu 80 Prozent der Patienten nach vier bis acht Wochen symptomfrei.

Wird der Patient zusätzlich zur Psychotherapie medikamentös behandelt, sollte sich der Therapeut vergewißern, daß er über die wichtigsten Fakten der Pharmakotherapie Bescheid weiß. Hierzu gehören beispielsweise die Dosierung, die Wirkung, mögliche Nebenwirkungen, wie wichtig eine regelmäßige Einnahme ist und die voraussichtliche Dauer der Einnahme.

Nur in Ausnahmefällen sollte von dem beschriebenen Prozedere abgewichen werden. Falls ein modifiziertes Vorgehen nötig ist, wie in dem Beispiel beschrieben, empfiehlt es sich, Familienangehörige miteinzubeziehen.

Ein Patient mit extremen Entscheidungsschwierigkeiten und Ambivalenzen kann sich durch diese Information ungewollt unter Druck gesetzt fühlen, das „beste" Verfahren auszuwählen und dadurch in einen Entscheidungskonflikt geraten.

Zu 8.: Der Therapeut legt sich nicht auf Zahlen fest, sondern achtet darauf, daß der Patient die Angaben lediglich als ungefähre Durchschnittswerte versteht, die unter

Umständen individuell erheblich abweichen können.

Zu 9.: Diese Information sollte wiederholt werden, wenn der Genesungsprozeß eingetreten ist, oder der Patient nach einer Verbesserung eine kurzfristige Verschlechterung seines Zustandes erfährt.

Zu 10.: Diese Angabe dient dazu, dem Patienten Mut zu machen, sollte jedoch nicht als Versprechen oder „Garantie" gegeben werden, da immerhin etwa 30 Prozent der Patienten voraussichtlich nicht zu ihrem gewohnten Leistungsniveau zurückkehren werden.

Depressionen – verstehen, bewältigen und vorbeugen

Informationen und Ratschläge für Patienten und Angehörige

Elisabeth Schramm

▌Vorwort

Nach Schätzungen der Weltgesundheitsorganisation erkranken vier bis neun Prozent der Weltbevölkerung an depressiven Störungen. Dies entspricht etwa 250 Millionen Menschen. Sie und ihre Angehörigen machen großes Leiden durch. Das körperliche und psychische Wohlbefinden, die berufliche Leistungsfähigkeit, die familiäre Situation und das gesamte Lebensgefühl sind davon unmittelbar betroffen. Anhaltende Niedergeschlagenheit, Interesse- und Antriebslosigkeit, Schlaf- und Konzentrationsstörungen sowie Hoffnungslosigkeit quälen die Betroffenen häufig so stark, daß sie sich nicht selten wünschen, tot zu sein oder auch dem Leiden durch Selbstmord ein Ende setzten.

Depression ist eine Krankheit, die behandelbar ist! Dank intensiver wissenschaftlicher Arbeit in den letzten Jahren konnten erhebliche Fortschritte bezüglich des Verständnisses und der Therapie der Depression gemacht werden. Über 80 Prozent der Depressionen können mit angemessenen Maßnahmen erfolgreich behandelt werden.

Je mehr Sie über Depression wissen, desto besser werden Sie in Ihrer Familie darüber sprechen und damit umgehen können.

▌Woran erkennt man eine Depression?

Frau M. ist an einer Depression erkrankt. Sie ist nicht faul, willensschwach oder le-

Frau M., eine 34jährige Lehrerin, Hausfrau und Mutter, die bisher gut mit ihrem Leben zurechtkam, konnte an diesem Morgen kaum aufstehen. Die einfachsten Dinge erschienen ihr kaum durchführbar. Das Denken und Reden fiel ihr schwer. Dinge, die ihr sonst Freude bereiteten - ins Kino gehen, ein Buch lesen, Essen gehen - konnte sie schon einige Zeit nicht mehr genießen. Sie fühlt sich seit längerem die meiste Zeit über erschöpft, kann in der Nacht aber kaum schlafen. Der Haushalt bleibt liegen, ihre Kinder fühlen sich vernachlässigt. Ihr Ehemann kann nicht verstehen, was mit ihr los ist und zeigt in letzter Zeit immer häufiger Ungeduld. Ihrer Arbeit als Lehrerin fühlt sich Frau M. nicht mehr gewachsen, sie läßt sich krank schreiben. Sie fühlt sich wertlos, hilflos und hoffnungslos.

bensüberdrüssig. Sie ist krank und benötigt Behandlung. Eine depressive Erkrankung ist nicht mit einer vorübergehenden Stimmung der Traurigkeit, Niedergeschlagenheit und des Unglücklichseins, wie wir es alle ab und an erleben, zu verwechseln. Sie ist auch nicht zu verwechseln mit tiefer Trauer, die auftreten kann, wenn eine nahestehende Person gestorben ist. Depressive Verstimmungen dieser Art sind normale und vorübergehende Reaktionen auf äußere Ereignisse und belastende Erfahrungen, die nach einiger Zeit wieder vorübergehen. Im Gegensatz dazu halten Niedergeschlagenheit und die anderen Symptome bei einer Depression über einen längeren Zeitraum unverändert an und werden als sehr beeinträchtigend empfunden. Die depressive Erkrankung wirkt sich in negativer Weise auf die Gefühle und Gedanken, das Verhalten und auf das körperliche Befinden aus.

Folgende Symptome gehören dazu:

- Anhaltende Niedergeschlagenheit oder Traurigkeit oder ein „Gefühl der Gefühllosigkeit"
- Verlust von Interesse und Freude an Dingen, die früher Spaß gemacht haben.
- Appetit- oder Gewichtsveränderungen (Zu- oder Abnahme)
- Erschöpfung, Energieverlust oder verminderter Antrieb
- Schlafstörungen
- Gefühle der Hoffnungslosigkeit und Pessimismus
- Konzentrationsschwierigkeiten
- Unruhe oder Apathie
- Körperliche Beschwerden (beispielsweise Schwindel, Kopfschmerzen, Kloßgefühl im Hals)
- Häufige Gedanken an den Tod oder Selbstmordpläne

Falls Sie an mehreren dieser Symptome leiden, verbirgt sich hinter Ihren Beschwerden möglicherweise eine Depression. Depression ist eine Krankheit, deren man sich nicht zu schämen braucht. Sie muß, wie jede andere Krankheit auch, behandelt werden. Depression tritt bei etwa der Hälfte der Betroffenen in Phasen auf, es handelt sich also dann um eine wiederkehrende Erkrankung. Bei angemessener Behandlung beträgt die Dauer einer solchen Phase meist zwischen zwei und vier Monate. Unbehandelt besteht die Episode in der Regel sechs Monate und länger.

Wann droht Selbstmordgefahr?

Die Gefahr des Selbstmordes gehört zu den bedrohlichsten Komplikationen der depressiven Störungen. Gefühle der Wertlosigkeit und Schuld können in Verbindung mit einer bestimmten Form psychischen Schmerzes den Betroffenen so überwältigen, daß er sich außerstande sieht, weiterzuleben. Manchmal bleibt es bei den Selbstmordgedanken, in anderen Fällen werden Selbstmordversuche durchgeführt. Man rechnet, daß 15 Prozent der an Depression erkrankten Personen Selbstmord versuchen. Etwa 75 Prozent aller Personen, die einen Selbstmordversuch unternommen haben, litten an schweren Depressionen.

Selbstmordäußerungen von Depressiven sollten unbedingt ernst genommen werden und ein Arzt oder Therapeut sollte umgehend verständigt werden.

Wie sollten sich Angehörige oder Freunde verhalten?

Leidet ein Familienmitglied an Depressionen, so wird das ganze Familienleben belastet. Die Kommunikation mit dem kranken Familienmitglied ist schwierig, üblicherweise ausgeführte Arbeiten bleiben liegen, Familienangehörige werden vernachlässigt, an gemeinsamen Aktivitäten kann sich der Depressive nicht beteiligen. Es entsteht der Eindruck von Gleichgültigkeit.

Häufig werden dem Depressiven zunächst vermehrte Aufmerksamkeit und Zuwendung entgegengebracht. Verändert sich jedoch durch diese Maßnahme nichts, können anfängliches Mitleid in Ungeduld und Hilflosigkeit umschlagen. Diese Reaktion stellt jedoch für den Depressiven eine weitere Belastung dar.

So können Familienangehörige und Freunde dem Betroffenen helfen:
- Versuchen Sie, soviel wie möglich über Depression zu lernen. Je besser Sie wissen, was Sie erwarten und wie Sie damit umgehen können, desto weniger bedrohlich wird die Krankheit erscheinen.
- Akzeptieren Sie die Tatsache, daß Ihr Angehöriger unter einer depressiven Erkrankung leidet und deswegen be-

stimmt Verpflichtungen und Rollen vorübergehend nicht erfüllen kann. Treffen Sie gemeinsam Entscheidungen, wie am besten damit umzugehen ist (beispielsweise zusätzliche Hilfe im Haushalt).

- Versuchen Sie, die Beziehung so normal wie möglich aufrecht zu erhalten, und sprechen Sie offen miteinander.
- Geben Sie dem Betroffenen zu verstehen, daß Sie wissen, wie sehr er leidet. Drücken Sie Ihr Verständnis, Ihre Gefühle und Ihre Sorge aus.
- Versuchen Sie, Mut und Hoffnung zu geben. Bleiben Sie dabei echt, nicht überoptimistisch.
- Helfen Sie, den Tagesablauf zu strukturieren und zu gestalten.
- Machen Sie den Betroffenen auf verzerrtes, negatives Denken aufmerksam, ohne dabei kritisch oder mißbilligend zu sein.
- Ermutigen Sie Ihren Angehörigen, sich in Behandlung zu begeben. Sie selbst können nicht die Rolle des Arztes oder Therapeuten übernehmen.
- Viel Geduld ist nötig. Oft müssen erhebliche Opfer gebracht werden. Suchen Sie gegebenenfalls selbst beim Arzt oder Therapeuten Hilfe, um sich zu erleichtern.

Was Sie nicht tun sollten:

- Ziehen Sie sich nicht zurück! Sprechen Sie mit Vertrauenspersonen oder einem Arzt beziehungsweise Therapeuten über Ihre Sorgen und Frustrationen.
- Machen Sie dem Betroffenen keine Vorwürfe und beschuldigen Sie ihn nicht für seinen Zustand. Selbst bei größter Willensanstrengung gelingt es dem Depressiven nicht, die Depression auf Anhieb zu beenden. Der Zustand hat nichts mit Faulheit, Versagen, Schwäche oder mangelndem Willen zu tun.
- Verzichten Sie auf Äußerungen wie: „ Reiß dich zusammen, ist doch halb so schlimm." „Man muß nur richtig wollen." „Dir geht es doch gut." Oder „Es gibt noch Schlimmeres."

- Sagen oder tun Sie nichts, was das negative Selbstbild des Betroffenen noch verschlimmern könnte.
- Übertriebene Versuche, den Depressiven aufzuheitern oder abzulenken, sind fehl am Platz. Auch eine Urlaubsreise oder Veränderung der gewohnten Umgebung sind eher schädlich.
- Lassen Sie sich nicht von depressiven Denkweisen und Stimmungen Ihres Angehörigen anstecken oder herunterziehen. Nehmen Sie sich Zeit, um erfreuliche Dinge für sich selbst zu tun.
- Werden Sie nicht zum Therapeuten oder überfürsorglich und überfordern Sie sich nicht.
- Versuchen Sie, Ihren Angehörigen dazu zu bewegen, sich in Behandlung zu begeben.

Wodurch wird eine Depression verursacht oder ausgelöst?

Der genaue Mechanismus der Verursachung einer Depression ist bisher noch nicht vollkommen geklärt. Die derzeit untersuchten ursächlichen Faktoren werden in genetische, biologische und psychosoziale unterteilt. Es besteht weitgehend Einigkeit darin, daß neben einer gewissen Anfälligkeit für diese Krankheit, Streßfaktoren eine wichtige Rolle spielen. Bei manchen Menschen scheint ein ganz bestimmter Auslöser für die Depression verantwortlich zu sein; andere wiederum werden ohne irgendeinen ersichtlichen Grund depressiv.

Genetische Faktoren (Erbfaktoren)

Wissenschaftliche Untersuchungen erbrachten, daß Depressionen gehäuft innerhalb einer Familie auftreten. Angehörige dieser Familie sind zwar anfälliger für die Erkrankung, dies heißt jedoch nicht, daß sie notwendigerweise eine Depression erleiden werden. Zwar liefern neuere Untersuchungen Hinweise dafür, daß über Erbanlagen eine Weitergabe der Anfälligkeit für Depression erfolgen kann, jedoch scheinen auch biographische und äußere Faktoren eine entscheidende Rolle bei der Entstehung depressiver Erkrankungen spielen.

Biochemische Faktoren

Vor etwa 30 Jahren beobachteten Wissenschaftler, daß bestimmte Medikamente bei Depressionen eine stark stimmungsverändernde Wirkung zeigten. Aus diesen Beobachtungen folgerten Sie, daß Stimmungsstörungen die Folge von biochemischem Ungleichgewicht seien, und mit Medikamenten behandelt werden könnten. Wie antidepressive Medikamente wirken, wurde in den letzten Jahren intensiv untersucht. Ein Ungleichgewicht des äußerst komplizierten Zusammenwirkens verschiedener Neurotransmitter (biochemische Überträgerstoffe, die am Ende der Nervenzellen gespeichert sind) scheinen die Ursache zu sein. Es ist jedoch noch nicht geklärt, ob diese biochemischen Veränderungen spontan auftreten oder ob sie durch Streß, traumatische Erfahrungen, körperliche Erkrankungen oder andere Umweltbedingungen hervorgerufen werden. Möglicherweise können auch durch erbliche Einflüsse Stoffwechselveränderungen im Gehirn angelegt sein.

Interpersonelle (zwischenmenschliche) und soziale Faktoren

Häufige und lang anhaltende Auseinandersetzungen, persönliche Verluste oder Belastungen - beispielsweise durch Scheidung, Arbeitsplatzverlust oder Tod einer nahestehenden Person - können depressive Gefüh-

le auslösen. In den meisten Fällen sind diese Gefühle vorübergehend, aber bei manchen Personen - die möglicherweise eine erhöhte Anfälligkeit für Depressionen haben - kann sich eine depressive Erkrankung entwickeln. Wissenschaftler haben herausgefunden, daß vor dem Auftreten einer depressiven Phase oftmals gehäuft belastende Ereignisse im Leben des Betroffenen aufgetreten sind. Solche Belastungen begünstigen dann das Auftreten einer Depression, insbesondere wenn der Betroffene wenig Unterstützung durch andere erfährt.

Psychosoziale, biologische, genetische und andere Ursachen von depressiven Erkrankungen auseinander zu dividieren ist äußerst schwierig. Es bleibt festzuhalten, daß die Depression immer in einem psychosozialen Kontext auftritt. Belastende Ereignisse, wie die oben genannten, können zur Depression beitragen; es kann aber auch umgekehrt die Depression einen bedeutenden Einfluß auf die psychosoziale Situation und die zwischenmenschlichen Beziehungen des Betroffenen haben.

Persönlichkeitsfaktoren und negativer Denkstil

Bestimmte stärker ausgeprägte Persönlichkeitszüge wie beispielsweise übergenaues, selbstunsicheres oder auch abhängiges Verhalten können einen Einfluß auf depressive Erkrankungen haben. Häufig kommt es zu tiefen Enttäuschungen und Niedergeschlagenheit, weil überhöhte Erwartungen an sich selbst und an andere eine Überforderung darstellen.

Auch ein anhaltender negativer Denk- und Bewertungsstil kann dazu führen, daß sich ein Mensch häufig niedergedrückt und deprimiert fühlt, ohne eigentlich einen Grund dafür zu finden. Welche der genannten Ursachen nun letztendlich für die Entwicklung der Depression entscheidend sind, kann, wie gesagt, bisher noch nicht eindeutig beantwortet werden. Höchstwahrscheinlich wirken mehrere Faktoren zusammen, und bei jeder einzelnen Person werden unterschiedliche Faktoren im Vordergrund stehen. Daher wird jede Behandlung auch leicht unterschiedlich sein. Wichtig ist, daß die medikamentöse Behandlung durch Gespräche oder eine Psychotherapie ergänzt wird, und umgekehrt kann es notwendig sein, daß eine Psychotherapie durch eine medikamentöse Behandlung ergänzt wird.

Welche Behandlungsformen stehen zur Verfügung?

Viele Menschen denken, daß die Depression von selbst wieder weggeht, daß Hilfe aufzusuchen ein Zeichen von Schwäche darstellt oder daß sie zu alt sind, um sich in Therapie zu begeben. Diese Sichtweisen sind ungünstig und falsch. Von allen psychischen Erkrankungen gehört die depressive Störung zu denen mit dem besten Behandlungserfolg. Es gibt verschiedene Formen der medikamentösen Therapie, der psychotherapeutischen Behandlung oder der Kombination dieser beiden Verfahren. Es bestehen außerdem noch seltener verwendete nichtmedikamentöse Methoden wie zum Beispiel Lichttherapie, Schlafentzug oder Elektrokrampftherapie, über die Sie Ihren Arzt oder Therapeuten befragen können. Die Wahl der Behandlungsform hängt unter anderem von der Art der Depression, der Schwere, den verschiedenen Symptomen und dem Wunsch des Patienten ab.

Medikamentöse Behandlung

Drei verschiedene Typen von Medikamenten werden bei akuten Depressionen am häufigsten verschrieben:
- Trizyklische Antidepressiva
- Monoaminooxydase-Hemmer (MAO), und

- Selektive Serotonin-Wiederaufnahmehemmer (SSRI).

Da die Ansprechbarkeit auf die Medikamente von Person zu Person verschieden ist, kann es nötig sein, mehrere verschiedene Medikamente nacheinander oder in Kombination anzuwenden. Lassen Sie sich also nicht entmutigen, wenn Sie nicht gleich auf den ersten Behandlungsversuch ansprechen!

Die Nebenwirkungen der Medikamente treten meist in der ersten Phase der Behandlung auf, beinhalten oft Mundtrockenheit, Verstopfung und Müdigkeit und werden im weiteren Verlauf üblicherweise geringer. Die regelmäßige Einnahme der Medikamente in voller Dosis sollte mindestens vier weitere Monate bis mehrere Jahre (zum wirksamen Schutz vor erneuten Phasen) nach Genesung betragen. Andere Medikamente zum Schutz vor erneuten Phasen sind Lithium und Carbamazepin. Insbesondere bei häufigerem Auftreten von depressiven Phasen sollte die Medikation konstant weiter eingenommen werden. Auf keinen Fall sollten die Medikamente eigenmächtig abgesetzt oder erhöht werden!

Lassen Sie sich von Ihrem Arzt ausführlich über die Durchführung der medikamentösen Therapie und mögliche Nebenwirkungen informieren.

Psychotherapeutische Behandlung

Es werden mehrere wirksame psychotherapeutische Behandlungsformen angeboten. Bei Depressionen haben sich insbesondere die „Kognitive Verhaltenstherapie" sowie die „Interpersonelle Psychotherapie" als wirksam erwiesen.

Die kognitive Verhaltenstherapie versucht, ungünstige und negative Denkstile und Einstellungen (zum Beispiel „Ich schaffe das nicht" oder „Jeder muß mich gern haben") oder ungünstige, depressionsfördernde Verhaltensweisen (zum Beispiel Rückzug von Freunden und Bekannten, zu wenige angenehme Aktivitäten, zu wenig Zeit für Entspannung) zu verändern. Diese Therapieform versucht, dem Patienten dabei zu helfen, eine realistischere und günstigere Sichtweise von sich selbst, der Umwelt und der Zukunft zu gewinnen. Außerdem sollen Verhaltensweisen aufgebaut werden, die positive Gefühle und Reaktionen von anderen hervorrufen.

Die Interpersonelle Psychotherapie wurde speziell zur Behandlung der Depression entwickelt und geht davon aus, daß die Depression immer auch in einem zwischenmenschlichen und psychosozialen Kontext erklärbar ist. Interpersonelle Schwierigkeiten – wie beispielsweise gestörte Beziehungen, persönliche Verluste, Einsamkeit oder eine Veränderung in der sozialen Rolle - können zur Entwicklung einer depressiven Phase beitragen, und umgekehrt kann die Depression Probleme in diesen Bereichen verursachen. Bei dieser Therapieform wird versucht, Strategien für das Bewältigen der derzeitigen zwischenmenschlichen Probleme zu entwickeln.

Beide Therapieformen sind ursprünglich als Kurzzeittherapie konzipiert (meist 12 bis 20 wöchentliche Sitzungen). Die Behandlungsdauer beträgt in der Regel vier Monate und länger. Neuere Untersuchungen konnten insbesondere bei der Interpersonellen Psychotherapie die Wirksamkeit zur Vorbeugung vor weiteren depressiven Phasen zeigen. In diesem Fall kann die Therapiedauer bis zu drei Jahren betragen, wobei die Sitzungen dann in monatlichen Abständen durchgeführt werden.

Sowohl bei der psychotherapeutischen als auch bei der medikamentösen Behandlung ist zu beachten, daß die Genesung von der Depression nicht sofort, sondern meist erst nach einigen Wochen eintritt. Das Abklingen einer depressiven Episode verläuft außerdem in der Regel unter Auftreten von Schwankungen. Nach einer Besserung kann kurzfristig wieder eine Verschlechterung eintreten. Zeit und Geduld von allen Beteiligten sind eine wichtige Voraussetzung für den Behandlungserfolg.

Was ist Interpersonelle Psychotherapie?

Bei der Interpersonellen Psychotherapie (IPT) handelt es sich um ein speziell auf die Behandlung von Depressionen zugeschnittenes Verfahren. In zahlreichen wissenschaftlichen Untersuchungen konnte gezeigt werden, daß IPT eine wirksame Depressionstherapie ist.

Bei der IPT wird davon ausgegangen, daß Depression durch verschiedene Faktoren verursacht sein kann (z.B. familiäre Veranlagung). Unabhängig von den Ursachen der depressiven Erkrankung sind Ihre Beziehungen zu anderen Menschen und Ihre sozialen Rollen (z.B. als Arbeitnehmer, Mutter, usw.) stets davon betroffen. Belastende Ereignisse können zum Auftreten depressiver Symptome führen, und umgekehrt kann die Depression zur Auslösung oder Verschlimmerung zwischenmenschlicher Probleme führen.

> Frau F. hat ständige Auseinandersetzungen mit ihrem Ehemann, seit sie gegen seinen Willen eine Nebentätigkeit als Kosmetikerin angenommen hat. Die Streitigkeiten belasten sie sehr. Sie wird immer depressiver. Die Depression führt dazu, daß sie sich ihren Aufgaben als Mutter, Hausfrau und Arbeitstätige nicht mehr gewachsen fühlt. Vieles im Haushalt bleibt liegen und sie gerät deswegen noch häufiger in Streitigkeiten mit ihrem Mann.

▌ Wie läuft die Behandlung mit IPT ab?

Die therapeutischen Gespräche finden in der Regel einmal pro Woche für 50 Minuten statt. Die Therapiedauer beträgt meist 12 bis 20 Sitzungen. IPT kann mit oder ohne begleitende Medikation durchgeführt werden.

▌ Worum geht es bei der IPT?

Der Schwerpunkt der Behandlung liegt auf der Bewältigung zwischenmenschlicher Probleme, die mit dem Auftreten Ihrer Depression zusammenhängen. Dabei kann es sich um einen Ehekonflikt, aber auch um den Verlust einer Bezugsperson oder um eine plötzliche Veränderung in der Lebensführung z.B. durch Mutterschaft oder frühzeitige Berentung handeln.

Bei der IPT werden zwei Ziele verfolgt:
1. Die Linderung der depressiven Symptomatik (z.B. der Niedergeschlagenheit, Schlafstörungen, Hoffnungslosigkeit)
2. Die Bewältigung der interpersonellen Schwierigkeiten (z.B. Konflikte mit anderen Menschen, Arbeitsplatzverlust, Tod der Mutter, usw.)

Der Therapieprozeß ist in drei Phasen aufgeteilt:
In der Anfangsphase wird zunächst genau abgeklärt, ob es sich bei Ihrer Störung um eine Depression handelt. Danach gibt Ihnen der Therapeut Informationen über das Krankheitsbild und die verschiedenen Behandlungsmöglichkeiten. Es wird mit Ihnen zusammen entschieden, ob Sie zusätzlich ein Medikament nehmen sollten. Ihr Therapeut wird mit Ihnen auch besprechen, wie Sie sich im Moment am besten verhalten können.

Als nächstes werden sie gemeinsam über Ihre wichtigsten Beziehungen sprechen und versuchen, sich auf einen Themenbereich zu einigen, an dem sie bis zum Ende der Therapie arbeiten werden. Dieser Problembereich soll mit dem Auftreten Ihrer Depression zusammenhängen. Dabei kann es sich z.B. um Einsamkeit und Schwierigkeiten, auf andere zuzugehen, handeln.

Die Anfangsphase erstreckt sich ungefähr über die ersten 3 bis 4 Sitzungen.

In der mittleren Behandlungsphase (ca. 5. bis 15. Sitzung) besprechen Sie Dinge, die etwas mit dem Problembereich zu tun haben, den Sie ausgewählt haben. In diesem Therapieabschnitt sind hauptsächlich Sie für das Einbringen von Themen verantwortlich. Die depressiven Symptome sollten zu diesem Zeitpunkt zumindest teilweise abgeklungen sein. Es wird an Bewältigungsstrategien und günstigen Verhaltensmöglichkeiten gearbeitet. Außerdem wird über Ihre Gefühle gesprochen, die Sie im Zusammenhang mit den interpersonellen Problemen erleben.

In den ungefähr letzten drei Sitzungen wird der Abschluß der Behandlung besprochen. Abschiednehmen fällt normalerweise allen Menschen schwer. Deswegen sollen Sie in den letzten Treffen mit Ihrem Therapeuten darüber sprechen, was es für Sie bedeutet, die Behandlung abzuschließen. Ihre Fortschritte werden zusammengefaßt, und es wird überlegt, was für die Zukunft zu erwarten ist. Dazu gehört unter anderem, wie Sie erkennen und was Sie tun können, wenn wieder eine depressive Phase im Anzug ist.

Ihr Therapeut ist während der gesamten Therapie unterstützend und aufbauend. Er/sie hat Erfahrung in der Behandlung von depressiven Erkrankungen und hilft Ihnen dabei, möglichst schnell aus der Depression herauszukommen.

IPT ist nicht die einzige wirksame Behandlungsform. Es stehen verschiedene Medikamente, andere Psychotherapieverfahren und eine Kombination beider Therapiemethoden zur Verfügung. Lassen Sie sich also nicht entmutigen, falls Ihnen IPT nicht gleich helfen sollte. Ihr Therapeut wird alles tun, um die geeignetste Behandlung für Sie zu finden.

Die 10 therapeutischen Schritte in der IPT...

1. Diagnostikphase: Depression diagnostizieren (Vorgeschichte und Symptome erheben)
2. Informationsphase: Patienten über Depressionen und deren Behandlung informieren
3. Entlastungsphase: Krankenrolle zuteilen
4. Entlastungsphase: Notwendigkeit einer medikamentösen Behandlung klären
5. Explorationsphase: Beziehungsanalyse erstellen und Depression mit interpersonellem Kontext in bezug setzen
6. Explorationsphase: Interpersonellen Problembereich identifizieren
7. Explorationsphase: Behandlungsziele bestimmen
8. Behandlungsvertragsphase: Sich mit dem Patienten auf den Problembereich, die Ziele und den formellen Therapierahmen einigen
9. Bearbeitungsphase: Problembereich bearbeiten ->
   1. Problembereich explorieren
   2. Auf Erwartungen und Wahrnehmungen fokussieren
   3. Alternative Bewältigungsmöglichkeiten analysieren
   4. Neue Verhaltensweisen aufbauen
10. Beendigungsphase: Auf das Therapieende vorbereiten ->
    1. Behandlungserfolg zusammenfassen
    2. Gefühle bezüglich der Beendigung besprechen
    3. Zukunft planen

... und in welchen Fällen sie modifiziert werden müssen!

Natürlich sind diese Schritte nur als Leitlinien und nicht als fest vorgegebene „Segelanweisung" zu verstehen. Sie müssen nicht immer notwendigerweise in der oben genannten Reihenfolge durchgeführt werden, bei einzelnen Patienten wird der Therapeut die ein oder andere Aufgabe überspringen können, und auf verschiedene Punkte muß vielleicht innerhalb des therapeutischen Prozesses mehrfach zurückgekommen werden. Nur in Ausnahmefällen laufen die verschiedenen Phasen und Schritte scharf voneinander abgegrenzt ab. Üblicherweise tauchen einzelne Inhalte an verschiedenen Stellen im Behandlungsverlauf mehr oder weniger ausgeprägt auf. Zum Beispiel findet die Informationsvermittlung oder die Beziehungsanalyse hauptsächlich in der Anfangsphase der Therapie statt, aber sie können auch im späteren Verlauf wieder eine wichtige Rolle spielen. Im Folgenden werden Beispiele gegeben, bei denen sich eine Modifikation der oben aufgeführten Schritte empfiehlt:

Zu 1.: Kommt der Patient bereits mit der gesicherten Diagnose einer Depression in die Behandlung, kann der Therapeut versuchen, den diagnostischen Prozeß abzukürzen. Er sollte jedoch ein genaues Bild über die Vorgeschichte und derzeit bestehende Symptomatik erhalten.

Zu 2.: Leidet der Patient unter häufig wiederkehrenden Depressionsepisoden und ist deswegen bereits umfassend über die Störung informiert, sollte er seine Kenntnisse für den Therapeuten zusammenfassen. Der Therapeut ergänzt diese, falls notwendig. Die Aufklärung über die Störung sollte immer individuell auf den einzelnen Patienten zugeschnitten sein.

Zu 3.: Hat ein Patient die Krankenrolle bereits in ausgeprägten Maße inne, ist es möglich, daß diese nicht mehr ausdrücklich zugeteilt und damit unterstrichen werden muß. Der Patient sollte sich jedoch nicht nur über die damit verbundenen Entlastungen, sondern auch über die Verpflichtungen bewußt sein.

Manche Patienten demonstrieren die Krankenrolle übertrieben stark nach außen hin, so daß der Therapeut und andere Mitmenschen möglicherweise die Notwendigkeit empfinden, dem gegenzusteuern. Dadurch wird das Verhalten des Patienten jedoch meist verstärkt. Es ist besser, für diese Patienten die Krankenrolle explizit zu legitimieren und ihnen beim verantwortungsvollen Umgang mit der Rolle zu helfen. Bei diesen und bei Patienten, die die Krankenrolle ablehnen oder mißbrauchen, ist es ratsam, zu explorieren, was Krankheit für den Betroffenen bedeutet (z.B. minderwertig zu sein), welche Erfahrungen er damit in seiner Familie hat (z.B. wurde Krankheit von der Mutter bevorzugt als passiv-aggressives Verhalten eingesetzt) und welche Vorstellungen er über die Krankenrolle hat (z.B. den ganzen Tag im Bett zu liegen). Verzerrte Vorstellungen werden korrigiert und der Sinn und Unsinn der Krankenrolle erklärt.

Zu 4.: Wird die psychotherapeutische Behandlung von einem Psychologen durchgeführt, sollte dieser mit einem Mediziner zusammenarbeiten, um zusammen mit dem Patienten im Team zu entscheiden, ob eine medikamentöse Behandlung nötig ist. Falls ja, sollte auch die weitere Supervision der Pharmakotherapie gemeinsam erfogen, d.h. der Psychotherapeut fragt zu Beginn jeder Sitzung nach Veränderungen in der depressiven Symptomatik und nach medikamentösen Wirkungen und Nebenwirkungen oder anderen Schwierigkeiten im Umgang mit den Medikamenten (z.B. Compliance). Ebenso sollen beim Absetzen oder bei einer langfristigen Fortsetzung der Medikation beide Behandelnden Rücksprache halten und unter Miteinbeziehung des Patienten gemeinsam darüber entscheiden.

Zu 5.: Wird zu Beginn der Beziehungsanalyse deutlich, daß der Patient über eine bzw. mehrere Bezugspersonen nur spärliche oder wenig glaubwürdige Informationen gibt, sollte der Therapeut zwar vorsichtig nach- bzw. hinterfragen, jedoch den Patienten nicht konfrontieren. Bei manchen Patienten ist es sinnvoll, die Beziehungsanalyse erst später durchzuführen, wenn mehr Vertrauen zum Therapeuten entwickelt wurde. Auch das Miteinbeziehen von Partnern und Angehörigen des Patienten in diesen Therapieabschnitt liefert häufig wertvolle Informationen.

Zu 6.: Ist das Identifizieren des relevanten Problembereichs mit Schwierigkeiten verbunden, gibt es verschiedene Möglichkeiten des Umgangs (s. Kap. 18).

Zu 7.: Hat ein Patient sehr hohe Erwartungen an die Therapie, empfiehlt es sich, realistisch erreichbare Ziele und möglichst einzelne Schritte zur Erreichung derselben schriftlich zu fixieren. Auf diese Weise kann der Patient einfach und eindrucksvoll an das Prinzip der kleinen Schritte erinnert werden.

Zu 8.: Scheinen der Problembereich und die angestrebten Ziele sowohl für den Therapeuten als auch für den Patienten offensichtlich, sollte dennoch nicht vergessen werden, sich ausdrücklich auf das therapeutische Prozedere zu einigen, um eventuellen Mißverständnissen vorzubeugen.

Zu 9.: Handelt es sich um die erste vom Therapeuten durchgeführte IPT, sollte beachtet werden, daß der relativ unstrukturierte mittlere Behandlungsteil dazu verführt, auf das vom Therapeuten üblicherweise angewandte Therapieverfahren zurückzugreifen. Verstärkte Selbst- und Fremdsupervision können Abhilfe schaffen (s. Anhang S. 322).

Zu 10.: Macht der Patient deutlich, daß er keinerlei Schwierigkeiten mit der Therapiebeendigung hat und es bevorzugen würde, bis zuletzt mit der Bearbeitung des Problembereichs fortzufahren, sollte der Therapeut dennoch alle im Manual aufgeführten Aufgaben im Rahmen der Beendigung durchführen. Denn es kann vorkommen, daß der Patient versucht, die unangenehme Auseinandersetzung mit der Trennung zu umgehen. Zum Umgang mit anderen Schwierigkeiten bei der Beendigung s. Kap. 18.

IPT-Supervisionsbogen I (Anfangssitzungen)

1. Therapeut/in: 2. Supervisor/in:
3. Pat.-Initialien: 4. Sitzungsnr.:
5. Sitzungsdatum: 6. Datum der Supervision:

7. Was wurde in der heutigen Sitzung angesprochen/behandelt:

	ja	nein	emp-fohlen	Qualität 1 2 3 4 5 ausge-zeichnet mangel-haft
– Symptomerhebung/besprechung – Vorgeschichte der derzeitigen Episode – Vorgeschichte früherer Episoden und Auslöser – Informationen über Erkrankung, Behandlung und Prognose – Abklärung medikamentöser Zusatzbehandlung – Informationen über das Konzept der IPT – Zuweisung/Besprechen der „Krankenrolle"				
– Beziehungsanalyse (interpersonal inventory: detaillierter Überblick über wichtige derzeitige Beziehungen des Patienten)				
– Behandlungsvertrag (Behandlungsziele, administrative Einzelheiten, z.B. Länge, Dauer und Häufigkeit der Sitzungen) – Rückmeldung des Therapeuten über allgemeines Verständnis des Zusammenhangs zwischen interpers. Schwierigkeiten des Pat. und der Depression – Einigung auf Problembereich				
8. Therapeutenverhalten: – Ausreichende Initiative und Aktivität des Therapeuten – Ausreichendes Maß an Unterstützung, Ermutigung – Fokus auf Symptombewältigung – Fokus auf derzeitigen Beziehungen				

IPT-Supervisionsbogen II (Mittlere Sitzungen)

1. Therapeut/in:
3. Pat.-Initialien:
5. Sitzungsdatum:

2. Supervisor/in:
4. Sitzungsnr.:
6. Datum der Supervision:

7. Problembereich:
❏ Trauer
❏ Interpersonelle Auseinandersetzungen
❏ Rollenwechsel
❏ Interpersonelle Defizite

8. Was wurde in der heutigen Sitzung angesprochen/behandelt:

	ja	nein	emp-fohlen	Qualität 1 2 3 4 5 ausge-zeichnet	mangel-haft
– Exploration: Verlust wichtiger Personen (durch Tod) und Reaktion darauf, Umstände des Todes, Beerdigung etc.					
– Förderung des Trauerprozesses (z.B. durch Fokussierung auf die mit dem Verlust verbundenen Gefühle)					
– Rekonstruktion der Beziehung zum Verstorbenen					
– Exploration/Unterstützung, wie der Pat. Interessen und Beziehungen wieder aufbauen kann, um den Verlust zu ersetzen					
– Exploration: Art der Auseinandersetzungen und/oder Rollenwechsel					
– Klärung der Position des Pat. in dem Konflikt und/oder Rollenwechsel (z.B. gefühlsm. Bedeutung)					
– Klärung der Erwartungen an Beziehung/neue Rolle					
– Besprechen mögl. Änderungen, Handlungsplan entwickeln					
– gestörte Kommunikation analysieren					
– gestörte Kommunikation verändern					
– Exploration: Parallelen in anderen Beziehungen					
– Betrauern der alten Rolle					
– positiver Zugang zur neuen Rolle schaffen					
– Aufbau des Selbstwertgefühls des Pat. (z.B. durch Kompetenzaufbau für neue Rolle)					

IPT-Supervisionsbogen II
(Mittlere Sitzungen)

	ja	nein	emp-fohlen	Qualität 1 2 3 4 5 ausge- mangel-zeichnet haft
– Detaillierte Exploration früherer u. derzeitiger Beziehungen – Exploration: Selbst-Konzept mit Betonung auf selbstzerstörerischen oder unrealistischen Einstellungen/Erwartungen – Beachtung der positiven und negativen Elemente der Patient-Therapeut-Beziehung – Aufbau neuer Handlungsmuster in Beziehungen				
	ja	nein	emp-fohlen	Qualität 1 2 3 4 5 ausge- mangel-zeichnet haft
9. Therapeutenverhalten: – Unterstützung/Hilfe des Therapeuten beim Prozeß der Selbstöffnung – Förderung des emotionalen Erlebens des Pat. – Fähigkeit, tragende therap. Beziehung herzustellen – Fähigkeit, in der Sitzung auf relevanten Bereich/ Thematik zu fokussieren – Fähigkeit, die Rolle des IPT-Therapeuten einzuhalten (unterstützend, aktiv, ermunternd etc.) – Gesamtqualität der Sitzung – Rezeptivität des Patienten				

IPT-Supervisionsbogen III (Beendigungssitzungen)

1. Therapeut/in:

2. Supervisor/in:

3. Pat.-Initialien:

4. Sitzungsnr.:

5. Sitzungsdatum:

6. Datum der Supervision:

7. Was wurde in der heutigen Sitzung angesprochen/behandelt:

	ja	nein	emp-fohlen	Qualität 1 2 3 4 5 ausge-zeichnet mangel-haft
- Explizites Ansprechen des Behandlungsendes				
- Besprechen der gefühlsmäßigen Reaktionen des Pat. auf die Beendigung				
- Anerkennung der Tatsache, daß die Beendigung eine Zeit der möglichen Trauer darstellt				
- dem Pat. seine autonomen Kompetenzen deutlich machen				
- Verlauf der Behandlung und Therapieerfolge bzw. Fortschritte zusammenfassen				
- dem Pat. die Möglichkeit geben, den Erfolg der Behandlung für sich selbst zu beurteilen				
- noch zu verbessernde Bereiche ansprechen				
- über Zukunftsaussichten sprechen (weitere Behandl., späteres Wiedervorstellen beim Therapeuten etc.)				
- frühe Warnzeichen für eine Episode und Vorgehensweise bei erneutem Auftreten besprechen				

Techniken

Angewandte Technik	ja	nein	emp- fohlen	Qualität 1 2 3 4 5 ausge- mangel- zeichnet haft
Explorative Techniken: Unterstützende Wertschätzung; Vertiefung eines Themas; Non-direktive Exploration; etc.				
Aufklärung/Information: über Störung; administrative Einzelheiten; Therapierational; etc.				
Zum Äußern von Gefühlen ermuntern **(Förderung emotionalen Erlebens):** Fragen über sensible Bereiche; Exploration von Gefühlen; Akzeptanz/Anerkennen von negativen Gefühlen; Themenbezogene Bearbeitung von Gefühlen; etc.				
Klärung: Umformulieren, positives Umdeuten; Rückmelden von Aussagen; Aufbau interpersoneller Introspektionsfähigkeit; etc.				
Kommunikationsanalyse				
Einsetzen der therapeutischen Beziehung				
Direktive Techniken (zur Verhaltensänderung): Rat geben, Grenzen setzen, als Modell dienen, direkte Hilfe; etc.				
Entscheidungsanalyse				
Ermutigung zu Veränderungen in der Lebensführung (kognitive Änderungen oder Verhaltensänderungen)				
Rollenspiel				
Andere				
Nicht-IPT-spezifische Techniken (übermäßig psychoanalyt., kognitiv, verhaltenstherap. etc)				

Sachverzeichnis